Die Rechte des Menschen in der Verfassung des Landes Hessen im Lichte des Grundgesetzes

Schriften zum deutschen und europäischen öffentlichen Recht

Herausgegeben von Steffen Detterbeck

Band 14

PETER LANG
Frankfurt am Main · Berlin · Bern · Bruxelles · New York · Oxford · Wien

Barbara Löhr

Die Rechte des Menschen in der Verfassung des Landes Hessen im Lichte des Grundgesetzes

PETER LANG
Internationaler Verlag der Wissenschaften

Bibliografische Information der Deutschen Nationalbibliothek
Die Deutsche Nationalbibliothek verzeichnet diese Publikation in der Deutschen Nationalbibliografie; detaillierte bibliografische Daten sind im Internet über <http://www.d-nb.de> abrufbar.

Zugl.: Marburg, Univ., Diss., 2007

D 4
ISSN 1438-4388
ISBN 978-3-631-56753-1

www.peterlang.de

Inhaltsverzeichnis

A. Einleitung 1

I. Die Frage nach einem Reformbedarf der Verfassung des Landes Hessen 1

II. Gang der Untersuchung 4

B. Bundesverfassungsrechtlicher Rahmen für eine Landesverfassung und die Gewährleistung von Landesgrundrechten 5

I. Der Bundesstaat nach dem Grundgesetz (Art. 20 Abs. 1 GG) 5

1. Einleitung 5
2. Der Begriff des Bundesstaates 8
3. Die Staatsqualität der Länder 13
4. Konstruktion des Bundesstaates nach dem Grundgesetz 17
   a) Dreigliedriger Bundesstaatsbegriff 18
   b) Eingliedriger Bundesstaatsbegriff 20
   c) Zweigliedriger Bundesstaatsbegriff 22
5. Funktion und Legitimation des Bundesstaates 25

II. Die Verfassungshoheit der Länder 31

III. Die Bindungen der Landesverfassung nach dem Grundgesetz im Einzelnen 34

1. Einleitung 34
2. Durchgriffsnormen 35
3. „Hineinwirken“ der Bundesverfassung in die Landesverfassung 37

4. Das Homogenitätsgebot des Art. 28 Abs. 1 Satz 1 GG 40
   a) Inhalt und Funktion des Art. 28 Abs. 1 Satz 1 GG 40
   b) Wirkungsweise von Art. 28 Abs. 1 Satz 1 GG 46
   c) Rechtsfolge eines Verstoßes gegen Art. 28 Abs. 1 Satz 1 GG 47
5. Art. 31 GG 49
   a) Funktion im System des Grundgesetzes 50
      aa) Art. 31 GG als Kollisionsnorm 50
      bb) Art. 31 GG als Rangordnungsnorm? 51
   b) Anwendungsbereich des Art. 31 GG 53
      aa) Verhältnis zu der Kompetenzverteilung nach Art. 70 ff. GG 53
      bb) Bindung des Landesverfassunggebers an die Kompetenzverteilung der Art. 70 ff. GG 58
   c) Voraussetzungen des Art. 31 GG 61
      aa) Bundesrecht und Landesrecht 61
      bb) Normanwendung als Normsetzung? 62
      cc) Das Vorliegen einer Kollision 68
   d) Rechtsfolge des Art. 31 GG 71
6. Art. 142 GG 73
   a) Funktion und Abgrenzung zu Art. 31 GG 73
   b) Anwendungsbereich 76
      aa) Zeitlich 76
      bb) Sachlich 77
   c) „Übereinstimmung" 81
      aa) Inhaltsgleiche Landesgrundrechte 84
      bb) Weitergehende Landesgrundrechte 85
      cc) Engere Landesgrundrechte 87

C. Wirkkraft der Landesgrundrechte 90

I. Bindung der Bundesstaatsgewalt 90

1. Bindung des Bundesgesetzgebers 90

2. Bindung von Bundesgerichten und Bundesbehören 90

II. Bindung der Landesstaatsgewalt 92

1. Bindung des Landesgesetzgebers 92

2. Bindung von Landesgerichten und Landesbehörden 93

a) Ausführung und Anwendung von Landesrecht 93

b) Ausführung und Anwendung von Bundesrecht 93

D. Vergleich der Grundrechtsbestimmungen der Hessischen Verfassung mit den Grundrechtsnormen des Grundgesetzes 99

I. Einleitung 99

1. Zum Gang der nachfolgenden Untersuchung 99

2. Allgemeine Fragen 100

a) Grundrechtsfähigkeit 100

aa) Natürliche Personen 100

bb) Juristische Personen des Privatrechts 101

(a) Art. 19 Abs. 3 GG 101

(b) Die Rechtslage nach der Hessischen Verfassung 103

(c) Ergebnis 104

cc) Juristische Personen des öffentlichen Rechts 104

(a) Die Rechtslage nach dem Grundgesetz 104

(b) Die Rechtslage nach der Hessischen Verfassung 106
(c) Ergebnis 107
b) Grundrechtsmündigkeit 107
aa) Die Rechtslage nach dem Grundgesetz 108
bb) Die Rechtslage nach der Hessischen Verfassung 108
cc) Ergebnis 109
c) Grundrechtsgeltung im Sonderstatusverhältnis 109
aa) Die Rechtslage nach Grundgesetz 109
bb) Die Rechtslage nach der Hessischen Verfassung 110
cc) Ergebnis 110
d) Der Grundrechtseingriff 111
aa) Die Rechtslage nach dem Grundgesetz 111
bb) Die Rechtslage nach der Hessischen Verfassung 114
cc) Ergebnis 115
e) Grundrechtsschranken 115
aa) Gesetzesvorbehalte 115
(a) Ausgestaltung der Gesetzesvorbehalte im Grundgesetz 117
(b) Ausgestaltung der Gesetzesvorbehalte in der Hessischen Verfassung 118
(c) Ergebnis 119
bb) Gesetzliche Grundlage 120
(a) Anforderungen des Grundgesetzes 120
(b) Anforderungen der Hessischen Verfassung 120
cc) Schranken-Schranken 120
(a) Schranken-Schranken nach dem Grundgesetz 120

(b) Schranken-Schranken nach der Hessischen Verfassung 122

dd) Ergebnis 123

II. Vergleich der Grundrechte der Hessischen Verfassung mit Gewährleistungen im Grundgesetz im Einzelnen 123

1. Gleichheit (Art. 3 GG - Art. 1 HV) 123

a) Grundrechtsträger 124

aa) Art. 3 GG 124

bb) Art. 1 HV 124

b) Grundrechtsadressat 125

aa) Art. 3 GG 125

bb) Art. 1 HV 125

c) Sachlicher Schutzbereich 125

aa) Allgemeiner Gleichheitssatz 125

(a) Art. 3 Abs. 1 GG 125

(b) Art. 1 HV 126

bb) Gleichberechtigung von Mann und Frau 126

(a) Art. 3 Abs. 2 GG 126

(b) Art. 1 HV 126

cc) Diskriminierungsverbote 127

(a) Art. 3 Abs. 3 GG 127

(b) Art. 1 HV 129

d) Verfassungsrechtliche Rechtfertigung von Eingriffen 129

aa) Allgemeiner Gleichheitssatz 129

(a) Art. 3 Abs. 1 GG 129

(b) Art. 1 HV 131

bb) Gleichberechtigung von Mann und Frau 133

(a) Art. 3 Abs. 2 GG 133

(b) Art. 1 HV 134

cc) Diskriminierungsverbote 134

(a) Art. 3 Abs. 3 GG 134
(b) Art. 1 HV 135
e) Ergebnis 135
2. Allgemeine Handlungsfreiheit (Art. 2 Abs. 1 GG - Art. 2 Abs. 1 und 2 HV) 136
a) Grundrechtsträger 137
aa) Art. 2 Abs. 1 GG 137
bb) Art. 2 Abs. 1 und 2 HV 137
b) Grundrechtsadressat 137
aa) Art. 2 Abs. 1 GG 137
bb) Art. 2 Abs. 1 und 2 HV 137
c) Sachlicher Schutzbereich 137
aa) Art. 2 Abs. 1 GG 137
bb) Art. 2 Abs. 1 und 2 HV 138
d) Eingriffe, Beeinträchtigungen 140
aa) Art. 2 Abs. 1 GG 140
bb) Art. 2 Abs. 1 und 2 HV 140
e) Verfassungsrechtliche Rechtfertigung von Eingriffen 141
aa) Art. 2 Abs. 1 GG 141
bb) Art. 2 Abs. 1 und 2 HV 143
f) Ergebnis 145
3. Rechtsweggarantie (Art. 19 Abs. 4 GG - Art. 2 Abs. 3 HV) 146
a) Grundrechtsträger 146
aa) Art. 19 Abs. 4 GG 146
bb) Art. 2 Abs. 3 HV 146
b) Grundrechtsadressat 147
aa) Art. 19 Abs. 4 GG 147
bb) Art. 2 Abs. 3 HV 147
c) Sachlicher Schutzbereich 147
aa) Art. 19 Abs. 4 GG 147
bb) Art. 2 Abs. 3 HV 150

d) Eingriffe, Beeinträchtigungen 151

aa) Art. 19 Abs. 4 GG 151

bb) Art. 2 Abs. 3 HV 152

e) Verfassungsrechtliche Rechfertigung von Eingriffen 153

aa) Art. 19 Abs. 4 GG 153

bb) Art. 2 Abs. 3 HV 153

f) Ergebnis 153

4. Leben, Gesundheit, Ehre und Würde (Art. 1 Abs. 1, Art. 2 Abs. 1 und Abs. 2 Sätze 1 und 3 GG - Art. 3 HV) 155

a) Grundrechtsträger 155

aa) Art. 1 Abs. 1 und Art. 2 Abs. 2 Satz 1 GG 155

bb) Art. 3 HV 155

b) Grundrechtsadressat 156

aa) Art. 1 Abs. 1 und Art. 2 Abs. 2 Satz 1 GG 156

bb) Art. 3 HV 156

c) Sachlicher Schutzbereich 157

aa) Würde 157

(a) Art. 1 Abs. 1 GG 157

(b) Art. 3 HV 157

bb) Ehre 157

(a) Art. 2 Abs. 1 i.V.m. Art. 1 Abs. 1 GG 157

(b) Art. 3 HV 158

cc) Leben 158

(a) Art. 2 Abs. 2 Satz 1 GG 158

(b) Art. 3 HV 158

dd) Gesundheit 158

(a) Art. 2 Abs. 2 Satz 1 GG 158

(b) Art. 3 HV 159

d) Eingriffe, Beeinträchtigungen 159

aa) Würde 159

(a) Art. 1 Abs. 1 GG 159

(b) Art. 3 HV 160

bb) Ehre 160

(a) Art. 2 Abs. 1 i.V.m. Art. 1 Abs. 1 GG 160

(b) Art. 3 HV 160

cc) Leben 161

(a) Art. 2 Abs. 2 Satz 1 GG 161

(b) Art. 3 HV 161

dd) Gesundheit 161

(a) Art. 2 Abs. 2 Satz 1 GG 161

(b) Art. 3 HV 161

e) Verfassungsrechtliche Rechtfertigung von Eingriffen 162

aa) Art. 1 Abs. 1 und Art. 2 Abs. 2 Sätze 2 und 3 GG 162

bb) Art. 3 HV 163

f) Ergebnis 163

5. Schutz von Ehe und Familie (Art. 6 GG - Art. 4, 55, 30 Abs. 2 HV) 165

a) Grundrechtsträger 166

aa) Art. 6 GG 166

bb) Art. 4, 55, 30 Abs. 2 HV 166

b) Grundrechtsadressat 167

aa) Art. 6 GG 167

bb) Art. 4, 55, 30 Abs. 2 HV 167

c) Sachlicher Schutzbereich 167

aa) Ehe und Familie 167

(a) Art. 6 Abs. 1 GG 167

(b) Art. 4 HV 168

bb) Elterliches Erziehungsrecht 170

(a) Art. 6 Abs. 2 GG 170

(b) Art. 55 HV 171

cc) Mutterschutz 172

(a) Art. 6 Abs. 4 GG 172

(b) Art. 30 Abs. 2 HV 173

d) Eingriffe, Beeinträchtigungen 174

aa) Ehe und Familie 174

(a) Art. 6 Abs. 1 GG 174

(b) Art. 4 HV 175

bb) Elterliches Erziehungsrecht 175

(a) Art. 6 Abs. 2 GG 175

(b) Art. 55 HV 175

cc) Mutterschutz 176

(a) Art. 6 Abs. 4 GG 176

(b) Art. 30 Abs. 2 HV 176

e) Verfassungsrechtliche Rechtfertigung von Eingriffen 176

aa) Ehe und Familie 176

(a) Art. 6 Abs. 1 GG 176

(b) Art. 4 HV 177

bb) Elterliches Erziehungsrecht 177

(a) Art. 6 Abs. 2 und 3 GG 177

(b) Art. 55 HV 178

cc) Mutterschutz 179

(a) Art. 6 Abs. 4 GG 179

(b) Art. 30 Abs. 2 HV 179

f) Ergebnis 179

6. Freiheit der Person (Art. 2 Abs. 2 Sätze 2 und 3, 104 GG - Art. 5, 19, 21, 23, 24 HV) 181

a) Grundrechtsträger 182

aa) Art. 2 Abs. 2 Satz 2 GG 182

bb) Art. 5 HV 182

b) Grundrechtsadressat 183

aa) Art. 2 Abs. 2 Satz 2 GG 183

bb) Art. 5 HV 183

c) Sachlicher Schutzbereich 183

aa) Art. 2 Abs.2 Satz 2 GG 183

bb) Art. 5 HV 184

d) Eingriffe, Beeinträchtigungen 184

aa) Art. 2 Abs. 2 Satz 2 GG 184

bb) Art. 5 HV 185

e) Verfassungsrechtliche Rechtfertigung von Eingriffen 186

aa) Art. 2 Abs. 2 Sätze 2 und 3, Art. 104 GG 186

bb) Art. 5 HV 187

f) Ergebnis 188

7. Freizügigkeit (Art. 11 GG - Art. 6 HV) 192

a) Grundrechtsträger 193

aa) Art. 11 GG 193

bb) Art. 6 HV 194

b) Grundrechtsadressat 194

aa) Art. 11 GG 194

bb) Art. 6 HV 194

c) Sachlicher Schutzbereich 194

aa) Art. 11 GG 194

bb) Art. 6 HV 196

d) Eingriffe, Beeinträchtigungen 196

aa) Art. 11 GG 196

bb) Art. 6 HV 197

e) Verfassungsrechtliche Rechtfertigung von Eingriffen 197

aa) Art. 11 GG 197

bb) Art. 6 HV 197

f) Ergebnis 198

8. Asylrecht (Art. 16a Abs. 2, Art. 16a GG - Art. 7 HV) 199

a) Grundrechtsträger 201

aa) Art. 16 Abs. 2, Art. 16a GG 201

bb) Art. 7 HV 201

b) Grundrechtsadressat 202

aa) Art. 16 Abs. 2, Art. 16a GG 202
bb) Art. 7 HV 202
c) Sachlicher Schutzbereich 202
aa) Auslieferung 202
(a) Art. 16 Abs. 2 GG 202
(b) Art. 7 Satz 1 HV 203
bb) Asylrecht 203
(a) Art. 16a GG 203
(b) Art. 7 Satz 2 HV 205
d) Eingriffe, Beeinträchtigungen 207
aa) Auslieferung 207
(a) Art. 16 Abs. 2 GG 207
(b) Art. 7 Satz 1 HV 207
bb) Asylrecht 207
(a) Art. 16a GG 207
(b) Art. 7 Satz 2 HV 208
e) Verfassungsrechtliche Rechtfertigung von Eingriffen 208
aa) Die Regelungen des Grundgesetzes 208
(a) Auslieferung, Art. 16 Abs. 2 GG 208
(b) Asylrecht, Art. 16a GG 209
bb) Auslieferung und Asylrecht, Art. 7 HV 210
f) Ergebnis 210
9. Unverletzlichkeit der Wohnung (Art. 13 GG - Art. 8 HV) 212
a) Grundrechtsträger 214
aa) Art. 13 GG 214
bb) Art. 8 HV 214
b) Grundrechtsadressat 215
aa) Art. 13 GG 215
bb) Art. 8 HV 215
c) Sachlicher Schutzbereich 215
aa) Art. 13 GG 215

bb) Art. 8 HV 216

d) Eingriffe, Beeinträchtigungen 216

aa) Art. 13 GG 216

bb) Art. 8 HV 217

e) Verfassungsrechtliche Rechtfertigung von Eingriffen 218

aa) Art. 13 GG 218

bb) Art. 8 HV 219

f) Ergebnis 220

10. Glaubens- und Gewissensfreiheit (Art. 4 GG - Art. 9, 48 Abs. 1 und 2 HV) 221

a) Grundrechtsträger 221

aa) Art. 4 Abs. 1 und 2 GG 221

bb) Art. 9, 48 Abs. 1 und 2 HV 222

b) Grundrechtsadressat 222

aa) Art. 4 Abs. 1 und 2 GG 222

bb) Art. 9, 48 Abs. 1 und 2 HV 223

c) Sachlicher Schutzbereich 223

aa) Art. 4 Abs. 1 und 2 GG 223

bb) Art. 9, 48 Abs. 1 und 2 HV 225

d) Eingriffe, Beeinträchtigungen 226

aa) Art. 4 Abs. 1 und 2 GG 226

bb) Art. 9, 48 Abs. 1 und 2 HV 227

e) Verfassungsrechtliche Rechtfertigung von Eingriffen 227

aa) Art. 4 Abs. 1 und 2 GG 227

bb) Art. 9, 48 Abs. 1 und 2 HV 228

f) Ergebnis 228

11. Freiheit von Wissenschaft und Kunst (Art. 5 Abs. 3 GG - Art. 10 HV) 229

a) Grundrechtsträger 230

aa) Art. 5 Abs. 3 GG 230

bb) Art. 10 HV 231

b) Grundrechtsadressat 232

aa) Art. 5 Abs. 3 GG 232

bb) Art. 10 HV 232

c) Sachlicher Schutzbereich 232

aa) Art. 5 Abs. 3 GG 232

bb) Art. 10 HV 234

d) Eingriffe, Beeinträchtigungen 236

aa) Art. 5 Abs. 3 GG 236

bb) Art. 10 HV 236

e) Verfassungsrechtliche Rechtfertigung von Eingriffen 237

aa) Art. 5 Abs. 3 GG 237

(a) Vorbehaltlose Gewährleistung 237

(b) Verwirkung, Art. 18 GG 238

bb) Art. 10 HV 240

(a) Gesetzesvorbehalte 240

(b) Verwirkung, Art. 17 HV 240

(c) Aberkennung von Grundrechten, Art. 146 Abs. 2 HV i.V.m. §§ 36 - 38 StGHG 242

f) Ergebnis 242

12. Meinungs- und Informationsfreiheit (Art. 5 Abs. 1 GG - Art. 11, 13 HV) 246

a) Grundrechtsträger 248

aa) Art. 5 Abs. 1 GG 248

bb) Art. 11, 13 HV 248

b) Grundrechtsadressat 248

aa) Art. 5 Abs. 1 GG 248

bb) Art. 11, 13 HV 249

c) Sachlicher Schutzbereich 249

aa) Art. 5 Abs. 1 GG 249

(a) Meinungsfreiheit 249

(b) Informationsfreiheit 250

(c) Presse-, Rundfunk- und Filmfreiheit 251
bb) Art. 11, 13 HV 253
(a) Meinungsfreiheit 253
(b) Informationsfreiheit 254
d) Eingriffe, Beeinträchtigungen 255
aa) Art. 5 Abs. 1 GG 255
bb) Art. 11, 13 HV 256
e) Verfassungsrechtliche Rechtfertigung von Eingriffen 256
aa) Art. 5 Abs. 1 GG 256
bb) Art. 11, 13 HV 258
f) Ergebnis 259
13. Postgeheimnis (Art. 10 GG - Art. 12 HV) 260
a) Grundrechtsträger 261
aa) Art. 10 GG 261
bb) Art. 12 HV 261
b) Grundrechtsadressat 262
aa) Art. 10 GG 262
bb) Art. 12 HV 262
c) Sachlicher Schutzbereich 262
aa) Art. 10 GG 262
bb) Art. 12 HV 264
d) Eingriffe, Beeinträchtigungen 264
aa) Art. 10 GG 264
bb) Art. 12 HV 265
e) Verfassungsrechtliche Rechtfertigung von Eingriffen 265
aa) Art. 10 GG 265
bb) Art. 12 HV 266
f) Ergebnis 266
14. Versammlungsfreiheit (Art. 8 GG - Art. 14 HV) 267
a) Grundrechtsträger 268
aa) Art. 8 GG 268

bb) Art. 14 HV 269

b) Grundrechtsadressat 269

aa) Art. 8 GG 269

bb) Art. 14 HV 269

c) Sachlicher Schutzbereich 269

aa) Art. 8 GG 269

bb) Art. 14 HV 271

d) Eingriffe, Beeinträchtigungen 272

aa) Art. 8 GG 272

bb) Art. 14 HV 272

e) Verfassungsrechtliche Rechtfertigung von Eingriffen 273

aa) Art. 8 GG 273

bb) Art. 14 HV 274

f) Ergebnis 275

15. Vereinigungsfreiheit (Art. 9 Abs. 1 und 2 GG - Art. 15 HV) 276

a) Grundrechtsträger 277

aa) Art. 9 Abs. 1 und 2 GG 277

bb) Art. 15 HV 277

b) Grundrechtsadressat 278

aa) Art. 9 Abs. 1 und 2 GG 278

bb) Art. 15 HV 278

c) Sachlicher Schutzbereich 278

aa) Art. 9 Abs. 1 und 2 GG 278

bb) Art. 15 HV 280

d) Eingriffe, Beeinträchtigungen 281

aa) Art. 9 Abs. 1 und 2 GG 281

bb) Art. 15 HV 281

e) Verfassungsrechtliche Rechtfertigung von Eingriffen 282

aa) Art. 9 Abs. 1 und 2 GG 282

bb) Art. 15 HV 284

f) Ergebnis 284
16. Petitionsrecht (Art. 17 GG - Art. 16 HV) 285
a) Grundrechtsträger 285
aa) Art. 17 GG 285
bb) Art. 16 HV 285
b) Grundrechtsadressat 286
aa) Art. 17 GG 286
bb) Art. 16 HV 286
c) Sachlicher Schutzbereich 286
aa) Art. 17 GG 286
bb) Art. 16 HV 288
d) Eingriffe, Beeinträchtigungen 289
aa) Art. 17 GG 289
bb) Art. 16 HV 290
e) Verfassungsrechtliche Rechtfertigung von Eingriffen 290
aa) Art. 17 GG 290
bb) Art. 16 HV 290
f) Ergebnis 291
17. Gesetzlicher Richter (Art. 101 Abs. 1 GG - Art. 20 Abs. 1 HV) 291
a) Art. 101 Abs. 1 GG 292
b) Art. 20 Abs. 1 HV 294
c) Ergebnis 295
18. Rückwirkungsverbot (Art. 103 Abs. 2 GG - Art. 22 Abs. 1 HV) 296
a) Art. 103 Abs. 2 GG 296
b) Art. 22 Abs. 1 HV 297
c) Ergebnis 297
19. Keine Strafe ohne Gesetz (Art. 103 Abs. 2 GG - Art. 20 Abs. 1 Satz 1, Art. 22 Abs. 1 HV) 298
a) Art. 103 Abs. 2 GG 298
b) Art. 20 Abs. 1 Satz 1, Art. 22 Abs. 1 HV 299

c) Ergebnis 300

20. Verbot der Doppelbestrafung (Art. 103 Abs. 3 GG - Art. 22 Abs. 3 HV) 300

a) Art. 103 Abs. 3 GG 300

b) Art. 22 Abs. 3 HV 302

c) Ergebnis 302

21. Koalitionsfreiheit (Art. 9 Abs. 3 GG - Art. 36, Art. 29 Abs. 2, 4 und 5 HV) 302

a) Grundrechtsträger 303

aa) Art. 9 Abs. 3 GG 303

bb) Art. 36, Art. 29 Abs. 2, 4 und 5 HV 304

b) Grundrechtsadressat 304

aa) Art. 9 Abs. 3 GG 304

bb) Art. 36, Art. 29 Abs. 2, 4 und 5 HV 304

c) Sachlicher Schutzbereich 305

aa) Art. 9 Abs. 3 GG 305

bb) Art. 36, Art. 29 Abs. 2, 4 und 5 HV 306

d) Eingriffe, Beeinträchtigung 308

aa) Art. 9 Abs. 3 GG 308

bb) Art. 36, Art. 29 Abs. 2, 4 und 5 HV 308

e) Verfassungsrechtliche Rechtfertigung von Eingriffen 309

aa) Art. 9 Abs. 3 GG 309

bb) Art. 36, Art. 29 Abs. 2, 4 und 5 HV 309

f) Ergebnis 309

22. Eigentum und Erbrecht (Art. 14 GG - Art. 45, 46 HV) 310

a) Grundrechtsträger 311

aa) Art. 14 GG 311

bb) Art. 45, 46 HV 311

b) Grundrechtsadressat 311

aa) Art. 14 GG 311

bb) Art. 45, 46 HV 312

c) Sachlicher Schutzbereich 312
aa) Art. 14 GG 312
bb) Art. 45, 46 HV 314
d) Eingriffe, Beeinträchtigungen 315
aa) Art. 14 GG 315
(a) Inhalts- und Schrankenbestimmungen 315
(b) Enteignung 315
(c) Sonstige Eigentumsbeeinträchtigungen 316
bb) Art. 45, 46 HV 316
(a) Inhalts- und Schrankenbestimmungen 316
(b) Enteignung 316
(c) Sonstige Beeinträchtigungen 317
e) Verfassungsrechtliche Rechtfertigung von Eingriffen 317
aa) Art. 14 GG 317
(a) Inhalts- und Schrankenbestimmungen 317
(b) Enteignung 317
(c) Sonstige Beeinträchtigungen 318
(d) Beachtung der Institutsgarantie 319
bb) Art. 45, 46 HV 319
(a) Inhalts- und Schrankenbestimmungen 319
(b) Enteignung 319
(c) Sonstige Beeinträchtigungen 320
(d) Beachtung der Institutsgarantie 320
f) Ergebnis 321
23. Religionsunterricht (Art. 7 Abs. 2 und 3 GG - Art. 57, 58 HV) 322
a) Art. 7 Abs. 2 und 3 GG 322
b) Art. 57, 58 HV 324
c) Ergebnis 325
24. Privatschulfreiheit (Art. 7 Abs. 4 und 5 GG - Art. 61 HV) 325
a) Art. 7 Abs. 4 und 5 GG 326

b) Art. 61 HV 327

c) Ergebnis 328

III. Grundrechte der Hessischen Verfassung ohne ausdrückliche Entsprechung im Grundgesetz 329

1. Unschuldsvermutung (Art. 20 Abs. 2 Satz 1 HV) 329

a) Art. 20 Abs. 2 Satz 1 HV 329

b) Die Rechtslage nach dem Grundgesetz 330

c) Ergebnis 330

2. Garantie eines Rechtsbeistands (Art. 20 Abs. 2 Satz 2 HV) 331

a) Art. 20 Abs. 2 Satz 2 HV 331

b) Die Rechtslage nach dem Grundgesetz 331

c) Ergebnis 331

3. Schuldprinzip (Art. 22 Abs. 2, Art. 21 Abs. 2 HV) 332

a) Art. 22 Abs. 2, Art. 21 Abs. 2 HV 332

b) Die Rechtslage nach dem Grundgesetz 332

c) Ergebnis 333

4. Lohngleichheit von Mann und Frau (Art. 33 Satz 2 HV) 333

a) Art. 33 Satz 2 HV 333

b) Die Rechtslage nach dem Grundgesetz 334

c) Ergebnis 334

5. Betriebsvertretungen (Art. 37 HV) 335

a) Art. 37 HV 335

b) Die Rechtslage nach dem Grundgesetz 336

c) Ergebnis 337

6. Wirtschaftliche Betätigungsfreiheit (Art. 38 Abs. 1 und 2 HV) 337

a) Art. 38 Abs. 1 und 2 HV 338

b) Die Rechtslage nach dem Grundgesetz 338

c) Ergebnis 339

7. Lehrmittelfreiheit, Zugang zu den Schulen (Art. 59 HV) 339
a) Art. 59 HV 339
b) Die Rechtslage nach dem Grundgesetz 341
c) Ergebnis 341

IV. Weitere Normen des Ersten Hauptteils der Hessischen Verfassung ohne Grundrechtscharakter 342
1. Unabänderlichkeit und Verbindlichkeit der Grundrechte (Art. 26 HV) 342
2. Grundlagen der Wirtschafts- und Sozialordnung (Art. 27 HV) 343
3. Recht auf Arbeit und Fürsorge (Art. 28 HV) 343
4. Arbeitsrecht und Schlichtungswesen (Art. 29 Abs. 1 und 3 HV) 344
5. Arbeitsbedingungen, Arbeitsentgelt (Art. 30 Abs. 1 und 3, Art. 33 HV) 345
6. Achtstundentag, Sonn- und Feiertage (Art. 31 HV) 345
7. 1. Mai als Feiertag (Art. 32 HV) 346
8. Anspruch auf Urlaub (Art. 34 HV) 346
9. Sozialversicherung, Gesundheitswesen (Art. 35 HV) 346
10. Wirtschaftsziele (Art. 38 HV) 347
11. Verbot der Monopolbildung, Sozialisierung, Verwaltung des Gemeineigentums, Sozialisierte Betriebe, Bodenreform (Art. 39 - 42 HV) 348
12. Schutz von Klein- und Mittelbetrieben, Genossenschaftswesen (Art. 43, 44 HV) 349
13. Besteuerungsgrundsätze (Art. 47) 350
14. Recht der Kirchen, Religions- und Weltanschauungsgemeinschaften (Art. 49 - 54 HV) 350

15. Erziehung und Schule (Art. 56 HV) 352
16. Hochschulen (Art. 60 HV) 353
17. Denkmalschutz (Art. 62) 353
18. Schutz des Sports (Art. 62a HV) 353
19. Unantastbarkeit der Grundrechte (Art. 63 HV) 354

E. Schluss 354
I. Ergebnis der Untersuchung 354
II. Zusammenfassung der Ergebnisse 358

Literaturverzeichnis

Alexy, Robert, Theorie der Grundrechte, Baden-Baden 1985

Anschütz, Gerhard, Die Verfassung des Deutschen Reiches vom 11. August 1919. Ein Kommentar für Wissenschaft und Praxis. 3. Bearbeitung, 13. Auflage, Berlin 1930

Barbey, Günther, Bundesrecht bricht Landesrecht. Eine Betrachtung zu den Kommentierungen des Art. 31 GG in den Kommentaren von v.Mangoldt-Klein und Maunz-Dürig, in: DÖV 1960, S. 566 ff.

Bartlsperger, Richard, § 96 - Das Verfassungsrecht der Länder in der gesamtstaatlichen Verfassungsordnung, in: Isensee, Josef/Kirchhof, Paul (Hrsg.), Handbuch des Staatsrechts der Bundesrepublik Deutschland, Band IV: Finanzverfassung – Bundesstaatliche Ordnung, Heidelberg 1990 (zitiert: Bartlsperger, in: Isensee/Kirchhof, Handbuch des Staatsrechts, § 96 Rdnr.)

Bauer, Hartmut/ Kahl, Wolfgang, Europäische Unionsbürger als Träger von Deutschen-Grundrechten, in: NVwZ 1995, S. 1077 ff.

Berding, Helmut (Hrsg.), Die Entstehung der Hessischen Verfassung von 1946, Wiesbaden 1996

Berkemann, Jörg, Ein Landesverfassungsgericht als Revisionsgericht - Der Streitfall Honecker, in: NVwZ 1993, S. 409 ff.

Bethge, Herbert, Die Grundrechtsberechtigung juristischer Personen nach Art. 19 Abs. 3 Grundgesetz, Passau 1985 (zitiert: Bethge, Grundrechtsberechtigung, S.)

Bethge, Herbert, Der Grundrechtseingriff, in: VVDStRL 57 (1998), S. 7. ff.

Bleckmann, Albert, Staatsrecht I - Staatsorganisationsrecht, Köln u.a. 1993 (zitiert: Bleckmann, Staatsrecht I, Rdnr.)

Bleckmann, Albert, Staatsrecht II – Die Grundrechte, 4. Auflage, Köln u.a. 1997 (zitiert: Bleckmann, Staatsrecht II, §)

Bleckmann, Albert, Die Personenverkehrsfreiheit im Recht der EG. Vom Gleichheitssatz zur Verankerung absoluter Grundrechte, in: DVBl. 1986, S. 71 ff.

Bleckmann, Albert/ Eckhoff, Rolf, Der „mittelbare Grundrechtseingriff“, in: DVBl. 1988, S. 374 ff.

Böckenförde, Ernst-Wolfgang, Grundrechtstheorie und Grundrechtsinterpretation, in: NJW 1974, S, 1529 ff.

Böckenförde, Ernst-Wolfgang/ Grawert, Rolf, Kollisionsfälle und Geltungsprobleme im Verhältnis von Bundesrecht und Landesverfassung, in: DÖV 1971, S. 119 ff.

Boehl, Henner Jörg, Verfassunggebung im Bundesstaat: Ein Beitrag zur Verfassungslehre des Bundesstaates und der konstitutionellen Demokratie, Berlin 1997 (zitiert: Boehl, Verfassunggebung, S.)

Boehl, Henner Jörg, Landesverfassunggebung im Bundesstaat. Zur Neukonstituierung der Länder im beigetretenen Teil Deutschlands, in: Der Staat 30 (1991), S. 571 ff.

Brünneck, Wiltraut von, Die Verfassung des Landes Hessen vom 1. Dezember 1946, in: JöR N.F. 3 (1952), S. 213 ff.

Bull, Hans Peter, Staatszwecke im Verfassungsstaat, in: NVwZ 1989, S. 801 ff.

Clausen, Harald, Landesverfassungsbeschwerde und Bundesstaatsgewalt, Baden-Baden 2000 (zitiert: Clausen, Landesverfassungsbeschwerde, S.)

Coelln, Christian von, Anwendung von Bundesrecht nach Maßgabe der Landesgrundrechte? - Zur Kontrolle bundesrechtlich determinierter Akte der Länder durch die Landesverfassungsgerichte, Baden-Baden 2001 (zitiert: von Coelln, Anwendung von Bundesrecht, S.)

Degenhart, Christoph, Staatsrecht I - Staatsorganisationsrecht, 21. Auflage, Heidelberg 2005 (zitiert: Degenhart, Staatsrecht I, Rdnr.)

Dennewitz, Bodo, Das Bonner Grundgesetz und die westdeutschen Länderverfassungen, in: DÖV 1949, S. 341 ff.

Denninger, Erhard/ Hoffmann-Riem, Wolfgang/ Schneider, Hans-Peter u.a. (Hrsg.), Kommentar zum Grundgesetz für die Bundesrepublik Deutschland, 3. Auflage, Neuwied 2002 (zitiert: Bearbeiter, in: AK-GG, Art.)

Denninger, Erhard, Zum Verhältnis von Landesverfassung und Bundesrecht, in: Eichel, Hans/ Möller, Klaus Peter (Hrsg.), Festschrift 50 Jahre Verfassung des Landes Hessen, Wiesbaden 1997, S. 343 ff. (zitiert: Denninger, in: FS 50 Jahre HV, S.)

Dietlein, Johannes, Die Grundrechte in den Verfassungen der neuen Bundesländer. Zugleich ein Beitrag zur Auslegung des Art. 31 und Art. 142 GG, München 1993 (zitiert: Dietlein, Grundrechte, S.)

Dietlein, Johannes, Das Verhältnis von Bundes- und Landesverfassungsrecht, in: Präsident des Verfassungsgerichtshofs für das Land Nordrhein-Westfalen (Hrsg.), Verfassungsgerichtsbarkeit in Nordrhein-Westfalen. Festschrift zum 50-jährigen Bestehen des Verfassungsgerichtshofs für das Land Nordrhein-Westfalen, Münster 2002, S. 203 ff. (zitiert: Dietlein, in: FS 50 Jahre VerfGH NRW, S.)

Dietlein, Johannes, Die Rezeption von Bundesgrundrechten durch Landesverfassungsrecht. Zum Verhältnis der Bundesgrundrechte zu den durch Rezeption geschaffenen Grundrechten der Länder, in: AöR 120 (1995), S. 1 ff.

Dietlein, Johannes, Landesverfassungsbeschwerde und Einheit des Bundesrechts. Zu den Kontrollbefugnissen der Landesverfassungsgerichte im Rahmen des Urteilsverfassungsbeschwerdeverfahrens, in: NVwZ 1994, S. 6 ff.

Discher, Thomas, Die Landesverfassungsgerichte in der bundesstaatlichen Rechtsprechungskompetenz des Grundgesetzes. Zugleich ein Beitrag zur bundesstaatlichen Stufung des Rechts, Berlin 1997 (zitiert: Discher, Landesverfassungsgerichte, S.)

Dolzer, Rudolf/ Vogel, Klaus/ Graßhof, Karin (Hrsg.), Bonner Kommentar zum Grundgesetz, Loseblattsammlung, Stand: 124. Aktualisierung, Heidelberg September 2006 (zitiert: Bearbeiter, in: Bonner Kommentar, Art.)

Dreier, Horst (Hrsg.), Grundgesetz, Kommentar, Band I: Präambel, Artikel 1 – 19, 2. Auflage, Tübingen 2004 (zitiert: Bearbeiter, in: Dreier, GG, Art.)

Dreier, Horst (Hrsg.), Grundgesetz, Kommentar, Band II: Artikel 20 - 82, 2. Auflage, Tübingen 2006 (zitiert: Bearbeiter, in: Dreier, GG, Art.)

Dreier, Horst (Hrsg.), Grundgesetz, Kommentar, Band III: Artikel 83 - 146, Tübingen 2000 (zitiert: Bearbeiter, in: Dreier, GG, Art.)

Dreier, Horst, Grundrechtsschutz durch Landesverfassungsgerichte, Berlin, New York 2000 (zitiert: Dreier, Grundrechtsschutz, S.)

Enders, Christoph, Die neue Subsidiarität des Bundesverfassungsgerichts, in: JuS 2001, S. 462 ff.

Freund, Lothar, Die Anklageverfahren vor den Landesverfassungsgerichten, in: Starck, Christian/ Stern, Klaus (Hrsg.), Landesverfassungsgerichtsbarkeit, Teilband II: Zuständigkeiten und Verfahren der Landesverfassungsgerichte, Baden-Baden 1983, S. 307 ff. (zitiert: Freund, in: Starck/Stern, Landesverfassungsgerichtsbarkeit, Band II, S.)

Friesenhahn, Ernst, Zur Zuständigkeitsabgrenzung zwischen Bundesverfassungsgerichtsbarkeit und Landesverfassungsgerichtsbarkeit, in: Starck, Christian (Hrsg.), Bundesverfassungsgericht und Grundgesetz. Festgabe aus Anlass des 25jährigen Bestehens des Bundesverfassungsgerichts, Tübingen 1976, S. 748 ff. (zitiert: Friesenhahn, in: FS 25 Jahre BVerfGG, S.)

Gehb, Jürgen, Verfassung, Zuständigkeiten und Verfahren des Hessischen Staatsgerichtshofs, Baden-Baden 1987 (zitiert: Gehb, Staatsgerichtshof, S.)

Geiger, Willi, Die Verfassungsbeschwerde nach Bundes- und nach Landesrecht, in: DRZ 1969, S. 137 ff.

Göbel-Zimmermann, Ralph, Asylrechte der Landesverfassungen im Verhältnis zum Bundesrecht, in: NVwZ 1995, S. 763 ff.

Grawert, Rolf, Die Bedeutung gliedstaatlichen Verfassungsrechts in der Gegenwart, in: NJW 1987, S. 2329 ff.

Gross, Verfassungshoheit und Homogenität im Bundesstaat, in: DVBl. 1950, S. 5 ff.

Grüßing, Jens, Landesverfassung und Strafprozess. Ein Beitrag zur Einwirkung von Landesgrundrechten (aus Anlass landesrechtlicher Verfassungsbeschwerden) in bundesrechtlich geregelten Gerichtsverfahren, Marburg 2006 (zitiert: Grüßing, Landesverfassung, S.)

Günther, Herbert, Verfassungsgerichtsbarkeit in Hessen, Baden-Baden 2004 (zitiert: Günther, Verfassungsgerichtsbarkeit, §)

Günther, Thomas/ Franz, Einiko B., Grundfälle zu Art. 9 GG, in: JuS 2006, S. 788 ff.

Gusy, Christoph, Verwaltung durch Information – Empfehlungen und Warnungen als Mittel des Verwaltungshandelns, in: NJW 2000, S. 977 ff.

Hain, Karl-E., Zur Frage der Europäisierung des Grundgesetzes - Eine kritische Analyse -, in: DVBl. 2002, S. 148 ff.

Hain, Karl E., Anmerkung zu BVerfGE 96, 345ff., in: JZ 1998, S. 620 ff.

Hanebeck, Alexander, Der demokratische Bundesstaat, Berlin 2004 (zitiert: Hanebeck, Bundesstaat, S.)

Hecker, Wolfgang, Staats- und Verfassungsrecht (Reihe Hessisches Landesrecht), Baden-Baden 2002 (zitiert: Hecker, Rdnr.)

Hesse, Konrad, Der unitarische Bundesstaat, Karlsruhe 1962 (zitiert: Hesse, Bundesstaat, S.)

Hesse, Konrad, Grundzüge des Verfassungsrechts der Bundesrepublik Deutschland, Neudruck der 20. Auflage, Heidelberg 1999 (zitiert: Hesse, Grundzüge, Rdnr.)

Hinkel, Reinhard, Verfassung des Landes Hessen, Kommentar, Wiesbaden 1998 (zitiert: Hinkel, Art.)

Hohm, Karl-Heinz, Grundrechtsträgerschaft und „Grundrechtsmündigkeit" Minderjähriger am Beispiel öffentlicher Heimerziehung, in: NJW 1986, S. 3107 ff.

Ipsen, Jörn, Staatsrecht I - Staatsorganisationsrecht, 4. Auflage, Neuwied, Kriftel 2002 (zitiert: Ipsen, Staatsrecht I, Rdnr.)

Ipsen, Jörn, Die Kompetenzverteilung zwischen Bund und Ländern nach der Föderalismusreform, in: NJW 2006, S. 2801 ff.

Isensee, Josef, § 98 - Idee und Gestalt des Föderalismus im Grundgesetz, in: ders./Kirchhof, Paul (Hrsg.), Handbuch des Staatsrechts der Bundesrepublik Deutschland, Band IV: Finanzverfassung – Bundesstaatliche Ordnung, Heidelberg 1990 (zitiert, in: Isensee, in: Isensee/Kirchhof, Handbuch des Staatsrechts, § 98)

Isensee, Josef, § 111 - Das Grundrecht als Abwehrrecht und staatliche Schutzpflicht, in: ders./Kirchhof, Paul (Hrsg.), Handbuch des Staatsrechts, Band V: Allgemeine Grundrechtslehren, Heidelberg 1992 (zitiert: Isensee, in: Isensee/Kirchhof, Handbuch des Staatsrechts, § 111)

Isensee, Josef, Der Föderalismus und der Verfassungsstaat der Gegenwart, in: AöR 115 (1990), S. 248 ff.

Isensee, Josef, Chancen und Grenzen der Landesverfassung im Bundesstaat, in: SächsVBl. 1994, S. 28 ff.

Jachmann, Monika, Die Relevanz der Bayerischen Verfassung aus verfassungsprozessrechtlicher Sicht, in: BayVBl. 1997, S. 321 ff.

Jarass, Hans D./ Pieroth, Bodo (Hrsg.), Grundgesetz für die Bundesrepublik Deutschland, Kommentar, 8. Auflage, München 2006 (zitiert: Bearbeiter, in: Jarass/ Pieroth, GG, Art.)

Jarass, Hans D., Folgerungen aus der neueren Rechtsprechung des BVerfG für die Prüfung von Verstößen gegen Art. 3 I GG, in: NJW 1997, S. 2545 ff.

Jutzi, Siegfried, Landesverfassungsrecht und Bundesrecht - Kollisionslagen und Geltungsprobleme, exemplifiziert an sozialen und wirtschaftlichen Bestimmungen des Landesverfassungsrechts, Berlin 1982 (zitiert: Jutzi, Landesverfassungsrecht, S.)

Jutzi, Siegfried, Gestaltungsräume der Landesverfassung gegenüber Bund und Europa, in: KritV 1996, S. 138 ff.

Jutzi, Siegfried, Grundrechte der Landesverfassungen und Ausführung von Bundesrecht, in: DÖV 1983, S. 836 ff.

Kanther, Wilhelm, Die neuen Landesverfassungen im Lichte der Bundesverfassung, Diss. Köln 1993 (zitiert: Kanther, Landesverfassungen, S.)

Kelsen, Hans, Reine Rechtslehre, 2. Auflage, Wien 1976 (zitiert: Kelsen, Rechtslehre, S.)

Kelsen, Hans, Allgemeine Staatslehre, Berlin 1925 (zitiert: Kelsen, Staatslehre, S.)

Kersten, Jens, Homogenitätsgebot und Landesverfassungsrecht, in: DÖV 1993, S. 896 ff.

Kimminich, Otto, § 26 - Der Bundesstaat, in: Isensee, Josef/Kirchhof, Paul (Hrsg.), Handbuch des Staatsrechts der Bundesrepublik Deutschland, Band I: Grundlagen von Staat und Verfassung, Heidelberg 1987, (zitiert, Kimminich, in: Isensee/Kirchhof, Handbuch des Staatsrechts, § 26)

Klein, Eckart, Landesverfassung und Landesverfassungsbeschwerde, in: DVBl. 1993, S. 1329 ff.

Klein, Eckart/ Haratsch, Andreas, Die Landesverfassungsbeschwerde - Ein Instrument zur Überprüfung der Anwendung von Bundesrecht?, in: JuS 2000, S. 209 ff.

Kobor, Hagen, Grundfälle zu Art. 5 III GG, in: JuS 2006, S. 695 ff.

Kopp, Ferdinand O./ Ramsauer, Ulrich, Verwaltungsverfahrensgesetz, 9. Auflage, München 2005

Kopp, Ferdinand O., Die Grundrechte der deutschen Landesverfassungen, in: Novak, Richard/ Sutter, Berthold u.a. (Hrsg.), Der Föderalismus und die Zukunft der Grundrechte, Wien, Köln, Graz 1982, S. 51 ff. (zitiert: Kopp, in: Novak/ Sutter, Föderalismus, S.)

Krause, Peter, Grenzen der Verfassungsautonomie der Länder – BVerfG, NJW 1974, 1181, in: JuS 1975, S. 160 ff.

Krings, Günter, Die Petitionsfreiheit nach Art. 17 GG, in: JuS 2004, S. 474 ff.

Kube, Hanno, Die Elfes-Konstruktion, in: JuS 2003, S. 111 ff.

Kunig, Philip, Die rechtsprechende Gewalt in den Ländern und die Grundrechte des Landesverfassungsrechts, in: NJW 1994, S. 687 ff.

Lange, Klaus, Das Bundesverfassungsgericht und die Landesverfassungsgerichte, in: Badura, Peter/ Dreier, Horst (Hrsg.), Festschrift 50 Jahre Bundesverfassungsgericht, Erster Band Verfassungsgerichtsbarkeit - Verfassungsprozess, Tübingen 2001, S. 289 ff. (zitiert: Lange, in: FS 50 Jahre BVerfG, S.)

Lange, Klaus, Wie bewährt sich die Hessische Verfassung in der Rechtsprechung des Hessischen Staatsgerichtshofs? in: Aschke, Manfred/ Hase, Friedhelm/ Schmidt-De Caluwe, Reimung (Hrsg.), Selbstbestimmung und Gemeinwohl, Festschrift zum 70. Geburtstag von Professor Dr. Friedrich von Zezschwitz, Baden-Baden 2005, S. 56 ff. (zitiert: Lange, in: FS Zezschwitz, S.)

Lange, Klaus/ Jobs, A. Torsten, Brauchen wir eine Verfassungsreform? Vom Beruf unserer Zeit zur Landesverfassungsgebung, in: Eichel, Hans/ Möller Klaus Peter (Hrsg), 50 Jahre Verfassung des Landes Hessen, Wiesbaden 1997, S. 445 ff. (zitiert: Lange/ Jobs, in: FS 50 Jahre HV, S.)

Larenz, Karl, Methodenlehre der Rechtswissenschaft, 3. Auflage, Berlin 1995 (zitiert: Larenz, Methodenlehre, S.)

Lembke, Ulrike, Grundfälle zu Art. 8 GG, in: JuS 2005, S. 1081 ff.

Lemhöfer, Bernt, Landesverfassungsgerichte als kleine Bundesverfassungsgerichte?, in: NJW 1996, S. 1714 ff.

Lerche, Peter, § 121 - Grundrechtliche Schutzprägung, Grundrechtsprägung und Grundrechtseingriff, in: Isensee, Josef/Kirchhof, Paul (Hrsg.), Handbuch des Staatsrechts, Band V: Allgemeine Grundrechtslehren, Heidelberg 1992 (zitiert: Lerche, in: Isensee/Kirchhof, Handbuch des Staatsrechts, § 121)

Loschelder, Wolfgang, § 123 - Grundrechte im Sonderstatus, in: Isensee, Josef/Kirchhof, Paul (Hrsg.), Handbuch des Staatsrechts, Band V: Allgemeine Grundrechtslehren, Heidelberg 1992 (zitiert: Loschelder, in: Isensee/Kirchhof, Handbuch des Staatsrechts, § 123 Rdnr.)

Lübbe-Wolff, Gertrud, Rechtsprobleme der behördlichen Umweltberatung, in: NJW 1987, S. 2706 ff.

Lücke, Jörg, Soziale Grundrechte als Staatszielbestimmungen und Gesetzgebungsaufträge, in: AöR 107 (1982), S. 15 ff.

Magiera, Siegfried, Verfassunggebung der Länder als Gliedstaaten der Bundesrepublik Deutschland, in: Stern, Klaus (Hrsg.), Deutsche Wiedervereinigung, Band 3: Zur Entstehung von Landesverfassungen in den neuen Ländern der Bundesrepublik Deutschland, Köln u.a. 1992, S. 141 ff. (zitiert: Magiera, in: Stern, Wiedervereinigung, S.)

Maier, Hans, Der Föderalismus - Ursprünge und Wandlungen, in: AöR 115 (1990), S. 213 ff.

Mangoldt, Hermann von/ Klein, Friedrich/ Starck, Christian (Hrsg.), Kommentar zum Grundgesetz, Band 1: Präambel, Artikel 1 – 19, 5. Auflage, München 2005 (zitiert: Bearbeiter, in: von Mangoldt/Klein/Starck, GG, Art.)

Mangoldt, Hermann von/ Klein, Friedrich/ Starck, Christian (Hrsg.), Kommentar zum Grundgesetz, Band 2: Artikel 20 - 82, 5. Auflage, München 2005 (zitiert: Bearbeiter, in: von Mangoldt/Klein/Starck, GG, Art.)

Mangoldt, Hermann von/ Klein, Friedrich/ Starck, Christian (Hrsg.), Kommentar zum Grundgesetz, Band 1: Artikel 83 - 146, 5. Auflage, München 2005 (zitiert: Bearbeiter, in: von Mangoldt/Klein/Starck, GG, Art.)

März, Wolfgang, Bundesrecht bricht Landesrecht - Eine staatsrechtliche Untersuchung zu Art. 31 des Grundgesetzes, Berlin 1989 (zitiert: März, Bundesrecht bricht Landesrecht, S.)

Maunz, Theodor, § 94 - Staatlichkeit und Verfassungshoheit der Länder, in: Isensee, Josef/Kirchhof, Paul (Hrsg.), Handbuch des Staatsrechts der Bundesrepublik Deutschland, Band IV: Finanzverfassung – Bundesstaatliche Ordnung, Heidelberg 1990 (zitiert: Maunz, in: Isensee/Kirchhof, Handbuch des Staatsrechts, § 94)

Maunz, Theodor, § 95 - Verfassungshomogenität von Bund und Ländern, in: Isensee, Josef/Kirchhof, Paul (Hrsg.), Handbuch des Staatsrechts der Bundesrepublik Deutschland, Band IV: Finanzverfassung – Bundesstaatliche Ordnung, Heidelberg 1990 (zitiert: Maunz, in: Isensee/Kirchhof, Handbuch des Staatsrechts, § 95)

Maunz, Theodor/ Dürig, Günter/ Herzog, Roman (Hrsg.), Grundgesetz, Kommentar, Loseblattsammlung, Stand: 46. Ergänzungslieferung, München März 2006, (zitiert: Bearbeiter, in: Maunz/Dürig/Herzog, GG, Art.)

Maunz, Theodor/ Zippelius, Reinhold, Deutsches Staatsrecht, 31. Auflage, München 2005 (zitiert: Maunz/Zippelius, Staatsrecht, §)

Maurer, Hartmut, Staatsrecht I - Grundlagen, Verfassungsorgane, Staatsfunktionen, 4. Auflage, München 2005 (zitiert: Maurer, Staatsrecht, §)

Mayntz, Renate, Föderalismus und die Gesellschaft der Gegenwart, in: AöR 115 (1900), S. 232 ff.

Menzel, Jörg, Landesverfassungsrecht - Verfassungshoheit und Homogenität im grundgesetzlichen Bundesstaat, Stuttgart u.a. 2002 (zitiert: Menzel, Landesverfassungsrecht, S.)

Menzel, Jörg, Verfahrensgrundrechte vor Landesverfassungsgerichten – Noch ein Kooperationsverhältnis?, in: NVwZ 1999, S. 1314 ff.

Meyer, Hans, Warum brauchen wir und wie kommen wir zu einer modernen Verfassung?, in: KritV 1996, S. 145 ff.

Meyer-Goßner, Lutz, Strafprozessordnung mit GVG und Nebengesetzen, 49. Auflage, München 2006

Michael, Lothar, Die drei Argumentationsstrukturen des Grundsatzes der Verhältnismäßigkeit – Zur Dogmatik des Über- und Untermaßverbotes und der Gleichheitssätze, in: JuS 2001, S. 148 ff.

Milleker, Erich, Kompetenzkonflikt zwischen Bundesverfassungsgericht und einem Landesverfassungsgericht im Rahmen der Verfassungsbeschwerde, in: DVBl. 1969, S. 129 ff.

Möstl, Markus, Landesverfassungsrecht - Zum Schattendasein verurteilt? Eine Positionsbestimmung im bundesstaatlichen und supranationalen Verfassungsverbund, in: AöR 130 (2005), S. 350 ff.

Münch, Ingo von/ Kunig, Philip (Hrsg.), Grundgesetz – Kommentar, Band 1: Präambel, Art. 1 – 19, 5. Auflage, München 2000 (zitiert: Bearbeiter, in: von Münch/Kunig, GG, Art.)

Münch, Ingo von/ Kunig, Philip (Hrsg.), Grundgesetz – Kommentar, Band 2: Art. 20 – 69, 5. Auflage, München 2001 (zitiert: Bearbeiter, in: von Münch/Kunig, GG, Art.)

Münch, Ingo von/ Kunig, Philip (Hrsg.), Grundgesetz – Kommentar, Band 3: Art. 70 – 146, 5. Auflage, München 2003 (zitiert: Bearbeiter, in: von Münch/Kunig, GG, Art.)

Murswiek, Dietrich, Staatliche Warnungen, Wertungen, Kritik als Grundrechtseingriffe – Zur Wirtschafts- und Meinungslenkung durch staatliches Informationshandeln, in: DVBl. 1997, S. 1021 ff.

Nolte, Martin/ Tams, Christian J., Grundfälle zu Art. 5 I 1 GG, in: JuS 2004, S. 111 ff., S. 199 ff. und S. 294 ff.

Ohlshausen, Henning von, Landesverfassungsbeschwerde und Bundesrecht. Zur Geltung und prozessualen Aktualisierung von Landesgrundrechten im Bundesstaat des Grundgesetzes, Baden-Baden 1980 (zitiert: von Ohlshausen, Landesverfassungsbeschwerde, S.)

Ossenbühl, Fritz, Föderalismus nach 40 Jahren Grundgesetz, in: DVBl. 1989, S. 1230 ff.

Ott, Georg, Landesgrundrechte in der bundesstaatlichen Ordnung, Würzburg 2002 (zitiert: Ott, Landesgrundrechte, S.)

Paeffgen, Hans-Ullrich, Wozu dient der Strafprozess und inwieweit darf ein Landesverfassungsgericht in ihn intervenieren? Überlegungen aus Anlass des Verfahrens gegen Honecker u.a. und der Entscheidung des VerfGH Berlin vom 12.1.1993 -, in: NJ 1993, S. 152 ff.

Pestalozza, Christian, Art. 142 GG - Landesverfassungsbeschwerde nach Karlsruher Regie, in: Macke, Peter (Hrsg.), Verfassung und Verfassungsgerichtsbarkeit auf Landesebene. Beiträge zur Verfassungsstaatlichkeit in den Bundesländern, Baden-Baden 1998, S. 245 ff. (zitiert: Pestalozza, in: Macke, Verfassung und Verfassungsgerichtsbarkeit, S.)

Pieroth, Bodo/ Schlink, Bernhard, Grundrechte, Staatsrecht II, 21. Auflage, Heidelberg 2005 (zitiert: Pieroth/Schlink, Rdnr.)

Pietzcker, Jost, § 99 - Zuständigkeitsordnung und Kollisionsrecht im Bundesstaat, in: Isensee, Josef/Kirchhof, Paul (Hrsg.), Handbuch des Staatsrechts der Bundesrepublik Deutschland, Band IV: Finanzverfassung – Bundesstaatliche Ordnung, Heidelberg 1990 (zitiert: Pietzcker, in: Isensee/Kirchhof, Handbuch des Staatsrechts, § 99)

Poscher, Ralf, Landesgrundrechte und Bundesrecht, in: NJ 1996, S. 351 ff.

Reimann, Wolfgang, Zur Bedeutung des Gerichtsgebrauchs im Rahmen von Art. 31 GG, in: DVBl. 1969, S. 951 ff.

Richardi, Reinhard, Betriebsverfassungsgesetz mit Wahlordnung, 10. Auflage, München 2006 (zitiert: Richardi, BetrVG, §)

Riegler, Johannes-Jörg, Konflikte zwischen Grundgesetz und Länderverfassungen. Zur Bedeutung der Grundrechte und Staatszielbestimmungen in den Verfassungen der neuen Länder, Würzburg 1996 (zitiert: Riegler, Konflikte, S.)

Robbers, Gerhard, Partielle Handlungsfähigkeit Minderjähriger im öffentlichen Recht, in: DVBl. 1987, S. 709 ff.

Rossi, Matthias, Verschuldung in extremer Haushaltslage, in: DVBl. 2005, S. 269 ff.

Rozek, Jochen, Das Grundgesetz als Prüfungs- und Entscheidungsmaßstab der Landesverfassungsgerichte. Zugleich ein Beitrag der in die Landesverfassung hineinwirkenden Bundesverfassung, Baden-Baden 1993 (zitiert: Rozek, Entscheidungsmaßstab, S.)

Rückert, Joachim, 50 Jahre Hessische Verfassung, in: KritV 1996, S. 116 ff.

Rüfner, Wolfgang, § 116 - Grundrechtsträger, in: Isensee, Josef/Kirchhof, Paul (Hrsg.), Handbuch des Staatsrechts, Band V: Allgemeine Grundrechtslehren, Heidelberg 1992 (zitiert: Rüfner, in: Isensee/Kirchhof, Handbuch des Staatsrechts, § 116).

Sachs, Michael (Hrsg.), Grundgesetz Kommentar, 3. Auflage, München 2003 (zitiert: Bearbeiter, in: Sachs, GG, Art.)

Sachs, Michael, Das Staatsvolk in den Ländern. Überlegungen zur Landesstaatsangehörigkeit und zur staatsbürgerlichen Gleichheit im Bundesstaat, in: AöR 108 (1983), S. 68 ff.

Sachs, Michael, Die Grundrechte im Grundgesetz und in den Landesverfassungen - Zur Voraussetzung des Normwiderspruchs im Bereich der Art. 31 und 142 GG, in: DÖV 1985, S. 469 ff.

Sachs, Michael, Die Landesverfassung im Rahmen der bundesstaatlichen Rechts- und Verfassungsordnung, in: Simon, D./ Franke, D./ Sachs, Michael (Hrsg.),

Handbuch der Verfassung des Landes Brandenburg, 1994, § 3 (zitiert: Sachs, Landesverfassung, § 3)

Sachs, Michael, Die Landesverfassungen im Rahmen der bundesstaatlichen Rechts- und Verfassungsordnung, in: ThürVbl. 1993, S. 121 ff.

Sachs, Michael, Die relevanten Grundrechtsbeeinträchtigungen, in: JuS 1995, S. 303 ff.

Sachs, Michael, Der Gesetzesvorbehalt der Grundrechte des Grundgesetzes, in: JuS 1995, S. 693 ff.

Sachs, Michael, Grundrechtsbegrenzungen außerhalb von Gesetzenvorbehalten, in: JuS 1995, S. 984 ff.

Sachs, Michael, Was kann eine Landesverfassung heute leisten?, in: KritV 1996, S. 125 ff.

Sacksofsky, Ute, Landesverfassung und Grundgesetz - am Beispiel der Verfassungen der neuen Bundesländer, in: NVwZ 1993, S. 235 ff.

Schenke, Wolf-Rüdiger, Föderalismus als Form der Gewaltenteilung, in: JuS 1989, S. 698 ff.

Scherzberg, Arno, „Objektiver" Grundrechtsschutz und subjektives Grundrecht. Überlegungen zur Neukonzeption des grundrechtlichen Abwehrrechts, in: DVBl. 1989, S. 1128 ff.

Scheuner, Ulrich, Struktur und Aufgabe des Bundesstaates in der Gegenwart, in: DÖV 1962, S. 641 ff.

Schmidt, Walter, Das Verhältnis von Bund und Ländern im demokratischen Bundesstaat des Grundgesetzes, in: AöR 87 (1962), S. 253 ff.

Schmidt-Bleibtreu, Bruno/ Klein, Franz, Kommentar zum Grundgesetz, 10. Auflage, München 2004 (zitiert: Bearbeiter, in: Schmidt-Bleibtreu/ Klein, GG, Art.)

Schmitt-Glaeser, Walter/ Horn, Hans-Detlef, Die Rechtsprechung des Bayerischen Verfassungsgerichtshofs. Anmerkungen zu ausgewählten Entscheidungen aus jüngster Zeit, in: BayVBl. 1992, S. 673 ff.

Schneider, Hans-Peter, Verfassungsrecht der Länder - Relikt oder Rezept?, in: DÖV 1987, S. 749 ff.

Sobota, Katharina, Kompetenzen der Landesverfassungsgerichte im Bundesstaat: Zersplittert die Rechtseinheit?, in: DVBl. 1994, S. 793 ff.

Starck, Christian, Der Honecker-Beschluss des Berliner VerfGH, in: JZ 1993, S. 231 ff.

Stein, Ekkehart/ Frank, Götz, Staatsrecht, 19. Auflage, Tübingen 2004

Stein, Erwin, 20 Jahre Hessische Verfassung, Wiesbaden 1966 (zitiert: Stein, in: FS 20 Jahre HV, S.)

Steinberg, Rudolf, Landesverfassungsgerichtsbarkeit und Bundesrecht, in: Eichel, Hans/ Möller, Klaus Peter (Hrsg.), Festschrift 50 Jahre Verfassung des Landes Hessen, Wiesbaden 1997, S. 343 ff. (zitiert: Steinberg, in: FS 50 Jahre HV, S.)

Stelkens, Paul/ Bonk, Heinz Joachim/ Sachs, Michael, Verwaltungsverfahrensgesetz, Kommentar, 11. Auflage, München 2001 (zitiert: Stelkens/Bonk/ Sachs, VwVfG, §)

Stern, Klaus, Das Staatsrecht der Bundesrepublik Deutschland, Band I: Grundbegriffe und Grundlagen des Staatsrechts, Strukturprinzipien der Verfassung, 2. Auflage, München 1984 (zitiert: Stern, Staatsrecht, Bd. 1, S.)

Stern, Klaus, Das Staatsrecht der Bundesrepublik Deutschland, Band III/1: Allgemeine Lehren der Grundrechte, München 1998 (zitiert: Stern, Staatsrecht, Bd. III/1, S.)

Stern, Klaus, Das Staatsrecht der Bundesrepublik Deutschland, Band III/2: Allgemeine Lehren der Grundrechte, München 1994 (zitiert: Stern, Staatsrecht, Bd. III/2, S.)

Stiens, Andrea, Chancen und Grenzen der Landesverfassungen im deutschen Bundesstaat der Gegenwart, 1997 (zitiert: Stiens, Landesverfassungen, S.)

Störmer, Rainer, Gemeinschaftsrechtliche Diskriminierungsverbote versus nationale Grundrechte?, in: AöR 123 (1998), S. 541 ff.

Tietje, Christian, Die Stärkung der Verfassungsgerichtsbarkeit im föderalen System Deutschlands in der jüngeren Rechtsprechung des BVerfG, in: AöR 124 (1999), S. 282 ff.

Tilch, Horst, Inhaltsgleiches Bundes- oder Landesverfassungsrecht als Prüfungsmaßstab, in: Starck, Christian/ Stern, Klaus (Hrsg.), Landesverfassungsgerichtsbarkeit, Teilband II: Zuständigkeiten und Verfahren der Landesverfassungsgerichte, Baden-Baden 1983, S. 551 ff. (zitiert: Tilch, in: Landesverfassungsgerichtsbarkeit, Bd. II, S.)

Uerpmann, Robert, Landesrechtlicher Grundrechtsschutz und Kompetenzordnung, in: Der Staat 35 (1996), S. 428 ff.

Ule, Carl Hermann/ Laubinger, Hans-Werner, Verwaltungsverfahrensrecht, 4. Auflage, Köln u.a. 1995 (zitiert: Ule/Laubinger, VwVfG, §)

Umbach, Dieter C./ Clemens, Thomas (Hrsg.), Grundgesetz, Mitarbeiterkommentar und Handbuch, Band I: Artikel 1 – 37 GG, Heidelberg 2002 (zitiert: Bearbeiter, in: Umbach/Clemens, GG, Art.)

Umbach, Dieter C./ Clemens, Thomas (Hrsg.), Grundgesetz, Mitarbeiterkommentar und Handbuch, Band II: Artikel 38 – 146 GG, Heidelberg 2002 (zitiert: Bearbeiter, in: Umbach/Clemens, GG, Art.)

Vitzhum, Wolfgang Graf, Der Föderalismus in der europäischen und internationalen Einbindung der Staaten, in: AöR 115 (1990), S. 281 ff.

Vitzhum, Wolfgang Graf, Die Bedeutung gliedstaatlichen Verfassungsrechts in der Gegenwart, in: VVDStRL 46 (1988), S. 7 ff.

Vogel, Hans-Jochen, § 22 - Die bundesstaatliche Ordnung des Grundgesetzes, in: Benda, Ernst/ Maihofer, Werner/ Vogel, Hans-Jochen, Handbuch des Verfassungsrechts der Bundesrepublik Deutschland, 2. Aufl. Berlin, New York 1994, (zitiert: Vogel, in: Benda/Maihofer/Vogel, Handbuch des Verfassungsrechts, § 22)

Weber-Dürler, Beatrice, Der Grundrechtseingriff, in: VVDStRL 57 [1998], S. 57 ff.

Werner, Peter, Wesensmerkmale des Homogenitätsprinzips und ihre Ausgestaltung im Bonner Grundgesetz, Berlin, Frankfurt am Main 1967 (zitiert: Werner, Homogenitätsprinzip, S.)

Wiederin, Ewald, Bundesrecht und Landesrecht. Zugleich ein Beitrag zu Strukturproblemen der bundesstaatlichen Kompetenzverteilung in Österreich und in Deutschland, Wien, New York 1995 (zitiert: Wiederin, Bundesrecht und Landesrecht, S.)

Wilke, Jan, Bundesstaatsgewalt, Bundesrecht und Landesverfassungsbeschwerde. Ein Beitrag zum Kognitionsbereich der Landesverfassungsgerichte im Verfahren der Landesverfassungsbeschwerde gegen Gerichtsentscheidungen, Göttingen 2003 (zitiert: Wilke, Bundesstaatsgewalt, S.)

Wittreck, Fabian, Nachrangklauseln und „normative Selbstbescheidung" der Landesverfassung: Konsequenz oder Umgehung des Art. 31 GG?, in: DVBl. 2000, S. 1492 ff.

Wolff, Hans J./ Bachof, Otto/ Stober, Rolf, Verwaltungsrecht, Band 1, 11. Auflage, München 1999 (zitiert: Wolff/Bachof/Stober, Verwaltungsrecht, §)

Zierlein, Karl-Georg, Prüfungs- und Entscheidungskompetenzen der Landesverfassungsgerichte bei Verfassungsbeschwerde gegen landesrechtliche Hoheitsakte, die auf Bundesrecht beruhen oder in einem bundesrechtlich geordneten Verfahren ergangen sind, in: AöR 120 (1995), S. 205 ff.

Zinn, Georg August/ Stein, Erwin, Verfassung des Landes Hessen, Kommentar, Loseblattsammlung, Baden-Baden, Stand: Juni 1999 (zitiert: Bearbeiter, in: Zinn/Stein, Hessische Verfassung, Art.)

Abkürzungsverzeichnis

a.A.	Anderer Ansicht
a.F.	Alte Fassung
Abs.	Absatz
AG	Aktiengesellschaft
Anm.	Anmerkung
AöR	Archiv des öffentlichen Rechts
Art.	Artikel
AsylVfG	Asylverfahrensgesetz
AufenthG	Gesetz über den Aufenthalt, die Erwerbstätigkeit und die Integration von Ausländern im Bundesgebiet
BAG	Bundesarbeitsgericht
BayVBl.	Bayerische Verwaltungsblätter
BerlVerfGH	Verfassungsgerichtshof des Landes Berlin
BGBl.	Bundesgesetzblatt
BVerfG	Bundesverfassungsgericht
BVerfGE	Entscheidungen des Bundesverfassungsgerichts
BVerfGG	Gesetz über das Bundesverfassungsgericht
BVerwG	Bundesverwaltungsgericht
BVerwGE	Entscheidungen des Bundesverwaltungsgerichts
DÖV	Die öffentliche Verwaltung
DVBl.	Deutsches Verwaltungsblatt
Ebda.	Ebenda
EGStGB	Einführungsgesetz zum Strafgesetzbuch

EGStPO	Einführungsgesetz zur Strafprozessordnung
Erl.	Erläuterung
ESVGH	Entscheidungssammlung des Hessischen Verwaltungsgerichtshofs und des Verwaltungsgerichtshofs Baden-Württemberg mit Entscheidungen der Staatsgerichtshöfe beider Länder
f.	Folgende
ff.	Fortfolgende
FAZ	Frankfurter Allgemeine Zeitung
Fn.	Fußnote
FS	Festschrift
GbR	Gesellschaft bürgerlichen Rechts
GG	Grundgesetz für die Bundesrepublik Deutschland
GmbH	Gesellschaft mit beschränkter Handlung
GVBl.	Gesetz- und Verordnungsblatt für das Land Hessen
HDSG	Hessisches Datenschutzgesetz
HeilberufsG	Hessisches Gesetz über die Berufsvertretungen, die Berufsausübung, die Weiterbildung und die Berufsgerichtsbarkeit der Ärzte, Zahnärzte, Tierärzte, Apotheker, Psychologischen Psychotherapeuten und Kinder- und Jugendlichenpsychotherapeuten
HessVwVG	Hessisches Verwaltungsvollstreckungsgesetz
HSchG	Hessisches Schulgesetz
HSOG	Hessisches Gesetz über die öffentliche Sicherheit und Ordnung

HV	Verfassung des Landes Hessen (kurz: Hessische Verfassung)
i.V.m.	in Verbindung mit
JöR N.F.	Jahrbuch des öffentlichen Rechts der Gegenwart Neue Folge
JuS	Juristische Schulung
JZ	Juristenzeitung
KG	Kommanditgesellschaft
KritV	Kritische Vierteljahresschrift für Gesetzgebung und Rechtswissenschaft
LAG	Landesarbeitsgericht
LT-Drucks.	Landtagsdrucksache
LT-Sten.Prot.	Stenographische Protokolle der Sitzungen des Hessischen Landtages
MaßrvollzG	Hessisches Gesetz über den Vollzug von Maßregeln der Besserung und Sicherung in einem psychiatrischen Krankenhaus und in einer Erziehungsanstalt (Maßregelvollzugsgesetz)
NJ	Neue Justiz
NJW	Neue Juristische Wochenschrift
Nr.	Nummer
Nrn.	Nummern
NRW	Nordrhein-Westfalen
NVwZ	Neue Zeitschrift für Verwaltungsrecht
OHG	Offene Handelsgesellschaft
P.St.	Prozessstatistik
Rdnr.	Randnummer

Rdnrn.	Randnummern
S.	Seite
StAnz.	Staatsanzeiger für das Land Hessen
StGB	Strafgesetzbuch
StGH	Staatsgerichtshof des Landes Hessen
StGHG	Gesetz über den Staatsgerichtshof
StPO	Strafprozessordnung
StVollzG	Strafvollzugsgesetz
ThürVBl.	Thüringer Verwaltungsblätter
VereinsG	Vereinsgesetz
VerfGH	Verfassungsgerichtshof
VersG	Versammlungsgesetz
Vgl.	Vergleiche
VVDStRL	Veröffentlichungen der Vereinigung der Deutschen Staatsrechtslehrer
VwGO	Verwaltungsgerichtsordnung
VwVfG	Verwaltungsverfahrensgesetz
WaffenG	Waffengesetz
WRV	Verfassung des Deutschen Reichs vom 11. August 1918 (kurz: Weimarer Reichsverfassung)
ZPO	Zivilprozessordnung

A. Einleitung

I. Die Frage nach einem Reformbedarf der Verfassung des Landes Hessen

Die am 1. Dezember 1946 in Kraft getretene Verfassung des Landes Hessen ist die älteste Landesverfassung in der Bundesrepublik Deutschland. Ihr liegt als Leitbild die vollständige Abwendung von der nationalsozialistischen Vergangenheit und einer totalitären Staatsordnung zugrunde[1]. Eine Entwicklung wie diejenige, die nach den Vorstellungen des Verfassunggebers zum nationalsozialistischen Regime geführt hatte, sollte unmöglich gemacht werden[2]. Vorbilder waren neben den Verfassungen der vornationalsozialistischen Zeit, insbesondere der Weimarer Verfassung, auch der Entwurf der französischen Verfassung vom 19. April 1946 sowie die Erklärung der Menschenrechte[3].

Vor diesem Hintergrund beschränkt sich die Hessische Verfassung nicht auf die Festlegung der Staatsorganisation und der Regelungen über die staatliche Willensbildung, ist also kein reines Organisationsstatut. Vielmehr enthält sie im Ersten Hauptteil „Die Rechte des Menschen" einen umfangreichen Katalog von Rechten des Einzelnen. Untergliedert ist dieser Erste Hauptteil in die Abschnitte „Gleichheit und Freiheit" (I.), „Grenzen und Sicherung der Menschenrechte" (II.), „Staatsziel Umweltschutz" (IIa.), „Soziale und wirtschaftliche Rechte und Pflichten" (III.), „Staat, Kirchen, Religions- und Weltanschauungsgemeinschaften" (IV.), „Erziehung und Schule" (V.), sowie „Gemeinsame Bestimmung für alle Grundrechte" (VI.). Der Zweite Hauptteil der Hessischen Verfassung handelt vom Aufbau des Landes.

Ist die Hessische Verfassung auch ein historisches Dokument, das einen bestimmten zeitgeschichtlichen und politischen Zusammenhang widerspiegelt, stellt sie doch gleichermaßen die politische Grundordnung Hessens in der Gegenwart dar[4]. Verfassungen sind der Idee nach „auf unbegrenzte Dauer angelegte Fundamente des staatlichen und gesellschaftlichen Lebens. ... Andererseits bedürfen auch auf Dauer angelegte Verfassungen von Zeit zu Zeit der Anpassung. Die soziale Wirklichkeit, auf welche die Regelungen bezogen sind, unterliegt dem technischen und sozialen

---

1 *Stein*, in: FS 20 Jahre HV , S. 12.

2 *Brünneck*, in: JöR 3 N.F. [1954], S. 213 [214]; vgl. auch *Rückert*, in: KritV 1996, S. 116 [122].

3 *Brünneck*, in: JöR 3 N.F. [1954], S. 213 [217]; *Rückert*, in: KritV 1996, S. 116 [117].

4 *Groß*, Hessischer Landtag, Stenographischer Bericht über die 7. Sitzung der Enquetekommission zur Reform der Hessischen Verfassung am 7. Juli 2004, Anlage 5 zu LT-Drucks. Nr. 16/3700, S. 13.

Wandel. Bleibt dieser unberücksichtigt, wird also der Inhalt der Verfassung versteinert', wird diese über kurz oder lang ihre Aufgabe nicht mehr erfüllen können[5]".

Seit ihrem Inkrafttreten im Jahre 1946 ist der Text der Hessischen Verfassung lediglich vier Mal geändert worden[6]. Das Gesetz zur Änderung der Art. 75 und 137 der Verfassung des Landes Hessen vom 22. Juli 1950[7] hob die Bindung des Landtagswahlrechts an das System der Verhältniswahl und die Bindung des Kommunalwahlrechts an das System des Landtagswahlrechts auf. Durch Gesetz zur Änderung der Art. 73 und 75 der Verfassung des Landes Hessen vom 23. März 1970[8] wurde das Mindestalter für das aktive Wahlrecht zum Landtag von 21 auf 18 Jahre und das Wählbarkeitsalter zum Landtag von 25 auf 21 Jahre gesenkt. Mit Gesetzen vom 20. März 1991[9] wurde durch eine Änderung von Art. 138 HV die Direktwahl der Oberbürgermeister, Bürgermeister und Landräte eingeführt. Mit Art. 26a HV wurde das Staatsziel Umweltschutz in die Hessische Verfassung eingefügt. Durch Gesetze vom 18. Oktober 2002 wurden als Art. 62a[10] der besondere Schutz des Sports sowie in Art. 137 Abs. 6 HV[11] das Konnexitätsprinzip aufgenommen und in Art. 79 Satz 1 HV[12] die Landtagswahlperiode auf fünf Jahre verlängert.

Angesichts dieser sehr beschränkten Zahl von Änderungen der Hessischen Verfassung und ihrer oben aufgezeigten zeitgeschichtlichen Bezogenheit, die sich auch im Wortlaut ihrer Vorschriften niederschlägt, kam in jüngster Zeit wiederholt die Frage auf, ob und wie die Hessische Verfassung zu modernisieren sei.

1999 wurde auf Antrag aller Fraktionen[13] von dem Hessischen Landtag die Enquetekommission „Künftige Aufgaben des Hessischen Landtages an der Wende zum 21. Jahrhundert" eingesetzt[14], die ihren Abschlussbericht am 2. Mai 2002 vorlegte[15]. War der Auftrag dieser Enquetekommission auf Stellung und Aufgaben des Hessischen Landtages beschränkt, stellte sich der Auftrag der Enquetekommission,

---

5 *Lange/Jobs*, in: FS 50 Jahre HV, S. 445 [446].
6 Das Grundgesetz wurde dagegen bislang 52 Mal geändert, zuletzt durch Gesetz zur Änderung des Grundgesetzes vom 28. August 2006 [BGBl. I S. 2034].
7 GVBl. S. 131.
8 GVBl. I S. 280.
9 GVBl. I S. 101 und S. 102.
10 GVBl. I S. 626.
11 GVBl. I S. 628.
12 GVBl. I S. 627.
13 Vgl. LT-Drucks. Nr. 15/ 54.
14 LT-Sten.Prot. 15/ 5. Sitzung, S. 260.
15 LT-Drucks. Nr. 15/ 4000.

die am 8. Juli 2003[16] auf Antrag der Fraktion Bündnis 90/ Die Grünen[17] eingesetzt wurde, umfassender dar. Sie erhielt „den Auftrag, die Hessische Verfassung auf Veränderungs- und Ergänzungsbedarf zu überprüfen und möglichst einvernehmliche Vorschläge unter Wahrung ihrer demokratischen, sozialen und rechtsstaatlichen Grundgedanken zu ihrer Änderung zu machen". Ferner sollte sie geeignete Vorschläge für einen Gesetzentwurf zur Änderung der Hessischen Verfassung erarbeiten und dem Landtag zur Beschlussfassung vorlegen[18]. Dies erfolgte im Abschlussbericht der Enquetekommission vom 8. April 2005[19], der am 26. April 2005 vom Hessischen Landtag entgegen genommen wurde[20].

Die Frage, ob und welche Vorschriften der Hessischen Verfassung heute noch Geltung beanspruchen – eine Frage, die auch beide Enquetekommissionen beschäftigt hat -, stellt sich insbesondere deshalb, weil Hessen ein Teil des Bundesstaates „Bundesrepublik Deutschland" ist. Dies bringt die Hessische Verfassung in ihrer Präambel sowie in Art. 64 und 153 deutlich zum Ausdruck.

Verfassungen von Gliedstaaten eines Bundesstaates „stehen in einer inneren Bezogenheit zur bundesstaatlichen Gesamtordnung[21]". Ihre Wirksamkeit und ihre Geltungskraft lassen sich nur durch ihr Verhältnis zur Verfassung des Gesamtstaates bestimmen. Durch ihre Einordnung in das gesamtstaatliche Verfassungsgefüge hat sich die Hessische Verfassung auch dessen Bedingungen unterworfen. Dies kann Einfluss auf Existenz und Fortbestand der Hessischen Verfassung haben.

Darauf bezog sich offenbar die Äußerung eines Sachverständigen im Rahmen der öffentlichen Anhörung der Enquetekommission am 7. Juli 2004, wonach er im Hinblick auf die Hessische Verfassung ein „Gebot der Entrümpelung[22]" sehe. Für einige Vorschriften mag man tatsächlich eine derartige Notwendigkeit annehmen. Als Beispiele hierfür lassen sich die Möglichkeit der Verhängung der Todesstrafe bei besonders schweren Verbrechen nach Art. 21 Abs. 1 Satz 3 HV sowie Art. 101 Abs. 3 HV nennen, wonach Angehörige der Häuser, die bis 1918 in Deutschland oder in

---

16 LT-Sten.Prot. 16/ 9. Sitzung, S. 493.

17 LT-Drucks. Nr. 16/ 42; vgl. dazu auch die Beschlussempfehlung des Hauptausschusses vom 25. Juni 2003, LT-Drucks. Nr. 16/ 264.

18 LT-Drucks. Nr. 16/ 264.

19 LT-Drucks. Nr. 16/ 3700.

20 LT-Sten.Prot. 16/ 67. Sitzung, S. 4586.

21 *Dennewitz*, in: DÖV 1949, S. 341.

22 *Denninger*, Hessischer Landtag, Stenographischer Bericht über die 7. Sitzung der Enquetekommission zur Reform der Hessischen Verfassung am 7. Juli 2004, Anlage 5 zu LT-Drucks. Nr. 16/ 3700, S. 10.

einem anderen Land regiert haben oder in einem anderen Land regieren, nicht Mitglieder der Landesregierung sein können[23].

Wie aber ist es um die Rechte des Menschen bestellt, wie sie im Ersten Hauptteil der Hessischen Verfassung gewährleistet sind? Haben diese durch die Eingliederung Hessens in den Bundesstaat Bundesrepublik Deutschland ihren Geltungsanspruch verloren oder sind sie gar außer Kraft getreten? Gehört die Hessische Verfassung tatsächlich ins Museum[24]?

Diese Frage zu beantworten, ist Gegenstand der vorliegenden Untersuchung.

II. Gang der Untersuchung

Aufgrund der Einordnung Hessens in den Bundesstaat der Bundesrepublik Deutschland hat sich diese Untersuchung zu Beginn mit der Frage zu beschäftigen, ob und welche Bedingungen das Grundgesetz als Verfassung des Gesamtstaates für eine Landesverfassung aufstellt. Es stellt sich dabei zunächst die Frage, welche charakteristischen Merkmale den Bundesstaat überhaupt prägen. Die daraus abzuleitenden Ergebnisse sind näher darauf hin zu untersuchen, ob ihnen eine Aussage für das Verhältnis von Bund und Ländern für die hier gestellte Frage entnommen werden kann. Dies gilt insbesondere für die Frage, ob die Länder dem Bund im Bundesstaat des Grundgesetzes generell untergeordnet sind. Hierher gehört auch die Frage nach der Staatsqualität der Länder. Sodann wird zu untersuchen sein, welche Funktionen der Bundesstaat in der Gegenwart erfüllt.

Daran schließt sich eine Bestimmung des Rechts der Länder ein, sich überhaupt eine Verfassung geben zu können, sowie eine Beschreibung, wodurch dieses Recht charakterisiert ist.

Hat sich bis dahin herausgestellt, dass eine Landesverfassung bestimmten bundesstaatlich bedingten Bindungen unterliegt, sind diese im Einzelnen zu untersuchen. Dabei handelt es sich um Normen, die unmittelbar in den Verfassungsraum der Länder durchgreifen, das Homogenitätsgebot des Art. 28 Abs. 1 Satz 1 GG, die grundlegende Bestimmung des Art. 31 GG sowie für den Grundrechtsbereich Art. 142 GG. Ferner gehört in diesen Zusammenhang die Frage, ob Normen des

---

23 Vgl. dazu *Lange/Jobs*, in: FS 50 Jahre HV, S. 445 [461, 463].
24 So *Stolleis*, in: FAZ vom 27.10.2006, S. 38.

Grundgesetzes in die Landesverfassung „hineinwirken“ und so zu deren Bestandteil werden können.

Steht danach fest, in welchem Rahmen in einem Bundesstaat die Gewährleistung von Landesgrundrechten überhaupt möglich ist, wendet sich die Untersuchung der Erörterung zu, wen und in welchen Fällen Landesgrundrechte verpflichten können, welche staatlichen Organe sie bei welchen Maßnahmen zu beachten haben.

Den Schluss bildet ein konkreter Vergleich der Bestimmungen des Ersten Hauptteils der Hessischen Verfassung mit den entsprechenden Normen des Grundgesetzes. Nach Klärung einiger allgemeiner Fragen, die unabhängig von den jeweiligen Grundrechten Beachtung fordern, werden die im Ersten Hauptteil der Hessischen Verfassung gewährleisteten Rechte des Menschen im Einzelnen den thematisch einschlägigen Grundrechten des Grundgesetzes gegenübergestellt, um so die Frage zu beantworten, ob die Grundrechte der Hessischen Verfassung weiterhin in Kraft sind und wo sie ihre Wirkung entfalten können. Anschließend folgt eine Darstellung der Normen des Ersten Hauptteils der Hessischen Verfassung, die keine ausdrückliche Entsprechung im Grundgesetz haben. Abschließend findet sich eine Zusammenfassung derjenigen Normen des Ersten Hauptteils der Hessischen Verfassung, die keine Grundrechte gewährleisten.

B. Bundesverfassungsrechtlicher Rahmen für eine Landesverfassung und die Gewährleistung von Landesgrundrechten

I. Der Bundesstaat nach dem Grundgesetz (Art. 20 Abs. 1 GG)

1. Einleitung

„In der Überzeugung, dass Deutschland nur als demokratisches Gemeinwesen eine Gegenwart und eine Zukunft haben kann, hat sich Hessen als Gliedstaat der Deutschen Republik diese Verfassung gegeben“ – so die Präambel der Verfassung des Landes Hessen. Diese Präambel „ist unüberhörbarer Aufruf und feierliche Beteuerung, politisches Bekenntnis und Rechtsgebot[25]“. Wird damit schon zu Beginn der Hessischen Verfassung ein eindeutiges Bekenntnis zum deutschen Gesamtstaat

---

25 *Stein*, in: FS 20 Jahre HV, S. 15.

abgegeben, so wird die Zugehörigkeit Hessens zum Gesamtstaat gleichermaßen an weiteren Stellen der Hessischen Verfassung betont, zum Beispiel ausdrücklich in Art. 64 - „Hessen ist ein Glied der deutschen Republik" -, aber auch in Art. 151, 153 HV. Art. 64 HV statuiert und betont die Einordnung Hessens in den Verband des deutschen Gesamtstaates[26]. Art. 153 Abs. 1 HV erhellt, dass Hessen sich in einen künftigen deutschen Gesamtstaat einfügen wollte, indem er die Abgrenzung der Zuständigkeiten zwischen der Deutschen Republik und Hessen einer vom gesamten deutschen Volk zu wählenden deutschen Nationalversammlung überantwortet. Dies zeigt ebenso wie verschiedene Beiträge während der Beratungen der Verfassungberatenden Landesversammlung Groß-Hessen, dass der Hessischen Verfassung die Erwartung zugrunde lag, der künftige deutsche Gesamtstaat werde ein Bundesstaat sein.

So äußerte der Abgeordnete Dr. Köhler beispielsweise: „Angesichts der Tatsache, dass zur Zeit eine Staatlichkeit nur in den Ländern besteht, kann ein deutscher Bundesstaat auch nur von unten nach oben verwirklicht werden. Wir sind der Auffassung, dass in dem Nebeneinander deutscher Kultur- und Staatslandschaften nicht Separatismus und Losreißung, sondern in Wahrheit die organisatorische Stufe zu sehen ist, die am Ende zur Gesamtnation führt. In dem Sinne sehen wir gerade in dem föderativ gegliederten Deutschland, das heißt in der Bundesstaatlichkeit das Bekenntnis zur deutschen Einheit[27]". Weiter wurde ausgeführt: „Wir sind der Meinung, dass die großhessische Verfassung ein Bestandteil der künftigen Verfassung Deutschlands sein soll. ... Wir sehnen uns nach der Einheit unseres deutschen Vaterlandes, und wir sehen in dem Lande Groß-Hessen ein Glied der werdenden deutschen demokratischen Republik[28]". Auch wurde geäußert: „Auf jeden Fall muss diese Verfassung, die wir hier beraten und beschließen werden, von vornherein klar zum Ausdruck bringen, dass wir uns als ein Glied Deutschlands ansehen und dass Reichsrecht Landesrecht bricht; dass in dem Moment, da eine Reichsverfassung

---

26 *Stein*, in: Zinn/Stein, Hessische Verfassung, Art. 64 Erl. II.1.
27 Stenographische Protokolle der Verfassungberatenden Landesversammlung Groß-Hessen S. 16.
28 *Knothe* (SPD), Stenographische Protokolle der Verfassungberatenden Landesversammlung Groß-Hessen S. 14.

angenommen wird, alle jene Artikel aus unserer Verfassung verschwinden müssen, die im Gegensatz zur Reichsverfassung stehen[29]".

Auch die Verfassungen der anderen Bundesländer bringen - unabhängig davon, ob vor- oder nachgrundgesetzlich - ihre Zugehörigkeit zu einem deutschen Gesamtstaat zum Ausdruck[30].

Die Untersuchung der Frage, ob und in welchem Umfang eine Landesverfassung und insbesondere deren Grundrechte Geltung und Wirksamkeit beanspruchen können, hat also von Art. 20 Abs. 1 GG auszugehen, wonach die Bundesrepublik Deutschland ein demokratischer und sozialer Bundesstaat ist. Denn die Hessische Verfassung bringt die Zuordnung Hessens zu dem von Art. 20 Abs. 1 GG statuierten Bundesstaat deutlich zum Ausdruck und unterwirft sich den daraus ergebenden Bedingungen für ihre Existenz.

Art. 20 GG legt die fundamentalen Strukturprinzipien des Staates fest und gibt Aufschluss über sein Selbstverständnis[31]. Das bundesstaatliche Prinzip gehört zu den elementaren Grundsätzen des Grundgesetzes. Seine Verfassungsordnung beruht daher auch auf diesem Prinzip[32]. Die große Bedeutung des bundesstaatlichen Prinzips folgt zudem daraus, dass es in mehrfacher Hinsicht von der so genannten Ewigkeitsklausel des Art. 79 Abs. 3 GG erfasst wird[33]. Art. 79 Abs. 3 GG erklärt eine Verfassungsänderung für unzulässig, durch welche die Gliederung des Bundes in Länder oder die in den Art. 1 und 20 niedergelegten Grundsätze - damit auch der Bundesstaat - berührt werden.

---

29 *Bauer* (KPD), Stenographische Protokolle der Verfassungberatenden Landesversammlung Groß-Hessen, S. 21 f.

30 Vgl. Vorspruch und Art. 23 Abs. 2 der Verfassung des Landes Baden-Württemberg, Art. 178 der Verfassung des Freistaates Bayern, Art. 1 Abs. 2 der Verfassung von Berlin, Präambel und Art. 1 Abs. 1 der Verfassung des Landes Brandenburg, Art. 64 der Verfassung der Freien Hansestadt Bremen, Art. 1 der Verfassung der Freien und Hansestadt Hamburg, Präambel und Art. 1 Abs. 2 der Verfassung des Landes Mecklenburg-Vorpommern, Art. 1 Abs. 2 der Niedersächsischen Verfassung, Art. 1 Abs. 1 Satz 1 der Verfassung für das Land Nordrhein-Westfalen, Art. 74 Abs. 1 und Art. 141 der Verfassung für Rheinland-Pfalz, Art. 60 Abs. 1 der Verfassung des Saarlandes, Art. 1 Satz 1 der Verfassung des Freistaates Sachsen, Präambel und Art. 1 Abs. 1 der Verfassung des Landes Sachsen-Anhalt, Art. 1 der Verfassung des Landes Schleswig-Holstein, Art. 44 Abs. 1 der Verfassung des Freistaates Thüringen.

31 *Schnapp*, in: von Münch/Kunig, GG, Art. 20 Rdnr. 1; *Vogel*, in: Benda/Maihofer/Vogel, Handbuch des Verfassungsrechts, § 22 Rdnr. 1.

32 *Bauer*, in: Dreier, GG, Art. 20 [Bundesstaat] Rdnr. 17.

33 *Pieroth*, in: Jarass/Pieroth, GG, Art. 20 Rdnr. 16; *Vogel*, in: Benda/Maihofer/Vogel, Handbuch des Verfassungsrechts, § 22 Rdnr. 1.

Bei einer Bestimmung der Rahmenbedingungen für die Hessische Verfassung innerhalb der Verfassungsordnung der Bundesrepublik Deutschland kann daher eine nähere Betrachtung des Bundesstaats im Sinne des Grundgesetzes nicht unterbleiben.

2. Der Begriff des Bundesstaates

Eine Bestimmung oder eine Umschreibung des Begriffs „Bundesstaat" enthält das Grundgesetz selbst nicht.

Von dem Begriff „Bundesstaat" ist zunächst der Begriff „Föderalismus" zu unterscheiden. Bundesstaatlichkeit ist ein staatstheoretischer Begriff, Föderalismus dagegen ein eher politischer Begriff, der ein „dynamisches Organisationsmodell[34]" kennzeichnet. „Bundesstaatliche Ordnung ist Form föderativer Ordnung. `Föderalismus´ bezeichnet als politisches Grundprinzip die freie Einung von differenzierten, grundsätzlich gleichberechtigten, in der Regel regionalen politischen Gesamteinheiten, die auf diese Weise zu gemeinschaftlichem Zusammenwirken verbunden werden sollen[35]". Zwar erhält der Begriff „Föderalismus" teilweise auch eine staatsrechtliche Bedeutung. In dieser Untersuchung soll er jedoch als eine grundsätzliche Einstellung politischer Art verstanden werden[36], der über den Begriff des Bundesstaates hinausgeht[37].

Als Bundesstaat haben sich die verschiedensten Verfassungsordnungen verstanden und bezeichnet[38]. Wenn Art. 20 Abs. 1 GG die Bundesrepublik Deutschland als Bundesstaat bezeichnet, wird jedoch nicht auf einen feststehenden, der Verfassung vorgegebenen politikwissenschaftlichen oder staatstheoretischen Begriff Bezug genommen[39]. Der verfassungsrechtliche Begriff des Bundesstaates umschließt zwar allgemeine Merkmale, die auch anderen bundesstaatlichen Ordnungen eigen sind[40].

---

34 *Ossenbühl*, in: DVBl. 1989, S. 1230 [1233].
35 *Hesse*, Grundzüge, Rdnr. 219.
36 *Kimminich*, in: Isensee/Kirchhof, Handbuch des Staatsrechts, § 26 Rdnr. 1.
37 *Kimminich*, in: Isensee/Kirchhof, Handbuch des Staatsrechts, § 26 Rdnr. 4.
38 *Bothe*, in: AK-GG, Art. 20 Abs. 1 - 3 II Rdnr. 16.
39 *Vogel*, in: Benda/Maihofer/Vogel, Handbuch des Verfassungsrechts, § 22 Rdnr. 2.
40 *Hesse*, Grundzüge, Rdnr. 217.

Bei aller Gemeinsamkeit der grundsätzlichen Struktur ist jedoch jeder Bundesstaat eine „konkret-geschichtliche Individualität[41]".

Der Begriff „Bundesstaat" hat in der staatsrechtlichen Literatur eine Vielzahl von Ausformungen erhalten. Um die Vielfalt von Begriffsbestimmungen zu verdeutlichen, sollen im Folgenden einige Beispiele angeführt werden:

- „Ein Bundesstaat ist eine durch die Verfassung des Gesamtstaates geformte staatsrechtliche Verbindung von Staaten in der Weise, dass die Teilnehmer Staaten bleiben oder sind (Gliedstaaten), aber auch der organisierte Staatenverbund selbst (Gesamtstaat) die Qualität eines Staates besitzt[42]".
- „Der Bundesstaat ist ein Staat, der sich aus mehreren Staaten zusammensetzt. Kennzeichnend ist, dass sowohl der Bund als auch die Glieder Staatscharakter besitzen[43]".
- „Der Bundesstaat ist am einfachsten als ein aus Staaten zusammengesetzter Staat charakterisiert[44]".
- „Ein Bundesstaat liegt ... vor, wenn die Staatsgewalt der zusammengeordneten Existenzen originär ist, und, so muss man sofort hinzufügen, wenn sie über substantielle Kompetenzen verfügt. Dabei ist ein wesentlicher Aufgabenbestand zu eigenständiger, insbesondere gesetzgeberischer Bewältigung samt der dazu gehörigen finanziellen Unabhängigkeit für die Glieder eines demokratischen Bundesstaates wichtiger als die Unabgeleitetheit ihrer Staatsgewalt[45]".
- Der Bundesstaat ist „eine Zusammenfassung mehrerer staatlicher Organisationen und Rechtsordnungen, nämlich derjenigen der mit eigener Staatsgewalt begabten Gliedstaaten und derjenigen des Gesamtstaates. Gesamtstaat und Gliedstaaten sind dabei einander in der Weise zugeordnet, dass die staatlichen Aufgaben zwischen ihnen aufgeteilt, den Gliedstaaten durch ein besonderes Organ bestimmte Einflussmöglichkeiten auf den Gesamtstaat und umgekehrt dem Gesamtstaat bestimmte Einflussmöglichkeiten auf die Gliedstaaten eingeräumt

---

41 *Hesse*, Grundzüge, Rdnr. 217.
42 *Bauer*, in: Dreier, GG, Art. 20 [Bundesstaat] Rdnr. 31.
43 *Maurer*, Staatsrecht, § 10 Rdnr. 1.
44 *Stern*, Staatsrecht, Bd. 1, S. 644.
45 *Vitzthum*, in: AöR 115 [1990], S. 281 [282 f.].

sind und eine gewisse Homogenität der gesamt- und gliedstaatlichen Ordnungen hergestellt und gewährleistet wird[46]".

- „Der grundsätzliche normative Gehalt der Bundesstaatlichkeit besteht demnach darin, dass die Staatsgewalt nicht eine einzige und einheitliche ist, sondern dass es zwei Ebenen von Staatlichkeiten gibt, von denen sich nur die eine auf das Gesamtterritorium erstreckt, während die andere ihrerseits aus mehreren regional beschränkten Staaten zusammengesetzt ist. Der Bundesstaat ist eine durch die Verfassung des Gesamtstaates gebildete, staatsrechtliche Zusammenfassung, bei der die teilnehmenden Glieder Staatsqualität haben, aber auch der Gesamtverband die Qualität eines Staates besitzt[47]". Der Bundesstaat wird „durch das Nebeneinander zweier Ebenen der Staatlichkeit charakterisiert. Im Bundesstaat ist einerseits der Bürger Adressat von Hoheitsakten beider staatlichen Ebenen und sind andererseits diese beiden staatlichen Ebenen denkbare Adressaten von subjektiven öffentlichen Rechten, die der Bürger gegenüber dem Staat geltend machen kann[48]".
- Der Bundesstaat ist „eine staatsrechtliche Verbindung von Staaten in der Weise, dass der organisierte Staatenverband (der Bund) selbst die Qualität eines Staates hat, dass aber zugleich die (nichtsouveräne) Staatlichkeit der Gliedstaaten erhalten bleibt[49]".
- „Bei dem Begriff `Bundesstaat´ handelt es sich um einen dehnbaren staatsrechtlichen Begriff, der sich auf der Mitte zwischen Staatenbund und Einheitsstaat bewegt. Anders als beim Staatenbund besitzt im Bundesstaat die Gesamtstaatengemeinschaft selbst Staatscharakter. Sie hat einen Gesamtwillen und politische Existenz. Im Unterschied zum Einheitsstaat setzt sich der Bundesstaat aus Gebietskörperschaften zusammen, die selbst Staaten sind und ihre Staatlichkeit auch nicht durch den mit ihrer Zusammenfassung zum Bundesstaat verbundenen Übergang einer Reihe staatlicher Rechte auf den Bund eingebüßt haben[50]".
- „Die Länder müssen Zentren demokratisch legitimer politischer Entscheidungen bleiben. ... Erforderlich ist eine Herrschaftsorganisation mit einem eigenen de-

---

46 *Vogel*, in: Benda/Maihofer/Vogel, Handbuch des Verfassungsrechts, § 22 Rdnr. 2.
47 *Grzeszick*, in: Maunz/Dürig/Herzog, GG, Art. 20 IV Rdnr. 15.
48 *Grzeszick*, in: Maunz/Dürig/Herzog, GG, Art. 20 IV Rdnr. 33.
49 *Maunz/Zippelius*, Staatsrecht, § 14 I 1. b).
50 *Wernicke*, in: Bonner Kommentar, Art. 20 Anm. II. 1.b).

mokratischen Legitimationsstrang und materiellen Entscheidungszuständigkeiten[51]".

- „Als gemeinsame Elemente bundesstaatlicher Ordnung pflegen genannt zu werden: Ein Bundesstaat ist ein in territoriale Einheiten gegliederter Staat. Diese Einheiten besitzen eine gewisse, nicht unbedeutende Autonomie. Sie wirken an der Willensbildung des Bundes in einer zweiten Kammer des Bundesparlaments mit. Diese Elemente sind in einer gegenüber dem einfachen Gesetz erschwert abänderbaren Verfassung enthalten. Es besteht ein organisierter Konfliktlösungsmechanismus, insbesondere durch gerichtliche Entscheidung föderaler Streitigkeiten[52]".

- „Der Bundesstaat ist nach Art. 20 Abs. 1 und 2, 30 die Teilung der einen, einheitlich vom ganzen Volk ausgehenden Staatsgewalt bereits an der Quelle in zwei Ströme: ein Teil der Staatsgewalt wird vom Volk in Wahlen und Abstimmungen im Bund und durch besondere Organe des Bundes ausgeübt, der noch verbleibende Teil durch Wahlen und Abstimmungen in den Ländern und durch besondere Organe der Länder[53]".

- „Der Bundesstaat stellt in einer vorläufigen Definition eine staatsrechtliche Verbindung zwischen grundsätzlich selbständigen Staaten - dem Oberstaat und den Ländern als Gliedstaaten - dar, in welchem die staatlichen Aufgaben zwischen dem Bund und den Ländern verteilt sind, der Bund die Einhaltung der Bundesverfassung durch die Länder garantiert, die Länder bei der Ausübung der dem Bund zugewiesenen Kompetenzen mitwirken und Bund und Länder bei der Ausübung ihrer jeweiligen Kompetenzen eng zusammenarbeiten (kooperativer Föderalismus)[54]".

- Der verfassungsrechtliche Begriff des Bundesstaates „bezeichnet insofern eine Zusammenfassung mehrerer staatlicher Organisationen und Rechtsordnungen, und zwar derjenigen der Gliedstaaten′ und derjenigen des Gesamtstaates′, wobei Gesamtstaat und Gliedstaat einander in der Weise zugeordnet werden, dass die staatlichen Kompetenzen zwischen ihnen aufgeteilt, dass den Gliedstaaten durch ein besonderes Organ bestimmte Einflussmöglichkeiten auf den

---

51 *Menzel*, Landesverfassungsrecht, S. 151.
52 *Bothe*, in: AK-GG, Art. 20 Abs. 1 - 3 II Rdnr. 17.
53 *Schmidt*, in: AöR 87 [1962], S. 253 [258].
54 *Bleckmann*, Staatsrecht I, Rdnr. 858.

Gesamtstaat, dem Gesamtstaat bestimmte Einflussmöglichkeiten auf die Gliedstaaten eingeräumt sind und dass eine gewisse Homogenität der gesamt- und gliedstaatlichen Ordnungen hergestellt und gewährleistet wird[55]".

- „Danach ist der Bundesstaat ein Staat, der aus mehreren Staaten, den Gliedstaaten, derart zusammengesetzt ist, dass sowohl der Gesamtstaat wie auch die Gliedstaaten Staatscharakter haben. Die Summe der staatlichen Aufgaben ist zwischen Gesamtstaat und Gliedstaaten nach Sachgebieten und den auf sie bezogenen Kompetenzen verteilt[56]".

So unterschiedlich diese Begriffsbestimmungen auf den ersten Blick auch sein mögen, zeigt sich jedoch ein Element, das allen Definitionen gemeinsam ist und damit als charakteristisches Merkmal des Bundesstaat angesehen werden kann: Sowohl der Gesamtstaat als auch die Gliedstaaten besitzen Staatscharakter[57]. „Bundesstaatlichkeit ist wesenhaft geprägt durch die eigenstaatliche Existenz sowohl des Zentralstaates als auch der einzelnen Gliedstaaten"[58].

Dass der Staatscharakter sowohl des Bundes als auch der Länder als prägendes Element des Bundesstaates angesehen wird, ergibt sich auch daraus, dass die Bestimmung des Begriffs „Bundesstaat" oft in einem Atemzug mit einer Abgrenzung zum Staatenbund und zum Einheitsstaat erfolgt. Der Bundesstaat steht zwischen diesen beiden[59]. Von einem Staatenbund unterscheidet er sich dadurch, dass in dem letzteren die Einzelstaaten keinen neuen gemeinsamen Staat schaffen[60]. Der Staatenbund tritt nach außen als Einheit auf, ist im Gegensatz zum Bundesstaat aber selbst kein Staat[61]. Die Einzelstaaten behalten ihre volle Staatsgewalt[62]. Im Gegensatz zum Einheitsstaat setzt sich der Bundesstaat aus Gebietskörperschaften zusammen, die selbst Staaten sind und ihre Staatlichkeit auch nicht durch den mit

---

55 *Hesse*, Grundzüge, Rdnr. 217.

56 *Maunz*, in: Isensee/Kirchhof, Handbuch des Staatsrechts, § 94 Rdnr. 2.

57 BVerfG, Beschluss vom 29.01.1974 - 2 BvN 1/69 -, BVerfGE 36, 342 [360 f.], und Urteil vom 24.06.1986 - 2 BvF 1, 5, 6/83, 1/84 und 1, 2/85, BVerfGE 72, 330 [338]; *Bauer*, in: Dreier, GG, Art. 20 [Bundesstaat] Rdnr. 35; *Jarass*, in: Jarass/Pieroth, GG, Art. 20 Rdnr. 17; *Grzeszick*, in: Maunz/Dürig/Herzog, GG, Art. 20 IV Rdnr. 34; *Maurer*, Staatsrecht, § 10 Rdnr. 1; *Sommermann*, in: von Mangoldt/Klein/Starck, GG, Art. 20 Rdnr. 21; *Stern*, Staatsrecht, Bd. 1, S. 645; *Degenhart*, Staatsrecht I, Rdnr. 461; a.A. *Hanebeck*, Bundesstaat [S, 61 f., 74 f. und 83 f.], der auf die Begriffe „Staat" und „Staatlichkeit" verzichten will; zweifelnd an der Staatsqualität der Länder auch *März*, Bundesrecht bricht Landesrecht, S. 174.

58 *Dietlein*, Grundrechte, S. 8.

59 *Wernicke*, in: Bonner Kommentar zum Grundgesetz, Art. 20 Anm. II.1.b).

60 *Sommermann*, in: von Mangoldt/Klein/Starck, GG, Art. 20 Rdnr. 22.

61 *Maunz/Zippelius*, Staatsrecht, § 14 I 1. b).

62 *Maurer*, Staatsrecht, § 10 Rdnr. 7.

ihrer Zusammenfassung zum Bundesstaat verbundenen Übergang gewisser staatlicher Rechte auf den Bund verloren haben[63].

Diese Begriffsbestimmung darf indes nicht den Blick dafür verstellen, dass jeder Bundesstaat ein „Unikat[64]“, eine „Ausformung sui generis[65]“ ist. „Er ist radizierte Staatsform, die sich nicht verpflanzen und nicht exportieren lässt[66]“. „Der Bundesstaat der Bundesrepublik besitzt deshalb die Gestalt, die die Verfassung ihm zuweist, sie muss aus der Gesamtheit der bundesstaatlich relevanten Einzelregelungen ermittelt werden[67]“.

3. Die Staatsqualität der Länder

Wird zur Charakterisierung des Bundesstaates maßgeblich darauf abgestellt, dass auch den Gliedstaaten in einem Bundesstaat Staatsqualität zukommt, stellt sich nahezu zwangsläufig die Frage, welcher Art diese Staatlichkeit ist.

„Bund und Länder sind, jeweils für sich, rechtlich und organisatorisch verselbständigte Gebietskörperschaften. Doch sie beziehen sich auf dieselben Menschen in demselben Territorium. Staatsvolk und Staatsgebiet sind ihnen gemeinsam. Das Volk und das Gebiet eines einzelnen Gliedstaates sind teilidentisch mit Volk und Gebiet des Gesamtstaates[68]“. Insbesondere daraus resultieren die Schwierigkeiten bei Beantwortung der Frage, ob auch die Gliedstaaten alle Elemente der Staatlichkeit im Sinne der herkömmlichen Drei-Elemente-Lehre aufweisen. Danach werden im Sinne der Allgemeinen Staatslehre und des Völkerrechts als Staaten nur solche Organisationen anerkannt, die über die Elemente Staatsvolk, Staatsgebiet und Staatsgewalt verfügen[69].

Unproblematisch ist danach die Staatsqualität des Bundes. Das Grundgesetz ordnet ihm die drei herkömmlichen Elemente Staatsvolk, Staatsgebiet und Staatsgewalt ausdrücklich zu. Von einem Staatsvolk spricht das Grundgesetz in seiner Präambel

---

63 *Wernicke*, in: Bonner Kommentar zum Grundgesetz, Art. 20 Anm. II.1.b).
64 *Maurer*, Staatsrecht, § 10 Rdnr. 9.
65 *Stern*, Staatsrecht, Bd. 1, S. 648.
66 *Isensee*, in: AöR 115 [1990], S. 248 [252].
67 *Ott*, Landesgrundrechte, S. 22; vgl. auch *Ipsen*, Staatsrecht I, Rdnr. 526.
68 *Isensee*, in: Isensee/Kirchhof, Handbuch des Staatsrechts, § 98 Rdnr. 20.
69 BVerfG, Urteil vom 31.07.1973 - 2 BvF 1/73 -, BVerfGE 36, 1 [16]; ausdrücklich die drei Elemente erwähnt BVerfG, Urteil vom 17.12.1953 - 1 BvR 147 -, BVerfGE 3, 58 [88]; siehe auch *Stein/Frank*, Staatsrecht, § 3 I. 1; *Ipsen*, Staatsrecht I, Rdnrn. 6ff.

und erwähnt in Art. 73 Abs. 1 Nr. 2 GG die Staatsangehörigkeit im Bunde. In Art. 29 GG ist die Rede von einem Bundesgebiet. Art. 30, 23 Abs. 1 Satz 2 und Art. 24 GG gehen von einer Hoheits- bzw. Staatsgewalt im Bund aus.

Der Befund einer Untersuchung des Grundgesetzes im Hinblick auf das Vorhandensein dieser Elemente bei den Ländern ist nicht eindeutig. Je nach Standpunkt lässt sich sowohl die eine wie die andere Auslegung vertreten[70].

Das Grundgesetz geht offenbar davon aus, dass auch die Bundesländer ein eigenes Staatsgebiet besitzen (vgl. Art. 29 GG). Eine Garantie der bestehenden Länder und ihrer Grenzen kennt das Grundgesetz allerdings nicht. Von Art. 79 Abs. 3 GG wird lediglich die Existenz von Ländern allgemein erfasst. Aus diesem Grunde wurde die Bundesrepublik Deutschland als „labiler Bundesstaat[71]" bezeichnet. Davon kann indes nicht mehr die Rede sein: „Der labile Bundesstaat, wie er zunächst im Grundgesetz angelegt war, hat sich nachhaltig stabilisiert[72]". Mit der Änderung von Art. 29 GG durch das 42. Gesetz zur Änderung des Grundgesetzes vom 27. Oktober 1994[73] „ist den Landesvölkern ein Vetorecht hinsichtlich der `ihr´ Land betreffenden Neugliederung zuerkannt worden. Diese Anerkennung der Landesvölker in ihrer, nach der Bildung von Baden-Württemberg erlangten Form als selbständige Einheiten demokratischer Legitimation und Inhaber eines gewissen Selbstbestimmungsrechts vollzieht die Akzeptanz der Länder und die Bildung eines Landesbewusstseins nach[74]". Zwar ist auch nach der Neufassung von Art. 29 GG eine Gebietsänderung gegen den Willen der betroffenen Landesvölker möglich, dies allerdings nur im Randbereich. Eine vom Bund unabhängige Verfügungsbefugnis der Länder über ihr jeweiliges Gebiet ist jedoch nicht anzuerkennen, da Grenzveränderungen sowie Neugliederungsverfahren grundsätzlich unter Beteiligung des Bundes verlaufen[75].

Ähnlich uneinheitlich wird die Frage nach der Existenz eines eigenen Landesvolks beantwortet. Während sich unter Hinweis auf Art. 72 Nr. 8 GG a.F., der von der Möglichkeit einer Staatsangehörigkeit der Länder sprach, die Existenz eines eige-

---

70 Vgl. *Menzel*, Landesverfassungsrecht, S. 137.
71 BVerfG, Urteil vom 23.10.1951 - 2 BvG 1/51 -, BVerfGE 1, 14 [48].
72 *Isensee*, in: Isensee/Kirchhof, Handbuch des Staatsrechts, § 98 Rdnr. 76.
73 BGBl. I S. 3146.
74 *Hanebeck*, Bundesstaat, S. 281.
75 Vgl. *Menzel*, Landesverfassungsrecht, S. 136.

nen Landesvolkes bejahen ließ[76], ist andererseits darauf hinzuweisen, dass das Grundgesetz beispielsweise in der Präambel sowie Art. 146 GG vom „deutschen Volk", nicht aber von Landesvölkern spricht[77].

Die Länder besitzen auch Staatsgewalt (vgl. Art. 30 und Art. 70 GG). Allerdings darf insoweit nicht der Fehler begangen werden, diese Staatsgewalt mit Souveränität im eigentlichen Sinne gleichzusetzen[78]. Denn versteht man unter Souveränität die höchste Herrschaftsgewalt eines Staates, die Unabhängigkeit vom Einfluss anderer Staaten, lässt sich die Staatlichkeit der Länder mit guten Gründen verneinen. Den Gliedstaaten werden durch das Grundgesetz für ihre Konstituierung, Verfasstheit und Ausübung staatlicher Gewalt Grenzen gesetzt. Auf der anderen Seite erkennt das Grundgesetz die Staatlichkeit der Bundesländer an, wie sich aus dem Wortlaut der Art. 30, Art 33 Abs. 1, Art. 130 Abs. 1, Art. 74 Abs. 1 Nr. 8 a.F., sowie den Art. 7 Abs. 2, Art. 137 Abs. 3 WRV i.V.m. Art. 140 GG und Art. 138 Abs. 1 WRV i.V.m. Art. 140 GG entnehmen lässt[79]. Wie soll nun diese Mehrdeutigkeit aufgelöst werden?

Will man nicht dem Fehler erliegen, aus abstrakten Rechtsbegriffen, die eine eigene historische Entwicklung kennzeichnet, ohne Rücksicht auf den konkreten Bundesstaat zu argumentieren, darf das Kriterium der Souveränität nicht herangezogen werden. Der Versuch, die Frage nach der Souveränität zu beantworten, ist „Kennzeichen des absoluten Staates" und passt nicht wirklich in einen gewaltengliedernden Staat[80]. Das Kriterium der Souveränität ist im Zusammenhang mit der Staatlichkeit der Gliedstaaten in einem Bundesstaat inkonsistent[81]. „Der Begriff hat, je nach Bedeutungsfacette, seine Heimat in der Allgemeinen Staatslehre oder im Völkerrecht. Dagegen hat die Frage nach der Staatsqualität ihren Ort in der Bundesverfassung. Das verkennen die Lehrmeinungen, die von der Warte eines verfassungsexternen Staatsverständnisses die Staatlichkeit der Länder begründen oder in Frage stellen[82]".

---

76 *Bleckmann*, Staatsrecht I Rdnr. 864; *Bleckmann*, in: DÖV 1983, S. 129 [134]; *Sachs*, in: AöR 108 [1983], S. 68 [69 f.].

77 *Menzel*, Landesverfassungsrecht S. 136.

78 Vgl. *Grzeszick*, in: Maunz/Dürig/Herzog, GG, Art. 20 IV Rdnrn. 37, 39; *Kimminich*, in: Isensee/Kirchhof, Handbuch des Staatsrechts, § 26 Rdnr. 14.

79 Vgl. *Ott*, Landesgrundrechte, S. 28 f.

80 *Sohnapp*, in: von Münch/Kunig, GG, Art. 20 Rdnr. 10.

81 *Isensee*, in: Isensee/Kirchhof, Handbuch des Staatsrechts, § 98 Rdnr. 65.

82 *Isensee*, in: Isensee/Kirchhof, Handbuch des Staatsrechts, § 98 Rdnr. 67.

Die Antwort auf die Frage nach der Staatlichkeit der Gliedstaaten muss konkret anhand des Grundgesetzes als Grundordnung des Bundesstaates „Bundesrepublik Deutschland" gefunden werden. „Wenn das Grundgesetz den Gliedern des Bundesstaats Staatsqualität zuerkennt, so schafft es einen verfassungsrechtlichen Tatbestand, der dazu bestimmt und geeignet ist, verfassungsrechtliche Folgen auszulösen. Es kann und will damit nicht über völkerrechtliche Tatbestände disponieren. Es entscheidet auch nicht darüber, ob die Gliedstaaten dem Staatsbild der Allgemeinen Staatslehre entsprechen; darüber entscheidet nicht das Verfassungsgesetz, sondern die Wissenschaft. Dagegen kann die Verfassung den Ländern die Qualität als Staaten im Horizont ihrer Geltung zuerkennen. Es handelt sich um ein Prädikat nach Maßgabe der Verfassung[83]".

Der Staatsbegriff im Sinne des Grundgesetzes setzt also nicht voraus, dass die Gliedstaaten nicht der Oberhoheit eines anderen Staates unterliegen, sondern nur, dass der Gliedstaat nicht von einem anderen Staat abgeleitete Hoheitsgewalt ausübt[84]. Dass dies bei den deutschen Bundesländern der Fall ist, zeigt sich bereits anhand von Art. 30 und Art. 70 GG. Diese setzen die Staatsgewalt der Länder voraus[85]. Das Grundgesetz begründet die Staatsgewalt der Länder nicht, sondern erkennt sie an und zieht ihr gleichsam von außen nur Grenzen[86]: „Die Länder sind als Glieder des Bundes Staaten mit eigener - wenn auch gegenständlich beschränkter - nicht vom Bund abgeleiteter, sondern von ihm anerkannter staatlicher Hoheitsmacht[87]".

Gerade diese Unabgeleitetheit der Hoheitsmacht unterscheidet die Länder von bloßen Selbstverwaltungskörperschaften[88]. Was im Übrigen die Staatlichkeit der Länder ausmacht, lässt sich nicht eindeutig bestimmen: „Ob die Länder der Bundesrepublik `Staaten´ sind oder von Körperschaften `am Rande der Staatlichkeit´ zu `höchstpotenzierten Gebietskörperschaften´ in einem dezentralisierten Einheitsstaat herabsinken, lässt sich nicht formal danach bestimmen, dass sie eine eigene Ver-

---

83 *Isensee*, in: Isensee/Kirchhof, Handbuch des Staatsrechts, § 98 Rdnr. 68.
84 *Bleckmann*, Staatsrecht I, Rdnr. 870.
85 *Menzel*, Landesverfassungsrecht, S. 137.
86 *Bleckmann*, Staatsrecht I, Rdnr. 870; *Maunz/Zippelius*, Staatsrecht, § 14 IV; *Stern*, Staatsrecht, Bd. 1, S. 667; *Maunz*, in: Isensee/Kirchhof, Handbuch des Staatsrechts, § 94 Rdnr. 4; *Sommermann*, in: von Mangoldt/Klein/Starck, GG, Art. 20 Rdnr. 26: „Staatsqualität nur im staatsrechtlichen Sinne"; *Isensee*, in: Isensee/Kirchhof, Handbuch des Staatsrechts, § 98 Rdnr. 68.
87 BVerfG, Urteil vom 23.12.1951 - 2 BvG 1/51 -, BVerfGE 1, 14 [34].
88 *Ott*, Landesgrundrechte, S. 27.

fassung besitzen und dass sie über irgendein Stück vom Gesamtstaat unabgeleiteter Hoheitsmacht verfügen, also irgendeinen Rest von Gesetzgebungszuständigkeit, Verwaltungszuständigkeit und justizieller Zuständigkeit ihr eigen nennen. In solcher Sicht könnten die Länder in ihrer Qualität als Staaten durch Grundgesetzänderungen nach und nach ausgehöhlt werden, so dass am Ende nur noch eine leere Hülse von Eigenstaatlichkeit übrig bliebe. Die Länder im Bundesstaat sind nur dann Staaten, wenn ihnen ein Kern eigener Aufgaben als 'Hausgut' unentziehbar verbleibt. Was immer im Einzelnen dazu gehören mag, jedenfalls muss dem Land die freie Bestimmung über seine Organisation einschließlich der in der Landesverfassung enthaltenen organisatorischen Grundentscheidungen sowie die Garantie der verfassungskräftigen Zuweisung eines angemessenen Anteils am Gesamtsteueraufkommen im Bundesstaat verbleiben[89]".

4. Konstruktion des Bundesstaates unter dem Grundgesetz

Die Konstruktion dieses so allgemein umschriebenen Bundesstaats war und ist wiederholt Gegenstand von theoretischen Auseinandersetzungen gewesen. Selbst über Sinn oder Unsinn einer Theorie über den Aufbau der bundesstaatlichen Ordnung besteht kein Konsens. Teilweise wird bezweifelt, dass der „Bundesstaat" als Rechtsbegriff überhaupt für zwingende dogmatische Ableitungen geeignet ist; Bundesstaatstheorien hätten nur beschränkten Erkenntniswert[90]; die Frage, ob das Grundgesetz von einem zweigliedrigen oder aber einem dreigliedrigen Bundesstaatsbegriff ausgehe, könne als erledigt betrachtet werden[91]. Trotz dieser Äußerungen verbirgt sich hinter der Diskussion über den Aufbau des Bundesstaates die für den vorliegenden Zusammenhang bedeutsame Frage, ob und gegebenenfalls in welcher Weise der Bund den Ländern übergeordnet ist[92].

---

89 BVerfG, Urteil vom 26.07.1972 - 2 BvF 1/71 -, BVerfGE 34, 9 [19 f.]; *Sommermann*, in: von Mangoldt/Klein/Starck, GG, Art. 20 Rdnrn. 33 f.

90 *Bauer*, in: Dreier, GG, Art. 20 [Bundesstaat] Rdnr. 32.

91 *Sommermann*, in: von Mangoldt/Klein/Starck, GG, Art. 20 Rdnr. 28.

92 *Schnapp*, in: von Münch/Kunig, GG, Art. 20 Rdnr. 9.

a) Dreigliedriger Bundesstaatsbegriff

Bestrebt, eine Gleichordnung von Bund und Ländern und damit eine Stärkung der Länder zu erreichen[93], könnte man dem Aufbau des Bundesstaates eine dreigliedrige Konstruktion zugrunde legen.

Wenn es unmöglich sei, eine bipolare Beziehung gleichzeitig als Hierarchie und als Gleichordnung zu begreifen, andererseits im Bundesstaat sowohl Subordinations- als auch Koordinationselemente zu beobachten seien, liege es nahe, die Dualität von Bund und Ländern zugunsten eines dreigliedrigen Modells preiszugeben, das es erlaube, eine Mehrzahl verschieden gelagerter Beziehungen abzubilden[94].

Bund und Länder sind danach gleichgeordnete Teile einer höheren Ordnung. Der Gesamtstaat habe eine Rechtspersönlichkeit, der bestimmte Kompetenzen zukämen[95]. Dieser Gesamtstaat werde von den Gliedstaaten zusammen mit dem Zentralstaat gebildet[96]. Es müsse zwischen den Organen des Bundes, d.h. des Zentralstaates, und denen der Bundesrepublik Deutschland als Gesamtstaat unterschieden werden. Bundespräsident und Bundesverfassungsgericht seien beispielsweise Organe nur des Gesamtstaates, Bundesregierung und Bundestag dagegen sowohl Organe des Gesamtstaates als auch des Zentralstaates. Der Bund, d.h. der Zentralstaat, schließe die Länder nicht ein. Demzufolge könnten seine Organe auch nicht für diese handeln. Die Bundesrepublik Deutschland umfasse dagegen Bund und Länder, so dass deren Organe auch für die Länder handeln könnten[97].

Diese dreigliedrige Konstruktion wird auch im Hinblick auf europarechtliche Zusammenhänge herangezogen. Die Verpflichtung von Bund und Ländern sowohl auf das gesamtwirtschaftliche Gleichgewicht in Art. 109 Abs. 2 GG als auch auf die so genannten Maastricht-Kriterien sei dadurch gekennzeichnet, dass sie materiell den Bund und die Länder gemeinsam träfen. Ihre Bezugsgrößen ließen sich nicht getrennt auf den Bund und die Länder oder gar ein einzelnes Land herunterrechnen. Sie knüpften vielmehr an eine dritte Ebene an, die durch die Gesamtheit von Bund und Ländern gebildet werde. Insbesondere aus der Außenperspektive, d.h. aus völker- und gemeinschaftsrechtlicher Sicht, werde deutlich, dass neben dem Bund und

---

93 *Hesse*, Bundesstaat, S. 5.
94 *Wiederin*, Bundesrecht und Landesrecht, S. 17 f.
95 *Scheuner*, in: DÖV 1962, S. 641 [643].
96 *Scheuner*, in: DÖV 1962, S. 641 [647].
97 *Stern*, Staatsrecht, Bd. 1, S. 650 f.

den Ländern noch eine dritte, den Bund und die Länder zusammenfassende Ebene bestehe[98].

Das Bemühen um diese dreigliedrige Konstruktion ist eng verbunden mit der Auseinandersetzung um die Teilbarkeit bzw. Unteilbarkeit der Souveränität, deren Existenz im Bundesstaat[99] und der Grundannahme einer Gleichordnung von Bund und Ländern[100]. Ist aber schon der Begriff der Souveränität im herkömmlichen Sinne für die Frage nach der Staatlichkeit der Gliedstaaten untauglich, bedarf es auch keiner dreigliedrigen Konstruktion des Bundesstaates, um zu begründen, warum neben dem Bund auch die Gliedstaaten souverän seien.

Soweit zur Begründung eines dreigliedrigen Aufbaus auf den Wortlaut des Grundgesetzes verwiesen wird – das Grundgesetz meine Gesamtstaat im Gegensatz zum Zentralstaat, wenn es von „Bundesrepublik Deutschland" im Gegensatz zu „Bund" spreche[101] –, vermag dies nicht zu überzeugen. Denn die terminologische Unterscheidung zwischen „Bund" und „Bundesrepublik Deutschland" ist wenig konsequent. Insbesondere in Art. 79 Abs. 3 GG ist von der Gliederung des Bundes in die Länder die Rede, obwohl es bei Zugrundelegung des dreigliedrigen Bundesstaatsbegriffs an sich „Gliederung der Bundesrepublik Deutschland in Länder" heißen müsste.

Der Dreigliedrigkeitslehre liegt eine Gleichsetzung von Staat und Rechtsordnung zugrunde. Diese Annahme ist indes zu theoretisch, um die staatliche Realität tatsächlich einfangen zu können. „Die Staaten sind reale institutionelle Ordnungen, in deren Dienst Personen als 'Organe' tätig sind, sie sind lebendiges historisches Handeln und nicht nur normative Vorstellung. Die Wirklichkeit zeigt uns aber zwei institutionelle Gefüge, den Bund und die Länder. Nur aus theoretischer Erwägung, über ihnen eine dritte Ordnung zu behaupten, heißt ein konstruktives Luftschloss ohne Realitätsgehalt errichten[102]".

Unabhängig von ihrer Bezeichnung, ist die Annahme einer höheren Gesamtordnung folglich in erster Linie ein theoretisch-konstruktiver Gedanke. Er wurde insbesondere von Hans Kelsen gebraucht, der im Staat nur eine Normenordnung sah. Die Tei-

---

98 *Rossi*, in: DVBl. 2005, S. 269 [271].
99 *Wiederin*, Bundesrecht und Landesrecht, S. 4 f.
100 *Schnapp*, in: von Münch/Kunig, GG, Art. 20 Rdnr. 10.
101 *Grzeszick*, in: Maunz/Dürig/Herzog, GG, Art. 20 IV Rdnr. 60.
102 *Scheuner*, in: DÖV 1962, S. 641 [644].

lung der Kompetenzen zwischen Bund und Ländern konnte nach dessen Verständnis nur aus einer übergeordneten Normenordnung hergeleitet werden, die erforderlich war, um beide als staatliche, d.h. souveräne Ordnungen nebeneinander stehend denken zu können[103].

Hinzu kommt, dass eine dreigliedrige Konstruktion nicht mit den Vorgaben des Grundgesetzes in Einklang steht. Das Grundgesetz verteilt die staatlichen Aufgaben und Befugnisse derart auf Bund und Länder, dass für eine dritte Ebene keine Kompetenzen mehr übrig bleiben[104]. „Es gibt weder besondere Organe eines Zentralstaates oder eines Gesamtstaates noch ist eine Aufteilung der den Ländern nicht zugewiesenen Aufgaben zwischen einem Gesamtstaat und einem Zentralstaat vorgenommen worden[105]". Mangels eigener Kompetenzen und Staatsgewalt kann ein eigenständiger Gesamtstaat nicht existieren[106].

Verfällt man allerdings nicht der missverständlichen Annahme, die übergeordnete Ebene, der Gesamtstaat, sei selbst ein substantiell eigener Staat, der zum Bund und zu den Ländern hinzutrete, also eine dritte Ebene bilde[107], sondern versteht diese Konstruktion lediglich als Denkmodell[108], vermag die dreigliedrige Konstruktion bildhaft zu erklären, warum sich die beiden Ebenen der Staatlichkeit in einem Bundesstaat nicht so beziehungslos gegenüberstehen wie zwei beliebige fremde Staaten[109].

b) Eingliedriger Bundesstaatsbegriff

Konrad Hesse lehnt demgegenüber sowohl eine dreigliedrige als auch eine zweigliedrige Konstruktion des Bundesstaats ab. Die Lehre von dem zweigliedrigen Bundesstaatsbegriff beruhe auf der Überlegung, dass das entscheidende Moment des Staates in seiner Eigenschaft als statisch-starres Herrschaftssubjekt liege. Dies sei heute nicht mehr haltbar. Auf dem Boden einer Staatsauffassung, die sich daran orientiere, was die Verfassung konkret als „Staat" konstituiere und die von hier aus

---

103 *Scheuner*, in: DÖV 1962, S. 641 [644].
104 *Grzeszick*, in: Maunz/Dürig/Herzog, GG, Art. 20 IV Rdnr. 61.
105 *Stern*, Staatsrecht, Bd. 1, S. 651; *Ott*, Landesgrundrechte, S. 24.
106 *Grzeszick*, in: Maunz/Dürig/Herzog, GG, Art. 20 IV Rdnr. 61.
107 *Isensee*, in: Isensee/Kirchhof, Handbuch des Staatsrechts, § 98 Rdnr. 83.
108 *Maunz*, in: Isensee/Kirchhof, Handbuch des Staatsrechts, § 94 Rdnr. 7; *Ott*, Landesgrundrechte, S. 34 f.
109 *Grzeszick*, in: Maunz/Dürig/Herzog, GG, Art. 20 IV Rdnr. 65.

das Wesentliche des Staates in dem geschichtlichen Prozess politischer Einheitsbildung einerseits, dem Handeln und Wirken der in diesem Prozess konstituierten „Gewalten" andererseits erblicke, werde die Zweigliedrigkeitslehre unvollziehbar. Zwar finde sich auch in den Ländern und auf das jeweilige Land beschränkt „politische Einheitsbildung". Das Handeln und Wirken der in Bund und Ländern konstituierten besonderen Organe lasse sich indes nicht voneinander isolieren. Weder der Bund noch die Länder seien verfassungsmäßig in der Lage, das Zusammenleben innerhalb des Bundesgebietes oder auch nur innerhalb eines einzelnen Landes allein zu ordnen. Erst das Wirken und Zusammenwirken beider ergebe das Ganze des „Staates". Der Bundesstaat des Grundgesetzes kenne mithin nur einen „Staat". Vom Einheitsstaat unterscheide er sich dadurch, dass Gesetzgebung, Vollziehung und Rechtsprechung auf mehrere, territorial differenzierte, selbstverantwortlich handelnde und in ihrem Wirken aufeinander zugeordnete Organisationen verteilt seien. Die Ausstattung dieser Organisationen mit eigener Rechtspersönlichkeit habe lediglich rechtstechnische Bedeutung. Sie vermöge die Eigenschaft als „Staat" nicht zu begründen[110].

Diese Auffassung basiert auf dem Versuch, Wesen und Aufbau des Bundesstaates vom Standpunkt der politischen und gesellschaftlichen Wirklichkeit aus zu erklären. Ihr liegt ein ganz besonderer Staatsbegriff zugrunde: Wesensmerkmal eines Staates sei der Prozess politischer Einheitsbildung. Vom gesellschaftlichen Standpunkt aus mag diese Prämisse zutreffend sein. Sie erklärt insbesondere, dass im politischen Leben Bund und Länder nicht beziehungslos nebeneinander stehen, sondern vielfach miteinander verzahnt sind[111]. Sie berücksichtigt indes die normativen Aussagen des Grundgesetzes nicht in ausreichendem Maße. Dieses geht eindeutig von der Staatsqualität sowohl des Bundes als auch der Gliedstaaten aus. Diese Vorgabe kann, will man den Bundesstaat nicht losgelöst von seiner Grundordnung, dem Grundgesetz, erklären, nicht einfach als lediglich rechtstechnisch bedeutsam außer Acht gelassen werden. Vielmehr liegt gerade hierin eines der Wesensmerkmale des Bundesstaates nach dem Grundgesetz. Die Staatsqualität von Bund und Gliedstaaten steht auch nicht in Widerspruch zueinander, sondern diese sind zwei aufeinander aufbauende Stufen im Bundesstaat: Auf der untersten Stufe steht die Trennung

---

110 *Hesse*, Grundzüge, Fußnote 1 zu § 7; ihm folgend wohl *Schnapp*, in: von Münch/Kunig, GG, Art. 20 Rdnr. 9.

111 *Bleckmann*, Staatsrecht I, Rdnr. 866.

von Bund und Ländern sowie deren jeweilige Staatlichkeit, auf der zweiten Stufe folgt das Zusammenwirken beider Staaten im Prozess politischer Willensbildung auf der Grundlage des Grundgesetzes[112].

c) Zweigliedriger Bundesstaatsaufbau

Überzeugend ist bei dem durch das Grundgesetz errichteten Bundesstaat allein ein zweigliedriger Aufbau. Es gibt nur den Gesamtstaat und die Gliedstaaten: „Zwischen einem Zentralstaat und einem Gesamtstaat als zwei verschiedenen Rechtsträgern und Subjekten gegenseitiger verfassungsrechtlicher Rechte und Pflichten [kann nicht] unterschieden werden ... Es gibt nicht neben dem Bundesstaat als Gesamtstaat noch einen besonderen Zentralstaat, sondern nur eine zentrale Organisation, die zusammen mit den gliedstaatlichen Organisationen im Geltungsbereich des Grundgesetzes als Bundesstaat alle die staatlichen Aufgaben erfüllt, die im Einheitsstaat einer einheitlichen staatlichen Organisation zufallen. Das Grundgesetz hat eine Aufteilung der Kompetenzen nur zwischen den Organen des Bundes und denen der Länder vorgenommen, wobei unter Bund der durch Zusammenschluss der Länder entstandene Gesamtstaat verstanden wird. Es gibt weder besondere Organe eines Zentralstaates und eines Gesamtstaates, noch ist eine Aufteilung der den Ländern nicht zugewiesenen staatlichen Aufgaben zwischen einem Gesamtstaat und einem Zentralstaat vorgenommen worden. ... Die bundesstaatliche Verfassung umschließt mehrere Rechtskreise: den Verfassungsrechtskreis zwischen den Organen des Gesamtstaates, den zwischen Gesamtstaat und Gliedstaat, den Rechtskreis zwischen den Gliedstaaten. ... Die Rechtskreise zwischen Gesamtstaat und Gliedstaat und zwischen den Gliedstaaten werden durch das Bündnis der Gliedstaaten geschaffen, das der Bundesstaat begrifflich voraussetzt. Zwischen dem so geschaffenen Oberstaat und den Gliedstaaten kann aber nicht ein weiteres Bündnis bestehen, aus dem ein so genannter Gesamtstaat hervorgehen würde[113]". Der Bund und die Länder sind daher die staatlichen Einheiten, von denen das Grundgesetz ausgeht. „'Tertium non datur' ist Verfassungsgebot[114]".

---

112 *Bleckmann*, Staatsrecht I, Rdnr. 866.
113 BVerfG, Urteil vom 11.07.1961 - 2 BvG 2/58, 2 BvE 1/59 -, BVerfGE 13, 54 [77 f.].
114 *Isensee*, in: Isensee/Kirchhof, Handbuch des Staatsrechts, § 98 Rdnr. 163.

Allerdings darf man auch bei Annahme eines zweigliedrigen Aufbaus nicht der leicht fallenden Schlussfolgerung von einer grundsätzlichen Überordnung des Bundes über die Länder erliegen. Derartige Thesen verführen dazu, vorschnell ohne Rückgriff auf die konkrete bundesstaatliche Ordnung des Grundgesetzes bestimmte Folgerungen zu ziehen. Gerade angesichts der differenzierten Verteilung von Aufgaben und Befugnissen auf Bund und Länder, wie sie das Grundgesetz vorgenommen hat, ist die These von einer generellen Überordnung des Bundes über die Länder zu pauschal. Die Frage, ob von einer Überordnung des Bundes über die Länder auszugehen ist, darf nicht losgelöst von den konkreten Einzelbestimmungen beantwortet werden, will sie nicht verfassungsrechtlich irrelevant bleiben[115].

Für eine Überordnung des Bundes über die Länder lässt sich zwar die Kompetenz-Kompetenz anführen. Darunter ist die Rechtsmacht zu verstehen, sich selbst neue Hoheitsrechte und Zuständigkeiten zu schaffen[116]. Allerdings darf dabei nicht übersehen werden, dass der Bund auch insoweit Grenzen unterliegt (Art. 79 Abs. 3 GG) und den Ländern besondere verfassungsrechtliche Mitwirkungsrechte zustehen (Art. 79 Abs. 2 GG). „Der latente Besitz der exzeptionellen Kompetenzhoheit begründet keine permanente und umfassende Überordnung ihres Trägers in der verfassungsrechtlichen Normallage des Bundesstaates[117]“.

Begreift man den Begriff „Überordnung“ im Sinne einer Befugnis, rechtlich verbindlich für die „Untergeordneten“ zu handeln, so sind die Länder im Rahmen seiner Kompetenzen dem Bund untergeordnet. Denn die Länder sind an die Gesetze des Bundes gebunden (vgl. Art. 20 Abs. 3, Art. 31 GG), d.h. sie sind für diese verbindlich. Darüber hinaus haben die Länder die Bundesgesetze auszuführen (Art. 83 ff. GG).

Gleiches gilt aber auch in umgekehrter Richtung. Art. 20 Abs. 3 GG bindet nicht nur die Landesbehörden an die gesetzgeberischen Entscheidungen des Bundes, sondern auch die Bundesbehörden an die gesetzgeberischen Entscheidungen der Länder, die diese im Rahmen ihres Kompetenzbereichs treffen. Gleiches gilt für Verwal-

---

115 *Schnapp*, in: von Münch/Kunig, GG, Art. 20 Rdnr. 8.

116 Vgl. *Rojahn*, in: von Mangoldt/Klein/Starck, GG, Art. 23 Rdnr. 96 und Art. 24 Rdnr. 52; siehe auch BVerfG, Urteil vom 12.10.1993 - 2 BvR 2134, 2159/92 -, BVerfGE 89, 155 [191 ff.].

117 *Isensee*, in: Isensee/Kirchhof, Handbuch des Staatsrechts, § 98 Rdnr. 90; *Ott*, Landesgrundrechte, S. 33.

tungsakte und Gerichtsentscheidungen der Länder[118]. Auch die Länder handeln also im Rahmen ihrer Kompetenzen mit Wirkung für den Bund[119]. Sowohl Bund als auch Länder handeln danach im Rahmen ihrer jeweiligen Zuständigkeiten also mit allseitiger Verbindlichkeit[120].

Allerdings finden sich im Grundgesetz Bestimmungen, die es dem Bund erlauben, einseitig das Handeln der Länder zu steuern[121]. Deutlichstes Beispiel hierfür sind der Bundeszwang nach Art. 37 GG sowie die Befugnisse des Bundes bei der Ausführung von Bundesgesetzes durch die Länder (Art. 84 Abs. 2 - 4, Art. 85 Abs. 2 - 5 GG)[122].

Auch aus diesen Befugnissen darf nicht vorschnell der Schluss auf eine generelle Unterordnung der Länder gezogen werden. Bei den genannten Tatbeständen handelt es sich um Ausnahmevorschriften; eine unbegrenzte Aufsicht übt der Bund über die Länder nicht aus. Hoheitlich-einseitige Maßnahmen darf der Bund nur dann ergreifen, wenn das Grundgesetz sie eindeutig vorsieht. Es gilt das Enumerationsprinzip für die Ingerenzrechte des Bundes[123]. Bei der Ausführung von Bundesgesetzen durch die Länder bezieht sich die Bundesaufsicht im Übrigen auch nur auf die Ausführung als solche, nicht aber auf die Landestätigkeit insgesamt. Ferner darf nicht übersehen werden, dass der Bund in diesen Fällen jeweils der Zustimmung des Bundesrates bedarf, um das Handeln von Ländern einseitig zu bestimmen (z.B. Art. 37 Abs. 1 GG: „mit Zustimmung des Bundesrates“, Art. 84 Abs. 1 Satz 6 GG: „Diese Gesetze bedürfen der Zustimmung des Bundesrates“; vgl. auch Art. 84 Abs. 2 und Abs. 5 Satz 1, Art. 85 Abs. 1 Satz 1 und Abs. 2 GG).

Nach alledem ist davon auszugehen, dass dem Grundgesetz ein zweigliedriger Aufbau des Bundesstaates zugrunde liegt[124]. Allerdings darf diese Annahme nicht

---

118 *Grzeszick*, in: Maunz/Dürig/Herzog, GG, Art. 20 IV Rdnr. 104; *Stern*, Staatsrecht, Bd. 1, S. 652 f.; *Vogel*, in: Benda/Maihofer/Vogel, Handbuch des Verfassungsrechts, § 22 Rdnr. 26.

119 *Bothe*, in: AK-GG, Art. 20 Abs. 1-3 II Rdnr. 22; *Grzeszick*, in: Maunz/Dürig/Herzog, Art. 20 IV Rdnr. 104.

120 *Schnapp*, in: von Münch/Kunig, GG, Art. 20 Rdnr. 9.

121 *Isensee*, in: Isensee/Kirchhof, Handbuch des Staatsrechts, § 98 Rdnr. 92.

122 *Grzeszick*, in: Maunz/Dürig/Herzog, GG, Art. 20 IV Rdnr. 103.

123 *Isensee*, in: Isensee/Kirchhof, Handbuch des Staatsrechts, § 98 Rdnr. 92; vgl. auch *Ott*, Landesgrundrechte, S. 33.

124 *Sommermann*, in: von Mangoldt/Klein/Starck, GG, Art. 20 Rdnr. 28; *Grzeszick*, in: Maunz/Dürig/Herzog, GG, Art. 20 IV Rdnr. 61; *Bauer*, in: Dreier, GG, Art. 20 [Bundesstaat] Rdnr. 32; *Vogel*, in: Benda/Maihofer/Vogel, Handbuch des Verfassungsrechts, § 22 Rdnr. 25; *Stern*, Staatsrecht, Bd. 1, S. 651; *Maunz*, in: Isensee/Kirchhof, Handbuch des Staatsrechts, § 94 Rdnr. 7; *Clausen*, Landesverfassungsbeschwerde, S. 153, Fn. 533; wohl auch *Bothe*, in: AK-GG,

mit der automatischen Folge einer generellen Überordnung des Bundes über die Länder gleichgesetzt werden. Wo das Grundgesetz keine ausdrückliche Regelung enthält, ist vielmehr davon auszugehen, dass Bund und Länder einander gleichgeordnet sind und eigenständig nebeneinander stehen[125].

5. Funktion und Legitimation des Bundesstaates

Es stellt sich in diesem Zusammenhang weiter die Frage, welche Grundideen hinter dem Bundesstaat stehen und wodurch die Entscheidung für den Bundesstaat begründet ist. Ohne ein Bewusstmachen der Hintergründe dieser Entscheidung kann die bundesstaatliche Ordnung des Grundgesetzes keine Legitimität und keine normative Kraft entfalten[126]. Denn dem Bundesstaat fehlt die inhärente Selbstverständlichkeit, die etwa Begriffen wie Demokratie und Menschenrechte oder auch dem Rechtsstaat zukommt[127].

Einerseits scheint die Entscheidung für den Bundesstaat in Deutschland historisch bedingt zu sein. „Der harte Kern der Staatlichkeit lag in Deutschland seit Jahrhunderten bei den Ländern, Regionen, Einzelstaaten[128]". Zu Unrecht wurde vielfach behauptet, der bundesstaatliche Staatsaufbau sei dem Grundgesetzgeber nach dem Ende des Zweiten Weltkrieges durch die Besatzungsmächte aufgezwungen worden. Indes hat grundsätzlich Konsens darüber bestanden, dass der westliche Teilstaat als Bundesstaat verfasst werden sollte[129]. Der Wiederaufbau der Staatlichkeit vollzog sich von unten nach oben. Vor dem Bund waren die Länder bereits etabliert. Zum Zeitpunkt der Verabschiedung des Bonner Grundgesetzes am 8. Mai 1949 waren in mehreren Bundesländern bereits Verfassungen verabschiedet worden und in Kraft getreten. Aus der zeitlichen Priorität der Länder und aus der Tatsa-

---

Art. 20 Abs. 1-3 II Rdnr. 22: „Andererseits ist auch die Konstruktion eines zweigliedrigen Bundesstaatsbegriffs mit einer allgemeinen Unterordnung der Länder unter den Bund aus der Verfassung nicht abzuleiten".

125 *Stern*, Staatsrecht, Bd. 1, S. 652; *Bothe*, in: AK-GG, Art. 20 Abs. 1-3 II Rdnr. 22; *Grzeszick*, in: Maunz/Dürig/Herzog, GG, Art. 20 IV Rdnr. 112; *Isensee*, in: Isensee/Kirchhof, Handbuch des Staatsrechts, § 94 Rdnr. 93; *Clausen*, Landesverfassungsbeschwerde, S. 155 f.

126 *Hesse*, Bundesstaat, S. 1.

127 *Menzel*, Landesverfassungsrecht, S. 148; *Isensee*, in: AöR 115 [1990], S. 248 [248 f.].

128 *Maier*, in: AöR 115 [1990], S. 213 [223].

129 *Isensee*, in: AöR 115 [1990], S. 248 [253].

che ihrer Existenz ergab sich ein natürliches föderales Eigengewicht für die zu treffenden Entscheidungen[130].

Dies gilt auch für die Hessische Verfassung: „Wenn auch die Militärregierung den Verfassungsentwurf genehmigt hat, so ist die Verfassung deshalb keine oktroyierte Verfassung. Sie leitet ihre Legitimität nicht vom Besatzungsrecht, sondern aus der freien Selbstbestimmung der hessischen Wahlberechtigten her, die in geheimer Abstimmung und unbehindert sich für die Annahme oder Ablehnung des Verfassungsentwurfs entscheiden konnten[131]".

Andererseits vermag das historische Argument allein die Legitimation des Bundesstaates heutzutage nicht mehr zu begründen[132]. Die heutigen deutschen Länder haben nur noch zu einem geringen Teil etwas mit den geschichtlichen deutschen Eigenstaaten gemeinsam. Traditionelle Unterschiede in den Bevölkerungsgruppen der Einzelstaaten sind heute sowohl durch die Flüchtlingsbewegungen nach dem 2. Weltkrieg als auch durch die immer stärker zunehmende Mobilität der Menschen weitgehend eingeebnet[133].

Heutzutage werden daher mehr und mehr die gewaltenteilende Funktion des Bundesstaates und sein enger Zusammenhang mit dem Demokratieprinzip in den Vordergrund gestellt[134]. Die sich aus dem Bundesstaatsprinzip ergebende Doppelstaatlichkeit mit zwei Ebenen staatlicher Organisationen und staatlicher Funktionen begründet eine vertikale Gewaltenteilung, durch die die horizontale Gewaltenteilung zwischen Legislative, Exekutive und Judikative ergänzt wird[135]. Die Verteilung der Gesetzgebungs- und Verwaltungskompetenzen zwischen Bund und Ländern und die vielfältigen Erfordernisse beiderseitigen Zusammenwirkens sind Faktoren einer

---

130 *Vogel*, in: Benda/Maihofer/Vogel, Handbuch des Verfassungsrechts, § 22 Rdnr. 8.

131 *Stein*, in: FS 20 Jahre HV, S. 16; siehe hierzu auch die Beiträge in den Beratungen der Verfassungberatenden Landesversammlung Groß-Hessen unter B. I. 1.

132 *Ossenbühl*, in: DVBl. 1989, S. 1230.

133 *Hesse*, Bundesstaat, S. 12.

134 *Schenke*, in: JuS 1989, S. 698; *Degenhart*, Staatsrecht I, Rdnr. 467; *Hesse*, Grundzüge, Rdnrn. 231 ff.; *Ossenbühl*, in: DVBl. 1989, S. 1230; so schon *Georg Waitz*, Das Wesen des Bundesstaates, in: Allgemeine Monatsschrift für Wissenschaft und Literatur, 1853, S. 494 [507]: „Nicht um der doppelten Herrschaft willen, sondern um den Reichtum seines Lebens und seine Entwicklung völliger entfalten zu können, wird ein Volk die einfache Ordnung des Einheitsstaates gegen die geteilte des Bundesstaates aufgeben. Dieser setzt immer ein regeres Bewusstsein der Nation von ihren Aufgaben, eine lebendigere Teilnahme an ihren Angelegenheiten voraus; er ist auf die Länge offenbar nur da durchzuführen, wo das Volk einen wirklichen Anteil an dem Leben des Staates nimmt" [zitiert nach *Isensee*, in: Isensee/Kirchhof, Handbuch des Staatsrechts, § 98 Rdnr. 312].

135 *Maurer*, Staatsrecht, § 10 Rdnr. 75; so auch *Stern*, Staatsrecht, Bd. 1, S. 666.

vertikalen Gewaltenteilung[136]. Der Begriff Gewaltenteilung darf in diesem Zusammenhang allerdings nicht im Sinne klassischer Gewaltenteilung verstanden werden. Die Faktoren dieser Balance sind nicht „Legislative" und „Exekutive" im Sinne des historischen, klassischen Gewaltenteilungsbegriffs. Vielmehr sind es die „realen politischen Kräfte, die unter maßgeblicher Einschaltung der rechtsprechenden Gewalt einander die Waage halten und kontrollieren sollen. Parlamentsmehrheit und Regierung auf der einen, die Opposition auf der anderen Seite. Neben diese Form der Balancierung tritt im Bundesstaat der Gegenwart diejenige zwischen Bundestag und Bundesregierung einer-, Bundesrat andererseits[137]".

Hinzu kommen breiter angelegte Entfaltungsmöglichkeiten. „Die Doppelung der staatlichen Entscheidungsebenen erweitert die demokratische Repräsentation, die sich nunmehr in zwei Volksvertretungen darstellt, und ermöglicht ein Mehr an förmlicher wie informeller Beteiligung und Einwirkung der Bürger. Sie belässt die Entscheidungsmaterien der Länder in größerer Nähe beim Volk. Die Aktivbürger gewinnen zusätzliches Einflusspotential bei Wahlen. Sie können differenziert entscheiden[138]". In engem Zusammenhang hiermit steht die Minderheiten schützende Wirkung des Bundesstaatsprinzips. Der bundesstaatliche Aufbau erschwert es der Majorität, regionale Minderheiten zu beeinträchtigen. Zudem wird es der regionalen Minderheit im engeren Rahmen eines Landes erleichtert, sich im Spiel der politischen Kräfte zur Geltung zu bringen[139].

Im Zusammenhang mit dem parlamentarischen Regierungssystem gewinnt das Bundesstaatsprinzip Bedeutung für den Einbau der Opposition in die demokratische Ordnung und die Realisierung des Prinzips alternativer politischer Führung. Oppositionsparteien im Bund können dort, wo sie in den Ländern die Mehrheit besitzen, zur Regierungspartei werden und staatliche Verantwortung übernehmen. Dadurch wird ihnen die Möglichkeit zu eigenen Leistungen eröffnet. Sie bleiben nicht nur auf Kritik beschränkt und erhalten die Gelegenheit, ihre Führung in der Wahrnehmung staatlicher Geschäfte zu schulen, so dass sie, wenn sie einmal im Bund die Mehrheit gewinnen, über ein hinreichend geschultes politisches Personal verfügen und ein rei-

---

136 *Vogel*, in: Benda/Maihofer/Vogel, Handbuch des Verfassungsrechts, § 22 Rdnr. 17; *Schenke*, in: JuS 1989, S. 698 [699].

137 *Hesse*, Bundesstaat, S. 27.

138 *Isensee*, in: AöR 115 [1990], S. 248 [270].

139 *Hesse*, Grundzüge, Rdnr. 225; *ders.*, Bundesstaat, S. 30.

bungsloser Wechsel gewährleistet ist[140]. Durch die für den Bund unangreifbare Eigenstaatlichkeit der Länder werden Positionen geschaffen, aus denen heraus die regionalen Parteigremien Unabhängigkeit und Selbständigkeit entfalten können[141]. Auf der anderen Seite darf aber nicht übersehen werden, dass, wenn die unterschiedlichen Parteikonstellationen in Bund und Ländern dazu führen, dass Bundestag und Bundesrat von unterschiedlichen Mehrheiten beherrscht werden, ein „für die staatliche Entscheidungsfähigkeit heikler Zwang zur Konsensdemokratie" entstehen kann[142].

Weiterhin ermöglicht der Bundesstaat eine arbeitsteilige Erledigung der staatlichen Aufgaben: „Die generellen und weit tragenden Entscheidungen erfolgen durch den Bund in Gestalt von Gesetzen und sonstigen grundsätzlichen Staatsakten, der Vollzug und die Ausgestaltung im Einzelnen liegt bei den Länder, deren Verwaltungsbehörden der Praxis des Alltages wesentlicher näher stehen[143]". „Der Aufbau praxisbezogener Informationsstränge und die parlamentarische Kontrolle werden erleichtert. Die Entscheidungsvorgänge sind für den Bürger leichter durchschaubar[144]".

Durch das Bestehen kleinerer staatlicher Einheiten rückt der Staat in größere Nähe der Bereiche, „in denen er seine Aufgabe zu erfüllen hat; er rückt den Menschen und den Sachen näher. Umgekehrt rückt der Einzelne in größere Nähe des Staates. Im engeren Bereich eines Landes können die staatlichen Angelegenheiten noch im Überschaubaren, Durchschaubaren, Verstehbaren gehalten werden. So bietet die Gliederung in kleinere staatliche Einheiten die Möglichkeit bewusster Erfahrung, bewusster Anteilnahme und Mitbestimmung an den staatlichen Dingen, die Voraussetzung einer sachgemäßen Beteiligung an den Angelegenheiten von Gesamtbedeutung ist. Indem zwischen die Gemeinden und den Gesamtstaat die Länder treten, wird ein staatlicher Aufbau geschaffen, der von dem Einzelnen in der Stufung von der kleineren zur größeren Einheit bewusst erfasst werden kann und ihm in hö-

---

140 *Hesse*, Grundzüge, Rdnr. 227, *Maurer*, Staatsrecht, § 10 Rdnr. 77.
141 *Hesse*, Bundesstaat, S. 29.
142 *Isensee*, in: AöR 115 [1990], S. 248 [270 f.].
143 *Maurer*, Staatsrecht, § 10 Rdnr. 76.
144 *Vogel*, in: Benda/Maihofer/Vogel, Handbuch des Verfassungsrechts, § 22 Rdnr. 15.

herem Maße bestimmende Gestaltung ermöglicht. Insoweit schafft der bundesstaatliche Aufbau wiederum eine wichtige Voraussetzung der Demokratie[145]".

Die vertikale Gewaltenteilung zwischen Bund und Länder verhindert darüber hinaus das Entstehen einer übermächtigen Einheitsbürokratie[146]. Der bundesstaatliche Aufbau zeichnet sich hier durch eine Funktionsteilung zwischen dem Bund als der Ebene der Gesetzgebung und den Ländern als Ebene der Gesetzesdurchführung aus. Ermöglicht wird so eine Kombination von prinzipiengelenkter Langfristorientierung und situationsbezogenem Pragmatismus. Auf Bundesebene können die grundsätzlichen Aspekte eines Problems in den Vordergrund gestellt werden. Da der Bundesrat und über ihn die Länder an der Gesetzgebung mitwirken, wird jedoch ein praxisferner Interventionismus verhindert[147].

Allerdings werden auch Argumente gegen die Sinnhaftigkeit des bundesstaatlichen Aufbaus vorgebracht. Eingewandt wird zunächst, dass alle maßgeblichen Entscheidungen vom Bund getroffen würden, durch unterschiedliche Regelungen der Länder die Einheitlichkeit der Lebensverhältnisse gefährdet werde, die Abgrenzung der Kompetenzen zwischen Bund und Ländern zu Kompetenzstreitigkeiten führe und der Staatsapparat durch die Regierungszentren in Bund und Ländern unnötig aufgebläht werde[148]. Dass die Verfassungsänderungen zumeist Kompetenzeinbußen zu Lasten der Länder mit sich brachten, ist aber nicht politische Ursache, sondern lediglich rechtliche Wirkung. Die Verlagerung der Macht von den Ländern auf den Bund hat sich wesentlich außerhalb verfassungsförmlicher Verfahren vollzogen, und zwar in einer politischen Praxis, welche die Länderkompetenzen zurückgedrängt hat. Die Länder haben zu wenig unternommen, um ihre Zuständigkeiten juristisch zu verteidigen[149].

Demgegenüber wird allerdings auch geltend gemacht, dies entspreche der Arbeitsteilung im Bundesstaat. Auf Bundesebene würden diejenigen Aufgaben durchgeführt, die in dieser Größenordnung von einzelnen Ländern überhaupt nicht wahrgenommen werden könnten. Dies diene auch der Herstellung und Wahrung einheitlicher Lebensverhältnisse im gesamten Bundesgebiet. Der Bundesstaat biete die

145 *Hesse*, Bundesstaat, S. 30 f.
146 *Maunz/Zippelius*, Staatsrecht, § 14 I 1.
147 *Mayntz*, in: AöR 115 [1990], S. 232 [238].
148 Vgl. *Maunz/Zippelius*, Staatsrecht, § 14 I 2; *Stern*, Staatsrecht, Bd. 1, S. 687.
149 *Isensee*, in: AöR 115 [1990], S. 248 [250].

Chance, dass die tatsächlichen, wirtschaftlichen und sozialen Unterschiede in adäquater Weise aufgefangen würden. Die Probleme des Bundesstaates seien weniger strukturell bedingt, sondern ließen sich vielmehr auf verfehlte oder überholte Einzelregelungen oder auf missbräuchliche Handhabung der an sich passablen Regelungen zurückzuführen[150].

Trotz aller Einwände ist das konkrete bundesstaatliche System nach dem Grundgesetz „Teil der gewachsenen politischen Ordnung, die ihr eigenes Beharrungsvermögen aufweist, aber auch vielfältigen Wandlungen unterworfen war und ist. Die Existenz der Länder hat sich konsolidiert, was ein bleibendes integratives Element im deutschen Föderalismus ist[151]".

Jedes einzelne der angeführten Elemente deckt auf seine Weise einen Aspekt heutiger Bundesstaatlichkeit ab. Sie haben „entwicklungsgeschichtlich über die Jahrzehnte ihre relative Bedeutung behalten und [sind] immer wieder neu gemischt [worden]. ... Das gemischte Bundesstaatsverständnis erhöht die Legitimationskraft der Verfassung, hält die bundesstaatliche Entwicklung offen und dadurch den Bundesstaat als solchen auch bei neuen Herausforderungen und Gefährdungslagen stabil[152]". Zusammenfassend lässt sich nach alledem sagen, dass dem bundesstaatlichen Aufbau neben einem staatsorganisatorischen auch ein freiheitsschützender Gedanke zugrunde liegt:

- „Formal gestattet Bundesstaatlichkeit, Verantwortung zu delegieren, Sachbereiche mit eigenen Entscheidungsträgern und eigener Entscheidungsgewalt zu schaffen. Durch die Dezentralisation sind überschaubare Lebens- und Funktionsbereiche erhalten oder geschaffen.
- Materiell garantiert sie Freiheit, Pluralität, doppelte Mitwirkung an der politischen Willensbildung, gewährt sie größere Durchschaubarkeit staatlichen Handelns, schützt sie vor Gewaltenmonismus. Als Element der Gewaltengliederung und -balancierung eröffnet sie die Möglichkeit des Miteinanders, Nebeneinanders und Gegeneinanders unterschiedlicher politischer Kräfte. Wettbewerb, Kontrolle, Entfaltung von Alternativen und das Wechselspiel von Mehrheit und Minderheit in der politischen Verantwortung und der Trend zu stärkerer Rationalität und

---

150 *Maurer*, Staatsrecht, § 10 Rdnr. 72.
151 *Bothe*, in: AK-GG, Art. 20 Abs. 1 – 3 II Rdnr. 14.
152 *Bauer*, in: Dreier, GG, Art. 20 [Bundesstaat] Rdnr. 30.

Verantwortlichkeit in der Wahrnehmung staatlicher Aufgaben sind im Wesentlichen die Argumente, die für einen föderativen Staatsaufbau angeführt werden[153]".

II. Die Verfassungshoheit der Länder

Besitzen die Länder nach den vorstehenden Darlegungen die Qualität von Staaten mit eigener Staatsgewalt, so kommt ihnen auch das Recht zu, sich eigene Verfassungen zu geben[154]. Wie aber lässt sich dieses Recht zur Verfassunggebung umschreiben: als Verfassungshoheit[155] oder als Verfassungsautonomie[156]?

Zu den Wesensmerkmalen des grundgesetzlichen Bundesstaates gehört, dass auch die Länder ursprüngliche, nicht vom Grundgesetz abgeleitete, sondern von ihm nur anerkannte Staatsqualität besitzen. Es handelt sich dabei um eine Staatlichkeit nach Maßgabe des Grundgesetzes[157]. Die Landesverfassung gilt als besonderer Ausdruck dieser Staatsqualität. Eine Verfassung wird zu der Grundausstattung moderner Verfassungsstaaten europäischer Staaten gezählt[158]. Aufgrund ihrer Staatsqualität haben die Länder auch das Recht, ihre Staatsorganisation, ihre Staatsziele und fundamentalen Grundentscheidungen in einer eigenen, von ihnen selbst bestimmten Verfassung zu artikulieren[159]. Dieses Recht ist „Signum ihrer

---

153 *Stern*, Staatsrecht, Bd. 1, S. 658 f.; siehe zu den Gründen für den Bundesstaat auch: *Roellecke*, in: Umbach/Clemens, GG, Art. 20 Rdnr. 19; *Maurer*, Staatsrecht, § 10 Rdnrn. 72, 75 - 77; *Vogel*, in: Benda/Maihofer/Vogel, Handbuch des Verfassungsrechts, 5. Kapitel, Rdnrn. 13, 15, 17.

154 *Löwer*, in: von Münch/Kunig, GG, Art. 28 Rdnr. 2; *Dreier*, in: Dreier, GG, Art. 28 Rdnr. 51; *Isensee*, in: Isensee/Kirchhof, Handbuch des Staatsrechts, § 98 Rdnr. 78; *Bartlsperger*, in: Isensee/Kirchhof, Handbuch des Staatsrechts, § 96 Rdnr. 23; *Vogel*, in: Benda/Maihofer/Vogel, Handbuch des Verfassungsrechts, § 22 Rdnr. 27; *Degenhart*, Staatsrecht I, Rdnr. 464.

155 *Von Coelln*, Anwendung von Bundesrecht, S. 160; *von Ohlshausen*, Landesverfassungsbeschwerde, S. 58; *Tettinger*, in: von Mangoldt/Klein/Starck, GG, Art. 28 Rdnr. 3; *Boehl*, in: Der Staat 30 [1991], S. 571 [582]; *Maunz*, in: Isensee/Kirchhof, Handbuch des Staatsrechts, § 94 Rdnrn. 25, 27; *Kersten*, in: DÖV 1993, S. 896; *Boehl*, Verfassunggebung, S. 206; *Löwer*, in: von Münch/Kunig, GG, Art. 28 Rdnrn. 4f.; *Schneider*, in: DÖV 1987, S. 749 [750]; wohl auch *Magiera*, in: Stern, Wiedervereinigung, S. 141 [143].

156 *Rozek*, Entscheidungsmaßstab, S. 115 f.; *Werner*, Homogenitätsprinzip, S. 28, 30; *Grawert*, in: NJW 1987, S. 2329 [2330]; *Nierhaus*, in: Sachs, GG, Art. 28 Rdnr. 1; *Dreier*, in: Dreier, GG, Art. 28 Rdnr. 53; *Pieroth*, in: Pieroth/Schlink, GG, Art. 28 Rdnr. 1; *Ott*, Landesgrundrechte, S. 35, dort Fn. 107; *Bothe*, in: AK-GG, Art. 28 Abs. 1 Rdnr. 3; *Sachs*, in: KritV 1996, S. 125 [126]; *Grüßing*, Landesverfassung, S. 26; *Degenhart*, Staatsrecht I, Rdnr. 464.

157 Siehe hierzu B. I. 3.

158 *Boehl*, Verfassunggebung, S. 164; *Löwer*, in: von Münch/Kunig, GG, Art. 28 Rdnr. 2; *Vitzthum*, in: VVDStRL 46 [1988], S. 7 [24].

159 *Tettinger*, in: von Mangoldt/Klein/Starck, GG, Art. 28 Rdnr. 3; *Löwer*, in: von Münch/Kunig, GG, Art. 28 Rdnr. 3; *Nierhaus*, in: Sachs, GG, Art. 28 Rdnr. 1.

Staatlichkeit[160]". Die Befugnis, sich eine eigene Verfassung zu geben, begründet den besonderen gliedstaatlichen Status im bundesstaatlichen Verfassungssystem, gewährleistet Selbständigkeit, Eigenverantwortlichkeit und Entwicklungsfähigkeit der Gliedstaaten[161].

Auch das Grundgesetz geht davon aus, dass die Länder eigene Verfassungen besitzen, wenn es in Art. 28 Abs. 1 Satz 1 GG von der „verfassungsmäßigen Ordnung in den Ländern" spricht und in Art. 142 GG das Inkraftbleiben von „Bestimmungen in den Landesverfassungen" regelt[162].

Allerdings kann das Recht der Länder, sich eine Verfassung zu geben, nicht im Sinne einer verfassunggebenden Gewalt als inhaltlich absolut freier, voraussetzungs- und bindungsloser Urgewalt gedacht werden[163].

Unter verfassunggebender Gewalt wird einerseits die permanente Befugnis eines Volkes, Grundentscheidungen über seine politische Existenz zu treffen, andererseits die Kraft und Autorität, die Verfassung in ihrem konkreten Geltungsanspruch hervorzubringen, zu tragen und aufzuheben, verstanden[164]. Die verfassunggebende Gewalt ist nicht durch positives Verfassungsrecht normiert, d.h. „sie ist ... ihrem Wesen nach grundsätzlich von heteronomen Bindungen unabhängig[165]".

Damit lässt sich der Prozess der Verfassunggebung auf Gliedstaatsebene in einem Bundesstaat nicht ohne weiteres vergleichen. Die Länder sind Gliedstaaten in einem Bundesstaat, in ihn eingebunden und damit Staaten im Sinne des Grundgesetzes[166]. Ihre Verfassunggebung kann daher nicht ohne Rücksicht auf die grundgesetzliche Rechtslage bestimmt werden; denn das hieße, „die Unmaßgeblichkeit der Bundesverfassung für die Verfassunggebung im Land vorauszusetzen[167]". Die Landesverfassungen erscheinen aus der Sicht des Grundgesetzes lediglich als Teil der

---

[160] *Dreier*, in: Dreier, GG, Art. 28 Rdnr. 51.
[161] *Grawert*, in: NJW 1987, S. 2329 [2330].
[162] *Boehl*, Verfassunggebung, S. 164; *Ott*, Landesgrundrechte, S. 36 f.
[163] *Dreier*, in: Dreier, GG, Art. 28 Rdnr. 53; *Stiens*, Landesverfassungen, S. 27; *Sachs*, in: ThürVBl. 1993, S. 121; siehe zum Begriff „Verfassungshoheit" auch *Magiera*, in: Stern, Wiedervereinigung, S. 141 [144].
[164] *Boehl*, in: Der Staat 30 [1991], S. 571 [577].
[165] *Boehl*, in: Der Staat 30 [1991], S. 571 [579].
[166] *Kersten*, in: DÖV 1993, S. 896.
[167] *Boehl*, Verfassunggebung, S. 170.

gesamtstaatlichen Rechtsordnung[168]. Dies spräche dagegen, den Begriff „Verfassungshoheit der Länder" zu verwenden.

Allerdings entspricht auch der Begriff „Autonomie" nicht der Bedeutung, die der politischen Eigenständigkeit der Länder im Bundesstaat zukommt[169]. Denkt man an die Legitimation des Bundesstaates zurück, gewinnt die politische Eigenständigkeit der Länder als selbständige Entscheidungszentren gerade in Bezug auf die Gewaltenteilung, die gegenseitige Kontrolle, Hemmung und Balance der Bundes- und Landesstaatsgewalt erhebliche Bedeutung. Demgegenüber bedeutet „Autonomie ... das Recht, für sich selbst Regeln zu setzen, wobei nach (deutschem) rechtlichem Sprachgebrauch das Subjekt solcher Regelsetzung ein in den Staat eingeordnetes, sich selbst verwaltendes Subjekt ist. Letzteres passt nun wieder nicht zu dem Axiom der Staatlichkeit der Glieder und des Zentralstaates, die in einem Gleichordnungsverhältnis gedacht werden und die gerade nicht als `höchst-potenzierte Selbstverwaltungskörperschaft´ aufgefasst werden dürfen[170]".

Hinzu kommt, dass zwischenzeitlich Beschränkungen auch der verfassunggebenden Gewalt im engeren Sinne anerkannt sind. Diese „werden - erstens - in den `jedem Recht vorausliegenden überpositiven Rechtsgrundsätzen´ und - zweitens - im Völkerrecht gesehen. Eine weitere (immanente) Schranken ergibt sich - drittens - nach der Rechtsprechung des Bundesverfassungsgerichts für eine den pouvoir constituant ausübende verfassunggebende Versammlung daraus, dass ihr Auftrag ein beschränkter ist: `Sie ist berufen, aus dem verfassungslosen Zustand den verfassungsgemäßen Zustand herzustellen, also die Verfassung des neuen Zustandes, das ist die Verfassung im formellen Sinne, und die Gesetze zu schaffen, die für die Übergangszeit und die Zukunft notwendig sind, damit der Staat durch seine Verfassungsorgane wirksam handeln und funktionieren kann´[171]". Trotz der dem Land durch das Grundgesetz auferlegten Bindungen entscheidet das Landesvolk über seine politische Existenz, die über den bloßen Nachvollzug grundgesetzlicher Vorgaben hinausgeht[172].

---

168 *Kersten*, in: DÖV 1993, S. 896.
169 *Isensee*, in: VVDStRL 46 [1988], Aussprache zu den Referaten, S. 120.
170 *Löwer*, in: von Münch/Kunig, GG, Art. 28 Rdnr. 5.
171 *Boehl*, in: Der Staat 30 [1991], S. 571 [579]; *Ott*, Landesgrundrechte, S. 38.
172 *Ott*, Landesgrundrechte, S. 38.

Nach alledem ist es in Anbetracht der Bedeutung der Gliedstaaten in einem Bundesstaat angemessen, von der Verfassungshoheit der Länder zu sprechen. Daraus folgt: „In dem föderativ gestalteten Bundesstaat des Grundgesetzes stehen die Verfassungsbereiche des Bundes und der Länder grundsätzlich selbständig nebeneinander. Soweit das Grundgesetz für die Verfassungen der Länder keine Normativbestimmungen gibt, können die Länder ihr Verfassungsrecht ... selbst ordnen[173]".

Das Bild von der grundsätzlichen Trennung der Verfassungsräume von Bund und Ländern darf jedoch nicht als beziehungslose Parallelität missverstanden werden[174]. Vielmehr sind sie einander koordiniert, vielfältig miteinander verbunden und verzahnt[175]. Handelt sich aber um Gliedstaatlichkeit im Rahmen eines Bundesstaates, kann die Freiheit des Landesverfassunggebers nicht unbeschränkt sein. Erforderlich sind „Regelungsmechanismen, die beide Verfassungskreise zueinander in Beziehung setzen, sie dabei zu einer Einheit verbinden und Spannung begrenzen, wo dies für die Verwirklichung der gemeinsamen Gemeinwohlverpflichtung erforderlich ist[176]". Trotz aller Eigenständigkeit der Verfassungsräume kann also auf ein Mindestmaß an struktureller und materieller Übereinstimmung nicht verzichtet werden[177]. Für die Landesverfassunggebung bestehen daher im Interesse der bundesstaatlichen Einheit und Geschlossenheit Begrenzungen und Vorgaben durch die Verfassung des Gesamtstaates, auf die nunmehr im Einzelnen einzugehen ist.

III. Die Bindungen der Landesverfassung nach dem Grundgesetz im Einzelnen

1. Einleitung

Parallelität, Durchdringung und Verzahnung gesamt- und gliedstaatlicher Staatlichkeit bergen die Gefahr von Funktionsstörungen, Reibungen und Konflikten in sich[178]. Ausgehend davon, dass Gesamtstaat und Gliedstaaten im Bundesstaat nicht vollständig unabhängig, sondern Glieder „ein und desselben Ganzen[179]" sind, kann trotz aller Eigenständigkeit und der grundsätzlichen Trennung der Verfas-

---

173 BVerfG, Beschluss vom 15.10.1997 - 2 BvN 1/95 -, BVerfGE 96, 345 [368 f.].
174 *Kersten*, in: DÖV 1993, S. 896 [897].
175 *Vitzthum*, in: VVDStRL 46 [1988], S. 7 [15]; *Ott*, Landesgrundrechte, S. 31; *Grzeszick*, in: Maunz/Dürig/Herzog, GG, Art. 20 IV Rdnr. 65.
176 *Menzel*, Landesverfassungsrecht, S. 154.
177 *Sachs*, Landesverfassung, § 3 Rdnr. 1.
178 *Werner*, Homogenitätsprinzip, S. 25.
179 *Scholz*, in: Maunz/Dürig/Herzog, GG, Art. 28 Rdnr. 46.

sungsräume von Bund und Ländern auf ein Mindestmaß an struktureller und materieller Übereinstimmung der Verfassungen von Bund und Ländern nicht verzichtet werden[180].

Um dieses Mindestmaß an struktureller und materieller Übereinstimmung zu erreichen, stehen verschiedene Wege zur Verfügung. Zum einen kann die Verfassung des Gesamtstaates selbst Bestimmungen enthalten, die unmittelbar auch im Verfassungsbereich der Länder gelten oder in sie hineinwirken; zum anderen kann sie inhaltliche Vorgaben aufstellen, die die Länder bei der Ausgestaltung ihrer Verfassungen zu beachten haben. Hinzu kommen die Möglichkeiten, dem Gesamtstaat Durchgriffsrechte gegenüber den Gliedstaaten einzuräumen und in der Bundesverfassung Anweisungen an die Landesstaatsgewalt sowie Zustimmungsvorbehalte zu normieren[181]. Die Bundesverfassung kann sich dabei auf eine nachträgliche Konfliktbereinigung bzw. -beseitigung beschränken oder aber Regeln aufstellen, die präventiv die Entstehung von Konflikten verhindern und Funktionsstörungen im bundesstaatlichen Gesamtgefüge vermeiden sollen[182]. Dabei beschränkt sich das Bedürfnis nach derartigen Regelungen nicht erst auf den Extremfall, das drohende Auseinanderbrechen des Bundes, sondern setzt bereits früher ein[183].

Das Grundgesetz hat sich nicht alternativ für eine dieser Möglichkeiten entschieden, sondern stellt eine Kombination dieser Regelungen auf, die im Folgenden näher betrachtet werden sollen.

2. Durchgriffsnormen

Verschiedene Normen des Grundgesetzes binden unmittelbar auch die Landesstaatsgewalt. Diese so genannten Durchgriffsnormen sind dadurch gekennzeichnet, dass sie unmittelbar, d.h. ohne dass ein besonderer Akt der Transformation in Landesrecht erforderlich wäre, in den Ländern und für die Landesstaatsgewalt gelten[184].

---

180 *Stern*, in: Bonner Kommentar, Art. 28 Rdnr. 7; siehe auch *Werner*, Homogenitätsprinzip, S. 37.

181 *Stern*, in: Bonner Kommentar, Art. 28 Rdnr. 9; *Löwer*, in: von Münch/Kunig, GG, Art. 28 Rdnr. 6; *Rozek*, Entscheidungsmaßstab, S. 106.

182 *Werner*, Homogenitätsprinzip, S. 26.

183 *Werner*, Homogenitätsprinzip, S. 18, 27.

184 *Nierhaus*, in: Sachs, GG, Art. 28 Rdnr. 4; *Vitzthum*, in: VVDStRL 46 [1988], S. 7 [12]; *Boehl*, Verfassunggebung, S. 184; *Bartlsperger*, in Isensee/Kirchhof, Handbuch des Staatsrechts, § 96 Rdnr. 25; *Scholz*, in: Maunz/Dürig/Herzog, GG, Art. 28 Rdnr. 17; *Grawert*, in: NJW 1987, S. 2329 [2331]; *Kersten*, in: DÖV 1993, S. 896 [897]; *Dreier*, in: Dreier, GG, Art. 28 Rdnr. 53.

Durchgriffsnormen enthalten unmittelbar geltendes materielles Landesverfassungsrecht[185], ohne damit selbst Landesverfassungsrecht zu werden. Sie bleiben Bundesverfassungsrecht und stehen daher auch als Prüfungsmaßstab für die Landesverfassungsgerichte nicht zur Verfügung[186].

Von großer Bedeutung in diesem Zusammenhang ist Art. 1 Abs. 3 GG[187]. Danach binden die nachfolgenden Grundrechte Gesetzgebung, vollziehende Gewalt und Rechtsprechung als unmittelbar geltendes Recht. Von dieser Bindung erfasst ist auch die Landesverfassung als Äußerung staatlicher Gewalt, wie sich aus Art. 1 Abs. 1 Satz 2 ergibt[188].

Zu den Durchgriffsnormen des Grundgesetzes gehören weiter folgende Bestimmungen:

- Art. 20 Abs. 2 und 3 GG[189],
- Art. 21 GG[190],
- Art. 25 GG[191],
- Art. 26 GG[192],
- Art. 28 Abs. 2 GG[193],

---

185 *Boehl*, Verfassunggebung, S. 184.

186 *Bartlsperger*, in: Isensee/Kirchhof, Handbuch des Staatsrechts, § 96 Rdnr. 25.

187 *Kersten*, in: DÖV 1993, S. 869 (897); *Stiens*, Landesverfassungen, S. 29; *Löwer*, in: von Münch/Kunig, GG, Art. 28 Rdnr. 6 unter Heranziehung von Art. 28 Abs. 3 GG; *Stern*, in: Bonner Kommentar, GG, Art. 28 Rdnr. 9; *Dietlein*, in: FS 50 Jahre VerfGH NRW, S. 203 (210); *Nierhaus*, in: Sachs, GG, Art. 28 Rdnr. 4; *Tettinger*, in: von Mangoldt/Klein/Starck, GG, Art. 28 Rdnr. 30; *Grzeszick*, in: Maunz/Dürig/Herzog, GG, Art. 20 IV Rdnr. 84; *März*, Bundesrecht bricht Landesrecht, S. 179.

188 *Ott*, Landesgrundrechte, S. 50 f.; vgl. auch *Starck*, in: von Mangoldt/Klein/Starck, GG, Art. 1 Rdnr. 221; *Höfling*, in: Sachs, GG, Art. 1 Rdnr. 78; *Dreier*, in Dreier, GG, Art. 1 III Rdnr. 37.

189 *Stiens*, Landesverfassungen, S. 29; *Sachs*, in: ThürVBl. 1993, S. 121; *Grzeszick*, in: Maunz/Dürig/Herzog, Art. 20 IV Rdnr. 87 [für Abs. 3]; *Dreier*, in: Dreier, GG, Art. 28 Rdnr. 53; Vitzthum, in: VVDStRL 46 [1988], S. 7 [11]; *Tettinger*, in: von Mangoldt/Klein/Starck, GG, Art. 28 Rdnr. 30; *März*, Bundesrecht bricht Landesrecht, S. 179; a.A. *Kersten*, in: DÖV 1993, S. 896 [901]; vgl. auch BVerfG, Urteil vom 30.10.1990 - 2 BvF 3/89 -, BVerfGE 83, 60 [71].

190 *Stiens*, Landesverfassungen, S. 29; *Scholz*, in: Maunz/Dürig/Herzog, GG, Art. 28 Rdnr. 28; *Löwer*, in: von Münch/Kunig, GG, Art. 28 Rdnr. 6; *Stern*, in: Bonner Kommentar, Art. 28 Rdnr. 18; *März*, Bundesrecht bricht Landesrecht, S. 179.

191 *Kersten*, in: DÖV 1993, S. 896 [897]; *Stiens*, Landesverfassungen, S. 29; *Nierhaus*, in: Sachs, GG, Art. 28 Rdnr. 4; *Tettinger*, in: von Mangoldt/Klein/Starck, GG, Art. 28 Rdnr. 30; *März*, Bundesrecht bricht Landesrecht, S. 179.

192 *Nierhaus*, in: Sachs, GG, Art. 28 Rdnr. 4; *Tettinger*, in: von Mangoldt/Klein/Starck, GG, Art. 28 Rdnr. 30.

193 *Stiens*, Landesverfassungen, S. 29; *Sachs*, in: ThürVBl. 1993, S. 121; *Tettinger*, in: von Mangoldt/Klein/Starck, GG. Art. 28 Rdnr. 30; *Grzeszick*, in: Maunz/Dürig/Herzog, GG, Art. 20 IV Rdnr. 85; *Dreier*, in: Dreier, GG, Art. 28 Rdnr. 53.

- Art. 31 GG[194],
- Art. 33 GG[195],
- Art. 34 GG[196],
- Art. 80 Abs. 1 Satz 2 GG[197],
- Art. 92 GG[198],
- Art. 97 GG[199],
- Art. 101 ff. GG[200],
- Art. 137 GG[201] und
- Art. 142 GG[202].

3. „Hineinwirken" der Bundesverfassung in die Landesverfassung

Auf der Rechtsprechung des Bundesverfassungsgerichts beruht die so genannte Lehre von den Bestandteilsnormen. Das Gericht hatte bereits in sehr frühen Entscheidungen ausgeführt: „Die Verfassung der Gliedstaaten eines Bundesstaates ist

---

194 *Stiens*, Landesverfassungen, S. 30; *Stern*, in: Bonner Kommentar, Art. 28 Rdnr. 9; *Scholz*, in: Maunz/Dürig/Herzog, GG, Art. 28 Rdnr. 38; *Nierhaus*, in: Sachs, GG, Art. 28 Rdnr. 4; *Tettinger*, in: von Mangoldt/Klein/Starck, GG, Art. 28 Rdnr. 30.

195 *Stiens*, Landesverfassungen, S. 30; *Löwer*, in: von Münch/Kunig, GG, Art. 28 Rdnr. 6; *Stern*, in: Bonner Kommentar, Art. 28 Rdnr. 9; *Sachs*, ThürVBl. 1993, S. 121 (Absätze 4 und 5); *Scholz*, in: Maunz/Dürig/Herzog, GG, Art. 28 Rdnr. 38; *Nierhaus*, in: Sachs, GG, Art. 28 Rdnr. 4 (nur Absatz 5); *Tettinger*, in: von Mangoldt/Klein/Starck, GG, Art. 28 Rdnr. 30 (nur Absatz 5); *Grzeszick*, in: Maunz/Dürig/Herzog, GG, Art. 20 IV Rdnr. 85; zu Art. 33 Abs. 5: BVerfG, Beschluss vom 05.07.1983 - 2 BvR 460/80 -, BVerfGE 64, 367 [378].

196 *Kersten*, in: DÖV 1993, S. 896 [897]; *Stiens*, Landesverfassungen, S. 30; Sachs, in: ThürVBl. 1993, S. 121; *Tettinger*, in: von Mangoldt/Klein/Starck, GG, Art. 28 Rdnr. 30; *Grzeszick*, in: Maunz/Dürig/Herzog, GG, Art. 20 IV Rdnr. 85.

197 *Nierhaus*, in: Sachs, GG, Art. 28 Rdnr. 4 unter Berufung auf BVerfG, Beschluss vom 27.01.1976 - 1 BvR 2325/74 -, BVerfGE 41, 251 [266]; allerdings führt das Bundesverfassungsgericht in dieser Entscheidung aus, diese aus dem rechtsstaatlichen und demokratischen Verfassungssystem folgenden Grundsätze seien auch für die Landesgesetzgebung verbindlich, auf die die konkrete Ausprägung dieser Grundsätze in Art. 80 Abs. 1 GG nicht unmittelbar anwendbar sei; ablehnend auch *Tettinger*, in: von Mangoldt/Klein/Starck, GG, Art. 28 Rdnr. 30.

198 *Nierhaus*, in: Sachs, GG, Art. 28 Rdnr. 4; *Tettinger*, in: von Mangoldt/Klein/Starck, GG, Art. 28 Rdnr. 30.

199 *Nierhaus*, in: Sachs, GG, Art. 28 Rdnr. 4; *Tettinger*, in: von Mangoldt/Klein/Starck, GG, Art. 28 Rdnr. 30.

200 *Nierhaus*, in: Sachs, GG, Art. 28 Rdnr. 4; *Tettinger*, in: von Mangoldt/Klein/Starck, GG, Art. 28 Rdnr. 30; *Dreier*, in: Dreier, GG, Art. 28 Rdnr. 53.

201 *Löwer*, in: von Münch/Kunig, GG, Art. 28 Rdnr. 6.

202 *Stiens*, Landesverfassungen, S. 30; *Nierhaus*, in: Sachs, GG, Art. 28 Rdnr. 4; *Tettinger*, in: von Mangoldt/Klein/Starck, GG, Art. 28 Rdnr. 30.

... nicht in der Landesverfassungsurkunde allein enthalten, sondern in sie hinein wirken auch Bestimmungen der Bundesverfassung. Beide Elemente zusammen machen erst die Verfassung des Gliedstaates aus, um deren Auslegung ein Verfassungsrechtsstreit entbrennen kann[203]". Das Verfassungsrecht besteht „nicht nur aus den einzelnen Sätzen der geschriebenen Verfassung ..., sondern aus gewissen, sie verbindenden, innerlich zusammenhaltenden allgemeinen Grundsätzen und Ideen, die der Verfassungsgesetzgeber, weil sie das vorverfassungsmäßige Gesamtbild geprägt haben, von dem er ausgegangen ist, nicht in einem besonderen Rechtssatz konkretisiert hat[204]".

Dieses „Hineinwirken" der Bundesverfassung in die Landesverfassungen hat das Bundesverfassungsgericht in einer Vielzahl von Entscheidungen aufgegriffen[205]. Zugleich hat das Gericht aber betont, aus der Sicht eines Landes sei zu berücksichtigen, dass seine Verfassungsautonomie und damit seine Staatlichkeit nachhaltig geschädigt würden, je mehr an Prinzipien oder Normen der Bundesverfassung in eine Landesverfassung hineingelesen werde. Letztlich werde auf diese Weise ein Eckpfeiler des Staatswesens der Bundesrepublik Deutschland untergraben: das föderale Prinzip des Art. 20 Abs. 1 GG[206].

Gerade der zuletzt wiedergegebene Gedanke führt aber, konsequent zu Ende gedacht, dazu, dass von einem Hineinwirken der Bundesverfassung in die Landesverfassung nicht ausgegangen werden darf[207]. Mit der Annahme eines Hineinwirkens setzt sich das Bundesverfassungsgericht in Widerspruch zu seiner grundlegenden

---

203 BVerfG, Urteil vom 05.04.1952 - 2 BvH 1/52 -, BVerfGE 1, 206 [232 f.], für die Grundsätze aus Art. 20 Abs. 3 GG, Art. 25 GG (Primat des Völkerrechts vor dem innerstaatlichen Recht), Art. 3 GG (Gleichheit vor dem Gesetz), offen gelassen für Art. 38 GG.

204 BVerfG, Urteil vom 01.07.1953 - 1 BvL 23/51 -, BVerfGE 2, 380 [403].

205 Zu Art. 21 GG Urteil vom 05.04.1952 - 2 BvH 1/52 -, BVerfGE 1, 206 [227], Beschlüsse vom 07.05.1957 - 2 BvH 1/56 -, BVerfGE 6, 367 [375], vom 19.12.1967 - 2 BvQ 1/67 -, BVerfGE 23, 33 (39), vom 24.01.1984 - 2 BvG 3/83 -, BVerfGE 66, 107 [114], und vom 10.03.1992 - 2 BvH 3/90 -, BVerfGE 85, 353 [359].
Zu Art. 5 Abs. 1 GG: „Die in Art. 5 Abs. 1 enthaltene Garantie der Freiheit des Rundfunks ist für das gesamte öffentliche, politische und verfassungsrechtliche Leben in den Ländern von fundamentaler Bedeutung; sie ist ein Teil der in die Landesverfassung hineinwirkenden Bundesverfassung", Urteil vom 11.07.1971 - 2 BvG 2/58, 2 BvE 1/59 -, BVerfGE 13, 54 [80].
Offen gelassen für Art. 20 Abs. 3 GG in Urteil vom 22.02.1994 - 1 BvL 30/88 -, BVerfGE 90, 60 [86].

206 Beschluss vom 07.05.2001 - 2 BvK 1/00 -, BVerfGE 103, 332 [357]; in dieser Entscheidung hat das Bundesverfassungsgericht im Übrigen ein „Hineinwirken" der Kompetenzordnung des Grundgesetzes in das Landesverfassungsrecht abgelehnt.

207 *Tettinger*, in: von Mangoldt/Klein/Starck, GG, Art. 28 Rdnr. 32; *Pieroth*, in: Jarass/Pieroth, GG, Art. 28 Rdnr. 1; *Löwer*, in: von Münch/Kunig, GG, Art. 28 Rdnr. 7; *Dreier*, in: Dreier, GG, Art. 28 Rdnr. 50; *Vitzthum*, in: VVDStRL 46 [1988], S. 7 [11]; *Rozek*, Entscheidungsmaßstab, S. 182.

These der Trennung der Verfassungsräume von Bund und Ländern. Wiederholt findet sich in Entscheidungen des Bundesverfassungsgerichts nämlich folgende Formulierung: „In einem so betont föderativ gestalteten Staat wie der Bundesrepublik Deutschland stehen die Verfassungsräume des Bundes und der Länder grundsätzlich selbständig nebeneinander[208]".

Die wesentliche Konsequenz der Anerkennung der Eigenstaatlichkeit der Länder ist, dass ihnen die originäre, gerade nicht vom Bund abgeleitete Kompetenz zukommt, sich ihre eigene von ihnen selbst bestimmte Verfassung zu geben[209]. Mit der den Ländern im Rahmen des Art. 28 Abs. 1 Satz 1 GG garantierten Verfassungshoheit ließe es sich nicht vereinbaren, über den Weg des Hineinwirkens einen etwa entgegenstehenden Willen des Landesverfassunggebers zu ignorieren und zu überwinden[210]. Eine solche Überwindung bedeutete „das krasse Gegenteil einer formalen Trennung der Verfassungskreise: [den] Grundsatz additiver Gesamtbetrachtung (Landesverfassung = Landesverfassungsurkunde + Bundesverfassung)[211]". Ein Hineinwirken der Bundesverfassung in die Landesverfassung würde nicht nur die Trennung der Verfassungskreise aufheben, sondern berührte „auch den demokratischen Legitimationsstrang auf Landesebene, denn durch sie werden die Verantwortlichkeiten verwischt und damit letztlich aufgehoben. Der landesverfassunggebende Bundesgesetzgeber ist dem Teilvolk auf Landesebene nicht unmittelbar verantwortlich. Dem insoweit legitimierten Landesverfassunggeber wird seine Verantwortlichkeit für das Landesverfassungsrecht demgegenüber genommen[212]". Dies führte zu einer „Konstruktion derivativen, nämlich aus dem Grundgesetz abgeleiteten Landesverfassungsrechts, worin eine unzulässige Umgehung des Art. 28 Abs. 1 GG liegt[213]", ohne dass hierfür eine Bedürfnis bestünde. Eines Hineinwirkens der Bundesverfassung in die Landesverfassung bedarf es nicht, da die in Betracht kommenden Normen ohnehin kraft Bundesverfassungsrechts unmittelbar verbindlich sind. Lücken,

208 Beschlüsse vom 11.05.1955 - 1 BvO 1/54 -, BVerfGE 4, 178 [189], vom 07.05.1957 - 2 BvR 2/56 -, BVerfGE 6, 376 [381 f.], vom 19.07.1967 - 2 BvR 639/66 -, BVerfGE 22, 267 [270], vom 29.01.1974 - 2 BvN 1/69 -, BVerfGE 35, 342 [357], vom 17.12.1975 - 2 BvR 548/68 -, BVerfGE 41, 88 [118], vom 24.03.1982 - 2 BvH 1, 2/82, 2 BvR 233/82 -, BVerfGE 60, 175 [209], vom 29.03.1983 - 2 BvR 1546/79 -, BVerfGE 64, 301 [317], und vom 15.10.1997 - 2 BvN 1/95 -, BVerfGE 96, 345 [369].

209 *Dietlein*, Grundrechte, S. 217.

210 *Dreier*, in: Dreier, GG, Art. 28 Rdnr. 50; *Tettinger*, in: von Münch/Kunig, GG, Art. 28 Rdnr. 32.

211 *Menzel*, Landesverfassungsrecht, S. 132.

212 *Menzel*, Landesverfassungsrecht, S. 157.

213 *Dreier*, in: Dreier, GG, Art. 28 Rdnr. 50; so auch *Tettinger*, in: von Mangoldt/Klein/Starck, GG, Art. 28 Rdnr. 32.

die durch das Hineinwirken geschlossen werden müssten, können nicht entstehen[214].

4. Das Homogenitätsgebot des Art. 28 Abs. 1 Satz 1 GG

Über die im Verfassungsraum der Länder unmittelbar wirkenden Vorschriften des Grundgesetzes hinaus kommt als weitere Möglichkeit zur Gewährleistung des erforderlichen Mindestmaßes an struktureller und materieller Übereinstimmung das Aufstellen von Rahmenbedingungen für die verfassungsmäßige Ordnung in den Ländern in Betracht. Auf diese Weise wird zum einen die Eigenstaatlichkeit und Eigenverantwortung der Länder für ihren Verfassungsraum gewahrt und geschont, zum anderen aber im Interesse der Funktionsfähigkeit des bundesstaatlichen Gefüges begrenzt.

Das Grundgesetz hat sich in Art. 28 Abs. 1 Satz 1 GG bezüglich fundamentaler Strukturprinzipien für diesen Weg entschieden. Danach muss die verfassungsmäßige Ordnung in den Ländern den Grundsätzen des republikanischen, demokratischen und sozialen Rechtsstaates im Sinne des Grundgesetzes entsprechen. Diese als Homogenitätsgebot bezeichnete Vorschrift ist ein wesentliches Element bundesstaatlicher Konfliktverhütung[215], „eine denknotwendige Voraussetzung der Einheit der Staatsgewalt im Bundesstaat[216]“.

a) Inhalt und Funktion von Art. 28 Abs. 1 Satz 1 GG

Durch Art. 28 Abs. 1 Satz 1 GG soll nur ein gewisses Maß an Übereinstimmung von Grundgesetz und Landesverfassung, nicht aber Konformität oder Uniformität erreicht werden. Entfernte Ähnlichkeit kann mit der ehemaligen Rahmengesetzgebung nach Art. 75 GG festgestellt werden. Den Ländern wird ein Rahmen gezogen, in-

---

214 *Menzel*, Landesverfassungsrecht, S. 157; *Löwer*, in: von Münch/Kunig, GG, Art. 28 Rdnr. 7; das Bundesverfassungsgericht hat diesen Gedanken bezüglich der Kompetenzordnung der Art. 70 ff. GG mittlerweile aufgenommen: „Die Art. 70 ff. verteilen die Gesetzgebungsbefugnisse auf Bund und Länder. Dadurch werden Bund und Länder unmittelbar kraft Bundesverfassungsrechts berechtigt. Für die Länder bedarf es keiner Transformation auf der Ebene der Landesverfassung, um in dem ihnen belassenen vom Bund in der Verfassung geregelten Umfang tätig zu werden. Ihre Befugnisse und ihnen fehlende Befugnisse können die Länder unmittelbar aus dem Grundgesetz ablesen“, Beschluss vom 07.05.2001 - 2 BvK 1/00 -, BVerfGE 103, 332 [357].

215 *Werner*, Homogenitätsprinzip, S. 27, 30; *Rozek*, Entscheidungsmaßstab, S. 107.

216 *Kersten*, in: DÖV 1993, S. 896 [897].

nerhalb dessen sie sich bei ihrer Verfassunggebung frei bewegen können. „Nur die Grenzen sind bindend, nicht aber der Rahmeninhalt[217]". Würde Konformität oder Uniformität verlangt, käme es zu einer „Gleichschaltung der Länder" und ginge ihre Eigenständigkeit und -staatlichkeit weitestgehend verloren[218]. Aus diesem Grunde schreibt Art. 28 Abs. 1 Satz 1 GG nur eine Bindung an die „Grundsätze" vor. Es handelt sich dabei um einen Mindeststandard gleicher Regelung verfassungsrechtlicher Grundsätze und Fundamentaleinrichtungen. „Je bedeutender gliedstaatliches Verfassungsrecht für die Funktionsfähigkeit der bundesstaatlichen Gesamtverfassung ist, um so stärker wird es in jenen Verband einbezogen[219]", umso enger sind die Vorgaben der Bundesverfassung für die Verfassungen der Gliedstaaten[220].

Art. 28 Abs. 1 Satz 1 und Abs. 3 GG sprechen von der „verfassungsmäßigen Ordnung". Damit beschränkt das Grundgesetz die Geltung des Homogenitätsgebots nicht auf das formelle Landesverfassungsrecht, sondern wendet sich auch an die Verfassungsmäßigkeit der staatlichen Wirklichkeit[221]; erfasst sind die Art und Weise der Handhabung einer Landesverfassung, also der „in Rechtsüberzeugung erfolgende Verfassungsvollzug[222]". Das Grundgesetz will das bundesstaatliche Gefüge im Hinblick auf die verfassungsrechtlichen Grundlagen und der staatlichen Form und Struktur „in \`innerer Bezogenheit´ und Ausgewogenheit halten, um so einen Mindeststandard an Gleichartigkeit in den \`leitenden Prinzipien´, \`im politischen Grundbestand´, \`an dauernder und fruchtbarer Interessenausgleichung und -verwirklichung´ zu gewährleisten, durch den die Stabilität des Bundesstaates erhalten werden ... soll[223]". Bindet Art. 28 Abs. 1 Satz 1 GG die Länder lediglich an die genannten Grundsätze, ist eine Kopie der grundgesetzlichen Bestimmungen weder verlangt noch beabsichtigt[224].

---

217 *Scholz*, in: Maunz/Dürig/Herzog, GG, Art. 28 Rdnr. 17.
218 *Werner*, Homogenitätsprinzip, S. 29.
219 *Grawert*, in: NJW 1983, S. 2329 [2337].
220 *Kersten*, in: DÖV 1993, S. 896 [897].
221 *Maunz*, in: Isensee/Kirchhof, Handbuch des Staatsrechts, § 95 Rdnr. 8.
222 *Scholz*, in: Maunz/Dürig/Herzog, GG, Art. 28 Rdnr. 18; vgl. auch *Bothe*, in: AK-GG, Art. 28 Rdnr. 4: „nicht nur das Verfassungsrecht, sondern den konkreten Gesamtzustand politischer Einheit und sozialer Ordnung, unter Einschluss der Verfassungswirklichkeit", und Rühmann, in: Umbach/Clemens, GG, Art. 28 Rdnr. 17: „nicht (nur) das in den Ländern normativ geltende Verfassungsrecht (...), sondern auch die tatsächlich dort gelebte Staatsordnung".
223 *Stern*, in: Bonner Kommentar, Art. 28 Rdnr. 26.
224 *Dreier*, in: Dreier, GG, Art. 28 Rdnr. 57.

Dabei definiert Art. 28 Abs. 1 Satz 1 GG die in ihm erwähnten Grundprinzipien nicht selbst[225]. Zwischen Art. 28 Abs. 1 Satz 1 GG und Art. 20 Abs. 2 und 3, Art. 79 Abs. 3 GG besteht eine Art Korrespondenzverhältnis[226]. „Nur das, was für den Bund unabdingbare Grundlage der Art und Form seiner politischen Existenz ist, kann und muss er auch seinen Gliedern vorschreiben. Soweit die verfassungsändernde Gesetzgebung des Bundes zu variieren und zu modifizieren vermag, steht das auch den Ländern frei. Solange der identitätsverbürgende Kern der Verfassung nicht angetastet wird, ist die Homogenität in der Bundesrepublik Deutschland nicht in Gefahr[227]".

Republik-, Demokratie-, Sozial- und Rechtsstaatsprinzip sind also im Sinne der Strukturvorgaben, wie sie in Art. 20 Abs. 2 und 3 GG für den Bund enthalten sind, zu interpretieren[228]. Allerdings handelt es sich nur um Grundprinzipien, die nicht in einem einzigen Sinne verstanden und ausgelegt werden können. Ihre Konturen sind nicht immer scharf[229]. Eine vollständige Identität der in Art. 20 Abs. 2 und 3 GG und Art. 28 Abs. 1 Satz 1 GG enthaltenen Grundprinzipien ist nicht zu verlangen, will man das Homogenitätsgebot nicht in sein Gegenteil verkehren. Bei identischer Interpretation der Grundsätze käme Art. 28 Abs. 1 Satz 1 GG nur noch deklaratorische Bedeutung zu[230]. Wollte man eine totale Entsprechung der Prinzipien annehmen, wäre die Aufnahme des Wortes „Grundsätze" in Art. 28 Abs. 1 Satz 1 GG zudem nicht verständlich[231].

Die Auslegung der Prinzipien hat sich also zum einen an dem Grundsatz der Einheit der Verfassung - dem Gesamtsinn des Grundgesetzes - zu orientieren[232], andererseits aber auch den Charakter des Art. 28 Abs. 1 Satz 1 GG als Rahmenvorgabe zu beachten[233]. Erfasst ist nur das, was das Wesentliche der genannten fundamentalen Prinzipien ausmacht. Dies muss in die Landesverfassung übernommen werden.

---

225 *Stern*, in: Bonner Kommentar, Art. 28 Rdnr. 27.
226 *Tettinger*, in: von Mangoldt/Klein/Starck, GG, Art. 28 Rdnr. 37.
227 *Tettinger*, in: von Mangoldt/Klein/Starck, GG, Art. 28 Rdnr. 37; vgl. auch *Grawert*, in: NJW 1987, S. 2329 [2330]; *Nierhaus*, in: Sachs, GG, Art. 28 Rdnr. 8.
228 *Kersten*, in: DÖV 1993, S. 896 [899].
229 *Bothe*, in: AK-GG, Art. 28 Rdnr. 4.
230 *Kersten*, in: DÖV 1993, S. 896 [897].
231 *Stern*, in: Bonner Kommentar, Art. 28 Rdnr. 22.
232 *Stern*, in: Bonner Kommentar, Art. 28 Rdnr. 24; *Löwer*, in: von Münch/Kunig, GG, Art. 28 Rdnr. 15.
233 *Nierhaus*, in: Sachs, GG, Art. 28 Rdnr. 8.

Darüber hinaus bleibt den Ländern Spielraum für Modifikationen und Differenzierungen[234].

Dies zugrunde gelegt, wäre beispielsweise die Errichtung einer Monarchie in einem Bundesland nicht mit der republikanischen Form vereinbar[235]. Unzulässig ist jede Form zeitlich oder sachlich nicht beschränkter und unverantwortlicher Herrschaft[236].

Nach dem ebenfalls verbindlichen Demokratieprinzip muss „gemeinwohlverwirklichende Herrschaftsausübung auf den Volkswillen als Legitimationsquelle[237]" zurückgeführt werden können. Es gilt das Prinzip der Volkssouveränität[238] und die aus ihm folgenden Grundsätze der demokratischen Organisation und Legitimation von Staatsgewalt. Der Grundsatz der Volkssouveränität „legt fest, dass das Volk die Staatsgewalt, deren Träger es ist, außer durch Wahlen und Abstimmungen durch besondere Organe der Gesetzgebung, der vollziehenden Gewalt und der Rechtsprechung ausübt. Das setzt voraus, dass das Volk einen effektiven Einfluss auf die Ausübung der Staatsgewalt durch diese Organe hat. Deren Akte müssen sich daher auf den Willen des Volkes zurückführen lassen und ihm gegenüber verantwortet werden[239]". Auch für die Ausübung der Landesstaatsgewalt ist demzufolge eine ununterbrochene Legitimationskette vom Volk über die von diesem gewählte Vertretung zu den mit staatlichen Aufgaben betrauten Organen und Amtswaltern unabdingbar[240].

Art. 28 Abs. 1 Satz 1 GG lässt der Landesverfassunggebung auch Raum für unmittelbare demokratische Entscheidungen wie zum Beispiel Volksbegehren und Volksentscheid[241]. Allerdings dürfen diese, soll das Demokratieprinzip nicht verletzt wer-

---

234 *Stern*, in: Bonner Kommentar, Art. 28 Rdnr. 24.

235 *Löwer*, in: von Münch/Kunig, GG, Art. 28 Rdnr. 16; *Stern*, in: Bonner Kommentar, Art. 28 Rdnr. 28; *Nierhaus*, in: Sachs, GG, Art. 28 Rdnr. 13; *Bothe*, in: AK-GG, Art. 28 Rdnr. 8: *Scholz*, in: Maunz/Dürig/Herzog, GG, Art. 28 Rdnr. 24.

236 *Tettinger*, in: von Mangoldt/Klein/Starck, GG, Art. 28 Rdnr. 40; *Dreier*, in: Dreier, GG, Art. 28 Rdnr. 63.

237 *Löwer*, in: von Münch/Kunig, GG, Art. 28 Rdnr. 17.

238 *Tettinger*, in: von Mangoldt/Klein/Starck, GG, Art. 28 Rdnr. 41; *Dreier*, in: Dreier, GG, Art. 28 Rdnr. 64.

239 BVerfG, Urteil vom 31.10.1990 - 2 BvF 3/89 -, BVerfGE 83, 60 [71].

240 *Löwer*, in: von Münch/Kunig, GG, Art. 28 Rdnr. 17.

241 Vgl. *Scholz*, in: Maunz/Dürig/Herzog, GG, Art. 28 Rdnr. 34; *Tettinger*, in: von Mangoldt/Klein/Starck, GG, Art. 28 Rdnr. 47; *Dreier*, in: Dreier, GG, Art. 28 Rdnr. 67; *Löwer*, in: von Münch/Kunig, GG, Art. 28 Rdnr. 19; *Stern*, in: Bonner Kommentar, Art. 28 Rdnr. 39; vgl. auch BVerfG, Beschluss vom 24.03.1982 - 2 BvH 1, 2/82, 2 BvR 233/82 -, BVerfGE 60, 175 [208]: „Ihrem Ermessen überlassen ist insbesondere, ob sie den Erlass von Gesetzen dem Parlament vorbehalten oder daneben ein Volksgesetzgebungsverfahren vorsehen. In diesen Bereich der Gestaltungsfreiheit, der weder durch Art. 28 Abs. 1 Satz 1 und 2 GG noch durch andere Vor-

den, nur punktuell zugelassen werden. Die Staatsleitungsfunktion von Parlament und Regierung muss erhalten bleiben, die demokratisch gewählte Volksvertretung darf nicht funktionslos werden[242].

Aufgrund des weiter in Bezug genommenen Rechtsstaatsprinzips sind für die Länder verbindlich der Grundsatz der Gewaltenteilung[243] und der Vorrang und Vorbehalt des Gesetzes[244]. „Zu den auch von den Ländern zu beachtenden Grundsätzen zählt es jedenfalls, dass belastende Staatsakte einer gesetzlichen Grundlage bedürfen und dass dabei die wesentlichen Entscheidungen vom Parlament selbst zu treffen sind. Das setzt ein gewisses Maß an Formalität voraus, ohne die der Rechtsstaat seinen Halt verlöre. In welcher Form das rechtsstaatliche Postulat verwirklicht wird, kann dagegen für Art. 28 Abs. 1 Satz 1 GG nur insoweit von Bedeutung sein, als die Form für die Erreichung des rechtsstaatlichen Ziels wesentlich ist. Dazu gehört, dass sich eine normative Verpflichtung erkennbar und bestimmbar auf den Normsetzungswillen des Parlaments zurückführen lässt. Das ist nicht informell möglich, verlangt vielmehr einen förmlichen Akt. Eine Form, die allein dieses Postulat zu erfüllen vermöchte, ist dem Rechtsstaatsprinzip aber nicht zu entnehmen. Ferner verlangen die Grundsätze des Rechtsstaats, dass Gesetze zugänglich publiziert werden, weil andernfalls die Normadressaten ihr Verhalten nicht danach ausrichten können. Wie die Publikation im Einzelnen geregelt ist, spielt jedoch auf der grundsätzlichen Ebene, die hier in Frage steht, keine Rolle, solange die Funktion der Publikation gewahrt ist. Es obliegt vielmehr dem zuständigen Normgeber, das Verkündungsverfahren so auszugestalten, dass es seinen rechtsstaatlichen Zweck erfüllt, der Öffentlichkeit die verlässliche Kenntnisnahme von geltendem Recht zu ermöglichen[245]".

---

schriften des Grundgesetzes beschränkt wird, gehören auch die landesrechtlichen Bestimmungen darüber, unter welchen Voraussetzungen und mit welchen Inhalten Volksbegehren und Volksentscheidung zulässig sein sollen".

242 *Löwer*, in: von Münch/Kunig, GG, Art. 28 Rdnr. 20; vgl. auch *Tettinger*, in: von Mangoldt/Klein/Starck, GG, Art. 28 Rdnr. 47; *Bothe*, in: AK-GG, Art. 28 Rdnr. 8.

243 *Tettinger*, in: von Mangoldt/Klein/Starck, GG, Art. 28 Rdnr. 49; *Löwer*, in: von Münch/Kunig, GG, Art. 28 Rdnr. 21; *Dreier*, in: Dreier, GG, Art. 28 Rdnr. 65; *Nierhaus*, in: Sachs, GG, Art. 28 Rdnr. 16; siehe auch BVerfG, Beschluss vom 10.06.1953 - 1 BvR 1/53 -, BVerfGE 2, 307 [309].

244 *Tettinger*, in: von Mangoldt/Klein/Starck, GG, Art. 28 Rdnr. 57; *Löwer*, in: von Münch/Kunig, GG, Art. 28 Rdnr. 21; *Dreier*, in: Dreier, GG, Art. 28 Rdnr. 65; *Scholz*, in: Maunz/Dürig/Herzog, GG, Art. 28 Rdnr. 26; vgl. auch BVerfG, Beschluss vom 27.01.1976 - 1 BvR 2325/73 -, BVerfGE 41, 251 [265 f.].

245 BVerfG, Urteil vom 22.02.1994 – 1 BvL 30/88 - BVerfGE, 90, 60 [85].

Schließlich sind die Länder auch dem Sozialstaatsprinzip verpflichtet. Da das Sozialstaatsprinzip des Grundgesetzes aber nur geringe Steuerungskraft besitzt, kommt auch dem Homogenitätsgebot insoweit nur eine schwache Bindungsintensität zu[246]. Soweit das Sozialstaatsprinzip bestimmte Ausprägungen durch Bundesgesetze gefunden hat, sind diese für die Länder aufgrund des Vorrangs des Bundesrechts ohnehin verbindlich[247]. Aus diesem Grunde ist eine Abweichung vom Sozialstaatsprinzip durch die Länder kaum denkbar, da dessen Konkretisierung weitgehend dem Bundesgesetzgeber obliegt[248]. Verpflichtend ist allerdings das Prinzip als solches, wonach „der Staat die Pflicht hat, für einen Ausgleich der sozialen Gegensätze und damit für eine gerechte Sozialordnung zu sorgen. ... Art. 20 Abs. 1 GG bestimmt nur das 'Was', das Ziel, die gerechte Sozialordnung; er lässt aber für das 'Wie', d.h. für die Erreichung des Ziels, alle Wege offen[249]".

Für das Wahlrecht enthält Art. 28 Abs. 1 Satz 2 GG eine Sonderregelung. Danach muss das Volk in den Ländern, Kreisen und Gemeinden eine Vertretung haben, die aus allgemeinen, unmittelbaren, freien, gleichen und geheimen Wahlen hervorgegangen ist.

Diese Verpflichtung auf Wahlrechtsgrundsätze und der damit einhergehende Verzicht auf bindende Einzelregelungen erlauben dennoch eine unterschiedliche Ausgestaltung des Landeswahlrechts[250]. Den Ländern steht es frei, abweichend von dem personalisierten Verhältniswahlsystem des Bundes ein reines Verhältnis- oder Mehrheitswahlsystem einzuführen[251]. Zulässig ist es ferner, die Möglichkeit des Kumulierens und Panaschierens auf Landesebene vorzusehen[252]. Ebenso dürfen die Länder Wahl- und Wählbarkeitsalter anders als im Bund festlegen[253]. Aus Art. 28 Abs. 1 Satz 2 GG lässt sich ferner keine bundesrechtliche Verpflichtung ab-

---

246 *Löwer*, in: von Münch/Kunig, GG, Art. 28 Rdnr. 22; vgl. auch *Rühmann*, in: Umbach/Clemens, GG, Art. 28 Rdnr. 25; *Dreier*, in: Dreier, GG, Art. 28 Rdnr. 63; *Bothe*, in: AK-GG, Art. 28 Rdnr. 14.

247 *Tettinger*, in: von Mangoldt/Klein/Starck, GG, Art. 28 Rdnr. 65.

248 *Dreier*, in: Dreier, GG, Art. 28 Rdnr. 63; *Nierhaus*, in: Sachs, GG, Art. 28 Rdnr. 15.

249 BVerfG, Urteil vom 18.07.1967 - 2 BvF 3, 4, 5, 6, 7, 8/62; 2 BvR 139, 140, 334, 335/62 -, BVerfGE 22, 180 [204].

250 *Nierhaus*, in: Sachs, GG, Art. 28 Rdnr. 18; *Tettinger*, in: von Mangoldt/Klein/Starck, GG, Art. 28 Rdnr. 85; *Pieroth*, in: Jarass/Pieroth, GG, Art. 28 Rdnr. 6.

251 *Dreier*, in: Dreier, GG, Art. 28 Rdnr. 72; *Tettinger*, in: von Mangoldt/Klein/Starck, GG, Art. 28 Rdnr. 85; *Scholz*, in: Maunz/Dürig/Herzog, GG, Art. 28 Rdnr. 29; *Nierhaus*, in: Sachs, GG, Art. 28 Rdnr. 18; *Bothe*, in: AK-GG, Art. 28 Rdnr. 9; *Stern*, in: Bonner Kommentar, Art. 28 Rdnr. 54.

252 *Tettinger*, in: von Mangold/Klein/Starck, GG, Art. 28 Rdnr. 85; *Nierhaus*, in: Sachs, GG, Art. 28 Rdnr. 18; *Dreier*, in: Dreier, GG, Art. 28 Rdnr. 72.

253 *Pieroth*, in: Jarass/Pieroth, GG, Art. 28 Rdnr. 6.

leiten, den Bürgern eine Briefwahl zu ermöglichen[254]. Unzulässig sind dagegen Regelungen, aufgrund deren Mandatsträger nachträglich benannt oder die Reihenfolge der Nachrücker nachträglich verändert werden können[255]. Im Bereich der Staatsorganisation kommt dem Landesverfassunggebers nach diesen Ausführungen also ein weiter Gestaltungsspielraum zu.

b) Wirkungsweise von Art. 28 Abs. 1 Satz 1 GG

Art. 28 Abs. 1 Satz 1 GG wird allgemein als Normativbestimmung bezeichnet[256]. Damit ist indes noch keine Festlegung verbunden, auf welche Weise das Ziel der Vorschrift, die Homogenität von Bundes- und Landesverfassung zu sichern, erreicht wird[257].

Man könnte nun in Parallele zu den oben dargestellten Durchgriffsnormen geneigt sein anzunehmen, Art. 28 Abs. 1 Satz 1 GG sei Bestandteil der in die Landesverfassung hineinwirkenden Bundesverfassung, damit selbst Landesverfassungsrecht und gelte unmittelbar in den Ländern[258].

Dagegen spricht allerdings schon der Wortlaut der Vorschrift[259]. Nach Art. 28 Abs. 1 Satz 1 GG *muss* die verfassungsmäßige Ordnung in den Ländern bestimmten Grundsätzen entsprechend. Mit diesem Wortlaut stellt die Norm einen Katalog von Pflichten für den Landesverfassunggeber auf[260]. Ausschließlich dieser ist Adressat der normierten Verpflichtungen. Dies ergibt sich zudem aus der systematischen Stellung der Vorschrift im 2. Abschnitt des Grundgesetzes, der das Verhältnis von Bund und Ländern regelt[261]. Hinzu kommt, dass nach Art. 28 Abs. 3 GG der Bund gewährleistet, dass die verfassungsmäßige Ordnung der Länder den in Abs. 1 ent-

---

254 BVerfG, Beschlüsse vom 07.02.1961 - 2 BvR 23/61 -, BVerfGE 12, 139 [142 f.], und vom 29.11.1962 - 2 BvR 587/62 -, BVerfGE 15, 165 [166 f.].

255 BVerfG, Beschlüsse vom 11.11.1953 - 1 BvL 67/52 -, BVerfGE 3, 45 [49 f.], vom 30.05.1961 - 2 BvR 366/60 -, BVerfGE 13, 1 [17], zur so genannten Friedenswahl, und vom 09.07.1957 - 2 BvL 30/56 -, BVerfGE 7, 77 [84 f.].

256 Vgl. *von Coelln*, Anwendung von Bundesrecht, S. 160; *Rozek*, Entscheidungsmaßstab, S. 112; *Werner*, Homogenitätsprinzip, S. 75 f.; *Bartlsperger*, in: Isensee/Kirchhof, Handbuch des Staatsrechts, § 96 Rdnr. 26; *Maunz*, in: Isensee/Kirchhof, Handbuch des Staatsrechts, § 95 Rdnr. 1; *Scholz*, in: Maunz/Dürig/Herzog, GG, Art. 28 Rdnrn. 2, 19; *Nierhaus*, in: Sachs, GG, Art. 28 Rdnr. 1; *Tettinger*, in: von Mangoldt/Klein/Starck, GG, Art. 28 Rdnr. 4; *Löwer*, in: von Münch/Kunig, Art. 28 Rdnr. 12; *Dreier*, in: Dreier, GG, Art. 28 Rdnr. 49.

257 *Rozek*, Entscheidungsmaßstab, S. 112.

258 Vgl. *Schmidt*, in: AöR 87 [1962], S. 253 [280].

259 *Rozek*, Entscheidungsmaßstab, S. 115; *von Coelln*, Anwendung von Bundesrecht, S. 161.

260 *Werner*, Homogenitätsprinzip, S. 73.

261 *Von Coelln*, Anwendung von Bundesrecht, S. 161.

haltenen Grundsätzen entspricht. Eine solche Gewährleistungsfunktion wäre überflüssig, nähme man eine unmittelbare Geltung von Art. 28 Abs. 1 Satz 1 GG in den Ländern an[262].

Bedenkt man des Weiteren, dass Art. 28 Abs. 1 Satz 1 GG lediglich ein gewisses Maß an Übereinstimmung verlangt, den Ländern also den oben umschriebenen Spielraum bei der Ausgestaltung ihrer Verfassungen belässt, würde eine Geltung als unmittelbares Landesverfassungsrecht diesen Spielraum beseitigen[263]. Anhand folgender Fragen wird überdies deutlich, dass eine Geltung des Art. 28 Abs. 1 Satz 1 GG als Landesverfassungsrecht nicht in Betracht kommt, dies vielmehr zu fragwürdigen Ergebnissen führen würde: „Und was geschieht schließlich in den 'normalen' Fällen, in denen der Landesverfassunggeber dem Homogenitätsgebot nachkommt? Soll hier Art. 28 Abs. 1 GG neben den ihm entsprechenden Landesverfassungsnormen als mit ihnen identischer Bestandteil des Landesverfassungsrechts gelten? Oder zieht er sich dann wieder in seine Funktion als Homogenitätsgebot zurück?[264]"

Art. 28 Abs. 1 Satz 1 GG kann infolgedessen nicht selbst Bestandteil des Landesrechts sein[265]. Er gilt also nicht in den Ländern und begründet nicht unmittelbar Rechte des einzelnen Bürgers. Seine Funktion - Sicherung der Homogenität der verfassungsmäßigen Ordnung - erfüllt er dadurch, dass er den Ländern Pflichten gegenüber dem Bund auferlegt. Danach kann nur der Bund aus einer Verletzung der Grundsätze des Art. 28 Abs. 1 Satz 1 GG Rechte herleiten[266].

c) Rechtsfolge eines Verstoßes gegen Art. 28 Abs. 1 Satz 1 GG

Es bleibt zu klären, was geschieht, wenn ein Land bei seiner Verfassunggebung oder auch bei einfachen Landesgesetzen den von Art. 28 Abs. 1 Satz 1 GG gezo-

---

262 *Rozek*, Entscheidungsmaßstab, S. 115; *von Coelln*, Anwendung von Bundesrecht, S. 161.

263 *Rozek*, Entscheidungsmaßstab, S. 115.

264 *Werner*, Homogenitätsprinzip, S. 75.

265 *Rozek*, Entscheidungsmaßstab, S. 115; *von Coelln*, Anwendung von Bundesrecht, S. 160; *Werner*, Homogenitätsprinzip, S. 74 f.; *Maunz*, in: Isensee/Kirchhof, Handbuch des Staatsrechts, § 95 Rdnr. 1; *Scholz*, in: Maunz/Dürig/Herzog, GG, Art. 28 Rdnr. 20; *Bothe*, in: AK-GG, Art. 28 Rdnr. 16; *Rühmann*, in: Umbach/Clemens, GG, Art. 28 Rdnr. 15; *Stern*, in: Bonner Kommentar, Art. 28 Rdnr. 14; *Boehl*, Verfassunggebung, S. 200; *Tettinger*, in: von Mangoldt/Klein/Starck, GG, Art. 28 Rdnr. 68; *Löwer*, in: von Münch/Kunig, GG, Art. 28 Rdnr. 12; *Pieroth*, in: Jarass/Pieroth, GG, Art. 28 Rdnr. 1; *Kanther*, Landesverfassungen, S. 122.

266 Vgl. BVerfG, Urteile vom 05.04.1952 - 2 BvH 1/51 -, BVerfGE 1, 208 [236], und vom 18.07.1967 - 2 BvF 3, 4, 5, 6, 7/62, 2 BvR 139, 140, 334, 335/62 -, BVerfGE 22, 180 [204].

genen Rahmen überschreitet oder dessen Mindestbedingungen nicht erfüllt. Führt dies lediglich zur Unanwendbarkeit oder zur Nichtigkeit des homogenitätswidrigen Landesrechts?

Geht man davon aus, eine in Nichtachtung der Rechtspflicht des Art. 28 Abs. 1 Satz 1 GG gesetzte Norm des Landesrechts verletze zwar eine gegenüber dem Bund bestehende Pflicht, sei aber nicht ohne weiteres nichtig, bliebe die Norm in Geltung und beanspruchte Beachtung. Sie müsste nur auf Verlangen des Bundes beseitigt werden, gegebenenfalls könnte der Bund dies mit den Mitteln des Bundeszwangs durchsetzen. Folge eines Verstoßes gegen das Homogenitätsgebots wäre danach nur Vernichtbarkeit bzw. Anfechtbarkeit[267].

Diese Lösung vermag schon allein wegen der mit ihr verbundenen Gefahren für die bundesstaatliche Ordnung nicht zu überzeugen. Art. 28 Abs. 1 Satz 1 GG soll Konflikte und Funktionsstörungen im bundesstaatlichen Gefüge präventiv verhindern. Dieser Zweck würde unterlaufen, wollte man homogenitätswidriges Landesrecht zunächst in Geltung belassen und die Beseitigung von Konflikten dem Bund repressiv auf den verfassungsrechtlich vorgesehenen Wegen überlassen[268]. Zudem widerspräche dies dem allgemein anerkannten Grundsatz von der Nichtigkeit verfassungswidriger Normen[269]. Sinn und Zweck des Homogenitätsgebots entspricht es vielmehr, die Nichtigkeit homogenitätswidrigen Landesrechts anzunehmen[270].

Eines Rückgriffs auf Art. 31 GG bedarf es dazu nicht[271]. Zwar wird auf diese Vorschrift später näher einzugehen sein, Voraussetzung für ihre Anwendbarkeit ist aber jedenfalls eine Normenkollision, d.h. die Anwendbarkeit zweier Rechtsnormen auf einen Sachverhalt, die bei ihrer Anwendung zu verschiedenen Ergebnisse führen

---

267 Vgl. *Stern*, in: Bonner Kommentar, GG, Art. 28 Rdnr. 17.

268 Vgl. auch *Werner*, Homogenitätsprinzip, S. 76.

269 *Dreier*, in: Dreier, GG, Art. 28 Rdnr. 76.

270 So die ganz herrschende Meinung, vgl. *Rozek*, Entscheidungsmaßstab, S. 116; *von Coelln*, Anwendung von Bundesrecht, S. 162; *Werner*, Homogenitätsprinzip, S. 76; *Bartlsperger*, in: Isensee/Kirchhof, Handbuch des Staatsrechts, § 96 Rdnr. 26; *Scholz*, in: Maunz/Dürig/Herzog, GG, Art. 28 Rdnr. 81; *Bothe*, in: AK-GG, Art. 28 Rdnr. 16; *Rühmann*, in: Umbach/Clemens, GG, Art. 28 Rdnr. 28; *Nierhaus*, in: Sachs, GG, Art. 28 Rdnr. 28; *Stern*, in: Bonner Kommentar, Art. 28 Rdnr. 16; *Tettinger*, in: von Mangoldt/Klein/Starck, GG, Art. 28 Rdnr. 67; *Löwer*, in: von Münch/Kunig, Art. 28 Rdnr. 13; *Dreier*, in: Dreier, GG, Art. 28 Rdnr. 82; *Pieroth*, in: Jarass/ Pieroth, GG, Art. 28 Rdnr. 2; so auch BVerfG, Urteile vom 27.04.1959 - 2 BvF 2/58 -, BVerfGE 9, 268 [291], und vom 30.10.1990 - 2 BvF 2, 6/89 -, BVerfGE 83, 59, Beschluss vom 24.05.1995 - 2 BvF 1/92 -, BVerfGE 93, 37 [75].

271 So aber *Magiera*, in: Stern, Wiedervereinigung, S. 141 [152].

können[272]. Geht man - wie hier - davon aus, dass Art. 28 Abs. 1 Satz 1 GG nicht in den Ländern, sondern nur für die Länder gilt und lediglich eine Verpflichtung der Länder gegenüber dem Bund begründet, fehlt es an einer Kollision zwischen zwei Normen mit gleichem Geltungsanspruch. Es sind unterschiedliche Normadressaten betroffen, so dass die Normen schon nicht auf den gleichen Sachverhalt anwendbar sind[273].

Die Nichtigkeitsfolge muss also aus einer anderen Vorschrift - nämlich Art. 28 Abs. 1 Satz 1 GG selbst - hergeleitet werden. Durch das Verlassen des von Art. 28 Abs. 1 Satz 1 GG gezogenen Rahmens kollidiert die landesrechtliche Norm nicht bloß mit ihm, sondern verstößt gegen ihn[274]. Art. 28 Abs. 1 GG wirkt daher als negative Kompetenzvorschrift: Überschreitet eine Norm des Landesrechts den von Art. 28 Abs. 1 GG gezogenen Rahmen, überschreitet sie zugleich die Landeskompetenz[275]. Art. 28 Abs. 1 GG ist insoweit lex specialis zu Art. 31 GG[276], die in ihrem Bereich eine selbstregulierende Wirkung entfaltet[277].

5. Art. 31 GG

Art. 28 Abs. 1 GG ist nicht die einzige Vorschrift, mit deren Hilfe das Grundgesetz trotz der Eigenständigkeit der Länder in ihrem Kompetenzbereich die für das Funktionieren des Bundesstaates erforderliche Homogenität und Einheitlichkeit zu sichern trachtet. Von großer Bedeutung in diesem Zusammenhang ist auch Art. 31 GG.

---

272 Siehe unten B. III. 5. c) cc).

273 *Rozek*, Entscheidungsmaßstab, S. 116.

274 *Von Coelln*, Anwendung von Bundesrecht, S. 163.

275 *Bothe*, in: AK-GG, Art. 28 Rdnr. 16, *Werner*, Homogenitätsprinzip, S. 76.

276 *Von Coelln*, Anwendung von Bundesrecht, S. 164.

277 *Werner*, Homogenitätsprinzip, S: 76; *Rozek*, Entscheidungsmaßstab, S. 116 f.; *von Coelln*, Anwendung von Bundesrecht, S. 163, *Bothe*, in: AK-GG, Art. 28 Rdnr. 16; *Rühmann*, in: Umbach/Clemens, GG, Art. 28 Rdnr. 28; *Nierhaus*, in: Sachs, GG, Art. 28 Rdnr. 28; *Dreier*, in: Dreier, GG, Art. 28 Rdnr. 82; *Tettinger*, in: von Mangoldt/Klein/Starck, GG, Art. 28 Rdnrn. 66 f.; *Löwer*, in: von Münch/Kunig, Art. 28 Rdnr. 13; a.A. *Bartlsperger*, in: Isensee/Kirchhof, Handbuch des Staatsrechts, § 96 Rdnr. 26; *Scholz*, in: Maunz/Dürig/Herzog, GG, Art. 28 Rdnr. 82; *Stern*, in: Bonner Kommentar, Art. 28 Rdnr. 18; *Kanther*, Landesverfassungen, S. 122.

a) Funktion im System des Grundgesetzes

Zu den Wesensmerkmalen eines Bundesstaats gehört eine Rechtssetzungsbefugnis sowohl des Gesamtstaats als auch der einzelnen Gliedstaaten[278]. Gesamtstaat und Gliedstaaten besitzen eigene Staatsgewalt, so dass beide Recht setzen können, das miteinander unvereinbar sein kann[279]. Ihre Rechtsordnungen sind prinzipiell selbständig, bundes- und gliedstaatliche Normsetzungen beanspruchen Gleichwertigkeit der beiderseitigen Geltungsansprüche[280].

aa) Art. 31 GG als Kollisionsnorm

Aus der Existenz zweier potentieller Normgeber im Bundesstaat folgt die Notwendigkeit, eine Regelung für die Fälle zu schaffen, in denen ihre Vorschriften aufeinander treffen[281]. Da potentiell mehrere staatliche Rechtsordnungen in einer bundesstaatlichen Ordnung zusammentreffen können, muss also gewährleistet sein, dass für einen konkreten Fall nicht einander widersprechende oder sich aufhebende Rechtsnormen gleichzeitig Geltung beanspruchen[282].

Kollisionen zwischen Bundes- und Landesrecht sind einer bundesstaatlichen Ordnung immanent. Die Einheit der Rechtsordnung verlangt aber Widerspruchsfreiheit und Lückenlosigkeit. Diese zu gewährleisten, ist Aufgabe der Lösung von Normkonflikten in Gestalt eines besonderen Kollisionsrechts. Darüber hinaus muss das Ergebnis der Konfliktlösung im Interesse der Rechtssicherheit vorhersehbar und berechenbar sein. Das Ergebnis darf also nicht erst im Einzelfall festgelegt sein, sondern muss vielmehr präventiv und abstrakt-generell für alle denkbaren Fälle feststehen[283].

Zu der Auflösung solcher Kollisionen bedarf es einer eindeutigen Bestimmung, die im Interesse der Rechtssicherheit jeglichen Streit über die Vorrangfrage entscheidet: Dies ist die Funktion des Art. 31 GG[284]. Art. 31 GG wird daher allgemein als

---

278 *Bernhardt/Sacksofsky*, in: Bonner Kommentar, Art. 31 Rdnr. 4.

279 *Gubelt*, in: von Münch/Kunig, GG, Art. 31 Rdnr. 1.

280 *Jutzi*, Landesverfassungsrecht, S. 13.

281 *Von Coelln*, Anwendung von Bundesrecht, S. 130; siehe auch *März*, in: von Mangoldt/Klein/Starck, GG, Art. 31 Rdnr. 11: „Jede staatliche Rechtsordnung bildet insofern eine geschlossene Einheit, als sie für jede aus der Lebenswirklichkeit an sie herangetragene Fragestellung, soweit diese rechtlich überhaupt verfasst ist, eine Antwort enthalten muss, aber auch immer nur eine (eindeutige) Antwort enthalten darf."

282 *Böckenförde/Grawert*, in: DÖV 1971, S. 119.

283 *März*, in: von Mangoldt/Klein/Starck, GG, Art. 31 Rdnr. 12.

284 *Huber*, in: Sachs, GG, Art. 31 Rdnr. 2.

Kollisionsnorm bezeichnet[285] und räumt bei Widersprüchen zwischen Normaussagen des Bundesrechts und des Landesrechts dem gesamtstaatlichen Recht den Vorrang ein. Dass sich das Recht des Zentralstaats durchsetzen muss, folgt aus dem System des Bundesstaats. Andernfalls wären Desintegration und Verfall des Staates kaum vermeidbar[286].

bb) Art. 31 GG als Rangordnungsnorm?

Betrachtet man den Wortlaut der Vorschrift - „Bundesrecht bricht Landesrecht" -, könnte man leicht zu dem Schluss gelangen, Art. 31 GG enthalte nicht nur eine Konfliktlösung, sondern normiere darüber hinaus eine eindeutige allgemeine Überordnung des Bundes über die Länder[287] und sehe eine Stufenfolge des Rechts vor[288]. Art. 31 GG stellte so für das gesamte Recht eine Rangordnung auf, in der alles Recht des Bundes dem gesamten Landesrecht übergeordnet wäre[289].

Es ist allerdings zweifelhaft, ob ein solches Verständnis dem durch das Grundgesetz geschaffenen Bundesstaat und dem Verhältnis der verschiedenen Rechtsordnungen zueinander entspricht. Der Bundesstaat des Grundgesetzes ist geprägt durch die Eigenstaatlichkeit der Länder. Von einer generellen Überordnung des Bundes über die Länder kann nicht die Rede sein[290]. Der Bundesstaat lebt vielmehr durch die Möglichkeit des Miteinanders, Nebeneinanders und Gegeneinanders unterschiedlicher politischer Kräfte[291].

Die Vorstellung einer generellen Rangordnung beruht auf einem Verständnis von einem Stufenbau der Rechtsordnung, welches das Verhältnis zwischen Bund und Ländern unter dem Grundgesetz nicht zutreffend wiedergibt. Dieses Verständnis geht davon aus, dass jede Rechtsordnung, die mehrere, der Form nach unter-

---

285 *Maunz*, in: Maunz/Dürig/Herzog, GG, Art. 31 Rdnr. 1; *Bothe*, in: AK-GG, Art. 31 Rdnr. 1 („grundlegende Kollisionsnorm"); *Clemens*, in: Umbach/Clemens, GG, Art. 31 Rdnr. 10 („Grundsatznorm des föderalen Systems"); *Sannwald*, in: Schmidt-Bleibtreu/Klein, GG, Art. 31 Rdnr. 1 („Grundsatznorm"); *Dreier*, in: Dreier: GG, Art. 31 Rdnr. 18; *Pieroth*, in: Jarass/Pieroth, GG, Art. 31 Rdnr. 1; *Jutzi*, Landesverfassungsrecht, S. 19; *von Coelln*, Anwendung von Bundesrecht, S. 180; vgl. aber auch *Barbey*, in: DÖV 1960, S. 560 [575]: „Korrekturnorm hinsichtlich etwaiger Fehler der Zuständigkeitsordnung".

286 *Bernhardt/Sacksofsky*, in: Bonner Kommentar, Art. 31 Rdnr. 3.

287 *Clemens*, in: Umbach/Clemens, GG, Art. 31 Rdnr. 10.

288 *Maunz*, in: Maunz/Dürig/Herzog, GG, Art. 31 Rdnr. 1; ähnlich auch *Gubelt*, in: von Münch/Kunig, GG, Art. 31 Rdnr. 3: „Rangordnungsnorm", und *Huber*, in: Sachs, GG, Art. 31 Rdnr. 3: „Rangordnungsnorm".

289 *Bernhardt/Sacksofsky*, Bonner Kommentar, Art. 31 Rdnr. 6.

290 Siehe oben B.I.4.c).

291 *Stern*, Staatsrecht, Bd. 1, S. 658 f.

schiedliche Rechtsquellen kennt, als Stufenbau der Rechtsordnung erscheint. Alle Vorschriften, die auf einer niedrigeren Rangstufe stünden, könnten ihren rechtlichen Geltungsgrund nur aus solchen Normen herleiten, die einer höheren Rangstufe angehörten. Der Stufenbau der Rechtsordnung bestehe also aus einem durchgängigen Prozess der Rechtsanwendung und Rechtserzeugung. Rechtsanwendung sei Erzeugung einer niederen Norm aufgrund einer höheren Norm[292].

Diese Gedanken treffen auf das Verhältnis von Bund und Ländern und von Bundes- und Landesrecht nicht zu. Es fehlt an einer gemeinsamen Grundnorm. Bundes- und Landesrecht bilden Teilrechtsordnungen der Gesamtrechtsordnung der Bundesrepublik Deutschland. Zudem flankiert und limitiert das Grundgesetz den Anwendungsbereich des Art. 31 GG durch eine Reihe anderer bundesstaatlicher Kollisions- und Kompetenznormen, die gerade keinen strikten Nachrang des Landesrechts gegenüber dem Bundesrecht fordern[293].

Das Verhältnis zwischen Bundesrecht und Landesrecht stellt sich differenzierter dar, als es die Vorstellung einer einheitlichen Normenhierarchie nahe legt. Bundesrecht und Landesrecht bilden zwei Säulen, die unter dem gemeinsamen Dach des Grundgesetzes stehen. Das Verhältnis zwischen beiden ist durch vielfältige und differenzierte Beziehungen gekennzeichnet[294].

Eine schematische Regelung der Normenhierarchie lässt sich dem Wortlaut des Art. 31 GG nicht entnehmen. Art. 31 GG ist eingefügt in einen Kranz homogenitätssichernder Vorschriften (z.B. Art. 1 Abs. 3 Art. 28 Abs. 1, Art. 70 ff. GG). Nur wenn man diese Vorschriften in ihrem Zusammenwirken und in ihrer Wechselwirkung betrachtet, lässt sich ein zutreffendes Bild der mehrschichtigen Strukturierung und Hierarchisierung des Normengefüges im Bundesstaat gewinnen[295]. Auch kommt in einer Normenkollisionsregel wie Art. 31 GG gerade zum Ausdruck, dass die Rechtsordnungen der Gliedstaaten derjenigen des Gesamtstaates grundsätzlich ebenbürtig sind, weil es andernfalls einer solchen Vorrangregelung nicht bedürfte[296].

Art. 31 GG kann also nicht als Ausdruck einer bestimmten Rangordnung von Bundes- und Landesrecht verstanden werden.

---

292 *Kelsen*, Rechtslehre, S. 223 f., 237 f., 242; *Kelsen*, Staatslehre, S. 249 f.
293 *März*, in: von Mangoldt/Klein/Starck, GG, Art. 31 Rdnr. 16.
294 *Bernhardt/Sacksofsky*, in: Bonner Kommentar, Art. 31 Rdnr. 11.
295 *Dreier*, in: Dreier, GG, Art. 31 Rdnr. 18.
296 *Jutzi*, Landesverfassungsrecht, S. 13.

b) Anwendungsbereich des Art. 31 GG

Auch wenn Art. 31 GG sich als grundsätzliche Kollisionslösung versteht, ist zu untersuchen, in welchen Bereichen die Norm überhaupt zur Anwendung gelangen kann. Teilweise wird nämlich konstatiert, ihr Anwendungsbereich sei äußerst eingeschränkt[297], die Norm nur in wenigen Fällen von Bedeutung[298], ihre praktische Bedeutung gering[299].

aa) Verhältnis zu der Kompetenzverteilung nach Art. 70 ff. GG

Art. 31 GG darf nicht isoliert betrachtet werden. Vielmehr muss diese Vorschrift nach dem Prinzip der Einheit der Verfassung gelesen und verstanden werden[300]. Das Grundgesetz enthält eine Vielzahl von Vorschriften, die das Entstehen einer Kollisionslage auszuschließen versuchen und insoweit einer Kollision vorgelagert sind. Solche Regelungen sind insbesondere in den Art. 70 ff. GG enthalten. Das Grundgesetz stellt mit diesen Vorschriften Normen bereit, die den Ländern die Regelung bestimmter Fragen verbieten[301]. Geht man davon aus, dass Art. 31 GG nach allgemeiner Ansicht ein Aufeinandertreffen zweier ansonsten wirksamer Normen voraussetzt[302], stellt sich die Frage, ob im Bereich des einfachen Gesetzesrechts überhaupt Raum für eine Anwendung des Art. 31 GG verbleibt.

Dabei kann dahinstehen, ob die Beachtung der Kompetenzvorschriften der Art. 70 ff. GG Tatbestandsvoraussetzung des Art. 31 GG[303] bzw. eine Vorfrage zu Art. 31 GG ist[304] oder die Kompetenzvorschriften lex specialis zu Art. 31 GG sind[305]. Fehlt nämlich dem Bund oder dem Land die Gesetzgebungskompetenz zum Erlass eines Gesetzes, so ist dieses verfassungswidrig und damit nichtig. Folgte eine Nich-

---

297 *Gubelt*, in: von Münch/Kunig, GG, Art. 31 Rdnr. 2.

298 *Pieroth*, in: Jarass/Pieroth, GG, Art. 31 Rdnr. 1.

299 *Bernhardt/Sacksofsky*, in: Bonner Kommentar, Art. 31 Rdnr. 29.

300 *Sannwald*, in: Schmidt-Bleibtreu/Klein, GG, Art. 31 Rdnr. 1; *Dreier*, in: Dreier, GG, Art. 31 Rdnr. 18.

301 *Bothe*, in: AK-GG, Art. 31 Rdnr. 10.

302 *Huber*, in: Sachs, GG, Art. 31 Rdnr. 8; *Bernhardt/Sacksofsky*, in: Bonner Kommentar, Art. 31 Rdnr. 28; *Gubelt*, in: von Münch/Kunig, GG, Art. 31 Rdnr. 17; *von Coelln*, Anwendung von Bundesrecht, S. 182; a.A.: *Maunz*, in: Maunz/Dürig/Herzog, GG, Art. 31 Rdnr. 21: Die Nichtigkeit des kompetenzwidrigen Landesrechts beruhe nicht unmittelbar auf Art. 71, 72 GG, sondern auf Art. 31 GG.

303 *Huber*, in: Sachs, GG, Art. 31 Rdnr. 8.

304 *Bothe*, in: AK-GG, Art. 31 Rdnr. 10; *Bernhardt/Sacksofsky*, in: Bonner Kommentar, Art. 31 Rdnr. 91; *Dreier*, in: Dreier, GG, Art. 31 Rdnr. 23.

305 *Gubelt*, in: von Münch/Kunig, GG, Art. 31 Rdnr. 2; *Pieroth*, in: Jarass/Pieroth, GG, Art. 31 Rdnr. 3, und Art. 71 Rdnr. 2; *Sannwald*, in: Schmidt-Bleibtreu/Klein, GG, Art. 31 Rdnr. 1; so wohl auch *März*, in: von Mangoldt/Klein/Starck, GG, Art. 31 Rdnr. 2.

tigkeit kompetenzwidrigen Landesrechts nicht bereits aus der fehlenden Kompetenz, sondern erst aus der Anordnung des Art. 31 GG, ergäbe sich in Bezug auf Bundesrecht ein merkwürdiges Ergebnis: Dort fehlt es an einer Art. 31 GG vergleichbaren Norm. Es bleibt also nur der Rückgriff auf die Kompetenzvorschriften der Verfassung, die eine Nichtigkeit begründen[306].

Zu untersuchen ist daher, ob das Grundgesetz im Bereich der einfachen Gesetzgebung Doppelzuständigkeiten ermöglicht. Sind die Gesetzgebungskompetenzen zwischen Bund und Ländern überschneidungslos gegeneinander abgegrenzt, kann es zu einem Aufeinandertreffen von Bundesrecht und Landesrecht nicht kommen. Jeder Übergriff in die jeweils andere Sphäre hätte aufgrund seiner Kompetenzwidrigkeit zwangsläufig das Scheitern des unternommenen Gesetzgebungsversuchs zur Folge[307].

Doppelzuständigkeiten im Bereich der ausschließlichen Gesetzgebungskompetenzen scheiden aus. Erlässt ein Land ein Gesetz, das der ausschließlichen Gesetzgebungskompetenz des Bundes nach Art. 71, 73 GG unterfällt, ist das Landesgesetz verfassungswidrig und nichtig[308]. Ist aber in diesem Bereich ein Landesgesetz bereits wegen fehlender Gesetzgebungskompetenz nichtig, bedarf es eines Rückgriffs auf Art. 31 GG nicht[309].

Im Bereich der konkurrierenden Gesetzgebung der Art. 72, 74 GG ist anerkannt, dass, sobald der Bund von seiner Gesetzgebungskompetenz Gebrauch gemacht hat und die Sperrwirkung eingetreten ist, die Länder nicht mehr zur Gesetzgebung befugt sind. Gleichwohl erlassene Landesgesetze sind verfassungswidrig und nichtig[310]. Dies gilt unabhängig davon, ob das Landesrecht zum Zeitpunkt des Eintritts der Sperrwirkung bereits erlassen war oder erst nach Eintritt der Sperrwirkung er-

---

306 *Wiederin*, Bundesrecht und Landesrecht, S. 342.

307 *Wiederin*, Bundesrecht und Landesrecht, S. 311.

308 *Degenhart*, in: Sachs, GG, Art. 71 Rdnr. 3a; *Pieroth*, in: Jarass/Pieroth, GG, Art. 71 Rdnr. 2; *Kunig*, in: von Münch/Kunig, GG, Art. 71 Rdnr. 1; *Heintzen*, in: von Mangoldt/Klein/Starck, GG, Art. 71 Rdnr. 39; *Clemens/Umbach*, in: Umbach/Clemens, GG, Art. 71 Rdnr. 21; *Stettner*, in: Dreier, GG, Art. 71 Rdnr. 8; *März*, Bundesrecht bricht Landesrecht, S. 142 f.; *Wiederin*, Bundesrecht und Landesrecht, S. 312.

309 *Wiederin*, Bundesrecht und Landesrecht, S. 312; a.A. *Maunz*, in: Maunz/Dürig/Herzog, GG, Art. 31 Rdnr. 21, der Art 31 GG als Rechtsfolgeanordnung versteht, die die bloße Kompetenzverteilung der Art. 70 ff. GG um die Anordnung der Nichtigkeit bei Kompetenzverstoß ergänzt; vgl. hierzu auch *Barbey*, in: DÖV 1960, S. 566 [569 f.].

310 *Degenhart*, in: Sachs, GG, Art. 72 Rdnr. 30; *Pieroth*, in: Jarass/Pieroth, GG, Art. 72 Rdnr. 6; *Kunig*, in: von Münch/Kunig, GG, Art. 72 Rdnr. 10; *Oeter*, in: von Mangoldt/Klein/Starck, GG, Art. 72 Rdnr. 83; *Clemens/Umbach*, in: Umbach/ Clemens, GG, Art. 72 Rdnr. 10; *Stettner*, in: Dreier, GG, Art. 72 Rdnr. 29; *März*, Bundesrecht bricht Landesrecht, S. 145.

lassen wird[311]. Daran hat auch die Neufassung von Art. 72 GG im Zuge der Föderalismusreform nichts geändert. Das Außerkrafttreten ergibt sich nicht erst aus einer Anwendung von Art. 31 GG[312]. Die gegenteilige Auffassung beruht auf der Annahme, der Gesetzgeber müsse nur im Zeitpunkt des Gesetzeserlasses über die Gesetzgebungskompetenz verfügen. Gegen diese Annahme lässt sich zum einen ein Vergleich mit Art. 124 f. GG ins Feld führen. Art. 124 f. GG bewirken, dass fortgeltendes vorkonstitutionelles Recht in jene Sphäre übergeleitet wird, in die es nach der Kompetenzordnung des Grundgesetzes auch gehört. Daraus lässt sich durchaus ableiten, dass nach dem Grundgesetz Gesetze nicht bloß im Zeitpunkt ihres Erlasses, sondern auch darüber hinaus von einer korrespondierenden Gesetzgebungskompetenz gedeckt sein müssen[313]. Zum anderen sprechen auch die in Art. 72 Abs. 1 GG verwendeten Begriffe „solange" und „soweit" dafür, dass den Landesgesetzen stets eine Gesetzgebungskompetenz entsprechen muss[314]. Des Weiteren wird dieses Ergebnis durch Art. 72 Abs. 4, Art. 125a und 125b GG bestätigt. Wenn eine Gesetzeskompetenz nur im Zeitpunkt des Gesetzeserlasses erforderlich wäre, wären diese Übergangs- und Sonderregelungen überflüssig. Im Bereich der konkurrierenden Gesetzgebung ist daher ebenfalls kein Raum für eine Anwendung des Art. 31 GG.

---

311 *Pieroth*, in: Jarass/Pieroth, GG, Art. 72 Rdnr. 6; *Kunig*, in: von Münch/Kunig, GG, Art. 72 Rdnr. 10; *Oeter*, in: von Mangoldt/Klein/Starck, GG, Art. 72 Rdnr. 83; *Clemens/Umbach*, in: Umbach/Clemens, GG, Art. 72 Rdnr. 10; *Stettner*, in: Dreier, GG, Art. 72 Rdnr. 29; *März*, Bundesrecht bricht Landesrecht, S. 148.

312 Das Bundesverfassungsgericht hat in diesen Fällen die Nichtigkeit zunächst auf Art. 31 GG gestützt, vgl. z.B. Beschluss vom 09.06.1970 - 2 BvL 16/68 -, BVerfGE 29, 11 [17]: „Die Beseitigung der Sperrwirkung kann jedoch denjenigen landesrechtlichen Vorschriften nicht zur Gültigkeit verhelfen, die vor diesem Zeitpunkt erlassen wurden und nach Art. 31, 72 Abs. 1 GG nichtig waren, weil den Ländern die Gesetzgebungskompetenz fehlte. Durch die Aufhebung der Sperre wird frühere kompetenzlose Rechtsetzung des Landesgesetzgebers nicht geheilt. Recht, das der Landesgesetzgeber ohne Kompetenz gesetzt hat, ist nicht 'schwebend unwirksam' oder nur vorübergehend seiner Geltungskraft beraubt. Es wird derogiert, nicht suspendiert; Art. 31 GG 'bricht' solches Landesrecht endgültig".
Später hat das Bundesverfassungsgericht in Fällen des Art. 72 GG die Nichtigkeit unmittelbar aus der fehlenden Gesetzgebungskompetenz hergeleitet, ohne auf Art. 31 GG zurückzugreifen, vgl. z.B. Beschluss vom 09.10.1984 - 2 BvL 10/82 -, BVerfGE 67, 299, Urteile vom 24.10.2002 - 2 BvF 1/01 -, BVerfGE 106, 62 [104] und vom 10.02.2004 - 2 BvR 834, 1588/02 -, BVerfGE 109, 190 ff. (allerdings mit der Besonderheit, dass das Bundesverfassungsgericht unter Hinweis auf § 31 Abs. 2 Satz 3 BVerfGG davon abgesehen hat, das Gesetz für nichtig zu erklären).

313 *Wiederin*, Bundesrecht und Landesrecht, S. 316 f.

314 *Wiederin*, Bundesrecht und Landesrecht, S. 317.

Für die - frühere[315] - Rahmengesetzgebungskompetenz nach Art. 75 GG könnte sich die Rechtslage anders darstellen. Gültiges Bundesrahmenrecht bindet den Landesgesetzgeber[316]. Überschreitet das Landesgesetz den vom Bund vorgegebenen Rahmen, so ist das Gesetz unstreitig nichtig. Woraus diese Rechtsfolge herzuleiten ist, ist allerdings fraglich. Denkbar wäre, auch hier auf Art. 31 GG abzustellen[317]. Das überzeugt jedoch nicht. Dies hätte nichts anderes zur Folge als „die Negation jeglicher verfassungsrechtlichen Pflicht der Länder, bundesrechtliche Rahmenvorschriften einzuhalten[318]". Dies erscheint widersprüchlich: Es wäre widersinnig, dem Bund die Befugnis zu geben, Rahmenvorschriften zu erlassen, die Länder aber nicht zur Beachtung der vom Bund erlassenen Vorgaben zu verpflichten[319] Die Ermächtigung des Bundes, Rahmengesetze zu erlassen, hat nur dann einen Sinn, wenn die Länder auch an den vom Bund gesetzten Rahmen gebunden sind. Dies lässt sich am einfachsten dadurch erreichen, dass die Länder die betreffende Materie nicht mehr nach ihrem Belieben regeln können, sondern zur Beachtung der bundesrechtlichen Vorgaben verpflichtet sind[320]. Ferner wurde soeben für den Bereich der ausschließlichen und der konkurrierenden Gesetzgebung eine „Exklusivität der Gesetzgebungssphären[321]" festgestellt. Warum sollte dieses Prinzip im Bereich der Rahmengesetzgebung nach Art. 75 GG nicht gelten?

---

315 Durch die am 1. September 2006 in Kraft getretene Föderalismusreform ist die Rahmengesetzgebung als Typus der Bundesgesetzgebung entfallen; zum Fortgelten des bislang erlassenen Bundesrahmenrechts siehe Art. 125b GG.

316 *Rozek*, in: von Mangoldt/Klein/Starck, GG, Art. 75 Rdnr. 25.

317 *Pieroth*, in: Jarass/Pieroth, GG, Art. 75 Rdnr. 5 (jedenfalls für unmittelbar geltende Regelungen eines Rahmengesetzes); offen *Kunig*, in: von Münch/Kunig, GG, Art. 75 Rdnr. 12: „..., so ist es wegen fehlender Kompetenz gleichfalls verfassungswidrig, was mit dem Rückgriff auf Art. 31 ebenso begründet werden kann wie unmittelbar aus Art. 75"; *Umbach/Clemens*, in: Umbach/Clemens, GG, Art. 75 Rdnr. 60 für Landesrecht, das der bundesrechtlichen Rahmenregelung zeitlich vorgeht; offen auch *Stettner*, in: Dreier, GG, Art. 75 Rdnr. 12: „Beachtet der Landesgesetzgeber nicht den ihm vom Bund zulässigerweise gezogenen Rahmen, so ist sein Gesetz jedenfalls nichtig, entweder wegen Art. 31 oder wohl schon bereits wegen fehlender Kompetenz". Auf diese Weise verfuhr in früheren Entscheidungen auch das Bundesverfassungsgericht, vgl. Beschluss vom 28.03.1984 - 2 BvL 3, 4, 5, 6/82 -, BVerfGE 291 [310]: „Soweit § 26 Absatz 2 Satz 1 HSG bestimmt, dass die Vertreter der Gruppe der Professoren und der Gruppe der Hochschulassistenten, wissenschaftlichen und künstlerischen Mitarbeiter und Lehrkräfte für besondere Aufgaben zum Konsistorium und zum Senat ausschließlich nach den Grundsätzen der Mehrheitswahl gewählt werden, verstößt es gegen § 39 Satz 1 HRG und ist damit nach Art. 31 GG nichtig".

318 *Wiederin*, Bundesrecht und Landesrecht, S. 321.

319 *Wiederin*, Bundesrecht und Landesrecht, S. 321.

320 *Wiederin*, Bundesrecht und Landesrecht, S. 323.

321 *Wiederin*, Bundesrecht und Landesrecht, S. 322; vgl. auch *Menzel*, Landesverfassungsrecht, S. 163 Fn. 16.

Konsequent ist es daher, auch im Bereich der Rahmengesetzgebung nach Art. 75 GG die Nichtigkeit allein aus der fehlenden Gesetzgebungskompetenz ohne Rückgriff auf Art. 31 GG herzuleiten[322].

Auch für die Grundsatzgesetzgebung (z.B. Art. 109 Abs. 3 GG) kann nichts anderes gelten. Die hiernach erlassenen Grundsätze binden sowohl den Bund als auch die Länder. Wenn gegen die Grundsätze verstoßendes Landesrecht nicht bereits wegen des Kompetenzverstoßes nichtig wäre, sondern erst über Art. 31 GG gebrochen werden müsste, ließe sich auch für grundsatzwidriges Bundesrecht zunächst eine Verfassungsmäßigkeit annehmen. Wie aber sollte die daraus entstehende Konsequenz gelöst werden, da Art. 31 GG insoweit nicht anwendbar ist[323]? Dieses wenig überzeugende Ergebnis lässt sich am ehesten vermeiden, wenn man generell die Nichtigkeit grundsatzwidrigen Rechts annimmt. Art. 31 GG findet daher auch im Bereich der Grundsatzgesetzgebung keine Anwendung[324].

Sind dem Grundgesetz aber nach dem Ausgeführten im Bereich des einfachen Gesetzesrechts Doppelzuständigkeiten[325] unbekannt, trifft die Aussage zu, dass Art. 31 GG im Bereich der einfachen Gesetzgebung keine Bedeutung hat.

---

322 *Degenhart*, in: Sachs, GG, Art. 75 Rdnr. 42; *Kunig*, in: von Münch/Kunig, GG, Art. 75 Rdnr. 12; *Rozek*, in: von Mangoldt/Klein/Starck/, GG, Art. 75 Rdnrn. 25 - 28; *März*, Bundesrecht bricht Landesrecht, S. 164; *Wiederin*, Bundesrecht und Landesrecht, S. 328.
So auch das Bundesverfassungsgericht in neueren Entscheidungen, vgl. Beschluss vom 26.04.1988 - 2 BvL 13, 14/86 -, BVerfGE 78, 132 [133]: „§ 23 des Ausführungsgesetzes zum Bürgerlichen Gesetzbuch für das Land Schleswig-Holstein vom 27. September 1974 (Gesetz- und Verordnungsbl. S. 357) ist mit Art. 137 des Einführungsgesetzes zum Bürgerlichen Gesetzbuch und § 2049 Absatz 2 des Bürgerlichen Gesetzbuches unvereinbar und gemäß Art. 72 Absatz 1 des Grundgesetzes nichtig", und S. 144: „§ 23 AGBGB Schl.-H. ist gemäß Art. 72 Abs. 1 GG nichtig, weil er eine Regelung über die Ertragswertbestimmung trifft, die nicht von dem Vorbehalt des Art. 137 EGBGB gedeckt wird, der es dem Landesgesetzgeber überlässt, Grundsätze über die Feststellung des Ertragswertes von Landgütern zu normieren".

323 *Wiederin*, Bundesrecht und Landesrecht, S. 329.

324 *Wiederin*, Bundesrecht und Landesrecht, S. 334.

325 Durch die Föderalismusreform ist dieses Exklusivitätsprinzip indes aufgegeben worden. Den Ländern ist im Bereich der konkurrierenden Gesetzgebung das Recht eingeräumt worden, von bereits erlassenen Bundesgesetzen abzuweichen, Art. 72 Abs. 3 Satz 1 GG (so genannte Abweichungskompetenz). Danach gibt es zukünftig in bestimmten Kompetenzbereichen (Art. 72 Abs. 3 Satz 1 Nrn. 1 – 6 GG) eine doppelte Vollkompetenz von Bund und Ländern. Für den danach möglichen Fall einer Kollision ist eine von Art. 31 GG abweichende Regelung getroffen worden (Art. 72 Abs. 2 Satz 2 GG): Im Verhältnis von Bundes- und Landesrecht geht das spätere Gesetz vor. Dies stellt eine positivierte Form der lex posterior dar und bedeutet einen Anwendungsvorrang, nicht Geltungsvorrang; vgl. zu Vorstehendem *Ipsen*, in: NJW 2006, S. 2801 [2803 f.].

bb) Bindung des Landesverfassunggebers an die Kompetenzverteilung der Art. 70 ff. GG

Ob auch im Bereich des hier zu untersuchenden Landesverfassungsrechts Art. 31 GG keine Rolle spielt, hängt entscheidend von der Frage ab, ob der Landesverfassunggeber an die Beachtung der Kompetenzverteilungsnormen der Art. 70 ff. GG gebunden ist. Denn dann wären in Konsequenz des so eben Ausgeführten Kollisionen im Verhältnis von Bundesrecht und Landesverfassungsrecht ausgeschlossen.

Selbst wenn man in diesem Zusammenhang betont, dass auch Verfassunggebung Gesetzgebung im Sinne der Art. 70 ff. GG ist[326], bedeutet dies noch nicht, auch der Landesverfassunggeber sei zur Beachtung der Kompetenzordnung des Grundgesetzes verpflichtet.

Systematik und Funktion der jeweiligen Vorschriften des Grundgesetzes zeigen nämlich, dass nicht nur normhierarchisch einfache Gesetzgebung und Verfassunggebung ebenenspezifischen Bedingungen folgen und letztere als rahmensetzende Legitimationsgrundlage staatlichen, auch legislativen Handelns nicht nur „Gesetzgebung oberer Etage" darstellt[327]. Insbesondere Grundrechte betreffen vielfach menschliche Verhaltensweisen, die einfachgesetzlich auf der Grundlage verschiedener Gesetzgebungsbefugnisse ausgestaltet werden[328].

Vor allem aber würde eine Zuordnung der gliedstaatlichen Verfassunggebung zu Art. 70 ff. GG das über Art. 28 Abs. 1 Satz 1 GG geschützte autonome Gestaltungspotential der Länder auch in Fällen übermäßig beschränken, in denen die Landesverfassungen um der Vollständigkeit, Verstärkung oder Abrundung ihrer Grundordnung willen Programmaussagen, Staatsziele oder einfache Sachregelungen parallel und ohne inhaltliche Kollision mit Bundesverfassungsrecht festlegt[329]. Art. 28 Abs. 1 Satz 1 GG macht deutlich, dass dem Landesverfassunggeber seitens der Bundesverfassung nur wenige Vorgaben gemacht werden sollen. Die Landesverfassung würde zu einem Torso, ihre Regelungen würden auch durch eine zeitweise Erfassung der Regelungsanordnung durch Bundesrecht nichtig, denn die kompe-

---

326 *Rozek*, in: von Mangoldt/Klein/Starck, GG, Art. 70 Rdnr. 23; *Stettner*, in: Dreier, GG, Art. 70 Rdnr. 43; *Degenhart*, in: Sachs, GG, Art. 70 Rdnr. 17; *von Coelln*, Anwendung von Bundesrecht, S. 174; a.A. *Pieroth*, in: Jarass/Pieroth, GG, Art. 70 Rdnr. 2; *Pietzcker*, in: Isensee/Kirchhof, Handbuch des Staatsrechts, § 99 Rdnr. 35.

327 *Pietzcker*, in: Isensee/Kirchhof, Handbuch des Staatsrechts, § 99 Rdnr. 35.

328 *Von Coelln*, Anwendung von Bundesrecht, S. 174.

329 *März*, in: von Mangoldt/Klein/Starck, GG, Art. 31 Rdnr. 88.

tenzrechtliche Sanktion wirkt endgültig. Dies gilt um so mehr, bedenkt man folgende Konsequenz: Durch eine Verfassungsänderung könnte der Bundesverfassungsgeber eine Zuständigkeit, die bislang den Ländern zustand, in die Kompetenz des Bundesgesetzgebers übertragen. Ginge man davon aus, die Länder besäßen die Kompetenz zur Verfassunggebung nur, weil sie ihnen mangels Bundeskompetenz von Art. 70 GG zugewiesen würde, könnte der Bundesverfassungsgeber auch die Kompetenzmaterie „Landesverfassungsrecht" ändern. Dies ließe sich mit der Annahme der nicht vom Bund abgeleiteten Staatlichkeit der Länder und ihrer Verfassungshoheit nur schwer vereinbaren[330].

Diese Sicht ermöglicht es, neben dem Bundes- auch das Landesverfassungsrecht als Einheit zu begreifen, die andere juristische Funktionen zu erfüllen hat als einfaches Gesetzesrecht[331]. Durch ihre Verfassungshoheit erhalten die Länder die Möglichkeit, ihre eigenen fundamentalen Wertungen zum Ausdruck zu bringen und ihr Staatshandeln danach auszurichten. Mit dieser grundlegenden Funktion der Landesverfassung ist eine Beschränkung der Kompetenz auf Gegenstände, die den Ländern auch einfachgesetzlich zur Regelung zustehen, nicht zu vereinbaren[332].

Die Konsequenzen einer kompetenziellen Unterwerfung der Landesverfassung unter die Art. 70 ff. GG wären weit reichend. Art. 70 ff. GG enthalten eine trennscharfe Aufteilung der Kompetenzen zwischen Bund und Ländern[333]. Verfassungsnormen beinhalten demgegenüber Grundlagenentscheidungen, die ihre Wirkung in ganz verschiedenen Sachmaterien und im Rahmen unterschiedlichster Kompetenzbereiche entfalten können. Sie lassen sich den Kompetenzverteilungsnormen der Art. 70 ff. GG nicht eindeutig zuordnen[334]. Die Landesverfassung darf hinsichtlich der zu behandelnden Sachmaterien nicht von vornherein durch die Kompetenzabgrenzung der Art. 70 ff. GG ausgeschlossen sein, sondern grundsätzlich auch für den Bereich der Bundeszuständigkeiten Aussagen treffen oder bundesrechtliche Regelungen inhaltsgleich wiederholen[335]. Auch würde eine Unterwerfung der Landesverfassung unter Art. 70 ff. GG eine von Art. 142 GG erkennbar nicht gewollte

---

330 *Von Coelln*, Anwendung von Bundesrecht, S. 175 f.
331 *Heintzen*, in: Bonner Kommentar, Art. 70 Rdnr. 47.
332 *Menzel*, Landesverfassungsrecht, S. 163.
333 *Menzel*, Landesverfassungsrecht, S. 163.
334 *Menzel*, Landesverfassungsrecht, S. 165.
335 *Dreier*, in: Dreier, GG, Art. 31 Rdnr. 29.

Kompetenzwidrigkeit weiter Teile der Grundrechtskataloge und Staatszielbestimmungen in Landesverfassungen zur Folge haben[336].

Die mit einer Freistellung von der grundgesetzlichen Kompetenzordnung heraufbeschworene Gefahr, der Landesverfassunggeber könne so Sachbereiche an sich ziehen, die in die ausschließliche Gesetzgebungszuständigkeit des Bundes fielen, besteht nicht. Auch wenn die Länder bei ihrer Verfassunggebung von der Beachtung der grundgesetzlichen Kompetenzordnung freigestellt sind, können sie keine Bestimmungen in die Landesverfassungen aufnehmen, die Zuständigkeitsbereiche des Bundes unmittelbar, d.h. also ohne das Erfordernis einer weiteren gesetzlichen Vollzugsnorm regeln[337]. Die Länder können ihnen nicht zustehende Gesetzgebungskompetenzen nicht dadurch an sich ziehen, dass sie den formalen Weg der Verfassunggebung wählen[338]. Die Einheit der bundesstaatlichen Rechtsordnung ist durch die Regelungen in den Art. 28 Abs. 1 GG, Art. 142 sowie Art. 31 GG ausreichend geschützt[339]. Ein weiterer geeigneter Ansatzpunkt in diesem Zusammenhang ist auch der Grundsatz der Bundestreue. Soweit ein Land nämlich versucht, durch den Weg der Verfassunggebung eine ihm nicht zustehende Kompetenz in Anspruch zu nehmen, liegt der eigentliche Vorwurf in einem unfreundlichen Verhalten gegenüber dem Bund[340].

Festzustellen ist nach alledem, dass der Landesverfassunggeber nicht zur Beachtung des grundgesetzlichen Kompetenzkataloges verpflichtet ist[341].

---

336 *Kunig*, in: von Münch/Kunig, GG, Art. 70 Rdnr. 14.

337 *Degenhart*, in: Sachs, GG, Art. 70 Rdnr. 70.

338 *Degenhart*, in: Sachs, GG, Art. 70 Rdnr. 70; *Rozek*, in: von Mangoldt/Klein/Starck, GG, Art. 70 Rdnr. 25; *von Ohlshausen*, Landesverfassungsbeschwerde, S. 157.

339 *Umbach/Clemens*, in: Umbach/Clemens, GG, Art. 70 Rdnr. 10; *Heintzen*, in: Bonner Kommentar, Art. 70 Rdnr. 47; *von Ohlshausen*, Landesverfassungsbeschwerde, S. 157.

340 *Menzel*, Landesverfassungsrecht, S. 176.

341 *Umbach/Clemens*, in: Umbach/Clemens, GG. Art. 70 Rdnr. 10; *Degenhart*, in: Sachs, GG, Art. 70 Rdnr. 17; *Heintzen*, in: Bonner Kommentar, Art. 70 Rdnr. 47; *Pietzcker*, in: Isensee/Kirchhof, Handbuch des Staatsrechts, § 99 Rdnr. 35; *von Coelln*, Anwendung von Bundesrecht, S. 176; *von Ohlshausen*, Landesverfassungsbeschwerde, S. 157; *Menzel*, Landesverfassungsrecht, S. 163 f.; *Denninger*, in: FS 50 Jahre HV, S. 351; *Jutzi*, Landesverfassungsrecht, S. 21; *ders.*, in: KritV 1996, S. 138 [139]; *Klein/Haratsch*, in: JuS 2000, S. 209 [210]; *Poscher*, in: NJ 1996, S. 351 [354]; *Möstl*, in: AöR 130 [2005], S. 350 [373]; a.A. *Wiederin*, Bundesrecht und Landesrecht, S. 351; *Lemhöfer*, in: NJW 1996, S. 1714 ff., nach dessen Auffassung eine Landesverfassung ihren Normen keine Geltung für Gegenstände der Bundesgesetzgebung beilegen kann.

c) Voraussetzungen des Art. 31 GG

Entbindet man den Landesverfassunggeber von der Beachtung des Kompetenzkataloges der Art. 70 ff. GG, sind jedenfalls im Verhältnis von - einfachem - Bundesrecht zu Landesverfassungsrecht Kollisionen vorstellbar. In diesem Bereich kann Art. 31 GG daher zur Anwendung gelangen, so dass im Folgenden dessen Voraussetzungen zu untersuchen sind.

aa) Bundesrecht und Landesrecht

Ausgehend von seinem Wortlaut setzt Art. 31 GG sowohl auf Bundes- wie auch auf Landesebene „Recht" voraus. Das heißt, es muss sich um staatliche Rechtssätze jeder Art und Form handeln[342]. Der Anwendungsbereich des Art. 31 GG schließt seiner Funktion nach jede Rechtsnorm ein, die von einem staatlichen Normgeber auf Bundes- oder Landesebene erlassen und verantwortet wird[343]. Zu den staatlichen Rechtssätzen gehören das Verfassungsrecht, einfache Gesetze und Rechtsverordnungen sowie Satzungen von Verfassungsorganen oder autonomen Verwaltungsträgern[344]. Auf Verwaltungsvorschriften und Richtlinien findet Art. 31 GG dagegen keine Anwendung, da diese keinen Rechtssatzcharakter haben[345].

Die Frage, ob ein Rechtssatz dem Bundes- oder dem Landesrecht zuzuordnen ist, bestimmt sich ausschließlich nach formalen Kriterien[346]. Maßgebend ist, ob das Organ, das den betreffenden Rechtssatz geschaffen hat, dem Bund oder dem Land zuzuordnen ist[347]. Ein Staat kann nicht selbst handeln, sondern handelt nur durch seine Organe. Allein deren Akte werden ihm zugerechnet. Dem Bund wird das zugerechnet, was Bundesorgane tun, einem Land dasjenige, was die Landesorgane tun. Bundesorgane üben Bundesstaatsgewalt, Landesorgane Landesstaatsgewalt

---

342 *Gubelt*, in: von Münch/Kunig, GG, Art. 31 Rdnr. 4.

343 *März*, in: von Mangoldt/Klein/Starck, GG, Art. 31 Rdnr. 25.

344 *Gubelt*, in: von Münch/Kunig, GG, Art. 31 Rdnr. 4: *März*, in: von Mangoldt/Klein/Starck, GG, Art. 31 Rdnr. 25; *Huber*, in: Sachs, GG, Art. 31 Rdnr. 4; *Maunz*, in: Maunz/Dürig/Herzog, GG, Art. 31 Rdnr. 4.

345 *Gubelt*, in: von Münch/Kunig, GG, Art. 31 Rdnr. 4; *Huber*, in: Sachs, GG, Art. 31 Rdnr. 4; *Maunz*, in: Maunz/Dürig/Herzog, GG, Art. 31 Rdnr. 4; *Pieroth*, in: Jarass/Pieroth, GG, Art. 31 Rdnr. 2.

346 *März*, in: von Mangoldt/Klein/Starck, GG, Art. 31 Rdnr. 30.

347 *Pieroth*, in: Jarass/Pieroth, GG, Art. 31 Rdnr. 2: *Gubelt*, in: von Münch/Kunig, GG, Art. 31 Rdnr. 6; *März*, in: von Mangoldt/Klein/Starck, GG, Art. 31 Rdnr. 30; *Bothe*, in: AK-GG, Art. 31 Rdnr. 3

aus. Also ist das von einem Bundesorgan gesetzte Recht Bundesrecht, das von einem Landesorgan gesetzte Recht Landesrecht[348].

Zu Bundesrecht im Sinne von Art. 31 GG gehören damit das Grundgesetz, das verfassungsändernde Gesetz, das einfache Bundesgesetz, die Rechtsverordnung des Bundes und die Satzung von Verfassungsorganen und autonomen Verwaltungsträgern des Bundes ebenso wie das dem Kompetenzbereich des Bundes zuzuordnende Gewohnheitsrecht[349].

Landesrecht sind demgegenüber das Landesverfassungsrecht, Gesetze, Rechtsverordnung und Satzungen der Länder und ihrer Selbstverwaltungskörperschaften sowie Landesgewohnheitsrecht[350]. Um Landesrecht handelt es sich auch dann, wenn die Ermächtigung zum Erlass einer Rechtsverordnung dem Bundesrecht entspringt[351]. Zum Landesrecht gehört auch das Landesgewohnheitsrecht.

bb) Normanwendung als Normsetzung?

Schwieriger ist die Beantwortung der Frage, ob im Rahmen des Art. 31 GG Normsetzung und Normanwendung gleichzusetzen sind. Diese Frage wird im Zusammenhang mit der Thematik relevant, ob und inwieweit Landesgrundrechte bei Auslegung und Anwendung von Bundesrecht Bedeutung erlangen können. Das Problem rührt daher, dass eine Landesverfassung auf die Verfassungsmäßigkeit eines Bundesgesetzes keinen Einfluss hat, also keine Wirkung auf den Inhalt des Bundesrechts entfalten kann. Sind Normanwendung und Normsetzung gleichzustellen, so könnte man zu dem Ergebnis gelangen, dass die Landesverfassungen auch für die Normanwendung keine Maßgeblichkeit besitzen.

Insbesondere der Staatsgerichtshof des Landes Hessen hat in früheren Entscheidungen stets ausgeführt: „Für eine verfassungsgerichtliche Überprüfung der gerügten Grundrechtsverletzung fehlt dem Staatsgerichtshof die Prüfungskompetenz. Als Landesverfassungsgericht ist er nur befugt, Entscheidungen, die auf der Anwen-

---

348 BVerfG, Beschluss vom 23.03.1965 - 2 BvN 1/62 -, BVerfGE 18, 407 [414].

349 *März*, in: von Mangoldt/Klein/Starck, GG, Art. 31 Rdnrn. 30, 34 f.; *Huber*, in: Sachs, GG, Art. 31 Rdnr. 4; *Gubelt*, in: von Münch/Kunig, GG, Art. 31 Rdnr. 6; *Maunz*, in: Maunz/Dürig/Herzog, GG Art. 31 Rdnr. 4.

350 *März*, in: von Mangoldt/Klein/Starck, GG, Art. 31 Rdnr. 38; *Huber*, in: Sachs, GG, Art. 31 Rdnr. 4.

351 BVerfG, Beschluss vom 23.03.1965 - 2 BvN 1/62 -, BVerfGE 18, 407 [413 f.]; *März*, in: von Mangoldt/Klein/Starck, GG, Art. 31 Rdnr. 39; *Huber*, in: Sachs, GG, Art. 31 Rdnr. 6; *Dreier*, in: Dreier, GG, Art. 31 Rdnr. 35; *Bernhardt/Sacksofsky*, in: Bonner Kommentar, Art. 31 Rdnr. 39; a.A. StGH, Beschluss vom 26.10.1956 - P.St. 208 -, ESVGH 11/II, S. 19 [L].

dung und Auslegung hessischen Landesrechts beruhen, am Maßstab der Hessischen Verfassung zu messen. Bundesrecht geht nach Art. 31 GG dem Landesrecht einschließlich des Landesverfassungsrechts vor und kann deshalb nicht Gegenstand einer landesrechtlichen Grundrechtsklage sein. ... Wie die Normen selbst kann sich deren Anwendung nur an der für sie maßgeblichen Verfassung messen lassen, das ist für Bundesrecht nur das Grundgesetz. Selbst in einem Fall, in dem das Grundgesetz und die Hessische Verfassung `inhaltsgleiche´ Grundrechte gewähren und der Staatsgerichtshof annähme, die Anwendung von Bundesrecht stehe mit der - im Verhältnis zum Grundgesetz - inhaltsgleichen Norm der Hessischen Verfassung nicht im Einklang, wäre ein Fall der Kollision im Sinne des Art. 31 GG gegeben. Folgerungen könnte insoweit nur das Bundesverfassungsgericht ziehen[352]".

Zwischenzeitlich hat sich der Staatsgerichtshof aufgrund einer Entscheidung des Bundesverfassungsgerichts von dieser Rechtsprechung gelöst und nimmt eine Befugnis für sich in Anspruch, die Auslegung und Anwendung jedenfalls formellen Bundesrechts am Maßstab inhaltsgleicher Verfahrensgrundrechte der Hessischen Verfassung zu überprüfen[353]. Die Frage der Maßgeblichkeit der Landesgrundrechte bei der Anwendung und Auslegung materiellen Bundesrechts hat er dagegen bislang stets wegen fehlender Entscheidungserheblichkeit offen lassen können[354].

Stellt sich man sich auf einen streng methodologischen Standpunkt, so ließe sich vertreten, eine Differenzierung zwischen der Erzeugung von Normen und deren Anwendung sei naiv und lasse eine längst überwundene Vorstellung erkennen. Eine solche Differenzierung zeige ein Bild vom Aufgabengebiet der Rechtsprechung, dessen Zeitgemäßheit mehr als zweifelhaft sei[355]. Der konkrete Inhalt einer Norm ergebe sich erst aus der Auslegung und Anwendung der Norm auf einen Lebenssachverhalt. Zwischen bloßer Auslegung und Anwendung einer Norm lasse sich

---

352 StGH, Beschluss vom 14.04.1989 - P.St. 1075 -, StAnz. 1989, S. 1661 [1553]; siehe auch Beschlüsse vom 11.09.1990 - P.St. 1089 und P.St. 1096 -, StAnz. 1990, S. 1563 [1564] und S. 1564 [1565]; zur früheren Rechtsprechung des StGH auch *Gehb*, Staatsgerichtshof, S. 224 ff., und *Günther*, Verfassungsgerichtsbarkeit, § 43 Rdnr. 45.

353 Vgl. Beschluss vom 09.09.1998 - P.St. 1299 -, StAnz. 1998, S. 3404 [3405], in ausdrücklichem Anschluss an BVerfG, Beschluss vom 15.10.1997 - 2 BvN 1/95 -, BVerfGE 96, 345 ff..

354 Vgl. etwa nur Beschlüsse vom 19.07.1999 - P.St. 1409 -, StAnz. 1999, S. 2614 [2617], vom 19.07.1999 - P.St. 1405 -, StAnz. 1999, S. 2573 [2575], und vom 18.08.1999 - P.St. 1391 -, StAnz. 1999, S. 2834 [2836].

355 *Berkemann*, in: NVwZ 1994, S. 409 [415].

keine Grenze finden[356]. Die höchstrichterliche Auslegung oder die Ergänzung einer Norm wirke beispielgebend für weitere Entscheidungen. An sie schlössen sich weitere Auslegungen oder Ergänzungen an, die ihrerseits wieder zu Maximen richterlicher Entscheidung und vielfach zu anerkannten Richtlinien normgerechten Verhaltens führten. Nur am Anfang stehe der scheinbar eindeutige und leicht anzuwendende Gesetzestext. Am Ende sei um den Text der Vorschrift herum eine Vielzahl von Auslegungen, Einschränkungen und Ergänzungen entstanden[357].

Mag eine derartige Perspektive aus der methodologischen Beobachter-Perspektive nahe liegen sowie Ähnlichkeiten und Überschneidungen zwischen Normsetzung und -anwendung nicht zu leugnen sein[358], so ist sie doch für die hier zu beantwortende Frage unbrauchbar und zwingt keineswegs zu einer Gleichsetzung von Normerzeugung und Normanwendung[359]. Einzuräumen ist zwar, dass sich zwischen Rechtsprechung und Rechtsetzung funktionale Ähnlichkeiten feststellen lassen[360]: „Richter und Gesetzgeber gehen gewissermaßen ein Stück gemeinsamen Weges[361]".

Dennoch besteht zwischen Normanwendung und Normerzeugung ein gewichtiger Unterschied: Rechtsnormen beanspruchen Geltung und Verbindlichkeit für alle Rechtsunterworfenen. Normanwendungsakte, insbesondere gerichtliche Entscheidungen binden dagegen nur die am Verfahren Beteiligten. Rechtsnormen sind damit im Gegensatz zu Anwendungsakten für alle verbindlich. Diese Verbindlichkeit zu sichern, ist gerade Zweck des Art. 31 GG[362]. Gerichtlichen Entscheidungen kommt eine Rechtsnormen vergleichbare Verbindlichkeit, ein Geltungsanspruch und eine Durchsetzungskraft wie Rechtsnormen nicht zu. Richterliche „Normierungen" können schließlich auf demselben Weg, auf dem sie entstanden sind, auch wieder geändert werden[363].

---

356 *Clausen*, Landesverfassungsbeschwerde, S. 74; *Steinberg*, in: FS 50 Jahre HV, S. 356 [378].
357 Vgl. *Larenz*, Methodenlehre, S. 212; ähnlich *Reimann*, in: DVBl. 1969, S. 951 [952].
358 *Von Coelln*, Anwendung von Bundesrecht, S. 276.
359 So wohl, *Steinberg*, in: FS 50 Jahre HV, S. 356 [378]; vgl. auch *Sobota*, in: DVBl. 1994, S. 793 [797].
360 *Von Coelln*, Anwendung von Bundesrecht, S. 275.
361 *Zierlein*, in: AöR 120 [1995], S. 205 [231].
362 *Reimann*, in: DVBl. 1969, S. 951 [952]; *Zierlein*, in: AöR 120 [1995], S. 205 [234].
363 *Reimann*, in: DVBl. 1969, S. 951 [952].

Etwas Anderes kann auch nicht für die Präjudizien der obersten Bundesgerichte angenommen werden[364]. Dies gilt auch, wenn man Art. 31 GG im Zusammenhang mit Art. 95 GG und den aus dem Rechtsstaatsprinzip herzuleitenden Rechtsgütern der Rechtseinheit, Rechtssicherheit und Rechtsgleichheit liest[365]. Obergerichtliche Präjudizien können in den Anwendungsbereich des Art. 31 GG nur einbezogen werden, wenn man von einer Normen gleichzusetzenden Durchsetzungskraft höchstrichterlicher Judikate ausginge. Dies ist indes nicht möglich.

Zunächst sind auch höchstrichterliche Urteile kein Gesetzesrecht. Sie erzeugen keine vergleichbare Rechtsbindung. Weicht ein Gericht von ihnen ab, verstößt es grundsätzlich nicht gegen Art. 20 Abs. 3 GG. Ihr Geltungsanspruch über den Einzelfall hinaus beruht allein auf der Überzeugungskraft ihrer Gründe[366]. Darüber hinaus lässt sich die Prämisse nicht mit der eindeutigen Aussage des Art. 97 Abs. 1 GG vereinbaren, wonach Richter unabhängig und nur dem Gesetz unterworfen sind. Damit genießt jeder einzelne Spruchkörper der Dritten Gewalt bei der Ausübung seiner Rechtsprechungstätigkeit Unabhängigkeit auch von allen anderen Gerichten[367]. Sind Richter auch gegenüber den rechtsprechenden Gerichte selbst unabhängig, hat dies zur Folge, dass „ein Gericht ... deswegen bei der Auslegung und Anwendung von Normen einer vorherrschenden Meinung nicht zu folgen [braucht]. Es ist selbst dann nicht gehindert, eine eigene Rechtsauffassung zu vertreten und seinen Entscheidungen zugrunde zu legen, wenn alle anderen Gerichte - auch die im Rechtszug übergeordneten Gerichte - den gegenteiligen Standpunkt einnehmen. Die Rechtspflege ist wegen der Unabhängigkeit der Richter konstitutionell uneinheitlich[368]". Eine Bindung tritt nur dort ein, wo sie vom Gesetz zugelassen bzw. angeordnet wird (z.B. Tatbestandswirkung, Feststellungswirkung, Rechtskraft, innerpro-

---

364 So insbesondere *Wilke*, Bundesstaatsgewalt, S. 78 ff.

365 *Wilke*, Bundesstaatsgewalt, S. 81; auf die Bedeutung der Obersten Bundesgerichte stellt auch *Starck*, in: JZ 1993, S. 231 [232] ab.

366 BVerfG, Beschluss vom 26.06.1991 - 1 BvR 779/85 -, BVerfGE 84, 212 [227].

367 *Herzog*, in: Maunz/Dürig/Herzog, GG, Art. 97 Rdnr. 34.

368 BVerfG, Beschluss vom 03.11.1992 - 1 BvR 1243/88 -, BVerfGE 87, 273 [278]; siehe auch BVerfG, Beschlüsse vom 26.04.1988 - 1 BvR 669, 686, 687/87 -, BVerfGE 78, 123 [126], und vom 08.04.1998 - 1 BvR 1680/93, 183, 1580/94 -, BVerfGE 98, 17 [48]; so auch *Meyer*, in: von Münch/Kunig, GG, Art. 97 Rdnr. 39; *Schulze-Fielitz*, in: Dreier, GG, Art. 97 Rdnr. 39; *Detterbeck*, in: Sachs, GG, Art. 97 Rdnr. 14 f.; *Bernsdorff*, in: Umbach/Clemens, GG, Art. 97 Rdnr. 20 f.; *Herzog*, in: Maunz/Dürig/Herzog, GG, Art. 97 Rdnr. 34; *Pieroth*, in: Jarass/Pieroth, GG, Art. 97 Rdnr. 22; *Classen*, in von Mangoldt/Klein/Starck, GG, Art. 97 Rdnr. 2; wohl auch *Wassermann*, in: AK-GG, Art. 97 Rdnr. 55.

zessuale Bindungswirkung nach §§ 358 Abs. 1 StPO, 563 Abs. 2 ZPO, 144 Abs. 6 VwGO)[369].

Auch das Grundgesetz selbst unterscheidet zwischen Normerzeugung und Anwendung von Normen. Die Kompetenzen zur Normanwendung (Art. 83 ff. GG und Art. 92 ff. GG) sind von denjenigen zur Normerzeugung (Art. 70 ff. GG) streng unterschieden und folgen jeweils anderen Regeln. Darüber hinaus wird die Unterscheidung auch daran deutlich, dass das Grundgesetz die verfassungsprozessualen Möglichkeiten in Gestalt der abstrakten und konkreten Normenkontrolle nur zur Kontrolle von Rechtsnormen, nicht aber auch zur Überprüfung einer höchstrichterlichen Rechtsprechung eröffnet[370].

In diesem Zusammenhang stellt sich ein weiteres grundlegendes Problem, würde man Normerzeugung und Normanwendung gleichsetzen. Erzeugten Gerichte durch ihre Rechtsprechung Normen, griffen sie damit unzulässigerweise in die Verteilung der Gesetzgebungskompetenzen nach Art. 70 ff. GG ein[371]. Die Entscheidung eines Landesgerichts bleibt aber auch dann ein Akt der Landesstaatsgewalt, wenn die Entscheidung auf der Anwendung und Auslegung von Bundesrecht beruht. Auch wenn die Errichtung, die Organisation und das Verfahren der Landesgerichte weitgehend gemäß Art. 74 Abs. 1 Nr. 1 GG durch Bundesgesetz geregelt sind, üben die Landesgerichte bei ihrer Rechtsprechungstätigkeit Landesstaatsgewalt aus[372].

Es kann auch nicht davon ausgegangen werden, mit der Überprüfung eines bundesrechtlich determinierten Aktes der Landesstaatsgewalt am Maßstab der Landesverfassung werde zugleich in die zugrunde liegende bundesrechtliche Norm eingegriffen und damit unter Umständen ihr Anwendungsbereich unzulässig verengt. Soweit ein Landesverfassungsgericht den Anwendungsbereich einer Bundesnorm unter Berufung auf ein Landesgrundrecht einschränkt, greift es nicht in den Bestand der Norm ein und stellt ihren grundlegenden Geltungsanspruch nicht in Frage. Vielmehr nimmt es insoweit die ihm - wie jedem anderen Gericht auch - zustehende Befugnis zur einschränkenden Auslegung von Rechtsnormen in Anspruch. Eine derartige Kompetenz wird von Art. 100 Abs. 1 GG vorausgesetzt[373]. Art. 100 Abs. 1

369 *Detterbeck*, in: Sachs, GG, Art. 97 Rdnr. 14.
370 *Clausen*, Landesverfassungsbeschwerde, S. 77.
371 *Sobota*, in: DVBl. 1994, S. 793 [797].
372 BVerfG, Beschluss vom 15.10.1997 - 2 BvN 1/95 -, BVerfGE 96, 345 [366].
373 *Clemens*, in: Umbach/Clemens, GG, Art. 31 Rdnrn. 38 f.

GG setzt ein Prüfungsrecht jedes Richters hinsichtlich der Frage voraus, ob das für einen konkreten Rechtsstreit einschlägige Gesetz gültig ist[374]. Eng hiermit verbunden ist die Kompetenz der Gerichte zur verfassungskonformen Auslegung[375]. Im Verfahren der konkreten Normenkontrolle nach Art. 100 Abs. 1 GG fordert das Bundesverfassungsgericht, dass das vorlegende Gericht die Möglichkeit einer verfassungskonformen Auslegung in seine Überlegungen einzubeziehen hat, wenn eine solche Möglichkeit nahe liegt[376]. Grenzen einer derart einschränkenden verfassungskonformen Auslegung bestehen erst dort, wo sie das gesetzgeberische Ziel in einem wesentlichen Punkt verfehlen oder verfälschen, an die Stelle der Gesetzesvorschrift inhaltlich eine andere setzen oder den normativen Regungsinhalt erst schaffen oder neu bestimmen würde[377].

Von dieser Prüfungskompetenz zu unterscheiden ist die Kompetenz zur Normverwerfung. In Bezug auf Bundesgesetze steht diese allein dem Bundesverfassungsgericht zu. Ein Landesverfassungsgericht kommt einer Normverwerfung aber erst dann nahe, wenn es bei seiner Prüfung zu dem Ergebnis gelangt, die Bundesnorm sei nicht nur bezogen auf den Anwendungsbereich des angefochtenen Landesakts mit Bundesverfassungsrecht unvereinbar, sondern die Bundesnorm als solche sei mit Bundesverfassungsrecht nicht vereinbar. Dann ist es - ebenfalls wie jedes andere Gericht auch - verpflichtet, die Norm nach Art. 100 Abs. 1 GG dem Bundesverfassungsgericht vorzulegen[378].

Auch die vielfach beschworene Gefahr einer Zersplitterung der Rechtseinheit im Bundesstaat[379] nötigt nicht zu einer Gleichsetzung von Normerzeugung und -anwendung im Rahmen des Art. 31 GG. Tatsächlich gehört dieses Argument auch nicht zu der Frage, ob Normanwendung Recht im Sinne von Art. 31 GG erzeugt. Von Bedeutung wird diese Frage erst bei der Untersuchung, ob und welche Wirkung Landesgrundrechte bei Anwendung und Auslegung von Bundesrecht entfalten können.

---

374 *Pieroth*, in: Jarass/Pieroth, GG, Art. 100 Rdnr. 2.
375 *Clemens*, in: Umbach/Clemens, GG, Art. 100 Rdnr. 34.
376 Vgl. Beschlüsse vom 01.03.1978 - 1 BvL 20/77 -, BVerfGE 48, 40 [45 f.], vom 04.06.1985 - 1 BvL 7/85 -, BVerfGE 70, 134 [137], vom 09.02.1988 - 1 BvL 23/86 -, BVerfGE 78, 20 [24], vom 12.02.1992 - 1 BvL 21/88 -, BVerfGE 85, 329 [333 f.], und vom 09.03.1994 - 2 BvL 43, 51, 63, 64, 70, 80/92, 2 BvR 2031/92 -, BVerfGE 90, 145 [170].
377 BVerfG, Beschluss vom 01.03.1978 - 1 BvL 20/77 -, BVerfGE 48, 40 [45 f.].
378 *Clemens*, in: Umbach/Clemens, GG, Art. 31 Rdnr. 73.
379 *Starck*, in: JZ 1993, S 231 [232]; *Huber*, in: Dreier, GG, Art. 31 Rdnr. 3.

Das Ergebnis, dass es infolge unterschiedlicher Auslegungen regional differenziertes Bundesrecht gibt, ist hinzunehmen als Folge dessen, dass es ein Monopol eines Gerichts für die Auslegung einer Rechtsnorm nicht gibt, sondern die Auslegungskompetenzen aller Gerichte unbeschränkt ist[380]. Einheitlichkeit in der Auslegung und Anwendung von Bundesrecht kann nur verlangt werden, soweit das Bundesrecht selbst diese Einheitlichkeit fordert[381]. Wie bereits ausgeführt, ist die Rechtsprechung wegen der Unabhängigkeit der Richter konstitutionell uneinheitlich[382]. Nichts anderes kann für die Ausführung der Bundesgesetze gelten. Nach Art. 83 GG führen die Länder die Bundesgesetze als eigene Angelegenheit aus, soweit das Grundgesetz nichts Anderes bestimmt oder zulässt. Das Grundgesetz selbst sieht dabei diejenigen Instrumente vor, mit deren Hilfe hier eine einheitliche Anwendung erreicht werden kann (vgl. Art. 84 Abs. 2, 3, 4, Art. 85 Abs. 2, 3, 5, Art. 108 Abs. 7 GG). Dort, wo diese Instrumente an ihre Grenzen stoßen oder der Bund von ihnen Bund keinen Gebrauch macht, ist dem Grundgesetz die Möglichkeit einer landesunterschiedlichen Auslegung und Anwendung von Bundesrecht immanent[383]. Nutzt der Bund seine Befugnisse, die Einheitlichkeit der Rechtsanwendung zu sichern, nicht, „nimmt er die föderale `Artenvielfalt´ insoweit in Kauf - wenn er sie nicht geradezu wünscht[384]".

Die Anwendung einer Norm kann nicht mit der Erzeugung einer Norm gleichgesetzt werden. Normanwendung ist nicht „Recht" im Sinne von Art. 31 GG[385].

cc) Das Vorliegen einer Kollision

Art. 31 GG formuliert mit seiner Wortwahl „Bundesrecht bricht Landesrecht" lediglich eine Rechtsfolge, ohne nähere Voraussetzungen dafür aufzustellen, wann sie eintreten soll.

Ausgehend von der grundlegenden Funktion des Art. 31 GG als Kollisionsnorm muss, damit er überhaupt zur Anwendung gelangen kann, eine Kollision einer Norm des Bundesrechts mit einer solchen des Landesrechts vorliegen. Wann aber ist eine derartige Kollision anzunehmen?

---

380 *Clemens*, in: Umbach/Clemens, GG, Art. 31 Rdnr. 75.
381 *Bernhardt/Sacksofsky*, in: Bonner Kommentar, Art. 31 Rdnr. 84.
382 BVerfG, Beschluss vom 03.11.1992 - 1 BvR 1243/88 -, BVerfGE 87, 273 [278].
383 *Clausen*, Landesverfassungsbeschwerde, S. 78.
384 *Denninger*, in: FS 50 Jahre HV, S. 343 [354].
385 Vgl. auch *Schmitt-Glaeser/Horn*, in: BayVBl. 1992, S. 673 [685, dort Fn. 132].

Zu überlegen wäre, eine Normenkollision bereits dann anzunehmen, wenn zwei Normen auf denselben Sachverhalt anwendbar sind. Der Wortlaut von Art. 31 GG lässt diese Annahme durchaus zu[386].

Allein dies zur tatbestandlichen Voraussetzung des Art. 31 GG zu machen, erscheint angesichts seiner „scharfen" Rechtsfolge - wobei hier einstweilen offen bleiben kann, ob diese in einer Derogation oder in einer Suspendierung des Landesrechts besteht - als zu weitgehend. Denn mit Hilfe des Art. 31 GG soll vermieden werden, dass sich ein Normadressat der Lage ausgesetzt sieht, zwei Normbefehlen gegenüberzustehen und nicht beide gleichzeitig befolgen zu können[387].

Die Anwendbarkeit zweier Normen auf denselben Sachverhalt wird man allerdings als Grundvoraussetzung des Art. 31 GG betrachten müssen[388], d.h. „eine Kollision setzt die Anwendung zweier Rechtsnormen auf einen Sachverhalt und damit einen zumindest teilidentischen Regelungsgegenstand voraus[389]". Soweit darüber hinaus gefordert wird, beide Normen müssten denselben Adressaten haben[390], kann dies allenfalls der Klarstellung dienen[391]. Denn wenn zwei verschiedene Normadressaten angesprochen werden, fehlt es schon an der Regelung desselben Sachverhalts[392].

Steht damit eine erste Grundbedingung für das Eingreifen von Art. 31 GG fest, ist weiter ein Normwiderspruch zu fordern. Durch Art. 31 GG soll der Normanwender nämlich davor geschützt werden, sich zwei Normbefehlen gegenüberzusehen, denen er nicht gleichzeitig genügen kann, ohne sich in Widersprüche zu verwickeln. Das Bundeserfassungsgericht führt in diesem Zusammenhang aus: „Art. 31 GG ist eine Vorschrift, die Normenkollisionen lösen soll; Voraussetzung für die Anwendung einer Kollisionsnorm ist, dass zwei Normen miteinander kollidieren; das heißt aber, die Kollisionsnorm hinweggedacht, müssen beide Normen auf einen Sachverhalt

386 *Von Coelln*, Anwendung von Bundesrecht, S. 182.

387 *Bernhardt/Sacksofsky*, in: Bonner Kommentar, Art. 31 Rdnr. 52.

388 *Pieroth*, in: Jarass/Pieroth, GG, Art. 31 Rdnr. 4: *Gubelt*, in: von Münch/Kunig, GG, Art. 31 Rdnr. 3; *Clemens*, in: Umbach/Clemens, GG, Art. 31 Rdnr. 47; *Huber*, in: Sachs, GG, Art. 31 Rdnr. 10: *Dreier*, in: Dreier, GG, Art. 31 Rdnr. 38; *März*, in: von Mangoldt/Klein/Starck, GG, Art. 31 Rdnr. 40; *Bothe*, in: AK-GG, Art. 31 Rdnr. 7; *Maunz*, in: Maunz/Dürig/Herzog, GG, Art. 31 Rdnr. 14; *Sannwald*, in: Schmidt-Bleibtreu/Klein, GG, Art. 31 Rdnr. 5; *Bernhardt/ Sacksofsky*, in: Bonner Kommentar, Art. 31 Rdnr. 53; *von Coelln*, Anwendung von Bundesrecht, S. 182.

389 *Dreier*, in: Dreier, GG, Art. 31 Rdnr. 38.

390 Siehe hierzu Sondervotum des *Richters Dr. Geiger* zu BVerfG, Beschluss vom 29.01.1974 - 2 BvN 1/69 -, BVerfGE 36, 342 [369]; *März*, in: von Mangoldt/Klein/Starck, GG, Art. 31 Rdnr. 41.

391 *Gubelt*, in: von Münch/Kunig, GG, Art. 31 Rdnr. 3.

392 *Von Coelln*, Anwendung von Bundesrecht, S. 183.

anwendbar sein und bei ihrer Anwendung zu verschiedenen Ergebnisse führen können[393]".

Nimmt man diese Begriffsbestimmung des Bundesverfassungsgerichts wörtlich, reichte bereits ein potentieller („können") Normwiderspruch aus, um die Rechtsfolge des Art. 31 GG auszulösen[394]. Der Normanwender soll aber davor geschützt werden, zwei Normen gegenüberzustehen, die er nicht gleichzeitig befolgen kann. Zweck des Art. 31 GG ist es, den Rechtsanwender vor der Unmöglichkeit zu bewahren, widersprüchliche, also unvereinbare Normbefehle befolgen zu müssen[395]. Es kommt daher nicht auf die unterschiedliche Struktur der betroffenen Normen, sondern auf die Divergenz im Ergebnis an[396]. Richtigerweise ist daher zu fordern, dass beide Normen miteinander unvereinbare Normbefehle enthalten[397].

Geht man davon aus, dass Art. 31 GG das Vorliegen unvereinbarer Normbefehle fordert, ist damit zugleich die Frage beantwortet, ob Art. 31 GG auch auf mit dem Bundesrecht inhaltsgleiches Landesrecht anwendbar ist. Art. 31 GG soll Kollisionen lösen. Eine Kollision kann aber nur dann vorliegen, wenn zwei unvereinbare Normbefehle vorliegen. Das kann bei inhaltsgleichem Bundes- und Landesrecht schon vom Begrifflichen her nicht der Fall sein[398], so dass Art. 31 GG insoweit keine Anwendung finden kann[399]. Für den hier interessierenden Grundrechtsbereich wird dieses Ergebnis durch Art. 142 GG bestätigt[400]. Danach bleiben Bestimmungen der Landesverfassungen ungeachtet des Art. 31 GG auch insoweit in Kraft, als sie in

---

393 BVerfG, Beschluss vom 29.01.1974 - 2 BvN 1/69 -, BVerfGE 36, 342 [363]; unter Hinweis auf diese Entscheidung auch *Gubelt*, in: von Münch/Kunig, GG, Art. 31 Rdnr. 3; *Sannwald*, in: Schmidt-Bleibtreu/Klein, GG, Art. 31 Rdnr. 5.

394 *Bernhardt/Sacksofsky*, in: Bonner Kommentar, Art. 31 Rdnr. 53.

395 *Von Coelln*, Anwendung von Bundesrecht, S. 190.

396 *Bernhardt/Sacksofsky*, in: Bonner Kommentar, Art. 31 Rdnr. 53.

397 *Dreier*, in: Dreier, GG, Art. 31 Rdnr. 36; *März*, in: von Mangoldt/Klein/Starck, GG, Art. 31 Rdnr. 41; *Bernhardt/Sacksofsky*, in: Bonner Kommentar, Art. 31 Rdnr. 53; *von Coelln*, Anwendung von Bundesrecht, S. 191; eingehend hierzu *März*, Bundesrecht bricht Landesrecht, S. 98 f.; etwas anders, aber vom Ergebnis her wohl ebenso *Clemens*, in: Umbach/Clemens, GG, Art. 31 Rdnr. 47: beide Normen führten zu unterschiedlichen Ergebnissen; so auch *Huber*, in: Sachs, GG, Art. 31 Rdnr. 10.

398 *Gubelt*, in: von Münch/Kunig, GG, Art. 31 Rdnr. 23.

399 *Dreier*, in: Dreier, GG, Art. 31 Rdnr. 40; *März*, in: von Mangoldt/Klein/Starck, GG, Art. 31 Rdnr. 42; Clemens, in: *Umbach/Clemens,* GG, Art. 31 Rdnr. 46; *Sannwald*, in: Schmidt-Bleibtreu/Klein, GG, Art. 31 Rdnr. 6; für Landesverfassungsrecht auch BVerfG, Beschluss vom 29.01.1974 - 2 BvN 1/69 -, BVerfGE 36, 342 ff.; a.A. *Huber*, in: Sachs, GG, Art. 31 Rdnr. 12; *Böckenförde/Grawert*, in: DÖV 1971, S. 119 [124]: „Der Bundesgesetzgeber kann mit Hilfe des Art. 31 GG auch übereinstimmendes Landes(verfassungs)recht aufheben, wenn er dies will".

400 *Dreier*, in: Dreier, GG, Art. 31 Rdnr. 41.

Übereinstimmung mit den Artikeln 1 bis 18 dieses Grundgesetzes Grundrechte gewährleisten.

d) Rechtsfolge des Art. 31 GG

Stehen nunmehr die Voraussetzungen des Art. 31 GG fest, ist der Blick auf seine Rechtsfolge zu richten.

Bereits unter der Geltung von Art. 13 Abs. 1 WRV („Reichsrecht bricht Landesrecht") bestand keine Einmütigkeit über die Rechtsfolge bei einem Aufeinandertreffen von Reichsrecht und Landesrecht. Ein geflügeltes Wort[401] brachte die damals vorherrschende Meinung wie folgt zum Ausdruck: „Das Reichsgesetz wirkt(e) mithin nach rückwärts als Aufhebung, nach vorwärts als Sperre[402]". Gemeint war damit, dass zum einen bestehendes Recht aufgehoben und zum anderen die Entstehung neuen Rechts verhindert wurde[403]. Neben dem automatischen Geltungsverlust des mit Reichsrecht zusammentreffenden Landesrechts sah die überwiegende Meinung in der Weimarer Zeit in der Kollisionsregel den Ausdruck einer unbedingten Suprematie des Reiches über die Länder[404]. Wohl überwiegend wurde dabei zugrunde gelegt, dass Art. 13 Abs. 1 WRV auch übereinstimmendes Landesrecht erfassen sollte[405].

An diese zu damaliger Zeit herrschenden Grundgedanken knüpften die Beratungen zum Grundgesetz an. Ausgehend von der Formulierung „Bundesrecht geht vor Landesrecht" gab der Allgemeine Redaktionsausschuss Art. 31 GG in seiner Sitzung am 18. Oktober 1948 seinen heutigen Wortlaut, ohne hierfür eine Begründung anzuführen[406]. Insbesondere der Abgeordnete Laforet wollte die Rechtsfolge des Art. 31 GG gegenüber der unter Geltung von Art. 13 Abs. 1 WRV angenommenen Derogation des Landesrechts abgeschwächt sehen und schlug erneut die Formulierung „Bundesrecht geht vor Landesrecht", konnte dafür aber keine Mehrheit gewinnen[407]. Auch Versuche, eine Klarstellung zu erreichen, dass nur entgegenstehendes Lan-

---

401 So *März*, Bundesrecht bricht Landesrecht, S. 70.

402 *Anschütz*, Die Verfassung des Deutschen Reiches vom 11. August 1919, Art. 13 Anm. 3.

403 *Gubelt*, in: von Münch/Kunig, GG, Art. 31 Rdnr. 13; siehe auch *März*, in: von Mangoldt/Klein/Starck, GG, Art. 31 Rdnr. 43.

404 *März*, in: von Mangoldt/Klein/Starck, GG, Art. 31 Rdnr. 9.

405 *Von Coelln*, Anwendung von Bundesrecht, S. 183; *März*, Bundesrecht bricht Landesrecht, S. 70.

406 *März*, Bundesrecht bricht Landesrecht, S. 77 Fn. 211.

407 *März*, Bundesrecht bricht Landesrecht, S. 79.

desrecht gebrochen werden sollte, blieben erfolglos[408], führten indes zur Schaffung des heutigen Art. 142 GG[409].

Ebenso wie diese Entstehungsgeschichte kann auch der Wortlaut von Art. 31 GG für einen endgültigen Geltungsverlust entgegenstehenden Landesrechts ins Feld geführt werden. „Brechen" kann durchaus im Sinne von „Zerstören" bzw. „Vernichten" verstanden werden[410].

Allgemein wird daher die Rechtsfolge des Art. 31 GG in der Derogation des entgegenstehenden Landesrechts zu sehen sein. Das bedeutet, dem Bundesrecht widersprechendes Landesrecht ist nichtig[411].

Zweifelhaft ist allerdings, ob diese Rechtsfolge - die automatische Nichtigkeit der entgegenstehenden Norm - auch in dem hier interessierenden Zusammenhang des Landesverfassungsrechts Platz greifen kann. Die Bedeutung der Landesverfassung als besonderer Ausweis der Staatlichkeit der Länder wurde bereits hervorgehoben[412]. Aus diesem Grunde liegt es näher, bei einer Kollision von Bundesrecht mit Landesverfassungsrecht eine Suspendierung als Rechtsfolge des Art. 31 GG anzunehmen.

Dies lässt sich mit dem Wortlaut des Art. 31 GG durchaus vereinbaren. Dass Landesrecht uneingeschränkt seiner Wirksamkeit beraubt werden soll, wird nur verständlich, wenn man allein auf das Wort „brechen" abstellt. Geht man aber davon aus, dass mehrere Möglichkeiten zur Behebung von Normenkollisionen bestehen und diese auch nicht durch die eine Formel „Bundesrecht bricht Landesrecht" ersetzt werden sollten, kann die Bedeutung des Worts brechen" im Einzelfall durchaus unterschiedlich verstanden werden[413].

---

408 *Dreier*, in: Dreier, GG, Art. 31 Rdnr. 8.

409 *März*, Bundesrecht bricht Landesrecht, S. 79; *von Coelln*, Anwendung von Bundesrecht, S. 185.

410 Vgl. *Maunz*, in: Maunz/Dürig/Herzog, GG, Art. 31 Rdnr. 2.

411 *Pieroth*, in: Jarass/Pieroth, GG, Art. 31 Rdnr. 5; *Gubelt*, in: von Münch/Kunig, GG, Art. 31 Rdnr. 20; *Clemens*, in: Umbach/Clemens, GG, Art. 31 Rdnr. 45; *Huber*, in: Sachs, GG, Art. 31 Rdnr. 13; *Dreier*, in: Dreier, GG, Art. 31 Rdnr. 43; *März*, in: von Mangoldt/Klein/Starck, GG, Art. 31 Rdnr. 43; *Bothe*, in: AK-GG, Art. 31 Rdnr. 20; *Maunz*, in: Maunz/Dürig/Herzog, GG, Art. 31 Rdnr. 2; *Sannwald*, in: Schmidt-Bleibtreu/Klein, GG, Art. 31 Rdnr. 6; *Bernhardt/Sacksofsky*, in: Bonner Kommentar, Art. 31 Rdnr. 57; wohl auch *von Coelln*, Anwendung von Bundesrecht, S. 192.

412 Siehe oben B.II.

413 BVerfG, Beschluss vom 29.01.1974 - 2 BvN 1/69 -, BVerfGE 36, 342 [365].

Auch der besondere Respekt vor der Landesverfassung[414] gebietet beim Zusammentreffend von Bundesrecht und Landesverfassung lediglich die Suspendierung des Landesverfassungsrechts und damit einen bloßen Anwendungsvorrang des Bundesrechts anzunehmen[415]. Ginge man nämlich davon aus, jede Kollision von Bundesrecht mit Landesverfassungsrecht führte zur Nichtigkeit der Verfassungsvorschrift, bliebe bei Berücksichtigung der hohen Regelungsdichte des gesamten Bundesrechts von Landesverfassungen nur noch wenig übrig. Sie bestünden unter Umständen nur noch aus Fragmenten[416], es bliebe nur noch ein „Verfassungstorso[417]".

6. Art. 142 GG

Über die bis hierhin dargestellten allgemeinen Vorgaben hinaus hält das Grundgesetz für Landesgrundrechte eine besondere Vorschrift bereit: Art. 142 GG.

a) Funktion und Abgrenzung zu Art. 31 GG

Entstehungsgeschichtlich ist Art. 142 GG durch Art. 13 Abs. 1 WRV und die hierzu vorherrschende Auffassung begründet. Danach wurde von Art. 13 Abs. 1 WRV nicht nur dem Reichsrecht widersprechendes oder in Widerspruch zu den Kompetenzverteilungsnormen der Reichsverfassung erlassenes Landesrecht, sondern auch mit dem Reichsrecht übereinstimmendes Landesrecht gebrochen und damit jeder materiell-rechtlichen Wirkung beraubt[418].

An diese Auffassung knüpften die Beratungen zum Bonner Grundgesetz an. Vorherrschend war die Ansicht, Art. 31 GG erfasse gleichlautendes Landesrecht, obwohl auch damals schon eine größere Anzahl von Abgeordneten die Auffassung vertrat, Art. 31 GG könne sich nur auf dem Bundesrecht widersprechendes Landesrecht beziehen. Verschiedene Versuche, in Art. 31 GG eine entsprechende Klarstel-

---

414 So ausdrücklich BVerfG, Beschluss vom 29.01.1974 - 2 BvN 1/69 -, BVerfGE 36, 342 [366].

415 BVerfG, Beschluss vom 29.01.1974 - 2 BvN 1/69 -, BVerfGE 36, 342 ff.; *Clemens*, in: Umbach/ Clemens, GG, Art. 31 Rdnr. 44; *Bernhardt/Sacksofsky*, in: Bonner Kommentar, Art. 31 Rdnr. 60; a.A. *Huber*, in: Sachs, GG, Art. 31 Rdnr. 13; *Dreier*, in: Dreier, GG, Art. 31 Rdnr. 44; *März*, in: von Mangoldt/Klein/Starck, GG, Art. 31 Rdnrn. 47 f.; *Wittreck*, in: DVBl. 2000, S. 1492 [1495]; *Tietje*, in: AöR 124 [1999], S. 282 [287]; *Kanther*, Landesverfassung, S. 114.

416 *Bernhardt/Sacksofsky*, in: Bonner Kommentar, Art. 31 Rdnr. 61.

417 BVerfG, Beschluss vom 29.01.1974 - 2 BvN 1/69 -, BVerfGE 36, 342 [361].

418 *Von Ohlshausen*, Landesverfassungsbeschwerde, S. 110; vgl. auch *Gross*, in: DVBl. 1950, S. 5 [6 f.].

lung aufzunehmen, blieben jedoch erfolglos[419]. Einigkeit bestand während der Beratungen zum Grundgesetz lediglich insoweit, als es den Ländern unbenommen sein sollte, eigene und auch über die Bundesgrundrechte hinausreichende Grundrechte in ihre Verfassungen aufzunehmen[420]. Es bestand die Gefahr, dass die in den Verfassungen von Hessen und Bayern gewährleisteten Grundrechte und insbesondere die in beiden Ländern bereits verankerte Verfassungsbeschwerde obsolet würden[421]. Um dem zu begegnen, einigte man sich schließlich auf einen Kompromiss, der zur Aufnahme von Art. 142 GG führte[422]. Die Vorschrift sollte angesichts des kontrovers diskutierten Inhalts von Art. 31 GG das Verhältnis von Bundes- und Landesgrundrechten vor dem Hintergrund der zur Zeit der Schaffung des Grundgesetzes ungelösten Frage einer Geltung von Art. 31 GG für gleichlautendes Landesverfassungsrecht klarstellen[423].

Art. 142 GG diente damit ursprünglich dem Zweck, übereinstimmende Landesgrundrechte aus dem Anwendungsbereich des Art. 31 GG herauszunehmen und somit dessen Rechtsfolge - Nichtigkeit der landesrechtlichen Grundrechtsgewährleistung - jedenfalls in diesem Bereich auszuschalten[424]. Da sich zwischenzeitlich jedoch die Auffassung durchgesetzt hat, dass Art. 31 GG nur dem Bundesrecht widersprechendes, nicht auch mit ihm inhaltsgleiches Landes(verfassungs)recht erfasst, sind Anlass und Zweck des Art. 142 GG entfallen. Jedenfalls stellt sich Art. 142 GG angesichts der gewandelten Auslegung des Art. 31 GG heute nicht mehr als eine echte, d.h. konstitutive Ausnahme zu Art. 31 GG dar, sondern vielmehr als dessen Bestätigung. Denn immer dann, wenn Übereinstimmung im Sinne von Art. 142 GG vorliegt, fehlt es an der für ein Eingreifen von Art. 31 GG erforderlichen Normenkollision[425]. „Die Norm ist nicht mehr Ausnahme von der Regel, son-

---

419 *Dreier*, in: Dreier, GG, Art. 142 Rdnr. 8.

420 *Dreier*, in: Dreier, GG, Art. 142 Rdnr. 8; *von Campenhausen*, in: von Mangoldt/Klein/Starck, GG, Art. 142 Rdnr. 1; *Riegler*, Konflikte, S. 58; *Kunig*, in: von Münch/Kunig, GG, Art. 142 Rdnr. 2.

421 *Clemens*, in: Umbach/Clemens, GG, Art. 142 Rdnr. 7.

422 *Hofmann*, in: Schmidt-Bleibtreu/Klein, GG, Art. 142 Rdnr. 1; *Huber*, in: Sachs, GG, Art. 142 Rdnr. 4; *Denninger*, in: AK-GG, Art. 142 Rdnr. 2; siehe auch *März*, Bundesrecht bricht Landesrecht, S. 193: „typische Kompromissvorschrift".

423 *Rozek*, Entscheidungsmaßstab, S. 203.

424 *März*, in: von Mangoldt/Klein/Starck, GG, Art. 31 Rdnr. 106.

425 *März*, in: von Mangoldt/Klein/Starck, GG, Art. 31 Rdnr. 106; *von Coelln*, Anwendung von Bundesrecht, S. 201.

dern Ausdruck der Regel[426]". Ihr kommt daher nur noch deklaratorische Bedeutung zu[427].

Allerdings darf aus dieser Situation nicht der Schluss gezogen werden, Art. 142 GG sei heute funktionslos oder überflüssig. Gegen eine solche Annahme spricht bereits, dass Art. 142 GG die Verfassungshoheit der Länder im Grundrechtsbereich bekräftigt[428] sowie eine Stärkung des individuellen Rechtsschutzes zum Ausdruck bringt, da er insbesondere auf die Bewahrung der landesverfassungsgerichtlichen Verfassungsbeschwerde gerichtet war[429]. Art. 142 GG ist zudem Kennzeichen der Wertschätzung, den Landesverfassungen nach der Konzeption des Grundgesetzes genießen[430]. Er lässt das Nebeneinander von Bundes- und Landesgrundrechten zu und gibt damit deutlich zu erkennen, dass auch den Ländern der besondere Regelungstyp der Grundrechte zur Verfügung stehen soll[431].

Eine konstitutive Ausnahme zu Art. 31 GG könnte Art. 142 GG nur dann darstellen, wenn man aus ihm im Umkehrschluss folgern müsste, Art. 31 GG erfasse auch inhaltsgleiches Landesrecht[432]. Als Grundlage eines solches Rückschlusses ist Art. 142 GG jedoch nicht geeignet[433]. Mit der Anordnung, dass landesverfassungsrechtliche Grundrechtsgewährleistungen ungeachtet von Art. 31 GG fortbestehen bleiben, lässt sich nicht auf eine bestimmte Interpretation des Art. 31 GG schließen. Vielmehr sollen lediglich mögliche nachteilige Rechtsfolgewirkungen des Art. 31 GG im Grundrechtsbereich ausgeschaltet werden[434]. Darüber hinaus haben beide Vor-

---

426 *Dreier*, in: Dreier, GG, Art. 142 Rdnr. 30.

427 *Sacksofsky*, in: Bonner Kommentar, Art. 142 Rdnr. 8; *dies.*, in: NVwZ 1993, S. 235 [237]; *von Coelln*, Anwendung von Bundesrecht, S. 201; *Menzel*, Landesverfassungsrecht, S: 190; *März*, in: von Mangoldt/Klein/Starck, GG, Art. 31 Rdnr. 107; *Sachs*, in: DÖV 1985, S. 469 [471]; *ders.*, in: ThürVBl. 1993, S. 121 [124]; a.A. *Riegler*, Konflikte, S. 61 f.: lex specialis zu Art. 31 GG; ebenso *Hofmann*, in: Schmidt-Bleibtreu/Klein, GG, Art. 142 Rdnr. 1; *Huber*, in: Sachs, GG, Art. 142 Rdnr. 2.

428 *Pieroth*, in: Jarass/Pieroth, GG, Art. 142 Rdnr. 1; *Dreier*, in: Dreier, GG, Art. 142 Rdnr. 31; *Kunig*, in: von Münch/Kunig, GG, Art. 142 Rdnr. 2; *Dreier*, Grundrechtsschutz, S. 17.

429 *Dreier*, in: Dreier, GG, Art. 142 Rdnr. 31; *Sacksofsky*, in: Bonner Kommentar, Art. 142 Rdnrn. 3, 9; *Kunig*, in: von Münch/Kunig, GG, Art. 142 Rdnr. 2.; *Clemens*, in: Umbach/Clemens, GG, Art. 142 Rdnr. 18: Art. 142 GG habe eine institutionelle und verfahrensmäßige Funktion.

430 *Sacksofsky*, in: Bonner Kommentar, Art. 142 Rdnr. 9.

431 *März*, Bundesrecht bricht Landesrecht, S. 195; *Dietlein*, Grundrechte, S. 29; *Stern*, Staatsrecht, Bd. III/2, S. 1457.

432 Vgl. *Huber*, in: Sachs, GG, Art. 142 Rdnr. 2.

433 Vgl. hierzu *von Coelln*, Anwendung von Bundesrecht, S. 201; *Maunz*, in: Maunz/Dürig/Herzog, GG, Art. 142 Rdnr. 10; *Riegler*, Konflikte, S. 61.

434 *Dietlein*, Grundrechte, S. 27.

schriften unterschiedliche Zielrichtungen: Art. 31 GG zielt auf das Brechen einer Landesnorm, Art. 142 GG dagegen gerade auf deren Erhaltung[435].

Allerdings beschränkt sich die Aussage des Art. 142 GG auf das Verhältnis von Bundesgrundrechten zu Landesgrundrechten. Für die Frage des Verhältnisses von Landesgrundrechten zu sonstigem Bundesrecht verbleibt es bei der unmittelbaren Anwendung von Art. 31 GG[436]. Die Landesgrundrechte werden durch Art. 142 GG gerade nicht zu höherrangigem Recht, das über sonstigem Bundesrecht stünde[437].

b) Anwendungsbereich

aa) Zeitlich

Wendet man sich nun der Frage zu, welchen Anwendungsbereich Art. 142 GG hat, könnte man angesichts des eindeutigen Wortlauts schnell zu dem Ergebnis gelangen, er erstrecke sich nur auf Landesverfassungen, die vor dem Grundgesetz in Kraft waren[438]. Denn Art. 142 GG spricht von „Inkraft*bleiben*". Für eine solche Sichtweise ließe sich im Übrigen die Stellung der Regelung in den Übergangsvorschriften anführen[439].

Besinnt man sich jedoch der Funktion der Vorschrift - Bekräftigung der Verfassungshoheit im Grundrechtsbereich sowie Verstärkung des individuellen Rechtsschutzes - greift eine solche Auslegung zu kurz. Eine Beschränkung des Art. 142 GG auf bereits bestehende Landesgrundrechte widerspricht der eingangs geschilderten Gesamttendenz der Vorschrift, den Verfassungsraum der Länder zu schützen und zu stärken[440]. Eine an Sinn und Zweck ausgerichtete Betrachtung der Vorschrift erfordert vielmehr eine Anwendung des Art. 142 GG auf Grundrechtsbestim-

---

435 *Von Coelln*, Anwendung von Bundesrecht, S. 201.

436 *Von Campenhausen*, in: von Mangoldt/Klein/Starck, GG, Art. 142 Rdnr. 2; *Dreier*, in: Dreier, GG, Art. 142 Rdnr. 53 f.; *Böckenförde/Grawert*, in: DÖV 1971, S. 119 [122]; *Menzel*, Landesverfassungsrecht, S. 195 f.; *Uerpmann*, in: Der Staat, 35 [1996], S. 428 [437].

437 A.A. *Pestalozza*, in: Macke, Verfassung und Verfassungsgerichtsbarkeit, S. 245 [256]: Art. 142 GG verdränge Art. 31 GG auch dann, wenn es sich um ein kollidierendes Bundesgesetz handele. Auch das sei der Sinn des Inkraftbleibens. Das Landesgrundrecht genieße dadurch Anwendungsvorrang vor dem Bundesgesetz; vgl. insoweit auch *Milleker*, in: DVBl. 1969, S. 129 [133]: „Das 'In-Kraft-Bleiben' in Art. 142 GG bezeichnet dann nicht die bloße Fortgeltung als solche, sondern die Dominanz über Rechtsnormen, denen sie im regelmäßigen Kollisionsfall rangmäßig nachstehen würden".

438 So z.B. *Gross*, in: DVBl. 1950, S. 5 [9].

439 *Denninger*, in: AK-GG, Art. 142 Rdnr. 9.

440 *Clemens*, in: Umbach/Clemens, GG, Art. 142 Rdnr. 26.

mungen in den Landesverfassungen unabhängig vom Zeitpunkt ihrer Entstehung[441]. Zwar wurde Art. 142 GG insbesondere im Hinblick auf bereits vorhandene Landesverfassungen mit Grundrechtsgewährleistungen in das Grundgesetz aufgenommen. Es wäre jedoch mit der betont föderalen Struktur der Bundesrepublik Deutschland kaum zu vereinbaren, den Bundesländern, die sich erst nach dem Grundgesetz Verfassungen gegeben haben, die Grundrechtshoheit zu versagen. Zudem wäre für eine Ungleichbehandlung vor- und nachgrundgesetzlicher Landesverfassungen in diesem zentralen Bereich kein sachlicher Grund ersichtlich[442]. Die dem Bund in Art. 28 Abs. 3 GG auferlegte Pflicht zu gewährleisten, dass die verfassungsmäßige Ordnung in den Ländern unter anderem den Grundrechten entspricht, zeigt zudem, dass die Frage eines Mindestmaßes an Grundrechtshomogenität ein nicht nur vorübergehendes Problem ist[443]. Das Wort „bleiben" ist danach also nicht zeitlich zu verstehen, sondern vielmehr als grundsätzliche Kennzeichnung des Verhältnisses von Landesgrundrechten zu Bundesgrundrechten[444].

bb) Sachlich

Steht damit der zeitliche Anwendungsbereich von Art. 142 GG fest, ist der Blick auf seinen sachlichen Anwendungsbereich zu richten: Welche landesverfassungsrechtlichen Bestimmungen werden erfasst, welche bundesverfassungsrechtlichen Bestimmungen ziehen die Grenze?

Art. 142 GG setzt von seinem Wortlaut her an sich eine eindeutige Grenze: Erfasst werden nur landesverfassungsrechtliche Bestimmungen, die in Übereinstimmung mit den Artikeln 1 bis 18 GG Grundrechte gewährleisten. Nicht erfasst sind daher nach dem Wortlaut andere Grundrechte (z.B. Art. 19 Abs. 4 GG) und die grundrechtsgleichen Rechte, deren Verletzung nach Art. 93a Abs. 1 Nr. 4a GG mit der

---

441 So die ganz herrschende Meinung, vgl. *Clemens*, in: Umbach/Clemens, GG, Art. 142 Rdnr. 26; *Denninger*, in: AK-GG, Art. 142 Rdnr. 9; *von Campenhausen*, in: von Mangoldt/Klein/Starck, GG, Art. 142 Rdnr. 4; *Maunz*, in: Maunz/Dürig/Herzog, GG, Art. 142 Rdnr. 6; *Huber*, in: Sachs, GG, Art. 142 Rdnr. 6; *Pieroth*, in: Jarass/Pieroth, GG, Art. 142 Rdnr. 2; *Kunig*, in: von Münch/Kunig, GG, Art. 142 Rdnr. 5; *Dreier*, in: Dreier, GG, Art. 142 Rdnr. 35; *Hofmann*, in: Schmidt-Bleibtreu/Klein, GG, Art. 142 Rdnr. 9, *Pietzcker*, in: Isensee/Kirchhof, Handbuch des Staatsrechts, § 99 Rdnr. 9; *von Coelln*, Anwendung von Bundesrecht, S. 198; *Riegler*, Konflikte, S. 59 f.; *Menzel*, Landesverfassungsrecht, S. 190 f.; *Rozek*, Entscheidungsmaßstab, S. 203; *Dietlein*, Grundrechte, S. 26.

442 *Riegler*, Konflikte, S. 60; *Dietlein*, Grundrechte, S. 26.

443 *Dietlein*, Grundrechte, S. 25 f.

444 *Von Campenhausen*, in: von Mangoldt/Klein/Starck, GG, Art. 142 Rdnr. 4; *Maunz*, in: Maunz/Dürig/Herzog, GG, Art. 142 Rdnr. 6; *Dietlein*, Grundrechte, S. 25; *Stern*, Staatsrecht, Bd. III/2, S. 1457.

Verfassungsbeschwerde zum Bundesverfassungsgericht gerügt werden kann. Aus dem Anwendungsbereich wären damit insbesondere die elementaren Verfahrensgrundrechte wie das Recht auf den gesetzlichen Richter (Art. 101 Abs. 1 Satz 2 GG), das Recht auf Gewährung rechtlichen Gehörs (Art. 103 Abs. 1 GG), das Verbot der Rückwirkung von Strafgesetzen sowie der Mehrfachbestrafung (Art. 103 Abs. 2 und 3 GG) und die Rechtsgarantien bei Freiheitsentziehungen (Art. 104 GG) ausgenommen.

Dies wäre ein wenig befriedigendes Ergebnis. Die obige Aufzählung von Rechten macht deutlich, dass die Formulierung „mit den Artikeln 1 bis 18 dieses Grundgesetzes“ nicht so streng verstanden werden darf, wie der Wortlaut es nahe legt. Denn zum Teil enthalten die grundrechtsgleichen Rechte speziellere Regelungen als die Grundrechte der Art. 1 bis 18 GG (z.B. Art. 104 GG - Art. 2 Abs. 2 GG), so dass eine ausdehnende Auslegung wegen des engen sachlichen und systematischen Zusammenhangs angebracht erscheint[445]. Dies gilt um so mehr, berücksichtigt man den oben dargestellten Zweck von Art. 142 GG. Dieser ist auf eine möglichst weitgehende Fortgeltung der Landesgrundrechte gerichtet. Damit wäre es schwerlich zu vereinbaren, stellte man lediglich auf den Ort der Verbürgung der entsprechenden Garantien im Grundgesetz ab. Maßgeblich ist vielmehr die inhaltliche Frage, ob ein Freiheits-, Gleichheits- oder Leistungsrecht verbürgt wird[446]. Art. 142 GG liegt also kein formeller Grundrechtsbegriff, sondern ein materielles Grundrechtsverständnis zugrunde[447]. Im Übrigen ist auch hier kein Grund für eine Ungleichbehandlung der im I. Abschnitt gewährten Grundrechte und den an anderer Stelle garantierten Grundrechten und grundrechtsgleichen Rechten ersichtlich[448]. Art. 142 GG umfasst daher neben den Grundrechten des I. Abschnitts auch die an anderer Stelle gewährleisteten Grundrechte sowie die in Art. 93 Abs. 1 Nr. 4a GG aufgeführten grundrechtsgleichen Rechte[449].

---

445 *Böckenförde/Grawert*, in: DÖV 1971, S. 119 [120].

446 *Von Coelln*, Anwendung von Bundesrecht, S. 198.

447 *Kunig*, in: von Münch/Kunig, GG, Art. 142 Rdnr. 10; *Dietlein*, Grundrechte, S. 28; *Jutzi*, Landesverfassungsrecht, S. 35; *Stern*, Staatsrecht, Bd. III/2, S. 1461.

448 *Menzel*, Landesverfassungsrecht, S. 191; *Kunig*, in: von Münch/Kunig, GG, Art. 142 Rdnr. 10.

449 Ganz herrschende Meinung, vgl. *Dreier*, Grundrechtsschutz, S. 19; *Menzel*, Landesverfassungsrecht, S. 191; *Pieroth*, in: Jarass/Pieroth, GG, Art. 142 Rdnr. 2; *Rozek*, Entscheidungsmaßstab, S. 203 f.; *Böckenförde/Grawert*, in: DÖV 1971, S. 119 [120]; *von Coelln*, Anwendung von Bundesrecht, S. 197 f.; *Hofmann*, in: Schmidt-Bleibtreu/Klein, GG, Art. 142 Rdnr. 1; *Sachsofsky*, in: Bonner Kommentar, Art. 142 Rdnr. 20; *Dreier*, in: Dreier, GG, Art. 142 Rdnr. 38; *Kunig*, in: von Münch/Kunig, GG, Art. 142 Rdnr. 10; *Huber*, in: Sachs, GG, Art. 142 Rdnr. 6;

Was aber gilt für Verfassungsbestimmungen, die positive Leistungs- oder Fürsorgepflichten des Staates begründen, den so genannten sozialen Grundrechten? Dabei darf nicht übersehen werden, dass der Begriff „soziale Grundrechte" in seinen Konturen nicht immer scharf ist und unter diesen Begriff zum Teil auch Programmsätze, Gesetzgebungsaufträge, Staatszielbestimmungen sowie institutionelle Gewährleistungen gefasst werden[450].

Ausgehend von dem klassischen Verständnis der Grundrechte als individuelle Abwehrrechte des Bürgers gegenüber dem Staat ließe sich daran denken, soziale Grundrechte seien von Art. 142 GG nicht erfasst. Das Grundgesetz hat sich in der Tat im Wesentlichen auf die Gewährleistung klassischer Abwehr- und Gleichheitsrechte beschränkt. Aber auch soziale Grundrechte, wie z.B. Art. 6 Abs. 4 GG und das aus Art. 1 Abs. 1 GG abgeleitete Recht auf Sicherung des Existenzminimums, sind ihm nicht fremd[451]. Zudem lässt Art. 142 GG selbst durch seine Inbezugnahme von Art. 1 Abs. 1 und Art. 6 Abs. 1 und Abs. 4 GG erkennen, dass er nicht auf die klassischen Abwehrrechte beschränkt sein will[452]. Ein Ausschluss der sozialen Grundrechte lässt sich auch nicht mit der Zielrichtung des Art. 142 GG, nämlich der Verstärkung individueller Rechtspositionen, vereinbaren. Vermitteln „soziale Grundrechte" dem Einzelnen ein subjektiv-öffentliches Recht, spricht angesichts seiner Zielrichtung nichts dagegen, sie in den Anwendungsbereich des Art. 142 GG einzubeziehen[453]. Allerdings ist jeweils sorgfältig zu prüfen, ob die betreffende Vorschrift tatsächlich ein unmittelbar durchsetzbares Recht begründet oder lediglich eine Staatszielbestimmung bzw. einen Programmsatz darstellt[454].

Eng verbunden mit den Grundrechten als Abwehr-, Teilhabe- und Leistungsrechten sind die so genannten Einrichtungsgarantien. Dies betrifft insbesondere Grundrechte, bei denen der nach dem Wortlaut der Verfassung normtextlich ungeschützte

---

Maunz, in: Maunz/Dürig/Herzog, GG, Art. 142 Rdnr. 5; *Stiens*, Landesverfassungen, S. 39; *Dietlein*, Grundrechte, S. 30; siehe auch BVerfG, Beschlüsse vom 19.07.1967 - 2 BvR 639/66 -, BVerfGE 22, 267 [271], und vom 15.10.1997 - 2 BvN 1/95 -, BVerfGE 96, 345 [364]; a.A. *Pestalozza*, in: Macke, Verfassung und Verfassungsgerichtsbarkeit, S. 245 [252]: „Das und die Ziffernangabe muss ich, ob es mir gefällt oder nicht, respektieren. Über das Wort 'auch' kann ich die fehlenden Artikeln nicht hineinschmuggeln".

450 Vgl. hierzu eingehend *Lücke*, in: AöR 107 [1982], S. 15 [18 f.]; ebenso *Dietlein*, Grundrechte, S. 124.

451 *Sacksofsky*, in: Bonner Kommentar, Art. 142 Rdnr. 25; *Riegler*, Konflikte, S. 66.

452 *Riegler*, Konflikte, S. 66.

453 *Dietlein*, Grundrechte, S. 125.

454 Vgl. hierzu eingehend anhand des Rechts auf Arbeit in den Verfassungen der neuen Bundesländer, *Dietlein*, Grundrechte, S. 128 ff.

Kerngehalt gegen den unbegrenzten Zugriff durch den Gesetzgeber geschützt werden soll[455]. Unter dem Grundgesetz werden Einrichtungsgarantien insbesondere in Art. 6 Abs. 1 GG[456] und Art. 14 GG[457] gesehen.

Nach dem Wortlaut der Vorschrift müssten Einrichtungsgarantien aus dem Anwendungsbereich des Art. 142 GG ausgenommen werden, da dieser nur von Grundrechten spricht. Betrachtet man zudem den Zweck der Vorschrift - Erhaltung des subjektiven Grundrechtsschutzes -, scheint ihre Einbeziehung fern liegend[458], da es sich bei den Einrichtungsgarantien lediglich um objektiv-rechtliche Grundrechtsgehalte handelt. Dies kann indes dann nicht gelten, wenn das individuelle Grundrecht mit der Einrichtungsgarantie derart eng verbunden ist, dass eine strikte Trennung in subjektiv- und objektiv-rechtlichen Gehalt nicht möglich ist[459]. Betont man also die Zielrichtung des Art. 142 GG, sind Einrichtungsgarantien in seinen Anwendungsbereich einzubeziehen, soweit sie den subjektiv-rechtlichen Gehalt der Grundrechte verstärken und individuelle Rechte begründen[460].

Mit der Betonung der Zielsetzung von Art. 142 GG, den individuellen Grundrechtsschutz in den Landesverfassungen zu erhalten, ist zugleich klargestellt, dass alle diejenigen Normen aus seinem Anwendungsbereich auszuscheiden sind, die dem Einzelnen keine subjektiven Rechte verleihen, also insbesondere Staatszielbestimmungen und bloße Programmsätze[461]. Diese gehören vielmehr in den Anwendungsbereich von Art. 28 Abs. 1 Satz 1 GG. Dagegen sind Grundpflichten, auch wenn Art. 142 GG nur von Grundrechten spricht, erfasst, soweit sie sich in ihren

---

455 *Dreier*, in: Dreier, GG, Vorb. Rdnr. 107.

456 Vgl. etwa BVerfG, Beschluss vom 12.05.1987 - 2 BvR 1226/83, 101, 313/84 -, BVerfGE 76, 1 [49], und Urteil vom 17.07.1992 - 1 BvF 1, 2/01 -, BVerfGE 105, 313 [342, 344 ff.]; siehe auch *Gröschner*, in: Dreier, GG, Art. 6 Rdnrn. 31, 36.

457 Vgl. etwa BVerfG, Urteil vom 18.12.1968 - 1 BvR 638, 673/64 und 200, 238, 249/65 -, BVerfGE 24, 367 [389], und Beschluss vom 15.07.1981 - 1 BvL 77/78 -, BVerfGE 68, 300 [339]; *Wieland*, in: Dreier, GG, Art. 14 Rdnr. 124.

458 *Riegler*, Konflikte, S. 64.

459 *Riegler*, Konflikte, S. 64.

460 *Riegler*, Konflikte, S. 64. f.; *Dreier*, in: Dreier, GG, Art. 142 Rdnr. 38; *Huber*, in: Sachs, GG, Art.142 Rdnr. 7; *Böckenförde/Grawert*, in: DÖV 1971, S. 119 [120]; *Hofmann*, in: Schmidt-Bleibtreu/Klein, GG, Art. 142 Rdnr. 1; *Dietlein*, Grundrechte, S. 29 f.; wohl auch *Maunz*, in: Maunz/Dürig/Herzog, GG, Art. 142 Rdnr. 9, der Gewährleistungen von Rechtseinrichtungen ausnehmen will, wenn diese keine subjektiven Rechte begründen.

461 *Dreier*, in: Dreier, GG, Art. 142 Rdnr. 38; *Dietlein*, Grundrechte, S. 28; siehe auch *Riegler*, Konflikte, S. 63; weitergehend *Sacksofsky*, in: Bonner Kommentar, Art. 142 Rdnr. 31: Der Begriff des Grundrechts in Art. 142 GG „umfasst alle Bestimmungen in Landesverfassungen, die Rechte des Einzelnen enthalten oder der Verstärkung der Rechte einzelner zu dienen bestimmt sind".

Auswirkungen als Grundrechtsschranken darstellen, die zwangsläufig zum Anwendungsbereich des Art. 142 GG gehören[462].

Soweit Art. 142 GG auch Art. 18 GG anführt, handelt es sich nicht um ein bloßes redaktionelles Versehen. Zwar enthält Art. 18 GG kein Grundrecht im Sinne eines subjektiv-öffentlichen Rechts, sondern regelt die Verwirkung von Grundrechten[463], was tatsächlich für ein Versehen sprechen könnte. Damit übersähe man indes, dass Art 142 GG selbst Art. 18 GG nicht als Grundrecht bezeichnet, sondern vielmehr nur von einer „Übereinstimmung mit den Art. 1 bis 18 dieses Grundgesetzes" spricht[464]. Zudem kommt auch den Grundrechtsverwirkungsvorschriften insofern ein grundrechtlicher Gehalt zu, als nur nach ihrer Maßgabe und ihren Voraussetzungen Grundrechte überhaupt verwirkt werden können[465]. Gleiches gilt für landesverfassungsrechtliche Verwirkungstatbestände, so dass deren Einbeziehung unter Berücksichtigung der Zielrichtung des Art. 142 GG geboten ist[466].

c) „Übereinstimmung"

Nach Art. 142 GG bleiben Bestimmungen der Landesverfassungen auch insoweit in Kraft, als sie in Übereinstimmung mit dem Grundgesetz Grundrechte gewährleisten. Ausschlaggebende Voraussetzung für das Inkraftbleiben eines Landesgrundrechts ist damit das Vorliegen einer Übereinstimmung mit einem Bundesgrundrecht.

Unproblematisch dürfte eine Übereinstimmung anzunehmen sein, wenn die Landesverfassung sich darauf beschränkt, die Bundesgrundrechte durch Rezeption zu übernehmen[467] oder sie wörtlich zu wiederholen[468].

Übereinstimmung im Sinne von Art. 142 GG allein bei Textgleichheit anzunehmen, engt die Möglichkeiten der Länder, eigenständig und eigenverantwortlich Grundrechte in ihren Verfassungen zu normieren, jedoch über Gebühr ein, ist doch Zweck

---

462 *Kunig*, in: von Münch/Kunig, GG, Art. 142 Rdnr. 13; *Dreier*, in: Dreier, GG, Art. 142 Rdnr. 39; *Riegler*, Konflikte, S. 63; *Dietlein*, Grundrechte, S. 28; *von Campenhausen*, in: von Mangoldt/Klein/Starck, GG, Art. 142 Rdnr. 16.

463 Vgl. *Dietlein*, in: AöR 120 [1995], S. 1 [14].

464 *Stern*, Staatsrecht, Bd. III/2, S. 1462.

465 *Stern*, Staatsrecht, Bd. III/2, S. 1462; *Dietlein*, Grundrechte, S. 33.

466 *Dietlein*, in: AöR 120 [1995], S. 1 [14], offen *Stern*, Staatsrecht, Bd. III/2, S. 1462.

467 Z.B. Art. 2 Abs. 1 der Verfassung von Baden-Württemberg, Art. 5 Abs. 3 der Verfassung von Mecklenburg-Vorpommern, Art. 3 Abs. 3 der Verfassung von Niedersachsen, Art. 4 Abs. 1 der Verfassung von Nordrhein-Westfalen.

468 Z.B. Art. 2 GG und Art. 7, 8 Abs. 1 der Verfassung von Berlin; Art. 3 Abs. 1 GG und Art. 10 Abs. 1 der Verfassung von Berlin; vgl. hierzu auch *Dreier*, Grundrechtsschutz, S. 19.

des Art. 142 GG, einen möglichst weitgehenden Fortbestand von und weitgehende Freiheit bei Landesgrundrechten zu ermöglichen. Ginge man von dem Erfordernis der Textgleichheit aus, fiele ein Landesgrundrecht, das nicht wortgleich mit dem entsprechenden Grundrecht des Grundgesetzes ist, ohne Weiteres aus dem Anwendungsbereich des Art. 142 GG heraus, auch wenn es von der Intention des Landesverfassunggebers mit dem Grundgesetz übereinstimmen sollte. Für ein solches Ergebnis ist kein sachlicher Grund ersichtlich. Im Übrigen wäre eine Orientierung am Wortlaut der Grundrechtsnormen schwerlich möglich, da sich der Gehalt eines Grundrechts in der Regel nicht nur aus seinem Wortlaut, sondern gerade auch aus seiner historischen, systematischen und teleologischen Auslegung ergibt[469]. Für eine Übereinstimmung im Sinne von Art. 142 GG kommt es daher nicht auf die Textgleichheit, sondern auf eine inhaltliche Gleichheit in der Schutzwirkung an[470]. Wann aber ist dies anzunehmen?

Betont man - so wie der Abgeordnete Laforet -, dass es sich um eine Regelung „in gleichem Sinne, mit gleichem Inhalt und in gleichem Umfang" handeln müsse, entspräche das Erfordernis einer Inhaltsgleichheit im Sinne einer Identität der Schutzwirkung der Intention des Art. 142 GG[471]

Die Frage nach der Übereinstimmung darf jedoch nicht ohne Rücksicht auf die an anderer Stelle für das Verhältnis von Bundes- und Landesverfassungsrecht gefundenen Ergebnisse gewonnen werden. Gerade der Blick auf die Entstehungsgeschichte zeigt, dass Art. 142 GG und Art. 31 GG eng miteinander verbunden sind. Wie zuvor dargestellt, verdankt Art. 142 GG seine Aufnahme in das Grundgesetz der Uneinigkeit, die bezüglich der Anwendung von Art. 31 GG auf inhaltsgleiches Landesrecht herrschte und die gerade im Hinblick auf Landesgrundrechte ausgeräumt werden sollte. Art. 142 GG nimmt zudem selbst Bezug auf Art. 31 GG. Diese Vorschrift ist aber nur bei einem Normwiderspruch anwendbar, d.h. bei einem Aufeinandertreffen zweier Normen, die denselben Sachverhalt regeln, den Norman-

---

[469] *Sacksofsky*, in: Bonner Kommentar, Art. 142 Rdnr. 37.

[470] *Dreier*, Grundrechtsschutz, S. 19; *Menzel*, Landesverfassungsrecht, S. 192; *Sachs*, in: DÖV 1985, S. 469 [471]; *von Coelln*, Anwendung von Bundesrecht, S. 199; *Sacksofsky*, in: Bonner Kommentar, Art. 142 Rdnr. 36; *Dreier*, in: Dreier, GG, Art. 142 Rdnr. 42; *Kunig*, in: von Münch/Kunig, GG, Art. 142 Rdnr. 6, *Maunz*, in: Maunz/Dürig/Herzog, GG, Art. 142 Rdnr. 12; *von Campenhausen*, in: von Mangoldt/Klein/Starck, GG, Art. 142 Rdnr. 6.

[471] *Menzel*, Landesverfassungsrecht, S. 192; *Riegler*, Konflikte, S. 73; *Böckenförde/Grawert*, in: DÖV 1971, S. 119 [121]; vgl. auch BVerfG, Beschluss vom 15.10.1997 - 2 BvN 1/95 -, BVerfGE 96, 345 [354].

wender jedoch zu unterschiedlichen Ergebnissen führen[472]. Legte man den Begriff der Übereinstimmung enger, d.h. im Sinne einer Identität der Schutzwirkung aus, verfehlte man den Sinn des Art. 142 GG, Landesgrundrechte möglichst von der Geltung des Art. 31 GG auszunehmen. Zudem ist Art. 142 GG objektiv - ebenso wie Art. 31 GG - zur Lösung von Normenkollisionen konzipiert worden[473]. Es ist auch nicht ersichtlich, warum der Gestaltungsspielraum des Landesverfassunggebers im Bereich der Grundrechte enger sein sollte als im Bereich des sonstigen Landesverfassungsrechts, für den Art. 28 und Art. 31 GG gelten, die gerade keine Inhaltsgleichheit fordern[474].

Festzuhalten bleibt daher, dass eine Übereinstimmung im Sinne von Art. 142 GG immer dann anzunehmen ist, wenn kein Widerspruch zwischen den zu vergleichenden Grundrechtsnormen besteht[475].

Für die Feststellung, wann dies der Fall ist, sind die verschiedenen Elemente der betreffenden Grundrechtsnormen einander gegenüberzustellen, d.h. der persönliche sowie der sachliche Schutzbereich und die Beschränkungsmöglichkeiten[476]. Dabei kommt es bei Grundrechten mit Gesetzesvorbehalt nicht auf den Stand der Gesetzgebung an. „`Gewährleistet´ ist das Minimum, das der Gesetzgeber vom Grundrecht übrig lassen muss. Das, was er dem Grundrecht nehmen darf, ist, auch wenn er es nicht nimmt, nicht `gewährleistet´[477]".

Dies zugrunde gelegt, lässt sich folgende grundsätzliche Einteilung vornehmen: Inhaltsgleiche, weiterreichende oder zurückbleibende Landesgrundrechte.

---

472 Siehe oben B. II.

473 *Kunig*, in: von Münch/Kunig, GG, Art. 142 Rdnr. 7; siehe auch *Sacksofsky*, in: Bonner Kommentar, Art. 142 Rdnr. 39.

474 Vgl. *Pietzcker*, in: Isensee/Kirchhof, Handbuch des Staatsrechts, § 99 Rdnr. 43.

475 *Sachs*, in: DÖV 1985, S. 469 [471]; *ders.*, in: ThürVBl. 1993, S. 121 [124]; *März*, in: von Mangoldt/Klein/Starck, GG, Art. 31 Rdnr. 106; *Rozek*, Entscheidungsmaßstab, S. 204; *März*, Bundesrecht bricht Landesrecht, S. 195; *Pietzcker*, in: Isensee/Kirchhof, Handbuch des Staatsrechts, § 99 Rdnr. 42; *Hofmann*, in: Schmidt-Bleibtreu/Klein, GG, Art. 142 Rdnr. 2: *Dreier*, in. Dreier, GG, Art. 142 Rdnr. 40; *Kunig*, in: von Münch/Kunig, GG, Art. 142 Rdnr. 7; *Pieroth*, in: Jarass/Pieroth, GG, Art. 142 Rdnr. 3; *Maunz*, in: Maunz/Dürig/Herzog, GG, Art. 142 Rdnr. 12; *von Campenhausen*, in: von Mangoldt/Klein/Starck, GG, Art. 142 Rdnr. 11; wohl auch *Sacksofsky*, in: Bonner Kommentar, Art. 142 Rdnr. 39.

476 *Dreier*, Grundrechtsschutz, S. 19; *Rozek*, Entscheidungsmaßstab, S. 204 ff.; *Riegler*, Konflikte, S. 71; *von Coelln*, Anwendung von Bundesrecht, S. 206 f.; *Dreier*, in: Dreier, GG, Art. 142 Rdnr. 41; *Kunig*, in: von Münch/Kunig, GG, Art. 142 Rdnr. 6; *Huber*, in: Sachs, GG, Art. 142 Rdnr. 8; *Maunz*, in: Maunz/Dürig/Herzog, GG, Art. 142 Rdnr. 13; *von Campenhausen*, in: von Mangoldt/Klein/Starck, GG, Art. 142 Rdnr. 6; *Steinberg*, in: FS 50 Jahre HV, S. 356 [368].

477 *Pestalozza*, in: Macke, Verfassung und Verfassungsgerichtsbarkeit, S. 245 [248].

aa) Inhaltsgleiche Landesgrundrechte

Unproblematisch ist der Fall des inhaltsgleichen Landesgrundrechts. Liegt ein solches vor, fehlt es an einem Normwiderspruch, so dass Übereinstimmung im Sinne von Art. 142 GG gegeben ist[478]. Inhaltsgleichheit ist dabei dann anzunehmen, „wenn das gleiche Verhalten im gleichem Umfang geschützt wird und wenn die gleichen Beschränkungsmöglichkeiten bestehen[479]".

Die Existenz von inhaltsgleichem Landes- und Bundesgrundrecht darf jedoch nicht zu dem Schluss verleiten, es handele sich „ein und dasselbe Grundrecht", das lediglich mehrfach gesichert sei[480]. Zurückführen lässt sich diese Annahme auf eine stark naturrechtlich geprägte Anschauung, wonach der Verfassunggeber die von Natur aus geltenden Menschenrechte lediglich vorfindet und nur noch deklaratorisch wiedergibt[481].

Ein Grundrecht - ein subjektiv-öffentliches Recht - entsteht jedoch erst dadurch, dass der Staat bestimmte Lebensbereiche in Grundrechtsnormen aufnimmt. Erst durch die Garantie entsteht der materielle Gehalt eines Grundrechts[482]. Bundes- und Landesgrundrecht entstammen unterschiedlichen Verfassungen, die von unterschiedlichen Normgebern erlassen worden sind. Zudem richten sie sich gegen unterschiedliche Verpflichtete: Bundesgrundrechte an Bund und Länder (Art. 1 Abs. 3 GG), Landesgrundrechte ausschließlich an das jeweilige Land. Damit ist die Vorstellung von nur *einem* Recht schwer zu vereinbaren. Es lässt sich nur schwer nachvollziehen, dass zwei verschiedene Verfassunggeber in zwei verschiedenen Verfassungen ein identisches Recht erzeugen können[483]. Zudem widerspricht die Vorstellung von nur einem Grundrecht der grundsätzlichen Selbständigkeit der Verfassungsräume von Bund und Ländern. Landesgrundrechte und Bundesgrundrechte entspringen unterschiedlichen Rechtsräumen[484]. Auch Art. 142 GG, der dieses Ne-

---

478 *Menzel*, Landesverfassungsrecht, S. 192; *März*, in: von Mangoldt/Klein/Starck, GG, Art. 31 Rdnr. 109; *Rozek*, Entscheidungsmaßstab, S. 205; *Riegler*, Konflikte, S. 73; *Steinberg*, in: FS 50 Jahre HV, S. 356 [368].

479 *Von Coelln*, Anwendung von Bundesrecht, S. 207; siehe auch *Huber*, in: Sachs, GG, Art. 142 Rdnr. 8.

480 So aber BVerfG, Beschluss vom 19.07.1967 - 2 BvR 639/66 -, BVerfGE 22, 267 [271]; *Geiger*, in: DRZ 1969, S. 137; vgl. auch *von Campenhausen*, in: von Mangoldt/Klein/Starck, GG, Art. 142 Rdnr. 13; *Hofmann*, in: Schmidt-Bleibtreu/Klein, GG, Art. 142 Rdnr. 3.

481 *Dreier*, in: Dreier, GG, Art. 142 Rdnr. 46; *Grüßing*, Landesverfassung, S. 29.

482 *Rozek*, Entscheidungsmaßstab, S. 184; *von Ohlshausen*, Landesverfassungsbeschwerde, S. 114 ff.

483 *Maunz*, in: Maunz/Dürig/Herzog, GG, Art. 142 Rdnr. 11.

484 *Dietlein*, in: NVwZ 1994, S. 6 [7].

beneinander von Grundrechten von Bund und Ländern ermöglichen und sichern soll, spricht dafür, von der Existenz zweier Grundrechte auszugehen[485]. Im Übrigen dürfte es sich hierbei nur um eine akademische Frage theoretischer Natur handeln, aus der sich keinerlei praktische Konsequenzen ergeben[486]. Bedeutung kommt dem nur zu, wenn ein Landesverfassungsgericht ein inhaltsgleiches Landesgrundrecht anders als das entsprechende Bundesgrundrecht auslegen möchte[487].

bb) Weitergehende Landesgrundrechte

Neben den inhaltsgleichen Landesgrundrechten sind solche denkbar, die über die entsprechenden Bundesgrundrechte hinausgehen (so genannte weitergehende Landesgrundrechte).

Ausgehend von der oben dargestellten Unterscheidung der Elemente einer Grundrechtsnorm ist von einem weitergehenden Landesgrundrecht auszugehen, wenn das Grundgesetz ein entsprechendes Grundrecht überhaupt nicht kennt (sog. aliud-Gewährleistung[488]), wenn es einen gegenüber dem Bundesgrundrecht weiter gefassten persönlichen oder sachlichen Schutzbereich aufweist oder geringere Einschränkungsmöglichkeiten als das Bundesgrundrecht einräumt[489].

Bundes- und Landesgrundrecht stimmen nur dann nicht überein, wenn sie einander widersprechen. Bereits aus diesem Grund bestehen gegen einen Fortbestand landesgrundrechtlicher Mehrgewährleistungen keine Bedenken - jedenfalls soweit man sich im Rahmen von Abwehrrechten auf das Verhältnis Staat - Bürger beschränkt. Eine Nichtübereinstimmung anzunehmen, wäre hier nur möglich, wenn man Übereinstimmung im Sinne von Art. 142 GG nur bei Inhaltsgleichheit annähme. Dass eine solche Sichtweise Art. 142 GG nicht gerecht wird, wurde bereits oben ausgeführt.

---

485 So auch *Rozek*, Entscheidungsmaßstab, S. 185; *von Ohlshausen*, Landesverfassungsbeschwerde, S. 115, 121; *Dreier*, in: Dreier, GG, Art. 142 Rdnr. 46; wohl auch *Kunig*, in: von Münch/Kunig, GG, Art. 142 Rdnr. 11; *Maunz*, in: Maunz/Dürig/Herzog, GG, Art. 142 Rdnr. 11; *Dietlein*, in: NVwZ 1994, S. 6 [7]; *Stiens*, Landesverfassungen, S. 40; *Discher*, Landesverfassungsgerichte, S. 81; *Dietlein*, in: AöR 120 [1995], S. 1 [12].

486 *Clemens*, in: Umbach/Clemens, GG, Art. 142 Rdnr. 19; vgl. auch *von Campenhausen*, in: von Mangoldt/Klein/Starck, GG, Art. 142 Rdnr. 13.

487 *Steinberg*, in: FS 50 Jahre HV, S. 356 [369]; *Friesenhahn*, in: FS 25 Jahre BVerfG, S. 748 [764].

488 *Dreier*, in: Dreier, GG, Art. 142 Rdnr. 49.

489 *Stern*, Staatsrecht, Bd. III/2, S. 1459.

Ein Widerspruch mit dem Grundrecht des Grundgesetzes käme bei einem weitergehenden Landesgrundrecht nur dann in Betracht, wenn der grundgesetzliche Schutz zugleich das höchstzulässige Maß an Verbürgung darstellte[490]. Davon kann im Verhältnis Staat - Bürger indes nicht die Rede sein. Grundrechten kann im Regelfall nicht der Normbefehl entnommen werden, einen weitergehenden Schutz - sei es durch den einfachen Gesetzgeber, sei es durch eine Landesverfassung - zu unterlassen[491]. Die Festlegung von Freiheitsgarantien darf nicht abschließend, sondern muss im Zweifel vielmehr als offen für weitergehende Grundrechtsverbürgungen verstanden werden[492]. Die Grundrechte des Grundgesetzes sind daher nur als Mindestgarantie zu verstehen[493]. Diese Sichtweise wird durch die Entstehungsgeschichte bestätigt. Der Abgeordnete Schmidt führte im Parlamentarischen Rat aus, dass der Grundrechtskatalog des Grundgesetzes einen Mindeststandard darstelle und dass überall, wo in einem Land etwa Rechte darüber hinaus gewährt würden, diese Rechte nicht aufgehoben werden sollten[494].

Festzuhalten bleibt daher zunächst, dass jedenfalls im Verhältnis Staat - Bürger weitergehende landesgrundrechtliche Abwehrrechte mit den Grundrechten des Grundgesetzes übereinstimmen und in Kraft bleiben[495]. Es darf jedoch nicht übersehen werden, dass das Inkraftbleiben weitergehender Landesgrundrechte nach Art. 142 GG keinen Einfluss auf das Verhältnis der Landesgrundrechte zu sonstigem Bundesrecht hat. Hierzu trifft Art. 142 GG keine Aussage, es verbleibt bei der Anwendung von Art. 31 GG[496].

---

490 *Von Coelln*, Anwendung von Bundesrecht, S. 230; *Poscher*, in: NJ 1996, S. 351 [352].

491 *Von Coelln*, Anwendung von Bundesrecht, S. 230 f.; *Sachs*, in: DÖV 1985, S. 469 [479].

492 *Böckenförde/Grawert*, in: DÖV 1971, S. 119 [120].

493 *Pietzcker*, in: Isensee/Kirchhof, Handbuch des Staatsrechts, § 99 Rdnr. 49.

494 JöR N.F. 1 (1951), S. 911.

495 *Denninger*, in: AK-GG, Art. 142 Rdnr. 6; *von Campenhausen*, in: von Mangoldt/Klein/Starck, GG, Art. 142 Rdnr. 6; *Maunz*, in: Maunz/Dürig/Herzog, GG, Art. 142 Rdnr. 14; *Huber*, in: Sachs, GG, Art. 142 Rdnr. 9; *Clemens*, in: Umbach/Clemens, GG, Art. 142 Rdnrn. 20 f.; Pieroth, in: Jarass/Pieroth, GG, Art. 142 Rdnr. 3; *Sacksofsky*, in: Bonner Kommentar, Art. 142 Rdnr. 47; *Hofmann*, in: Schmidt-Bleibtreu/Klein, GG, Art. 142 Rdnr. 2; *Pietzcker*, in: Isensee/Kirchhof, Handbuch des Staatsrechts, § 99 Rdnr. 49; *von Coelln*, Anwendung von Bundesrecht, S. 229; *Böckenförde/Grawert*, in: DÖV 1971, S. 119 [120]; *Rozek*, Entscheidungsmaßstab, S. 205 f.; *März*, in: von Mangoldt/Klein/Starck, GG, Art. 31 Rdnr. 110; *Menzel*, Landesverfassungsrecht, S. 192; *Dreier*, Grundrechtsschutz, S. 21; *Möstl*, in: AöR 130 [2005], S. 350 [374]; *Kanther*, Landesverfassungen, S. 131 f.; kritisch, aber wohl zustimmend *Dreier*, in: Dreier, GG, Art. 142 Rdnrn. 49 ff.

496 *Von Campenhausen*, in: von Mangoldt/Klein/Starck, GG, Art. 142 Rdnr. 2; *Dreier*, in: Dreier, GG, Art. 142 Rdnr. 53 f.; *Böckenförde/Grawert*, in: DÖV 1971, S. 119 [122]; *Menzel*, Landesverfassungsrecht, S. 195 f.; *Uerpmann*, in: Der Staat, 35 [1996], S. 428 [437].

Schwieriger wird die Frage nach der Fortgeltung weiterreichender Landesgrundrechte, wenn man über das Verhältnis Staat - Bürger hinausgeht. Die Ausübung von Freiheitsrechten durch den einzelnen Bürger berührt oftmals die Rechtssphäre anderer Bürger oder auch die Rechtsgüter der Allgemeinheit[497]. Aufgrund eines weiterreichenden Landesgrundrechts dürfen grundrechtlich geschützte Positionen Dritter nicht stärker beschränkt werden, als dies durch die Bundesgrundrechte erlaubt ist[498]. Ist daher dem Grundgesetz zu entnehmen, dass der von ihm gewährleistete Schutz nicht nur der Mindeststandard sein, sondern dieser zugleich aufgrund einer Abwägungen der beteiligten Grundrechtspositionen den zulässigen Maximalstandard darstellen soll, bleibt für weitergehende Landesgrundrechte insoweit kein Raum[499]. Dies kann insbesondere bei Teilhaberechten der Fall sein. Wenn ein Teilhaberecht des Grundgesetzes, das nur Deutsche begünstigt, auf eine parallele landesgrundrechtliche Ausgestaltung mit Jedermann-Trägerschaft trifft, verkürzt das Landesgrundrecht insbesondere bei Verteilung knapper Ressourcen unvermeidlich die Rechtsposition der von Bundes wegen Begünstigten[500].

cc) Engere Landesgrundrechte

Ein engeres Landesgrundrecht steht dann in Rede, wenn der persönliche oder sachliche Schutzbereich hinter demjenigen des Bundesgrundrechts zurückbleibt oder es gegenüber dem Bundesgrundrecht weitergehende staatliche Eingriffe zulässt[501]. Hierzu ist auch die Nichtgewährung von Grundrechten zu rechnen[502].

Vorschnell wäre es, wegen des zuvor erwähnten, durch die Bundesgrundrechte statuierten Mindeststandards anzunehmen, engere Landesgrundrechte stimmten mit den fraglichen Bundesgrundrechtem nicht überein und trägen damit außer Kraft[503]. Diese Annahme findet zwar eine Stütze in der Entstehungsgeschichte der Vor-

---

497 *Dreier*, Grundrechtsschutz, S. 22.

498 *Rozek*, Entscheidungsmaßstab, S. 207; *von Coelln*, Anwendung von Bundesrecht, S. 242; vgl. auch *Pietzcker*, in: Isensee/Kirchhof, Handbuch des Staatsrechts, § 99 Rdnr. 51; *Pieroth*, in: Jarass/Pieroth, GG, Art. 142 Rdnr. 4; *Huber*, in: Sachs, GG, Art. 142 Rdnr. 9; *Kanther*, Landesverfassungen, S. 132.

499 *Dreier*, in: Dreier, GG, Art. 142 Rdnr. 50; *Kunig*, in: von Münch/Kunig, GG, Art. 142 Rdnr. 8; *Böckenförde/Grawert*, in: DÖV 1971, S. 119 [121].

500 *März*, Bundesrecht bricht Landesrecht, S. 199; siehe zu der Frage, ob und inwieweit sich Ausländer auf Bundesgrundrechte berufen können, Punkt D. I. 2. aa).

501 *Von Ohlshausen*, Landesverfassungsbeschwerde, S. 121.

502 *Menzel*, Landesverfassungsrecht, S. 193.

503 So aber *Rozek*, Entscheidungsmaßstab, S. 206; *Riegler*, Konflikte, S. 77; *von Campenhausen*, in: von Mangoldt/Klein/Starck, GG, Art. 142 Rdnr. 8; wohl auch *Maunz*, in: Maunz/Dürig/Herzog, GG, Art. 142 Rdnr. 18; *Stiens*, Landesverfassungen, S. 40 f.; *Jutzi*, Landesverfassungsrecht, S. 38.

schrift. So führte der Abgeordnete Laforet aus, es sei selbstverständlich, dass jede Bestimmung über ein Grundrecht in einer Länderverfassung, das eine geringere Gewährleistung enthalte als das Bundesgesetz, mit dem Bundesrecht nicht vereinbar und deshalb nichtig sei[504]. Ebenso wenig wie Bundesgrundrechte enthalten Landesgrundrechte aber eine Anordnung, einen weitergehenden Schutz zu unterlassen. Landesgrundrechte können den bundesgrundrechtlichen Schutz nicht ändern[505]. Zu einer Kollision kommt es hier nur dann, wenn die Landesverfassung verbieten sollte, ein bestimmtes bundesrechtlich gewährleistetes Recht anzuerkennen[506]. Dies dürfte indes sehr selten anzunehmen sein[507].

Engere Landesgrundrechte bewirken zudem kein Grundrechtsdefizit. Nach Art. 1 Abs. 3 GG gelangen die Bundesgrundrechte unmittelbar gegenüber der Landesstaatsgewalt zur Geltung, unabhängig davon, ob die Landesverfassung nur ein engeres Grundrecht gewährt. Der bundesgrundrechtliche Mindeststandard kann daher wegen Art. 1 Abs. 3 GG durch engere Landesgrundrechte überhaupt nicht unterschritten werden[508]. Das Landesgrundrecht widerspricht diesem „Mehr" an bundesgrundrechtlichem Schutz mit Wirkung auch gegenüber der Landesstaatsgewalt also nicht[509]. Besteht im Übrigen Einigkeit darüber, dass eine Pflicht zur Gewährleistung von Landesgrundrechten nicht besteht, ist kein Grund ersichtlich, warum es den Ländern verwehrt sein sollte, als Ausdruck ihrer Eigenstaatlichkeit auch solche Grundrechte in ihre Verfassungen aufzunehmen, die einen geringeren Schutz als die Bundesgrundrechte bieten. Nähme man eine Nichtigkeit des engeren Landesgrundrechts an, käme es zu einem paradoxen Ergebnis. Denn die Gewährleistung durch die Landesverfassung würde, obwohl sie einen zusätzlichen, den das Grundgesetz ergänzenden Schutz bietet, durch einen völligen Verzicht auf landesrechtliche Garantien ersetzt werden[510]. Mit dem Fortbestand engerer Landesgrundrechte wird dem Bürger zudem ein weiterer Rechtsweg erhalten, der auch in diesen Fällen unter Umständen der effektivere sein kann[511]. Daher darf auch nicht davon gespro-

---

504 JöR 1 N.F. [1951], S. 912.

505 *Pietzcker*, in: Isensee/Kirchhof, Handbuch des Staatsrechts, § 99 Rdnr. 46; vgl. auch *von Coelln*, Anwendung von Bundesrecht, S. 219; *Zierlein*, in: AöR 120 [1995], S. 205 [224].

506 *Kanther*, Landesverfassungen, S. 138.

507 *Sacksofsky*, in: Bonner Kommentar, Art. 142 Rdnr. 46; *dies.*, in: NVwZ 1993, S. 235 [238]; vgl. auch *Krause*, in: JuS 1975, S. 160 [165].

508 *Dreier*, Grundrechtsschutz, S. 20.

509 *Von Coelln*, Anwendung von Bundesrecht, S. 219.

510 *Menzel*, Landesverfassungsrecht, S. 193 f.

511 *Dreier*, Grundrechtsschutz, S. 21.

chen werden, das Fortbestehen engerer Landesgrundrechte sei wegen der Verbindlichkeit der Bundesgrundrechte auch für die Landesstaatsgewalt sinnlos. Im Übrigen bewahrt allein das Inkraftbleiben engerer Landesgrundrechte die Landesverfassung vor einer „partiellen Durchlöcherung[512]“, die Folge eines Außerkrafttretens wäre.

Um den Fortbestand engerer Landesgrundrechte zu sichern, ist es nicht erforderlich und im Hinblick auf die Verfassungshoheit der Länder sogar unzulässig, sie auf den bundesrechtlichen Mindeststandard aufzufüllen. Dies setzte eine Norm voraus, wonach der grundgesetzliche Grundrechtsschutz zusätzlich landesverfassungsrechtlich gewährleistet sein müsste. Eine solche Anforderung lässt sich dem Grundgesetz, insbesondere Art. 1 Abs. 3 und Art. 28 Abs. 3 GG jedoch nicht entnehmen[513]. Anforderungen an die inhaltliche Ausgestaltung der Landesverfassungen enthält lediglich Art. 28 Abs. 1 GG[514]. Gerade wegen Art. 1 Abs. 3 GG besteht für einen „Grundrechtsoktroi“, wie er mit der so genannten Ergänzungslehre verbunden wäre, kein Bedürfnis[515]. Einen Mindeststandard gewährt das Grundgesetz aus sich selbst heraus, nicht durch Mindestanforderungen an die Landesverfassungen[516]. Gleiches gilt für Art. 28 Abs. 3 GG. Auch dieser enthält keine Verpflichtung der Länder, einen dem Grundgesetz vergleichbaren Grundrechtsschutz zu gewährleisten. Er begründet lediglich eine Pflicht für den Bund, die sich aus anderen Vorschriften für die Länder ergebenden Verpflichtungen unter bestimmten Voraussetzungen durchzusetzen[517]. Ein „Auffüllen“ auf den Mindeststandard liefe zudem unter Umständen einem anders lautenden Willen des Landesverfassunggebers zuwider[518] und beeinträchtigte ohne zwingende Notwendigkeit die Verfassungshoheit der Länder[519].

Engere Landesgrundrechte bleiben damit in Kraft, ohne auf den grundgesetzlichen Mindeststandard aufgefüllt zu werden[520].

---

512 *Dreier*, in: Dreier, GG, Art. 142 Rdnr. 28.
513 *Sachs*, in: DÖV 1985, S. 469 [473]; *Sacksofsky*, in: NVwZ 1993, S. 235 [238].
514 *Sacksofsky*, in: Bonner Kommentar, Art. 142 Rdnr. 43.
515 *Menzel*, Landesverfassungsrecht, S. 193.
516 *Von Coelln*, Anwendung von Bundesrecht, S. 213.
517 *Von Coelln*, Anwendung von Bundesrecht, S. 213.
518 *Maunz*, in: Maunz/Dürig/Herzog, GG, Art. 142 Rdnr. 18; vgl. auch *Stein*, in: FS 20 Jahre HV, S. 356 [367].
519 *Grüßing*, Landesverfassung, S. 28.
520 *Clemens*, in: Umbach/Clemens, GG, Art. 142 Rdnr. 23; *Sacksofsky*, in: Bonner Kommentar, Art. 142 Rdnr. 43; *von Coelln*, Anwendung von Bundesrecht, S. 216 f.; *Sachs*, in: DÖV 1985, S. 469 [473]; *Menzel*, Landesverfassungsrecht, S. 193 f.; *Kopp*, in: Novak/Sutter, Föderalismus, S. 51 [46]; *Enders*, in: JuS 2001, S. 462 [464]; *Meyer*, in: KritV 1996, S. 145 [147]; *Schneider*, in: :DÖV 1987, S. 749 [752]; wohl auch *Krause*, in: JuS 1975, S. 160 [162].

C. Wirkkraft der Landesgrundrechte

Nachdem nunmehr feststeht, in welchem Umfang Landesgrundrechte unter der Geltung des Grundgesetzes überhaupt in Kraft bleiben können, stellt sich nahezu zwangsläufig die Frage nach ihrer Wirkung. Welche Wirkung entfalten die in Kraft bleibenden Landesgrundrechte, wen können sie bei welcher Art staatlichen Handelns verpflichten?

I. Bindung der Bundesstaatsgewalt

1. Bindung des Bundesgesetzgebers

Der Bundesgesetzgeber ist nicht zur Beachtung der Landesgrundrechte verpflichtet. Dies folgt aus Art. 20 Abs. 3 GG. Danach ist die Gesetzgebung an die verfassungsmäßige Ordnung gebunden. Die „verfassungsmäßige Ordnung" im Sinne von Art. 20 Abs. 3 GG umfasst die Gesamtheit der im Grundgesetz enthaltenen Normen[521], so dass eine Bindung des Bundesgesetzgebers an die Landesverfassungen ausscheidet[522].

2. Bindung von Bundesgerichten und Bundesbehörden

Weniger eindeutig ist die Rechtslage bei der Anwendung und Ausführung von Bundesrecht durch Bundesbehörden und Bundesgerichte. Diese sind nach Art. 20 Abs. 3 GG im Unterschied zur Bundesgesetzgebung an Recht und Gesetz gebunden.

Versteht man unter Gesetz im Sinne von Art. 20 Abs. 3 GG jede geschriebene Rechtsnorm des Bundes- und Landesrechts, d.h. jedes formelle Gesetz einschließlich der Verfassungsbestimmungen auch der Länder[523], ließe sich eine Bindung auch der Bundesbehörden und -gerichte an die Landesgrundrechte annehmen, je-

---

[521] *Sommermann*, in: von Mangoldt/Klein/Starck, GG, Art. 20 Rdnr. 250; *Sachs*, in: Sachs, GG, Art. 20 Rdnr. 101.

[522] Vgl. *von Coelln*, Anwendung von Bundesrecht, S. 64; *März*, Bundesrecht bricht Landesrecht, S. 201; *Sacksofsky*, in: Bonner Kommentar, Art. 142 Rdnr. 74; *Pietzcker*, in: Isensee/Kirchhof, Handbuch des Staatsrechts, § 99 Rdnr. 56.

[523] *Sachs*, in: Sachs, GG, Art. 20 Rdnr. 107.

denfalls soweit das zu vollziehende und anzuwendende Bundesrecht Spielraum für eine Berücksichtigung landesverfassungsrechtlicher Maßstäbe lässt[524].

Dies vermag indes nicht zu überzeugen. Aufgabe einer Verfassung ist es, die Staatsgewalt zu konstituieren. Eine Verfassung bindet daher grundsätzlich nur diejenige Staatsgewalt, die sie konstituiert. Die Verfassung eines Landes entfaltet Verbindlichkeit nur für „ihre" Landesstaatsgewalt. Eine Verfassung will ihre Bindungswirkung nur auf denjenigen Hoheitsträger bzw. die Gebietskörperschaften erstrecken, deren Territorium vollständig in dem von ihr umfassten Gebiet liegen[525]. Das Staatsorgan, das der Bindung an eine bestimmte Norm unterworfen sein soll, muss also Adressat dieser Norm sein. Das ist im Verhältnis der Bundesstaatsorgane zu den Landesverfassungen nicht der Fall. Die Landesverfassungen wenden sich vielmehr nur an „ihre" Landesstaatsgewalt[526]. Dies führt zurück auf das Bild von den getrennten Verfassungsräumen, das dem Bundesstaat grundgesetzlichen Zuschnitts zugrunde liegt und mit dem eine Bindung der Bundesstaatsgewalt an die jeweilige Landesverfassung nur schwer zu vereinbaren wäre[527].

Weiter ist in diesem Zusammenhang zu beachten, dass die Bundesstaatsgewalt grundsätzlich nur aufgrund von Bundesrecht tätig wird. Ein Vollzug von Landesgesetzen ist Bundesorganen vom Grundsatz her verboten[528]. Der Vollzug von Bundesrecht durch Bundesorgane ist - im Gegensatz zum Vollzug des Bundesrechts durch Landesorgane (vgl. Art. 83 GG) - „Ausdruck eines besonderen Bedürfnis nach Einheitlichkeit des Gesetzesvollzuges[529]". Das Grundgesetz bringt, indem es die Ausführung der Bundesgesetze im Regelfall den Ländern überträgt und die bundeseigene Verwaltung nur in sehr beschränktem Umfang zulässt, deutlich zum Ausdruck, dass insoweit ein besonderes Bedürfnis nach Einheitlichkeit besteht und eine Bin-

---

524 So *März*, Bundesrecht bricht Landesrecht, S. 201; *Jutzi*, in: DÖV 1983, S. 826 [840]; *Zierlein*, in: AöR 120 [1995], S. 205 [217]; *Sobota*, in: DVBl. 1994, S. 793 [800]; *Sachs*, in: DÖV 1985, S. 469 [474].

525 *Sacksofsky*, in: Bonner Kommentar, Art. 142 Rdnr. 76.

526 *Steinberg*, in: FS 50 Jahre HV, S. 356 [374].

527 *Pietzcker*, in: Isensee/Kirchhof, Handbuch des Staatsrechts, § 99 Rdnr. 56.

528 BVerfG, Urteil vom 28.02.1961 - 2 BvG 1, 2/60 -, BVerfGE 12, 205 [221 f.], und Beschluss vom 11.04.1967 - 2 BvG 1/62 -, BVerfGE 21, 312 [325]. Damit soll indes nicht gesagt sein, dass die Bundesstaatsgewalt von der Beachtung des Landesrechts insgesamt freigestellt wäre. Vielmehr ist sie - wie oben dargelegt - zur Beachtung kompetenzgemäßen einfachen Landesrechts verpflichtet.

529 *Menzel*, Landesverfassungsrecht, S. 228.

dung an das verschiedenartige Landesverfassungsrecht bei der Anwendung von Bundesgesetzen durch Bundesorgane ausscheidet[530].

II. Bindung der Landesstaatsgewalt

Es stellt sich nun die Frage, welche Wirkkraft Landesgrundrechte im Bundesstaat entfalten können, wenn die Landesstaatsgewalt handelt. Die Hessische Verfassung spricht in Art. 26 die unmittelbare Bindung der Gesetzgebung, des Richters und der Verwaltung an die Grundrechte aus[531].

1. Bindung des Landesgesetzgebers

Unproblematisch ist die Bindung des Landesgesetzgebers an die Landesgrundrechte, wenn er in Ausübung der ihm nach dem Grundgesetz zustehenden Kompetenzen genuines Landesrecht setzt[532]. Allerdings hat der Landesgesetzgeber aufgrund der Anordnung in Art. 1 Abs. 3 GG bei seiner Gesetzgebungstätigkeit zugleich die Grundrechte des Grundgesetzes zu beachten.

Schwieriger zu beantworten ist die Frage nach der Bedeutung der Landesgrundrechte, wenn der Landesgesetzgeber aufgrund von Bundesrecht zu einem Tätigwerden verpflichtet wird. Auch wenn der Landesgesetzgeber aufgrund einer bundesrechtlichen Ermächtigung tätig wird, bleibt sein Handeln doch ein solches der Landesstaatsgewalt. Zu Konfliktfällen kann es hier nur kommen, wenn das umzusetzende Bundesrecht keinerlei Entscheidungsfreiräume für den Landesgesetzgeber enthält und die verbindlichen bundesrechtlichen Vorgaben den Landesgesetzgeber - so er sie beachtet - zu einem landesgrundrechtswidrigen Handeln zwingt. In

---

530 *Steinberg*, in: FS 50 Jahre HV, S. 356 [373]; *Friesenhahn*, in: FS 25 Jahre BVerfG, S. 748 [764]; *Discher*, Landesverfassungsgerichte, S. 94; *Rozek*, Entscheidungsmaßstab, S. 190; *Menzel*, Landesverfassungsrecht, S. 228.

531 Vgl. ebenso Art. 36 Abs. 1 der Verfassung von Berlin; Art. 5 Abs. 1 der Verfassung des Landes Brandenburg; Art. 20 Abs. 2 der Landesverfassung der Freien Hansestadt Bremen; Art. 21 Satz 2 der Verfassung des Saarlandes; Art. 36 der Verfassung des Freistaates Sachsen; Art. 3 Abs. 1 der Verfassung des Landes Sachsen-Anhalt; Art. 42 Abs. 1 der Verfassung des Freistaates Thüringen.

532 *Klein*, in: DVBl. 1993, S. 1329 [1332].

diesen Fällen kommt es zu einer Verdrängung der landesverfassungsrechtlichen Grundrechtsgewährleistung[533].

2. Bindung von Landesgerichten und Landesbehörden

Landesbehörden und Landesgerichte sind als Teile der Landesstaatsgewalt grundsätzlich an die jeweilige Landesverfassung und deren Grundrechtsgewährleistungen gebunden.

a) Ausführung und Anwendung von Landesrecht

Dies gilt uneingeschränkt dann, wenn und soweit Landesbehörden und Landesgerichte genuines Landesrecht ausführen und anwenden[534], und auch dann, wenn sie im Rahmen eines bundesrechtlich geregelten Verfahrens tätig werden[535]. Landesgerichte werden durch Organisationsakte der jeweiligen Landesstaatsgewalt errichtet, ihre Richter von Landesorganen in ein Dienstverhältnis mit dem jeweiligen Land berufen[536]. Sie sind und bleiben Landesorgane und üben als solche Landesstaatsgewalt aus[537], die grundsätzlich an die Landesverfassung gebunden ist.

b) Ausführung und Anwendung von Bundesrecht

Von wesentlicher Bedeutung in diesem Zusammenhang ist aber der Umstand, dass Landesbehörden und Landesgerichte aufgrund der umfassenden Bundesgesetzgebung in einer Vielzahl von Fällen Bundesrecht auszuführen und anzuwenden haben. Damit stellt sich die Frage, ob dies eine Bindung der Landesstaatsgewalt an die Landesgrundrechte ausschließt.

Festzuhalten bleibt zunächst, dass Landesbehörde und Landesgerichte auch dann Landesstaatsgewalt ausüben, wenn und soweit sie aufgrund von Bundesrecht tätig

---

533 *Menzel*, Landesverfassungsrecht, S. 207 f.; *Sacksofsky*, in: Bonner Kommentar, Art. 142 Rdnr. 80 f.; *von Coelln*, Anwendung von Bundesrecht, S. 264 f.

534 *Von Coelln*, Anwendung von Bundesrecht, S. 64; *Sacksofsky*, in: Bonner Kommentar, Art. 142 Rdnr. 82; *Steinberg*, in: FS 50 Jahre HV, S. 376.

535 *Tilch*, in: Starck/Stern, Landesverfassungsgerichtsbarkeit, Bd. II, S. 551 [556]; *Sacksofsky*, in: Bonner Kommentar, Art. 142 Rdnr. 83.

536 BVerfG, Beschluss vom 15.10.1997 - 2 BvN 1/95 -, BVerfGE 96, 345 [366].

537 Vgl. BVerfG, Beschluss vom 23.05.1965 - 2 BvN 1/62 -, BVerfGE 18, 407 [417].

werden[538]. Schwierigkeiten resultieren bei der Beantwortung der Frage, ob Landesorgane an das Landesverfassungsrecht gebunden sind, daraus, dass das normsetzende Organ - der Bundesgesetzgeber - anders als die Normanwender - Landesbehörden und Landesgerichte - nur an das Grundgesetz, nicht aber an die jeweilige Landesverfassung gebunden ist[539]. Da der Bundesgesetzgeber nur zur Beachtung des Grundgesetzes und seiner Grundrechte verpflichtet ist, spielen die Landesverfassungen für die Verfassungsmäßigkeit von Bundesrecht keine Rolle[540]. Fraglich ist, ob diese fehlende Maßgeblichkeit der Landesverfassung bei der Bundesgesetzgebung auf die Ebene der Normanwendung zu übertragen ist.

Dies ließe sich zum einen dann bejahen, wenn man Normsetzung und Normanwendung einander gleichsetzte. Dass eine solche Gleichsetzung in dem hier gegebenen Zusammenhang jedoch nicht möglich ist, wurde bereits an anderer Stelle dargelegt[541].

Zur Beantwortung der Frage kann zum anderen auch nicht auf eine generelle Überordnung des Bundes über die Länder ausgegangen werden. Eine solche prinzipielle Überordnung des Bundes kann in dem von dem Grundgesetz konzipierten Bundesstaat nicht angenommen werden[542]. Vielmehr besteht - soweit sich aus dem Grundgesetz nicht ein anderes ergibt - grundsätzlich ein Verhältnis der Gleichordnung von Bund und Ländern. Damit Landesbehörden und Landesgerichte bei der Ausführung und Anwendung von Bundesrecht von einer Bindung an die Landesverfassung und insbesondere an deren Grundrechte freigestellt sein könnten, wäre eine Aussage des Grundgesetzes hierzu erforderlich. Daran fehlt es indes.

Art. 31 GG kann nicht zur Begründung herangezogen werden. Eine Rangordnung in dem Sinne, dass Bundesrecht jedweder Stufe generell und immer Vorrang vor Landes(verfassungs)recht zukommt, lässt sich der Vorschrift gerade nicht entnehmen[543]. Vielmehr handelt es sich um eine Regelung, die im Falle einer Kollision von Bundesrecht und - widersprechendem - Landesrecht dem Bundesrecht den Vorrang

---

538 *Von Coelln*, Anwendung von Bundesrecht, S. 52 f.; *Sacksofsky*, in: Bonner Kommentar, Art. 142 Rdnr. 86; *Tilch*, in: Starck/Stern, Landesverfassungsgerichtsbarkeit, Bd. II, S. 551 [565]; *Schmitt-Glaeser/Horn*, in: BayVbl. 1992, S. 673 [485]; BVerfG, Beschluss vom 15.10.1997 - 2 BvN 1/95 -, BVerfGE 96, 345 [366].

539 Vgl. *von Coelln*, Anwendung von Bundesrecht, S. 64.

540 *Dietlein*, in: NVwZ 1994, S. 6 [10].

541 Siehe oben B. III. 5. c) bb).

542 Siehe oben B. I. 4. c).

543 Siehe oben B. III. 5. a) bb).

einräumt. Danach ist in jedem Einzelfall zu prüfen, ob eine Kollision besteht mit der Folge, dass sich das Bundesrecht durchsetzt. Ausgangspunkt muss also eine materielle Lösung sein, die an das im Kollisionsfalle Vorrang genießende Bundesrecht anknüpft und fragt, ob und gegebenenfalls welchen Spielraum das Bundesrecht für die Berücksichtigung von Landesgrundrechten lässt[544].

Auf diese Weise wird sowohl dem Primat des Bundesrechts Rechnung getragen als auch den Landesgrundrechten ein Wirkungsbereich geschaffen, ohne den sie angesichts der heutigen Regelungsdichte des Bundesrechts weitgehend der Bedeutungslosigkeit anheim fallen würden.

Dem Vorrang des Bundesrechts wird dadurch Rechnung getragen, dass der Bundesgesetzgeber es in der Hand hat, das Bundesrecht gegen landesverfassungsrechtliche Einflüsse abzuschotten[545]. Determiniert das einschlägige Bundesgesetz das Handeln der Landesstaatsgewalt abschließend, bleibt kein Raum für eine Berücksichtigung landesverfassungsrechtlicher Maßstäbe. Ein Verstoß gegen Landesgrundrechte ist nicht anzunehmen, wenn die Anwendung eines verfassungsmäßigen Bundesgesetzes zwingend zu einem bestimmten Ergebnis führt. Andernfalls gelangte man auf diesem Umweg dazu, eine Bundesnorm an der Landesverfassung zu messen. Das aber ist ausgeschlossen[546]. Regelt das betreffende Bundesgesetz einen Sachverhalt nicht abschließend, sondern belässt es den Landesbehörden und Landesgerichten einen Spielraum bei seiner Umsetzung und Anwendung, öffnet es sich selbst für eine Berücksichtigung von landesverfassungsrechtlichen Wertungen. Es hängt damit von der bundesrechtlichen Regelung ab, ob sie abschließend ist oder landesgrundrechtliche Einwirkungen gestattet[547]. Mit anderen Worten: „Der Gesetzgeber hat es in der Hand, ob bei der Konkretisierung seiner Regeln eher der Gesichtspunkt der Einheitlichkeit oder der lokal-situativen Angemessenheit zum Tragen kommen soll[548]".

---

544 So *von Coelln*, Anwendung von Bundesrecht, S. 256; *von Ohlshausen*, Landesverfassungsbeschwerde, S. 145; *Sacksofsky*, in: Bonner Kommentar, Art. 142 Rdnr. 113; *Menzel*, Landesverfassungsrecht, S. 215 f.; *Jutzi*, in: DÖV 1983, S. 836 [838 f.]; *Jachmann*, in: BayVBl. 1997, S. 321 [323]; Denninger, in: FS 50 Jahre HV, S. 353 f.; *Hain*, in: JZ 1998, S. 620 [621]; *Lange*, in: FS 50 Jahre BVerfG, S. 289 [299]; *Discher*, Landesverfassungsgerichte, S. 91 f.; *Poscher*, in: NJ 1996, S. 351 [355]; *Möstl*, in: AöR 130 [2005], S. 350 [382]; wohl auch *Menzel*, in: NVwZ 1999, S. 1316.

545 *Denninger*, in: FS 50 Jahre HV, S. 354.

546 *Von Coelln*, Anwendung von Bundesrecht, S. 65.

547 *Sacksofsky*, in: Bonner Kommentar, Art. 142 Rdnr. 113.

548 *Sobota*, in: DVBl. 1994, S. 793 [798].

Letzteres kommt insbesondere dann in Betracht, wenn dem Rechtsanwender durch die bundesrechtliche Norm ein Ermessen eingeräumt ist. Eine Ermessensnorm ist dadurch gekennzeichnet, dass sie bei Verwirklichung ihres Tatbestandes nicht eine bestimmte Rechtsfolge vorsieht, sondern dem Rechtsanwender die Wahl zwischen mehreren zulässigen Rechtsfolgen einräumt[549]. Hier bleibt Raum für die Berücksichtigung von Landesgrundrechten, es sei denn, der Bund gibt die im Rahmen des Ermessens zu berücksichtigenden Abwägungskriterien selbst abschließend vor[550].

Nahe liegend wäre es, dies auf die Figur des unbestimmten Rechtsbegriffs zu übertragen[551]. Dabei übersähe man jedoch einen gewichtigen Unterschied zwischen dem Ermessen und dem unbestimmten Rechtsbegriff. Im Gegensatz zur Ausübung von Ermessen, die im Regelfall nur einer eingeschränkten gerichtlichen Kontrolle unterliegt (vgl. § 114 VwGO) und der Exekutive einen echten materiellen Entscheidungsfreiraum einräumt[552], unterliegt der unbestimmte Rechtsbegriff einer uneingeschränkten gerichtlichen Nachprüfung[553]. Ein Entscheidungsfreiraum ist der Exekutive hier im Regelfall gerade nicht eröffnet[554]. Der unbestimmte Rechtsbegriff betrifft die Auslegung von Tatbestandsmerkmalen[555]. Wären nun zwei Auslegungsmöglichkeiten denkbar und nur eine davon entspräche der den Landesgrundrechten zu entnehmenden Wertung, führte eine Verpflichtung der Landesstaatsgewalt auf diese Auslegungsmöglichkeit im Ergebnis zu einer landesverfassungskonformen Auslegung, die ausgeschlossen ist[556]. Legt man zugrunde, dass es bei der Ausfüllung eines unbestimmten Rechtsbegriffs zudem um die Ermittlung des „richtigen" Ver-

549 *Wolff/Bachof/Stober*, Verwaltungsrecht, Bd. 1, § 31 Rdnr. 31; *Kopp/Ramsauer*, VwVfG, § 40 Rdnr. 3; *Sachs*, in: Stelkens/Bonk/Sachs, VwVfG, § 40 Rdnr. 13.

550 *Poscher*, in: NJ 1996, S. 351 [355]; siehe auch *Discher*, Landesverfassungsgerichte, S. 92 ff.; *Klein*, in: DVBl. 1993, S. 1329 [1332].

551 So *von Coelln*, Anwendung von Bundesrecht, S. 260 f.

552 *Menzel*, Landesverfassungsrecht, S. 220.

553 *Wolff/Bachof/Stober*, Verwaltungsrecht, § 31 Rdnrn. 8 f.; *Sachs*, in: Stelkens/Bonk/Sachs, VwVfG, § 40 Rdnr. 147; zu Einzelfällen siehe *Kopp/Ramsauer*, VwVfG, § 40 Rdnrn. 79 ff.

554 *Sachs*, Stelkens/Bonk/Sachs, VwVfG, § 40 Rdnr. 147.

555 *Ule/Laubinger*, Verwaltungsrecht, § 55 Rdnr. 3.

556 Vgl. *Berkemann*, in: NVwZ 1993, S. 409 [414]: „Er [d.h. BerlVerfGH] stellt damit die gewollte egalisierende Funktion des Bundesrechts zur eigenen Disposition und beginnt gleichzeitig dessen Regionalisierung"; siehe auch *Starck*, in: JZ 1993, S. 231 [232]: „Das durchgehende Streben des Bundesprozessrechts, Rechtseinheit zu gewährleisten, wird getrübt, wenn nicht gefährdet, wenn Landesverfassungsgerichte Bundesprozessrecht anhand von Landesgrundrechten auslegen. Dabei könnte sich das Bundesrecht von Land zu Land auseinander entwickeln".

ständnisses des Normtextes geht, scheidet eine Berücksichtigung von Landesgrundrechten in diesem Zusammenhang aus[557].

Etwas anderes gilt allerdings bei unbestimmten Rechtsbegriffen, die der Exekutive einen echten Beurteilungsspielraum eröffnen. Hierzu gehören insbesondere Prüfungsentscheidungen, beamtenrechtliche Beurteilungen, wertende Entscheidungen durch in bestimmter Art besetzte Ausschüsse und Risikobewertungen[558]. Besteht hier ein nur eingeschränkt überprüfbarer Beurteilungsspielraum, können auch landesverfassungsrechtliche Wertungen Berücksichtigungen finden[559]. Soweit das Bundesrecht indes selbst die für die Ausfüllung des Beurteilungsspielraums maßgeblichen Kriterien vorgibt, gilt auch hier, dass - abweichende - Wertungen des Landesverfassungsrechts außer Betracht bleiben müssen.

Gegen die hier befürwortete Geltung der Landesgrundrechte auch bei der Ausführung und Anwendung von Bundesrecht durch Organe der Landesstaatsgewalt kann nicht die oft beschworene Gefährdung der Rechtseinheit angeführt werden[560].

Die Möglichkeit, Landesgrundrechte auch bei der Anwendung von Bundesrecht zur Geltung zu bringen, entspricht bundesstaatlicher Vielfalt, wie sie an sich und gerade auch dem Bundesstaat grundgesetzlichen Zuschnitts zugrunde liegt[561]. Das Grundgesetz hat sich in Art. 83 ff. im Grundsatz dafür entschieden, den Ländern den Vollzug der Bundesgesetze als „eigene Angelegenheit" zu übertragen. Die Länder führen das Bundesrecht so aus, als sei es Landesrecht. Gibt das Bundesrecht hier nichts anderes vor, folgt die Ausführung des Bundesrechts den für das Landesrecht geltenden landesverfassungsrechtlichen und landesgesetzlichen Regeln[562]. Ausführung der Bundesgesetze als eigene Angelegenheit hat dann aber auch zur Folge, dass im Rahmen des Zulässigen die Landesorgane die von der Landesverfassung vorgegebenen Wertungen zu beachten haben[563]. Das Grundgesetz geht damit selbst von einem „Vollzugsföderalismus[564]" aus. Nicht zu leugnen ist zwar, dass eine Berücksichtigung von Landesgrundrechten zu regionalen Unterschieden im Voll-

---

557 *Menzel*, Landesverfassungsrecht, S. 222; *Sacksofsky*, in: Bonner Kommentar, Art. 142 Rdnr. 115.
558 Vgl. hierzu *Kopp/Ramsauer*, VwVfG, § 40 Rdnrn. 74 - 78.
559 *Sacksofsky*, in: Bonner Kommentar, Art. 142 Rdnr. 115.
560 Zum Beispiel *Starck*, in: JZ 1993, S. 231 [232].
561 Vgl. *von Coelln*, Anwendung von Bundesrecht, S. 305.
562 *Hermes*, in: Dreier, GG, Art. 83 Rdnr. 33.
563 *Menzel*, Landesverfassungsrecht, S. 218.
564 *Menzel*, Landesverfassungsrecht, S. 216.

zug von Bundesgesetzen führen kann. Diese Möglichkeit ist nach dem soeben Gesagten aber bereits im Grundgesetz selbst angelegt. Da Normsetzung und Normanwendung nicht gleichgesetzt werden können, wird mit einem landesgrundrechtlich geprägten Vollzug von Bundesgesetzen auch nicht in den Bestand der Norm eingegriffen.

Nicht zu überzeugen vermag in diesem Zusammenhang auch das immer wieder aufgestellte Postulat von der Einheitlichkeit der Rechtsanwendung beim Vollzug von Bundesrecht. Ein solches Postulat lässt sich dem Grundgesetz nicht entnehmen[565]. Es ist nämlich - ebenso wie bei der Anwendung und Ausführung der Bundesgesetze durch die Länder als eigene Angelegenheit (Art. 83 GG) - auch im Rahmen der Judikative auf Vielfalt angelegt. Die Auslegung und Anwendung von Bundesrecht durch Landesgerichte ist wegen der Unabhängigkeit der Richter (Art. 97 Abs. 1 GG) zwangsläufig und konstitutionell uneinheitlich. Zwar sieht das Grundgesetz in Art. 95 Abs. 1 GG die Bildung oberster Bundesgerichte ebenso wie die Errichtung eines Gemeinsamen Senats zur Wahrung der Einheitlichkeit der Rechtsprechung (Art. 95 Abs. 3 GG) vor. Auch steht dem Bund die Gesetzgebungskompetenz zur Regelung des gerichtlichen Verfahrens zu (Art. 74 Abs. 1 Nr. 1 GG). Indes war und ist es aufgrund der einfachgesetzlichen Ausgestaltung des Instanzenzuges schon immer möglich und zulässig gewesen, dass Landesgerichte „das letzte Wort" haben und es zu nicht mehr korrigierbaren regionalen Unterschieden kommt, ohne dass dies auf grundlegende Bedenken gestoßen ist[566].

Gerade das Nebeneinander mehrerer Rechtskreise im Bundesstaat sowie die Existenz von Rechtsanwendungsorganen, die unterschiedlichen Rechtskreisen angehören, lassen die im Grundgesetz angelegte Rechtsanwendungsvielfalt nicht unerträglich erscheinen. Diese ist vielmehr vom Grundgesetz erwünscht, beugt der Gefahr von Verkrustungen in der Rechtsanwendung vor und birgt zudem die Chance von Innovation[567].

---

565 *Sobota*, in: DVBl. 1994, S. 793 [798].
566 *Sobota*, in: DVBl. 1994, S. 793 [798].
567 *Paeffgen*, in: NJ 1993 S. 152 [159].

D. Vergleich der Grundrechtsbestimmungen der Hessischen Verfassung mit den Grundrechten des Grundgesetzes

I. Einleitung

1. Zum Gang der nachfolgenden Untersuchung

Stehen damit die Rahmenbedingungen für eine Landesverfassung im Bundesstaat des Grundgesetzes allgemein und für die Gewährleistung von Landesgrundrechten im Besonderen fest, ist der Blick auf die durch die im Ersten Hauptteil der Hessischen Verfassung gewährleisteten Gleichheits- und Freiheitsrechte zu richten. Diese werden in einen direkten Vergleich zu den inhaltlich entsprechenden Grundrechten des Grundgesetzes gestellt, um zu untersuchen, ob die Landesgrundrechte nach den dargelegten Bedingungen fortgelten und welche Wirkung sie in der heutigen Zeit überhaupt noch entfalten können. Der Untersuchung wird dabei die Reihenfolge der Grundrechte zugrunde gelegt, wie sie durch den Ersten Hauptteil der Hessischen Verfassung festgelegt ist. Auch diejenigen Grundrechte, die keine ausdrückliche Entsprechung im Grundgesetz haben, werden einer Untersuchung unterzogen, ob sie den grundgesetzlichen Wertungen entsprechen. Zum Schluss soll der Vollständigkeit halber noch kurz auf diejenigen Normen des Ersten Hauptteils eingegangen werden, die keine Grundrechte gewährleisten.

Bevor sich diese Untersuchung jedoch den Grundrechten im Einzelnen zuwendet, sind vorab einige allgemeine Fragen zu klären, die sich abstrakt und unabhängig von den einzelnen Grundrechten stellen. Hierbei handelt es sich um die Grundrechtsfähigkeit natürlicher wie juristischer Personen, die Frage nach dem Erfordernis einer besonderen Grundrechtsmündigkeit, die Klärung des Begriffs „Eingriff“ sowie die Darstellung der allgemeinen Anforderungen an die Einschränkung von Grundrechten nach der Hessischen Verfassung und nach dem Grundgesetz. Ohne eine Beantwortung dieser allgemeinen Fragen ist eine Untersuchung, inwieweit die Normen der Hessischen Verfassung fortgelten, nicht zuverlässig möglich. Denn Gewährleistungsinhalt und Wirkung von Grundrechten lassen sich nicht ohne Klarheit über ihre grundlegenden Rahmenbedingungen bestimmen.

2. Allgemeine Fragen

a) Grundrechtsfähigkeit

Unter der Grundrechtsfähigkeit ist die Fähigkeit einer natürlichen oder juristischen Person zu verstehen, überhaupt Träger von Grundrechten sein zu können[568]. Ob jemand Träger von Grundrechten sein kann, kann nicht für alle Grundrechte allgemein, sondern stets nur für das im konkreten Fall zu beurteilende Grundrecht festgestellt werden[569]. Dennoch lassen sich folgende allgemeine Grundsätze festhalten.

aa) Natürliche Personen

Grundrechtsfähig ist zunächst jede natürliche Person[570]. Auf ein bestimmtes Alter oder eine bestimmte Einsichtsfähigkeit kommt es dabei nicht an. Die Grundrechtsträgerschaft ist bei natürlichen Personen allein an das Menschsein gebunden[571].

Zu beachten ist aber, dass sowohl das Grundgesetz (vgl. z.B. Art. 8 Abs. 1, Art. 9 Abs. 1, Art. 11 Abs. 1, Art. 12 Abs. 1, Art. 16 Abs. 2 Satz 1) als auch die Hessische Verfassung (vgl. z.B. Art. 7 Satz 1, Art. 14 Abs. 1, Art. 15 Abs. 1) einige Grundrechte nur Deutschen gewähren (so genannte Deutschen- oder Bürgerrechte). Träger derartiger Grundrechte können grundsätzlich nur deutsche Staatsangehörige im Sinne von Art. 116 GG sein[572]. Demgegenüber enthalten die so genannten Jedermann-Grundrechte oder Menschenrechte keine Eingrenzung der Berechtigung in persönlicher Hinsicht[573] (vgl. z.B. Art. 2 Abs. 1, Art. 3 Abs. 1, Art. 5 Abs. 1 GG, Art. 1, Art. 2 Abs. 1 Satz 1, Art. 5, 6, 10 und 11 Satz 1 HV).

Der Wortlaut der Deutschengrundrechte steht einer Einbeziehung in den personalen Schutzbereich auch bei EG-Ausländern entgegen[574]. Sie können sich wie jeder Ausländer nur auf den durch Art. 2 Abs. 1 GG gewährten Schutz berufen. Um aber Kol-

---

568 *Dreier*, in: Dreier, GG, Vorb. Rdnr. 109.

569 *Münch*, in: von Münch/Kunig, GG, Vorb. Art. 1 - 19 Rdnr. 7.

570 *Denninger*, in: AK-GG, Vor Art. 1 Rdnr. 35; *Dreier*, in: Dreier, GG, Vorb. Rdnr. 110.

571 *Dürig*, in: Maunz/Dürig/Herzog, GG, Art. 19 Abs. 3 Rdnr. 13.

572 Ausländern kommt insoweit allein der Schutz des Art. 2 Abs. 1 GG als Auffanggrundrecht zu, vgl. *Starck*, in: von Mangoldt/Klein/Starck, GG, Art. 1 Rdnr. 207.

573 *Starck*, in: von Mangoldt/Klein/Starck, GG, Art. 1 Rdnr. 205; *Denninger*, in: AK-GG, Vor Art. 1 Rdnr. 37; *Münch*, in: von Münch/Kunig, GG, Vorb. Art. 1 - 19 Rdnr. 9; *Pieroth/Schlink*, Rdnr. 107; *Dreier*, in: Dreier, Vorb. Rdnr. 72.

574 *Dreier*, in: Dreier, GG, Vorb. Rdnr. 116; *Starck*, in: von Mangoldt/Klein/Starck, GG, Art. 1 Rdnr. 208; *Denninger*, in: AK-GG, Vor Art. 1 Rdnr. 37b; a.A. *Jarass*, in: Jarass/Pieroth, GG, Art. 12 Rdnr. 10: EG-Ausländer können sich auf Art. 12 GG berufen; ebenso *Bleckmann*, in: DVBl. 1986, S. 71 [74]; a.A. auch *Sachs*, in: Sachs, GG, Vor Art. 1 Rdnr. 73.

lisionen mit europarechtlichen Diskriminierungsverboten zu vermeiden, ist es geboten, die Vorgaben des Gemeinschaftsrechts dadurch zur Geltung zu bringen, dass EG-Bürger im Schutzbereich des Art. 2 Abs. 1 GG keinen weitergehenden Einschränkungen unterliegen dürfen als Deutsche, die sich auf die Deutschengrundrechte berufen können. Über die allgemeine Handlungsfreiheit wird EG-Ausländern auf diese Weise eine deutschen Staatsangehörigen gleichwertige Grundrechtsposition vermitteln[575]. Der Weg über Art. 2 Abs. 1 GG ermöglicht flexiblere und angemessene Lösungen als eine Anwendung der Deutschengrundrechte, zumal eine pauschale und undifferenzierte Gleichstellung der EG-Ausländer mit deutschen Staatsangehörigen gemeinschaftsrechtlich nicht gefordert ist[576].

Soweit die Hessische Verfassung Grundrechte nur für Deutsche gewährleistet, scheidet angesichts des Wortlauts eine Erstreckung ihres personalen Schutzbereichs auf EG-Ausländer ebenfalls aus. Da aber auch Hessen an die gemeinschaftsrechtlichen Vorgaben gebunden ist, muss Art. 2 Abs. 1 HV entsprechend ausgelegt werden. Dies gilt umso mehr, als sich auch die Hessische Verfassung einer europäischen Entwicklung nicht verschließen wollte, wie sich aus Art. 67, 68 und 69 Abs. 1 HV ergibt. Die Bedeutung dieser Frage ist allerdings im Rahmen der Hessischen Verfassung gering, da sie ohnehin nur wenige Deutschengrundrechte kennt und insbesondere die für europarechtliche Zusammenhänge bedeutsame wirtschaftliche Betätigungsfreiheit nicht nur Deutschen, sondern Jedermann garantiert.

bb) Juristische Personen des Privatrechts

(a) Art. 19 Abs. 3 GG

Nach Art. 19 Abs. 3 GG gelten die Grundrechte auch für inländische juristische Personen, soweit sie ihrem Wesen nach auf diese anwendbar sind. Das jeweils in Betracht kommende Grundrecht muss also von seiner Funktion her für die in Rede stehende inländische juristische Person passen[577]. Ob das der Fall ist, hängt davon

---

575 *Dreier*, in: Dreier, GG, Vorb. Rdnr. 116; *Starck*, in: von Mangoldt/Klein/Starck, GG, Art. 1 Rdnr. 208; *Denninger*, in: AK-GG, Vor Art. 1 Rdnr. 37b; *Rüfner*, in: Isensee/Kirchhof, Handbuch des Staatsrechts, § 116 Rdnr. 12; *Di Fabio*, in: Maunz/Dürig/Herzog, GG, Art. 2 Abs. 1 Rdnr. 35; *Bauer/Wahl*, in: JZ 1995, S. 1077 [1083]; wohl auch *Hain*, in: DVBl. 2002, S. 148 [156]; a.A. *Störmer*, in: AöR 123 [1998], S. 541 [574].

576 *Dreier*, in: Dreier, GG, Art. 2 Abs. 1 Rdnr. 18; vgl. *Di Fabio*, in: Maunz/Dürig/Herzog, GG, Art. 2 Abs. 1 Rdnr. 35.

577 *Pieroth/Schlink*, Rdnr. 142.

ab, ob „der Grundrechtsschutz an Eigenschaften, Äußerungsformen oder Beziehungen anknüpft, die nur natürlichen Personen wesenseigen sind. ... Das wird um so eher der Fall sein, als der Grundrechtsschutz im Interesse der Menschenwürde gewährt wird, die nur natürliche Personen für sich in Anspruch nehmen können[578]“. Generell auszugrenzen sind daher alle diejenigen Grundrechtsnormen, die eindeutig und ausschließlich auf die menschliche Person abstellen, z.B. Art. 1 Abs. 1, Art. 2 Abs. 2, Art. 3 Abs. 2, Art. 4 Abs. 3, Art. 6 und 7 Abs. 2 GG[579].

Der Begriff der juristischen Person im Sinne von Art. 19 Abs. 3 GG ist nicht technisch zu verstehen. Vielmehr umfasst er jeden von der Rechtsordnung anerkannten und rechtlich verselbständigten Zusammenschluss von Personen[580] (z.B. GmbH[581], AG[582], OHG und KG[583], GbR[584]).

Zwar spricht Art. 19 Abs. 3 GG nur von inländischen juristischen Personen, so dass er für ausländische juristische Personen und Vereinigungen grundsätzlich keine Anwendung finden kann[585]. Das europäische Gemeinschaftsrecht nötigt indes auch hier zu einer europarechtskonformen Auslegung des Tatbestandsmerkmals „inländisch“[586]. Inländisch sind danach auch solche Vereinigungen, die ihren Sitz nicht in Deutschland, sondern in einem Mitgliedstaat der Europäischen Union haben[587].

---

578 BVerfG, Beschluss vom 26.02.1997 - 1 BvR 2172/96 -, BVerfGE 95, 220 [242].

579 *Rüfner*, in: Isensee/Kirchhof, Handbuch des Staatsrechts, § 116 Rdnr. 37; siehe auch *Dreier*, in Dreier, GG, Art. 19 Abs. 3 Rdnr. 35.

580 Vgl. BVerfG, Teilurteil vom 05.08.1966 - 1 BvR 586/62 und 512/64 -, BVerfGE 20, 162 [171], und Urteil vom 29.07.1959 - 1 BvR 394/58 -, BVerfGE 10, 89 [99]; siehe auch *Dürig*, in: Maunz/Dürig/Herzog, GG, Art. 19 Abs. 3 Rdnr. 8.

581 BVerfG, Beschlüsse vom 26.02.1954 - 1 BvR 537/53 -, BVerfGE 3, 359 [363], für Art. 101 Abs. 1 Satz 1, 103 Abs. 1 GG, vom 19.07.2000 - 1 BvR 539/96 -, BVerfGE 102, 197 [212 f.], für Art. 12 Abs. 1 GG, vom 18.01.2002 - 1 2284/95 -, NJW 2002, S. 1485, vom 28.07.2004 - 1 BvR 2566/95 -, NJW-RR 2004, S. 1710 ff., für Art. 5 Abs. 1 GG, und vom 18.10.1999 - 1 BvR 1013/89 -, NJW 1989, S. 241 f.: keine Anwendung von Art. 4 Abs. 1 GG bei einer juristischen Person mit überwiegend wirtschaftlicher Zielsetzung.

582 *Krebs*, in: von Münch/Kunig, GG, Art. 19 Rdnr. 31; *Huber*, in: von Mangoldt/Klein/Starck, GG, Art. 19 Rdnr. 248.

583 BVerfG, Urteil vom 20.07.1954 - 1 BvR 459, 484, 548, 555, 623, 651, 748, 783, 801/52, 5, 9/53, 96, 114/54 -, BVerfGE 4, 7 [12].

584 BVerfG, Beschluss vom 02.09.2002 - 1 BvR 1103/02 -, NJW 2002, S. 3533.

585 A.A. *Krebs*, in: von Münch/Kunig, GG, Art. 19 Rdnr. 33c; *Roellecke*, in: Umbach/Clemens, GG, Art. 19 Abs. 1 - 3 Rdnr. 82.

586 *Huber*, in: von Mangoldt/Klein/Sachs, GG, Art. 19 Rdnr. 310; *Dreier*, in: Dreier, GG, Art. 19 Abs. 3 Rdnr. 83 f.

587 *Jarass*, in: Jarass/Pieroth, GG, Art. 19 Rdnr. 21; *Huber*, in: von Mangoldt/Klein/Starck, GG, Art. 19 Rdnr. 310 f.; *Krüger/Sachs*, in: Sachs, GG, Art. 19 Rdnr. 55; *Dreier*, in: Dreier, GG, Art. 19 Abs. 3 Rdnr. 83 f.

(b) Die Rechtslage nach der Hessischen Verfassung

Die Hessische Verfassung enthält keine ausdrückliche Bestimmung über die Grundrechtsfähigkeit juristischer Personen und von Personenvereinigungen[588]. Auch die Entstehungsgeschichte der Hessischen Verfassung gibt keinen Aufschluss über die Grundrechtsfähigkeit rechtlich verselbständigter Personengesellschaften. Daraus darf indes nicht der Schluss gezogen werden, diese könnten sich grundsätzlich nicht auf die durch die Hessische Verfassung gewährleisteten Grundrechte berufen.

Der Staatsgerichtshof hat im Hinblick auf die Grundrechtsfähigkeit juristischer Personen grundsätzlich ausgeführt: „Für eine grundsätzlich mögliche Grundrechtsfähigkeit rechtlich verselbständigter Personengesellschaften des Privatrechts spricht aber entscheidend das Wertesystem der Grundrechte der Hessischen Verfassung, das eine weitgehende Grundrechtsgeltung im Verhältnis zwischen Staat und Privatrechtssubjekten zum Ziel hat. Dieses Wertesystem geht - ebenso wie das Grundgesetz - von der Gleichheit, Freiheit und Würde des Menschen als natürlicher Person aus. Der einzelne Mensch soll gegenüber dem Staat durch die verfassungsrechtliche Gewährleistung von Abwehr- und Leistungsrechten einen wehrfähigen Rechtskreis gewinnen. Dem entspricht es, dass auch rechtlich verselbständigte Verbände des Privatrechts in den Schutzbereich der Grundrechte einbezogen werden, deren Bildung und Betätigung sich gerade als Ausdruck der hinter ihnen stehenden natürlichen Personen darstellt. Das der Hessischen Verfassung innewohnende Gebot effizienten Grundrechtsschutzes und das personale Substrat rechtsfähiger Vereinigungen des Privatrechts begründen und begrenzen mithin die Grundrechtsfähigkeit. Sie genießen den Schutz der Grundrechte der Hessischen Verfassung jedenfalls ..., soweit sie sich im Hinblick auf die hinter der rechtsfähigen Vereinigung stehenden Personen und die Tatsache, dass diese in dieser Rechtsform gesamthänderisch verbunden nach außen in Erscheinung treten, in einer grundrechtstypischen Gefährdungslage befinden. Die Grundrechtsfähigkeit rechtsfähiger Verbände des Privatrechts und die ihr folgende Antragsberechtigung im Grundrechtsklageverfahren sind in jedem Einzelfall für das jeweilige Grundrechte der Hessischen Verfassung zu prüfen[589]“. Eine Beschränkung der Grundrechtsfähigkeit auf inländische juristische

588 Anders zum Beispiel Art. 37 der Verfassung des Freistaates Sachsen, Art. 20 Abs. 3 der Verfassung des Landes Sachsen-Anhalt, Art. 42 Abs. 2 der Verfassung des Freistaates Thüringen.

589 StGH, Urteil vom 03.05.1999 - P.St. 1296 -, NVwZ 2000, S. 430 [431]; so ansatzweise auch schon StGH, Urteil vom 14.04.1950 - P.St. 54 -, StAnz. 1950 Beil. Nr. 4, S. 13 [15]; vgl. auch

Personen und Personenvereinigungen enthält die Hessische Verfassung nicht. Aufgrund der europarechtlichen Verpflichtungen, die auch Hessen treffen, wird man auch insoweit jeweils im Einzelfall zu prüfen haben, ob eine Erstreckung des Grundrechtsschutzes möglich ist.

(c) Ergebnis

Soweit es die Grundrechtsfähigkeit juristischer Personen des Privatrechts und von Personenvereinigungen betrifft, entspricht die Rechtslage nach der Hessischen Verfassung derjenigen des Grundgesetzes. Es ist jeweils im Einzelfall zu prüfen, ob das konkret in Rede stehende Grundrecht seinem Inhalt und Wesen nach auf juristische Personen oder Vereinigungen anwendbar ist, d.h. „wenn deren Bildung und Betätigung Ausdruck der freien Entfaltung der privaten natürlichen Personen ist, insbesondere, wenn der `Durchgriff´ auf die hinter ihnen stehenden Menschen es als sinnvoll und erforderlich erscheinen lässt[590]". Maßgebend ist, ob eine grundrechtstypische Gefährdungslage besteht, wie sie auch bei natürlichen Personen vorkommen kann, d.h. ob die Situation der juristischen Person oder der Personenvereinigung mit derjenigen einer natürlichen Person in Bezug auf den durch die Grundrechte gewährleisteten Schutz vergleichbar ist[591].

cc) Juristische Personen des öffentlichen Rechts

(a) Die Rechtslage nach dem Grundgesetz

Grundlegend anders ist die Frage nach der Grundrechtsfähigkeit juristischer Personen des öffentlichen Rechts zu beantworten. Die materiellen Grundrechte des Grundgesetzes sind auf juristische Personen des öffentlichen Rechts grundsätzlich nicht anwendbar[592]. Dies gilt jedenfalls dann, wenn sie hoheitliche Aufgaben wahrnehmen[593]. Die Erfüllung öffentlicher Aufgaben durch juristische Personen des öf-

---

StGH, Beschluss vom 17.01.2001 - P.St. 1484 -, StAnz. 2001, S. 1011 [1012], im Hinblick auf Art. 20 Abs. 1 Satz 1 HV; ebenso, aber ohne nähere Begründung *Stein*, in: Zinn/Stein, Hessische Verfassung, Vor Art. 1 Erl. IV 1; *Hecker*, Rdnr. 159; *Günter*, Verfassungsgerichtsbarkeit, § 43 Rdnr. 26; vgl. zu nichtrechtsfähigen Personenvereinigungen StGH, Urteil vom 14.04.1950 - P.St. 54 -, StAnz. 1950 Beil. Nr. 4, S. 13 [15].

590 BVerfG, Beschluss vom 31.10.1984 - 1 BvR 35, 356, 794/83 -, BVerfGE 68, 193 [206].

591 *Pieroth/Schlink*, Rdnr. 152; *Dreier*, in: Dreier, GG, Art. 19 III Rdnr. 33.

592 *Huber*, in: von Mangoldt/Klein/Starck, GG, Art. 19 Rdnr. 253; *Dürig*, in: Maunz/Dürig/Herzog, GG, Art. 19 Abs. 3 Rdnr. 23; *Krüger/Sachs*, in: Sachs, GG, Art. 19 Rdnr. 90; *Krebs*, in: von Münch/Kunig, GG, Art. 19 Rdnr. 41; *Rüfner*, in: Isensee/Kirchhof, Handbuch des Staatsrechts, § 116 Rdnr. 67; *Dreier*, in: Dreier, GG, Art. 19 III Rdnr. 55; wohl auch *Mutius*, in: Bonner Kommentar, Art. 19 Abs. 3 Rdnr. 106 f.

593 *Rüfner*, in: Isensee/Kirchhof, Handbuch des Staatsrechts, § 116 Rdnr. 67.

fentlichen Rechts vollzieht sich in aller Regel aufgrund von Kompetenzen, die vom positiven Recht zugeordnet und inhaltlich begrenzt sind. Die Regelung dieser Kompetenzen ist nicht Gegenstand der Grundrechte, weil ein Bezug zum Menschen fehlt. Eine juristische Person des öffentlichen Rechts ist auch dann nicht grundrechtsgeschützter „Sachwalter" des Einzelnen bei der Wahrnehmung seiner Grundrechte, wenn die Erfüllung der öffentlichen Aufgaben, wie dies etwa bei der Daseinsvorsorge möglich ist, zugleich der Verwirklichung seiner Grundrechte förderlich ist[594].

Von diesem Grundsatz sind allerdings Ausnahmen anerkannt:

- Juristische Personen des öffentlichen Rechts, die von den ihnen durch die Rechtsordnung übertragenen Aufgaben her unmittelbar einem durch bestimmte Grundrechte geschützten Lebensbereich zugeordnet sind[595] oder kraft ihrer Ei genart ihm von vornherein zugehören[596], können sich auf diese Grundrechte berufen. Sie können sich auch auf andere Grundrechte berufen, wenn diese ein Verhalten schützen, das sie in der Ausübung des ihnen zugeordneten Sachverhalts unterstützen[597].

---

594 BVerfG, Beschlüsse vom 14.04.1987 - 1 BvR 775/84 -, BVerfGE 75, 192 [196], für öffentlich-rechtliche Sparkassen, vom 08.07.1982 - 2 BvR 1187/80 -, BVerfGE 61, 82 [103 f.], für Gemeinden außerhalb des Bereichs der Wahrnehmung öffentlicher Aufgaben, vom 31.01.1984 - 1 BvR 35, 356, 794/82 -, BVerfGE 68, 193 [208 f.], für Handwerksinnungen, sowie vom 01.07.2004 - 1 BvQ 20/04 -, für öffentlich-rechtliche Krankenkassen (AOK).

595 BVerfG, Beschluss vom 16.01.1963 - 1 BvR 316/60 -, BVerfGE 15, 256 [262], für Universitäten und Fakultäten; Urteile vom 27.07.1971 - 2 BvF 1/68, 2 BvR 702/68 -, BVerfGE 31, 314 [321 f.], und vom 13.01.1982 - 1 BvR 848, 1047/77, 916, 1307/78, 350/79 und 475, 902, 965, 1177, 1235, 1461/80 -, BVerfGE 59, 231 [254 f.], für Rundfunkanstalten im Hinblick auf Art. 5. Abs. 1 GG; siehe auch *Huber*, in: von Mangoldt/Klein/Starck, GG, Art. 19 Rdnrn. 264 ff. für Universitäten und Fakultäten, sowie Rdnr. 217 für öffentlich-rechtliche Rundfunkanstalten; *Krebs*, in: von Münch/Kunig, GG, Art. 19 Rdnr. 44; *Krüger/Sachs*, in: Sachs, GG, Art. 19 Rdnr. 95 für Universitäten und Rdnr. 96 für öffentlich-rechtliche Rundfunkanstalten; *Dürig*, in: Maunz/Dürig/Herzog, GG, Art. 19 Abs. 3 Rdnrn. 42 f.

596 BVerfG, Beschlüsse vom 15.03.1980 - 2 BvR 208/76 -, BVerfGE 53, 366 [386 f.], für Kirchen als Körperschaft des öffentlichen Rechts, und vom 19.12.2000 - 2 BvR 1500/97 -, BVerfGE 102, 370 [383], für Religionsgemeinschaften unabhängig von deren Qualität als Körperschaft des öffentlichen Rechts; vgl. auch *Huber*, in: von Mangoldt/Klein/Starck, GG, Art. 19 Rdnr. 263; *Krebs*, in: von Münch/Kunig, GG, Art. 19 Rdnr. 40; Dürig, in: Maunz/Dürig/Herzog, GG, Art. 19 Abs. 3 Rdnr. 43; *Krüger/Sachs*, in: Sachs, GG, Art. 19 Rdnr. 94; *Rüfner*, in: Isensee/Kirchhof, Handbuch des Staatsrechts, § 116 Rdnr. 71.

597 Vgl. BVerfG, Urteil vom 12.03.2003 - 1 BvR 330/96 -, BVerfGE 348/99 -, BVerfGE 107, 299 [310]: „Die Grundrechtsberechtigung der öffentlich-rechtlichen Rundfunkanstalten folgt aus der Wahrnehmung des Grundrechts der Rundfunkfreiheit. Soweit aber ein die Ausübung der Rundfunkfreiheit unterstützendes Verhalten in einer anderen Grundrechtsnorm geschützt ist, erstreckt sich die Grundrechtsträgerschaft auch auf dieses Grundrecht. ... Zum Schutz der Vertraulichkeit der Informationsbeschaffung und der Redaktionsarbeit können sich die im Bereich des Rundfunks tätigen juristischen Personen des öffentlichen Rechts auch auf das Fernmeldegeheimnis berufen".

- Die Justizgrundrechte aus Art. 101 Abs. 1 und Art. 103 Abs. 1 GG können auch juristischen Personen des öffentlichen Rechts zustehen. Diese Normen enthalten objektive Verfahrensgrundsätze und gelten für jedes gerichtliche Verfahren. Sie müssen daher auch für jeden gelten, der nach den Verfahrensnormen parteifähig ist oder von dem Verfahren unmittelbar betroffen wird. Können juristische Personen des öffentlichen Rechts Beteiligte in gerichtlichen Verfahren sein, müssen die für ein gerichtliches Verfahren im Rechtsstaat konstitutiven Gewährleistungen auch für sie Geltung beanspruchen[598].

(b) Die Rechtslage nach der Hessischen Verfassung

Die Grundrechte der Hessischen Verfassung sind in erster Linie Rechte des Einzelnen gegenüber der Staatsgewalt, wie sich schon aus der Formulierung des Art. 26 HV ergibt. Grundlage der Hessischen Verfassung ist die Gleichheit, Freiheit und Würde des einzelnen Menschen als natürlicher Person. Grundrechte sollen den Einzelnen gegen Eingriffe der staatlichen Gewalt schützen. Grundsätzlich lässt sich die Grundrechtsfähigkeit daher nicht auf juristische Personen des öffentlichen Rechts erstrecken. Vom Menschen als dem ursprünglichen Inhaber der Grundrechte unterscheiden sie sich dadurch, dass sie nur eine besondere Erscheinungsform der einheitlichen Staatsgewalt darstellen. Aufgrund ihrer ihre Einordnung in den hoheitlichen Gesamtaufbau des Staates können sie Grundrechte als subjektive öffentliche Rechte nicht beanspruchen. Denn der Staat selbst und seine Institutionen können nicht gleichzeitig Adressat und Berechtigter der Grundrechte sein[599].

In der Rechtsprechung des Staatsgerichtshofs sind folgende Ausnahmen anerkannt:

- Eine Ausnahme kann dann angenommen werden, wenn die Körperschaft des öffentlichen Rechts unmittelbar dem durch die Grundrechte geschützten Lebensbereich zuzuordnen ist. Das setzt allerdings voraus, dass subjektive Rechte der Hessischen Verfassung dem Eigenbereich der juristischen Person des öf-

---

598 BVerfG, Beschluss vom 08.07.1982 - 2 BvR 1187/80 -, BVerfGE 61, 82 [104 f.]; *Krüger/Sachs*, in: Sachs, GG, Art. 19 Rdnr. 108; *Ladeur*, in: AK-GG, Art. 19 Abs. 3 Rdnr. 59; *Dreier*, in: Dreier, GG, Art. 19 III Rdnr. 55.

599 StGH, Beschluss vom 11.04.1973 - P.St. 697 -, StAnz. 1973, S. 927 [929].

fentlichen Rechts angehören oder doch in einem untrennbaren Zusammenhang mit ihr stehen[600].

- Auch nach der Hessischen Verfassung können sich der Staat und Körperschaften des öffentlichen Rechts auf die Justizgrundrechte berufen. Diese objektiven Verfahrensgrundsätze gelten für jedes gerichtliche Verfahren. Sie müssen jedem zugute kommen, der nach den Verfahrensnormen parteifähig ist oder von einem Verfahren unmittelbar betroffen wird. Dies gilt unabhängig davon, ob es sich um eine natürliche oder juristische Person handelt. Auch der Staat kann, soweit er in einem gerichtlichen Verfahren Partei ist, sich mit den in der Prozessordnung vorgesehenen Mitteln wehren. Daher ist es nur folgerichtig, ihm zur Durchsetzung der verfassungsrechtlich gesicherten prozessualen Rechte auch eine Berufung auf die Prozessgrundrechte zu ermöglichen[601].

(c) Ergebnis

Danach gestaltet sich auch die Antwort auf die Frage, ob juristische Personen des öffentlichen Rechts grundrechtsfähig sein können, nach dem Grundgesetz und der Hessischen Verfassung einheitlich. Nach beiden Verfassungen können sich der Staat und juristische Personen des öffentlichen Rechts grundsätzlich nicht auf materielle Grundrechte berufen. Etwas anderes gilt für die Justizgrundrechte sowie in den Fällen, in denen die Körperschaft des öffentlichen Rechts unmittelbar dem durch das betreffende Grundrecht geschützten Lebensbereich zuzuordnen ist.

b) Grundrechtsmündigkeit

Von der Frage der Grundrechtsfähigkeit zu unterscheiden ist diejenige nach der Grundrechtsmündigkeit. Unter dem Begriff der Grundrechtsmündigkeit wird die Frage erörtert, ob und gegebenenfalls ab welchem Alter Minderjährigen die Fähigkeit zukommt, Grundrechte selbständig wahrnehmen zu können[602].

---

600 StGH, Beschluss vom 18.06.1980 - P.St. 878 -, StAnz. 1980, S. 1287 [1291]; *Günther*, Verfassungsgerichtsbarkeit, § 43 Rdnr. 29.

601 StGH, Urteil vom 15.07.1970 - P.St. 548/563 -, StAnz. 1970, S. 1669 [1673].

602 *Münch*, in: von Münch/Kunig, GG, Vorb. Art. 1 - 19 Rdnr. 11; *Dürig*, in: Maunz/Dürig/Herzog, GG, Art. 19 Abs. 3 Rdnr. 16. .

aa) Die Rechtslage nach dem Grundgesetz

Das Grundgesetz enthält für diese Frage keine ausdrückliche Bestimmung. Geht es darum, ob Minderjährige sich auf Grundrechte berufen können, könnte man versucht sein, eine Parallele zu der allgemeinen Geschäftsfähigkeit zu ziehen und damit auf die Grenzen abzustellen, die der Gesetzgeber generell für die Teilnahme Minderjähriger am Rechtsverkehr gezogen hat[603].

Allerdings darf man Geschäftsfähigkeit nach bürgerlichem Recht und Grundrechtsmündigkeit nicht miteinander gleichsetzen[604]. Für eine solche Begrenzung in der Ausübung von Grundrechten finden sich im Grundgesetz und insbesondere in den einzelnen Grundrechtsbestimmungen keinerlei Anhaltspunkte. Dies bedeutete zudem seinerseits eine Grundrechtsbeschränkung, die rechtfertigungsbedürftig wäre und einer Ermächtigungsgrundlage bedürfte. Eine solche Grundlage ist nicht ersichtlich. Verfassungsrechtlich lässt sich die Kategorie der Grundrechtsmündigkeit also nicht begründen[605]. Die Ausübung von Grundrechten, die allein an die menschliche Existenz als solche anknüpft, darf nicht an besondere Bedingungen gebunden sein[606]. Faktisch findet die Fähigkeit zur Grundrechtsausübung eine Grenze allerdings bei Grundrechten, die bestimmte Verhaltensweisen schützen und die der Betreffende aufgrund seines Alters schon nicht auszuüben in der Lage ist[607].

bb) Die Rechtslage nach der Hessischen Verfassung

Die Hessische Verfassung enthält ebenfalls keine ausdrückliche Bestimmung über die Grundrechtsmündigkeit. Der Staatsgerichtshof hat diese Frage bislang zwar offen gelassen[608]. Das Verlangen, die Grundrechtsausübung an ein bestimmtes Alter zu binden, stellt sich als Beschränkung der Grundrechte dar, für die eine Ermächtigung in der Verfassung selbst erforderlich wäre. Daran fehlt es indes. Im Übrigen wäre eine Altersbegrenzung auch mit dem Ziel, den Grundrechten eine möglichst weitgehende Geltung gegenüber dem Staat einzuräumen, nicht vereinbar[609]. Ein-

---

603 Vgl. hierzu *Pieroth/Schlink*, Rdnr. 124; *Münch*, in: von Münch/Kunig, GG, Vorb. Art. 1 - 19 Rdnr. 11.

604 *Münch*, in: von Münch/Kunig, GG, Vorb. Art. 1 - 19 Rdnr. 11.

605 *Robbers*, in: DVBl. 1987, S. 710 [713]; *Hesse*, Grundzüge, Rdnr. 285; *Hohm*, in: NJW 1986, S. 3107 [3108].

606 *Hohm*, in: NJW 1986, S. 3107 [3111].

607 *Sachs*, in: Sachs, GG, Vor Art. 1 Rdnr. 75; *Dreier*, in: Dreier, GG, Vorb. Rdnr. 113.

608 Urteil vom 27.10.1965 - P.St. 388 -, StAnz. 1965, S. 1394 [1397].

609 *Hinkel*, Art. 1 Erl. 1.1.

schränkungen ergeben sich insoweit allein in tatsächlicher Hinsicht aus der Einsichts- und Handlungsfähigkeit von Minderjährigen.

cc) Ergebnis

Festzuhalten bleibt, dass weder das Grundgesetz noch die Hessische Verfassung eine auf das Alter bezogene Beschränkung der Ausübung und Wahrnehmung von Grundrechten kennen. Übereinstimmend kommt es allenfalls zu faktischen Einschränkungen, nämlich aufgrund der Einsichts- und Handlungsfähigkeit der betroffenen Minderjährigen. Besser wäre es, diese Frage nicht als Problem der Ausübung von Grundrechten zu verstehen, sondern sie dem Fragenkreis um die Prozessfähigkeit von Minderjährigen zuzuordnen und auf den Begriff der Grundrechtsmündigkeit zu verzichten[610].

c) Grundrechtsgeltung im Sonderstatusverhältnis

aa) Die Rechtslage nach dem Grundgesetz

Die Grundrechte des Grundgesetzes beanspruchen Geltung auch im so genannten Sonderstatusverhältnis[611]. Dabei handelt es sich um Rechtsverhältnisse, die durch eine besonders enge Bindung der betroffenen Person an die staatliche Gewalt gekennzeichnet sind, wie zum Beispiel das Beamtenverhältnis, das Schulverhältnis und das Strafvollzugsverhältnis[612]. Ausgangspunkt war hier zunächst, dass die Grundrechte in derartigen Rechtsverhältnissen zum großen Teil gar nicht galten. Zwischenzeitlich hat sich die Auffassung durchgesetzt, dass auch in Sonderstatusverhältnissen die Grundrechte gelten und Eingriffe nur durch oder aufgrund Gesetz erfolgen dürfen[613]. Art. 1 Abs. 3 GG erklärt die Grundrechte für Gesetzgebung, vollziehende Gewalt und Rechtsprechung für unmittelbar verbindlich. Dem widerspräche es, wenn in Sonderstatusverhältnissen die Grundrechte beliebig oder nach Ermessen eingeschränkt werden könnten. Auch in Sonderstatusverhältnissen können die Grundrechte nur durch oder aufgrund Gesetzes eingeschränkt werden. Dies

---

610 So auch *Stern*, Staatsrecht, Bd. III/1, S. 1065.

611 Früher als besonderes Gewaltverhältnis bezeichnet, vgl. *Loschelder*, in: Isensee/Kirchhof, Handbuch des Staatsrechts, § 123 Rdnr. 2.

612 *Münch*, in: von Münch/Kunig, GG, Vorb. Art. 1 - 19 GG, Rdnr. 59.

613 *Jarass*, in: Jarass/Pieroth, GG, Vorb. vor Art. 1 Rdnr. 39; *Herdegen*, in: Maunz/Dürig/Herzog, GG, Art. 1 Abs. 3 Rdnr. 47; *Starck*, in: von Mangoldt/Klein/Starck, GG, Art. 1 Rdnr. 298; *Höfling*, in: Sachs, GG, Art. 1 Rdnr. 93; *Dreier*, in: Dreier, Vorb. Rdnr. 134; *Menzel*, in: Bonner Kommentar, Art. 1 Abs. 3 n.F. Erl. 3.

kommt nur dann in Betracht, wenn es zur Erreichung eines von der Werteordnung des Grundgesetzes gedeckten gemeinschaftsbezogenen Zwecks erforderlich ist und in den dafür verfassungsrechtlich vorgesehenen Formen geschieht[614].

bb) Die Rechtslage nach der Hessischen Verfassung

Zwar ist der Staatsgerichtshof in einer frühen Entscheidung davon ausgegangen, der Grundsatz, dass Eingriffe in die Freiheit nur aufgrund eines Gesetzes zulässig seien, gelte nicht für Personen, die sich in einem besonderen Gewaltverhältnis zum Staat befänden[615].

Dies vermag bei der dezidiert auf Gleichheit, Freiheit und Menschenwürde angelegten Hessischen Verfassung nicht zu überzeugen. Anhaltspunkte für eine derartige Einschränkung enthält der Wortlaut der Grundrechte nicht. Insbesondere Art. 2 Abs. 2 HV, der den Gesetzesvorbehalt zum Grundrecht erhebt, spricht gegen diese Sicht. Auch ließe sie sich nicht mit dem Bestreben der Hessischen Verfassung vereinbaren, eine möglichst große Reichweite und Wirkung der Grundrechte zu erzielen. So hat der Staatsgerichtshof in einer späteren Entscheidung denn auch ausgeführt: „Dem allgemeinen Gesetzesvorbehalt steht nicht entgegen, dass das Schulverhältnis herkömmlicherweise als Erscheinungsform des besonderen Gewaltverhältnisses verstanden wird. Zwar entzog die überkommene Lehre das besondere Gewaltverhältnis insbesondere dem Gesetzesvorbehalt und überließ es der Verwaltungsverordnung. Der historische Nachweis, dass das besondere Gewaltverhältnis vorkonstitutionell nicht dem Gesetzesvorbehalt im Sinne der erweiterten Freiheits- und Eigentumsformel unterlag, bietet keine Rechtfertigung für eine entsprechende Auslegung der Hessischen Verfassung[616]".

cc) Ergebnis

Gleichermaßen beanspruchen sowohl die Grundrechte der Hessischen Verfassung als auch die Grundrechte des Grundgesetzes uneingeschränkt Geltung in den so genannten Sonderstatusverhältnissen. Unterschiede in den Gewährleistungsgehalten der Grundrechte der beiden Verfassungen bestehen also nicht.

---

614 BVerfG, Beschluss vom 14.03.1972 - 2 BvR 41/71 -, BVerfGE 33, 1 [10 f.]; vgl. auch Beschlüsse vom 21.12.1977 - 1 BvL 1/75, 1 BvR 147/75 -, BVerfGE 47, 45 [78 ff.], für das Schulverhältnis, und vom 21.10.1981 - 1 BvR 52/81 -, BVerfGE 58, 358 [367]; für Strafgefangene, sowie Urteil vom 24.09.2003 - 2 BvR 1436/02 -, BVerfGE 108, 282 [296].

615 Beschluss vom 23.05.1949 - P.St. 181 -, ESVGH 11/II 16; siehe auch *Stein*, in: Zinn/Stein, Hessische Verfassung, Vor Art. 1 Erl. IV.1.

616 StGH, Urteil vom 15.07.1970 - P.St. 548/563 -, StAnz. 1970, S. 1669 [1677].

d) Der Grundrechtseingriff

In einem klassischen Sinne stellen die Grundrechte in erster Linie Abwehrrechte gegenüber dem Staat dar[617]. Sie weisen einen Schutzbereich auf, der verfassungsrechtlich „das Potential der geschützten Freiheitsbetätigung[618]" umschreibt. Mit Hilfe des Schutzbereichs wird derjenige tatsächliche Lebensbereich definiert, der einem staatlichen Zugriff zunächst entzogen sein soll. Gesetze und auf ihrer Grundlage auch die vollziehende Gewalt wirken aber in einer Vielzahl von Fällen beschränkend in diesen tatbestandlich fixierten Schutzbereich hinein[619]. Durch einen Grundrechtseingriff reduziert der Staat den grundrechtlich geschützten Freiheitsbereich. Die Grundrechte geben dem Einzelnen das Recht, diese Reduzierung abzuwehren, und begründen für den Staat eine Pflicht, den Eingriff zu rechtfertigen[620]. Im Interesse der Freiheit des Einzelnen bestehen für einen Eingriff besondere Anforderungen, die sich vor allem aus der Schrankenregelung des betroffenen Grundrechts und dem Verhältnismäßigkeitsprinzip ergeben[621]. Die Erfüllung dieser besonderen Anforderungen und damit die Rechtfertigungspflicht des Staates haben einen Grundrechtseingriff zur Voraussetzung[622]. Zu klären ist daher der Begriff des Grundrechtseingriffs.

aa) Die Rechtslage nach dem Grundgesetz

Ein Grundrechtseingriff im herkömmlichen Sinne setzt einen rechtsförmigen Vorgang voraus, „der unmittelbar und gezielt (final) durch ein vom Staat verfügtes, erforderlichenfalls zwangsweise durchzusetzendes Ge- oder Verbot, also imperativ, zu einer Verkürzung grundrechtlicher Freiheiten führt[623]". Voraussetzung für einen

---

617 BVerfG, Urteil vom 15.01.1968 - 1 BvR 400/51 -, BVerfGE 7, 198 [204 f.], und Beschluss vom 31.10.1984 - 1 BvR 33, 356, 794/82 -, BVerfGE 68, 193 [205]; *Bethge*, in: VVDStRL 57 [1998], S. 7 [14]. Ein Eingehen auf neuere Grundrechtstheorien erfolgt in dieser Untersuchung nicht, vgl. hierzu eingehend *Alexy*, Theorie der Grundrechte, und zusammenfassend *Böckenförde*, in: NJW 1974, S. 1529 ff.

618 *Isensee*, in: Isensee/Kirchhof, Handbuch des Staatsrechts, § 121 Rdnr. 38.

619 *Isensee*, in: Isensee/Kirchhof, Handbuch des Staatsrechts, § 121 Rdnr. 45.

620 *Bethge*, in: VVDStRL 57 [1998], S. 7 [10 f.].

621 BVerfG, Beschluss vom 25.03.1992 - 1 BvR 1430/88 -, BVerfGE 85, 386 [397].

622 Vgl. *Bethge*, in: VVDStRL 57 [1998], S. 7 [37]: „Der Grundrechtseingriff löst den Rechtfertigungszwang des Staates aus".

623 BVerfG, Beschluss vom 26.06.2002 - 1 BvR 670/91 -, BVerfGE 103, 279 [300]; ebenso *Starck*, in: von Mangoldt/Klein/Starck, GG, Art. 1 Rdnr. 265; *Herdegen*, in: Maunz/Dürig/Herzog, GG, Art. 1 Abs. 3 Rdnr. 39; *Dreier*, in: Dreier, GG, Vorb. Rdnrn. 124 f.

Eingriff sind danach die vier Elemente Finalität, Unmittelbarkeit, Rechtsaktqualität und Befehls- bzw. Zwangscharakter[624].

Diese Umschreibung erfasst jedoch die Vielgestaltigkeit von denkbaren Verkürzungen grundrechtlich geschützter Freiheit nicht abschließend[625]. Der Schutz der Grundrechte darf sich nicht auf derart qualifizierte Beeinträchtigungen der geschützten Rechtsgüter beschränken. Das würde dem Ziel eines umfassenden Grundrechtsschutzes nicht gerecht[626]. Vielmehr gilt ein Gebot des lückenlosen Grundrechtsschutzes[627]. Den Schutz vor Grundrechtsbeeinträchtigungen hat insbesondere das Grundgesetz nicht an den Begriff des Eingriffs gebunden oder diesen inhaltlich vorgegeben[628]. Grundrechte sollen die Freiheit effektiv schützen. Die geschützten Freiheiten können aber nicht nur durch Rechtsakte, sondern auch durch faktische Maßnahmen beeinträchtigt werden. Auch diese greifen in den Schutzbereich eines Grundrechts ein[629]. Als „Faustregel[630]" lässt sich insoweit darauf abstellen, dass jedes staatliche Handeln, das dem Einzelnen ein Verhalten, das in den Schutzbereich fällt, unmöglich macht oder wesentlich erschwert, einen Grundrechtseingriff darstellt[631].

Für den Grundrechtseingriff kann es also nicht auf die Form staatlichen Handelns ankommen. Maßgeblich müssen vielmehr seine Wirkungen sein[632]: Den Einzelnen interessiert es nicht, wie und wozu Verwaltungsorgane in seine Grundrechte eingreifen. Für ihn ist nur wichtig, den faktischen Eingriff in seine Grundrechte, d.h. das Ergebnis des Verwaltungshandelns, abwehren zu können[633]. Um aber ganz entfernte Kausalitäten im Interesse der Handlungsfähigkeit des Staates und seiner Organe aus dem Eingriffsbegriff auszuschließen, kann auf eine Unmittelbarkeit der Grund-

---

624 *Sachs*, in: JuS 1995, S. 303; *Isensee*, in: Isensee/Kirchhof, Handbuch des Staatsrechts, § 111 Rdnr. 61; *Bethge*, in: VVDStRL 57 [1998], S. 7 [38]; *Weber*-Dürler, in: VVDStRL 57 [1998], S. [60].

625 *Bethge*, in: VVDStRL 57 [1998], S. 7 [39].

626 *Sachs*, in: JuS 1995, S. 303 [304].

627 *Bethge*, in: VVDStRL 57 [1998], S. 7 [20].

628 BVerfG, Beschluss vom 26.06.2002 - 1 BvR 670/91 -, BVerfGE 103, 279 [300].

629 *Murswiek*, in: DVBl. 1997, S. 1021 [1025]; vgl. auch *Münch*, in: von Münch/Kunig, GG, Vorb. Art. 1 - 19 Rdnr. 51; *Sachs*, in: Sachs, GG, Vor Art. 1 Rdnr. 83.

630 *Bethge*, in: VVDStRL 57 [1998], S. 7 [40].

631 *Bethge*, a.a.O.; *Isensee*, in: Isensee/Kirchhof, Handbuch des Staatsrechts, § 111 Rdnr. 59; *Herdegen*, in: Maunz/Dürig/Herzog, GG, Art. 1 Abs. 3 Rdnr. 39; vgl. auch *Weber*-Dürler, in: VVDStRL 57 [1998], S. [69]; *Pieroth/Schlink*, Rdnr. 240.

632 *Bleckmann/Eckhoff*, in: DVBl. 1988, S. 373 [376]; *Lübbe-Wolff*, in: NJW 1987, S. 2706 [2710].

633 *Bleckmann*, Staatsrecht II, § 12 Rdnr. 40.

rechtsbeeinträchtigung nicht verzichtet werden[634], d.h. die grundrechtsbeeinträchtigende Wirkung muss dem Staat zurechenbar sein[635].

Ein Eingriff liegt also auch dann vor, wenn staatliche Handlungen auf andere Ziele gerichtet sind, als unbeabsichtigte Nebenfolge aber eine den Schutzbereich verletzende Wirkung entfalten[636]. Gleiches gilt, wenn der Staat mit der Verursachung von Nachteilen für einen Grundrechtsträger dessen Verhalten gezielt zu beeinflussen versucht[637].

Lassen sich im zweiseitigen Verhältnis Bürger-Staat anhand der dargestellten Faustformel in der überwiegenden Zahl der Fälle zutreffende Ergebnisse erzielen, ist fraglich, ob sie auch herangezogen werden kann, wenn die Grundrechtsbeeinträchtigung durch das Handelns eines privaten Dritten verursacht wird[638]. Dies betrifft insbesondere das Thema von Warnungen und staatlichem Informationshandeln und stellt das eigentliche Problemfeld des mittelbaren Grundrechtseingriffs dar. Die Beeinträchtigung liegt hier nicht „in einem staatlicherseits geforderten Verhalten des Normadressaten, sondern in den Wirkungen staatlichen Handelns für einen Dritten, die insbesondere vom Verhalten anderer Personen abhängen. Die Beeinträchtigung entsteht aus einem komplexen Geschehensablauf, bei dem Folgen grundrechtserheblich werden, die indirekt mit dem eingesetzten Mittel oder dem verwirklichten Zweck zusammenhängen[639]“. Ist der Grundrechtsschutz unter der Geltung des Grundgesetzes nicht auf Eingriffe im herkömmlichen Sinne begrenzt, sondern auf faktische und mittelbare Beeinträchtigungen auszudehnen[640], ist ein Eingriff hier jedenfalls dann anzunehmen, wenn der private Dritte zu dem grundrechtsbeeinträchtigenden Handeln durch den Staat veranlasst worden ist[641].

---

634 *Bleckmann*, Staatsrecht II, § 12 Rdnr. 49; *Gusy*, in: NJW 2000, S. 977 [983]; vgl. auch *Bleckmann/Eckhoff*, in: DVBl. 1988, S. 373 [380]; *Scherzberg*, in: DVBl. 1989, S. 1128 [1131].

635 BVerfG, Beschluss vom 16.12.1983 - 2 BvR 1160, 1565, 1714/83 -, BVerfGE 66, 39 [60]; Pieroth/Schlink, Rdnr. 240.

636 *Gusy*, in: NJW 2000, S. 977 [983], mit anschaulichen Beispielen; *Pieroth/Schlink*, Rdnr. 241.

637 *Murswiek*, in: DVBl. 1997, S. 1021 [1025]; *Bleckmann/Eckhoff*, in: DVBl. 1988, S. 373 [377]; *Weber-Dürler*, in: VVDStRL 57 [1998], S. 66; vgl. BVerfG, Beschlüsse vom 12.05.1987 - 2 BvR 1226/83, 101, 313/84 -, BVerfGE 76, 1 [49], vom 12.10.1977 - 1 BvR 217, 216/78 -, BVerfGE 46, 120 [137 f.], vom 24.02.1971 - 1 BvR 438, 456, 484/68 und 1 BvL 40/69, BVerfGE 30, 227, [242 f.], und vom 30.10.1961 - 1 BvR 833/59 -, BVerfGE 13, 181 [185 f.].

638 Vgl. hierzu *Bleckmann/Eckhoff*, in: DVBl. 1988, S. 373 [377].

639 BVerfG, Beschluss vom 26.06.2002 - 1 BvR 670/91 -, BVerfGE 103, 279 [304].

640 BVerfG, Beschluss vom 26.06.2002 - 1 BvR 670/91 -, BVerfGE 103, 279 [303].

641 *Bleckmann/Eckhoff*, in: DVBl. 1988, S. 373 [377 f.]; *Cremer*, in: JuS 2003, S. 747 [750]; *Sachs*, in: JuS 1995, S. 303 [305]; *Sachs*, Vor Art. 1 Rdnr. 89; *Dreier*, in: Dreier, Vorb. Rdnr. 128;

bb) Die Rechtslage nach der Hessischen Verfassung

Wie sich aus vielfältigen Hinweisen aus der Entstehungsgeschichte der Hessischen Verfassung ergibt, sollen die durch sie gewährleisteten Grundrechte in erster Linie Abwehrrechte gegenüber dem Staat darstellen und somit umfassenden Schutz für im Einzelnen bestimmte Freiheitsbereiche der Bürger gewährleisten. Ausgehend davon wird in ein Grundrecht der Hessischen Verfassung eingegriffen, wenn das staatliche Handeln dessen Schutz beeinträchtigt, d.h. verkürzt und so dem Einzelnen die Ausübung der gewährleisteten Freiheit erschwert oder gar unmöglich macht. Die Grundrechte der Hessischen Verfassung schützen danach zunächst gegen klassische Eingriffe in den Schutzbereich durch den Staat, die durch Unmittelbarkeit, Finalität, Zwangscharakter und Rechtsaktqualität gekennzeichnet sind. Dies folgt auch aus Art. 2 Abs. 2 HV, der die Freiheit vor ungesetzlichem Zwang schützt.

Den Schutz der Grundrechte auf diesen engen Begriff des Eingriffs zu beschränken, würde ihrem Zweck jedoch nicht gerecht. Der Staat kann in vielfacher Weise durch Grundrechte geschützte Verhaltensweisen und Freiheitsbereiche seiner Bürger beeinträchtigen. Dies muss nicht stets unmittelbar oder zielgerichtet erfolgen. Für den Bürger ist insoweit allein maßgeblich, ob er das geschützte Verhalten weiter vornehmen, in dem geschützten Freiheitsbereich ungestört von staatlichen Maßnahmen leben und wie er staatliche Beeinträchtigung abwehren kann. Auf die Art und Weise, wie der Staat dies beeinträchtigt, kommt es dabei nicht an. Dies wird auch durch den Wortlaut einiger Grundrechtsnormen deutlich. So schreibt beispielsweise Art. 10 HV vor, dass niemand in der Verbreitung seiner Werke gehindert werden darf. Die Behinderung in der Verbreitung kann nun ebenso durch gezielte staatliche Eingriffe in Gestalt eines Verbots erfolgen als auch als mittelbare Folge staatlichen Handelns denkbar sein, das eine ganz andere Zielrichtung verfolgt. In die Grundrechte der Hessischen Verfassung kann danach also auch durch faktische Maßnahmen eingegriffen werden. Ein Eingriff muss aber auch dann angenommen werden, wenn sich die Beeinträchtigung des Schutzbereichs nur als mittelbare Folge staatlichen Handelns darstellt, da es ansonsten zu Verkürzungen des Grundrechtsschutzes kommen könnte[642]. Allerdings ist hier eine Begrenzung vorzunehmen, da ansonsten eine Handlungsunfähigkeit des Staates zu befürchten wäre, wenn jede

Starck, in: von Mangoldt/Klein/Starck, GG, Art. 1 Rdnr. 265; wohl auch *Gusy*, in: NJW 2000, S. 977 [983].

642 Vgl. zu Vorstehendem *Hecker*, Rdnr. 171.

- und sei es auch noch so entfernte - staatliche Ursache für eine Grundrechtsbeeinträchtigung die Pflicht zur Rechtfertigung auslösen würde. Erforderlich ist daher, dass die Beeinträchtigung des Schutzbereichs eines Grundrechts dem staatlichen Handeln nach Abwägung aller Umstände zugerechnet werden kann.

Darüber hinaus beschränkt sich der Staat in der heutigen Zeit nicht mehr nur auf seine klassischen Handlungsformen, sondern wirkt in einer Vielzahl von Fällen auch dadurch auf den Schutzbereich von Grundrechten ein, dass er das Verhalten von Dritten lenkt (z.B. durch Warnungen, staatliches Informationshandeln, Subventionen). Macht der Staat insoweit durch sein Handeln Dritte gleichsam zu seinem Werkzeug, indem er sie zu einem bestimmten Verhalten motiviert, dies den Zweck seiner Maßnahme darstellt und es dadurch zu einer Beeinträchtigung eines Grundrechts kommt, muss dies als Eingriff qualifiziert werden, da es ansonsten zu Lücken in dem vom Verfassunggeber beabsichtigten umfassenden Grundrechtsschutz kommen könnte.

cc) Ergebnis

Die Grundrechte der Hessischen Verfassung schützen in gleicher Weise wie diejenigen des Grundgesetzes umfassend vor staatlichen Beeinträchtigungen ihres Schutzbereichs durch staatliches Handeln. In welcher Weise die Beeinträchtigung dabei verursacht wird, ob final, unmittelbar, faktisch oder mittelbar, ist unerheblich, soweit die nachteiligen Folgen dem Staat zugerechnet werden können.

d) Grundrechtsschranken

aa) Gesetzesvorbehalte

Ein Eingriff in den Schutzbereich eines Grundrechts ist nur zulässig, wenn er von der Verfassung selbst erlaubt wird. Zu unterscheiden sind dabei Grundrechte mit einfachen Gesetzesvorbehalten, Grundrechte mit qualifizierten Gesetzesvorbehalten sowie Grundrechte ohne Vorbehalt[643].

Ein grundrechtlicher Gesetzesvorbehalt ist anzunehmen, wenn das betreffende Grundrecht den Gesetzgeber zu einer Beschränkung, Beeinträchtigung oder Rege-

---

[643] Vgl. *Starck*, in: von Mangoldt/Klein/Starck, GG, Art. 1 Rdnrn. 268 – 271; *Dreier*, in: Dreier, GG, Vorb. Rdnr. 136.

lung im Schutzbereich des Grundrechts ermächtigt[644]. Qualifizierte Gesetzesvorbehalte lassen eine Beschränkung des Grundrechts nur bei bestimmten Situationen, zu bestimmten Zwecken oder nur durch bestimmte Mittel zu[645]. Demgegenüber enthält der einfache Gesetzesvorbehalt keine Einschränkung der Ermächtigung[646]. Eine Ermächtigung zu näherer Regelung durch Gesetz stellt keinen Gesetzesvorbehalt dar und erlaubt daher keine Grundrechtseinschränkung[647].

Gesetzesvorbehalte sehen regelmäßig eine Einschränkung durch oder auf Grund eines Gesetzes vor. Da mit Gesetz ein förmliches Gesetz gemeint ist, kann die Einschränkung unmittelbar durch förmliches Gesetz oder auf Grund eines solchen durch untergesetzliche Normen oder durch Verwaltungsakt erfolgen[648].

Weist das betreffende Grundrecht keinen Gesetzesvorbehalt auf, kommt eine Einschränkung des Grundrechts „mit Rücksicht auf die Einheit der Verfassung und die von ihr geschützte Wertordnung[649]" allein aufgrund kollidierender Grundrechte Dritter oder sonstiger Rechtsgüter mit Verfassungsrang in Betracht[650]. Gekennzeichnet ist diese Situation dadurch, dass Grundrechte mehrerer Grundrechtsträger aufeinander treffen oder ein Grundrecht auf ein sonstiges Rechtsgut von Verfassungsrang trifft. Die Ausübung des Grundrechts ist mit der Grundrechtsausübung des anderen oder dem sonstigen Verfassungsgut nicht vereinbar. In diesem Falle wird ein Grundrecht oder das in Rede stehende Rechtsgut von Verfassungsrang zur Schranke des anderen Grundrechts mit der Folge, dass Eingriffe in ein Grundrecht durch das kollidierende Grundrecht oder das Verfassungsgut gerechtfertigt werden können. Das Prinzip der Einheit der Verfassung stellt dem Gesetzgeber insoweit die Aufgabe ei-

644 *Jarass*, in: Jarass/Pieroth, GG, Vorb. vor Art. 1 Rdnr. 40; *Sachs*, in: Sachs, GG, Vor Art. 1 Rdnr. 101.

645 *Jarass*, in: Jarass/Pieroth, GG, Vorb. vor Art. 1 Rdnr. 40; *Sachs*, in: Sachs, GG, Vor Art. 1 Rdnr. 116; *Sachs*, in: JuS 1995, S. 693 [696].

646 *Sachs*, in: Sachs, GG, Vor Art. 1 Rdnr. 115.

647 *Jarass*, in: Jarass/Pieroth, GG, Vorb. vor Art. 1 Rdnr. 41; *Sachs*, in: Sachs, GG, Vor Art. 1 Rdnr. 102.

648 *Jarass*, in: Jarass/Pieroth, GG, Vorb. vor Art. 1 Rdnr. 42.

649 BVerfG, Beschluss vom 26.05.1970 - 1 BvR 83, 244 und 365/69 -, BVerfGE 28, 243 [261].

650 BVerfG, Beschluss vom 24.02.1971 - 1 BvR 435/68 -, BVerfGE 30, 173 [193]: „nach Maßgabe der grundgesetzlichen Wertordnung und unter Berücksichtigung der Einheit dieses grundlegenden Verfassungssystems"; Beschlüsse vom 19.10.1971 – 1 BvR 287/65 -, BVerfGE 32, 98 [108], vom 11.04.1972 - 2 BvR 75/71 -, BVerfGE 33, 23, [29], vom 25.04.1972 - 1 BvL 13/67 -, BVerfGE 33, 52 [71], und vom 01.03.1978 - 1 BvR 333/75 und 174, 178, 191/71 -, BVerfGE 47, 327 [359]: „Auch ohne Vorbehalt gewährte Freiheitsrechte müssen im Rahmen gemeinschaftsgebundener Verantwortung gesehen werden"; Beschluss vom 17.07.1984 - 1 BvR 816/82 -, BVerfGE 67, 213 [228]: „... Grenzen unmittelbar in anderen Bestimmungen der Verfassung finden, die ein in der Verfassungsordnung des Grundgesetzes ebenfalls wesentliches Rechtsgut schützen"; vgl. auch *Starck*, in: von Mangoldt/Klein/Starck, GG, Art. 1 Rdnr. 275.

ner Optimierung: Beiden Gütern müssen Grenzen gezogen werden, damit beide zu optimaler Wirksamkeit gelangen können. Die Grenzziehungen müssen daher im jeweiligen konkreten Fall verhältnismäßig sein; sie dürfen nicht weiter gehen, als es notwendig ist, um die Konkordanz beider Rechtsgüter herzustellen[651]. Allerdings ist hierbei größtmögliche Zurückhaltung geboten, um die unterschiedliche Qualität von vorbehaltlos gewährleisteten Grundrechten und solchen mit Einschränkungsmöglichkeiten nicht zu verwischen[652]. Der Gesetzgeber unterliegt, schränkt er ein vorbehaltlos gewährleistetes Grundrecht ein, also erhöhten Anforderungen an die Rechtfertigung seiner Maßnahme[653].

Auch bei einer solchen Einschränkung aufgrund verfassungsimmanenter Schranken gilt der Vorbehalt des Gesetzes, d.h. der Gesetzgeber muss die für die Grundrechtsverwirklichung wesentlichen Regelungen selbst treffen. Er darf sie nicht dem Handeln und der Entscheidungsmacht der Exekutive überlassen[654].

(a) Ausgestaltung der Gesetzesvorbehalte im Grundgesetz

Das Grundgesetz enthält nur eine geringe Anzahl von vorbehaltlos gewährleisteten Grundrechten. Hierzu gehören insbesondere der Schutz der Menschenwürde in Art. 1 Abs. 1 GG sowie die Glaubens- und Gewissensfreiheit des Art. 4 GG. Ebenfalls vorbehaltlos gewährleistet ist die Freiheit der Kunst und Wissenschaft sowie der Forschung und Lehre nach Art. 5 Abs. 3 Satz 1 GG. Der Schutz der Menschenwürde des Art. 1 Abs. 1 GG unterliegt jedoch nicht der Beschränkbarkeit aufgrund verfassungsimmanenter Schranken[655].

Qualifizierte Gesetzesvorbehalte finden sich beispielsweise in Art. 6 Abs. 3, Art. 8 Abs. 2, Art. 11 Abs. 2, Art. 13 Abs. 2 und 7 sowie Art. 16 Abs. 2 Satz 2 GG. Demgegenüber enthalten Art. 2 Abs. 2 Satz 3, Art. 10 Abs. 2 Satz 1, Art. 12 Abs. 2 Satz 1, Art. 14 Abs. 1 Satz 2 GG nur einfache Gesetzesvorbehalte.

---

651 *Hesse*, Grundzüge, Rdnr. 72.

652 *Jarass*, in: Jarass/Pieroth, GG, Vorb. vor Art. 1 Rdnr. 45.

653 *Michael*, in: JuS 2001, S. 148 [150]; *Sachs*, in: JuS 1995, S. 984 [989].

654 BVerfG, Urteile vom 27.11.1990 - 1 BvR 402/87 -, BVerfGE 83, 130 [142], und vom 24.03.2003 - 2 BvR 1436/02 -, BVerfGE 108, 282 [311 f.]; Beschluss vom 23.06.2004 - 1 BvQ 19/04 -, BVerfGE 111, 147 [157 f.]; a.A. abweichende Meinung zu 24.03.2003 - 2 BvR 1436/02 -, BVerfGE 108, 282 [335 ff.].

655 BVerfG, Beschluss vom 10.10.1995 - 1 BvR 1476, 1980/91 und 102, 221/92 -, BVerfGE 93, 266 [293]; *Kunig*, in: von Münch/Kunig, GG, Art. 1 Rdnr. 4.

(b) Ausgestaltung der Gesetzesvorbehalte in der Hessischen Verfassung

Die Hessische Verfassung weist eine eigengeartete Schrankensystematik auf. Im Ersten Abschnitt des Ersten Hauptteils „Gleichheit und Freiheit" werden die Grundrechte in der Regel schrankenlos gewährleistet. Möglichkeiten, diese Grundrechte einzuschränken, finden sich erst in dem Zweiten Abschnitt „Grenzen und Sicherung der Menschenrechte". Die dort normierten Gesetzesvorbehalte sind in der Regel qualifizierte, z.B. Art. 18, 23, 24 HV.

Überwiegend sind die Grundrechte der Hessischen Verfassung demzufolge vorbehaltlos gewährleistet und unterliegen nur teilweise einer Verwirkung nach Art. 17 HV.

Die Gewährung überwiegend vorbehaltloser Grundrechte stellt eine bewusste Abkehrung von der Weimarer Verfassung dar[656]. In dem den Beratungen des Verfassungsausschusses der Verfassungberatenden Landesversammlung Groß-Hessen zugrunde liegenden Verfassungsentwurf waren noch an einer Vielzahl von Stellen den Grundrechten entsprechende Gesetzesvorbehalte beigefügt[657]. Diesem System stand man aber im Verfassungsausschuss grundsätzlich ablehnend gegenüber und wollte es nicht übernehmen. So äußerte der Abgeordnete Dr. Kanka (CDU) sich wie folgt: „Die Gefahr der Durchlöcherung [der Grundrechte] hat der Jellineksche Entwurf nach unserer Ansicht nicht nur nicht vermieden, sondern er hat sie in ganz besonderem Maße geschaffen. Es ist eine Gefahr, die darin liegt, dass durch ein Gesetz, und zwar durch ein einfaches Gesetz Ausnahmen geschaffen werden können. Das halte ich für bedenklich. Man soll lapidar, klar und deutlich mit kurzen Worten von Gewicht feststellen: das und das sind die Grundrechte. Und dann soll man in einer einzigen Bestimmung zusammenstellen, wo im Einzelnen diese Rechte ihre Grenze haben[658]". Es bestand Einigkeit, dass man die Ausnahmen von den Grundrechten in einem besonderen Artikel, in einer Art Katalog zusammenfassen wollte[659]. Diese Einmütigkeit setzte sich in den Beratungen der Verfassungberatenden Landesversammlung Groß-Hessen fort: „Auch die Weimarer Verfassung hat derartige Grundrechte enthalten. Aber die Weimarer Verfassung unterschied sich von

---

656 *Hecker*, Rdnr. 173.

657 Siehe hierzu *Berding*, Entstehung, S. 173 ff.

658 Stenographische Protokolle der Beratungen des Verfassungsausschusses der Verfassungberatenden Landesversammlung Groß-Hessen, S. 97; ebenso *Euler* [LDP], ebda., S. 97; *Caspary* [SPD], ebda., S. 97 f.

659 Ebda., S. 98.

dem Ihnen vorliegenden Entwurf im Wesentlichen darin, dass fast jedem Artikel der Satz angehängt war: Im Rahmen des Gesetzes, oder: In den Schranken des Gesetzes, oder: Das Nähere bestimmt das Gesetz. Damit nahm die Weimarer Verfassung dem Staatsbürger die Möglichkeit, sich unmittelbar auf den Text und auf die Bestimmungen dieser Grundrechte zu berufen. Es war die einmütige Absicht des Verfassungsausschusses, dass das geändert werden müsse. Infolgedessen ist in den Artikeln 1 bis 14 bis auf eine Stelle, an der wir auf das Gesetz verweisen mussten, vermieden worden, auf ein besonderes Ausführungsgesetz zu verweisen, um so die Möglichkeit auszuschalten, im Rahmen der allgemeinen Gesetzgebung Einschränkungen dieser Grundrechte vorzunehmen. Die Grenzen dieser Grundrechte, die sich aus dem Zusammenleben der Gemeinschaft ergeben und die unbedingt beachtet werden müssen, wurden dann von uns im II. Abschnitt zusammengestellt[660]".

(c) Ergebnis

Die Hessische Verfassung unterscheidet sich in der Systematik der Beschränkungsmöglichkeiten von Grundrechten wesentlich von derjenigen des Grundgesetzes. Die Gesetzesvorbehalte in den Art. 1 bis 26 HV sind in der Regel qualifizierte. In weit überwiegendem Maße sind die Grundrechte der Art. 1 bis 16 HV dagegen vorbehaltlos gewährleistet, so dass Einschränkungen durch Gesetz oder aufgrund Gesetzes vom Grundsatz her nicht zulässig sind. Allerdings liegt der Hessischen Verfassung der Gedanke zugrunde, dass der Mensch nicht isoliert für sich lebt, sondern sich in der und bezogen auf die Gemeinschaft entfaltet, so dass ein „Pflichten- und Verantwortungsverhältnis[661]" begründet wird. Im Interesse eines geordneten Zusammenlebens kann die Freiheit des Einzelnen daher nicht unbegrenzt sein, sondern muss auch bei vorbehaltlos gewährleisteten Grundrechten Begrenzungen unterliegen. Dieser Grundgedanke wird auch in Art. 2 Abs. 1 HV deutlich, der die allgemeine Handlungsfreiheit unter den Vorbehalt der verfassungsmäßigen Ordnung und der Rechte anderer stellt. Dies macht erkennbar, dass bei Berücksichtigung des Gedankens der Einheit der Verfassung die Rechte des Einzelnen ihre Grenze in den Grundrechten anderer und in den für das Funktionieren der Gemeinschaft unerlässlichen verfassungsrechtlich geschützten Rechtsgütern finden sollen.

---

660 *Caspary* [SPD] als Berichterstatter in der Beratung der Verfassunggebenden Landesversammlung Groß-Hessen, Stenographische Protokolle, S. 136.

661 *Hinkel*, Einführung Erl. 3.2.

Auch die Grundrechte der Hessischen Verfassung unterliegen danach verfassungsimmanenten Schranken[662].

bb) Gesetzliche Grundlage

(a) Anforderungen des Grundgesetzes

Gesetzesvorbehalte sehen regelmäßig eine Einschränkung durch Gesetz oder auf Grund eines Gesetzes vor. Da mit Gesetz ein förmliches Gesetz gemeint ist, kann die Einschränkung unmittelbar durch förmliches Gesetz oder auf Grund eines solchen durch untergesetzliche Normen oder durch Verwaltungsakte erfolgen[663].

(b) Anforderungen nach der Hessischen Verfassung

Gemäß Art. 2 Abs. 2 HV darf niemand zu einer Handlung, Duldung oder Unterlassung gezwungen werden, wenn dies nicht durch ein Gesetz oder eine auf Gesetz beruhende Bestimmung verlangt oder zugelassen wird. Bei Art. 2 Abs. 2 HV handelt es sich um eine allgemeine grundrechtliche Gewährleistung der Freiheit von ungesetzlichem Zweck. Für alle Grundrechtseingriffe bedarf es also einer gesetzlichen Grundlage[664]. Art. 63 Abs. 2 HV präzisiert dieses generelle Erfordernis ausdrücklich dahingehend, dass eine formell-gesetzliche Regelung erforderlich ist[665].

cc) Schranken-Schranken

(a) Schranken-Schranken nach dem Grundgesetz

Allein der Umstand, dass ein Grundrecht Beschränkungen zulässt, genügt noch nicht zur verfassungsrechtlichen Rechtfertigung eines Eingriffs. Vielmehr bestehen weitere Anforderungen, die der Gesetzgeber unabhängig von dem betroffenen Grundrecht bei einer Einschränkung zu beachten hat.

Der Gesetzgeber muss zum einen nach der Verteilung des Grundgesetzes die Kompetenz zum Erlass des entsprechenden Gesetzes besitzen (Art. 70 ff. GG), zum anderen die in der Verfassung geregelten Formalien des Gesetzgebungsverfahrens einhalten (Art. 76 ff., 82 GG).

---

662 Für eine Übertragung des Gedankens der verfassungsimmanenten Schranken auch *Hecker*, Rdnr. 174; der Hessische Staatsgerichtshof hat sich zu dieser Frage bislang nicht geäußert.

663 *Jarass*, in: Jarass/Pieroth, GG, Vorb. vor Art. 1 Rdnr. 42; *Sachs*, in: Sachs, GG, Vor Art. 1 Rdnr. 107.

664 Im Einzelnen zu Art. 2 Abs. 2 HV siehe unten D. II. 2.

665 *Hecker*, Rdnr. 175.

Weiter gehören zu den allgemeinen Anforderungen das Verbot der Einzelfallgesetzgebung nach Art. 19 Abs. 1 Satz 1 GG und die Beachtung des Zitiergebots nach Art. 19 Abs. Abs. 1 Satz 2 GG bei Grundrechten, die aufgrund einer ausdrücklichen Ermächtigung vom Gesetzgeber eingeschränkt werden dürfen[666]. Keinesfalls darf durch ein Gesetz der Wesensgehalt eines Grundrechts angetastet werden (Art. 19 Abs. 2 GG).

Zu beachten ist weiter das Bestimmtheitsgebot, wonach das Gesetz den Sachverhalt hinreichend genau regeln muss. Je schwerwiegender die Auswirkungen einer Regelung sind, desto genauer müssen die Vorgaben des förmlichen Gesetzgebers sein[667]. Die Rechtslage muss für den Betroffenen erkennbar sein, damit er sein Verhalten darauf einrichten kann[668]. Danach muss eine gesetzliche Ermächtigung der Exekutive zur Vornahme von Verwaltungsakten nach Inhalt, Zweck und Ausmaß hinreichend bestimmt sein. Das Handeln der Verwaltung soll für den Staatsbürger messbar und in gewissem Ausmaß für den Staatsbürger vorhersehbar und berechenbar werden[669]. Das Bestimmtheitsgebot verbietet dem Gesetzgeber aber nicht die Verwendung von Generalklauseln und unbestimmte, der Ausfüllung bedürftige Begriffe. Auf solche kann schon deshalb nicht verzichtet werden, weil sich die Vielfalt der Verwaltungsaufgaben nicht immer in klar umrissenen Begriffen einfangen lässt. Der Gesetzgeber ist aber gehalten, seine Regelungen so bestimmt zu fassen, wie dies nach der Eigenart der zu ordnenden Lebenssachverhalte und mit Rücksicht auf den Normzweck möglich ist[670].

Von großer Bedeutung bei Grundrechtseingriffen ist der Grundsatz der Verhältnismäßigkeit[671]. Er wird aus dem Rechtsstaatsprinzip abgeleitet[672] und ergibt sich zudem bereits aus dem Wesen der Grundrechte selbst[673], „die als Ausdruck des allgemeinen Freiheitsanspruchs des Bürgers gegenüber dem Staat von der öffentli-

---

666 BVerfG, Urteil vom 27.05.2005 - 1 BvR 668/04 -, und Beschluss vom 27.11.1990 - 1 BvR 407/87 -, BVerfGE 83, 130 [154]; *Krebs*, in: von Münch/Kunig, GG, Art. 19 Rdnr. 16.

667 *Sachs*, in: Sachs, GG, Vor Art. 1 Rdnr. 128.

668 BVerfG, Beschlüsse vom 24.11.1981 - 2 BvL 4/80 -, BVerfGE 59, 104 [114], und vom 03.11.1982 - 1 BvR 210/79 -, 62, 169 [182]; *Jarass*, in: Jarass/Pieroth, GG, Art. 20 Rdnr. 54.

669 *Jarass*, in: Jarass/Pieroth, GG, Art. 20 Rdnr. 60; BVerfG, Beschlüsse vom 08.01.1981 - 2 BvL 3, 9/77 -, BVerfGE 56, 1 [12], und vom 03.03.2004 - 1 BvF 3/92 -, BVerfGE 110, 33 [53 ff.].

670 BVerfG, Beschluss vom 26.09.1978 - 1 BvR 525/77 -, BVerfGE 49, 168 [181].

671 *Jarass*, in: Jarass/Pieroth, GG, Art. 20 Rdnr. 81.

672 BVerfG, Urteil vom 24.04.1985 - 2 BvF 2, 3, 4/83 und 2/84 -, BVerfGE 69, 1 [35]; Beschlüsse vom 19.10.1982 - 1 BvL 34, 55/80 -, BVerfGE 61, 126 [134], und vom 30.09.1987 - 2 BvR 933/82 -, BVerfGE 76, 256 [359]; *Sachs*, in: Sachs, GG, Art. 20 Rdnr. 147.

673 So wohl *Dreier*, in: Dreier, GG, Vorb. Rdnr. 145.

chen Gewalt jeweils nur so weit beschränkt werden dürfen, als es zum Schutze öffentlicher Interessen unerlässlich ist[674]".

(b) Schranken-Schranken nach der Hessischen Verfassung

Soweit eine Einschränkung eines Grundrechts nach der Hessischen Verfassung zulässig ist, stellt die Hessische Verfassung weitergehende Anforderungen an den Gesetzgeber, die er bei grundrechtseinschränkenden Gesetzen zu erfüllen hat.

Zunächst muss er für den zu regelnden Sachbereich überhaupt zuständig sein, also die Gesetzgebungskompetenz besitzen. Ob dies der Fall ist, richtet sich nach Art. 70 ff. GG. Darüber hinaus hat der Gesetzgeber die formellen Anforderungen der Verfassung an das Gesetzgebungsverfahren zu beachten (Art. 117 - 124 HV).

Art. 63 Abs. 2 Satz 1 HV enthält aufgrund seiner Formulierung „allgemeinverbindliche" das Verbot der Einzelfallgesetzgebung[675]. Das beschränkende Gesetz muss ferner eine ausdrückliche Bestimmung des eingeschränkten Grundrechts beinhalten (Art. 63 Abs. 2 Satz 1 HV)[676] und darf den Wesensgehalt des Grundrechts nicht antasten (Art. 63 Abs. 1 HV).

Das Gesetz muss zudem den Anforderungen des Bestimmtheitsgebots Rechnung tragen. Dieses folgt aus dem trotz fehlender ausdrücklicher Bestimmung auch der Hessischen Verfassung immanenten Rechtsstaatsprinzip[677]. Der Bestimmtheitsgrundsatz verbietet dem Normgeber allerdings nicht die Verwendung unbestimmter und damit auslegungsbedürftiger Rechtsbegriffe. Deren Verwendung erlaubt dem Gesetzgeber vielmehr, die Lebensverhältnisse in ihrer Vielfalt zu erfassen und zugleich einen Weg zur auch im Einzelfall gerechten Entscheidung zu eröffnen[678].

---

674 BVerfG, Beschlüsse vom 15.12.1965 - 1 BvR 513/65 -, BVerfGE 19, 342 [349], und vom 12.05.1987 - 2 BvR 1226/83, 101, 313/84 -, BVerfGE 76, 1 [50 f.]; vgl. auch BVerfG, Beschlüsse vom 03.04.2001 - 1 BvL 32/97 -, BVerfGE 103, 293 [307], vom 10.04.1997 - 2 BvL 45/92 -, BVerfGE 96, 10 [23], vom 16.01.1980 - 1 BvR 249/79 -, BVerfGE 53, 135 [145], vom 26.06.1984 - 1 BvR 1494/78 -, BVerfGE 67, 157 [177], vom 31.10.1984 - 1 BvR 35, 356, 794/82 -, BVerfGE 68, 193 [219], vom 17.10.1990 - 1 BvR 283/85 -, BVerfGE 83, 1 [19], und vom 26.06.1984 - 1 BvR 1494/78 -, BVerfGE 67, 157 [177]; siehe auch *Dreier*, in: Dreier, GG, Vorb. Rdnrn. 148 f.; *Jarass*, in: Jarass/Pieroth, GG, Art. 20 Rdnr. 85. *Sachs*, in: Sachs, GG, Art. 20 Rdnr. 152.

675 *Stein*, in: Zinn/Stein, Hessische Verfassung, Art. 63 Erl. 6.b); *Hecker*, Rdnr. 182.

676 *Stein*, in: Zinn/Stein, Hessische Verfassung, Art. 63 Erl. 6.c).

677 StGH, Urteile vom 19.05.1975 – P.St. 295 -, StAnz. 1976, S. 1134 [1143] m.w.N., und vom 12.06.1991 – P.St. 1106 -, StAnz. 1991, S. 1702 [1707].

678 StGH, Beschluss vom 14.09.2000 – P.St. 1314 -, StAnz. 2000, S. 3571 [3575].

Zu beachten hat der Gesetzgeber des Weiteren das Gebot der Verhältnismäßigkeit[679].

dd) Ergebnis

Die vorstehenden Ausführungen haben deutlich gemacht, dass sich die Anforderungen, die die Hessische Verfassung im Allgemeinen an die Einschränkung von Grundrechten stellt, und diejenigen des Grundgesetzes gleichen. Es kommt insoweit zu einem Gleichlauf der Anforderungen, die der Gesetzgeber nach der jeweils für ihn maßgeblichen Verfassung zu erfüllen hat.

II. Vergleich der Grundrechte der Hessischen Verfassung mit den verfassungsrechtlichen Gewährleistungen des Grundgesetzes im Einzelnen

Die nachfolgende Untersuchung soll nunmehr klären, ob sich bei den einzelnen Grundrechtsgewährleistungen des Grundgesetzes und der Hessischen Verfassung ebenso wie bei den zuvor dargestellten allgemeinen Fragen Kongruenzen feststellen lassen oder ob hier Widersprüche in den Gewährleistungsgehalten bestehen.

1. Gleichheit (Art. 3 GG – Art. 3 HV)

Art. 3 Abs. 1 GG: Alle Menschen sind vor dem Gesetz gleich.

Art. 3 Abs. 2 GG: Männer und Frauen sind gleichberechtigt. Der Staat fördert die tatsächliche Durchsetzung der Gleichbehandlung von Frauen und Männern und wirkt auf die Beseitigung bestehender Nachteile hin.

Art. 3 Abs. 3 GG: Niemand darf wegen seines Geschlechts, seiner Abstammung, seiner Rasse, seiner Sprache, seiner Heimat und Herkunft, seines Glaubens, seiner religiösen oder politischen Anschauungen benachteiligt oder bevorzugt werden. Niemand darf wegen seiner Behinderung benachteiligt werden.

Art. 1 HV: Alle Menschen sind vor dem Gesetze gleich, ohne Unterschied des Geschlechts, der Rasse, der Herkunft, der religiösen und der politischen Überzeugung.

---

[679] StGH, Urteil vom 03.05.1999 – P.St. 1296 -, NVwZ 2000, S. 430; *Hecker*, Rdnr. 99, *Hinkel*, Art. 2 Erl. 4.

a) Grundrechtsträger

aa) Art. 3 GG

Art. 3 Abs. 1 GG gilt als Jedermann-Recht für alle natürlichen Personen, gleich ob In- oder Ausländer[680]. Auch juristische Personen des Privatrechts und Personenvereinigungen können sich auf den Schutz des Art. 3 Abs. 1 GG berufen[681]. Art. 3 Abs. 2 GG ist dagegen nur auf natürliche Personen anwendbar[682]. Träger des Grundrechts aus Art. 3 Abs. 3 Satz 1 GG sind in erster Linie alle natürlichen Personen. Juristische Personen des Privatrechts und Personenvereinigungen kommen dann als Grundrechtsträger in Betracht, wenn ihr Zusammenschluss und ihre Betätigung wegen der in Art. 3 Abs. 3 Satz 1 GG genannten Merkmale erfolgen[683]. Art. 3 Abs. 3 Satz 2 GG findet dagegen nur bei natürlichen Personen Anwendung[684].

bb) Art. 1 HV

Art. 1 HV wendet sich an alle natürlichen Personen ohne Rücksicht auf ihre Staatsangehörigkeit, ist also ein so genanntes Jedermann-Recht. Auch für juristische Personen des Privatrechts beansprucht Art. 1 HV Geltung. Denn bei ihnen können ebenso Situationen entstehen, die denjenigen entsprechen, gegen die Art. 1 HV natürlichen Personen Schutz bieten soll. Soweit Art. 1 HV auch ein Gebot der Gleichbehandlung von Mann und Frau enthalten sollte, kommt eine Erstreckung wegen des personalen Bezugs auf juristische Personen des Privatrechts nicht in Betracht. Ist Grundlage des Zusammenschlusses von Personen eines der in Art. 1 HV genannten Merkmale, ist eine Einbeziehung in den Schutzbereich des Art. 1 HV möglich.

---

680 *Gubelt*, in: von Münch/Kunig, GG, Art. 3 Rdnr. 5; *Dürig*, in: Maunz/Dürig/Herzog, GG, Art. 3 Abs. 1 Rdnr. 285; *Starck*, in: von Mangoldt/Klein/Starck, GG, Art. 3 Rdnr. 231.

681 *Jarass*, in: Jarass/Pieroth, GG, Art. 3 Rdnr. 7; *Dürig*, in: Maunz/Dürig/Herzog, GG, Art. 3 Abs. 1 Rdnrn. 289 f.; *Starck*, in: von Mangoldt/Klein/Starck, GG, Art. 3 Rdnrn. 239, 241; *Osterloh*, in: Sachs, GG, Art. 3 Rdnr. 72.

682 *Gubelt*, in: von Münch/Kunig, GG, Art. 3 Rdnr. 53; *Jarass*, in: Jarass/Pieroth, GG, Art. 3 Rdnr. 87; *Starck*, in: von Mangoldt/Klein/Starck, GG, Art. 3 Rdnrn. 307 f.; *Heun*, in: Dreier, GG, Art. 3 Rdnr. 106.

683 *Starck*, in: von Mangoldt/Klein/Starck, GG, Art. 3 Rdnr. 373; *Heun*, in: Dreier, GG, Art. 3 Rdnr. 117; vgl. auch *Gubelt*, in: von Münch/Kunig, GG, Art. 3 Rdnr. 94a; *Jarass*, in: Jarass/Pieroth, GG, Art. 3 Rdnr. 129; *Dürig*, in: Maunz/Dürig/Herzog, GG, Art. 3 Abs. 1 Rdnrn. 163 f.

684 *Gubelt*, in: von Münch/Kunig, GG, Art. 3 Rdnr. 94a.

b) Grundrechtsadressat

aa) Art. 3 GG

Art. 3 GG wendet sich an alle staatliche Gewalt. Er gilt trotz seines Wortlauts („vor dem Gesetz") auch für die Legislative[685], bindet diese also ebenso wie Exekutive und Judikative[686].

bb) Art. 1 HV

Art. 1 HV wendet sich an die staatliche Gewalt in allen ihren Erscheinungsformen. Auch wenn Art. 1 HV ausdrücklich nur davon spricht, alle Menschen seien „vor dem Gesetze" gleich, und man daraus auf eine Geltung nur für Exekutive und Judikative schließen könnte, beansprucht er doch bereits aufgrund der ausdrücklichen Anordnung in Art. 26 HV Geltung auch für die Gesetzgebung. Von der Verpflichtung aus Art. 1 HV erfasst werden daher sowohl der Gesetzgeber[687] als auch der Verordnungsgeber[688].

c) Sachlicher Schutzbereich

aa) Allgemeiner Gleichheitssatz

(a) Art. 3 Abs. 1 GG

Die Anwendbarkeit von Art. 3 Abs. 1 GG setzt eine Ungleichbehandlung zweier Sachverhalte voraus[689], d.h. eine unterschiedliche Behandlung zweier vergleichbarer Sachverhalte. Darüber hinaus enthält Art. 3 Abs. 1 GG auch ein Verbot, wesentlich Ungleiches willkürlich gleich zu behandeln[690].

Die Gleich- bzw. Ungleichbehandlung muss durch denselben Hoheitsträger erfolgt sein. Der Gleichheitssatz bindet jeden Träger hoheitlicher Gewalt allein in seinem

---

685 *Dürig*, in: Maunz/Dürig/Herzog, GG, Art. 3 Abs. 1 Rdnr. 292; *Starck*, in: von Mangoldt/Klein/Starck, GG, Art. 3 Rdnr. 244; *Heun*, in: Dreier, GG, Art. 3 Rdnr. 46; *Rüfner*, in: Bonner Kommentar, Art. 3 Rdnr. 162.

686 BVerfG, Beschluss vom 31.05.1988 - 1 BvL 22/85 -, BVerfGE 78, 232 [248]; dies gilt auch für den Verordnungsgeber, vgl. BVerfG, Urteil vom 13.12.1961 - 1 BvR 1137/59, 278/60 -, BVerfGE 13, 248 [255]; siehe auch *Jarass*, in: Jarass/Pieroth, GG, Art. 3 Rdnrn. 1a, 82a, 116; *Gubelt*, in: von Münch/Kunig, GG, Art. 3 Rdnr. 8.

687 StGH, Urteile vom 14.04.1950 - P.St. 54 -, StAnz. 1950, Beil. Nr. 4, S. 13 [16], und vom 16.06.1971 - P.St. 602, 603, 604, 607 -, StAnz. 1971, S. 1135 [1136].

688 StGH, Urteil vom 25.05.1983 - P.St. 933 -, StAnz. 1983, S. 1302 [1307].

689 *Gubelt*, in: von Münch/Kunig, GG, Art. 3 Rdnr. 10.

690 BVerfG, Beschluss vom 09.08.1978 - 2 BvR 831/76 -, BVerfGE 49, 148 [165]; vgl. auch Osterloh, in: Sachs, GG, Art. 3 Rdnr. 83.

konkreten Zuständigkeitsbereich[691]. Da Art. 3 Abs. 1 GG auch für die Rechtsprechung und die vollziehende Gewalt gilt, statuiert er für diese staatlichen Organe ein Gebot der Rechtsanwendungsgleichheit[692].

(b) Art. 1 HV

Der Gleichheitssatz des Art. 1 HV gebietet, an vergleichbare Sachverhalte grundsätzlich dieselben Rechtsfolgen zu knüpfen[693]: „Tatbestandlich Gleiches ist rechtlich gleich, Ungleiches je nach seiner Eigenart ungleich zu behandeln[694]". Für vollziehende Gewalt und Rechtsprechung folgt aus Art. 1 HV das Gebot der Rechtsanwendungsgleichheit.

bb) Gleichberechtigung von Mann und Frau

(a) Art. 3 Abs. 2 GG

Unter das Gebot der Gleichberechtigung nach Art. 3 Abs. 2 Satz 1 GG fallen alle Regelungen, die sich rechtlich unterschiedlich auf Männer und Frauen auswirken können[695]. Notwendig ist eine geschlechtsbezogene Ungleichheit. Dabei ist zu differenzieren: Wird die Eigenschaft als Mann oder Frau als Differenzierungskriterium eingesetzt, liegt eine so genannte direkte Ungleichbehandlung vor[696]. Handelt es sich dagegen um eine geschlechtsneutrale Formulierung, die jedoch überwiegend das eine oder das andere Geschlecht trifft, und ist dies auf natürliche oder gesellschaftliche Unterschiede zwischen den Geschlechtern zurückzuführen, besteht eine so genannte indirekte Ungleichbehandlung[697].

(b) Art. 1 HV

Art. 1 HV gebietet die Gleichheit vor dem Gesetz und verbietet eine Ungleichbehandlung nach dem Geschlecht. Die Bestimmung auf ein bloßes Diskriminierungsverbot zu reduzieren, würde die Entstehungsgeschichte, systematische und teleologische Auslegungsgesichtspunkte sowie die Notwendigkeit, auch die gesellschaftli-

---

691 *Jarass*, in: Jarass/Pieroth, GG, Art. 3 Rdnr. 4a; *Starck*, in von Mangoldt/Klein/Starck, GG, Art. 3 Rdnr. 247; *Heun*, in: Dreier, GG, Art. 3 Rdnr. 48; *Osterloh*, in: Sachs, GG, Art. 3 Rdnr. 81; *Rüfner*, in: Bonner Kommentar, Art. 3 Rdnr. 162.

692 *Heun*, in: Dreier, GG, Art. 3 Rdnr. 55.

693 StGH, Beschluss vom 15.08.1990 - P.St. 1101 -, StAnz. 1990, S. 1960 [1963].

694 StGH, Urteil vom 08.08.1963 - P.St. 380 -, StAnz. 1963, S. 1011 [1012]. *Stein*, in: Zinn/Stein, Hessische Verfassung, Art. 1 Erl. 3.

695 *Gubelt*, in: von Münch/Kunig, GG, Art. 3 Rdnr. 86.

696 *Jarass*, in: Jarass/Pieroth, GG, Art. 3 Rdnr. 85.

697 BVerfG, Beschluss vom 27.11.1997 - 1 BvL 12/91 -, BVerfGE 97, 35 [43]; siehe auch *Jarass*, in: Jarass/Pieroth, GG, Art. 3 Rdnr. 85; *Heun*, in: Dreier, Art. 3 Rdnr. 108.

che Wirklichkeit in den Blick zu nehmen, außer Acht lassen. Zudem verkürzte dies den Bedeutungsgehalt unzulässig. Die Hessische Verfassung ist von dem Bestreben geprägt, soziale Gerechtigkeit zu bewirken und ihre Wertentscheidungen auch in die gesellschaftliche Wirklichkeit umzusetzen. Der Gleichheitssatz besitzt danach auch eine soziale Dimension und gibt zugleich einen Handlungsauftrag zur Gestaltung der gesellschaftlichen Wirklichkeit. Gleichheit der Geschlechter soll nicht nur formal gewährleistet, sondern positiv durch staatliche Maßnahmen gefördert werden. Auch andere Vorschriften der Hessischen Verfassung zeigen, dass sich der Verfassunggeber veranlasst gesehen hat, in konkret benannten Bereichen zusätzliche Sicherungen einzubauen, um dem Ziel der Gleichberechtigung in der Lebenswirklichkeit zur Durchsetzung zu verhelfen. Art. 33 Satz 2 HV sichert ausdrücklich den Grundsatz „Gleicher Lohn für gleiche Arbeit" zugunsten von Frauen und Jugendlichen ab, obwohl dieser bereits durch Art. 1 HV gewährleistet ist. Art. 30 HV nimmt die besonderen Probleme und die besondere Stellung der Frau namentlich in der Arbeitswelt in den Blick und bestimmt in Abs. 2 ausdrücklich, dass das Gesetz „die Gewähr dafür schaffen muss, dass die Frau ihre Aufgaben als Bürgerin und Schaffende mit ihren Pflichten als Frau und Mutter vereinbaren kann"[698]. Der Hessische Verfassunggeber hat damit - ausgehend von der gesellschaftlichen Realität - neben der rechtlichen gerade auch die tatsächliche Gleichstellung der Frau fördern wollen[699]. Über das allgemeine Gleichbehandlungsgebot hinaus enthält Art. 1 HV daher auch ohne ausdrückliche Erwähnung ein spezielles Gleichberechtigungsgebot.

cc) Diskriminierungsverbote

(a) Art. 3 Abs. 3 GG

Art. 3 Abs. 3 Satz 1 GG setzt eine Ungleichbehandlung in Anknüpfung an die genannten Merkmale voraus (merkmalsbezogene Ungleichbehandlung). Davon ist auszugehen, wenn die Maßnahme auf das Merkmal abzielt (direkte Ungleichbehandlung)[700], aber auch dann, wenn zwar nicht an eines der Merkmale angeknüpft wird, das verwandte Differenzierungskriterium aber im Ergebnis oder in den meisten Fällen auf eine Verwendung des Merkmals hinausläuft (indirekte Ungleichbehand-

---

698 StGH, Beschluss vom 16.04.1997 - P.St. 1202 -, StAnz. 1997, S. 1447 [1452].
699 StGH, Urteil vom 22.12.1993 - P.St. 1141 -, StAnz. 1994, S. 285 [292 f.].
700 *Starck*, in: von Mangoldt/Klein/Starck, GG, Art. 3 Rdnr. 379.

lung)[701]. Die in Art. 3 Abs. 3 Satz 1 GG genannten Merkmale dürfen grundsätzlich weder unmittelbar noch mittelbar als Anknüpfungspunkt für eine rechtliche Ungleichbehandlung herangezogen werden[702].

Aus der Formulierung „Niemand darf wegen ... benachteiligt oder bevorzugt werden" lässt sich ableiten, dass ein kausaler Zusammenhang zwischen einem der aufgeführten Gründe und der Benachteiligung oder Bevorzugung gegeben sein muss. Folge daraus ist, dass eine Sonderbehandlung ihre Ursache nicht in den durch Art. 3 Abs. 3 GG bezeichneten Gründe haben darf[703]. Dies gilt unabhängig davon, ob eine Regelung auf eine Ungleichbehandlung angelegt ist oder in erster Linie andere Ziele verfolgt[704]. Differenzierende Regelungen sind nur aus zwingenden, in der Natur der Sache liegenden Gründen zulässig[705]. Ohne solche zwingenden Gründe kommt eine Rechtfertigung nur aufgrund kollidierenden Verfassungsrechts in Betracht[706].

Der Begriff „Abstammung" bezieht sich auf die natürliche biologische Beziehung eines Menschen zu seinen Vorverfahren[707]. Mit „Heimat" ist die örtliche Herkunft eines Menschen nach Geburt oder Ansässigkeit im Sinne einer emotionalen Beziehung zu einem geographisch begrenzten, einzelnen mitprägenden Raum gemeint[708]. „Herkunft" bedeutet die von den Vorfahren hergeleitete soziale Verwurzelung, nicht aber die in den eigenen Lebensumständen begründete Zugehörigkeit zu einer bestimmten sozialen Schicht[709]. Das Merkmal der Sprache soll Gruppen vor

---

701 *Jarass*, in: Jarass/Pieroth, GG, Art. 3 Rdnr. 119; vgl. auch BVerfG, Beschluss vom 27.11.1997 - 1 BvL 12/91 -, BVerfGE 97, 35 [43], und Urteil vom 28.01.1991 - 1 BvR 1025/82, 1 BvL 16/83 und 10/ 91 -, BVerfGE 85, 191 [206].

702 BVerfG, Beschluss vom 27.08.2003 - 2 BvR 2032/01 -, NJW 2004, S. 50 f; vgl. auch *Rüfner*, in: Bonner Kommentar, Art. 3 Rdnr. 561.

703 BVerfG, Beschlüsse vom 07.05.1953 - 1 BvL 104/52 -, BVerfGE 2, 266 [286], und vom 16.12.1981 - 1 BvR 898, 1132, 1150, 1333, 1181/79, 83, 416/80, 1117/79 und 603/80 -, BVerfGE 59, 128 [157].

704 BVerfG, Urteil vom 28.01.1992 - 1 BvR 1025/82, 1 BvL 16/83 und 10/91 -, BVerfGE 85, 191 [206].

705 BVerfG, Beschluss vom 24.01.1995 - 1 BvL 18/93 und 5, 6, 7/94, 1 BvR 403, 569/94 -, BVerfGE 92, 91 [109.]

706 BVerfG, Urteil vom 28.01.1992 - 1 BvR 1025/82, 1 BvL 16/83 und 10/91 -, BVerfGE 85, 191 [209].

707 BVerfG, Beschluss vom 22.01.1959 - 1 BvR 154/55 -, BVerfGE 9, 124 [128]; *Starck*, in: von Mangoldt/Klein/Starck, GG, Art. 3 Rdnr. 385; *Heun*, in: Dreier, GG, Art. 3 Rdnr. 127.

708 BVerfG, Urteil vom 14.03.2000 - 1 BvR 284, 1659/96 -, BVerfGE 102, 41 [53]; *Starck*, in: von Mangoldt/Klein/Starck, GG, Art. 3 Rdnr. 394; *Heun*, in: Dreier, GG, Art. 3 Rdnr. 129.

709 BVerfG, Beschluss vom 22.01.1959 - 1 BvR 154/55 -, BVerfGE 9, 124 [LS 1]; *Starck*, in: von Mangoldt/Klein/Starck, GG, Art. 3 Rdnr. 401; *Heun*, in: Dreier, GG, Art. 3 Rdnr. 131.

Diskriminierungen wegen ihrer Muttersprache schützen[710]. „Rasse" stellt auf die Vererblichkeit bestimmter Gruppenmerkmale ab[711]. Durch die Erwähnung des „Glaubens" werden auch areligiöse und antireligiöse Anschauungen geschützt[712]. Die religiösen Anschauungen beziehen auch Weltanschauungsgemeinschaften mit ein[713]. Der Begriff der politischen Anschauungen ist weit zu verstehen.

(b) Art. 1 HV

Art. 1 HV zählt neben dem Geschlecht weitere Merkmale auf, an die eine Differenzierung nicht anknüpfen darf: die Rasse, die Herkunft sowie die religiöse und politische Überzeugung. Diesem Differenzierungsverbot ist widersprochen, wenn eines der genannten Merkmale für die Regelung oder die Entscheidung kausal ist, d.h. sich darauf stützt[714]. Der Begriff der Rasse stammt aus der Biologie und ist eine Untergliederung des Gattungsbegriffs. „Herkunft" ist ein Sammelbegriff und bezieht sich auf den prägenden Lebensbeginn und die Lebensverhältnisse der Vorverfahren sowie die überkommenen Verwurzelungen in der frühen bzw. späteren Jugend. Unter dem Begriff der religiösen Überzeugung ist eine auf Religion eingestellte Lebenshaltung zu verstehen. Hierher gehören eine hochgradige Bejahung religiöser Glaubensinhalte ebenso wie vorsichtigere religiöse Überzeugungen sowie areligiöse oder antireligiöse Haltungen. Mit dem Begriff der politischen Überzeugung ist nicht nur das Spektrum der vorhandenen politischen Parteien erfasst, sondern alle politischen Vorstellungen[715].

d) Verfassungsrechtliche Rechtfertigung von Eingriffen

aa) Allgemeiner Gleichheitssatz

(a) Art. 3 Abs. 1 GG

Bei der Frage, ob eine Ungleichbehandlung verfassungsrechtlich gerechtfertigt ist, ist es grundsätzlich Sache des Gesetzgebers, diejenigen Sachverhalte auszuwäh-

---

710 *Gubelt*, in: von Münch/Kunig, GG, Art. 3 Rdnr. 97; *Starck*, in: von Mangoldt/Klein/Starck, GG, Art. 3 Rdnr. 389; *Heun*, in: Dreier, GG, Art. 3 Rdnr. 129.

711 *Pieroth/Schlink*, Rdnr. 446; *Starck*, in: von Mangoldt/Klein/Starck, GG, Art. 3 Rdnr. 387; *Heun*, in: Dreier, GG, Art. 3 Rdnr. 128.

712 *Gubelt*, in: von Münch/Kunig, GG, Art. 3 Rdnr. 101.

713 *Jarass*, in: Jarass/Pieroth, GG, Art. 3 Rdnr. 127; *Starck*, in: von Mangoldt/Klein/Starck, GG, Art. 3 Rdnr. 402; *Heun*, in: Dreier, GG, Art. 3 Rdnr. 132.

714 *Stein*, in: Zinn/Stein, Hessische Verfassung, Art. 1 Erl. 2.

715 Vgl. zu Vorstehendem *Hinkel*, Art. 1 Erl. 4.

len, an die er dieselben Rechtsfolgen knüpft, vorausgesetzt, die Auswahl ist sachlich vertretbar und nicht sachfremd[716]. Was dabei in Anwendung des Gleichheitssatzes sachlich vertretbar oder sachfremd ist, lässt sich nicht abstrakt und allgemein feststellen, sondern stets nur in Bezug auf die Eigenart des konkreten Sachbereichs, der geregelt werden soll[717].

Art. 3 Abs. 1 GG enthält zunächst ein allgemeines Willkürverbot. Da dem Gesetzgeber eine weite Gestaltungsfreiheit zukommt, bestehen für ihn nur äußerste Grenzen der gesetzgeberischen Freiheit. Eine Verletzung von Art. 3 Abs. 1 GG liegt erst dann vor, wenn sich für eine gesetzliche Regelung kein sachlicher Grund finden lässt und sie deshalb als willkürlich zu bezeichnen ist[718].

In bestimmten Fällen stellt das Bundesverfassungsgerichts allerdings weitaus strengere Anforderungen: „Ein Verstoß gegen den allgemeinen Gleichheitssatz liegt dann vor, wenn der Gesetzgeber Übereinstimmungen der zu ordnenden Lebensverhältnisse nicht berücksichtigt, die so bedeutsam sind, das sie bei einer am Gerechtigkeitsgedanken orientierten Betrachtungsweise beachtet werden müssen, oder wenn - anders formuliert - zwischen Gruppen von Normadressaten, die vom Gesetzgeber nicht gleich behandelt werden, keine Unterschiede von solcher Art und solchem Gewicht bestehen, dass sie die ungleiche Behandlung rechtfertigen könnten[719]". „Die Bindung des Gesetzgebers ist umso enger, je mehr sich die personenbezogenen Merkmale den in Art. 3 Abs. 3 GG genannten annähern und je größer deshalb die Gefahr ist, dass eine an sie anknüpfende Ungleichbehandlung zur Diskriminierung einer Minderheit führt. Die engere Bindung ... gilt ... auch, wenn eine Ungleichbehandlung von Sachverhalten mittelbar eine Ungleichbehandlung von Personengruppen bewirkt[720]". Bei lediglich verhaltensbezogenen Unterscheidungen hängt das Maß der Bindung davon ab, inwieweit die Betroffenen in der Lage sind, durch ihr Verhalten die Verwirklichung der Merkmale zu beeinflussen, nach denen

716 BVerfG, Beschlüsse vom 12.03.1996 - 1 BvR 609, 692/90 -, BVerfGE 94, 241 [260], und vom 08.04.1987 - 2 BvR 909, 934, 935, 936, 938, 941, 942, 947/82, 64/83 und 142/84 -, BVerfGE 75, 108 [157]; *Heun*, in: Dreier, GG, Art. 3 Rdnr. 51.

717 BVerfG, Beschluss vom 09.03.1994 - 2 BvL 43, 51, 63, 64, 70, 80/92, 2 BvR 2031/92 -, BVerfGE 94, 145 [196].

718 BVerfG, Beschlüsse vom 28.06.1994 - 1 BvL 14, 15/88 -, BVerfGE 91, 118 [123], und vom 17.10.1990 - 1 BvR 283/85 -, BVerfGE 83, 1 [23]; vgl. auch *Jarass*, in: NJW 1997, S. 2545 [2548].

719 BVerfG, Beschluss vom 04.04.2001 - 2 BvL 7/98 -, BVerfGE 103, 310 [319].

720 BVerfG, Beschluss vom 26.01.1993 - 1 BvL 38, 40, 43/92 -, BVerfGE 88, 87 [97]; Urteil vom 10.01.1995 - 1 BvF 1/90, 1 BvR 342, 348/90 -, BVerfGE 92, 26 [51 f.].

unterschieden wird. Darüber hinaus ist eine strenge Prüfung erforderlich, je stärker sich die Ungleichbehandlung von Personen oder Sachverhalten auf die Ausübung grundrechtlich geschützter Freiheiten nachteilig auswirken kann[721].

Gegen das aus Art. 3 Abs. 1 GG folgende Verbot willkürlicher Rechtsanwendung wird nicht bereits dann verstoßen, wenn die angegriffene Rechtsanwendung oder das dazu eingeschlagene Verfahren fehlerhaft sind. Eine Verletzung des Willkürverbots ist vielmehr erst dann anzunehmen, wenn die Rechtsanwendung oder das Verfahren unter keinem denkbaren Aspekt mehr rechtlich vertretbar sind und sich daher der Schluss aufdrängt, dass die Entscheidung auf sachfremden und damit willkürlichen Erwägungen beruht[722].

(b) Art. 1 HV

Der Gleichheitssatz des Art. 1 HV kann sowohl durch die Gleichbehandlung ungleicher Fälle wie auch durch die Ungleichbehandlung gleicher Fälle verletzt werden, wenn es für die Gleichbehandlung im ersten und für die Ungleichbehandlung im zweiten Falle an verständlichen, vernünftigen, einleuchtenden, aus der Natur der Sache sich ergebenden Gründen fehlt[723]. Das Gleichbehandlungsprinzip des Art. 1 HV statuiert ein Willkürverbot. Daraus folgt, dass gleichliegende oder vergleichbare Sachverhalte bei steter Orientierung am Gerechtigkeitsgedanken mit derselben Rechtsfolge geregelt werden müssen. Bei vergleichbaren Tatbestände ist eine Differenzierung zulässig, soweit sich dafür ein vernünftiger, aus der Natur der Sache folgender oder sonst wie sachlicher Grund finden lässt. Andererseits erlaubt der Gleichheitssatz mit Rücksicht auf eine Ungleichheit verschiedener Sachverhalte nicht jede Differenzierung; für sie muss sich gerade aus dem Sachverhalt, der die Regelung zum Gegenstand hat, ein sachlich vertretbarer Grund anführen lassen[724]. Dem Gesetzgeber lässt der Gleichheitssatz einen weiten Bereich des Ermessens offen; er zieht ihm nur äußerste Grenzen. Der Gleichheitssatz ist nur dann verletzt, wenn sich ein vernünftiger, aus der Natur der Sache folgender oder sonst wie einleuchtender Grund für die Differenzierung nicht finden lässt, wenn also die Maß-

---

721 BVerfG, Beschlüsse vom 26.01.1993 - 1 BvL 38, 40, 43/92 -, BVerfGE 88, 87 [97], und vom 04.01.2002 - 2 BvR 400/98, 1735/00 -, BVerfGE 107, 27 [46].

722 BVerfG, Beschluss vom 07.04.1992 - 1 BvR 1772/91 -, BVerfGE 86, 59 [62 f.]; siehe auch BVerfG, Beschluss vom 15.03.1989 - 1 BvR 1428/88 -, BVerfGE 80, 48 [51].

723 StGH, Urteil vom 16.06.1971 - P.St. 602, 603, 604, 607 -, StAnz. 1971, S. 1135 [1138].

724 StGH, Beschluss vom 25.07.1984 - P.St. 997 -, StAnz. 1984, S. 1585 [1589].

nahme als willkürlich bezeichnet werden muss[725]. Dabei hat es grundsätzlich der Gesetzgeber in der Hand, diejenigen Merkmale zu bestimmen, nach denen Sachverhalte als hinreichend gleich anzusehen sind, um sie gleich zu regeln. Die verfassungsgerichtliche Prüfung erstreckt sich nicht auf die Prüfung eines Gesetzes oder einer einzelnen Vorschrift unter den Gesichtspunkten der allgemeinen Gerechtigkeit und der Zweckmäßigkeit[726].

Insbesondere bei personenbezogenen oder bei mit Auswirkungen auf Freiheitsgrundrechte verbundenen Ungleichbehandlungen gebietet der allgemeine Gleichheitsgrundsatz des Art. 1 HV jedoch eine strengere Prüfung der verfassungsrechtlichen Legitimität von Ungleichbehandlungen. Hier ist im Rahmen einer Verhältnismäßigkeitsprüfung festzustellen, ob für die Differenzierung Gründe von solcher Art und solchem Gewicht bestehen, dass sie die ungleichen Rechtsfolgen rechtfertigen können. Dabei ist auch bei der verfassungsgerichtlichen Kontrolle am Maßstab des allgemeinen Gleichbehandlungsgebots der Einschätzungs- und Gestaltungsspielraum des Gesetzgebers zu respektieren. Je stärker sich jedoch eine Ungleichbehandlung auf die Ausübung grundrechtlich geschützter Freiheiten nachteilig auswirken kann, bzw. je stärker die Ungleichbehandlungen an für den Einzelnen nicht verfügbare personengebundene Merkmale anknüpft und sich so den ausdrücklich genannten Merkmalen annähert, desto intensiver ist die verfassungsgerichtliche Kontrolle[727].

Soweit die Rechtsanwendung durch die Gerichte in Rede steht, überschreitet ein Gericht die Schwelle zu einer gegen Art. 1 HV verstoßenden Willkür durch die Anwendung und Auslegung einfachen Rechts nur, wenn diese bei verständiger Würdigung der die Verfassung bestimmenden Prinzipien nicht mehr verständlich ist und sich der Schluss aufdrängt, dass die getroffene Entscheidung des Gerichts auf sachfremden Erwägungen beruht[728]. Willkür liegt erst dann vor, wenn eine offensichtlich einschlägige Norm nicht berücksichtigt oder der Inhalt einer Norm in krasser Weise missdeutet wird[729].

---

[725] StGH, Urteil vom 08.08.1963 - P.St. 380 -, StAnz. 1963, S. 1011 [1012].
[726] StGH, Beschluss vom 25.07.1984 - P.St. 997 -, StAnz. 1985, S. 1585 [1589].
[727] StGH, Urteil vom 03.05.1999 - P.St. 1296 -, NVwZ 2000, S. 430 [432].
[728] StGH, Urteil vom 9.6.1999 - P.St. 1299 -, StAnz. 1999, S. 2380.
[729] StGH, Beschluss vom 5.4.2000 - P.St. 1316 -, StAnz. 2000, S. 2501.

bb) Gleichberechtigung von Mann und Frau

(a) Art. 3 Abs. 2 GG

Art. 3 Abs. 2 Satz 1 GG enthält zusätzlich ein absolutes Differenzierungsverbot. Er gebietet die Gleichbehandlung von Mann und Frau. Art. 3 Abs. 3 Satz 1 GG verbietet die Benachteiligung oder Bevorzugung wegen des Geschlechts. Gebots- und Verbotsnorm haben danach denselben Inhalt[730]. Allerdings steht Art. 3 Abs. 2 Satz 1 GG nicht grundsätzlich entgegen, dass Männer und Frauen in gewissen Fällen unterschiedlich behandelt werden[731]. Zunächst können andere Grundrechte oder gleichrangige Verfassungsnormen Differenzierungen nach dem Geschlecht zulassen, z.B. Art. 12a GG[732]. In Betracht kommt insbesondere auch das Gleichberechtigungsgebot aus Art. 3 Abs. 2 Satz 2, das den Gesetzgeber berechtigt, faktische Nachteile, die typischerweise nur Frauen oder nur Männer treffen, durch begünstigende Regelungen auszugleichen[733]. Fehlen gemeinsame Elemente zwischen Mann und Frau im Hinblick auf die Differenzierung überhaupt, fehlt es an einer Vergleichbarkeit als Grundlage des Gleichheitsgebots, das daher nicht zum Tragen kommt. Das betrifft die Fälle, in denen der Sachverhalt, auf den Art. 3 Abs. 2 GG angewendet werden soll, überhaupt nur in einem Geschlecht verwirklicht werden kann (wie zum Beispiel Schwangerschaft oder Mutterschaft)[734].

An das Geschlecht anknüpfende differenzierende Regelungen sind mit Art. 3 Abs. 3 Satz 1 GG nur dann vereinbar, soweit sie zur Lösung von Problemen, die ihrer Natur nach entweder nur bei Männern oder nur bei Frauen auftreten können, zwingend erforderlich sind[735]. Eine indirekte Ungleichbehandlung ist nur zulässig, wenn sie durch gewichtige objektive Gründe gerechtfertigt ist und somit nichts mit einer Diskriminierung wegen der Eigenschaft als Mann oder Frau zu tun hat[736].

---

730 *Starck*, in: von Mangoldt/Klein/Starck, GG, Art. 3 Rdnr. 305.

731 *Heun*, in: Dreier, GG, Art. 3 Rdnr. 107; *Starck*, in: von Mangoldt/Klein/Starck, GG, Art. 3 Rdnr. 321.

732 *Heun*, in: Dreier, GG, Art. 3 Rdnr. 109; *Starck*, in: von Mangoldt/Klein/Starck, GG, Art. 3 Rdnr. 324.

733 BVerfG, Urteil vom 28.01.1992 - 1 BvR 1025/82, 1 BvL 16/83 und 10/91 -, BVerfGE 86, 191 [207].

734 *Heun*, in: Dreier, GG, Art. 3 Rdnr. 110; vgl. auch BVerfG, Beschluss vom 13.11.1979 - 1 BvL 24/77, 19/78 und 38/79 -, BVerfGE 59, 357 [374].

735 BVerfG, Beschluss vom 24.01.1995 - 1 BvL 18/93 und 5, 6, 7/94, 1 BvR 403, 569/94 -, BVerfGE 92, 91 [109].

736 *Jarass*, in: Jarass/Pieroth, GG, Art.3 Rdnr. 96; *Gubelt*, in: von Münch/Kunig, GG, Art. 3 Rdnr. 91.

(b) Art. 1 HV

Art. 1 HV enthält neben dem allgemeinen Gleichheitssatz auch das Gebot der Gleichberechtigung von Mann und Frau. Zielt Art. 1 HV in dieser Bedeutung auf die Angleichung der tatsächlichen Lebensverhältnisse, so dürfen faktische Nachteile, die typischerweise nur Frauen oder nur Männer treffen, durch begünstigende Regelungen ausgeglichen werden. Treffen diese begünstigenden Regelungen notwendigerweise das andere Geschlecht nachteilig, verletzt diese zwangsläufige Folge der Verwirklichung des Gleichbehandlungsauftrags des Art. 1 HV nicht zugleich das Benachteiligungsverbot derselben Vorschrift[737]. Regelungen, die der Verwirklichung des Gleichbehandlungsgebotes dienen, können danach Benachteiligungen, die sich gleichsam als Kehrseite der Begünstigung und damit als geschlechtsbezogene Ungleichbehandlung darstellen, rechtfertigen. Im Übrigen darf nach geschlechtsbezogenen Merkmalen nur unterschieden werden, wenn und soweit sich die Gründe hierfür aus natürlichen Unterschieden zwischen Männern und Frauen ergeben. Für sonstige geschlechtsbezogene Differenzierungen muss eine zwingende Notwendigkeit vorhanden sein[738].

cc) Diskriminierungsverbote

(a) Art. 3 Abs. 3 GG

Art. 3 Abs. 3 Satz 1 GG verbietet Benachteiligungen oder Bevorzugungen nach den genannten Merkmalen. Grundsätzlich dürfen die in Absatz 3 genannten Merkmale nicht als Anknüpfungspunkt für eine rechtliche Ungleichbehandlung herangezogen werden. Das gilt auch dann, wenn eine Regelung nicht auf eine nach Art. 3 Abs. 3 GG verbotene Ungleichbehandlung angelegt ist, sondern in erster Linie andere Ziele verfolgt[739]. Ein Anknüpfen an die Merkmale des Art. 3 Abs. 3 GG ist ausnahmsweise dann zulässig, wenn es zur Lösung von Problemen notwendig ist, die ihrer Natur nach nur bei Personen der einen Gruppe auftreten können[740]. Dabei muss

---

737 StGH, Urteil vom 22.12.1993 – P.St. 1141 -, StAnz. 1994, S. 285 [293], und Beschluss vom 16.04.1997 – P.St. 1202 -, StAnz. 1997, S. 1447 [1454].

738 *Hinkel*, Art. 1 Erl. 4; *Hecker*, Rdnr. 201.

739 BVerfG, Urteil vom 28.01.1991 - 1 BvR 1025/82, 1 BvL 16/83 und 10/ 91 -, BVerfGE 85, 191 [206]

740 BVerfG, Urteil vom 28.01.1991 - 1 BvR 1025/82, 1 BvL 16/83 und 10/ 91 -, BVerfGE 85, 191 [207]

das Kriterium das „konstituierende Element des zu regelnden Sachverhalts" bilden[741]. Zudem muss die Diskriminierung zwingend erforderlich sein[742].

(b) Art. 1 HV

Art. 1 HV enthält zusätzlich ein absolutes Differenzierungsverbot. Eine Differenzierung nach den genannten Merkmalen ist prinzipiell unzulässig und darf nur in Ausnahmefällen erfolgen. Zu deren Rechtfertigung reicht es allerdings nicht aus, dass ein sachlicher Grund vorliegt und den Anforderungen des Verhältnismäßigkeitsgrundsatzes genügt ist. Ein Anknüpfen an die aufgeführten Merkmale ist vielmehr nur bei Vorliegen eines zwingenden Grundes zulässig[743]. In Betracht kommen hier nur solche Umstände, die sich aus der Natur der Sache ergeben und im Ergebnis eine Differenzierung nicht nach personalen, sondern nach funktionalen Kriterien darstellen[744].

e) Ergebnis

Der persönliche Geltungsbereich des Gleichheitssatzes nach Art. 1 HV und nach Art. 3 GG stellt sich als übereinstimmend dar. Beide Vorschriften richten sich zudem gleichermaßen an alle staatliche Gewalt, statuieren also auch eine Verpflichtung der Legislative.

Auch in ihrem sachlichen Gewährleistungsinhalt stimmen die Vorschriften überein. Art. 3 Abs. 1 GG verbietet eine unterschiedliche Behandlung zweier vergleichbarer Sachverhalte sowie eine willkürliche Gleichbehandlung von wesentlich Ungleichem. In gleicher Weise gebietet der Gleichheitssatz des Art. 1 HV, vergleichbare Sachverhalte grundsätzlich mit denselben Rechtsfolgen zu regeln, und schreibt vor, Ungleiches je nach seiner Eigenart ungleich zu behandeln. Für Exekutive und Judikative beinhaltet die Vorschrift das Gebot der Rechtsanwendungsgleichheit. In Bezug auf eine Rechtfertigung von Ungleichbehandlungen stellen Art. 3 GG und Art. 1 HV übereinstimmende Anforderungen insbesondere an den Gesetzgeber. Die Vorschriften enthalten ferner deshalb parallele Gewährleistungen, weil Art. 1 HV auch

---

741 BVerfG, Beschluss vom 17.10.1957 - 1 BvL 1/57 -, BVerfGE 7, 155 [171].

742 BVerfG, Urteil vom 28.01.1991 - 1 BvR 1025/82, 1 BvL 16/83 und 10/ 91 -, BVerfGE 85, 191 [207]; Beschluss vom 07.07.1993 - 2 BvR 1107/92 -, DVBl. 1994, S. 103 f.

743 *Hecker*, Rdnr. 201.

744 *Stein*, in: Zinn/Stein, Hessische Verfassung, Art. 1 Erl. 2.

ohne ausdrückliche Erwähnung ein Gebot zur Förderung der tatsächlichen Gleichberechtigung von Mann und Frau enthält, das der Regelung in Art. 3 Abs. 2 GG entspricht.

Unterschiede in den beiden Vorschriften lassen sich insofern feststellen, als Art. 1 HV weniger Merkmale aufzählt, nach denen eine Differenzierung nicht vorgenommen werden darf. Es fehlen insbesondere die Merkmale der Abstammung, Sprache, Heimat und des Glaubens. Eine Ergänzung oder Auffüllung des Art. 1 HV um diese fehlenden Merkmale durch Art. 3 Abs. 3 Satz 1 GG darf nicht vorgenommen werden[745]. Dafür besteht auch kein Bedürfnis, da sich insoweit ein Verbot der Differenzierung bereits aus Art. 1 HV ableiten lässt. Gleiches gilt für das in Art. 1 HV fehlende Verbot der Diskriminierung behinderter Menschen[746].

Zusammenfassend lässt sich feststellen, dass zwischen der Gewährleistung aus Art. 1 HV und derjenigen des Art. 3 GG keine grundlegenden sachlichen Unterschiede bestehen[747]. Gegen das Fortbestehen der Geltung und Verpflichtungskraft des Art. 1 HV lassen sich daher keine Bedenken anführen.

2. Allgemeine Handlungsfreiheit (Art. 2 Abs. 1 GG - Art. 2 Abs. 1 und Abs. 2 HV)

Art. 2 Abs. 1 GG: Jeder hat das Recht auf die freie Entfaltung seiner Persönlichkeit, soweit er nicht die Rechte anderer verletzt und nicht gegen die verfassungsmäßige Ordnung oder das Sittengesetz verstößt.

Art. 2 Abs. 1 HV: Der Mensch ist frei. Er darf tun und lassen, was die Rechte anderer nicht verletzt oder die verfassungsmäßige Ordnung nicht beeinträchtigt.

Art. 2 Abs. 2 HV: Niemand kann zu einer Handlung, Unterlassung oder Duldung gezwungen werden, wenn nicht ein Gesetz oder eine auf Gesetz beruhende Bestimmung es verlangt oder zulässt.

---

745 So aber *Hinkel*, Art. 1 Erl. 4.

746 *Hinkel*, Art. 1 Erl. 4.

747 Siehe auch StGH, Urteile vom 08.08.1963 – P.St. 380 -, StAnz. 1963, S. 1011 [1012], vom 16.06.1971 - P.St. 602.603.604.607 -, StAnz. 1971, S. 1135 [1138], und vom 20.12.1971 - P.St. 608.637 -, StAnz. 1972, S. 112 [119]; Beschluss vom 16.04.1997 – P.St. 1202 -, StAnz. 1997, S. 1447 [1454].

a) Grundrechtsträger

aa) Art. 2 Abs. 1 GG

Art. 2 Abs. 1 GG ist ein allgemeines Menschenrecht, schützt daher ohne Ansehen der Staatsangehörigkeit[748]. Neben natürlichen Personen können sich auch juristische Personen des Privatrechts grundsätzlich auf den durch Art. 2 Abs. 1 GG gewährleisteten Schutz berufen[749].

bb) Art. 2 Abs. 1 und 2 HV

Die Grundrechte aus Art. 2 Abs. 1 und 2 HV sind ebenfalls als allgemeine Menschenrechte ausgestaltet, auf die sich natürliche Personen ebenso wie juristische Personen des Privatrechts berufen können.

b) Grundrechtsadressat

aa) Art. 2 Abs. 1 GG

Das Grundrecht aus Art. 2 Abs. 1 GG verpflichtet den Staat in allen seinen Erscheinungsformen (Art. 1 Abs. 3 GG).

bb) Art. 2 Abs. 1 und 2 HV

Aufgrund der ausdrücklichen Anordnung in Art. 26 HV verpflichten die Grundrechte aus Art. 2 Abs. 1 und 2 HV Gesetzgebung, Rechtsprechung und vollziehende Gewalt.

c) Sachlicher Schutzbereich

aa) Art. 2 Abs. 1 GG

Art. 2 Abs. 1 GG schützt die allgemeine Handlungsfreiheit in einem umfassenden Sinne. Er erfasst nicht nur einen bestimmten oder begrenzten Lebensbereich, sondern jegliches menschliches Verhalten[750], und ist ein Grundrecht des Bürgers, nur aufgrund solcher Vorschriften mit einem Nachteil belastet zu werden, die formell

---

748 *Kunig*, in: von Münch/Kunig, GG, Art. 2 Rdnr. 3.

749 *Wernicke*, in: Bonner Kommentar, Art. 2 Anm. II; *Dreier*, in: Dreier, GG, Art.2 Abs. 1 Rdnr. 46; *Di Fabio*, in: Maunz/Dürig/Herzog, GG, Art. 2 Abs. 1 Rdnr. 10.

750 *Dreier*, in: Dreier, GG, Art. 2 Abs. 1 Rdnr. 27; *Starck*, in: von Mangoldt/Klein/Starck, GG, Art. 2 Rdnr. 13.

und materiell der Verfassung gemäß sind[751]. Geschützt wird also jedes menschliche Verhalten ohne Rücksicht darauf, welches Gewicht ihm für die Persönlichkeitsentfaltung zukommt[752].

In Art. 2 Abs. 1 GG wurzelt, wenn auch in Verbindung mit Art. 1 Abs. 1 GG, das allgemeine Persönlichkeitsrecht. Aufgabe dieses Rechts ist es, die engere persönliche Lebenssphäre und die Erhaltung ihrer Grundbedingungen zu gewährleisten, insbesondere gegenüber neuen Gefährdungen der Persönlichkeitsentfaltung. Das Recht schützt Elemente der Persönlichkeit, die nicht schon Gegenstand der besonderen Freiheitsgarantien des Grundgesetzes sind, diesen aber in ihrer konstituierenden Bedeutung für die Persönlichkeit nicht nachstehen[753]. Es sichert jedem Einzelnen einen autonomen Bereich privater Lebensgestaltung, in dem er seine Individualität entwickeln und wahren kann[754]. Vom Schutzbereich dieses allgemeinen Persönlichkeitsrechts sind insbesondere umfasst der Erhalt und der Schutz einer privaten Sphäre, d.h. das Recht, eine Sphäre der Intimität zu begründen und sie dem Einblick und Zugriff anderer zu entziehen[755], das Recht der Darstellung der eigenen Person in der Öffentlichkeit, d.h. das „Recht am eigenen Bild" und das „Recht am gesprochenen Wort"[756], sowie das Recht auf informationelle Selbstbestimmung, d.h. die Befugnis des Einzelnen, grundsätzlich selbst zu entscheiden, wann und innerhalb welcher Grenzen persönliche Lebenssachverhalte offenbart werden[757].

bb) Art. 2 Abs. 1 und 2 HV

Freiheit im Sinne von Art. 2 Abs. 1 HV bedeutet negativ Unabhängigkeit von der öffentlichen Gewalt und positiv aktive Selbstbestimmung des Einzelnen gegenüber

---

751 *Pieroth/Schlink*, Rdnr. 368; *Dreier*, in: Dreier, GG, Art. 2 Abs. 1 Rdnr. 44; *Di Fabio*, in: Maunz/Dürig/Herzog, GG, Art. 2 Abs. 1 Rdnrn. 12, 40.

752 *Murswiek*, in: Sachs, GG, Art. 2 Rdnr. 52; *Dreier*, in: Dreier, GG, Art. 2 Abs. 1 Rdnr. 28; *Di Fabio*, in: Maunz/Dürig/Herzog, GG, Art. 2 Abs. 1 Rdnr. 13; *Starck*, in: von Mangoldt/Klein/Starck, GG, Art. 2 Rdnrn. 8 ff.

753 *Jarass*, in: Jarass/Pieroth, GG, Art. 2 Rdnr. 38; vgl. auch BVerfG, Beschluss vom 03.06.1980 - 1 BvR 185/77 -, BVerfGE 54, 148 [153 f.].

754 BVerfG, Urteil vom 31.01.1989 - 1 BvL 17/87 -, BVerfGE 79, 256 [268]

755 *Kunig*, in: von Münch/Kunig, GG, Art. 2 Rdnr. 32; vgl. insbesondere auch BVerfG, Urteil vom 15.12.1999 - 1 BvR 653/96 -, BVerfGE 101, 361 [382 ff.]; *Dreier*, in: Dreier, GG, Art. 2 Abs. 1 Rdnr. 69; *Di Fabio*, in: Maunz/Dürig/Herzog, GG, Art. 2 Abs. 1 Rdnr. 138.

756 *Dreier*, in: Dreier, GG, Art. 2 Abs. 1 Rdnrn. 69, 72 f.; *Di Fabio*, in: Maunz/Dürig/Herzog, GG, Art. 2 Abs. 1 Rdnrn. 148, 166.

757 BVerfG, Urteil vom 15.12.1983 - 1 BvR 209, 269, 362, 420, 440, 484/83 -, BVerfGE 65, 1 [43 f.], und Beschluss vom 14.09.1989 - 2 BvR 1062/87 -, BVerfGE 80, 367 [373]; *Dreier*, in: Dreier, GG, Art. 2 Abs. 1 Rdnr. 78; *Di Fabio*, in: Maunz/Dürig/Herzog, GG, Art. 2 Abs. 1 Rdnrn. 148, 173 ff.

der Gemeinschaft, jeweils in den Grenzen der Wertordnung[758]. Das Grundrecht der allgemeinen Handlungsfreiheit ist eine notwendige Folgerung aus der Menschenwürde und sichert die allgemeine Handlungsfreiheit in einem umfassenden Sinne[759].

Art. 2 Abs. 1 HV gewährleistet das Recht des Einzelnen auf freie Entfaltung. Art. 3 HV erklärt die Würde des Menschen für unantastbar und schützt dessen gesamte Rechts- und Freiheitssphäre. Aus diesen beiden Grundrechten folgt das allgemeine Persönlichkeitsrecht, das die Befugnis des Einzelnen umfasst, grundsätzlich selbst zu entscheiden, in welchen Grenzen er persönliche Lebenssachverhalte offenbart. Zudem gewährleistet es den Schutz des Intim- und Privatbereichs vor dem Zugriff der öffentlichen Gewalt[760]. Darüber hinaus statuiert das allgemeine Persönlichkeitsrecht den Schutz des Einzelnen gegen eine unbegrenzte Erhebung, Speicherung, Verwendung und Weitergabe seiner Daten. Daraus folgt, dass der Einzelne selbst über die Preisgabe und Verwendung seiner persönlichen Daten zu bestimmen hat[761].

Art. 2 Abs. 2 HV ist Ausfluss und Konkretisierung des allgemeinen Freiheitsrechts aus Art. 2 Abs. 1 HV. Die Vorschrift erhebt den Gesetzesvorbehalt zum Grundrecht und bezweckt damit eine rechtssatzmäßige Gebundenheit überall dort, wo der Einzelne durch die öffentliche Gewalt zu einer Handlung, Duldung oder Unterlassung gezwungen werden soll. Damit wollte der Verfassunggeber in erster Linie den Schutz der negativen Freiheitsrechte sicherstellen[762]. Garantiert ist die Gesetzmäßigkeit der vollziehenden Gewalt[763].

---

758 *Stein*, in: Zinn/Stein, Hessische Verfassung, Art. 2 Erl. 2.

759 StGH, Urteile vom 03.07.1968 – P.St. 470 -, StAnz. 1968, S. 1225 [1230], vom 20.12.1971 - P.St. 608.637 -, StAnz. 1972, S. 112 [119], und vom 30.12.1981 - P.St. 880 -, StAnz. 1982, S. 150 [160].

760 StGH, Beschluss vom 01.02.1995 - P.St. 1187 -, StAnz. 1995, S. 1057 [1059].

761 StGH, Urteil vom 30.04.1986 - P.St. 1023 -, StAnz. 1986, S. 1089 [1111].

762 StGH, Beschluss vom 23.05.1979 - P.St. 862 -, ESVGH 30, 1 [5 f.].

763 *Stein*, in: Zinn/Stein, Hessische Verfassung, Art. 2 Erl. 4.

d) Eingriffe, Beeinträchtigungen

aa) Art. 2 Abs. 1 GG

In den Schutzbereich des Art. 2 Abs. 1 GG greifen alle an den Grundrechtsträger gerichteten staatliche Ge- oder Verbote ein[764]. Unter einem Eingriff in den Schutzbereich des Art. 2 Abs. 1 GG ist darüber hinausgehend jedes staatliche Handeln zu verstehen, das dem Einzelnen ein Verhalten, das in den Schutzbereich des Grundrechts fällt, ganz oder teilweise unmöglich macht, unabhängig davon, ob dies beabsichtigt war oder nicht, unmittelbar oder mittelbar, rechtlich oder tatsächlich, mit oder ohne Befehl und Zwang erfolgt[765]. Voraussetzung ist allerdings, dass Beeinträchtigungen dem Staat zurechenbar sind[766]. Faktische Eingriffe in das allgemeine Persönlichkeitsrecht in diesem Sinne stellen zum Beispiel rufschädigende Äußerungen der öffentlichen Hand dar[767].

bb) Art. 2 Abs. 1 und 2 HV

In den Schutzbereich des Art. 2 Abs. 1 HV wird durch jedes staatliche Ge- oder Verbot eingegriffen. Das durch Art. 2 Abs. 1 HV geschützte Verhalten kann auch in rein faktischer Weise beeinträchtigt werden. Insofern besteht indes die Gefahr, dass die Möglichkeit zur Erhebung einer Grundrechtsklage ausufert. Gerade bei mittelbaren Beeinträchtigungen muss daher im Wege einer Wertung festgestellt werden, ob die Belastungswirkung dem Staat noch zuzurechnen ist. Dabei wird es auf eine etwaige Finalität der Maßnahme sowie Maß und Absehbarkeit der Betroffenheit ankommen[768].

In das ebenfalls in Art. 2 Abs. 1 HV wurzelnde Recht der informationellen Selbstbestimmung wird durch jede staatliche Informations- bzw. Datenerhebung und -verarbeitung eingegriffen. Das allgemeine Persönlichkeitsrecht kann auch durch herabsetzende diskriminierende Äußerungen staatlicher Funktionsträger beeinträchtigt werden.

---

764 *Dreier*, in: Dreier, GG, Art. 2 Abs. 1 Rdnr. 50; *Starck*, in: von Mangoldt/Klein/Starck, GG, Art. 2 Rdnr. 19.

765 *Pieroth/Schlink*, Rdnr. 240.

766 *Kube*, in: JuS 2003, S. 111; vgl. auch BVerfG, Beschluss vom 16.12.1983 - 2 BvR 1160, 1565, 1714/83 -, BVerfGE 66, 39 [60]; *Di Fabio*, in: Maunz/Dürig/Herzog, GG, Art. 2 Abs. 1 Rdnr. 49.

767 *Dreier*, in: Dreier, GG, Art. 2 Abs. 1 Rdnr. 84.

768 Siehe oben D. I. 2. d) bb).

Der Schutzbereich des Art. 2 Abs. 2 HV wird beeinträchtigt, wenn dem Einzelnen ein Handeln, Dulden oder Unterlassen aufgegeben wird, für das keine ausreichende Ermächtigungsgrundlage vorhanden ist.

e) Verfassungsrechtliche Rechtfertigung von Eingriffen

aa) Art. 2 Abs. 1 GG

Art. 2 Abs. 1 GG zählt als eingriffsrechtfertigende Schranken die verfassungsmäßige Ordnung, die Rechte anderer und das Sittengesetz auf.

Unter dem Begriff der verfassungsmäßigen Ordnung ist die allgemeine Rechtsordnung zu verstehen, die die materiellen und formellen Normen der Verfassung beachtet. Eine Rechtsnorm wird nur dann, wenn sie allen diesen Anforderungen entspricht, zum Bestandteil der „verfassungsmäßigen Ordnung". Nur dann kann sie den Bereich der allgemeinen Handlungsfreiheit des Bürgers wirksam beschränken[769]. Zur verfassungsmäßigen Ordnung im Sinne von Art. 2 Abs. 1 GG gehört daher die Gesamtheit der positiv-rechtlichen Normen, die ihrerseits formell und materiell rechtmäßig sind[770].

Versteht man unter dem Begriff der verfassungsmäßigen Ordnung die Gesamtheit der formell und materiell verfassungsmäßigen Rechtsnormen, kommt der zweiten Schranke des Art. 2 Abs. 1 GG, den Rechten anderer, keine eigenständige Bedeutung zu. Denn unter „Rechten anderer" sind nur subjektive Rechte, nicht bloße Interessen zu verstehen[771]. Subjektive Rechte sind aber bereits von dem Begriff der verfassungsmäßigen Ordnung erfasst[772].

Die dritte Schranke, das Sittengesetz, dürfte ebenfalls keine eigenständige Bedeutung mehr besitzen. Zwar stellt das Sittengesetz „formal eine eigenständige Schranke gegenüber dem Einzelnen bei der freien Entfaltung seiner Persönlichkeit[773]" dar.

---

769 BVerfG, Urteil vom 16.01.1957 - 1 BvR 253/56 -, BVerfGE 6, 32 [37 f., 41].

770 *Kube*, in: JuS 2003, S. 111 [115]; *Pieroth/Schlink*, Rdnr. 383; *Jarass*, in: Jarass/Pieroth, GG, Art. 2 Rdnr. 17; *Kunig*, in: von Münch/Kunig, GG, Art. 2 Rdnr. 22; *Murswiek*, in: Sachs, GG, Art. 2 Rdnrn. 89 f.; *Dreier*, in: Dreier, GG, Art. 2 Abs. 1 Rdnr. 55; *Starck*, in: von Mangoldt/Klein/Starck, GG, Art. 2 Rdnr. 25; *Di Fabio*, in: Maunz/Dürig/Herzog, GG, Art. 2 Abs. 1 Rdnr. 39.

771 *Kunig*, in: von Münch/Kunig, GG, Art. 2 Rdnr. 20; *Jarass*, in: Jarass/Pieroth, GG, Art. 2 Rdnr. 18; *Di Fabio*, in: Maunz/Dürig/Herzog, GG, Art. 2 Abs. 1 Rdnr. 44.

772 *Kube*, in: JuS 2003, S. 111 [115]; *Pieroth/Schlink*, Rdnr. 385; *Dreier*, in: Dreier, GG, Art. 2 Abs. 1 Rdnr. 53.

773 BVerfG, Urteil vom 10.05.1957 - 1 BvR 550/52 -, BVerfGE 6, 389 [434].

Versteht man darunter indes altbewährte und praktikable Rechtsbegriffe wie z.B. gute Sitten, Treu und Glauben, so sind diese auch in das positive Recht übernommen (§§ 138, 242, 826 BGB) und gehen damit in der verfassungsmäßigen Ordnung auf[774].

Der Schwerpunkt wird bei einem Eingriff in die allgemeine Handlungsfreiheit des Art. 2 Abs. 1 GG regelmäßig in der Abwägung zwischen der Belastung des Einzelnen und dem verfolgten Gemeinwohlzweck - also der Prüfung der Verhältnismäßigkeit des Eingriffs - liegen[775]. Je schwerwiegender der gesetzliche Eingriff die menschliche Handlungsfreiheit berührt, umso sorgfältiger müssen die zu seiner Rechtfertigung vorgebrachten Gründe gegen den grundsätzlichen Freiheitsanspruch des Bürgers abgewogen werden[776]. Insbesondere bei Eingriffen in das allgemeine Persönlichkeitsrecht bestehen erhöhte Anforderungen an eine Rechtfertigung[777]. Die Verbürgung des Rechts auf informationelle Selbstbestimmung als Unterfall des allgemeinen Persönlichkeitsrechts darf nur im überwiegenden Interesse der Allgemeinheit und unter Wahrung des Grundsatzes der Verhältnismäßigkeit eingeschränkt werden; die Einschränkung darf dabei nicht weitergehen, als es zum Schutze öffentlicher Interessen unerlässlich ist[778].

Da Art. 2 Abs. 1 GG auch einen Anspruch enthält, nicht mit einem Nachteil belastet zu werden, der nicht in der verfassungsmäßigen Ordnung begründet ist, kann auch eine fehlerhafte Gerichtsentscheidung eine Beeinträchtigung des Schutzbereichs darstellen. Hier wird allerdings die verfassungsgerichtliche Prüfungsdichte eingeschränkt. Die Gestaltung des Verfahrens, die Feststellung und Würdigung des Tatbestands, die Auslegung des einfachen Rechts und seine Anwendung auf den einzelnen Fall sind allein Sache der dafür allgemein zuständigen Gerichte und der Nachprüfung durch das Bundesverfassungsgericht entzogen. Nur bei einer Verletzung von spezifischem Verfassungsrecht durch die Gerichte kann das Bundesverfassungsgericht auf eine Verfassungsbeschwerde hin eingreifen. Spezifisches Verfassungsrecht ist aber nicht schon dann verletzt, wenn eine Entscheidung, am ein-

---

774 *Pieroth/Schlink*, Rdnr. 388; ähnlich *Jarass*, in: Jarass/Pieroth, GG, Art. 2 Rdnr. 19, *Kunig*, in: von Münch/Kunig, GG, Art. 2 Rdnr. 26.

775 *Kube*, in: JuS 2003, S. 111 [115]; *Starck*, in: von Mangoldt/Klein/Starck, GG, Art. 2 Rdnrn. 30 f.

776 BVerfG, Beschluss vom 07.04.1964 - 1 BvL 12/63 -, BVerfGE 17, 306 [314].

777 Vgl. hierzu BVerfG, Beschluss vom 08.03.1972 - 2 BvR 28/71 -, BVerfGE 32, 373 [379].

778 BVerfG, Beschluss vom 14.12.2000 - 2 BvR 1741/99, 276, 2061/ 00 -, BVerfGE 103, 21 [33]; Urteile vom 15.12.1983 - 1 BvR 209, 269, 362, 420, 440, 484/83 -, BVerfGE 65, 1 [44], und vom 17.07.1984 - 2 BvE 11, 15/83 -, BVerfGE 67, 100 [143].

fachen Recht gemessen, objektiv fehlerhaft ist; der Fehler muss gerade in der Nichtbeachtung von Grundrechten liegen[779].

bb) Art. 2 Abs. 1 und 2 HV

Art. 2 Abs. 1 HV stellt die allgemeine Handlungsfreiheit lediglich unter zwei Schranken: die Rechte anderer und die verfassungsmäßige Ordnung. Art. 2 Abs. 2 HV erhebt den Gesetzesvorbehalt zum Grundrecht[780] und bestimmt für Eingriffe in die Rechte des Einzelnen, dass diese nur durch oder aufgrund Gesetzes erfolgen dürfen.

Unter dem Begriff der verfassungsmäßigen Ordnung ist die Gesamtheit der Normen zu verstehen, die formell und materiell in Einklang mit den obersten Grundsätzen der freiheitlich demokratischen Grundordnung stehen[781], d.h. der Einzelne darf nur solchen Eingriffen der öffentlichen Gewalt ausgesetzt werden, die auf formell und materiell verfassungsmäßigen Vorschriften beruhen[782]. Bei einer Einschränkung des allgemeinen Persönlichkeitsrechts ist zu beachten, dass nicht der gesamte private Bereich unter dem absoluten Schutz des Freiheits- und Persönlichkeitsrechts steht. Staatliche Maßnahmen sind hinzunehmen, soweit sie im überwiegenden Allgemeininteresse unter Wahrung des Verhältnismäßigkeitsprinzips getroffen werden[783]. In gleicher Weise gilt dies bei Einschränkungen des Rechts auf informationelle Selbstbestimmung. Auch diese sind nur im überwiegenden Interesse der Allgemeinheit zulässig[784].

Unter „Rechte anderer“ sind subjektive öffentliche und private Rechte, d.h. nicht nur die Grundrechte, zu verstehen. Allgemeine öffentliche Interessen, die nicht als subjektive Rechte bestimmter Rechtsträger ausgestaltet sind, sind daher keine Rechte im Sinne von Art. 2 Abs. 1 HV[785]. Aus diesem Grunde sind die „Rechte anderer“ bereits von der Schranke der verfassungsmäßigen Ordnung umfasst.

---

779 BVerfG, Beschluss vom 10.04.1964 - 1 BvR 37/63 -, BVerfGE 18, 85 [92 f.]; vgl. auch Beschlüsse vom 14.03.1967 - 1 BvR 334/61 -, BVerfGE 21, 209 [216], und vom 12.11.1997 - 1 BvR 479/92 und 307/94 -, BVerfGE 96, 375 [399].

780 StGH, Beschluss vom 23.05.1979 - P.St. 862 -, ESVGH 30, 1 [5].

781 StGH, Urteil vom 03.07.1968 - P.St. 470 -, StAnz. 1968, S. 1225 [1231].

782 StGH, Beschluss vom 23.05.1979 - P.St. 862 -, ESVGH 30, 1 [5].

783 StGH, Beschluss vom 01.02.1995 - P.St. 1187 -, StAnz. 1995, S. 1057 [1059].

784 StGH, Urteil vom 30.04.1986 - P.St. 1023 -, StAnz. 1986, S. 1089 [1111], unter ausdrücklicher Übernahme der einschlägigen Rechtsprechung des Bundesverfassungsgerichts.

785 *Stein*, in: Zinn/Stein, Hessische Verfassung, Art. 2 Erl. 3.a).

Eine Schranke „Sittengesetz" kennt Art. 2 Abs. 1 HV im Gegensatz zu Art. 2 Abs. 1 GG nicht. Die Vorschrift insoweit zu ergänzen oder um die grundgesetzliche Schranke aufzufüllen, ist nicht möglich[786]. Dies widerspräche dem ausdrücklich geäußerten Willen des Verfassunggebers. Der Begriff der „sittlichen Grundordnung" war in dem ursprünglichen Verfassungsentwurf zwar zunächst enthalten. Während der Beratungen über den Inhalt und die Grenzen der Freiheit des Menschen führte der Vorsitzende des Verfassungsausschusses jedoch aus: „Wenn Sie aber sagen: sittliche Ordnung, dann ist das ein Ausdruck, mit dem das Gericht nichts anfangen kann. Deshalb bin ich dagegen. Wir kommen dann von unserem Grundsatz ab, die Dinge justiziabel auszudrücken. Die Rechte des Einzelnen sind jederzeit klar, während die Ordnung der Gemeinschaft etwas dehnbar ist. Im Grunde genommen weiß jeder, was er zu tun hat. Die Ordnung des Gemeinwesens ist etwas, was über die Rechte des einzelnen hinausgeht und in einer anderen Sphäre liegt. Deshalb möchte ich meinen, dass wir bei diesem Satze bleiben und die sittliche Ordnung als einen zu vagen Begriff herauslassen[787]". Auf diese Anregung hin wurde der Begriff der „sittlichen Grundordnung" einmütig aus dem Verfassungsentwurf gestrichen.

Versteht man Art. 2 Abs. 2 HV als Garantie der Gesetzmäßigkeit von Legislative, Exekutive und Judikative, müssen alle staatlichen Handlungen formell und materiell im Einklang mit der verfassungsmäßigen Ordnung stehen. Dies hätte die eine unbegrenzte Eröffnung der Grundrechtsklage des Unterlegenen gegen nachteilige gerichtliche Entscheidung zur Folge. Da der Staatsgerichtshof damit aber in die Kompetenz der Fachgerichte für die Auslegung und Anwendung einfachgesetzlichen Rechts in unzulässiger Weise eingriffe, ist die Kontrollintensität im verfassungsgerichtlichen Verfahren beschränkt. Nachgeprüft werden kann nur, ob die Fachgerichte bei ihrer Entscheidung subjektive Rechte verbürgende Normen der Hessischen Verfassung verletzt haben. Ein solcher Verstoß ist nur dann gegeben, wenn das Gericht bei der Auslegung und Anwendung von Landesrecht spezifisches Verfassungsrecht verletzt hätte, sei es, dass grundrechtswidrige Rechtsvorschriften angewandt worden wären oder das Ergebnis der Auslegung Grundrechte verletzte, sei

---

786 So aber *Hinkel*, Art. 2 Erl. 3; *Stein*, in: Zinn/Stein: Hessische Verfassung, Art. 2 Anm. 3c; vgl. auch StGH, Urteil vom 03.07.1968 - P.St. 470 -, StAnz. 1968, S.1225 [1230 f.], allerdings ohne nähere Begründung.

787 Abgeordneter Dr. Bergsträßer (SPD), Stenographische Berichte über die Verhandlungen des Verfassungsausschusses der Verfassungberatenden Landesversammlung Groß-Hessen, S. 107.

es, dass das Gericht bei seiner Entscheidung von einer grundsätzlich unrichtigen Anschauung hinsichtlich der Bedeutung der in Betracht kommenden Grundrechte ausgegangen wäre oder gar willkürlich gehandelt hätte und die angegriffene Entscheidung darauf beruht[788].

f) Ergebnis

Art. 2 Abs. 1 HV und Art. 2 Abs. 1 GG stimmen in ihrer Schutzwirkung und ihrem Gewährleistungsinhalt überein. Sie gewährleisten übereinstimmend die freie Entfaltung der Persönlichkeit in einem umfassenden Sinne und erfassen alle menschlichen Verhaltensweisen ohne Rücksicht auf eine bestimmte Bedeutung für die freie Entfaltung der Persönlichkeit. Übereinstimmend ist in beiden Vorschriften in Verbindung mit dem Schutz der Menschenwürde das allgemeine Persönlichkeitsrecht verankert.

Im Hinblick auf die Beschränkungsmöglichkeiten zählt Art. 2 Abs. 1 HV zwar nicht wie Art. 2 Abs. 1 GG die Schranke „Sittengesetz"; eine Ergänzung oder Auffüllung um diese Schranke ist nicht möglich. Daraus ergibt sich jedoch kein sachlicher Unterschied, wenn man, so wie hier, darunter praktikable Rechtsbegriffe versteht, die ohnehin in das positive Recht übernommen worden und damit von der Schranke der verfassungsmäßigen Ordnung umfasst sind.

Art. 2 Abs. 2 HV enthält eine ausdrückliche grundrechtliche Gewährleistung des Gesetzesvorbehalts. Er gibt jedem Bürger einen Anspruch darauf, belastende Wirkung nur aufgrund eines formellen Gesetzes hinnehmen zu müssen. Eine entsprechende ausdrückliche Gewährleistung enthält das Grundgesetz nicht. Das Grundrecht aus Art. 2 Abs. 1 GG umschließt aber auch den Anspruch, nicht mit einem Nachteil belastet zu werden, der nicht in der verfassungsmäßigen Ordnung begründet ist. Zudem ist der Vorbehalt des Gesetzes in Art. 20 Abs. 3 GG verankert[789]. Die grundrechtliche Absicherung des Gesetzesvorbehalts durch Art. 2 Abs. 2 HV steht danach nicht im Widerspruch zu der Wertung des Grundgesetzes.

---

788 StGH, Beschluss vom 13.03.1996 - P.St. 1169 -, StAnz. 1996, S. 1437 [1438].

789 Vgl. BVerfG, Beschlüsse vom 29.10.1987 - 2 BvR 624, 1080, 2029/83 -, BVerfGE 77, 170 [230], vom 08.08.1978 - 2 BvL 8/77 -, BVerfGE 49, 89 [126], und vom 28.10.1975 - 2 BvR 883/73 und 379, 497, 526/74 -, BVerfGE 40, 237 [248 f.]; über die normative Herleitung besteht allerdings keine Einhelligkeit, vgl. *Schnapp*, in: von Münch/Kunig, GG, Art. 20 Rdnr. 53.

Diesen Ausführungen zufolge lassen sich Unterschiede in den Gewährleistungsgehalten des Art. 2 Abs. 1, 2 HV[790] und Art. 2 Abs. 1 GG nicht feststellen. Art. 2 Abs. 1 und 2 HV gelten danach fort.

3. Rechtsweggarantie (Art. 19 Abs. 4 GG - Art. 2 Abs. 3 HV)

Art. 19 Abs. 4 GG: Wird jemand durch die öffentliche Gewalt in seinen Rechten verletzt, so steht ihm der Rechtsweg offen. Soweit eine andere Zuständigkeit nicht begründet ist, ist der ordentliche Rechtsweg gegeben. Artikel 10 Abs. 2 Satz 2 bleibt unberührt.

Art. 2 Abs. 3 HV: Glaubt jemand, durch die öffentliche Gewalt in seinen Rechten verletzt zu sein, so steht ihm der Rechtsweg offen.

a) Grundrechtsträger

aa) Art. 19 Abs. 4 GG

Art. 19 Abs. 4 GG steht als Grundrecht jedem zu, der Träger eines Grundrechts sein kann, d.h. natürlichen und juristischen Personen des Privatrechts, Vereinigungen, Inländern wie Ausländern[791]. Juristische Personen des öffentlichen Rechts können sich grundsätzlich nicht auf Art. 19 Abs. 4 GG berufen[792]. Etwas anderes gilt ausnahmsweise dann, wenn sie überhaupt Grundrechtsträger und daher auch Träger sonstiger subjektiver Rechte gegenüber dem Staat sein können[793].

bb) Art. 2 Abs. 3 HV

Träger des Grundrechts aus Art. 2 Abs. 3 HV kann jeder sein, der Inhaber von Grundrechten und damit von subjektiven Rechten sein kann, da Art. 2 Abs. 3 HV bereits seinem Wortlaut nach an solche Rechte ("in *seinen* Rechten") anknüpft[794].

---

790 So auch StGH, Urteil vom 03.07.1968 – P.St. 470 -, StAnz. 1968, S. 1225 [1230], Beschluss vom 01.02.1995 – P.St. 1187 -, StAnz. 1995, S. 1057 [1059].

791 *Jarass*, in: Jarass/Pieroth, GG, Art. 19 Rdnr. 48; *Schulze-Fielitz*, in: Dreier, GG, Art. 19 Rdnr. 82; *Huber*, in: von Mangoldt/Klein/Starck, GG, Art. 19 Rdnr. 382; *Krüger/Sachs*, in: Sachs, GG, Art. 19 Rdnr. 113; *Schenke*, in: Bonner Kommentar, Art. 19 Abs. 4 Rdnrn. 28 f.; *Ramsauer*, in: AK-GG, Art. 19 Abs. 4 Rdnrn. 39, 41.

792 Vgl. hierzu Bethge, Grundrechtsberechtigung, S. 128; Schmidt-Aßmann, in: Maunz/Dürig/Herzog, GG, Art. 19 Abs. 4 Rdnr. 42; Krebs, in: vom Münch/Kunig, GG, Art. 19 Rdnr. 51; Schulze-Fielitz, in: Dreier, GG, Art. 19 Abs. 4 Rdnr. 82.

793 *Schulze-Fielitz*, in: Dreier, GG, Art.19 Rdnr. 83; *Schenke*, in: Bonner Kommentar, Art. 19 Abs. 4 Rdnr. 38; *Ramsauer*, in: AK-GG, Art. 19 Abs. 4 Rdnr. 42.

794 StGH, Beschluss vom 28.07.1976 - P.St. 790 -, StAnz. 1976, S. 1798 [1800].

Erfasst sind danach alle natürlichen Personen, aber auch juristische Personen des Privatrechts, soweit sie Träger von Grundrechten sein können.

Auch wenn juristische Personen des öffentlichen Rechts Inhaber von subjektiven Rechten sein können, können sie sich dennoch nicht auf Art. 2 Abs. 3 HV berufen. Denn es handelt sich um ein formelles Grundrecht[795], das wegen des inneren und äußeren Zusammenhangs mit den Grundrechten juristischen Personen des öffentlichen Rechts ebenso wie materielle Grundrechte grundsätzlich nicht zusteht[796]. Die Verortung bei den Grundrechten unterscheidet Art. 19 Abs. 4 GG von den Justizgrundrechten, die auch juristischen Personen des öffentlichen Rechts zukommen. Soweit sich juristische Personen des öffentlichen Rechts allerdings nach den obigen Darlegungen auch auf Grundrechte berufen können[797], muss ihnen der Schutz des Art. 2 Abs. 3 HV ebenfalls zugebilligt werden.

b) Grundrechtsadressat

aa) Art. 19 Abs. 4 GG

Art. 19 Abs. 4 verpflichtet jeden Träger hoheitlicher Gewalt, der durch Grundrechte verpflichtet werden kann[798].

bb) Art. 2 Abs. 3 HV

Art. 2 Abs. 3 HV richtet sich an alle hoheitliche Gewalt, also Legislative, Exekutive und Judikative (vgl. Art. 26 HV).

c) Sachlicher Schutzbereich

aa) Art. 19 Abs. 4 GG

Unter dem Begriff der öffentlichen Gewalt im Sinne von Art. 19 Abs. 4 GG ist die gesamte vollziehende Gewalt zu verstehen[799]. Die öffentliche Gewalt erfasst alle

795 So zu Art. 19 Abs. 4 GG *Huber*, in: von Mangoldt/Klein/Starck, GG, Art. 19 Rdnr. 384.
796 So zu Art. 19 Abs. 4 GG *Krebs*, in: von Münch/Kunig, GG, Art. 19 Rdnr. 51.
797 Siehe oben D. I. 2. a) cc) (b).
798 *Schulze-Fielitz*, in: Dreier, GG, Art. 19 Rdnr. 85; *Jarass*, in: Jarass/Pieroth, GG, Art. 19 Rdnr. 33.
799 BVerfG, Beschlüsse vom 30.04.2003 - 1 PBvU 1/02 -, BVerfGE 107, 395 [403 ff.], und vom 25.01.2005 - 2 BvR 656, 657, 683/99 -, BVerfGE 112, 185 [207]; *Jarass*, in: Jarass/Pieroth, GG, Art. 19 Rdnr. 42; *Schulze-Fielitz*, in: Dreier, GG, Art. 19 Abs. 4 Rdnr. 48.

Akte der staatlichen deutschen, an das Grundgesetz gebundenen öffentlichen Gewalt[800]. Nicht erfasst sind Akte der parlamentarischen Gesetzgebung[801]. Gleiches gilt für Akte der Rechtsprechung: „Art. 19 Abs. 4 GG gewährt Schutz durch den Richter, nicht gegen den Richter[802]".

Der Begriff der vollziehenden Gewalt im Sinne von Art. 19 Abs. 4 GG ist weit zu verstehen[803]. Erfasst sind Regierung und Verwaltung[804] einschließlich strafprozessualer Maßnahmen der Polizei und der Staatsanwaltschaft[805], nichtrichterliche Entscheidungen der Justizverwaltung[806], Akte des Rechtspflegers[807], Entscheidungen von Gerichten, soweit sie außerhalb ihrer spruchrichterlichen Tätigkeit funktionell exekutivisch aufgrund eines ausdrücklich normierten Richtervorbehalts tätig werden[808], und auf dem Gebiet des Strafvollzugs[809]. Ebenfalls zur Exekutive zählen Beliehene, Anstalten, Stiftungen und Körperschaften des öffentlichen Rechts[810]. Auf die Form des Handelns der Exekutive kommt es dabei nicht an[811].

Art. 19 Abs. 4 GG knüpft die Rechtsweggarantie an die mögliche Verletzung eigener subjektiver Rechte. Dazu gehören nicht nur Grundrechte, sondern alle subjektiven Rechte des öffentlichen wie des privaten Rechts[812]. Diese werden von Art. 19

---

800 *Huber*, in: von Mangoldt/Klein/Starck, GG, Art. 19 Rdnr. 420; *Krüger/Sachs*, in: Sachs, GG, Art. 19 Rdnr. 115; *Schenke*, in: Bonner Kommentar, Art. 19 Abs. 4 Rdnr. 168; *Ramsauer*, in: AK-GG, Art. 19 Abs. 4 Rdnr. 45.

801 BVerfG, Urteil vom 25.06.1968 - 2 BvR 251/63 -, BVerfGE 24, 33 [49], und Beschluss vom 10.05.1977 - 1 BvR 514/68 und 323/69 -, BVerfGE 45, 297 [334]; *Jarass*, in: Jarass/Pieroth, GG, Art. 19 Rdnr. 44; *Krüger/Sachs*, in: Sachs, GG, Art. 19 Rdnr. 124; *Ramsauer*, in: AK-GG, Art. 19 Abs. 4 Rdnr. 54; a.A. wohl *Huber*, in: von Mangoldt/Klein/Starck, GG, Art. 19 Rdnr. 431; *Schenke*, in: Bonner Kommentar, Art. 19 Abs. 4 Rdnr. 249.

802 BVerfG, Beschlüsse vom 30.04.2003 - 1 PBvU 1/02 -, BVerfGE 107, 395 [403 ff.], und vom 11.10.1978 - 2 BvR 1055/66 -, BVerfGE 42, 329 [340]; ebenso: BVerfG, Beschluss vom 12.07.1983 - 1 BvR 1470/82 -, BVerfGE 65, 76 [90]; *Jarass*, in: Jarass/Pieroth, GG, Art. 19 Rdnr. 45; *Krüger/Sachs*, in: Sachs, GG, Art. 19 Rdnr. 120; *Schenke*, in: Bonner Kommentar, Art.19 Abs. 4 Rdnr. 275; *Ramsauer*, in: AK-GG, Art. 19 Abs. 4 Rdnr. 55; a.A. *Huber*, in: von Mangoldt/Klein/Starck, GG, Art. 19 Rdnr. 437 ff. unter Hinweis auf BVerfG, Beschluss vom 30.04.2003 - 1 PBvU 1/02 -, BVerfGE 107, 395 ff.

803 *Ramsauer*, in: AK-GG, Art. 19 Abs. 4 Rdnr. 47.

804 *Huber*, in: von Mangoldt/Klein/Starck, GG, Art. 19 Rdnr. 426.

805 BVerfG, Urteil vom 20.02.2001 - 2 BvR 1440/90 -, BVerfGE 103, 142 [156].

806 BVerfG, Beschluss vom 28.01.1970 -, 2 BvR 319/62 -, BVerfGE 28, 10 [14].

807 BVerfG, Beschluss vom 18.01.2000 - 1 BvR 321/96 -, BVerfGE 101, 397 [407].

808 *Schulze-Fielitz*, in: Dreier, GG, Art. 19 Abs. 4 Rdnr. 53; *Huber*, in: von Mangoldt/Klein/Starck, GG, Art. 19 Rdnr. 436; *Schenke*, in: Bonner Kommentar, Art. 19 Abs. 4 Rdnr. 278.

809 BVerfG, Beschluss vom 28.06.1983 - 2 BvR 539, 621/80 -, BVerfGE 64, 261 [279].

810 *Schulze-Fielitz*, in: Dreier, GG, Art. 19 Abs. 4 Rdnr. 53; *Jarass*, in: Jarass/Pieroth, GG, Art. 19 Rdnr. 42.

811 *Schulze-Fielitz*, in: Dreier, GG, Art. 19 Abs. 4 Rdnr. 55.

812 *Pieroth/Schlink*, Rdnr. 1012.

Abs. 4 nicht geschaffen, sondern vorausgesetzt[813]. Die Verletzung nur wirtschaftlicher Interessen genügt ebenso wenig wie die Verletzung von Rechtssätzen, in denen der Einzelne nur aus Gründen des Interesses des Allgemeinwohls begünstigt wird, die also reine Reflexwirkungen haben.[814].

Gerichte im Sinne von Art. 19 Abs. 4 GG sind solche, die in ihrer organisatorischen Stellung und personellen Besetzung den Vorgaben der Art. 92, 97 GG entsprechen, in staatlicher Trägerschaft stehen und den Art. 91, 92 GG genügen[815].

Abgesehen von der Erwähnung verschiedener Gerichtsbarkeiten (Art. 95, 96 GG) und der Zuweisung bestimmter Materien zu der ordentlichen Gerichtsbarkeit (Art. 14 Abs. 3 Satz 4, Art. 34 Satz 3 GG) überlässt das Grundgesetz dem Gesetzgeber die Ausgestaltung des Rechtswegs. Rechtsschutz ist eine staatliche Leistung. Seine Voraussetzungen müssen erst geschaffen, seine Art näher bestimmt und sein Umfang im Einzelnen festgelegt werden. Art. 19 Abs. 4 GG gibt dem Gesetzgeber dabei nur die Zielrichtung und die Grundzüge der Regelung vor. Im Übrigen hat er einen weiten Spielraum[816]. Art. 19 Abs. 4 GG ist damit ein Grundrecht mit normgeprägtem Schutzbereich[817]. Der Gesetzgeber muss bei der Ausgestaltung des Rechtswegs dem Schutzzweck des Art. 19 Abs. 4 Satz 1 GG Genüge tun und das Ziel dieser Gewährleistung - den wirkungsvollen Rechtsschutz - verfolgen. Die Ausgestaltung des Rechtsschutzes muss zweckgerichtet, geeignet und angemessen sowie für den Rechtssuchenden zumutbar sein. Insbesondere dürfen nicht unangemessen hohe verfahrensrechtliche Hindernisse für den Zugang zum Gericht aufgestellt werden[818]. Garantiert ist lediglich eine gerichtliche Instanz; Art. 19 Abs. 4 GG fordert keinen Instanzenzug[819]. Ist eine weitere Instanz gesetzlich vorgesehen,

---

813 BVerfG, Beschluss vom 05.02.1963 - 2 BvR 21/60 -, BVerfGE 15, 275 [281]; *Huber*, in: von Mangoldt/Klein/Starck, GG, Art. 19 Rdnr. 386; *Krüger/Sachs*, in: Sachs, GG, Art. 19 Rdnr. 129; *Schenke*, in: Bonner Kommentar, Art. 19 Abs. 4 Rdnr. 287; *Ramsauer*, in: AK-GG, Art.19 Abs. 4 Rdnr. 61.

814 BVerfG, Beschluss vom 09.01.1991 - 2 BvR 207/87 -, BVerfGE 83, 182 [194 f.].

815 *Krüger/Sachs*, in: Sachs, GG, Art. 19 Rdnr. 134; *Schenke*, in: Bonner Kommentar, Art. 19 Abs. 4 Rdnr. 39; *Ramsauer*, in: AK-GG, Art. 19 Abs. 4 Rdnrn. 80 f.

816 BVerfG, Beschluss vom 27.10.1999 - 1 BvR 385/90 -, BVerfGE 101, 106 [123].

817 *Jarass*, in: Jarass/Pieroth, GG, Art. 19 Rdnr. 51.

818 BVerfG, Beschluss vom 20.04.1982 - 2 BvL 26/81 -, BVerfGE 60, 253 [268 f.].

819 BVerfG, Beschluss vom 11.10.1978 - 2 BvR 1055/76 -, BVerfGE 49, 329 [340 f.]; *Jarass*, in: Jarass/Pieroth, GG, Art. 19 Rdnr. 54; *Krüger/Sachs*, in: Sachs, GG, Art. 19 Rdnr. 138; *Schenke*, in: Bonner Kommentar, Art.19 Abs. 4 Rdnr. 54.

verbietet Art. 19 Abs. 4 GG, den Zugang zur jeweils nächsten Instanz in unzumutbarer, aus Sachgründen nicht mehr zu rechtfertigender Weise zu erschweren[820].

Art. 19 Abs. 4 GG verlangt auch eine tatsächlich wirksame gerichtliche Kontrolle. Hierzu gehört, dass das Gericht das Rechtsschutzbegehren in tatsächlicher und rechtlicher Hinsicht prüfen kann und genügend Entscheidungsbefugnisse besitzt, um drohende Rechtsverletzungen abzuwenden oder erfolgte Rechtsverletzungen zu beheben[821]. Effektiver Rechtsschutz bedeutet auch, dass die Gerichte innerhalb angemessener Frist entscheiden[822].

bb) Art. 2 Abs. 3 HV

Art. 2 Abs. 3 HV eröffnet den Rechtsweg gegen Rechtsverletzungen durch die öffentliche Gewalt. Unter den Begriff der öffentlichen Gewalt im Sinne des Art. 2 Abs. 3 HV fallen allerdings nicht Gesetzgebung und spruchrichterliche Tätigkeit[823].

Die Vorschrift knüpft bereits von ihrem Wortlaut her an die Verletzung von eigenen Rechten an. Allerdings enthält sie keinerlei Angaben darüber, wann ein „eigenes Recht" vorliegt. Art. 2 Abs. 3 HV schafft daher nicht selbst eigene Rechte, sondern setzt sie voraus[824]. Aus dem Begriff „Rechte" folgt, dass es sich nicht lediglich um bloße Interessen oder Rechtsreflexe handeln darf, sondern vielmehr ein durchsetzbares Recht vorliegen muss.

Eröffnet Art. 2 Abs. 3 HV jedem, der glaubt durch die öffentliche Gewalt in seinen Rechten verletzt zu sein, den Rechtsweg, ist die Ausgestaltung der Rechtsweggarantie zunächst Sache des Gesetzgebers. Rechtsschutz wird grundsätzlich im Rahmen der jeweils geltenden Prozessordnung gewährleistet. Art. 2 Abs. 3 HV fordert aber keinen Instanzenzug[825]. Ein bestimmter Rechtsweg ist nicht gewährleistet. Art. 2 Abs. 3 HV garantiert dem Bürger die Überprüfung einer ihn beeinträchtigenden hoheitlichen Maßnahme in irgendeinem gerichtlichen Verfahren. Zudem muss

---

[820] BVerfG, Beschluss vom 11.10.1978 - 2 BvR 1055/76 -, BVerfGE 49, 329 [341]; siehe auch BVerfG, Beschluss vom 25.01.2005 -2 BvR 656, 657, 683/99 -, BVerfGE 112, 185 [207 f.]; *Schenke*, in: Bonner Kommentar, Art. 19 Abs. 4 Rdnr. 59.

[821] BVerfG, Beschluss vom 27.10.1999 - 1 BvR 385/90 -, BVerfGE 101, 106 [122 f.]; *Krüger/ Sachs*, in: Sachs, GG, Art. 19 Rdnrn. 143, 145 f.

[822] BVerfG, Beschlüsse vom 16.12.1980 - 2 BvR 419/80 -, BVerfGE 55, 349 [369], und vom 20.07.2000 - 1 BvR 352/00 -, NJW 2001, S. 214 ff; *Krüger/Sachs*, in: Sachs, GG, Art. 19 Rdnr. 144.

[823] *Stein*, in: Zinn/Stein, Hessische Verfassung, Art. 2 Erl. 5; *Hinkel*, Art. 2 Erl. 5.

[824] StGH, Beschluss vom 28.07.1976 - P.St. 790 -, StAnz. 1976, S. 1798 [1800]; *Stein*, in: Zinn/Stein, Hessische Verfassung, Art. 2 Erl. 5.

[825] StGH, Beschluss vom 13.03.2001 - P.St. 1380 -, StAnz. 2001, S. 1532 [1534].

der zur Entscheidung berufene Richter zur hinreichenden Prüfung der tatsächlichen und rechtlichen Seite des Rechtsschutzbegehrens befugt sein sowie über eine zureichende Entscheidungsmacht verfügen, um Rechtsverletzungen wirksam abhelfen zu können[826].

Verpflichtet werden auch die Gerichte, die bei ihrer Verfahrensgestaltung und -führung die Anforderungen der Rechtsweggarantie nach Art. 2 Abs. 3 HV zu beachten haben. Art. 2 Abs. 3 HV gewährleistet zudem einen Rechtsschutz innerhalb angemessener Zeit[827].

d) Eingriffe, Beeinträchtigungen

aa) Art. 19 Abs. 4 GG

Die Rechtsweggarantie des Art. 19 Abs. 4 GG ist verletzt, wenn der Zugang zu den Gerichten ausgeschlossen ist oder in unzumutbarer, aus Sachgründen nicht mehr zu rechtfertigender Weise erschwert wird[828]. Art. 19 Abs. 4 GG verbietet insbesondere den Gerichten eine Auslegung und Anwendung der den Rechtsweg ausgestaltenden Normen, die die Beschreitung des Rechtswegs in einer unzumutbaren, aus Sachgründen nicht mehr zu rechtfertigenden Weise erschweren. Rechtsmittelgerichte dürfen ein von der jeweiligen Rechtsordnung eröffnetes Rechtsmittel nicht ineffektiv machen und für den Bürger leer laufen lassen[829].

Zu dem durch Art. 19 Abs. 4 GG gewährleisteten effektiven Rechtsschutz gehört auch, dass dieser innerhalb einer angemessenen Zeit gewährt wird. Eine abstrakte Festlegung des Zeitpunkts, ab wann der Schutzbereich des Grundrechts verletzt ist, lässt sich allerdings nicht treffen. Zu berücksichtigen sind hier alle Umstände des Einzelfalls, insbesondere die Bedeutung der Sache für die Parteien, die Schwierigkeit der Sachmaterie, das den Parteien zuzurechnende Verhalten sowie die gerichtlich nicht zu beeinflussende Tätigkeit von Dritten, wie etwa Sachverständigen. Die Gerichte selbst müssen im Rahmen ihrer Verfahrensführung auch die Gesamtdauer

---

826 StGH, Beschluss vom 11.05.1994 - P.St. 1181 -, StAnz. 1994, S. 1488 [1490].

827 StGH, Beschlüsse vom 09.06.1999 - P.St. 1318 -, und vom 23.10.1991 - P.St. 1122 -, StAnz. 1991, S. 2657 [2658].

828 BVerfG, Beschlüsse vom 29.10.1975 - 2 BvR 630/73 -, BVerfGE 40, 272 [274 f.], vom 20.04.1982 - 2 BvL 26/81 -, BVerfGE 60, 253 [269], und vom 20.04.1982 - 2 BvL 26/81 -, BVerfGE 60, 253 [269].

829 BVerfG, Beschlüsse vom 30.06.2005 - 1 BvR 2615/04 -, NVwZ 2005, S. 1176 f., und vom 23.06.2000 - 1 BvR 830/00 -, DVBl. 2000, S. 1458 ff.

des Verfahrens beachten. Mit zunehmender Dauer des Verfahrens verdichtet sich die mit dem Justizgewährleistungsanspruch verbundene Pflicht des Gerichts, sich nachhaltig um eine Beschleunigung des Verfahrens zu bemühen[830].

bb) Art. 2 Abs. 3 HV

Die Rechtsweggarantie des Art. 2 Abs. 3 HV ist verletzt, wenn der Zugang zu den Gerichten ausgeschlossen oder in unzumutbarer Weise erschwert wird[831]. Art. 2 Abs. 3 HV garantiert darüber hinaus effektiven Rechtsschutz, d.h. eine wirksame Kontrolle der Maßnahmen der öffentlichen Gewalt durch die Gerichte in tatsächlicher und rechtlicher Hinsicht[832]. Dies gilt für Gesetzgeber und Gerichte gleichermaßen. Eröffnet das einfachgesetzliche Prozessrecht eine weitere Instanz, so verletzt eine Anwendung der jeweiligen Verfahrensnorm durch das Gericht die Rechtsweggarantie, wenn der Zugang zu den Instanzen in unzumutbarer, aus Sachgründen nicht mehr zu rechtfertigender Weise erschwert wird. Verletzungen des Art. 2 Abs. 3 HV durch die Anwendung und Auslegung des die Rechtsweggarantie ausgestaltenden einfachgesetzlichen Prozessrechts können dabei nur angenommen werden, wenn das Fachgericht die Bedeutung dieses Grundrechts eindeutig verkannt hat[833].

Art. 2 Abs. 3 HV enthält auch einen Anspruch auf zügige Bearbeitung der Verfahren. Wirksamer Rechtsschutz bedeutet auch Rechtsschutz innerhalb angemessener Zeit. Der Zeitraum, wann noch von einem angemessenen Rechtsschutz ausgegangen werden kann, lässt sich nicht allgemein festlegen, sondern hängt von zahlreichen Umständen des Einzelfalls und der jeweiligen Belastung der Gerichte ab. Eine Grundrechtsverletzung kommt nur in besonders krassen Fällen einer Verzögerung

---

830 BVerfG, Beschluss vom 20.07.2000 - 1 BvR 352/00 -, NJW 2001, S. 214 ff., für den aus dem Rechtsstaatsprinzip abgeleiteten Justizgewährleistungsanspruch in privatrechtlichen Streitigkeiten; die Maßstäbe des Art. 19 Abs. 4 GG entsprechen dem, vgl. BVerfG, Beschluss vom 16.12.1980 - - 2 BvR 419/80 -, BVerfGE 55, 349 [369].

831 StGH, Beschluss vom 12.03.2002 - P.St. 1438 -, StAnz. 2002, S. 1678 [1681].

832 StGH, Beschluss vom 13.03.2001 - P.St. 1380 -, StAnz. 2001, S. 1532 [1534].

833 StGH, Beschluss vom 13.03.2001 - P.St. 1380 -, StAnz. 2001, S. 1532 [1534], im Hinblick auf überspannte Darlegungsanforderungen der Zulassungsgründe nach § 124 Abs. 2 VwGO; vgl. auch StGH, Beschlüsse vom 04.04.2000 - P.St. 1411 -, StAnz. 2000, S. 2500 [2504], im Hinblick auf die Ablehnung einer Vollstreckung nach § 172 VwGO, vom 13.09.2000 - P.St. 1553 -, StAnz. 2000, S. 3567 [3571], im Hinblick auf die fachgerichtliche Anwendung von § 80 Abs. 7 VwGO, und vom 18.10.2000 - P.St. 1571 -, StAnz. 2000, S. 3989 [3990], im Hinblick auf die fachgerichtliche Anwendung von § 345 StPO.

einer gerichtlichen Entscheidung in Betracht, die auf eine Rechtsverweigerung hinausläuft[834].

e) Verfassungsrechtliche Rechtfertigung von Eingriffen

aa) Art. 19 Abs. 4 GG

Art. 19 Abs. 4 GG steht unter keinem Gesetzesvorbehalt. Beschränkungen sind daher nur durch Grundrechte Dritter oder andere Verfassungsrechtsgüter möglich[835]. Davon zu unterscheiden ist die gesetzliche Ausgestaltung des gerichtlichen Rechtsschutzes, die keinen Eingriff darstellen. Sie sind mit Art. 19 Abs. 4 GG vereinbar, wenn sie im Hinblick auf die Wahrung anderer Verfassungsgrundsätze erforderlich sind[836].

bb) Art. 2 Abs. 3 HV

Art. 2 Abs. 3 HV enthält keinen Gesetzesvorbehalt. Eine Rechtfertigung von Beeinträchtigung ist daher nur aufgrund verfassungsimmanenter Schranken möglich. Als kollidierende Rechtsgüter von Verfassungsrang, die eine Einschränkung rechtfertigen können, kommen insbesondere die Funktionsfähigkeit der Justiz sowie die Rechtssicherheit in Betracht.

f) Ergebnis

Art. 2 Abs. 3 HV stimmt hinsichtlich des Grundrechtsträgers, des Grundrechtsadressaten sowie des Schutzbereiches inhaltlich mit Art. 19 Abs. 4 GG überein. Gleiches gilt für die Beschränkungsmöglichkeiten. Art. 2 Abs. 3 HV gilt daher fort.

---

834 StGH, Beschluss vom 23.10.1991 - P.St. 1122 -, StAnz. 1991, S. 2657 [2658]; vgl. auch StGH, Beschluss vom 09.06.1999 - P.St. 1340 -.

835 *Schulze-Fielitz*, in: Dreier, GG, Art. 19 Abs. 4 Rdnr. 140; *Krebs*, in: von Münch/Kunig, GG, Art. 19 Rdnr. 68.

836 BVerfG, Beschluss vom 20.04.1982 - 2 BvL 26/81 -, BVerfGE 60, 253 [267]; vgl. auch *Pieroth/Schlink*, Rdnr. 1025: „Funktionsbedingungen von Rechtspflege und Rechtssicherheit". Eine die Rechtsweggarantie unmittelbar betreffende Verfassungsnorm enthält Art. 10 Abs. 2 Satz 2 GG: „Dient die Beschränkung dem Schutze der freiheitlich demokratischen Grundordnung oder des Bestandes oder der Sicherung des Bundes oder eines Landes, so kann das Gesetz bestimmen, dass sie dem Betroffenen nicht mitgeteilt wird und dass an die Stelle des Rechtsweges die Nachprüfung durch von der Volksvertretung bestellte Organe und Hilfsorgane tritt" (siehe hierzu § 13 des Gesetzes zur Beschränkung des Brief-, Post- und Fernmeldegeheimnisses).

Die Vorgaben, die sich aus Art. 2 Abs. 3 HV für die Ausgestaltung des Rechtswegs ergeben, entfalten allerdings nur sehr beschränkt Wirkung. Denn die Gesetzgebungskompetenz für die Ausgestaltung des gerichtlichen Verfahrens liegt nach Art. 74 Abs. 1 Nr. 1 GG beim Bund, der von dieser Kompetenz durch Erlass der verschiedenen Prozessordnungen umfassend Gebrauch gemacht hat.

Nur in den Bereichen, in denen das gerichtliche Verfahren landesrechtlich geregelt ist, kommt der Rechtsweggarantie des Art. 2 Abs. 3 HV Bedeutung zu. Zu nennen ist hier beispielsweise das Verfahren der Heilberufsgerichte, wie es in dem Gesetz über die Berufsvertretungen, die Berufsausübung, die Weiterbildung und die Berufsgerichtsbarkeit der Ärzte, Zahnärzte, Tierärzte, Apotheker, Psychologischen Psychotherapeuten und Kinder- und Jugendlichenpsychotherapeuten (HeilberufsG) normiert ist[837]. Dieses enthält detaillierte Regelung über das berufsgerichtliche Verfahren bei Verstößen von Kammerangehörigen gegen ihre Berufspflichten. Da den Kammerangehörigen belastende Maßnahmen in Form von Sanktionen (vgl. § 50 Abs. 1 HeilberufsG) auferlegt werden können, muss das berufsgerichtliche Verfahren den Anforderungen der Rechtsweggarantie genügen.

Größere Bedeutung kann die Rechtsweggarantie des Art. 2 Abs. 3 HV dagegen bei Anwendung und Auslegung der einfachgesetzlichen Verfahrensordnungen durch Gerichte erlangen. Da aber insoweit bezüglich der Vorgaben für die Gerichte und ihre Verfahrensgestaltung eine inhaltliche Übereinstimmung zwischen Art. 2 Abs. 3 HV und Art. 19 Abs. 4 GG festzustellen ist, dürfte sich die Bedeutung auf eine Verdoppelung des verfassungsgerichtlichen Rechtsschutzes reduzieren. Eine Verletzung von Art. 19 Abs. 4 GG kann im Verfahren der Verfassungsbeschwerde vor dem Bundesverfassungsgericht geltend gemacht werden, eine Verletzung von Art. 2 Abs. 3 HV mit der Grundrechtsklage vor dem Staatsgerichtshof. Wegen der inhaltlichen Übereinstimmung von Art. 2 Abs. 3 HV und Art. 19 Abs. 4 GG bestehen keine Bedenken, auch den Rechtsweg zu dem Staatsgerichtshof zu eröffnen. Nach § 43 Abs. 1 Satz 1 StGHG ist die Grundrechtsklage zum Staatsgerichtshof allerdings unzulässig, wenn in derselben Sache Verfassungsbeschwerde zum Bundesverfassungsgerichts erhoben ist oder wird. Dies gilt nach § 43 Abs. 1 Satz 3 StGHG nicht für die kommunale Grundrechtsklage und in dem Fall, dass die Hessische Verfassung weiterreichende Grundrechte als das Grundgesetz gewährleistet.

---

[837] GVBl. I S. 66, bereinigt S. 242.

4. Leben, Gesundheit, Ehre und Würde (Art. 1 Abs. 1 und Art. 2 Abs. 2 Sätze 1 und 3 GG - Art. 3 HV)

Art. 1 Abs. 1 GG Die Würde des Menschen ist unantastbar. Sie zu achten und zu schützen ist Verpflichtung aller staatlichen Gewalt.

Art. 2 Abs. 2 GG: Jeder hat das Recht auf Leben und körperliche Unversehrtheit. ... In diese Rechte darf nur aufgrund eines Gesetzes eingegriffen werden.

Art. 3 HV: Leben und Gesundheit, Ehre und Würde des Menschen sind unantastbar.

Art. 21 Abs. 1 Satz 1 HV: Ist jemand einer strafbaren Handlung für schuldig befunden worden, so können ihm aufgrund der Strafgesetze durch richterliches Urteil die Freiheit und die bürgerlichen Ehrenrechte entzogen werden.

a) Grundrechtsträger

aa) Art. 1 Abs. 1 und Art. 2 Abs. 2 Satz 1 GG

Art. 1 Abs. 1 GG schützt die Würde *des* Menschen, also jedes Menschen unabhängig von seinem Lebensalter, seiner intellektuellen Reife oder Staatsangehörigkeit[838]. Nicht geschützt sind dagegen juristische Personen sowie Personenvereinigungen und Gruppen. Sie können keine personale Würde haben[839].

Träger des Grundrechts auf Achtung der persönlichen Ehre als Teil des allgemeinen Persönlichkeitsrechts aus Art. 2 Abs. 1 i.V.m. Art. 1 Abs. 1 GG[840] ist jeder Mensch. Ob sich auch juristische Personen des Privatrechts und Personenvereinigungen auf das allgemeine Persönlichkeitsrecht berufen können, ist wegen seiner Fundierung in Art. 1 Abs. 1 GG zweifelhaft. Soweit nicht der personale Bezug im Vordergrund des Gewährleistungsinhalts steht[841], kommt eine Einbeziehung juristischer Personen des Privatrechts und von Personenvereinigungen in den Schutzbereich in Betracht[842].

---

838 BVerfG, Beschluss vom 20.10.1992 - 1 BvR 698/89 -, BVerfGE 87, 209 [228]; vgl. auch *Kunig*, in: von Münch/Kunig, GG, Art. 1 Rdnr. 11; *Podlech*, in: AK-GG, Art. 1 Abs. 1 Rdnr. 56; *Starck*, in: von Mangoldt/Klein/Starck, GG, Art. 1 Rdnrn. 18, 23 f.; *Herdegen*, in: Maunz/Dürig/Herzog, GG, Art. 1 Abs. 1 Rdnr. 48.

839 *Jarass*, in: Jarass/Pieroth, GG, Art. 1 Rdnr. 6; *Kunig*, in: von Münch/Kunig, GG, Art. 1 Rdnr. 11; *Herdegen*, in: Maunz/Dürig/Herzog, GG, Art. 1 Abs. 1 Rdnr. 68.

840 BVerfG, Beschluss vom 10.11.1998 - 1 BvR 1531/96 -, BVerfGE 99, 185 [193].

841 Vgl. dazu BVerfG, Beschluss vom 26.02.1997 - 1 BvR 2172 -, BVerfGE 95, 220 [242].

842 BVerfG, Beschluss vom 09.10.2002 - 1 BvR 1611/96, 805/98 -, BVerfGE 106, 28 [42 ff.] für das Recht am gesprochenen Wort; vgl. auch *Dreier*, in: Dreier, GG, Art. 2 Abs. 1 Rdnr. 82; *Jarass*,

Das Recht auf Leben und körperliche Unversehrtheit aus Art. 2 Abs. 2 Satz 1 GG weist keine Einschränkung des Schutzbereichs in personaler Hinsicht auf. Sein Schutz kommt damit jeder natürlichen Person ohne Rücksicht auf die Staatsangehörigkeit oder sonstige besondere persönliche Eigenschaften zu. Juristische Personen können sich wegen des personalen Bezugs indes nicht auf Art. 2 Abs. 2 Satz 1 GG berufen[843].

bb) Art. 3 HV

Träger der Grundrechte aus Art. 3 HV ist jede natürliche Person. Schutzobjekt der Menschenwürde ist jeder Mensch[844]. Juristische Personen des Privatrechts und Personenvereinigungen sind vom Schutz des Art. 3 HV nicht erfasst, da die durch ihn gewährleisteten Grundrechte einen untrennbaren Bezug zum Dasein des Menschen aufweisen.

b) Grundrechtsadressat

aa) Art. 1 Abs. 1 und Art. 2 Abs. 2 Satz 1 GG

Art. 1 Abs. 1 GG spricht ausdrücklich die Verpflichtung aller staatlichen Gewalt an, die Menschenwürde zu schützen und zu achten. Er richtet sich also an Legislative, Judikative und Exekutive. Auch das Recht der persönlichen Ehre besteht gegenüber jeglicher staatlichen Gewalt. Gleiches gilt für das Recht auf Leben und körperliche Unversehrtheit nach Art. 2 Abs. 2 Satz 1 GG[845].

bb) Art. 3 HV

Art. 3 HV verpflichtet alle staatliche Gewalt. Insofern bestimmt Art. 26 HV, dass die Grundrechte Gesetzgeber, den Richter und die Verwaltung unmittelbar binden. Die Grundrechte aus Art. 3 HV sind danach bei allen staatlichen Handlungen und Maßnahmen zu beachten.

---

in: Jarass/Pieroth, GG, Art. 2 Rdnr. 52; *Murswiek*, in: Sachs, GG, Art. 2 Rdnr. 77; *Di Fabio*, in: Maunz/Dürig/Herzog, GG, Art. 2 Abs. 1 Rdnr. 224.

843 *Jarass*, in: Jarass/Pieroth, GG, Art. 2 Rdnr. 84; *Starck*, in: von Mangoldt/Klein/Starck, GG, Art. 2 Rdnr. 202.

844 StGH, Urteil vom 28.11.1973 - P.St. 653 -, StAnz. 1973, S. 2322 [2327].

845 *Starck*, in: von Mangoldt/Klein/Starck, GG, Art. 2 Rdnr. 204.

c) Sachlicher Schutzbereich

aa) Würde

(a) Art. 1 Abs. 1 GG

Die Menschenwürde nach Art. 1 Abs. 1 GG ist tragendes Konstitutionsprinzip im System der Grundrechte. Mit ihm ist der soziale Wert- und Achtungsanspruch des Menschen verbunden. Dies verbietet es, den Menschen zum bloßen Objekt des Staates zu machen oder ihn einer Behandlung auszusetzen, die seine Subjektqualität prinzipiell in Frage stellt[846]. Auch in der Gemeinschaft ist grundsätzlich jeder Einzelne als gleichberechtigtes Glied mit Eigenwert anzuerkennen. Die unverlierbare Würde des Menschen besteht gerade darin, dass er als selbstverantwortliche Persönlichkeit anerkannt bleibt[847].

(b) Art. 3 HV

Mit dem Schutz der Menschenwürde in Art. 3 HV wird der Mensch als selbstverantwortliche Persönlichkeit und Träger höchster sittlicher Werte anerkannt[848]. Jedem Menschen kommt ein geistiger und sittlicher Eigenwert zu, der unverlierbar und auch jedem Anspruch der Gemeinschaft gegenüber eigenständig und unantastbar ist[849]. Bei der Auslegung des Würdebegriffs sind nicht nur die Vorstellungen maßgeblich, die bei Schaffung der Verfassung obwalteten. Vielmehr müssen auch die inzwischen eingetretenen Konkretisierungen, Differenzierungen und Wandlungen dieser Vorstellungen berücksichtigt werden. Die Würde des Menschen liegt danach nicht in erster Linie in seiner Geltung nach außen, sondern ist in dem sittlichen Eigenwert zu sehen, der dem Menschen um seiner selbst willen und nicht um anderer Güter und Zwecke willen zukommt[850].

bb) Ehre

(a) Art. 2 Abs. 1 i.V.m. Art. 1 Abs. 1 GG

Das Recht auf Ehre wird im Grundgesetz nicht ausdrücklich erwähnt, ist jedoch von dem allgemeinen Persönlichkeitsrecht aus Art. 2 Abs. 1 i.V.m. Art. 1 Abs. 1 GG um-

---

846 BVerfG, Beschluss vom 20.10.1992 - 1 BvR 698/96 -, BVerfGE 87, 209 [268].

847 BVerfG, Urteil vom 21.06.1977 - 1 BvL 14/76 -, BVerfGE 45, 187 [227 f.]; *Herdegen*, in: Maunz/ Dürig/Herzog, GG, Art. 1 Abs. 1 Rdnrn. 33 ff.

848 *Hecker*, Rdnr. 195.

849 *Stein*, in: Zinn/Stein, Hessische Verfassung, Art. 3 Erl. 4.

850 StGH, Urteil vom 16.06.1971 - P.St. 602. 603. 604. 607 -, StAnz. 1971, S. 1135 [1139]; ebenso StGH, Beschluss vom 12.07.1972 - P.St. 640 -, ESVGH 22, 209 [212 f.].

fasst[851]. Zu den durch das allgemeine Persönlichkeitsrecht geschützten Elementen der Persönlichkeit, die nicht Gegenstand besonderer Freiheitsgarantien sind, diesen in ihrer konstituierenden Bedeutung für die Persönlichkeit aber nicht nachstehen, gehört auch die soziale Anerkennung des Einzelnen[852].

(b) Art. 3 HV

Unter der von Art. 3 HV geschützten Ehre ist ein von dem Individuum aufgrund seiner Leistungen, seines Lebensweges selbst geschaffener, mit der Person verbundener Wert zu sehen. Es handelt sich um den sozialen Achtungsanspruch des Menschen, der ihm zwar ebenso wie die Würde als solchem zukommt, aber auch durch eigene Anstrengungen geschaffen werden kann[853].

cc) Leben

(a) Art. 2 Abs. 2 Satz 1 GG

Art. 2 Abs. 2 Satz 1 GG schützt das körperliche Dasein des Menschen im Sinne einer lebenden, biologisch-physischen Existenz[854]. Das Grundrecht auf Leben schützt den Einzelnen grundsätzlich vor der Vernichtung seiner physischen Existenz durch das Handeln des Staates und entzieht menschliches Leben der Verfügbarkeit[855].

(b) Art. 3 HV

Art. 3 HV schützt die biologischen-natürlichen Voraussetzungen für das Leben[856]. Es geht um das Leben als solches, eine besondere Qualität oder soziale Funktionsfähigkeit ist nicht erforderlich. Ein „lebensunwertes" Leben gibt es nicht[857].

dd) Gesundheit

(a) Art. 2 Abs. 2 Satz 1 GG

Von Art. 2 Abs. 2 Satz 1 GG ist geschützt die körperliche Integrität[858]. Die körperliche Unversehrtheit schützt die menschliche Gesundheit im biologisch-

---

851 BVerfG, Beschluss vom 03.06.1980 - 1 BvR 797/78 -, BVerfGE 54, 208 [217]; vgl. auch BVerfG, Beschlüsse vom 25.08.2005 - 1 BvR 2165/00 -, und vom 10.10.1995 - 1 BvR 1476, 1980/91 - 102, 221/92 -, BVerfGE 93, 266 [290].

852 BVerfG, Beschluss vom 10.11.1998 - 1 BvR 1531/96 -, BVerfGE 99, 185 [193 ff.]; vgl. *Starck*, in: von Mangoldt/Klein/Starck, GG, Art. 2 Rdnr. 192.

853 *Hinkel*, Art. 3 Erl. 1.

854 *Schulze-Fielitz*, in: Dreier, GG, Art. 2 Abs. 2 Rdnr. 25.

855 *Schulze-Fielitz*, in: Dreier, GG, Art. 2 Abs. 2 Rdnr. 21.

856 *Hinkel*, Art. 3 Erl. 2.

857 *Hinkel*, Art. 3 Erl. 2.

physiologischen Sinne[859]. Ferner ist das psychische Wohlbefinden geschützt, soweit es um Wirkungen geht, die einem körperlichen Eingriff gleichgestellt werden können, weil sie das Befinden des Menschen in einer Weise verändern, die der Zufügung von Schmerzen entspricht[860].

(b) Art. 3 HV

Art. 3 HV schützt die Gesundheit des Menschen. Davon umfasst sind folgende Schutzgüter: Der menschliche Körper muss so beschaffen bleiben, dass er Leben weitergeben kann. Er muss in seiner objektiven Substanz belassen werden und so bleiben, dass er dem Menschen keine Schmerzen vermittelt. Insgesamt geht es um den Erhalt des körperlichen Zustandes, seiner Integrität. Nicht geschützt ist das bloße körperliche Wohlbefinden[861].

d) Eingriffe, Beeinträchtigungen

aa) Würde

(a) Art. 1 Abs. 1 GG

Unter welchen Umständen die Menschenwürde verletzt sein kann, lässt sich nicht generell, sondern immer nur in Ansehung des konkreten Falles feststellen. Allein darin, dass der Mensch sich ohne Rücksicht auf seine Interessen oftmals dem Recht beugen muss, kann eine Verletzung der Menschenwürde nicht gesehen werden. Hinzukommen muss, dass er von staatlichen Organen einer Behandlung ausgesetzt wird, die seine Subjektqualität prinzipiell in Frage stellt oder dass in der Behandlung im konkreten Fall eine willkürliche Missachtung der Würde des Menschen liegt. Die Behandlung des Menschen durch die öffentliche Hand, die das Gesetz vollzieht, muss, wenn sie die Menschenwürde berühren soll, Ausdruck der Verachtung des Wertes sein, der dem Menschen kraft seines Personseins zukommt[862]. Verboten ist damit eine Behandlung des Menschen durch die öffentliche Gewalt, die

---

858 *Jarass*, in: Jarass/Pieroth, GG, Art. 2 Rdnr. 83.
859 *Jarass*, in: Jarass/Pieroth, GG, Art. 2 Rdnr. 83; *Starck*, in: von Mangoldt/Klein/Starck, GG, Art. 2 Rdnr. 193.
860 *Schulze-Fielitz*, in: Dreier, GG, Art. 2 Abs. 2 Rdnr. 35; *Di Fabio*, in: Maunz/Dürig/Herzog, GG, Art. 2 Abs. 2 Rdnr. 55; vgl. BVerfG, Beschluss vom 14.01.1981 - 1 BvR 612/72 -, BVerfGE 56, 54 [75 ff.].
861 *Hinkel*, Art. 3 Erl. 4.
862 BVerfG, Urteil vom 15.12.1970 - 2 BvF 1/69, 2 BvR 629/68 und 308/69 -, BVerfGE 30, 1 [25 f.].

seine Subjektqualität, grundsätzlich in Frage stellt, indem sie die Achtung des Wertes vermissen lässt, der ihm um seiner selbst willen zukommt[863].

b) Art. 3 HV

Die durch Art. 3 HV geschützte Würde ist angetastet, wenn über die Auswirkungen für den Betroffenen selbst hinaus die menschliche Würde als solche ohne Berücksichtigung der Einzelperson getroffen erscheint[864]. Am besten lässt sich der Inhalt des Begriffs negativ vom Verletzungsvorgang her bestimmen. Die Menschenwürde ist jedenfalls dann verletzt, wenn der konkrete Mensch zum Objekt, zu einem bloßen Mittel, zur vertretbaren Größe herabgewürdigt wird. Als typische Verletzungsvorgänge lassen sich insoweit Folter, Sklaverei, Ausrottung ethnischer, nationaler, rassischer oder religiöser Gruppen durch Tötung, Geburtenverhinderung, Verschleppung, Unterwerfung unter eine unmenschliche oder erniedrigende Behandlung, Brandmarkung, Ächtung, vollständige Entrechtung, Vernichtung so genannten lebensunwerten Lebens oder Veranstaltung von Menschenversuchen nennen[865].

bb) Ehre

(a) Art. 2 Abs. 1 i.V.m. Art. 1 Abs. 1 GG

Verletzungen der persönlichen Ehre sind denkbar durch Behauptungen unwahrer Tatsachen, soweit deren Inhalt Bedeutung für die Persönlichkeit zukommt und deren Bild in der Öffentlichkeit nachhaltig beeinflusst, sowie durch wertende Äußerungen, Darstellungen und Verhaltensweisen. Gleiches gilt für herabsetzende Äußerungen oder Warnungen durch staatliche Stellen[866]. Auch darin, dass Gerichte bei der Anwendung von Normen, die dem Schutz des allgemeinen Persönlichkeitsrechts dienen, die grundrechtlichen Maßgaben nicht beachten oder verfehlen, kann eine Beeinträchtigung des Grundrechts des Betroffenen liegen[867].

(b) Art. 3 HV

Das Recht auf persönliche Ehre ist beeinträchtigt, wenn durch den Staat oder seine Organe der soziale Achtungsanspruch des Einzelnen durch herabsetzende, inkriminierende oder beleidigende Aussagen missachtet wird.

---

863 BVerfG, Urteil vom 15.02.2006 - 1 BvR 357/05 -, NJW 2006, S. 751 ff.

864 *Hinkel*, Art. 3 Erl. 1.

865 StGH, Urteil vom 28.11.1973 - P.St. 653 -, StAnz. 1973, S. 2322 [2327].

866 *Di Fabio*, in: Maunz/Dürig/Herzog, GG, Art. 2 Abs. 1 Rdnrn. 170 f.

867 BVerfG, Beschluss vom 25.08.2005 - 1 BvR 2165/00 -, NJW 2006, S. 595.

cc) Leben

(a) Art. 2 Abs. 2 Satz 1 GG

Das Recht auf Leben nach Art. 2 Abs. 2 Satz 1 GG wird durch jede rechtliche oder faktische Maßnahme der öffentlichen Gewalt beeinträchtigt, die den Tod eines Menschen bewirkt[868], ob final oder nicht, direkt oder nur indirekt, schuldhaft oder nicht, durch aktives Tun oder durch Unterlassen[869].

(b) Art. 3 HV

In das durch Art. 3 HV geschützte Recht auf Leben wird durch jede staatliche Maßnahmen eingegriffen, die zurechenbar den Tod eines Menschen verursacht. Zu denken ist hier insbesondere an den Schusswaffengebrauch nach dem Hessischen Gesetz über die Sicherheit und Ordnung, des Weiteren Maßnahmen nach dem Gesetz über den unmittelbaren Zwang.

dd) Gesundheit

(a) Art. 2 Abs. 2 Satz 1 GG

Das Recht auf körperliche Unversehrtheit nach Art. 2 Abs. 2 Satz 1 GG wird beeinträchtigt durch Maßnahmen der öffentlichen Gewalt, die in erheblicher Weise in den menschlichen Körper eingreifen[870]. Das Grundrecht schützt auch vor solchen Maßnahmen, die nur mittelbar zu einer Verletzung des Lebens oder der körperlichen Unversehrtheit führen. Die Beeinträchtigung muss aber das Maß einer als sozialadäquat eingestuften Beeinträchtigung übersteigen und bei einer normativen Betrachtung unter Berücksichtigung der Bedeutung des Schutzgutes von Art. 2 Abs. 2 Satz 1 GG als adäquate Folge der staatlichen Tätigkeit dieser normativ zurechenbar sein. Sie darf daher weder aus einer selbständig zu verantwortenden Tätigkeit Dritter resultieren noch auf einer schicksalhaften Fügung beruhen[871].

(b) Art. 3 HV

Das Recht auf Gesundheit wird durch staatliche Handlungen beeinträchtigt, die in die körperliche Integrität eingreifen, d.h. ihm Verletzungen oder Schmerzen zufü-

---

868 *Jarass*, in: Jarass/Pieroth, GG, Art. 2 Rdnr. 86.

869 *Schulze-Fielitz*, in: Dreier, GG, Art. 2 Abs. 2 Rdnr. 44; *Di Fabio*, in: Maunz/Dürig/Herzog, GG, Art. 2 Abs. 2 Rdnr. 33.

870 *Schulze-Fielitz*, in: Dreier, GG, Art. 2 Abs. 2 Rdnr. 47.

871 BVerfG, Beschluss vom 11.05.1999 - 1 BvR 2181, 2182, 2183/98 -, NJW 1999, S. 3399 ff.; vgl. auch BVerfG, Beschluss vom 16.12.1983 - 2 BvR 1160, 1565, 1714/83 -, BVerfGE 66, 39 [60].

gen. Dies kann auch auf faktische Art und Weise geschehen sowie als lediglich mittelbare Folge staatlichen Handelns eintreten. Voraussetzung ist insoweit jedoch, dass die mittelbare Folge staatlichen Funktionsträgern zugerechnet werden kann.

e) Verfassungsrechtliche Rechtfertigung von Eingriffen

aa) Art. 1 Abs. 1 und Art. 2 Abs. 2 Satz 1 GG

Art. 1 Abs. 1 GG unterliegt keinen Beschränkungsmöglichkeiten, auch nicht durch andere Verfassungsgüter, da ihr der höchste Rang im Grundgesetz zukommt[872]. Jeder Eingriff in den Schutzbereich der Menschenwürde stellt damit zugleich einen nicht zu rechtfertigenden Verstoß gegen das Grundrecht dar[873].

Das Recht der persönlichen Ehre als Teil des allgemeinen Persönlichkeitsrechts aus Art. 2 Abs. 1 i.V.m. Art. 1 Abs. 1 GG findet seine Schranken in der verfassungsmäßigen Ordnung, also allgemein in den Gesetzen, bei deren Auslegung und Anwendung insbesondere die Zivilgerichte der Bedeutung des Grundrechts Rechnung tragen müssen.

Das durch Art. 2 Abs. 2 Satz 1 GG gewährleistete Grundrecht auf Leben steht gemäß Art. 2 Abs. 2 Satz 3 GG unter dem Vorbehalt des Gesetzes. Der Staat darf durch eigene Maßnahmen nicht in das Grundrecht auf Leben eingreifen. Darüber hinaus verpflichtet das Recht auf Leben den Staat und seine Organe, sich schützend und fördernd vor das Leben jedes Einzelnen zu stellen. Er muss es vor allem vor rechtswidrigen An- und Eingriffen von Seiten Dritter bewahren[874]. Eine Schranken-Schranken stellt das Verbot der Todesstrafe in Art. 102 GG dar[875].

Das Recht auf körperliche Unversehrtheit aus Art. 2 Abs. 2 Satz 1 GG steht unter einem einfachen Gesetzesvorbehalt und kann daher durch Gesetz oder aufgrund Gesetzes eingeschränkt werden. Zu beachten ist dabei insbesondere der Grundsatz der Verhältnismäßigkeit, der strenge Beachtung fordert[876].

---

872 BVerfG, Urteil vom 15.02.2006 - 1 BvR 357/05 -, NJW 2006, S. 751 ff.; *Jarass*, in: Jarass/Pieroth, GG, Art. 1 Rdnr. 12.

873 *Podlech*, in: AK-GG, Art. 1 Abs. 1 Rdnr. 73; *Herdegen*, in: Maunz/Dürig/Herzog, GG, Art. 1 Abs. 1 Rdnr. 69.

874 BVerfG, Urteil vom 15.02.2006 - 1 BvR 357/05 -, NJW 2006, S. 751 ff.

875 *Jarass*, in: Jarass/Pieroth, GG, Art. 2 Rdnr. 96.

876 *Jarass*, in: Jarass/Pieroth, GG, Art. 2 Rdnr. 96; vgl. auch BVerfG, Beschluss vom 03.10.1979 - 1 BvR 614/79 -, BVerfGE 72, 214 [220].

bb) Art. 3 HV

Ein Gesetzesvorbehalt für die Grundrechte aus Art. 3 HV findet sich für das Recht auf Leben und das Recht der Ehre in Art. 21 Abs. 1 Sätze 1 und 2 HV. Danach können dem Einzelnen durch richterliches Urteil bei einer strafrechtlichen Verurteilung die bürgerlichen Ehrenrechte, d.h. das aktive und passive Wahlrecht sowie die Fähigkeit, öffentliche Ämter zu bekleiden, aberkannt werden. Bei besonders schweren Verbrechen kann nach Art. 21 Abs. 1 Satz 2 HV die Todesstrafe verhängt werden.

Die weiteren Grundrechte aus Art. 3 HV stehen unter keinem Gesetzesvorbehalt. Eine Übertragung der Grundrechtsschranke aus Art. 2 Abs. 2 Satz 3 GG auf die vorbehaltlos gewährleisteten Grundrechte des Art. 3 HV kommt nicht in Betracht[877]. Dies widerspricht nicht nur dem Grundsatz der grundsätzlichen Trennung der Verfassungsräume von Bund und Ländern, sondern auch der oben dargestellten bewussten Entscheidung des Verfassunggebers, auf Gesetzesvorbehalte weitgehend zu verzichten[878]. Gleiches gilt für eine sinngemäße Anwendung der Schranken aus Art. 2 Abs. 1 HV. Diese Grundrechte können daher nur durch Grundrechte Dritter und andere Verfassungsgüter eine Einschränkung finden. Dies gilt allerdings nicht für die Menschenwürde. Verletzungen der Menschenwürde sind nicht rechtfertigungsfähig[879].

f) Ergebnis

Die Gegenüberstellung von Grundrechtsträger, Grundrechtsadressaten und Schutzbereichen hat gezeigt, dass sachliche Übereinstimmung zwischen Art. 3 HV und Art. 1 Abs. 1, Art. 2 Abs. 2 Satz 1 GG besteht[880]. Erhebliche Unterschiede in den Gewährleistungsinhalten ergeben sich jedoch, sobald man die Einschränkungsmöglichkeiten der verschiedenen Grundrechte miteinander vergleicht.

Im Hinblick auf das Grundrecht der Menschenwürde besteht insofern Übereinstimmung, als ein Eingriff in den Schutzbereich weder nach dem Grundgesetz noch nach der Hessischen Verfassung rechtfertigungsfähig ist.

---

877 So aber *Hinkel*, Art. 3 Erl. 2; *Stein*, in: Zinn/Stein, Hessische Verfassung, Art. 3 Erl. 5.
878 Siehe oben D. I. 2. e) aa) (b).
879 *Hecker*, Rdnr. 195.
880 Vgl. zu Art. 3 HV und Art. 1 Abs. 1, Art. 2 Abs. 2 Satz 1 GG StGH, Urteil vom 16.06.1971 - P.St. 602.603.604.607 -, StAnz. 1971, S. 1135 [1139].

Die in Art. 21 Abs. 1 Satz 2 HV vorgesehene Möglichkeit der Todesstrafe bei besonders schweren Verbrechen steht in Widerspruch zu Art. 102 GG, wonach die Todesstrafe abgeschafft ist, und ist daher gemäß Art. 31 GG gebrochen.

Das Recht auf Ehre nach Art. 3 HV unterliegt einem Vorbehalt aus Art. 21 Abs. 1 Satz 1 HV. Ein Verstoß gegen eine grundgesetzliche Wertung liegt nicht vor, da auch nach Bundesrecht eine Möglichkeit zur Aberkennung von bürgerlichen Ehrenrechten besteht (vgl. §§ 45, 45a, 45b StGB).

Im Gegensatz zu den Grundrechten aus Art. 2 Abs. 2 Satz 1 GG, die durch Gesetz oder aufgrund Gesetzes beschränkt werden können (Art. 2 Abs. 2 Satz 3 GG), ist eine solche Möglichkeit in der Hessischen Verfassung nicht vorgesehen, jedenfalls soweit es die Rechte auf Leben und Gesundheit betrifft. Den Grundrechten der Hessischen Verfassung kommt demnach insoweit eine weitergehende Schutzwirkung zu. Daran vermag auch die grundsätzliche Möglichkeit, vorbehaltlos gewährleistete Grundrechte aufgrund verfassungsimmanenter Schranken zu beschränken, nichts zu ändern. Denn diese Möglichkeit erlegt dem Gesetzgeber erhöhte Anforderungen auf und stellt lediglich einen Ausnahmefall dar. Denn dort, wo der Verfassunggeber keine Einschränkungsmöglichkeit vorgesehen hat, hat er in der Regel auch keine Eingriffsnotwendigkeit gesehen[881]. Das entspricht auch dem ausdrücklich geäußerten Willen des hessischen Verfassunggebers.

Bei der Anwendung von Bundesgesetzen, die eine Einschränkung der Grundrechte aus Art. 2 Abs. 2 Satz 1 GG ermöglichen, kommt dieser verstärkte Grundrechtsschutz allerdings nicht zum Tragen. Denn eine Landesbehörde oder ein Landesgericht darf nicht unter Hinweis auf das Landesgrundrecht eine einschlägige Norm des Bundesrechts außer Betracht lassen.

Ein weites Anwendungsfeld der vorbehaltlos gewährleisteten Grundrechte auf Leben und körperliche Unversehrtheit eröffnet sich jedoch in den Bereichen, in denen die Gesetzgebungskompetenz dem Land zusteht. Landesgesetze sehen zum Teil erhebliche Eingriffe in Leben und körperliche Unversehrtheit vor[882]. Bei Wahrnehmung seiner Kompetenzen ist der Landesgesetzgeber aber unzweifelhaft an die Grundrechte der Hessischen Verfassung gebunden und muss daher den erhöhten

881 *Pieroth/Schlink*, Rdnr. 332.

882 Z.B. § 8 Satz 1 HessVwVG (Brechen von Widerstand durch körperliche Gewalt); § 54 ff. HSOG (unmittelbarer Zwang), insbesondere § 60 Abs. 2 Satz 1 HSOG („finaler Rettungsschuss"), § 7 MaßrVollzG (ärztliche Behandlung).

Anforderungen an die Einschränkung von vorbehaltlos gewährleisteten Grundrechten genügen.

Nach alledem gilt Art. 3 HV mit den genannten Besonderheiten fort.

5. Schutz von Ehe und Familie (Art. 6 GG - Art. 4, 55, 30 Abs. 2 HV)

Art. 6 Abs. 1 GG: Ehe und Familie stehen unter dem besonderen Schutz der staatlichen Ordnung.

Art. 6 Abs. 2 GG: Pflege und Erziehung der Kinder sind das natürliche Recht der Eltern und die zuvörderst ihnen obliegende Pflicht. Über ihre Betätigung wacht die staatliche Gemeinschaft.

Art. 6 Abs. 3 GG Gegen den Willen der Erziehungsberechtigten dürfen Kinder nur auf Grund eines Gesetzes von der Familie getrennt werden, wenn die Erziehungsberechtigten versagen oder wenn die Kinder aus anderen Gründen zu verwahrlosen drohen.

Art. 6 Abs. 4 GG: Jede Mutter hat Anspruch auf den Schutz und die Fürsorge der Gemeinschaft.

Art. 6 Abs. 5 GG: Den unehelichen Kindern sind durch die Gesetzgebung die gleichen Bedingungen für ihre leibliche und seelische Entwicklung und ihre Stellung in der Gesellschaft zu schaffen wie den ehelichen Kindern.

Art. 4 HV: Ehe und Familie stehen als Grundlage des Gemeinschaftslebens unter dem besonderen Schutz des Gesetzes.

Art. 30 Abs. 2 HV: Das Gesetz schafft Einrichtungen zum Schutze der Mütter und Kinder, und es schafft die Gewähr, dass die Frau ihre Aufgaben als Bürgerin und Schaffende mit ihren Pflichten als Frau und Mutter vereinbaren kann.

Art. 55 HV: Die Erziehung der Jugend zu Gemeinsinn und zu leiblicher, geistiger und seelischer Tüchtigkeit ist Recht und Pflicht der Eltern. Dieses Recht kann nur durch Richterspruch nach Maßgabe der Gesetze entzogen werden.

a) Grundrechtsträger

aa) Art. 6 GG

Träger der Grundrechte aus Art. 6 GG können nur natürliche Personen sein. Auf die Staatsangehörigkeit kommt es dabei nicht an[883]. Art. 6 Abs. 2 GG berechtigt die Eltern je für sich, auch Adoptiveltern[884]. Pflegeeltern zählen jedenfalls dann zu Eltern im Sinne von Art. 6 Abs. 2 GG, wenn aufgrund eines länger andauernden Pflegeverhältnisses eine gewachsene Beziehung entstanden ist[885]. Kinder können aus Art. 6 Abs. 2 GG keine Rechte ableiten[886]. Trägerin der Rechte aus Art. 6 Abs. 4 GG ist jede Frau, die im biologisch-medizinischen Sinne Mutter ist[887], nicht dagegen eine so genannte soziale Mutter[888].

bb) Art. 4, 30 Abs. 2, 55 HV

Art. 4 HV stellt jede Ehe und Familie - unabhängig von der Staatsangehörigkeit der Ehepartner und Familienmitglieder - unter den Schutz der Gesetze. Der Schutz des Grundrechts kommt wegen des personalen Bezugs von Ehe und Familie nur natürlichen, nicht aber juristischen Personen zu. Für die Grundrechtsträgerschaft ist im Rahmen von Art. 55 HV die Elterneigenschaft maßgeblich. Art. 30 Abs. 2 HV spricht die Frau als Mutter an. Vom Zweck der Vorschrift her - die Frau soll ihre Identität als Bürgerin und Arbeitende einerseits und als Mutter andererseits finden und beide Bereiche miteinander verbinden können[889] - ist zunächst die Mutter im biologisch-physiologischen Sinne erfasst. Da diese Situation, d.h. die Doppelbelastung durch Erwerbstätigkeit und Familienleben, indes auch bei Adoptiv- und Pflegemüttern bestehen kann, sind auch diese vom Begriff der Mutter im Sinne von Art. 30 Abs. 2 HV erfasst.

---

883 *Badura*, in: Maunz/Dürig/Herzog, GG, Art. 6 Rdnr. 63; *Pieroth*, in: Jarass/Pieroth, GG, Art. 6 Rdnr. 6.

884 *Pieroth*, in: Jarass/Pieroth, GG, Art. 6 Rdnr. 42; *Badura*, in: Maunz/Dürig/Herzog, GG, Art. 6 Rdnr. 99.

885 BVerfG, Beschluss vom 17.10.1984 – 1 BvR 284/84 -, BVerfGE 68, 178 [187]; *Gröschner*, in: Dreier, GG, Art. 6 Rdnr. 104; *Richter*, in: AK-GG, Art. 6 Rdnrn. 15, 26, 26a, 27, 27a; *Schmitt-Kammler*, in: Sachs, GG, Art. 6 Rdnr. 48, a.A. *Badura*, in: Maunz/Dürig/Herzog, GG, Art. 6 Rdnr. 101.

886 BVerfG, Beschluss vom 18.03.1970 – 1 BvR 498/66 -, BVerfGE 28, 104 [112]; *Badura*, in: Maunz/Dürig/Herzog, GG, Art. 6 Rdnr. 102.

887 *Pieroth*, in: Jarass/Pieroth, GG, Art. 6 Rdnr. 46; *Gröschner*, in: Dreier, GG, Art. 6 Rdnr. 144; *Coester-Waltjen*, in: von Münch/Kunig, GG, Art. 6 Rdnr. 104; *Badura*, in: Maunz/Dürig/Herzog, GG, Art. 6 Rdnr. 154.

888 *Gröschner*, in: Dreier, GG, Art. 6 Rdnr. 144; *Schmitt-Kammler*, in: Sachs, GG, Art. 6 Rdnr. 84; *Badura*, in: Maunz/Dürig/Herzog, GG, Art. 6 Rdnr. 84.

889 *Hinkel*, Erl. zu Art. 30.

b) Grundrechtsadressat

aa) Art. 6 GG

Die einzelnen Grundrechte des Art. 6 GG richten sich an alle staatliche Gewalt, d.h. Legislative, Exekutive und Judikative. Eine unmittelbare Drittwirkung der Vorschrift scheidet aus. Allerdings sind die objektiven Wertentscheidungen des Art. 6 GG im Rahmen der Anwendung und Auslegung der einschlägigen Vorschriften zu berücksichtigen[890].

bb) Art. 4, 30 Abs. 2, 55 HV

Art. 4 HV stellt Ehe und Familie unter den besonderen Schutz des Gesetzes, richtet sich danach ausdrücklich nur an den Gesetzgeber. Verpflichtet werden wegen Art. 26 HV aber ebenso Exekutive und Judikative. Art. 55 HV ist ein Recht der Eltern gegenüber aller staatlichen Gewalt. Art. 30 Abs. 2 HV richtet sich zwar ausschließlich an den Gesetzgeber, indem er diesem einen inhaltlich bestimmten Auftrag erteilt. Da Art. 26 HV aufgrund seiner systematischen Stellung nicht unmittelbar zur Anwendung kommt, fehlt es an einer ausdrücklichen Bindung von Exekutive und Judikative. Allerdings enthält Art. 30 Abs. 2 HV auch eine programmatische Aussage, die für Exekutive und Judikative Bedeutung erlangen kann.

c) Sachlicher Schutzbereich

aa) Ehe und Familie

(a) Art. 6 Abs. 1 GG

Art. 6 Abs. 1 GG ist nicht nur Programmsatz, sondern unmittelbar geltendes Verfassungsrecht[891]. Neben einem Freiheitsrecht enthält er eine Institutsgarantie sowie eine Grundsatznorm, „das heißt eine verbindliche Wertentscheidung für den gesamten Bereich des Ehe und Familie betreffenden privaten und öffentlichen Rechts[892]".

---

[890] *Badura*, in: Maunz/Dürig/Herzog, GG, Art. 6 Rdnr. 14.
[891] BVerfG, Beschluss vom 17.01.1957 – 1 BvL 5/54 -, BVerfGE 6, 55 [LS 5].
[892] BVerfG, Beschluss vom 17.01.1957 – 1 BvL 5/54 -, BVerfGE 6, 55 [72].

Unter Ehe ist ein auf Dauer angelegtes Zusammenleben von Mann und Frau in einer umfassenden, grundsätzlich unauflösbaren Lebensgemeinschaft mit einer formalisierten, auf gegenseitigem Konsens beruhende Eheschließung zu verstehen[893].

Art. 6 Abs. 1 GG gewährleistet die Eheschließungsfreiheit. Darunter ist das „Recht oder die Freiheit zu verstehen, die Ehe mit einem selbst gewählten Partner einzugehen[894]". Ferner ist die Ehegestaltungsfreiheit geschützt. Den Ehegatten kommt danach die Freiheit zu, die Grundentscheidungen über die Gestaltung ihrer Beziehungen und ihres Familienlebens frei zu treffen[895]. Der Schutzbereich der Ehe erfasst auch die Ehescheidung als Voraussetzung zur Wiedererlangung der Eheschließungsfreiheit[896].

Familie ist die umfassende Gemeinschaft von Eltern und Kindern[897]. Der Schutz der Familie aus Art. 6 Abs. 1 GG reicht von der Familiengründung bis in alle Bereiche des familiären Zusammenlebens[898]. Geschützt ist die Familie in erster Linie als Lebens- und Erziehungsgemeinschaft. Sie wird von der prinzipiellen Schutzbedürftigkeit des heranwachsenden Kindes bestimmt[899]. Das Grundrecht berechtigt die Familienmitglieder, ihre Gemeinschaft nach innen in familiärer Verantwortlichkeit und Rücksicht frei zu gestalten. Die Auswirkungen familiärer Freiheit nach außen müssen aber mit der verfassungsmäßigen Rechtsordnung übereinstimmen[900].

(b) Art. 4 HV

Art. 4 HV stellt Ehe und Familie als Grundlage des Gemeinschaftslebens unter den besonderen Schutz der Gesetze. Die Vorschrift stellt nicht nur eine Institutsgarantie und wertentscheidende Grundsatznorm dar, sondern gewährleistet auch ein Grund-

---

893 BVerfG, Urteil vom 29.07.1959 – 1 BvR 295, 332, 333, 367/58, 1 BvL 27, 100/58 -, BVerfGE 10, 59 [66]; *Coester-Waltjen*, in: von Münch/Kunig, GG, Art. 6 Rdnr. 5; *Badura*, in: Maunz/Dürig/Herzog, GG, Art. 6 Rdnr. 42; *Richter*, in: AK-GG, Art. 6 Rdnr. 15; *Schmitt-Kammler*, in: Sachs, GG, Art. 6 Rdnr. 4.

894 BVerfG, Beschluss vom 04.05.1971 – 1 BvR 636/68 -, BVerfGE 31, 58 [67]; vgl. auch *Badura*, in: Maunz/Dürig/Herzog, GG, Art. 6 Rdnr. 47; *Schmitt-Kammler*, in: Sachs, GG, Art. 6 Rdnr. 23.

895 *Richter*, in: AK-GG, Art. 6 Rdnr. 30; *Schmitt-Kammler*, in: Sachs, GG, Art. 6 Rdnr. 26: vgl. auch BVerfG, Beschluss vom 14.11.1984 – 1 BvR 14, 1642/82 -, BVerfGE 68, 256 [268].

896 BVerfG, Urteil vom 28.02.1980 – 1 BvL 136/78, 1 BvR 890/77, 1300, 1440/78 und 32/79 -, BVerfGE 53, 224 [245]; *Pieroth/Schlink*, Rdnr. 641; Badura, in: Maunz/Dürig/Herzog, GG, Art. 6 Rdnr. 72; *Richter*, in: AK-GG, Art. 6 Rdnr. 38.

897 BVerfG, Urteil vom 29.07.1959 – 1 BvR 295, 332, 333, 367/58, 1 BvL 27, 100/58 -, BVerfGE 10, 59 [66]; vgl. auch *Badura*, in: Maunz/Dürig/Herzog, GG, Art. 6 Rdnr. 60.

898 *Pieroth*, in: Jarass/Pieroth, GG, Art. 6 Rdnr. 5.

899 BVerfG, Beschluss vom 18.04.1989 – 2 BvR 1169/84 -, BVerfGE 80, 81 [90 f,].

900 BVerfG, Beschluss vom 18.04.1989 – 2 BvR 1169/84 -, BVerfGE 80, 81 [92].

recht[901]. Mag dies aus dem Wortlaut der Vorschrift nicht eindeutig hervorgehen - zu denken wäre auch an einen bloßen Auftrag an den Gesetzgeber -, spricht bereits die systematische Stellung von Art. 4 HV im Ersten Abschnitt der Hessischen Verfassung „Gleichheit und Freiheit" für die Annahme eines Grundrechts. Bestätigt wird dies durch die Entstehungsgeschichte der Vorschrift. Grundsätzlich bestand im Verfassungsausschuss die Absicht, sich von der Weimarer Verfassung zu distanzieren und möglichst viel unmittelbar geltendes Recht zu schaffen[902]. Die Vorschrift wurde zudem unter dem Eindruck und als Abkehr von nationalsozialistischem Unrecht aufgenommen, wonach aufgrund der so genannten Nürnberger Gesetze von 1935 erhebliche Eingriffe in die Privatsphäre von Ehe und Familie möglich waren. Ehe und Familie sollten weitgehend vor staatlichen Eingriffen geschützt werden[903]. Der entsprechende Antrag der CDU-Fraktion in der Verfassungberatenden Landesversammlung wurde mit großer Mehrheit angenommen[904]. Zur Begründung des Antrags hatte der Abgeordnete Dr. Kanka zuvor ausgeführt: „Mag diese Bestimmung auch nicht ohne weiteres justiziabel sein, so gehört sie doch mit zu den persönlichen Grundrechten. Man kann sie auch als ein Freiheitsrecht auffassen insofern, als ihr Kernstück die Forderung ist, dass das Gesetz die eheliche Verbindung und das Familienleben zu bewahren habe vor jeder von außen her, vielleicht sogar, wie wir das erlebt haben, von staatlichen Organen her kommenden Störung. Da Ehe und Familie die unbezweifelbaren Keimzellen und Grundlagen des Staates sind, sollten sie in einem Katalog der Grundrechte ... nicht fehlen[905]".

Geschützt ist die Ehe als monogame und grundsätzlich unauflösbare Geschlechtsgemeinschaft von Mann und Frau[906]. Voraussetzung ist eine formelle Eheschließung, über deren Formen der Staat entscheidet[907]. Geschützt ist nach der dargestellten Intention des Verfassunggebers vor allem die Eheschließungsfreiheit, also die Freiheit zu entscheiden, überhaupt eine Ehe einzugehen, sowie das Recht, den Ehepartner frei zu wählen.

---

901 *Hinkel*, Erl. zu Art. 4; Hecker, Rdnr. 210; a.A. *Stein*, in: Zinn/Stein, in: Hessische Verfassung, Art. 4 Erl. 1.
902 Vgl. StGH, Urteil vom 08.07.1949 – P.St. 22 -, StAnz. 1949, S. 348 [349].
903 *Hinkel*, Erl. zu Art. 4.
904 Stenographische Berichte der Verfassungberatenden Landesversammlung Groß Hessen, S. 154.
905 Stenographische Berichte der Verfassungberatenden Landesversammlung Groß-Hessen, S. 143.
906 *Stein*, in: Zinn/Stein, Hessische Verfassung, Art. 4 Erl. 1.
907 *Hinkel*, Erl. zu Art. 4.

Unter der Familie ist die auf die Blutsverwandtschaft gegründete und nach den Funktionen ihrer gleichwertigen Glieder bestimmte Gemeinschaft, die als ursprüngliche Einheit allen anderen sozialen Einheiten gegenübertritt[908]. Aus der Entstehungsgeschichte ergibt sich die Absicht, die Freiheit, das eheliche Leben eigenverantwortlich und autonom zu gestalten sowie das Zusammenleben der Familiemitglieder frei von äußerer, insbesondere staatlicher Einflussnahme und unabhängig zu ordnen und zu bestimmen.

bb) Elterliches Erziehungsrecht

(a) Art. 6 Abs. 2 GG

Nach Art. 6 Abs. 2 GG haben die Eltern das Recht und die Pflicht, die Pflege und Erziehung ihrer Kinder nach ihren eigenen Vorstellungen frei zu gestalten. Die freie Entscheidung der Eltern darüber, wie sie ihrer Elternverantwortung gerecht werden wollen, ist durch das Grundrecht gegen staatliche Eingriffe geschützt[909]. Pflege ist die Sorge für das körperliche Wohl des Kindes, Erziehung diejenige für die geistig-seelische Entwicklung, für Bildung und Ausbildung, also die umfassende Verantwortung für die Lebens- und Entwicklungsbedingungen des Kindes[910]. Die Eltern sind grundsätzlich frei in der Wahl ihres Erziehungsziels, der Erziehungsmethoden und der Erziehungsmittel[911]. Den Eltern kommt damit die Verantwortung für den „Gesamtplan der Erziehung ihrer Kinder[912]" zu.

Dem steht der staatliche Erziehungsauftrag in der Schule gegenüber, von dem Art. 7 Abs. 1 GG ausgeht. In seinem Bereich ist dieser Auftrag dem elterlichen Erziehungsrecht nicht nach-, sondern gleichgeordnet. Die gemeinsame Erziehungsaufgabe von Eltern und Schule ist in einem sinnvoll aufeinander bezogenen Zusammenwirken zu erfüllen[913]. Die Entscheidung über den weiteren Bildungsweg des Kindes obliegt in erster Linie den Eltern. Das Bestimmungsrecht der Eltern umfasst auch die Befugnis, den von ihrem Kind einzuschlagenden Bildungsweg in der Schu-

---

908 *Stein*, in: Zinn/Stein, Hessische Verfassung, Art. 4 Erl. 1; ebenso *Hinkel*, Erl. zu Art. 4.

909 BVerfG, Beschluss vom 15.06.1971 – 1 BvR 192/70 -, BVerfGE 31, 194 [204]; vgl. *Badura*, in: Maunz/Dürig/Herzog, GG, Art. 6 Rdnr. 104.

910 *Coester-Waltjen*, in: von Münch/Kunig, GG, Art. 6 Rdnr. 63; *Pieroth*, in: Jarass/Pieroth, GG, Art. 6 Rdnr. 32.

911 *Coester-Waltjen*, in: von Münch/Kunig, GG, Art. 6 Rdnr. 63; *Pieroth*, in: Jarass/Pieroth, GG, Art. 6 Rdnr. 32.

912 BVerfG, Beschluss vom 21.12.1977 – 1 BvL 1/75, 1 BvR 147/75 -, BVerfGE 47, 46 [75].

913 BVerfG, Urteil vom 06.12.1972 – 1 BvR 230/70 und 95/71 -, BVerfGE 34, 165 [183].

le frei zu wählen[914]. Das Wahlrecht gibt den Eltern dagegen keinen Anspruch darauf, dass der Staat eine bestimmte, an ihren Wünschen orientierte Schulform zur Verfügung stellt[915].

(b) Art. 55 HV

Nach Art. 55 Satz 1 HV kommt den Eltern der Erziehungsprimat zu[916]. Das Elternrecht erstreckt sich auf die gesamte Pflege und Erziehung innerhalb und außerhalb der Familie einschließlich des schulischen Bereichs. Es dient der Bestimmung des Lebenswegs des jungen Menschen[917]. Die Erziehung betrifft die Ausbildung und Bildung durch Entfaltung der Fähigkeiten des Kindes. Das Erziehungsrecht der Eltern erstreckt sich auf alle billigenswerten Erziehungsziele und -maßnahmen[918]. Aufgabe der Erziehung ist die leibliche, d.h. die Gesundheit des Kindes erhaltende, die geistige und seelische, d.h. die das innere Empfinden betreffende Tüchtigkeit des Kindes[919]. Aus der Erwähnung des Gemeinsinns in Art. 55 Satz 1 HV folgt des Weiteren die Aufgabe der Erziehung, das Kind fähig und willig zu machen, für die Gemeinschaft zu leben und sein persönliches Lebensglück durch Förderung seiner Anlagen zu steigern[920]. Dieses Erziehungsziel erstreckt sich auch auf die nichtöffentliche, d.h. nichtschulische Erziehung[921].

Aus dem elterlichen Erziehungsrecht folgt die Befugnis der Eltern, über die freie Entfaltung der Persönlichkeit des Kindes zu wachen und Bildungsgang sowie Schul- und Berufswahl zu bestimmen[922]. Insbesondere in der Schule ist die Erziehungsaufgabe aber gemeinsam von Staat und Eltern zu erfüllen. Im schulischen Bereich stehen staatliches Gestaltungsrecht und elterliches Erziehungsrecht prinzipiell gleichrangig nebeneinander[923]. Art. 55 Satz 1 HV gewährt den Eltern das Recht, den von ihrem Kind einzuschlagenden Bildungsweg in der Schule zu bestimmen, indem sie unter den vom Staat zur Verfügung gestellten Schulformen grundsätzlich frei aus-

914 BVerfG, Urteil vom 06.12.1972 – 1 BvR 230/70 und 95/71 -, BVerfGE 34, 165 [184].
915 BVerfG, Beschluss vom 26.02.1980 – 1 BvR 684/78 -, BVerfGE 53, 185 [196].
916 *Stein*, in: Zinn/Stein, Hessische Verfassung, Art. 55 Erl. 2.
917 StGH, Urteil vom 20.12.1972 – P.St. 608. 637 -, StAnz. 1972, S. 112 [117].
918 StGH, Urteil vom 30.12.1981 – P.St. 880 -, StAnz. 1982, S. 150 [157].
919 *Hinkel*, Art. 55 Erl 2.
920 *Stein*, in: Zinn/Stein, Hessische Verfassung, Art. 55 Erl. 3.
921 *Hinkel*, Art. 55 Erl. 2.
922 *Stein*, in: Zinn/Stein, Hessische Verfassung, Art. 55 Erl. 3.
923 StGH, Beschluss vom 01.12.1982 - P.St. 929 -, StAnz. 1982, S. 2432 [2435].

wählen können. Ein Anspruch auf Einrichtung oder Aufrechterhaltung einer bestimmten Schulform folgt daraus indes nicht[924].

Das Elternrecht erstreckt sich aber auch auf den Inhalt der Schulausbildung. Aus den in Art. 55 Satz 1 HV enthaltenen Erziehungszielen Gemeinsinn, leibliche, geistige und seelische Tüchtigkeit, folgt, dass die Eltern in der Schule eine dem Ausbildungsgang entsprechende umfassende Allgemeinbildung ihrer Kinder verlangen können. Dieses Erziehungsziel wird durch Art. 56 Abs. 4 und 5 HV vertieft. Die Verfassungssätze, die nicht nur pädagogische Relevanz haben, richten sich sowohl an den Staat als Gestalter des Schulwesens als auch an die Eltern, die erziehungsberechtigt sind[925]. Zudem gewährleistet Art. 56 Abs. 6 HV den Eltern ein Recht auf Mitbestimmung bei der Ausgestaltung des Unterrichts.

cc) Mutterschutz

(a) Art. 6 Abs. 4 GG

Nach Art. 6 Abs. 4 GG hat jede Mutter Anspruch auf den Schutz und die Fürsorge des Gesetzes. Art. 6 Abs. 4 GG enthält nicht nur einen Programmsatz, sondern einen bindenden Auftrag an den Gesetzgeber[926] sowie ein Grundrecht, das ein subjektiv-öffentliches Recht auf Schutz und Fürsorge verleiht[927]. Schutz und Fürsorge beziehen sich auf die Belastungen, die die biologische Schwangerschaft mit sich bringt. Diese besonderen Belastungen sollen ausgeglichen werden. Dies umfasst eine entsprechende Verpflichtung des Staats im Rahmen des tatsächlich und rechtlich Möglichen[928]. Darüber hinaus enthält Art. 6 Abs. 4 GG ein Diskriminierungsverbot, das nachteilige Regelungen verbietet, die an die Muttereigenschaft oder spezifische Begleitmerkmale der Mutterschaft anknüpfen[929].

---

924 StGH, Beschluss vom 01.12.1982 - P.St. 929 -, StAnz. 1982, S. 2432 [2436].

925 StGH, Urteil vom 30.12.1981 - P.St. 880 -, StAnz. 1982, S. 150 [158].

926 *Coester-Waltjen*, in: von Münch/Kunig, GG, Art. 6 Rdnr. 105; *Badura*, in: Maunz/Dürig/Herzog, GG, Art. 6 Rdnrn. 146, 161.

927 *Pieroth*, in: Jarass/Pieroth, GG, Art. 6 Rdnr. 44; *Gröschner*, in: Dreier, GG, Art. 6 Rdnr. 143; *Badura*, in: Maunz/Dürig/Herzog, GG, Art. 6 Rdnr. 147.

928 *Coester-Waltjen*, in: von Münch/Kunig, GG, Art. 6 Rdnr. 108.

929 BVerfG, Beschluss vom 22.03.1977 - 2 BvR 782/76 -, BVerfGE 44, 211 [215]; *Coester-Waltjen*, in: von Münch/Kunig, GG, Art. 6 Rdnr. 106; *Badura*, in: Maunz/Dürig/Herzog, GG, Art. 6 Rdnr. 165.

(b) Art. 30 Abs. 2 HV

Nach Art. 30 Abs. 2 HV muss das Gesetz Einrichtungen zum Schutze der Mütter und Kinder und die Gewähr dafür schaffen, dass die Frau ihre Aufgaben als Bürgerin und Schaffende mit ihren Pflichten als Frau und Mutter vereinbaren kann.

Art. 30 Abs. 2 HV begründet jedoch kein Grundrecht, sondern enthält lediglich einen Auftrag an den Gesetzgeber. Solche Aufträge stellen in allgemeiner oder auch begrenzter Form Grundsätze und Richtlinien für das staatliche Handeln auf und geben ihm in bestimmten Richtungen durch Gebote und Weisungen Orientierungen und sachliche Aufgaben. Sie statuieren aber keine unmittelbar einklagbaren subjektiv-öffentlichen Rechte für den Einzelnen[930].

Gegen die Annahme, Art. 30 Abs. 2 HV stelle ein Grundrecht dar, spricht bereits sein Wortlaut. Im Gegensatz zu anderen Vorschriften, die unmittelbar das geschützte Verhalten (z.B. Art. 6, 10, 11 Satz 1 HV) oder aber das Schutzobjekt (z.B. Art. 4 HV: „Ehe und Familie“, Art. 5 HV: „Freiheit“; Art. 8 HV: „Wohnung“) anführen, wendet sich Art. 30 Abs. 2 HV ausschließlich an den Gesetzgeber und enthält keine derartige Umschreibung. Die Art und Weise, wie der Gesetzgeber die geforderte „Gewähr“ schaffen soll, bleibt seinem Gestaltungsermessen überlassen. Der Auftrag an den Gesetzgeber ist nicht wie die klassischen Grundrechte auf die Bewahrung eines bereits bestehenden Zustandes, sondern in die Zukunft gerichtet: Erst der Gesetzgeber gestaltet den Schutz aus. Insofern fehlt es auch an der für die Annahme eines einklagbaren Anspruchs erforderlichen Bestimmtheit der Norm[931].

Bestätigt wird dieser Befund durch die Entstehungsgeschichte der Vorschrift. Sie wurde auf Vorschlag des Abgeordneten Bauer (KPD) in den Verfassungsentwurf aufgenommen und lautete zunächst folgendermaßen: „Die Lebensbedingungen der Familie werden garantiert. Das Gesetz schafft durch geeignete soziale Einrichtungen Schutz für alle Mutter und Kinder. Die Ausübung ihrer Funktion als Bürger und Schaffende unter Bedingungen, die es ihr ermöglichen, ihre Mutterpflichten und sozialen Aufgaben zu erfüllen, sind der Frau garantiert[932]“. Satz 2 des Vorschlags wurde unverändert angenommen, Satz 3 zunächst einer besonderen Redaktions-

---

930 *Bull*, in: NVwZ 1989, S. 801 [802].

931 Vgl. hierzu StGH, Urteil vom 08.07.1949 - P.St. 22 -, StAnz. 1949, S. 348 [349].

932 5. Sitzung des Verfassungsausschusses der Verfassungberatenden Landesversammlung Groß-Hessen am 20.08.1946, Stenographische Berichte über dessen Sitzungen, S. 118.

kommission überwiesen[933]. In der Sitzung des Ausschusses am 17. September 1946 wurde die Vorschrift in ihrem heutigen Wortlaut ohne weitere Aussprache angenommen[934]. Geändert wurde danach die Formulierung, wonach der Frau ein näher umschriebener Schutz garantiert ist. Ließ die ursprüngliche Formulierung noch darauf schließen, der Frau habe ein unmittelbarer Anspruch auf Schutz eingeräumt werden sollen, sind im endgültigen Wortlaut dafür keine Anhaltspunkte mehr vorhanden. Im Gegensatz zu Art. 4 HV kann hier auch nicht die systematische Stellung von Art. 30 HV zur Begründung des Grundrechtscharakters herangezogen werden. Er findet sich nicht bei den klassischen Grundrechten, sondern in dem Abschnitt über die sozialen und wirtschaftlichen Rechte und Pflichten, der von einer Vielzahl von Programmsätzen und Gesetzgebungsaufträgen geprägt ist. Art. 30 Abs. 2 HV enthält also nur einen Auftrag an den Gesetzgeber, aber kein Grundrecht im Sinne eines subjektiv-rechtlichen Anspruchs.

d) Eingriffe, Beeinträchtigungen

aa) Ehe und Familie

(a) Art. 6 Abs. 1 GG

Im Rahmen von Art. 6 Abs. 1 GG ist zu unterscheiden zwischen „definierenden" und „eingreifenden" Regelungen. Zu den definierenden Regeln gehören solche, die Ehe und Familie als rechtliche Gebilde überhaupt erst konstituieren[935], da Art. 6 Abs. 1 GG die Ausgestaltung der Rechtsinstitute Ehe und Familie durch den Gesetzgeber notwendig voraussetzt[936]. Eingreifende Regelungen sind dagegen solche, die die Ehe schädigen, stören oder sonst beeinträchtigen können[937]. Verletzt wird Art. 6 Abs. 1 GG auch durch rechtliche Nachteile, die gerade an Ehe und Familie geknüpft werden[938]. Art. 6 Abs. 2 GG verbietet insgesamt die Benachteiligung von Ehe und Familie[939].

---

933 A.a.O., S. 119.
934 A.a.O., S. 160.
935 *Pieroth/Schlink*, Rdnr. 648.
936 *Pieroth*, in: Jarass/Pieroth, GG, Art. 6 Rdnr. 14.
937 BVerfG, Beschluss vom 03.10.1989 - 1 BvL 78, 79/86 -, BVerfGE 1, 6 [11].
938 *Pieroth*, in: Jarass/Pieroth, GG, Art. 6 Rdnr. 11.
939 *Richter*, in: AK-GG, Art. 6 Rdnr. 36.

(b) Art. 4 HV

Art. 4 HV geht hinsichtlich der Begriffsbestimmung von Ehe und Familie von einer Ausgestaltung der beiden Rechtsinstitute durch den Gesetzgeber aus. Der Schutzbereich wird verletzt durch Störungen und Beeinträchtigungen des Familienlebens von außen, d.h. durch staatliche Maßnahme, die von außen in den inneren, der eigenverantwortlichen Gestaltung durch die Ehe- und Familienpartner unterliegenden Bereich eingreifen und ihn beschneiden.

bb) Erziehungsrecht

(a) Art. 6 Abs. 2 und 3 GG

Den schwerwiegendsten Eingriff des Staates in das elterliche Erziehungsrecht des Art. 6 Abs. 2 GG stellt die Trennung des Kindes von seinen Eltern dar[940]. Auch durch staatlicherseits angeordnete Erziehungs- bzw. Jugendhilfemaßnahmen wird das Erziehungsrecht der Eltern beeinträchtigt. Weiter ist die allgemeine Schulpflicht ein Eingriff in das Erziehungsrecht[941]. In das Wahl- und Bestimmungsrecht der Eltern bezüglich der Schulbildung des Kindes wird eingegriffen, wenn das Recht der Eltern angesichts nur noch einer vorhandenen obligatorischen Schulform mit einem vom Staat einseitig festgelegten Bildungsziel obsolet wird und leer läuft[942].

(b) Art. 55 HV

In das Erziehungsrecht aus Art. 55 HV wird eingegriffen durch die Trennung von Kind und Eltern. Auch Beschränkungen durch staatlicherseits angeordnete Erziehungs- oder Aufsichtsmaßnahmen stellen Eingriffe in dieses Recht dar. Ebenso schränkt die allgemeine Schulpflicht das Erziehungsrecht der Eltern nach der Hessischen Verfassung ein. Das aus dem Erziehungsrecht folgende Recht auf Wahl der Schulausbildung wird sogar verletzt, wenn der Staat die gesamte Schulausbildung durch einheitliche schulorganisatorische Maßnahmen regelt und nur eine Schulart einrichtet, so dass das Wahlrecht der Eltern faktisch ausgeschlossen wird[943].

---

940 *Badura*, in: Maunz/Dürig/Herzog, GG, Art. 6 Rdnr. 141.
941 *Pieroth/Schlink*, Rdnr. 648.
942 BVerfG, Beschluss vom 27.06.1977 - 1 BvR 799/76 -, BVerfGE 45, 400 [416].
943 StGH, Urteil vom 30.12.1981 – P.St. 880 -, StAnz. 1982, S. 150 [157 f.].

cc) Mutterschutz

(a) Art. 6 Abs. 4 GG

In den Schutzbereich des Art. 6 Abs. 4 GG wird eingegriffen, wenn der Staat zurechenbar Belastungen der Mutter verursacht, die über die ohnehin aufgrund der Mutterschaft bestehenden Beeinträchtigungen hinausgehen und diese zu verstärken geeignet sind[944]. Der Staat ist ferner verpflichtet, Nachteile, die einer Frau aus der Schwangerschaft erwachsen können, im Rahmen des tatsächlich und rechtlich Möglichen auszuschließen oder auszugleichen. Da Art. 6 Abs. 4 GG einzelne Schutzmaßnahmen und Leistungen nicht konkret bestimmt, steht es im Ermessen des Gesetzgebers, wie er seinem Schutzauftrag nachkommt[945]. Einen Eingriff stellen aber nachteilige Regelungen dar, die an die Mutterschaft oder spezifische Begleitmerkmale der Mutter anknüpfen[946].

(b) Art. 30 Abs. 2 HV

Da Art. 30 Abs. 2 HV kein Grundrecht beinhaltet, scheiden Eingriffe in den Schutzbereich begriffsnotwendig aus.

e) Verfassungsrechtliche Rechtfertigung von Eingriffen

aa) Ehe und Familie

(a) Art. 6 Abs. 1 GG

Art. 6 Abs. 1 GG ist gegenüber staatlichen Eingriffen vorbehaltlos gewährleistet. Maßnahmen können daher allenfalls durch kollidierendes Verfassungsrecht gerechtfertigt werden. Eingriffe dürfen nur durch Gesetz oder aufgrund Gesetzes erfolgen[947].

Bei der Ausgestaltung der Ehe ist die Institutsgarantie des Art. 6 Abs. 1 GG zu beachten. Ohne Verfassungsänderung kann das Institut der Ehe nicht abgeschafft

---

944 *Pieroth*, in: Jarass/Pieroth, GG, Art. 6 Rdnr. 47; vgl. auch BVerfG, Urteil vom 24.04.1991 - 1 BvR 1341/90 -, BVerfGE 84, 133 [155 f.]: Herbeiführung der Beendigung des Arbeitsverhältnisses durch staatlichen Akt; ebenso BVerfG, Urteil vom 10.03.1992 - 1 BvR 454, 470, 602, 616, 905, 939 - 955, 957 - 963, 1128, 1315 - 1318, 1453/ 91 -, BVerfGE 85, 360 [372].

945 *Pieroth*, in: Jarass/Pieroth, GG, Art. 6 Rdnr. 49; *Coester-Waltjen*, in: von Münch/Kunig, GG, Art. 6 Rdnr. 105.

946 *Pieroth*, in: Jarass/Pieroth, GG, Art. 6 Rdnr. 48, unter Hinweis auf BVerfG, Beschluss vom 22.03.1977 - 2 BvR 782/76 -, BVerfGE 44, 211 [215].

947 *Pieroth*, in: Jarass/Pieroth, GG, Art. 6 Rdnr. 15.

oder in seinen wesentlichen Strukturprinzipien geändert werden[948]. Art. 6 Abs. 1 GG gebietet, die Ehe als Lebensform anzubieten und zu schützen[949]. Als Institutsgarantie wird der Kern der das Familienrecht bildenden Vorschriften gegen eine Aufhebung oder wesentliche Umgestaltung gesichert und vor staatlichen Maßnahmen geschützt, die bestimmende Merkmale des Bildes von der Familie beeinträchtigen[950].

(b) Art. 4 HV

Art. 4 HV enthält keinen Gesetzesvorbehalt. Einschränkungen sind daher nur aufgrund kollidierenden Verfassungsrechts zulässig. Dabei muss gewährleistet bleiben, dass das Bild von Ehe und Familie, wie es der Verfassung zugrunde liegt, nicht angetastet wird.

bb) Elternrecht

(a) Art. 6 Abs. 2 und 3 GG

Die Trennung des Kindes von den Eltern ist nur unter den Voraussetzungen des Art. 6 Abs. 3 GG zulässig. Rechtfertigen lässt sie sich nur, wenn die Erziehungsberechtigten versagen und es zu einer erheblichen Gefährdung des Kindeswohls oder einer Verwahrlosung des Kindes kommt[951].

Art. 6 Abs. 2 GG unterwirft die Betätigung der elterlichen Gewalt der „Wacht" durch die staatliche Gemeinschaft und setzt damit dem elterlichen Erziehungsprimat selbst eine Schranke[952]. Das staatliche Wächteramt besteht allein zum Wohl des Kindes und muss sich daher immer an diesem orientieren und legitimieren. Bei allen Maßnahmen zum Wohl des Kindes hat der Staat das Elternrecht soweit wie möglich zu respektieren und stets das mildeste Mittel zu wählen[953]. Eingriffe in das elterliche Erziehungsrecht können auch durch die Schulhoheit des Staates gerechtfertigt sein[954].

---

948 BVerfG, Urteil vom 17.07.2002 - 1 BvR 1, 2/01 -, BVerfGE 105, 313 [348].
949 BVerfG, Urteil vom 17.07.2002 - 1 BvR 1, 2/01 -, BVerfGE 105, 313 [344].
950 BVerfG, Beschluss vom 18.04.1989 - 2 BvR 1169/84 -, BVerfGE 80, 81 [92].
951 BVerfG, Urteil vom 16.01.2001 - 2 BvR 716/01 -, BVerfGE 107, 104 [118].
952 BVerfG, Urteil vom 20.10.1954 - 1 BvR 527/52, BVerfGE 4, 52 [57].
953 *Coester-Waltjen*, in: von Münch/Kunig, GG, Art. 6 Rdnr. 93.
954 *Pieroth*, in: Jarass/Pieroth, GG, Art. 6 Rdnr. 43.

(b) Art. 55 HV

Die Entziehung des Elternrechts nach Art. 55 HV darf nur durch Richterspruch nach Maßgabe der Gesetze erfolgen (Art. 55 Satz 2 HV). Es handelt sich um ein individuelles Grundrecht zur Abwehr eingreifender Maßnahmen der öffentlichen Gewalt. Maßstab und Richtschnur ist stets das Kindeswohl, d.h. nur dessen Gefährdung kann staatliche Eingriffe überhaupt rechtfertigen. Da die Erziehung in erster Linie Recht und Pflicht der Eltern ist, kommt dem Grundsatz der Verhältnismäßigkeit hier besondere Bedeutung zu, d.h. mit einer Entziehung des Elternrechts darf der Staat erst dann auf eine Gefährdung des Kindeswohls reagieren, wenn individuelle, einzelne Maßnahmen zur Gefahrenabwehr nicht ausreichen[955].

Begrenzt wird das Elternrecht nach Art. 55 Satz 1 HV insbesondere im schulischen Bereich durch Art. 56 Abs. 1 Satz 2 HV. Die Erziehungsaufgabe in der Schule ist, wie ausgeführt, von Staat und Eltern gemeinsam zu erfüllen. Der Staat darf also nicht die gesamte Schulausbildung durch einheitliche schulorganisatorische Maßnahmen regeln. Er muss ein Schulsystem bereitstellen, das den verschiedenen Begabungseinrichtungen Raum zur Entfaltung einräumt und den Eltern die Wahl zwischen den Bildungswegen freistellt[956]. Kommt es hier zu Abgrenzungsproblemen zwischen staatlicher und elterlicher Erziehungskompetenz, sind diese nach dem Gesichtspunkt der Einheit der Verfassung und dem Prinzip praktischer Konkordanz zu lösen. Beide Verfassungsrechtsgüter sind einander so zuzuordnen, dass sie eine möglichst große Wirkung entfalten können. Welcher der beiden Rechtspositionen jeweils im Einzelfall das stärkere Gewicht zukommt, bemisst sich nach der Bedeutung der zu beurteilenden Maßnahme für die Erfüllung des allgemeinen Bildungs- und Erziehungsauftrags in der staatlichen Gemeinschaft bzw. für die Persönlichkeitsentfaltung des Kindes entsprechend den individuellen Erziehungszielen und dem Gesamtplan der Eltern für die Erziehung ihres Kindes[957].

Eine weitere Schranke findet das Erziehungsrecht der Eltern in der Schule in den kollidierenden Grundrechten anderer Eltern. Das Grundrecht aus Art. 55 Satz 1 HV ist ein Individualgrundrecht, das jedem Elternteil zusteht. Es kann von allen Grundrechtsträgern mit gleicher Berechtigung ausgeübt werden. Daher können in einem

---

955 *Hinkel*, Art. 55 Erl. 1; *Stein*, in: Zinn/Stein, Hessische Verfassung, Art. 55 Erl. 5.
956 StGH, Urteil vom 30.12.1981 - P.St. 880 -, StAnz. 1982, S. 150 [157 f.].
957 StGH, Beschluss vom 01.12.1982 - P.St. 929 -, StAnz. 1982, S. 2432 [2435].

demokratischen Gemeinwesen einzelne Eltern oder organisierte Gruppen von Eltern nicht unter Berufung auf Art. 55 Satz 1 HV ihre spezifischen Vorstellung zur Schulorganisation oder zum Unterrichtsinhalt durchsetzen[958].

cc) Mutterschutz

(a) Art. 6 Abs. 4 GG

Art. 6 Abs. 4 GG enthält keinen Gesetzesvorbehalt, so dass eine Rechtfertigung von Eingriffen und Diskriminierungen allein aufgrund kollidierenden Verfassungsrechts möglich ist[959].

(b) Art. 30 Abs. 2 HV

Da Art. 30 Abs. 2 HV kein Grundrecht gewährleistet, in das durch staatliches Handeln eingegriffen werden könnte, kommt es auf die Frage einer verfassungsrechtlichen Rechtfertigung von Eingriffen nicht an.

f) Ergebnis

Der Schutz von Ehe und Familie ist in der Hessischen Verfassung und dem Grundgesetz vergleichbar gewährleistet. Entsprechendes gilt für das elterliche Erziehungsrecht, soweit es nicht den schulischen Bereich betrifft. Hier gewährt die Hessische Verfassung den Eltern weitergehende Rechte als das Grundgesetz. Ist das Grundrecht des Grundgesetzes insoweit auf das Recht der Eltern beschränkt, den Bildungsgang für ihr Kind unter den vom Staat zur Verfügung gestellten Schulformen frei zu bestimmen, erstreckt sich das Elternrecht über Art. 56 Abs. 6 HV auch auf den Inhalt der Schulausbildung.

Gegen eine Fortgeltung dieses weitergehenden Gewährleistungsinhalts bestehen jedoch keine Bedenken, da die Ausgestaltung und Organisation des Schulwesens in die Kompetenz der Länder fällt. Ein sachlicher Widerspruch zwischen Bundes- und Landesgrundrecht ist nicht zu erkennen, zumal Art. 7 GG kein Verbot zu entnehmen ist, die Eltern an der Gestaltung des Schulwesens zu beteiligen. Ein Widerspruch zu sonstigem Bundesrecht kann ohnehin nicht auftreten, da das Schulwesen ausschließlich Sache der Länder ist.

---

958 StGH, Beschluss vom 01.12.1982 - P.St. 929 -, StAnz. 1982, S. 2432 [2435 f.].

959 *Pieroth*, in: Jarass/Pieroth, GG, Art. 6 Rdnr. 52.

Die Hessische Verfassung enthält demgegenüber keine Norm, die für Mütter in Parallele zu Art. 6 Abs. 4 GG einen besonderen Schutz als Grundrecht gewährleistet. Ein solches Grundrecht kann insbesondere in Art. 30 Abs. 2 HV nicht gesehen werden. Insoweit bleibt die Hessische Verfassung hinter dem Schutz des Grundgesetzes zurück. Da aber Art. 6 Abs. 4 GG auch gegenüber den Ländern gilt (Art. 1 Abs. 3 GG), können Schutzlücken nicht entstehen. Gleiches gilt für das Gleichheitsgrundrecht des Art. 6 Abs. 5 GG.

Soweit danach die Gewährleistungen der Hessischen Verfassung und des Grundgesetzes übereinstimmen, unterliegen sie denselben Beschränkungsmöglichkeiten.

Die Rechte auf Ehe und Familie nach Art. 4 HV und Art. 6 Abs. 1 GG weisen keinen Gesetzesvorbehalt auf, können daher nur aufgrund kollidierenden Verfassungsrechts eingeschränkt werden. Allerdings kommt in den hier maßgeblichen Bereichen dem Bund die Gesetzgebungskompetenz zu (Art. 74 Abs. 1 Nrn. 1, 2 GG). Der Landesgesetzgeber wird aber bei Entscheidungen, die in seine Kompetenz fallen, die aus Art. 4 HV folgenden grundsätzlichen Wertungen zu beachten haben.

Bedeutung kann Art. 4 HV bei behördlichen Einzelfallentscheidungen, zum Beispiel im Ausländerrecht, entfalten. Ebenso wie bei der Anwendung ausländerrechtlicher Vorschriften die Wertungen des Art. 6 Abs. 1 und 2 GG zu berücksichtigen sind[960], muss dies auch für Art. 4 HV gelten. Sachliche Unterschiede können sich wegen der Inhaltsgleichheit beider Gewährleistungen nicht ergeben, so dass gegen eine Anwendung von Art. 4 HV keine Bedenken bestehen.

Die Entziehung des Elternrechts durch Trennung des Kindes von den Eltern ist sowohl nach der Hessischen Verfassung als auch nach dem Grundgesetz nur bei einer erheblichen Gefährdung des Kindeswohls zulässig. In beiden Fällen ist die Entziehung stets ultima ratio und nur zulässig, wenn weniger einschneidende Maßnahmen nicht geeignet sind, die Gefährdung des Kindeswohls auszuschließen.

Aus alledem folgt, dass Art. 4 und 55 HV keinen Widerspruch zum Grundgesetz enthalten[961] und sonach fortgelten.

---

960 Vgl. etwa BVerfG, Beschluss vom 12.05.1987 – 2 BvR 1226/83, 101, 313/84 -, BVerfGE 76, 1 [49 ff.].

961 Im Urteil vom 20.12.1971 – P.St. 608, 637 – StAnz. 1972, S. 112 [117], hatte der Staatsgerichtshof noch Inhaltsgleichheit von Art. 55 Satz 1 HV und Art. 6 Abs. 2 GG angenommen, diese Sicht aber im Urteil vom 30.12.1981 – P.St. 880 -, StAnz. 1982, S. 150 [157 f.] aufgegeben

6. Freiheit der Person (Art. 2 Abs. 2, 104 GG - Art. 5, 19, 21, 23, 24 HV)

Art. 2 Abs. 2 Sätze 2 und 3 GG: Die Freiheit der Person ist unverletzlich. In diese Rechte darf nur aufgrund eines Gesetzes eingegriffen werden.

Art. 104 Abs. 1 GG: Die Freiheit der Person kann nur aufgrund eines förmlichen Gesetzes und nur unter Beachtung der darin vorgeschriebenen Förmlichkeiten beschränkt werden. Festgehaltene Personen dürfen weder seelisch noch körperlich misshandelt werden.

Art. 104 Abs. 2 GG: Über die Zulässigkeit und Fortdauer einer Freiheitsentziehung hat nur der Richter zu entscheiden. Bei jeder nicht auf richterlicher Anordnung beruhenden Freiheitsentziehung ist unverzüglich eine richterliche Entscheidung herbeizuführen. Die Polizei darf aus eigener Machtvollkommenheit niemanden länger als bis zum Ende des Tages nach dem Ergreifen in eigenem Gewahrsam halten. Das Nähere ist gesetzlich zu regeln.

Art. 104 Abs. 3 GG: Jeder wegen des Verdachts einer strafbaren Handlung vorläufig Festgenommene ist spätestens am Tag nach der Festnahme dem Richter vorzuführen, der ihm die Gründe der Festnahme mitzuteilen, ihn zu vernehmen und ihm Gelegenheit zu Einwendungen zu geben hat. Der Richter hat entweder unverzüglich einen mit Gründen versehenen Haftbefehl zu erlassen oder die Freilassung anzuordnen.

Art. 104 Abs. 4 GG: Von jeder richterlichen Entscheidung über die Anordnung oder Fortdauer einer Freiheitsentziehung ist unverzüglich ein Angehöriger des Festgenommenen oder eine Person seines Vertrauens zu benachrichtigen.

Art. 5 HV: Die Freiheit der Person ist unantastbar.

Art. 19 Abs. 1 HV: Bei dringendem Verdacht einer strafbaren Handlung kann der Richter die Untersuchungshaft, die Haussuchung und Eingriffe in das Postgeheimnis anordnen. Die Haussuchung kann auch nachträglich genehmigt werden, wenn die Verfolgung des Täters zu sofortigem Handeln gezwungen hat.

Art. 19 Abs. 2 HV: Jeder Festgenommene ist binnen 24 Stunden seinem Richter vorzuführen, der ihn zu vernehmen, über die Entlassung oder Verhaftung zu befinden und im Falle der Verhaftung bis zur endgültigen Entscheidung von Monat zu Monat neu zu prüfen hat, ob weitere Haft gerechtfertigt ist. Der Grund der Verhaftung ist dem Festgenommenen sofort und auf seinen Wunsch seinen nächsten Angehörigen innerhalb weiterer 24 Stunden nach der richterlichen Entscheidung mitzuteilen.

---

und ausgeführt, das Elternrecht der Hessischen Verfassung sei weitergehend als dasjenige des Grundgesetzes.

Art. 21 Abs. 1 Satz 1 HV: Ist jemand einer strafbaren Handlung für schuldig befunden worden, so können ihm aufgrund der Strafgesetze durch richterliches Urteil die Freiheit und die bürgerlichen Ehrenrechte entzogen oder beschränkt werden.

Art. 23 HV: Gefährdet ein geistig oder körperlich Kranker durch seinen Zustand seine Mitmenschen erheblich, so kann er in eine Anstalt eingewiesen werden. Er hat das Recht, gegen diese Maßnahme den Richter anzurufen. Das Nähere bestimmt das Gesetz.

Art. 24 HV: Sonstige Beschränkungen der persönlichen Freiheit sind nur im Rahmen der Gesetze und nur insoweit zulässig, als sie nötig sind, um das Erscheinen Geladener vor Gericht, die Zeugnispflicht, die gerichtliche Sitzungspolizei, die Vollstreckung gerichtlicher Urteile und den Vollzug gesetzmäßiger Verwaltungsanordnungen zu sichern.

a) Grundrechtsträger

aa) Art. 2 Abs. 2 Satz 2 GG

Träger der Grundrechte aus Art. 2 Abs. 2 Satz 2 GG ist jede natürliche Person, nicht dagegen juristische Personen oder Personenvereinigungen[962]. Eine Einschränkung der Grundrechtsträger auf deutsche Staatsangehörige findet nicht statt. Art. 2 Abs. 2 Satz 2 GG ist daher ein Menschenrecht[963].

bb) Art. 5 HV

Bei Art. 5 HV handelt es sich um ein Menschenrecht, d.h. es gilt für alle Menschen, die sich innerhalb der Grenzen des Landes Hessen aufhalten[964]. Eine Ausdehnung des Grundrechts aus Art. 5 HV auf juristische Personen des Privatrechts kommt wegen seines am menschlichen Dasein orientierten Charakters nicht in Betracht.

---

962 *Jarass*, in: Jarass/Pieroth, GG, Art. 2 Rdnr. 113; *Kunig*, in: von Münch/Kunig, GG, Art. 2 Rdnr. 73; *Wiedemann*, in: Umbach/Clemens, GG, Art. 2 II Rdnr. 384; *Schulze-Fielitz*, in: Dreier, GG, Art. 2 Abs. 2 Rdnr. 100; *Starck*, in: von Mangoldt/Klein/Starck, GG, Art. 2 Rdnr. 202; *Correll*, in: AK-GG, Art. 2 II Rdnr. 148.

963 *Schulze-Fielitz*, in: Dreier, GG, Art. 2 Abs. 2 Rdnr. 100.

964 *Hinkel*, Erl. zu Art. 5.

b) Grundrechtsadressat

aa) Art. 2 Abs. 2 Satz 2 GG

Durch Art. 2 Abs. 2, Art. 104 GG wird alle staatliche Gewalt verpflichtet. Das Grundrecht der Freiheit der Person ist vom Gesetzgeber bei freiheitsbeschränkenden Gesetzen ebenso zu beachten wie von der Exekutive bei freiheitsbeschränkenden Maßnahmen und der Judikative bei Entscheidungen, die Freiheitsbeschränkungen nach sich ziehen[965].

bb) Art. 5 HV

Aufgrund der ausdrücklichen Anordnung in Art. 26 HV hat nicht nur der Gesetzgeber bei seinen Entscheidungen das Grundrecht aus Art. 5 HV zu achten, sondern die Verpflichtung aus Art. 5 HV trifft in gleicher Weise auch Exekutive und Judikative.

c) Sachlicher Schutzbereich

aa) Art. 2 Abs. 2 Satz 2 GG

Art. 2 Abs. 2 Satz 2 GG schützt allein die tatsächliche körperliche Bewegungsfreiheit vor staatlichen Eingriffen[966]. Nicht umfasst ist dagegen die Befugnis, sich unbegrenzt überall aufhalten und überall hin bewegen zu dürfen[967]. Geschützt ist zum einen also die positive Bewegungsfreiheit, d.h. die Freiheit, den Ort, an dem man sich befindet, zu verlassen und jeden beliebigen anderen Ort aufzusuchen[968], zum anderen auch die Freiheit, jeden beliebigen Ort zu meiden[969].

---

965 *Starck*, in: von Mangoldt/Klein/Starck, GG, Art. 2 Rdnr. 204.

966 *Jarass*, in: Jarass/Pieroth, GG, Art. 2 Rdnr. 11; *Kunig*, in: von Münch/Kunig, GG, Art. 2 Rdnr. 73; *Murswiek*, in: Sachs, GG, Art. 2 Rdnr. 228; *Wiedemann*, in: Umbach/Clemens, GG, Art. 2 II Rdnr. 382; *Schulze-Fielitz*, in: Dreier, GG, Art. 2 Abs. 2 Rdnr. 98; *Starck*, in: von Mangoldt/Klein/Starck, GG, Art. 2 Rdnr. 196; *Corell*, in: AK-GG, Art. 2 II Rdnr. 142.

967 BVerfG, Urteil vom 14.05.1996 - 2 BvR 1516/93 -, BVerfGE 94, 166 [198]; vgl. auch *Schulze-Fielitz*, in: Dreier, GG, Art. 2 Abs. 2 Rdnr. 99.

968 *Murswiek*, in: Sachs, GG, Art. 2 Rdnr. 229.

969 *Pieroth/Schlink*, Rdnr. 413; *Murswiek*, in: Sachs, GG, Art. 2 Rdnrn. 230 f.; *Wiedemann*, in: Umbach/Clemens, GG, Art. 2 II Rdnr. 383.

bb) Art. 5 HV

Art. 5 HV schützt die körperliche Bewegungsfreiheit[970]. Geschützt ist mithin das Recht, sich uneingeschränkt in Freiheit zu bewegen[971]. Die körperliche Bewegungsfreiheit wird vor Einschränkungen durch die öffentliche Gewalt geschützt. Durch Art. 5 HV geschützt ist ebenso die Freiheit vom Zwang zu Ortsveränderungen wie die Freiheit vom Zwang, einen Ort nicht zu verlassen[972]. Nicht erfasst ist dagegen die Freiheit von staatlich angeordnetem Zwang, die vielmehr in Art. 2 Abs. 1 und 2 HV geregelt ist, da nur so die Trennung von Art. 2 Abs. 1 und 2 HV und Art. 5 HV einen Sinn ergibt[973].

d) Eingriffe, Beeinträchtigungen

aa) Art. 2 Abs. 2 Satz 2 GG

Die Freiheit der Person nach Art. 2 Abs. 2 Satz 2 GG wird durch alle der staatlichen Gewalt zurechenbaren Maßnahmen beeinträchtigt, die unmittelbar die körperliche Bewegungsfreiheit gegen oder ohne den Willen der Person vollständig oder auf einen engen Raum beschränken[974]. Darunter fallen Freiheitsentziehung und Freiheitsbeschränkung, die sich vor allem in der Intensität unterscheiden[975]. Eine Freiheitsbeschränkung liegt vor, wenn jemand durch die öffentliche Gewalt gegen seinen Willen gehindert wird, einen ihm an sich zugänglichen Ort aufzusuchen oder sich dort aufzuhalten. Von einer Freiheitsentziehung ist auszugehen, wenn die körperliche Bewegungsfreiheit nach jeder Richtung hin aufgehoben wird[976].

Zu Freiheitsentziehungen gehören der Vollzug einer Freiheitsstrafe, Untersuchungshaft, Sicherungsverwahrung, vorläufige Festnahme, Beugehaft, Polizeigewahrsam, Abschiebehaft, Unterbringung in einer geschlossenen Anstalt, Hausar-

---

970 StGH, Beschlüsse vom 15.05.2001 - P.St. 1650 e.A. -, StAnz. 2001, S. 2181, und vom 19.07.1999 - P.St. 1405 -, StAnz. 1999, S. 2573 [2575]; *Hinkel*, Erl. zu Art. 5; *Hecker*, Rdnr. 211; a.A. wohl *Stein*, in: Zinn/Stein, Hessische Verfassung, Art. 5 Erl. 2: „Die Beschränkung auf die körperliche Bewegungsfreiheit wird dem Wesen dieses Grundrechts nicht gerecht".

971 *Hinkel*, Erl. zu Art. 5.

972 *Hinkel*, Erl. zu Art. 5; *Stein*, in: Zinn/Stein, Hessische Verfassung, Art. 5 Erl. 2.

973 *Hinkel*, Erl. zu Art. 5; *Hecker*, Rdnr. 211; *Stein*, in: Zinn/Stein, Hessische Verfassung, Art. 5 Erl. 2.

974 *Schulze-Fielitz*, in: Dreier, GG, Art. 2 Abs. 2 Rdnr. 101.

975 *Corell*, in: AK-GG, Art. 2 II Rdnr. 150.

976 BVerfG, Beschluss vom 15.05.2002 - 2 BvR 2292/00 -, BVerfGE 105, 239 [248].

rest[977]. Freiheitsbeschränkungen - kurzfristige Aufhebungen der körperlichen Bewegungsfreiheit - sind Sistierungen, Durchsuchungen der Person, unmittelbarer Zwang in Vollstreckung hoheitlicher Gebote[978]. Keinen Eingriffscharakter haben demgegenüber insbesondere all diejenigen Hoheitsakte, die eine lediglich reflexhafte Betroffenheit der Bewegungsfreiheit mit sich bringen, z.B. die Auferlegung einer Verhaltenspflicht, die mit körperlicher Bewegung verbunden ist, einschließlich der Pflicht, an einem bestimmten Ort zu erscheinen[979]. Dies ist begründet durch die Entstehungsgeschichte des Grundrechts der Freiheit der Person als Habeas-Corpus-Recht[980]. Entwickelt wurde das Recht nämlich historisch gesehen insbesondere zum Schutz vor willkürlichen Festnahmen und ähnlichen staatlichen Handlungen[981].

bb) Art. 5 HV

Ein Eingriff in den Schutzbereich des Art. 5 HV liegt vor bei allen Einschränkungen oder Beschränkungen der körperlichen Bewegungsfreiheit durch staatliche Maßnahmen, insbesondere in einer Freiheitsentziehung durch Vollstreckung einer Strafe[982] und die Untersuchungshaft. Wie sich aus Art. 24 HV ergibt, stellen nach der Konzeption der Hessischen Verfassung auch solche Hoheitsakte einen Eingriff in die Freiheit der Person dar, die sich lediglich mittelbar auf die Bewegungsfreiheit auswirken, indem sie dem Betroffenen eine bestimmte Verhaltenspflicht auferlegen. Weiter gehören zu den Eingriffen in die körperliche Bewegungsfreiheit beispielsweise Platzverweise, Aufenthaltsverbote, Einweisungen in Anstalten sowie unmittelbarer Zwang zur Durchsetzung von behördlichen Anordnungen.

---

977 *Murswiek*, in: Sachs, GG, Art. 2 Rdnr. 236; *Pieroth/Schlink*, Rdnr. 418; *Schulze-Fielitz*, in: Dreier, GG, Art. 2 Abs. 2 Rdnr. 101; *Wiedemann*, in: Umbach/Clemens, GG, Art. 2 II Rdnr. 391 Fn. 241; *Degenhart*, in: Sachs, GG, Art. 104 Rdnr. 6.

978 *Schulze-Fielitz*, in: Dreier, GG, Art. 2 Abs. 2 Rdnr. 102.

979 *Wiedemann*, in: Umbach/Clemens, GG, Art. 2 II Rdnr. 386; *Murswiek*, in: Sachs, GG, Art. 2 Rdnrn. 239, 233; *Degenhart* in: Sachs, GG, Art. 104 Rdnr. 4; ebenso BVerfG, Beschluss vom 23.05.1967 - 2 BvR 534/62 -, BVerfGE 22, 21 [26]; vgl. auch *Starck*, in: von Mangoldt/Klein/Starck, GG, Art. 2 Rdnr. 196; *Kunig*, in: von Münch/Kunig, GG, Art. 2 Rdnr. 76; *Jarass*, in: Jarass/Pieroth, GG, Art.2 Rdnr. 114; *Schulze-Fielitz*, in: Dreier, GG, Art. 2 Abs. 2 Rdnr. 104.

980 *Murswiek*, in: Sachs, GG, Art. 2 Rdnr. 232.

981 *Kunig*, in: von Münch/Kunig, GG, Art. 2 Rdnr. 76.

982 Vgl. StGH, Beschluss vom 15.05.2001 - P.St. 1650 e.A. -, StAnz. 2001, S. 2181.

e) Verfassungsrechtliche Rechtfertigung von Eingriffen

aa) Art. 2 Abs. 2 Satz 2, Art. 104 GG

Art. 2 Abs. 2 Satz 2 GG steht gemäß Art. 2 Abs. 2 Satz 3 GG unter einem einfachen Gesetzesvorbehalt. Dieser wird allerdings von Art. 104 GG überlagert[983].

Art. 104 Abs. 1 Satz 1 GG lässt Beschränkungen der persönlichen Freiheit grundsätzlich nur aufgrund eines förmlichen Gesetzes zu und stellt in seinen weiteren Absätzen besondere Verfahrensgarantien auf[984].

Art. 104 Abs. 2 bis 4 GG betreffen Freiheitsentziehungen im engeren Sinne. Art. 104 Abs. 2 Satz 1 GG bestimmt, dass vor der Freiheitsentziehung ein Richter entscheiden muss. Freiheitsentziehungen ohne vorherige richterliche Entscheidung sind nur ausnahmsweise unter den Voraussetzungen des Art. 104 Abs. 2 Sätze 2 und 3 und Abs. 3 GG zulässig. In diesen Fällen ist die richterliche Entscheidung unverzüglich nachzuholen (Art. 104 Abs. 2 Satz 2 GG). Eine nachträgliche richterliche Entscheidung genügt nur, wenn andernfalls, d.h. bei einer vorherigen richterlichen Entscheidung, der mit der Freiheitsentziehung verfolgte Zweck nicht erreichbar wäre[985]. Art. 104 Abs. 1 GG bezieht darüber hinaus die Mündlichkeit der Anhörung des Festgenommenen in die Garantie mit ein, die Art. 103 Abs. 1 GG nicht notwendig verbürgt[986].

Besondere Bedeutung kommt bei dem Recht auf Freiheit der Person dem Grundsatz der Verhältnismäßigkeit zu[987]. In Zweifelsfällen muss der Grundsatz „in dubio pro libertate" angewendet werden[988]. Dies gilt insbesondere für die Unterbringung, die Sicherungsverwahrung und die Untersuchungshaft[989] sowie die lebenslange Freiheitsstrafe. Diese darf nur für schwerste Delikte gegen höchste Rechtsgüter verhängt werden und muss dem Verurteilten im Regelfall noch die Perspektive einer Rückkehr in die Freiheit bieten[990]. Angesichts der Unschuldsvermutung stellt die

---

983 *Jarass*, in: Jarass/Pieroth, GG, Art. 2 Rdnr. 119; *Murswiek*, in: Sachs, GG, Art. 2 Rdnr. 242; *Wiedemann*, in: Umbach/Clemens, GG, Art. 2 II Rdnr. 393; *Schulze-Fielitz*, in: Dreier, GG, Art. 2 Abs. 2 Rdnr. 106.

984 *Pieroth/Schlink*, Rdnr. 419; *Murswiek*, in: Sachs, GG, Art. 2 Rdnr. 228.

985 BVerfG, Beschluss vom 15.05.2002 - 2 BvR 2292/00 -, BVerfGE 105, 239 [248 f.].

986 BVerfG, Beschluss vom 07.10.1981 - 2 BvR 1194/80 -, BVerfGE 58, 208 [221].

987 *Starck*, in: von Mangoldt/Klein/Starck, GG, Art. 2 Rdnr. 201.

988 *Wiedemann*, in: Umbach/Clemens, GG, Art. 2 II Rdnr. 395; vgl. auch BVerfG, Beschluss vom 22.03.1983 - 1 BvR 154/82 -, BVerfGE 63, 340 [342].

989 *Degenhart*, in: Sachs, GG, Art. 104 Rdnr. 17.

990 *Schulze-Fielitz*, in: Dreier, GG, Art. 2 Abs. 2 Rdnr. 108.

Untersuchungshaft einen besonders gravierenden Eingriff dar, der die strikte Beachtung des Verhältnismäßigkeitsprinzips fordert[991]. In Fällen der Untersuchungshaft verlangt dieser Grundsatz zudem, dass das Verfahren von den zuständigen Strafverfolgungsorganen mit größtmöglicher Beschleunigung betrieben wird[992]. Der Freiheitsanspruch des noch nicht rechtskräftig Verurteilten ist den zur Durchsetzung des staatlichen Strafanspruchs erforderlichen Freiheitsbeschränkungen ständig als Korrektiv entgegenzuhalten[993].

bb) Art. 5 HV

Die körperliche Bewegungsfreiheit nach Art. 5 HV unterliegt Einschränkungen aufgrund der Art. 19 Abs. 1 und 2, Art. 21, 23 und 24 HV. Die Gesetzesvorbehalte stellen besondere Anforderungen für die Fälle auf, in denen der Gesetzgeber Einschränkungen der körperlichen Bewegungsfreiheit vornehmen darf, sind also qualifizierte Gesetzesvorbehalte. Wegen der Bedeutung der Freiheit der Person und der regelmäßigen Schwere der Eingriffe kommt dem Grundsatz der Verhältnismäßigkeit in allen diesen Fällen besondere Bedeutung zu[994].

Art. 19 Abs. 1 HV stellt insoweit eine verfassungsunmittelbare Einschränkung dar[995]. Danach kann eine Person, die einer strafbaren Handlung dringend verdächtig ist, aufgrund richterlicher Anordnung in Untersuchungshaft genommen werden. Art. 19 Abs. 2 HV enthält einzelne Vorgaben für die Behandlung festgenommener Personen. Art. 21 Abs. 1 Satz 1 HV erlaubt die Freiheitsentziehung oder -beschränkung bei verurteilten Straftätern aufgrund von Strafgesetzen und stellt damit einen Gesetzesvorbehalt für Strafgesetze dar.

Das Grundrecht der Freiheit der Person bestimmt nicht nur materiell die Zulässigkeit von Freiheitsstrafen und deren Vollstreckung, sondern setzt auch Maßstäbe für die Ausgestaltung des Strafverfahrensrechts einschließlich des Vollstreckungsverfahrens, die sowohl die Normsetzung als auch die Normanwendung steuern[996].

---

991 *Wiedemann*, in: Umbach/Clemens, GG, Art. 2 II Rdnr. 396.

992 Vgl. zum verfassungsrechtlichen Beschleunigungsgebot in Haftsachen BVerfG, Beschlüsse vom 06.02.1980 - 2 BvR 1070/89 -, BVerfGE 53, 152 [158 f.], und vom 12.12.1973 - 2 BvR 558/73 -, BVerfGE 36, 264 [269 ff.]; siehe auch *Wiedemann*, in: Umbach/Clemens, GG, Art. 2 II Rdnr. 397.

993 BVerfG, Beschluss vom 15.12.1965 - 1 BvR 513/65 -, BVerfGE 19, 342 [347].

994 *Hecker*, Rdnr. 211.

995 *Stein*, in: Zinn/Stein, Hessische Verfassung Art. 19 Erl. 1.

996 Vgl. StGH, Beschluss vom 15.05.2001 - P.St. 1650 e.A. -, StAnz. 2001, S. 2181.

Im Grundrecht der Freiheit der Person nach Art. 5 HV ist auch das in Haftsachen geltende verfassungsrechtliche Beschleunigungsgebot angelegt. Einer erforderlichen Freiheitsbeschränkung ist der Anspruch auf Achtung seiner Freiheit aus Art. 5 HV immer korrigierend gegenüber zu stellen. Diesem Anspruch wird gegenüber dem Strafverfolgungsinteresse mit zunehmender Dauer der Untersuchungshaft regelmäßig ein größeres Gewicht zu kommen. Untersuchungshaft darf hinsichtlich ihrer Dauer nicht außer Verhältnis zu der voraussichtlich zu erwartenden Strafe stehen. Auch unabhängig von der zu erwartenden Strafe setzt der Grundsatz der Verhältnismäßigkeit der Haftdauer Grenzen[997].

Art. 23 HV erlaubt gesetzliche Regelungen zur Einweisung von geistig oder körperlich Kranken in Anstalten. Die Einweisung ist aber nur dann zulässig, wenn der geistig oder körperlich Kranke durch seinen Zustand und sein Verhalten seine Mitmenschen erheblich gefährdet. Aus Gründen der Verhältnismäßigkeit ist zu fordern, dass die Gefahr nicht anders abgewendet werden kann. Eine erhebliche Gefährdung im Sinne von Art. 23 HV ist dann anzunehmen, wenn Leben oder Gesundheit eines Menschen betroffen sein können[998].

Art. 24 HV regelt die Zulässigkeit von Freiheitsbeschränkungen im Übrigen und lässt sie nur für die in ihr genannten Fälle, nicht aber allgemein zu. Insbesondere kommt in dieser Vorschrift der Grundsatz der Verhältnismäßigkeit zum Ausdruck, indem er formuliert: „nur insoweit zulässig, als sie nötig sind".

f) Ergebnis

Sowohl in Bezug auf die Grundrechtsträger, die Grundrechtsadressaten und den Schutzbereich stimmen die Regelungsgehalte von Art. 2 Abs. 2 Satz 2 GG und Art. 5 HV weitestgehend überein. Der Schutzbereich von Art. 5 HV ist allerdings insoweit weiter, als er - im Gegensatz zu Art. 2 Abs. 2 Satz 2 GG - auch vor lediglich mittelbaren Auswirkungen auf die körperliche Bewegungsfreiheit schützt.

Erhebliche Unterschiede in den Regelungsgehalten bestehen, stellt man die Beschränkungsmöglichkeiten gegenüber.

---

997 StGH, Beschluss vom 19.07.1999 - P.St. 1405 -, StAnz. 1999, S. 2573 [2575].

998 *Hinkel*, Erl. zu Art. 23; *Stein*, in: Zinn/Stein, Hessische Verfassung, Art. 23 Erl. 3.

Art. 2 Abs. 2 Satz 3 GG enthält einen allgemeinen Gesetzesvorbehalt, Art. 104 GG stellt für Freiheitsentziehungen und Freiheitsbeschränkungen besondere Anforderungen an das Verfahren auf.

Demgegenüber weist Art. 5 HV keinen allgemeinen Gesetzesvorbehalt auf; vielmehr stellt die Hessische Verfassung an anderen Stellen Regelungen für Eingriffe in die körperliche Bewegungsfreiheit auf und beschränkt sich dabei darauf, die materiellen Voraussetzungen zu regeln. Verfahrensrechtliche Anforderungen werden dabei in der Regel nicht normiert, sieht man davon ab, dass die Entscheidung über die Freiheitsbeschränkung und -entziehung einem Richter vorbehalten bleibt (Art. 19 Abs. 1 und 2, 21 Abs. 1, 23 HV)[999]. Aufgrund der abschließend aufgezählten Fälle von zulässigen Freiheitsentziehungen und -beschränkungen reicht der Schutz des Art. 5 HV weiter als derjenige des Grundgesetzes.

Auch soweit es um die Anforderungen an das Verfahren bei vorläufiger Festnahme sowie der Anordnung von Untersuchungshaft geht, unterscheiden sich die Regelungen im Einzelnen.

Auf den ersten Blick scheint die Regelung der Hessischen Verfassung für den Betroffenen günstiger zu sein. Art. 19 Abs. 2 HV schreibt vor, dass jeder Festgenommene binnen 24 Stunden seinem Richter vorzuführen ist. Demgegenüber legt Art. 104 Abs. 2 Satz 3, Abs. 3 GG fest, dass die Vorführung vor einen Richter spätestens am nächsten Tag erfolgen muss[1000]. Es darf bei diesem Vergleich aber nicht übersehen werden, dass Art. 104 Abs. 2 Satz 2 GG einengend die unverzügliche Vorführung als Regelfall vorsieht. „Unverzüglich" bedeutet, dass die richterliche Entscheidung ohne jede Verzögerung, die nicht sachlich gerechtfertigt ist, nachgeholt werden muss[1001]. Eine derartige Einschränkung enthält Art. 19 Abs. 2 Satz 1 HV nicht, bleibt also insofern hinter dem durch Art. 104 Abs. 2 Satz 2 GG gewährten verfahrensrechtlichen Schutz zurück.

Besteht nach der Hessischen Verfassung in jedem Fall eine Höchstdauer von 24 Stunden, nach dem Grundgesetz ungeachtet der Unverzüglichkeit (Art. 104

---

999 Vgl. *Stein*, in: Zinn/Stein, Hessische Verfassung, Art. 23 Erl. 1; *ders.*, in: Zinn/Stein; Hessische Verfassung, Art. 24 Erl. 1.

1000 Diese Frist kann je nach en Umständen auch mehr als 24 Stunden betragen, sie endet jedenfalls erst am Ende des auf die Festnahme folgenden Tages, vgl. *Jarass*, in: Jarass/Pieroth, GG, Art. 104 Rdnr. 23.

1001 BVerfG, Beschluss vom 15.05.2002 - 2 BvR 2292/00 -, BVerfGE 105, 239 [249].

Abs. 2 Satz 2 GG) unter Umständen aber eine längere Frist, stellt sich die Frage, welche Frist hessische Behörden bei einer Freiheitsentziehung aufgrund bundesrechtlicher Vorschriften zu beachten haben.

Der Landesbeamte sieht sich zwei für ihn verbindlichen Normbefehlen gegenüber: Das Grundgesetz schreibt ihm eine unverzügliche Vorführung vor, die Hessische Verfassung räumt ihm hierfür 24 Stunden ein. Ist eine unverzügliche Vorführung im Sinne von Art. 104 Abs. 2 Satz 2 GG nicht möglich, gestattet ihm das Grundgesetz eine Maximalfrist bis zum Ende des nächsten Tages, d.h. je nach Zeitpunkt der Festnahme bis zu 48 Stunden. An der Ausnutzung dieser Frist hindert ihn indes die Hessische Verfassung. Darin liegt jedoch kein sachlicher Widerspruch. Das Grundgesetz gibt dadurch, dass die Vorführung vor den Richter grundsätzlich unverzüglich zu erfolgen hat, deutlich zu erkennen, dass es sich bei den Fristenregelungen in Art. 104 Abs. 2 Satz 3 und Art. 104 Abs. 3 Satz 1 GG um Maximalfristen handelt, die allein im Interesse und zum Schutze des Betroffenen bestehen[1002]. Ein Recht der Staatsgewalt, diese Fristen bis zum letzten auszunutzen, ist damit auf keinen Fall normiert. Dies gilt umso mehr, als eine Freiheitsentziehung ohne vorherige richterliche Ausordnung nur den Ausnahmefall darstellt, Grundsatz also eine vorangehende richterliche Befassung ist[1003]. Eine kürzere Frist widerspricht nicht dem Schutzzweck des Art. 104 GG, sondern entspricht ihm gerade. Unvereinbare Normbefehle liegen demnach nicht vor[1004]. Entsprechendes gilt, richtet man den Blick auf § 128 StPO, der die verfassungsrechtlichen Vorgaben des Art. 104 GG lediglich einfachgesetzlich wiederholt[1005].

Die Bindung an die Fristvorgabe der Hessischen Verfassung wird allerdings nur in seltenen Fällen Bedeutung erlangen. Denn prinzipiell gilt aufgrund Bundesrechts die Unverzüglichkeit, die strenge Anforderungen insbesondere auch in organisatorischer Hinsicht aufstellt[1006]. Daher können sich Landesbeamte auch nicht darauf be-

[1002] BVerfG, Beschlüsse vom 15.05.2002- 2 BvR 2292/00 -, BVerfGE 105, 234 [LS 2], und vom 30.10.1990 - 2 BvR 562/77 -, BVerfGE 83, 24 [33].

[1003] *Degenhart*, in: Sachs, GG, Art. 104 Rdnr. 31; *Jarass*, in: Jarass/Pieroth, GG, Art. 104 Rdnr. 18.

[1004] *Von Coelln*, Anwendung von Bundesrecht, S. 233 f.

[1005] *Von Coelln*, Anwendung, von Bundesrecht, S. 259; *Jutzi*, in: KritV 1996, S. 138 [143].

[1006] Z.B. BVerfG, Beschluss vom 15.05.2002 - 2 BvR 2292/99 -, BVerfGE 105, 239 [249]: „Die fehlende Möglichkeit, einen Richter zu erreichen, kann angesichts der verfassungsrechtlichen Verpflichtung des Staates, der Bedeutung des Richtervorbehalts durch geeignete organisatorische Maßnahmen Rechnung zu tragen, nicht ohne weiteres als unvermeidbares Hindernis für die unverzügliche Nachholung der richterlichen Entscheidung gelten", und Leitsatz 2 der Entscheidung: „Aus Art. 104 Abs. 2 GG folgt die Verpflichtung des Staates, die Erreichbarkeit eirufen, nach der Hessischen Verfassung stünden ihnen 24 Stunden zur Verfügung. Eine Ausnutzung der Frist nach der Hessischen Verfassung geriete in Widerspruch zu der Anforderung des Art. 104 Abs. 2 Satz 3 GG, die Vorführung unverzüglich vorzunehmen[1007].

Die weiteren verfahrensrechtlichen Regelungen in Art. 19 Abs. 2 HV entfalten kaum Wirkungen. Dem Bundesgesetzgeber kommt nach Art. 74 Abs. 1 Nr. 1 GG die konkurrierende Gesetzgebungskompetenz im Bereich des Strafverfahrens zu. Davon hat er durch den Erlass der Strafprozessordnung umfassend und im Zweifel abschließend Gebrauch gemacht[1008]. Diese enthält umfangreiche Regelungen über das Verfahren bei Erlass und den Vollzug von Haftbefehlen. Abweichend von der Vorgabe in Art. 19 Abs. 2 HV, von Monat zu Monat neu zu überprüfen, ob die Voraussetzungen für die Festnahme vorliegen, sieht § 117 Abs. 1 Satz 1 StPO das Recht des Untersuchungsgefangenen vor, jederzeit eine gerichtliche Prüfung zu beantragen, ob der Haftbefehl aufzuheben oder dessen Vollzug auszusetzen ist. Von Amts wegen wird diese Prüfung gemäß § 117 Abs. 5 StPO erst nach einer Untersuchungshaft von drei Monaten vorgenommen, wenn der Beschuldigte bis dahin weder Haftprüfung beantragt noch Haftbeschwerde eingelegt hat. Nach einer Dauer der Untersuchungshaft von mehr als sechs Monaten findet eine besondere Haftprüfung durch das Oberlandesgericht nach Maßgabe der §§ 122, 121 StPO statt, soweit bis dahin keine Entscheidung im Strafverfahren ergangen ist. Die von Art. 19 Abs. 2 Satz 1 HV vorgeschriebene monatliche richterliche Prüfung wird von diesen Vorschriften zwar nicht außer Kraft gesetzt, bei ihrer Anwendung allerdings überlagert.

Die Befugnis des Landesgesetzgebers nach Art. 21 Abs. 1 Satz 1 HV, die Freiheit von verurteilten Straftäter zu beschränken, hat allerdings weiterhin Bedeutung. Der Landesgesetzgeber ist befugt, auf ihm vorbehaltenen Gebieten der Gesetzgebung Strafvorschriften zu erlassen, z.B. § 40 HDSG, § 182 HSchG. Aufgrund von Art. 3 EGStGB ist sein Recht, Strafen vorzusehen, allerdings nicht mehr unbeschränkt, sondern die Strafhöhe bundesrechtlich vorgegeben. In diesem, dem Landesgesetzgeber verbleibenden Rahmen sind allerdings Art. 5 und 21 Abs. 1 Satz 1 HV zu be-

---

nes zuständigen Richters – jedenfalls zur Tageszeit – zu gewährleisten und ihm auch insoweit eine sachangemessene Wahrnehmung seiner richterlichen Aufgaben zu ermöglichen".

1007 *Von Coelln*, Anwendung von Bundesrecht, S. 259 Fn. 1180.

1008 *Degenhart*, in: Sachs, GG, Art. 74 Rdnr. 20; *Maunz*, in: Maunz/Dürig/Herzog, GG, Art. 74 Rdnr. 79.

achten. Für Regelungen des Gewahrsams nach landespolizeirechtlichen Vorschriften (§ 35 Abs. 1 Nr. 2 HSOG) verbleibt es bei der Höchstdauer von 24 Stunden[1009].

Weitere Einschränkungsmöglichkeiten des Art. 5 HV bestehen nicht. Allgemeine Gesetzesvorbehalte, wie sie in Art. 2 Abs. 2 Satz 3 und Art. 104 Abs. 1 GG enthalten sind, kennt die Hessische Verfassung nicht. Außerhalb der aufgezählten Fälle darf in das Grundrecht der Freiheit der Person nach Art. 5 HV daher nur aufgrund verfassungsimmanenter Schranken eingegriffen werden. Insoweit ist das Grundrecht der Hessischen Verfassung weiter als das des Grundgesetzes. Das Grundrecht aus Art. 5 HV gilt daher fort und entfaltet im aufgezeigten Rahmen Wirkung.

7. Freizügigkeit (Art. 11 GG - Art. 6 HV)

Art. 11 GG: Alle Deutschen genießen Freizügigkeit im ganzen Bundesgebiet. Dieses Recht darf nur durch Gesetz oder aufgrund eines Gesetzes und nur für die Fälle eingeschränkt werden, in denen eine ausreichende Lebensgrundlage nicht vorhanden ist und der Allgemeinheit daraus besondere Lasten entstehen würden oder in denen es zur Abwehr einer drohenden Gefahr für den Bestand oder die freiheitliche demokratische Grundordnung des Bundes oder eines Landes, zur Bekämpfung von Seuchengefahr, Naturkatastrophen oder besonders schweren Unglücksfällen, zum Schutze der Jugend vor Verwahrlosung oder um strafbaren Handlungen vorzubeugen, erforderlich ist.

Art. 17 Abs. 2 GG: Gesetze, die der Verteidigung einschließlich des Schutzes der Zivilbevölkerung dienen, können bestimmen, dass die Grundrechte der Freizügigkeit (Artikel 11) und der Unverletzlichkeit der Wohnung (Artikel 13) eingeschränkt werden.

Art. 117 Abs. 2 GG: Gesetze, die das Recht der Freizügigkeit mit Rücksicht auf die gegenwärtige Raumnot einschränken, bleiben bis zu ihrer Aufhebung durch Bundesgesetz in Kraft.

Art. 6 HV: Jedermann ist frei, sich aufzuhalten und niederzulassen, wo er will.

Art. 125 Abs. 1 HV: Nur der Landtag kann feststellen, dass der verfassungsmäßige Zustand des Landes gefährdet ist. Dieser Beschluss bedarf der Zustimmung von mindestens zwei Dritteln der gesetzlichen Zahl seiner Mitglieder und ist von dem Präsidenten des Landtages zu veröffentlichen. Der Beschluss kann die Freizügigkeit, das Postgeheimnis, das Versammlungsrecht und das Recht der Pressefreiheit außer Kraft setzen.

[1009] Vgl. *Hecker*, Rdnr. 221.

Art. 125 Abs. 2 HV: Der Beschluss wird nach drei Monaten unwirksam, wenn in ihm nicht eine kürzere Frist bestimmt ist. Er kann unter den gleichen Bedingungen wiederholt werden.

Art. 146 Abs. 1 HV: Es ist Pflicht eines jeden, für den Bestand der Verfassung mit allen ihm zu Gebote stehenden Kräften einzutreten.

Art. 146 Abs. 2 HV: Das Gesetz bestimmt, welche Rechte aus dieser Verfassung durch Entscheidung des Staatsgerichtshofes aberkannt werden können, wenn jemand dieser Pflicht zuwiderhandelt oder einer politischen Gruppe angehört oder angehört hat, welche die Grundgedanken der Demokratie bekämpft.

Art. 157 Abs. 1 HV: Gesetze, die aus Anlass der gegenwärtigen Notlage ergangen sind oder noch ergehen werden, können unerlässliche Eingriffe in die folgenden Grundrechte zulassen:

a) in das Grundrecht der Freizügigkeit nach Art. 6,

b) in das Recht nach Artikel 8 im Rahmen einer Wohnungszwangswirtschaft,

c) in das Recht auf freien Gebrauch der Arbeitskraft nach dem Artikel 28 Abs. 2 in Verbindung mit Artikel 2 im Rahmen von Notdienstpflichtgesetzen,

d) in das Recht auf den Gebrauch des Eigentums im Rahmen von Gesetzen zur Milderung des Mangels an Gegenständen des täglichen Bedarfs.

Art. 157 Abs. 2 HV: Die im ersten Absatz zugelassenen Beschränkungen der Grundrechte fallen mit dem 31. Dezember 1950 weg. Mit mehr als der Hälfte der gesetzlichen Zahl seiner Mitglieder kann der Landtag diese Frist verlängern.

a) Grundrechtsträger

aa) Art. 11 GG

Träger des Grundrechts aus Art. 11 GG ist jeder Deutsche im Sinne von Art. 116 GG[1010]. Auf den Schutz von Art. 11 GG können sich auch juristische Personen des Privatrechts und Personenvereinigungen berufen[1011]. Ausländern kommt insoweit Schutz lediglich über Art. 2 Abs. 1 GG zu[1012].

1010 *Gusy*, in: von Mangoldt/Klein/Starck, GG, Art. 11 Rdnr. 43; *Randelzhofer*, in: Bonner Kommentar, Art. 11 Rdnr. 59; *Jarass*, in: Jarass/Pieroth, GG, Art. 11 Rdnr. 6.

1011 *Krüger/Pagenkopf*, in: Sachs, GG, Art. 11 Rdnr. 13; *Randelzhofer*, in: Bonner Kommentar, Art. 11 Rdnr. 64; *Kunig*, in: von Münch/Kunig, GG, Art. 11 Rdnr. 6; a.A. *Jarass*, in: Jarass/Pie-

bb) Art. 6 HV

Art. 6 HV statuiert ein Menschenrecht[1013], d.h. Träger des Grundrechts ist jedermann unabhängig von seiner Staatsangehörigkeit. Auch juristische Personen des Privatrechts können sich auf das Recht aus Art. 6 HV berufen[1014], wenn und soweit sie sich in einer grundrechtstypischen Gefährdungslage befinden.

b) Grundrechtsadressat

aa) Art. 11 GG

Verpflichtet aus Art. 11 GG ist der hoheitlich handelnde Staat in allen Erscheinungsformen und -funktionen[1015]. Unmittelbare Drittwirkung kommt dem Grundrecht nicht zu[1016].

bb) Art. 6 HV

Aufgrund der ausdrücklichen Anordnung in Art. 26 HV verpflichtet Art. 6 HV Legislative, Exekutive und Judikative. Eine unmittelbare Drittwirkung des Grundrechts im Verhältnis zu Privaten ist nicht zu erkennen.

c) Sachlicher Schutzbereich

aa) Art. 11 GG

Freizügigkeit im Sinne von Art. 11 GG bedeutet die Möglichkeit, an jedem Ort innerhalb des Bundesgebiets Aufenthalt und Wohnsitz zu nehmen[1017]. Bundesgebiet

---

roth, GG, Art. 11 Rdnr. 6; *Pernice*, in. Dreier, GG, Art. 11 Rdnr. 18; *Hofmann*, in: Umbach/Clemens, GG, Art. 11 Rdnr. 19.

1012 *Kunig*, in: von Münch/Kunig, GG, Art. 11 Rdnr. 8; *Krüger/Pagenkopf*, in: Sachs, GG, Art. 11 Rdnr. 11; *Gusy*, in: von Mangoldt/Klein/Starck, GG, Art. 11 Rdnr. 45.

1013 *Hinkel*, Erl. zu Art. 6; *Stein*, in: Zinn/Stein, Hessische Verfassung, Art. 6 Erl. 1.

1014 *Stein*, in: Zinn/Stein, Hessische Verfassung, Art. 6 Erl. 2.

1015 *Dürig*, in: Maunz/Dürig/Herzog, GG, Art. 11 Rdnr. 43; *Randelzhofer*, in: Bonner Kommentar, GG, Art. 11 Rdnr. 67.

1016 *Pernice*, in: Dreier, GG, Art. 11 Rdnr. 23; *Hofmann*, in: Umbach/Clemens, GG, Art. 11 Rdnr. 15; *Randelzhofer*, in: Bonner Kommentar, Art. 11 Rdnr. 69.

1017 BVerfG, Beschlüsse vom 06.06.1989 - 1 BvR 921/85 -, BVerfGE 80, 37 [50], vom 25.01.1977 - 1 BvR 210, 221, 222, 248, 301/74 -, BVerfGE 43, 203 [221], und vom 07.05.1953 - 1 BvL 104/52 -, BVerfGE 2, 265 [273]; *Jarass*, in: Jarass/Pieroth, GG, Art. 11 Rdnr. 2; *Krüger/ Pagenkopf*, in: Sachs, GG, Art. 11 Rdnr. 14; *Gusy*, in: von Mangoldt/Klein/Starck, GG, Art. 11 Rdnr. 24.

meint hier den Geltungsbereich des Grundgesetzes[1018]. Art. 11 GG umfasst die Freiheit des Wegzugs, des Zuzugs und des Vorgangs der Ortsveränderung[1019].

Unter Aufenthalt ist ein vorübergehendes Verweilen an einem bestimmten Ort zu verstehen[1020]. Niederlassen ist ein dauerndes Verweilen[1021]. Allerdings kann nicht jede Fortbewegung als Ausdruck von Freizügigkeit im Sinne von Art. 11 GG qualifiziert werden, da ansonsten Abgrenzungsschwierigkeiten zu dem Grundrecht auf Freiheit der Person im Sinne körperlicher Bewegungsfreiheit nach Art. 2 Abs. 2 Satz 2 GG entstünden. Maßgeblich ist hier nur eine Fortbewegung, die sich als Ortswechsel qualifizieren lässt[1022]. Für die Frage, wann ein Verweilen im Sinne von Art. 11 GG vorliegt, sind deshalb Dauer und Bedeutung der Fortbewegung zu berücksichtigen[1023].

Wohnsitz ist die ständige Niederlassung an einem Ort mit dem Willen, nicht nur vorübergehend zu bleiben, sondern den Ort zum Mittelpunkt des Lebens zu machen[1024]. Geschützt sind Begründung, Aufhebung und Verlagerung des Wohnsitzes[1025]. Geschützt ist ferner die Mitnahme der persönlichen Habe[1026]. Art. 11 Abs. 1 GG gewährleistet auch den Schutz der negativen Freizügigkeit, d.h. das Recht, einen Ortswechsel nicht vorzunehmen[1027].

1018 *Gusy*, in: von Mangoldt/Klein/Starck, GG, Art. 11 Rdnr. 36; *Kunig*, in: von Münch/Kunig, GG, Art. 11 Rdnr. 11.

1019 *Gusy*, in: von Mangoldt/Klein/Starck, GG, Art. 11 Rdnr. 24.

1020 *Gusy*, in: von Mangoldt/Klein/Starck, GG, Art. 11 Rdnr. 28; *Dürig*, in: Maunz/Dürig/Herzog, GG, Art. 11 Rdnr. 29.

1021 *Dürig*, in: Maunz/Dürig/Herzog, GG, Art. 11 Rdnr. 29.

1022 *Kunig*, in: von Münch/Kunig, GG, Art. 11 Rdnr. 13; *Dürig*, in: Maunz/Dürig/Herzog, GG, Art. 11 Rdnr. 42.

1023 *Hofmann*, in: Umbach/Clemens, GG, Art. 11 Rdnr. 22; vgl. auch *Pieroth/Schlink*, Rdnr. 791; *Jarass*, in: Jarass/Pieroth, GG, Art. 11 Rdnr. 2; *Kunig*, in: von Münch/Kunig, GG, Art. 11 Rdnr. 11; *Krüger/Pagenkopf*, in: Sachs, GG, Art. 11 Rdnr. 16; a.A. *Randelzhofer*, in: Bonner Kommentar, Art. 11 Rdnr. 26.

1024 *Krüger/Pagenkopf*, in: Sachs, GG, Art. 11 Rdnr. 15.

1025 *Pieroth/Schlink*, Rdnr. 790; *Hofmann*, in: Umbach/Clemens, GG, Art. 11 Rdnr. 21; *Gusy*, in: von Mangoldt/Klein/Starck, GG, Art. 11 Rdnr. 28.

1026 *Jarass*, in: Jarass/Pieroth, GG, Art. 11 Rdnr. 5; *Pieroth/Schlink*, Rdnr. 799; *Krüger/Pagenkopf*, in: Sachs, GG, Art. 11 Rdnr. 19: *Pernice*, in: Dreier, GG, Art. 11 Rdnr. 16; *Hofmann*, in: Umbach/Clemens, GG, Art. 11 Rdnr. 28; *Gusy*, in: von Mangoldt/Klein/Starck, GG, Art. 11 Rdnr. 31; *Randelzhofer*, in: Bonner Kommentar, Art. 11 Rdnr. 46.

1027 *Kunig*, in: von Münch/Kunig, GG, Art. 11 Rdnr. 18; *Pernice*, in: Dreier, GG, Art. 11 Rdnrn. 12, 17; *Hofmann*, in: Umbach/Clemens, GG, Art. 11 Rdnr. 29; *Gusy*, in: von Mangoldt/Klein/Starck, GG, Art. 11 Rdnr. 32; *Randelzhofer*, in: Bonner Kommentar, Art. 11 Rdnr. 55.

Das Grundrecht auf Freizügigkeit umfasst auch das Recht auf Einreise nach Deutschland zum Zwecke der Wohnsitznahme[1028]. Die Ausreisefreiheit ist dagegen von Art. 11 Abs. 1 GG nicht erfasst, sondern fällt in den Schutzbereich von Art. 2 Abs. 1 GG[1029].

bb) Art. 6 HV

Art. 6 HV schützt eine elementare Voraussetzung der persönlichen Lebensgestaltung[1030]. Danach ist unter Freizügigkeit im Sinne des Art. 6 HV das Recht zu verstehen, unbehindert durch die Staatsgewalt an jedem Ort des Landes Aufenthalt und Wohnsitz zu nehmen, sich hierzu im Land frei zu bewegen und aus dem Land vorübergehend auszureisen und einzureisen, d.h. „Freizügigkeit im Land und ins Land[1031]". Der Begriff des Aufenthalts erfasst das vorübergehende Verweilen an einem bestimmten Ort, derjenige des Niederlassens ist das dauernde Verweilen. Wohnsitz ist ein dauerndes Niederlassen mit dem Willen, dort den Lebensmittelpunkt zu begründen.

d) Eingriffe, Beeinträchtigungen

aa) Art. 11 GG

Art. 11 Abs. 1 GG ist beeinträchtigt bei Behinderungen des freien Ziehens[1032]. Erfasst sind unmittelbare Eingriffe[1033] ebenso wie mittelbare und faktische Einwirkungen, die nach Zielsetzung und Wirkung einem Eingriff gleichkommen, d.h. eine

---

1028 BVerfG, Beschlüsse vom 07.05.1953 - 1 BvL 104/52 -, BVerfGE 2, 265 [273], und vom 25.01.1977 - 1 BvR 210, 221, 222, 248, 301/74 -, BVerfGE 43, 203 [211], Urteil vom 17.03.2004 - 1 BvR 1266/00 -, BVerfGE 110, 177 [199]; *Dürig*, in: Maunz/Dürig/Herzog, GG, Art. 11 Rdnr. 92; *Krüger/Pagenkopf*, in: Sachs, GG, Art. 11 Rdnr. 18; kritisch insoweit *Gusy*, in: von Mangoldt/Klein/Starck, GG, Art. 11 Rdnr. 38.

1029 BVerfG, Urteil vom 16.01.1957 - 1 BvR 253/56 -, BVerfGE 6, 32 [LS 1 und 34 ff.], und Beschluss vom 14.05.1986 - 2 BvL 2/83 -, BVerfGE 72, 200 [245]; *Randelzhofer*, in: Bonner Kommentar, Art. 11 Rdnr. 79; *Pieroth/Schlink*, Rdnr. 798; *Jarass*, in: Jarass/Pieroth, GG, Art. 11 Rdnr. 3; a.A. *Gusy*, in: von Mangoldt/Klein/Starck, GG, Art. 11 Rdnr. 41; kritisch hierzu auch *Dürig*, in: Maunz/Dürig/Herzog, GG, Art. 11 Rdnrn. 104 - 106; *Krüger/Pagenkopf*, in: Sachs, GG, Art. 11 Rdnr. 29; *Pernice*, in: Dreier, GG, Art. 11 Rdnr. 15.

1030 *Hinkel*, Erl. zu Art. 6.

1031 *Stein*, in: Zinn/Stein, Hessische Verfassung, Art. 6 Erl. 3.

1032 *Pieroth/Schlink*, Rdnr. 801.

1033 *Krüger/Pagenkopf*, in: Sachs, GG, Art. 11 Rdnr. 20.

nachhaltige Beeinträchtigung der selbstbestimmten Entscheidung des Betroffenen zur Folge haben[1034].

bb) Art. 6 HV

Art. 6 HV verbietet jede Behinderung oder Beeinträchtigung des Rechts, über den eigenen Aufenthalt und Wohnsitz frei zu bestimmen. Ausgeschlossen ist danach insbesondere jede Form der Zwangsaussiedlung und der Zwangsansiedlung[1035].

e) Verfassungsrechtliche Rechtfertigung von Eingriffen

aa) Art. 11 GG

Art. 11 Abs. 2 GG stellt einen qualifizierten Gesetzesvorbehalt auf. Erforderlich ist ein förmliches Gesetz[1036], das den Eingriff selbst enthält oder zu seiner Vornahme ermächtigt[1037]. Das einschränkende Gesetz darf nur die in Absatz 2 genannten Ziele und Zwecke verfolgen. Die Aufzählung der Zwecke ist abschließend[1038].

Einen weiteren qualifizierten Gesetzesvorbehalt enthält Art. 17a Abs. 2 GG. Der Schutz der Zivilbevölkerung bezieht sich dabei auf solche Maßnahmen, die im Falle eines militärischen Angriffs im Interesse der Zivilbevölkerung erfolgen[1039].

Der Vorbehalt des Art. 117 Abs. 2 GG ist bedeutungslos, da die gegen Art. 11 GG verstoßenden vorkonstitutionellen Gesetze aufgehoben worden sind. Zudem bezog sich die Vorschrift nur auf die zur Zeit des Erlasses des Grundgesetzes bestehende („gegenwärtige") Raumnot[1040].

bb) Art. 6 HV

Art. 6 HV enthält keinen Gesetzesvorbehalt. Einschränkungen des Rechts auf Freizügigkeit sieht Art. 125 Abs. 1 HV bei einer Gefährdung des verfassungsmäßigen Zustandes vor.

1034 BVerfG, Urteil vom 17.03.2004 - 1 BvR 1266/00 -, BVerfGE 110, 177 [191]; *Kunig*, in: von Münch/Kunig, GG, Art. 11 Rdnr. 19; *Jarass*, in: Jarass/Pieroth, GG, Art. 11 Rdnr. 8; *Pernice*, in: Dreier, GG, Art. 11 Rdnr. 22.
1035 *Hinkel*, Erl. zu Art. 6.
1036 *Kunig*, in: von Münch/Kunig, GG, Art. 11 Rdnr. 21.
1037 *Gusy*, in: von Mangoldt/Klein/Starck, GG, Art. 11 Rdnr. 52.
1038 *Pernice*, in: Dreier, GG, Art. 11 Rdnr. 25.
1039 *Krüger/Pagenkopf*, in: Sachs, GG, Art. 11 Rdnr. 28.
1040 *Jarass*, in: Jarass/Pieroth, GG, Art. 11 Rdnr. 14; *Randelzhofer*, in: Bonner Kommentar, Art. 11 Rdnr. 170.

Die in Art. 157 Abs. 1a HV normierte Einschränkungsmöglichkeit war lediglich bis zum 31. Dezember 1950 gültig. Eine nach Art. 157 Abs. 2 HV zulässige Verlängerung hat der Hessische Landtag zu keinem Zeitpunkt beschlossen. Die Möglichkeit, das Recht auf Freizügigkeit nach Art. 157 HV einzuschränken, ist daher aufgrund des Zeitablaufs gegenstandslos geworden[1041].

Art. 146 Abs. 2 HV i.V.m. § 38 Abs. 1 Nr. 1 StGHG erlaubt die Aberkennung oder Einschränkung des Rechts auf Freizügigkeit durch Entscheidung des Staatsgerichtshofs. Auf diese Vorschrift wird später im Einzelnen im Zusammenhang mit der Verwirkung von Grundrechten nach Art. 17 HV zurückzukommen sein[1042].

f) Ergebnis

Art. 6 HV gewährt insoweit ein weitergehendes Recht, als er nicht ein nur deutschen Staatsangehörigen vorbehaltenes Recht gewährleistet, sondern ein Menschenrecht statuiert. Der sachliche Schutzbereich der beiden Grundrechte stimmt dagegen überein.

Auch wenn sich der Schutz des Art. 6 HV auf Ausländer erstreckt, kommt ihm kaum Wirkkraft zu. Nach Art. 74 Abs. 1 Nr. 4 GG besitzt nämlich der Bund die Gesetzgebungskompetenz zur Regelung des Aufenthalts- und Niederlassungsrechts der Ausländer im Bundesgebiet. Von dieser Gesetzgebungskompetenz hat der Bund durch den Erlass des Gesetzes über den Aufenthalt, die Erwerbstätigkeit und die Integration von Ausländern im Bundesgebiet vom 30. Juli 2004 erschöpfend Gebrauch gemacht. Auch das Asylverfahrensgesetz enthält in §§ 56 ff. Regelungen über den Aufenthalt von Ausländern im Bundesgebiet. Insoweit kann allenfalls im Rahmen der aufgrund dieser bundesrechtlichen Normen über Aufenthaltsbeschränkungen (z.B. §§ 61, 12 Abs. 2, 4 und 5 AufenthG) zu treffenden Ermessensentscheidungen die Wertung des Art. 6 HV berücksichtigt werden. Dessen Geltungsbereich beschränkt sich indes allein auf das Land Hessen, kann also insbesondere bei der Entscheidung über eine Umverteilung in ein anderes Bundesland (vgl. § 51 AsylVfG) keine Geltung beanspruchen.

[1041] *Hinkel*, Erl. zu Art. 6 HV; *Stein*, in: Zinn/Stein, Hessische Verfassung, Art. 6 Erl. 1.

[1042] Siehe unten D. II. 11. e) bb) (c) und f).

Weiterreichend als Art. 11 GG ist der Schutz der Freizügigkeit nach Art. 6 HV aber auch deswegen, weil seine Beschränkungsmöglichkeiten gegenüber denjenigen des Bundesgrundrechts weniger weitgehend sind.

Beschränkungsmöglichkeiten sieht die Hessische Verfassung nur in zwei Fällen vor, von denen der eine bereits aufgrund des Zeitablaufs gegenstandslos geworden ist (Art. 157 HV). Eine Einschränkung aufgrund von Art. 125 Abs. 1 HV wird, da sie sich nur auf das Landesgrundrecht, nicht aber auf das Bundesgrundrecht beziehen kann und dem Bund bezüglich der in Art. 125 Abs. 1 HV genannten Rechte überwiegend die Gesetzgebungskompetenz (vgl. Art. 73 Abs. 1 Nrn. 3, 7, 74 Abs. 1 Nr. 3 GG) zukommt, kaum Wirkung haben können[1043]. Demgegenüber erlaubt das Grundgesetz eine Einschränkung des Rechts auf Freizügigkeit nicht erst bei einer Gefährdung des verfassungsmäßigen Zustandes, sondern schon in Fällen, in denen eine ausreichende Lebensgrundlage nicht vorhanden ist und der Allgemeinheit daraus besondere Lasten entstehen würden oder in denen es zur Abwehr einer drohenden Gefahr für den Bestand oder die freiheitliche demokratische Grundordnung des Bundes oder eines Landes, zur Bekämpfung von Seuchengefahr, Naturkatastrophen oder besonders schweren Unglücksfällen, zum Schutze der Jugend vor Verwahrlosung oder um strafbaren Handlungen vorzubeugen, erforderlich ist. Bedeutung kommt dem insoweit vorbehaltlos gewährleisteten Landesgrundrecht daher allenfalls bei dem Erlass von Landesgesetzen zu. An seinem Fortbestehen bestehen nach alledem jedoch keine Bedenken.

8. Auslieferung, Asyl (Art. 16 Abs. 2, Art. 16a GG - Art. 7 HV)

Art. 16 Abs. 2 GG: Kein Deutscher darf an das Ausland ausgeliefert werden. Durch Gesetz kann eine abweichende Regelung für Auslieferungen an einen Mitgliedstaat der Europäischen Union oder an einen internationalen Gerichtshof getroffen werden, soweit rechtsstaatliche Grundsätze gewahrt sind.

Art. 16a Abs. 1 GG: Politisch Verfolgte genießen Asylrecht.

Art. 16a Abs. 2 GG: Auf Absatz 1 kann sich nicht berufen, wer aus einem Mitgliedstaat der Europäischen Union oder aus einem anderen Drittstaat einreist, in dem die Anwendung des Abkommens über die Rechtsstellung der Flüchtlinge und der Konvention zum

---

[1043] *Stein*, in: Zinn/Stein, Hessische Verfassung, Art. 125 Erl. 6; *Hinkel*, Erl. zu Art. 125.

Schutze der Menschenrechte und Grundfreiheiten sichergestellt ist. Die Staaten außerhalb der Europäischen Gemeinschaften, auf die die Voraussetzungen des Satzes 1 zutreffen, werden durch Gesetz, das der Zustimmung des Bundesrates bedarf, bestimmt. In den Fällen des Satzes 1 können aufenthaltsbeendende Maßnahmen unabhängig von einem hiergegen eingelegten Rechtsbehelf vollzogen werden.

Art. 16a Abs. 3 GG: Durch Gesetz, das der Zustimmung des Bundesrates bedarf, können Staaten bestimmt werden, bei denen auf Grund der Rechtslage, der Rechtsanwendung und der allgemeinen politischen Verhältnisse gewährleistet erscheint, dass dort weder politische Verfolgung noch unmenschliche oder erniedrigende Bestrafung oder Behandlung stattfindet. Es wird vermutet, dass ein Ausländer aus einem solchen Staat nicht verfolgt wird, solange er nicht Tatsachen vorträgt, die die Annahme begründen, dass er entgegen dieser Vermutung politisch verfolgt wird.

Art. 16a Abs. 4 GG: Die Vollziehung aufenthaltsbeendender Maßnahmen wird in den Fällen des Absatzes 3 und in anderen Fällen, die offensichtlich unbegründet sind oder als offensichtlich unbegründet gelten, durch das Gericht nur ausgesetzt, wenn ernstliche Zweifel an der Rechtmäßigkeit der Maßnahme bestehen; der Prüfungsumfang kann eingeschränkt werden und verspätetes Vorbringen unberücksichtigt bleiben. Das Nähere ist durch Gesetz zu bestimmen.

Art. 16a Abs. 5 GG: Die Absätze 1 bis 4 stehen völkerrechtlichen Verträgen von Mitgliedstaaten der Europäischen Gemeinschaften untereinander und mit dritten Staaten nicht entgegen, die unter Beachtung der Verpflichtungen aus dem Abkommen über die Rechtsstellung der Flüchtlinge und der Konvention zum Schutze der Menschenrechte und Grundfreiheiten, deren Anwendung in den Vertragsstaaten sichergestellt sein muss, Zuständigkeitsregelungen für die Prüfung von Asylbegehren einschließlich der gegenseitigen Anerkennung von Asylentscheidungen treffen.

Art. 18 GG: Wer die Freiheit der Meinungsäußerung, insbesondere die Pressefreiheit (Artikel 5 Absatz 1), die Lehrfreiheit (Artikel 5 Absatz 3), die Versammlungsfreiheit (Artikel 8), die Vereinigungsfreiheit (Artikel 9), das Brief-, Post- und Fernmeldegeheimnis (Artikel 10), das Eigentum (Artikel 14) oder das Asylrecht (Artikel 16a) zum Kampfe gegen die freiheitliche demokratische Grundordnung missbraucht, verwirkt diese Grundrechte. Die Verwirkung und ihr Ausmaß werden durch das Bundesverfassungsgericht ausgesprochen.

Art. 7 HV: Kein Deutscher darf einer fremden Macht ausgeliefert werden. Fremde genießen den Schutz vor Auslieferung und Ausweisung, wenn sie unter Verletzung der in dieser Verfassung niedergelegten Grundrechte im Ausland verfolgt werden und nach Hessen geflohen sind.

a) Grundrechtsträger

aa) Art. 16 Abs. 2, Art. 16a GG

Träger des Grundrechts aus Art. 16 Abs. 2 GG ist jeder Deutsche im Sinne von Art. 116 Abs. 1 GG[1044]. Nichtdeutsche können sich nur auf andere Grundrechte, insbesondere auf Art. 16a GG berufen[1045].

Auf das Grundrecht auf Asyl nach Art. 16a Abs. 1 GG können sich nur natürliche Personen berufen. Wegen seines personalen Bezuges scheidet eine Anwendung des Art. 16a Abs. 1 GG auf juristische Personen und Personenvereinigungen aus[1046]. Eine Berufung auf das Asylgrundrecht scheidet auch dann aus, wenn der betreffende Ausländer aus einem sicheren Drittstaat im Sinne von Art. 16a Abs. 2 GG in die Bundesrepublik Deutschland eingereist ist. Art. 16a Abs. 2 GG enthält nicht lediglich eine Schranke, sondern eine unmittelbare Einschränkung des persönlichen Geltungsbereichs des Art. 16a Abs. 1 GG[1047].

bb) Art. 7 HV

Aus Art. 7 Satz 1 HV wird jeder Deutsche im Sinne von Art. 116 GG berechtigt[1048]. Unter „Fremden" im Sinne von Art. 7 Satz 2 HV sind alle diejenigen Menschen zu verstehen, die nicht die deutsche Staatsangehörige besitzen, also Ausländer und Staatenlose. Wegen des personalen Bezugs beider Grundrechte aus Art. 7 HV können sich juristische Personen des Privatrechts nicht auf ihren Schutz berufen.

1044 *Kämmerer*, in: Bonner Kommentar, Art. 16 Rdnr. 78.

1045 *Jarass*, in: Jarass/Pieroth, GG, Art. 16 Rdnr. 15; *Kokott*, in: Sachs, GG, Art. 16 Rdnr. 27; *Masing*, in: Dreier, GG, Art. 16 Rdnrn. 86, 88.

1046 *Becker*, in: von Mangoldt/Klein/Starck, GG, Art. 16a Rdnr. 107; *Pieroth*, in: Jarass/Pieroth, GG, Art. 16a Rdnr. 19.

1047 BVerfG, Urteil vom 14.05.1996 - 2 BvR 1938, 2315/93 -, BVerfGE 94, 49 [95]; *Masing*, in: Dreier, GG, Art. 16a Rdnr. 71; *Pieroth*, in: Jarass/Pieroth, GG, Art. 16a Rdnr. 19; *Bonk/Pagenkopf*, in: Sachs, GG, Art. 16a Rdnrn. 56, 69; *Schnapp*, in: von Münch/Kunig, GG, Art. 16a Rdnr. 12.

1048 *Stein*, in: Zinn/Stein, Hessische Verfassung, Art. 7 Erl. 2.

b) Grundrechtsadressat

aa) Art. 16 Abs. 2, Art. 16a GG

Art. 16 Abs. 2 GG richtet sich ebenso wie Art. 16a GG an alle staatliche Gewalt. Dies folgt bereits aus der Anordnung in Art. 1 Abs. 3 GG.

bb) Art. 7 HV

Aufgrund der ausdrücklichen Anordnung in Art. 26 HV sind Gesetzgeber, vollziehende Gewalt und Rechtsprechung an die Vorgaben des Art. 7 HV gebunden.

c) Sachlicher Schutzbereich

aa) Auslieferung

(a) Art. 16 Abs. 2 GG

Jeder Staatsbürger hat das Recht, sich in einem Heimatland aufhalten zu dürfen. Zugleich ist jeder Staat verpflichtet, seine im Staatsgebiet lebenden Bürger in jeder Weise zu schützen. Auf diesen Grundgedanken beruht das Verbot der Auslieferung. Aus der staatlichen Schutzpflicht folgt, dass der Staat seine Bürger davor bewahrt, zwangsweise in fremde Hoheitsgewalt verbracht und dort vor Gericht gestellt zu werden[1049]. Eine Auslieferung ist also dadurch gekennzeichnet, dass eine Person zwangsweise aus dem Bereich der inländischen Hoheitsgewalt entfernt und einer ausländischen Hoheitsgewalt überstellt wird, damit ein dort betriebenes Strafverfahren abgeschlossen oder eine dort verhängte Strafe vollstreckt werden kann[1050]. Erfasst von Art. 16 Abs. 2 GG wird auch die so genannte Durchlieferung. Dabei handelt es sich um die Beförderung einer Person durch die Bundesrepublik Deutschland im Zuge ihrer Auslieferung von einem ausländischen Staat an einen anderen[1051]. Art. 16 Abs. 2 GG schützt dagegen nicht vor der so genannten Rücklieferung. In diesen Fällen untersteht der deutsche Staatsangehörige bereits einer frem-

---

1049 BVerfG, Beschluss vom 13.10.1970 - 1 BvR 226/70 -, BVerfGE 29, 183 [192 f.].

1050 BVerfG, Urteil vom 18.07.2005 - 2 BvR 2236/04 -, BVerfGE 113, 273, und Beschluss vom 13.10.1970 - 1 BvR 226/70 -, BVerfGE 29, 183 [192 f.]; *Jarass*, in: Jarass/Pieroth, GG, Art. 16 Rdnr. 16 [auf den Zweck kommt es nicht an]; *Masing*, in: Dreier, GG, Art. 16 Rdnr. 89; *Kokott*, in: Sachs, GG, Art. 16 Rdnr. 29; *Kämmerer*, in: Bonner Kommentar, Art. 16 Rdnr. 79 [Strafverfolgung].

1051 BVerfG, Beschluss vom 20.10.1959 - 1 BvR 125/59 -, BVerfGE 10, 136 [139 f.]; *Masing*, in: Dreier, GG, Art. 16 Rdnr. 90; *Kokott*, in: Sachs, GG, Art. 16 Rdnr. 36; *Jarass*, in: Jarass/Pieroth, GG, Art. 16 Rdnr. 16; *Kämmerer*, in: Bonner Kommentar, Art. 16 Rdnr. 86.

den Hoheitsgewalt und wird lediglich vorläufig, d.h. unter der Bedingung der Rücklieferung nach Deutschland zur Verfahrensdurchführung überstellt[1052].

(b) Art. 7 Satz 1 HV

Art. 7 Satz 1 HV verbietet die Auslieferung eines Deutschen an eine fremde Macht. Eine Auslieferung im Sinne von Art. 7 Satz 1 HV liegt vor, wenn die hessische Hoheitsgewalt einen deutschen Staatsbürger dem Zugriff und der Hoheitsgewalt einer fremden Macht aussetzt. Dies muss nicht notwendig mit einer Entfernung aus Hessen und einer Verbringung in einen anderen Staat verbunden sein. Wie aus der Formulierung „fremde Macht“ deutlich wird, ist unter dem Begriff der Auslieferung im Sinne des Art. 7 Satz 1 HV auch die Ermöglichung des Zugriffs und die Unterstellung unter eine fremde Hoheitsgewalt innerhalb von Hessen zu verstehen. Dies erklärt sich insbesondere aus der Entstehungsgeschichte der Vorschrift. Die Hessische Verfassung ist zu einer Zeit entstanden, als Deutschland noch der Besatzung unterlag und die Besatzungsmächte ihre Hoheitsgewalt unmittelbar in Deutschland ausüben konnten. Um auch diesen Umstand zu erfassen, sahen sich die Verfassunggeber bewogen, den Begriff der fremden Macht zu wählen[1053].

bb) Asylrecht

(a) Art. 16a GG

Nach Art. 16a Abs. 1 GG genießen politisch Verfolgte Asylrecht. Eine Verfolgung ist dann eine politische[1054], wenn sie dem Einzelnen in Anknüpfung an asylerhebliche Merkmale[1055] gezielt Rechtsverletzungen zufügt, die ihn ihrer Intensität nach aus

---

1052 BVerfG, Beschluss vom 13.10.1970 - 1 BvR 226/70 -, BVerfGE 29, 183 [192 f.]; *Kokott*, in: Sachs, Art. 16 Rdnrn. 32, 34; *Jarass*, in: Jarass/Pieroth, GG, Art. 16 Rdnr. 16; a.A. *Masing*, in: Dreier, GG, Art. 16 Rdnr. 91; *Kämmerer*, in: Bonner Kommentar, Art. 16 Rdnr. 87.

1053 *Stein*, in: Zinn/Stein, Hessische Verfassung, Art. 7 Erl. 2.

1054 Aus diesem Grunde scheiden Maßnahmen, die dem Schutz von Rechtsgütern der Bürger dienen, als politische Verfolgung grundsätzlich aus, es sei denn, die Ahndung von Straftaten knüpft in ihrer konkreten Durchführung verschärfend an asylerhebliche Merkmale an [sog. Polit-Malus]; vgl. *Masing*, in: Dreier, GG, Art. 16a Rdnr. 42; *Becker*, in: von Mangoldt/Klein/Starck, GG, Art. 16a Rdnr. 49. Gleiches gilt grundsätzlich für Maßnahmen der Terrorismusabwehr, es sei denn, der Staat bedient sich Folter oder Gegenterrors, vgl. BVerfG, Beschluss vom 10.07.1989 - 2 BvR 502, 1000, 961/86 -, BVerfGE 80, 315 [339 f.].

1055 Die fachgerichtliche Rechtsprechung charakterisiert den Begriff der Verfolgung in Anlehnung an den Flüchtlingsbegriff des Art. 1 Abschn. A Nr. 2 der Genfer Flüchtlingskonvention dann als politisch, wenn sie auf die Rasse, Religion, Nationalität, Zugehörigkeit zu einer bestimmten sozialen Gruppen oder die politische Überzeugung des Betroffenen zielt, vgl. etwa BVerwG, Urteile vom 17.05.1983 - BVerwG 9 C 874.82 -, BVerwGE 67, 195, und vom 26.06.1984 - BVerwG 9 C 185.83 -, BVerwGE 69, 320; siehe auch BVerfG, Beschluss vom 01.07.1987 - 2 BvR 478, 962/86 -, BVerfGE 76, 143 [157]; diese Aufzählung von Merkmalen ist allerdings

der übergreifenden Friedensordnung der staatlichen Einheit ausgrenzen. An einer gezielten Rechtsverletzung fehlt es bei Nachteilen, die jemand aufgrund der allgemeinen Zustände in seinem Heimatstaat zu erleiden hat, wie Hunger, Naturkatastrophen, aber auch bei den allgemeinen Auswirkungen von Unruhen, Revolutionen und Kriegen. Erforderlich ist, dass die Maßnahmen den von ihr Betroffenen gerade in Anknüpfung an asylerhebliche Merkmale treffen soll. Ob dies der Fall ist, ist nach der erkennbaren Gerichtetheit der Maßnahme selbst zu beurteilen, d.h. nicht nach den subjektiven Gründen oder Motiven, die den Verfolgenden dabei leiten[1056]. Schließlich muss die in diesem Sinne gezielt zugefügte Rechtsverletzung von einer Intensität sein, die sich nicht nur als Beeinträchtigung, sondern als - ausgrenzende - Verfolgung darstellt[1057]. Werden nicht Leib, Leben oder physische Freiheit beeinträchtigt, sondern beispielsweise die Religionsausübung oder die berufliche und wirtschaftliche Betätigung, sind nur solche Beeinträchtigungen asylrelevant, die nach Intensität und Schwere die Menschenwürde verletzen und über das hinausgehen, was die Bewohner des Heimatstaates aufgrund des dort herrschenden Systems allgemein hinzunehmen haben[1058].

Ist politische Verfolgung grundsätzlich staatliche Verfolgung, so kann eine solche auch vorliegen bei staatsähnlichen Organisationen, „die den jeweiligen Staat verdrängt haben oder denen dieser das Feld überlassen hat und die ihn daher insoweit ersetzen[1059]". Bei der ebenfalls asylerheblichen mittelbaren staatlichen Verfolgung gehen die Verfolgungsmaßnahmen nicht vom Staat, sondern von Dritten aus. Diese Maßnahmen werden dem Staat aber dann zugerechnet, wenn er zur Schutzgewährung nicht bereit oder nicht willens ist oder diese Maßnahmen anregt, unterstützt, billigt oder hinnimmt[1060].

---

nicht abschließend zu verstehen, vgl. *Becker*, in: von Mangoldt/Klein/Starck, GG, Art. 16a Rdnr. 44, und *Bonk/Pagenkopf*, in: Sachs, GG, Art. 16a Rdnr. 28.

1056 *Masing*, in: Dreier, GG, Art. 16a Rdnr. 39.

1057 BVerfG, Beschluss vom 10.07.1989 - 2 BvR 502, 1000, 961/86 -, BVerfGE 80, 315 [333 - 335].

1058 BVerfG, Beschlüsse vom 02.07.1980 - 1 BvR 147, 181, 182/80 -, BVerfGE 54, 341 [357], und vom 01.07.1987 - 2 BvR 478, 962/86 -, BVerfGE 76, 143 [158]; siehe auch *Becker*, in: von Mangoldt/Klein/Starck, GG, Art. 16a Rdnrn. 36 .

1059 BVerfG, Beschluss vom 10.07.1989 - 2 BvR 502, 1000, 961/86 -, BVerfGE 80, 315 [334]; *Masing*, in: Dreier, GG, Art. 16a Rdnr. 46; *Bonk/Pagenkopf*, in: Sachs, GG, Art. 16a Rdnr. 35; *Becker*, in: von Mangoldt/Klein/Starck, GG, Art. 16a Rdnr. 69.

1060 BVerfG, Beschluss vom 02.07.1980 - 1 BvR 147, 181, 182/80 -, BVerfGE 54, 341 [358]; *Pieroth*, in: Jarass/Pieroth, GG, Art. 16a Rdnr. 5; *Masing*, in: Dreier, GG, Art. 16a Rdnr. 46; *Bonk/Pagenkopf*, in: Sachs, GG, Art. 16a Rdnrn. 36 f.; *Becker*, in: von Mangoldt/Klein/Starck, GG, Art. 16a Rdnrn. 72 f.

Des asylrechtlichen Schutzes in der Bundesrepublik Deutschland bedarf nicht, wer zwar in einem Teil seines Heimatstaates politischer Verfolgung ausgesetzt war, aber in einem anderen Teil des Staates Sicherheit vor dieser Verfolgung finden kann und ihm eine Aufenthaltnahme dort zumutbar ist, insbesondere das Existenzminimum dort gesichert ist[1061].

Ferner setzt das Asylgrundrecht grundsätzlich einen kausalen Zusammenhang zwischen Verfolgung und Flucht voraus[1062]. Das bedeutet, dass grundsätzlich nur derjenige Asylrecht genießt, wer verfolgt ausgereist ist[1063]. Dazu gehören aber auch diejenigen, die ihren Heimatstaat aus Furcht vor unmittelbar drohender politischer Verfolgung verlassen haben[1064]. Ist der Ausländer unverfolgt ausgereist, kommt eine Anerkennung als Asylberechtigter nur bei asylerheblichen Nachfluchtgründen in Betracht. Dabei sind sog. objektive Nachfluchttatbestände solche, die durch Vorgänge oder Ereignisse im Heimatland unabhängig von der Person des Asylbewerbers ausgelöst werden. Subjektive Nachfluchttatbestände, die der Asylbewerber nach Verlassen des Heimatstaates aus eigenem Entschluss geschaffen hat (sog. selbst geschaffene Nachfluchttatbestände), kommen nur im Ausnahmefall als Asylgrund in Betracht. Eine Asylberechtigung kann hier allenfalls gegeben sein, wenn die selbst geschaffenen Nachfluchttatbestände Ausdruck und Fortführung einer schon während des Aufenthalts im Heimatstaat vorhandenen und erkennbar betätigten festen Überzeugung sind[1065].

(b) Art. 7 Satz 2 HV

Nach Art. 7 Satz 2 HV genießen Fremde den Schutz vor Auslieferung und Ausweisung, wenn sie unter Verletzung der in der Hessischen Verfassung niedergelegten Grundrechte im Ausland verfolgt werden und nach Hessen geflohen sind.

Der betroffene Ausländer erhält durch Art. 7 Satz 2 HV lediglich einen Anspruch auf Schutzgewährung, jedoch kein bestimmtes Statusrecht. Wie der Schutz gewährt

---

1061 BVerfG, Beschluss vom 10.07.1989 - 2 BvR 502, 1000, 961/86 -, BVerfGE 80, 315 [342 ff.]; *Masing*, in: Dreier, GG, Art. 16a Rdnrn. 48. f; *Bonk/Pagenkopf*, in: Sachs, GG, Art. 16a Rdnrn. 44 f.; *Becker*, in: von Mangoldt/Klein/Starck, GG, Art. 16a Rdnrn. 91 f.

1062 BVerfG, Beschluss vom 10.07.1989 - 2 BvR 502, 1000, 961/86 -, BVerfGE 80, 315 [344]; *Masing*, in: Dreier, GG, Art. 16a Rdnr. 60; *Bonk/Pagenkopf*, in: Sachs, GG, Art. 16a Rdnr. 29.

1063 *Bonk/Pagenkopf*, in: Sachs, GG, Art. 16a Rdnr. 29.

1064 *Becker*, in: von Mangoldt/Klein/Starck, GG, Art. 16a Rdnr. 57.

1065 BVerfG, Beschluss vom 26.11.1986 - 2 BvR 1058/85 -, BVerfGE 74, 51 [64 ff.].

wird, ist nach der Verfassung offen. Verfehlt wäre es daher, aus der Vorschrift einen Anspruch auf ein besonderes Anerkennungsverfahren abzuleiten[1066].

Art. 7 Satz 2 HV stellt allein darauf ab, dass der Ausländer unter Verletzung der in der Hessischen Verfassung enthaltenen Grundrechte nach Hessen geflohen ist. Aus welchen Gründen der Betroffene verfolgt worden ist, ist nach dem Wortlaut der Vorschrift unerheblich. Weder aus der Entstehungsgeschichte noch sonst liegen Anhaltspunkte vor, dass es sich um eine Verfolgung aus politischen Gründen handeln muss, die den Betroffenen zur Flucht nach Hessen veranlasst hat[1067].

Der Begriff „Verfolgung" impliziert allerdings, dass es sich bei den Grundrechtsverletzungen um zielgerichtete Maßnahmen handeln muss, so dass Grundrechtsverletzungen aufgrund der allgemeinen Umstände im Ausland für den Anspruch auf Schutzgewährung nach Art. 7 Satz 2 HV nicht relevant sein können. Berücksichtigt man zudem, dass der Schutz der Grundrechte sich nach der Konzeption der Hessischen Verfassung in erster Linie gegenüber dem Staat entfalten soll, und ferner, dass das Asylrecht historisch gesehen traditionell gegenüber staatlicher Gewalt anerkannt wurde, muss die Verfolgung im Sinne von Art. 7 Satz 2 HV von einer staatlichen Hoheitsmacht ausgehen. Grundrechtsverletzungen, die durch private Dritte erfolgen, können demnach den Anspruch auf Schutzgewährung nicht auslösen.

Aus der Formulierung des Art. 7 Satz 2 HV geht zudem hervor, dass Grund für die Flucht des Betroffenen die von Seiten des Staates erfolgte Verletzung der in der Hessischen Verfassung niedergelegten Grundrechte sein muss. Erforderlich ist also, dass ein Zusammenhang zwischen der Verfolgung und der Flucht besteht[1068]. Dieser Zusammenhang fehlt zwar, wenn Grundrechtsverletzungen vor der Flucht noch nicht erfolgt sind, diese aber bei einer Rückkehr in den Heimatstaat zu befürchten sind. Indes bietet Art. 7 Satz 2 HV auch in dieser Situation den Schutz vor Auslieferung und Abschiebung. Die Vorschrift darf nicht allein auf die Vergangenheit bezogen verstanden werden. Vielmehr kommt in der Formulierung „verfolgt werden" durch die Verwendung der Zeitform des Präsens ein zukunftsgerichteter Inhalt zum Ausdruck. Eine andere Sichtweise wäre auch mit der Intention der Hessischen Ver-

---

[1066] So VG Darmstadt, Beschluss vom 27.08.1993 - 5 G 10066/93.A -, NVwZ-Beilage 1993, S. 22 [24].

[1067] So aber *Stein*, in: Zinn/Stein, Hessische Verfassung, Art. 7 Erl. 3; VG Darmstadt, Beschluss vom 27.08.1993 - 5 G 10066/93.A -, NVwZ-Beilage 1993, S. 22 [24]; wie hier: *Hecker*, Rdnr. 215; *Göbel-Zimmermann*, in: NVwZ 1995, S. 763 [764].

[1068] *Göbel-Zimmermann*, in: NVwZ 1995, S. 763 [764].

fassung, umfassenden Schutz bei Grundrechtsverletzungen zu gewährleisten, nicht zu vereinbaren.

d) Eingriffe, Beeinträchtigungen

aa) Auslieferung

(a) Art. 16 Abs. 2 GG

Art. 16 Abs. 2 Satz 1 GG wird durch eine Auslieferung bzw. Durchlieferung beeinträchtigt. Eine Beeinträchtigung kann auch in einem Verstoß gegen Verfahrensregelungen liegen[1069], insbesondere haben die Behörden von Amts wegen die Zulässigkeit der beantragten Maßnahme festzustellen und sind sowohl die Staatsanwaltschaft als auch das Gericht verpflichtet, den Sachverhalt so weit aufzuklären, dass die Eigenschaft als Deutscher oder Nichtdeutscher eindeutig feststeht[1070].

(b) Art. 7 Satz 1 HV

Das Auslieferungsverbot des Art. 7 Satz 1 HV wird beeinträchtigt, wenn ein Deutscher dem Zugriff einer fremden Macht ausgesetzt und so einer fremden Hoheitsgewalt ausgesetzt wird. Ob dies mit einer Verbringung aus Hessen ins Ausland verbunden ist oder nicht, ist dabei unerheblich.

bb) Asylrecht

(a) Art. 16a GG

Art. 16a Abs. 1 GG verbietet alle Maßnahmen, die den politisch Verfolgten dem Zugriff seines Verfolgers aussetzen würden[1071], enthält daher ein Verbot der Abschiebung in den Verfolgerstaat oder in einen anderen Staat, in dem die Gefahr einer Abschiebung in den Verfolgerstaat besteht[1072]. Beeinträchtigungen des Asylgrund-

---

1069 *Jarass*, in: Jarass/Pieroth, GG, Art. 16 Rdnr. 18.

1070 BVerfG, Beschlüsse vom 10.07.1958 - 1 BvR 532/56 -, BVerfGE 8, 81 [84], und vom 12.02.1964 - 1 BvR 253/63 -, BVerfGE 17, 224 [227].

1071 *Becker*, in: von Mangoldt/Klein/Starck, GG, Art. 16a Rdnr. 122.

1072 *Becker*, in: von Mangoldt/Klein/Starck, GG, Art. 16a Rdnr. 121; *Pieroth*, in: Jarass/Pieroth, GG, Art. 16a Rdnr. 20.

rechts können sich auch aus einer nicht hinreichenden Ausgestaltung des Anerkennungsverfahrens ergeben[1073].

(b) Art. 7 Satz 2 HV

Art. 7 Satz 2 HV ist beeinträchtigt, wenn der unter den normierten Voraussetzungen nach Hessen geflohene Ausländer keinen Schutz von Seiten der hessischen Hoheitsgewalt erhält. Da durch die Schutzgewährung eine staatliche Verfolgung beendet werden soll, darf der Ausländer dem Zugriff des verfolgenden Staates nicht ausgesetzt werden.

e) Verfassungsrechtliche Rechtfertigung von Eingriffen

aa) Die Regelungen des Grundgesetzes

(a) Auslieferung, Art. 16 Abs. 2 GG

Durch den aufgrund von Art. 1 des Gesetzes zur Änderung des Grundgesetzes vom 29. November 2000 eingefügten Art. 16 Abs. 2 Satz 2 GG (BGBl. I 1633) ist nunmehr eine Einschränkung des Schutzes vor Auslieferung durch Gesetz möglich. Zulässig ist danach eine Auslieferung an andere Mitliedstaaten der Europäischen Union oder einen Internationalen Gerichtshof. Verfassungsrechtlich gerechtfertigt ist dies nur, soweit rechtsstaatliche Grundsätze gewahrt sind. Diese Einschränkung stellt ihrerseits eine Einschränkung der Ermächtigung dar[1074]. Dazu gehören die Unabhängigkeit der Richter, das Rückwirkungsverbot, die Unschuldsvermutung, das Gebot rechtlichen Gehörs, das Aussageverweigerungsrecht des Beschuldigten, effektive Verteidigungsmöglichkeiten, das Schuldprinzip sowie das Verbot unmenschlicher und unerträglich harter Strafen[1075]. Besondere Bedeutung kommt bei der gesetzlichen Ausgestaltung dem Grundsatz der Verhältnismäßigkeit zu[1076].

1073 BVerfG, Beschlüsse vom 25.02.1981 - 1 BvR 413, 768, 1470/80 -, BVerfGE 56, 216 [236], vom 11.12.1985 - 2 BvR 361, 449/83 -, BVerfGE 71, 276 [292 f.], und vom 07.07.1992 - 2 BvR 1631, 1728/90 -, BVerfGE 87, 48 [61 ff.]; *Pieroth*, in: Jarass/Pieroth, GG, Art. 16a Rdnr. 21.

1074 *Kämmerer*, in: Bonner Kommentar, Art. 16 Rdnr. 89 [Schranken-Schranke].

1075 *Jarass*, in: Jarass/Pieroth, GG, Art. 16 Rdnr. 22; *Kokott*, in: Sachs, GG, Art. 16 Rdnr. 41.

1076 BVerfG, Urteil vom 18.07.2005 - 2 BvR 2236/04 -, BVerfGE 113, 273.

(b) Asylrecht, Art. 16a GG

Art. 16a Abs. 2 Satz 2 GG enthält im Gegensatz zu Satz 1 einen qualifizierten Gesetzesvorbehalt[1077], der es dem Gesetzgeber erlaubt, Staaten zu sicheren Drittstaaten zu erklären, und damit Ausländer, die aus einem solchen Staat in die Bundesrepublik Deutschland einreisen, von vornherein aus dem persönlichen Geltungsbereich von Art. 16a Abs. 1 GG auszuschließen. Damit entfällt das Recht auf Einreise sowie auf vorläufigen Aufenthalt in der Bundesrepublik Deutschland[1078]. Art. 16a Abs. 2 Satz 3 GG wendet sich unmittelbar auch an die Gerichte und Behörde und enthält das Verbot, die Vollziehung aufenthaltsbeendender oder einreiseverhindernder Maßnahmen auszusetzen.

Art. 16a Abs. 3 in Verbindung mit Abs. 4 GG enthält nur eine Beschränkung des verfahrensbezogenen Gewährleistungsinhalts aus Art. 16a Abs. 1 GG und seines Schutzziels[1079]. Nach dieser Regelung wird vermutet, dass ein Ausländer aus den durch das Gesetz bestimmten Verfolgerstaaten keiner politischen Verfolgung ausgesetzt ist. Diese Vermutung kann durch den Vortrag von Tatsachen widerlegt werden, die die Annahme begründen, der Betroffene habe individuelle politische Verfolgung erlitten oder werde bei der Rückkehr eine solche erleiden[1080].

Art. 16a Abs. 4 GG enthält verfahrensrechtliche Beschränkung der Asylgewährleistung, insbesondere in Bezug auf die Gewährung vorläufigen Rechtsschutzes gegen aufenthaltsbeendende und einreiseverhindernde Maßnahmen[1081].

Art. 16a Abs. 5 GG ermächtigt die Bundesrepublik Deutschland zum Abschluss völkerrechtlicher Verträge, die Zuständigkeitsregelungen für die Prüfung von Asylbegehren und die gegenseitige Anerkennung von Asylentscheidungen enthalten können.

Das Grundrecht aus Art. 16a Abs. 1 GG unterliegt darüber hinaus der Verwirkung nach Art. 18 GG. Auf deren Voraussetzungen wird später im Einzelnen noch eingegangen werden[1082].

1077 *Pieroth*, in: Jarass/Pieroth, GG, Art. 16a Rdnr. 24.

1078 *Pieroth*, in: Jarass/Pieroth, GG, Art. 16a Rdnr. 28.

1079 BVerfG, Urteil vom 14.05.1996 - 2 BvR 1507, 1508/93 -, BVerfGE 94, 115 [132].

1080 BVerfG, Urteil vom 14.05.1996 - 2 BvR 1507, 1508/93 -, BVerfGE 94, 115 [147]; *Pieroth*, in: Jarass/Pieroth, GG, Art. 16a Rdnr. 30.

1081 *Pieroth*, in: Jarass/Pieroth, GG, Art. 16a Rdnr. 32.

1082 Siehe unten D. II. 11. e) aa) (b).

bb) Auslieferung und Asylrecht, Art. 7 HV

Weder das Auslieferungsverbot des Art. 7 Satz 1 HV noch der Anspruch auf Schutzgewährung nach Art. 7 Satz 2 HV enthalten einen Gesetzesvorbehalt. Eine Einschränkung kommt daher nur aufgrund von Schranken in Betracht, die sich aus der Hessischen Verfassung selbst ergeben. Bezüglich des Auslieferungsverbot nach Art. 7 Satz 1 HV ist allerdings nicht ersichtlich, welche Grundrechte Dritter oder sonstige Rechtsgüter von Verfassungsrang eine Einschränkung rechtfertigen könnten. Dies gilt umso mehr, als der Schutz vor Auslieferung angesichts der Erfahrungen während des Nationalsozialismus, unter deren Eindruck die Hessische Verfassung erarbeitet wurde, umfassend ausgestaltet werden sollte.

f) Ergebnis

Art. 7 Satz 1 HV gewährt deutschen Staatsangehörigen einen weitergehenden Schutz als Art. 16 Abs. 2 GG, da das Auslieferungsverbot nach der Hessischen Verfassung nicht einschränkbar ist. Demgegenüber erlaubt das Grundgesetz eine gesetzliche Regelung für Auslieferungen an einen Mitgliedstaat der Europäischen Union oder an einen internationalen Gerichtshof, soweit rechtsstaatliche Grundsätze gewahrt sind. Gleiches gilt für das Asylrecht und den Schutz vor Verfolgung. Art. 16a Abs. 2 bis 5 GG enthalten zum einen bereits unmittelbare Einschränkungen des Grundrechts aus Art. 16a Abs. 1 GG, zum anderen erlauben sie dem Bundesgesetzgeber Einschränkungen des Grundrechts sowohl in materieller als auch in verfahrensrechtlicher Hinsicht.

Das Grundrecht aus Art. 7 Satz 2 HV besitzt auch deswegen eine weiterreichende Schutzwirkung, weil es im Gegensatz zu Art. 16a Abs. 1 GG nicht auf politische Verfolgung beschränkt ist. Enthält Art. 7 HV im Vergleich zu den entsprechenden Regelungen des Grundgesetzes einen weitergehenden Schutz, bestehen keine Bedenken gegen seine Fortgeltung. Insbesondere besteht kein sachlicher Widerspruch zu den Normen des Grundgesetzes.

Allerdings verbleiben für den weitergehenden Schutz der Landesgrundrechte kaum Anwendungsbereiche. Für Art. 7 Satz 1 HV gilt dies schon deshalb, weil die Gesetzgebungskompetenz für das Auslieferungsverfahren ausschließlich dem Bund zusteht (Art. 73 Abs. 1 Nr. 3 GG).

Auch für den Schutz vor Verfolgung bleibt allenfalls ein schmaler Anwendungsbereich. Die Frage, wann einem politisch Verfolgten Schutz zu gewähren ist, ist durch Bundesrecht, das Asylverfahrensgesetz, abschließend geregelt. Die Entscheidung darüber obliegt dem Bundesamt für Migration und Flüchtlinge und ist nach § 4 AsylVfG in allen Angelegenheiten verbindlich, in denen die Anerkennung als Asylberechtigter oder das Vorliegen eines Abschiebungsverbotes rechtserheblich ist. In diesen Fällen kann auf das Grundrecht aus Art. 7 Satz 2 HV nicht zurückgegriffen werden, da die Grundrechte der Hessischen Verfassung gegenüber Bundesbehörden keine Geltung beanspruchen[1083] und im Übrigen die Wertungen des Grundgesetzes und des Bundesgesetzgebers unterlaufen würden.

Etwas anderes kann allerdings dann gelten, wenn eine verbindliche Entscheidung einer Bundesbehörde nicht vorliegt. Die Vollziehung ausländerrechtlicher Entscheidungen obliegt den Ländern, deren Behörden die Grundrechte der Hessischen Verfassung grundsätzlich zu beachten haben. Insofern kommt ein Anwendungsbereich für Art. 7 Satz 2 HV insbesondere bei der Entscheidung über die Erteilung einer Duldung nach § 60a Abs. 2 AufenthG in Betracht. Danach kann die Abschiebung eines Ausländers ausgesetzt werden, solange die Abschiebung aus tatsächlichen oder rechtlichen Gründen unmöglich ist und keine Aufenthaltserlaubnis erteilt wird. Rechtliche Gründe im Sinne der Vorschriften, die zur Unmöglichkeit der Abschiebung führen können, können sich dabei auch aus den Grundrechten[1084] ergeben, also auch aus Art. 7 Satz 2 HV.

Dem kann nicht entgegengehalten werden, dadurch werde die Entscheidung des Verfassunggebers im Bund, das Asylrecht zu beschränken, sowie die einheitliche Auslegung und Anwendung von AsylVfG und AufenthG gefährdet. Die ausschließliche Maßgeblichkeit des Bundesrechts im Bereich des AsylVfG und des AufenthG ist dadurch sichergestellt, dass über solche Gefahren, die dem betroffenen Ausländer in seinem Heimatstaat bzw. im Zielstaat der Abschiebung drohen, allein das Bundesamt für Migration und Flüchtlinge entscheidet mit der Folge, dass diese Entscheidung nach § 4 AsylVfG auch für die Ausländerbehörden verbindlich ist. Die Zuständigkeit für den Vollzug der Abschiebung und die Entscheidung über den wei-

1083 Damit auch nicht gegenüber Hessischen Verwaltungsgerichten, die Entscheidungen des Bundesamtes für Migration und Flüchtlinge bestätigen, vgl. StGH, Beschluss vom 07.12.1999 - P.St. 1318 -, StAnz. 2000, S. 1285 [1287]; siehe auch oben C. I. 2.

1084 Vgl. hierzu insbesondere BVerfG, Beschluss vom 12.05.1987 - 2 BvR 1226/83 - BVerfGE 76, 1 [48 ff.].

teren Aufenthalt des Ausländers, insbesondere über Duldungsgründe nach § 60a AufenthG, ist den Ausländerbehörden belassen. Das Bundesamt ist zuständig vor allem für die Einleitung aufenthaltsbeendender Maßnahmen durch Erlass der Abschiebungsandrohung sowie solche ausländerrechtlichen Aufgaben, die eine Sachnähe zum Asylverfahren aufweisen und die besondere Sachkunde des Bundesamtes nutzen. Daraus folgt, dass ausschließlich das Bundesamt für die Entscheidung über zielstaatsbezogenen Abschiebungshindernisse zuständig. Die Zuständigkeit für die Durchführung der Abschiebung liegt demgegenüber bei der Ausländerbehörde. Insbesondere ist sie zuständig für die Entscheidung, ob die Abschiebung aus persönlichen Gründen nicht, noch nicht oder so nicht durchgeführt werden kann[1085]. Ein „Wahlrecht" des Ausländers zwischen asylrechtlichem oder ausländerrechtlichem Schutz vor Verfolgung im Heimatland besteht nicht[1086]. Der Bundesgesetzgeber hat es darüber hinaus in der Hand, durch entsprechende Regelung - sei es in Gesetzesform, sei es in Gestalt entsprechender Verwaltungsvorschriften - die Berücksichtigung landesgrundrechtlicher Wertungen auszuschließen.

9. Unverletzlichkeit der Wohnung (Art. 13 GG - Art. 8 HV)

Art. 13 Abs. 1 GG: Die Wohnung ist unverletzlich.

Art. 13 Abs. 2 GG: Durchsuchungen dürfen nur durch den Richter, bei Gefahr im Verzuge auch durch die in den Gesetzen vorgesehenen anderen Organe angeordnet und nur in der dort vorgeschriebenen Form durchgeführt werden.

Art. 13 Abs. 3 GG: Begründen bestimmte Tatsachen den Verdacht, dass jemand eine durch Gesetz einzeln bestimmte besonders schwere Straftat begangen hat, so dürfen zur Verfolgung der Tat auf Grund richterlicher Anordnung technische Mittel zur akustischen Überwachung von Wohnungen, in denen der Beschuldigte sich vermutlich aufhält, eingesetzt werden, wenn die Erforschung des Sachverhalts auf andere Weise unverhältnismäßig erschwert oder aussichtslos wäre. Die Maßnahme ist zu befristen. Die Anordnung erfolgt durch einen mit drei Richtern besetzten Spruchkörper. Bei Gefahr im Verzuge kann sie auch durch einen einzelnen Richter getroffen werden.

Art. 13 Abs. 4 GG: Zur Abwehr dringender Gefahren für die öffentliche Sicherheit, insbesondere einer gemeinen Gefahr oder einer Lebensgefahr, dürfen technische Mittel

---

[1085] BVerwG, Urteil vom 11.11.1997 - BVerwG 9 C 13/96 -, BVerwGE 105, 322

[1086] BVerwG, Beschluss vom 03.03.2006 - BVerwG 1 B 126/05 -, NVwZ 2006, S. 830 ff.

zur Überwachung von Wohnungen nur auf Grund richterlicher Anordnung eingesetzt werden. Bei Gefahr im Verzuge kann die Maßnahme auch durch eine andere gesetzlich bestimmte Stelle angeordnet werden; eine richterliche Entscheidung ist unverzüglich nachzuholen.

Art. 13 Abs. 5 GG: Sind technische Mittel ausschließlich zum Schutze der bei einem Einsatz in Wohnungen tätigen Personen vorgesehen, kann die Maßnahme durch eine gesetzlich bestimmte Stelle angeordnet werden. Eine anderweitige Verwertung der hierbei erlangten Erkenntnisse ist nur zum Zwecke der Strafverfolgung oder der Gefahrenabwehr und nur zulässig, wenn zuvor die Rechtmäßigkeit der Maßnahme richterlich festgestellt ist; bei Gefahr im Verzuge ist die richterliche Entscheidung unverzüglich nachzuholen.

Art. 13 Abs. 6 GG: Die Bundesregierung unterrichtet den Bundestag jährlich über den nach Absatz 3 sowie über den im Zuständigkeitsbereich des Bundes nach Absatz 4 und, soweit richterlich überprüfungsbedürftig, nach Absatz 5 erfolgten Einsatz technischer Mittel. Ein vom Bundestag gewähltes Gremium übt auf der Grundlage dieses Berichts die parlamentarische Kontrolle aus. Die Länder gewährleisten eine gleichwertige parlamentarische Kontrolle.

Art. 13 Abs. 7 GG: Eingriffe und Beschränkungen dürfen im Übrigen nur zur Abwehr einer gemeinen Gefahr oder einer Lebensgefahr für einzelne Personen, auf Grund eines Gesetzes auch zur Verhütung dringender Gefahren für die öffentliche Sicherheit und Ordnung, insbesondere zur Behebung der Raumnot, zur Bekämpfung von Seuchengefahr oder zum Schutze gefährdeter Jugendlicher vorgenommen werden.

Art. 17 Abs. 2 GG: Gesetze, die der Verteidigung einschließlich des Schutzes der Zivilbevölkerung dienen, können bestimmen, dass die Grundrechte der Freizügigkeit (Artikel 11) und der Unverletzlichkeit der Wohnung (Artikel 13) eingeschränkt werden.

Art. 8 HV: Die Wohnung ist unverletzlich.

Art. 19 Abs. 1 HV: Bei dringendem Verdacht einer strafbaren Handlung kann der Richter die Untersuchungshaft, die Haussuchung und Eingriffe in das Postgeheimnis anordnen. Die Haussuchung kann auch nachträglich genehmigt werden, wenn die Verfolgung des Täters zu sofortigem Handeln gezwungen hat.

Art. 157 Abs. 1 HV: Gesetze, die aus Anlass der gegenwärtigen Notlage ergangen sind oder noch ergehen werden, können unerlässliche Eingriffe in die folgenden Grundrechte zulassen:

a) in das Grundrecht der Freizügigkeit nach Art. 6,

b) in das Recht nach Artikel 8 im Rahmen einer Wohnungszwangswirtschaft,

c) in das Recht auf freien Gebrauch der Arbeitskraft nach dem Artikel 28 Abs. 2 in Verbindung mit Artikel 2 im Rahmen von Notdienstpflichtgesetzen,

d) in das Recht auf den Gebrauch des Eigentums im Rahmen von Gesetzen zur Milderung des Mangels an Gegenständen des täglichen Bedarfs.

Art. 157 Abs. 2 HV: Die im ersten Absatz zugelassenen Beschränkungen der Grundrechte fallen mit dem 31. Dezember 1950 weg. Mit mehr als der Hälfte der gesetzlichen Zahl seiner Mitglieder kann der Landtag diese Frist verlängern.

a) Grundrechtsträger

aa) Art. 13 GG

Träger des Grundrechts aus Art. 13 GG ist jeder unmittelbare Besitzer einer Wohnung, d.h. der Inhaber der tatsächlichen Sachherrschaft, unabhängig von den Eigentumsverhältnissen[1087]. Dem mittelbaren Besitzer kommt der Schutz des Art. 13 GG in der Regel nicht zu[1088]. Auch juristische Personen des Privatrechts und Personenvereinigungen können sich auf den Schutz des Art. 13 GG berufen, soweit sie Inhaber von geschützten Räumlichkeiten sind[1089].

bb) Art. 8 HV

Aus dem Grundrecht des Art. 8 HV wird unabhängig von der Staatsangehörigkeit jeder Wohnungsinhaber berechtigt. Der Eigentümer einer Wohnung bzw. eines Hauses kann sich nur dann auf den Schutz des Art. 8 HV berufen, wenn er selbst die Wohnung oder das Haus bewohnt[1090]. Da sich juristische Personen des Privatrechts in einer mit natürlichen Personen vergleichbaren Gefährdungslage befinden können, können auch sie sich auf das Grundrecht aus Art. 8 HV berufen.

1087 *Casardt*, in: Umbach/Clemens, GG, Art. 13 Rdnr. 49; *Kühne*, in: Sachs, GG, Art. 13 Rdnr. 17; *Hermes*, in: Dreier, GG, Art. 13 Rdnr. 21: *Papier*, in: Maunz/Dürig/Herzog, GG, Art. 13 Rdnr. 12; *Herdegen*, in: Bonner Kommentar, Art. 13 Rdnr. 36; *Gornig*, in: von Mangoldt/Klein/Starck, GG, Art. 13 Rdnrn. 27 f.; *Hermes*, in: Dreier, GG, Art. 13 Rdnr. 21.

1088 *Gornig*, in: von Mangoldt/Klein/Starck, GG, Art. 13 Rdnr. 29; *Jarass*, in: Jarass/Pieroth, GG, Art. 13 Rdnr. 3.

1089 BVerfG, Beschluss vom 16.06.1987 - 1 BvR 1202/84 -, BVerfGE 76, 83 [88]; *Casardt*, in: Umbach/Clemens, GG, Art. 13 Rdnr. 54; *Kühne*, in: Sachs, GG, Art. 13 Rdnr. 20; *Papier*, in: Maunz/Dürig/Herzog, GG, Art. 13 Rdnr. 17; *Herdegen*, in: Bonner Kommentar, Art. 13 Rdnr. 39.

1090 *Hinkel*, Erl. zu Art. 8.

b) Grundrechtsadressat

aa) Art. 13 GG

Art. 13 GG wendet sich nur an die öffentliche Gewalt[1091]. Eine unmittelbare Drittwirkung im Verhältnis zu Privaten kommt dem Grundrecht nicht zu.

bb) Art. 8 HV

Auch hier gilt, dass das Grundrecht aufgrund der Anordnung in Art. 26 HV unmittelbar gegenüber jeder staatlichen Gewalt gilt. Auf privatrechtliche Verhältnisse findet es keine Anwendung, sondern ist nur gegenüber der öffentlichen Gewalt anwendbar[1092].

c) Sachlicher Schutzbereich

aa) Art. 13 GG

Art. 13 GG dient der Abschirmung der Privatsphäre in räumlicher Hinsicht[1093]. Dem Einzelnen wird im Interesse seiner Menschenwürde und der freien Entfaltung der Persönlichkeit ein elementarer Lebensraum gewährleistet. In seinen Wohnräumen hat er das Recht, in Ruhe gelassen zu werden[1094]. Das Grundrecht schützt vor einem Eindringen und Verweilen der öffentlichen Gewalt gegen den Willen des Berechtigten[1095].

Als Wohnung sind alle Räume einzustufen, die der allgemeinen Zugänglichkeit durch eine räumliche Abschottung entzogen und zur Stätte privaten Wirkens und Lebens gemacht sind[1096]. Erfasst werden auch Arbeits-, Betriebs- und Geschäftsräume[1097], der Öffentlichkeit zugängliche Räume indes nicht, soweit und solange sie

---

1091 *Gornig*, in: von Mangoldt/Klein/Starck, GG, Art. 13 Rdnr. 41.

1092 *Stein*, in: Zinn/Stein, Hessische Verfassung, Art. 8 Erl. 2.

1093 BVerfG, Urteil vom 17.02.1998 - 1 BvF 1/91 -, BVerfGE 97, 228 [265].

1094 BVerfG, Urteil vom 20.02.2001 - 2 BvR 1444/00 -, BVerfGE 103, 142 [150]: vgl. auch *Casardt*, in: Umbach/Clemens, GG, Art. 13 Rdnrn. 35, 37; *Papier*, in: Maunz/Dürig/Herzog, GG, Art. 13 Rdnr. 13; *Herdegen*, in: Bonner Kommentar, Art. 13 Rdnr. 34; *Gornig*, in: von Mangoldt/Klein/Starck, GG, Art. 13 Rdnr. 22.

1095 *Herdegen*, in: Bonner Kommentar, Art. 13 Rdnr. 42.

1096 *Jarass*, in: Jarass/Pieroth, GG, Art. 13 Rdnr. 2; *Casardt*, in: Umbach/Clemens, GG, Art. 13 Rdnr. 26; *Kühne*, in: Sachs, GG, Art. 13 Rdnr. 2: *Hermes*, in: Dreier, GG, Art. 13 Rdnr. 16; *Herdegen*, in: Bonner Kommentar, Art. 13 Rdnr. 26; *Gornig*, in: von Mangoldt/Klein/Starck, GG, Art. 13 Rdnr. 13; *Hermes*, in: Dreier, GG, Art. 13 Rdnr. 16.

1097 BVerfG, Beschlüsse vom 13.10.1971 - 1 BvR 280/66 -, BVerfGE 32, 54 [68 f.] und vom 27.05.1997 - 2 BvR 1992/92 -, BVerfGE 97, 44 [51]; *Jarass*, in: Jarass/Pieroth, GG, Art. 13 Rdnr. 2a.

öffentlich zugänglich sind[1098]. Hier gewährleistet das Grundrecht allerdings Schutz gegen Beeinträchtigungen der Entscheidung des Berechtigten über Zutrittsrechte und Zweckbestimmung des Aufenthalts[1099]

bb) Art. 8 HV

Art. 8 HV soll die Freiheit im engsten Bereich der persönlichen Lebensführung gewährleisten[1100]. Geschützt wird die Wohnung als persönliche Lebenssphäre des Wohnungsinhabers. Zur Wohnung gehören neben den Wohnräumen in eigentlichem Sinne auch alle weiteren Räume, die der allgemeinen Zugänglichkeit entzogen sind und zur Stätte privaten Lebens gemacht werden[1101]. Dazu gehören auch Geschäftsräume[1102]. Der Schutz des Art. 8 HV enthält das Verbot gegenüber der öffentlichen Gewalt, in eine Wohnung gegen den Willen des Berechtigten einzudringen und dort zu verweilen, und bedeutet die Unzulässigkeit anderer Beeinträchtigungen gegenüber der und innerhalb der geschützten Sphäre[1103].

d) Eingriffe, Beeinträchtigungen

aa) Art. 13 GG

Ein Eingriff in den Schutzbereich des Art. 13 Abs. 1 GG ist das Eindringen in den Wohnbereich oder ein Verweilen darin gegen den Willen des Grundrechtsträgers[1104]. Ferner muss sich jedes staatliche Handeln, das die Kenntniserlangung von Geschehnissen innerhalb der Wohnung ermöglicht, an Art. 13 GG messen lassen[1105]. Hierzu gehört die Durchsuchung[1106] ebenso wie das bloße Betreten der geschützten Räumlichkeiten gegen den Willen des Berechtigten. Die Einwilligung des Grundrechtsberechtigten lässt den Eingriff allerdings entfallen[1107]. Kennzeichnend für eine Durchsuchung ist „das ziel- und zweckgerichtete Suchen staatlicher Organe

---

1098 *Pieroth/Schlink*, Rdnr. 876.
1099 Vgl. BVerfG, Urteil vom 17.02.1998 - 1 BvF 1/91 -, BVerfGE 97, 228 [265].
1100 *Hinkel*, Erl. zu Art. 8 HV
1101 *Hecker*, Rdnr. 216.
1102 *Stein*, in: Zinn/Stein, Hessische Verfassung, Art. 8 Erl. 1.
1103 *Hinkel*, Erl. zu Art. 8; *Stein*, in: Zinn/Stein, Hessische Verfassung, Art. 8 Erl. 1.
1104 *Kühne*, in: Sachs, GG, Art. 13 Rdnr. 21; *Herdegen*, in: Bonner Kommentar, Art. 13 Rdnr. 4; *Gornig*, in: von Mangoldt/Klein/Starck, GG, Art. 13 Rdnr. 42.
1105 *Casardt*, in: Umbach/Clemens, GG, Art. 13 Rdnr. 38; *Hermes*, in: Dreier, GG, Art. 13 Rdnrn. 12, 33.
1106 *Jarass*, in: Jarass/Pieroth, GG, Art. 13 Rdnr. 4.
1107 BVerfG, Urteil vom 15.12.1983 - 1 BvR 209, 269, 362, 420, 440, 484/83 -, BVerfGE 65, 1 [40]; *Kunig*, in: von Münch/Kunig, GG, Art. 13 Rdnr. 19.

nach Personen oder Sachen oder zur Ermittlung eines Sachverhalts, um etwas aufzuspüren, was der Inhaber der Wohnung von sich aus nicht offen legen oder herausgeben will[1108]".

Überwachungen einer Wohnung von außen greifen in den Schutzbereich des Art. 13 GG ein, wenn sie mit Hilfe technischer Mittel vorgenommen werden[1109].

Das Betreten und die Besichtigung von Geschäfts- und Betriebsräumen stellen nach - umstrittener - Rechtsprechung unter bestimmten Voraussetzungen keine Beeinträchtigungen des Grundrechts aus Art. 13 Abs. 1 GG dar: Eine besondere gesetzliche Vorschrift muss zum Betreten der Räume ermächtigen. Das Betreten der Räume, die Vornahme der Besichtigungen und Prüfungen müssen einem erlaubten Zweck dienen und zu dessen Erreichung erforderlich sein. Das Gesetz muss den Zweck des Betretens, den Gegenstand und den Umfang der zugelassenen Besichtigung und Prüfung deutlich erkennen lassen. Das Betreten der Räume und die Vornahme der Besichtigung ist nur in den Zeiten statthaft, zu denen die Räume normalerweise für die jeweilige geschäftliche oder betriebliche Nutzung zur Verfügung stehen[1110].

bb) Art. 8 HV

Art. 8 HV wird verletzt durch ein Eindringen der öffentlichen Hand gegen den Willen des Berechtigten in die geschützten Räume und einen Aufenthalt dort. Unzulässig ist grundsätzlich jeder Eingriff in die Privatheit der Wohnung, so dass Art. 8 HV durch alle Maßnahmen beeinträchtigt wird, durch die sich die öffentliche Handlung gegen den Willen des Berechtigten Kenntnis von Vorgängen innerhalb der Wohnung verschafft. Ausdrücklich nennt die Hessische Verfassung in Art. 19 Abs. 1 HV die Haussuchung. Ursprünglich lag den Beratungen des Verfassungsausschusses noch die Formulierung „Hausdurchsuchung" zugrunde[1111]. Indes wollte man, um die Verfassung für jedermann verständlich zu halten, keine juristischen Begriffe verwenden. Es bestand daher Einigkeit, das „durch" wegzulassen und nur von „Haus-

---

1108 BVerfG, Beschluss vom 03.04.1979 - 1 BvR 994/76 -, BVerfGE 51, 97 [107].

1109 *Jarass*, in: Jarass/Pieroth, GG, Art. 13 Rdnr. 5; *Herdegen*, in: Bonner Kommentar, Art. 13 Rdnr. 42.

1110 Vgl. BVerfG, Urteil vom 17.02.1998 - 1 BvF 1/91 -, BVerfGE 97, 228 [265 f.], und Beschluss vom 13.10.1971 - 1 BvR 280/66 -, BVerfGE 32, 54 [76 f.]; BVerwG, Urteil vom 25.08.2004 - BVerwG 6 C 26/03 -, JZ 2006, S. 458 [459]; a.A. *Pieroth*/Schlink, Rdnr. 890; wohl auch *Kunig*, in: von Münch/Kunig, GG, Art. 13 Rdnr. 60.

1111 Stenographische Berichte der Beratungen des Verfassungsausschusses der Verfassungberatenden Landesversammlung Groß-Hessen, S. 116, 145.

suchung" zu sprechen[1112]. Ein sachlicher Unterschied war damit indes nicht beabsichtigt, so dass unter einer Haussuchung das gezielte Suchen nach Personen oder Sachen in geschützten Räumlichkeiten zu verstehen ist, die der Berechtigte von sich aus nicht preisgeben will.

e) Verfassungsrechtliche Rechtfertigung von Eingriffen

aa) Art. 13 GG

Die Anforderungen an die verfassungsrechtliche Rechtfertigung hängen, wie sich bereits aus der Vorschrift selbst ergibt, von der Art des Eingriffs ab[1113].

Durchsuchungen sind nur nach Maßgabe von Art. 13 Abs. 2 GG zulässig. Sie bedürfen einer gesetzlichen Ermächtigung sowie grundsätzlich einer vorherigen richterlichen Anordnung. Der Richtervorbehalt gilt sowohl für strafprozessuale Durchsuchungen als auch für solche im Rahmen der Zwangsvollstreckung und der Gefahrenabwehr[1114]. Nur bei Gefahr im Verzug kann eine Durchsuchung ohne vorherige richterliche Anordnung durch eine Behörde angeordnet werden.

Art. 13 Abs. 3 GG betrifft den so genannten großen Lauschangriff zum Zwecke der Strafverfolgung und stellt bestimmte formelle und materielle Anforderungen auf. Er ist nur zulässig, wenn bestimmte Tatsachen den Verdacht begründen, dass jemand eine bestimmte besonders schwere Straftat begangen hat. Eine Erforschung des Sachverhalts auf andere Weise muss unverhältnismäßig erschwert oder aussichtslos sein. Zudem ist eine richterliche Anordnung erforderlich, für die Art. 13 Abs. 3 Satz 3 GG besondere Anforderungen an die Besetzung des Spruchkörpers aufstellt. Darüber hinaus ist Art. 13 Abs. 3 GG dahingehend auszulegen, dass das Gesetz Vorsorge treffen muss, dass die Erhebung von Informationen durch die akustische Überwachung von Wohnungen dort ausgeschlossen ist, wo die Ermittlungsmaßnahme in den durch Art. 13 Abs. 1 in Verbindung mit Art. 1 Abs. 1 und Art. 2 Abs. 1

1112 Stenographische Berichte der Beratungen des Verfassungsausschusses der Verfassungberatenden Landesversammlung Groß-Hessen, S. 163.

1113 *Herdegen*, in: Bonner Kommentar, Art. 13 Rdnrn. 47 f.

1114 *Herdegen*, in: Bonner Kommentar, Art. 13 Rdnr. 54; *Gornig*, in: von Mangoldt/Klein/Starck, GG, Art. 13 Rdnrn. 60, 68.

GG geschützten unantastbaren Bereich der privaten Lebensgestaltung vordringen würde[1115].

Absatz 4 erlaubt eine technische Überwachung zum Zwecke der Gefahrenabwehr. Diese bedarf einer richterlichen bzw. bei Gefahr im Verzug einer behördlichen Anordnung, die unverzüglich durch den Richter bestätigt werden muss. Zulässig ist sie nur bei einer dringenden Gefahr für die öffentliche Sicherheit, d.h. die konkrete Gefährdung eines wichtigen Rechtsguts. Von der Überwachung müssen Erkenntnisse zu erwarten sein, die Maßnahmen zur Vermeidung der Gefahr ermöglichen. Zudem muss die Maßnahme verhältnismäßig sein[1116].

Absatz 5 stellt eine Spezialregelung für Maßnahmen dar, die ausschließlich zum Schutz der bei einem Einsatz in Wohnungen tätigen Personen, insbesondere verdeckten Ermittlern, ergriffen werden[1117].

Absatz 7 betrifft sonstige Beschränkungen und Beeinträchtigungen, die weder Durchsuchung noch Einsatz technischer Mittel sind. Auch hier sind besondere Anforderungen an die Zwecke aufgestellt, zu denen die Beschränkungen bzw. Beeinträchtigungen erfolgen dürfen.

Ferner erlaubt Art. 17a Abs. 2 GG, dass Gesetze, die der Verteidigung einschließlich des Schutzes der Zivilbevölkerung dienen, in den Schutzbereich des Art. 13 Abs. 1 GG eingreifen.

bb) Art. 8 HV

Art. 8 HV enthält selbst keinen Gesetzesvorbehalt. Demgegenüber normiert Art. 19 Abs. 1 HV eine unmittelbare verfassungsrechtliche Einschränkung des Grundrechts aus Art. 8 HV[1118]. Danach kann ein Richter bei dringendem Verdacht einer strafbaren Handlung die Haussuchung anordnen. Diese kann auch nachträglich genehmigt werden, wenn die Verfolgung des Täters zu sofortigem Handeln gezwungen hat. Der Begriff „Haussuchung" ist, wie oben dargelegt, im Sinne von Durchsuchung zu verstehen. Die Vorschrift regelt damit die Voraussetzungen, unter denen eine Durchsuchung überhaupt angeordnet werden darf. Diese ist bei dringendem Ver-

---

1115 BVerfG, Urteil vom 03.03.2004 - 1 BvR 2378/98, 1084/99 -, BVerfGE 109, 279 [318].
1116 *Jarass*, in: Jarass/Pieroth, GG, Art. 13 Rdnr. 21.
1117 *Kunig*, in: von Münch/Kunig, GG, Art. 13 Rdnr. 49.
1118 *Stein*, in: Zinn/Stein, Hessische Verfassung, Art. 19 Erl. 1.

dacht einer strafbaren Handlung zulässig. „Dringend“ ist ein Verdacht nur bei großer Wahrscheinlichkeit, dass eine strafbare Handlung vorliegt[1119]

Die Einschränkungsmöglichkeit nach Art. 157 HV ist, wie oben ausgeführt[1120], gegenstandlos geworden.

Weitere Möglichkeiten, das Grundrecht aus Art. 8 HV zu beschränken, sieht die Hessische Verfassung nicht vor. Wegen der grundsätzlichen Trennung der Verfassungsräume von Bund und Ländern ist es nicht zulässig, die Beschränkungsmöglichkeiten des Art. 13 Abs. 2 bis 7 GG auf das Grundrecht aus Art. 8 HV zu übertragen[1121]. Damit würde die Entscheidung des Verfassunggebers, Einschränkungsmöglichkeiten bei Grundrechten nur in Ausnahmefällen vorzusehen, ebenso umgangen, als wenn man Art. 8 HV als Ausfluss des allgemeinen Freiheitsrechts ansähe und die dort aufgestellten Beschränkungsmöglichkeiten auf Art. 8 HV übertrüge[1122].

f) Ergebnis

Sowohl Grundrechtsträger, Grundrechtsadressat als auch der Schutzbereich von Art. 8 HV und Art. 13 GG sind deckungsgleich.

Zu einem erheblichen Unterschied kommt es hier wiederum bei einem Vergleich der Beschränkungsmöglichkeiten. Art. 8 HV sieht - neben dem gegenstandslos gewordenen Art. 157 HV - lediglich die Möglichkeit vor, in das Recht aus Art. 8 HV bei dringendem Verdacht einer Straftat zum Zwecke der Durchsuchung einzugreifen, erlaubt damit also einen Eingriff lediglich repressiv zum Zwecke der Strafverfolgung. Weitere Einschränkungsmöglichkeiten sieht die Hessische Verfassung nicht vor. Die Gesetzgebungskompetenz für Durchsuchungen zum Zwecke der Strafverfolgung aber liegt nach Art. 74 Abs. 1 Nr. 1 GG beim Bund. Dieser hat aufgrund von Art. 13 Abs. 2 bis 6 GG die Möglichkeiten von Durchsuchungen sowie anderer Eingriffe in die Privatsphäre abschließend in der Strafprozessordnung geregelt, so dass Art. 8 HV insoweit nicht zum Tragen kommt.

[1119] Vgl. *Meyer-Goßner*, StPO, § 112 Rdnrn. 5 f.
[1120] Siehe oben D. II. 7. e) bb).
[1121] So aber wohl *Hinkel*, Erl. zu Art. 8 HV.
[1122] Vgl. *Stein*, in: Zinn/Stein, Hessische Verfassung, Art. 8 Erl. 3.

Eine Art. 13 Abs. 7 GG entsprechende ausdrückliche Ermächtigung, das Grundrecht des Art. 8 HV für Durchsuchungen und andere Überwachungsmaßnahmen aus präventiv-polizeilichen Zwecken einzuschränken[1123], enthält die Hessische Verfassung nicht. Insoweit kommen lediglich verfassungsimmanente Schranken, d.h. Grundrechte Dritter und andere Rechtsgüter von Verfassungsrang in Betracht. Diese Einschränkungsmöglichkeit unterliegt jedoch erhöhten Anforderungen, so dass der Schutz, den Art. 8 HV gegenüber legislativen, judikativen und exekutiven Eingriffen gewährt, weiterreicht als derjenige des Grundgesetzes.

Gegen ein Fortgelten des Art. 8 HV bestehen nach alledem keine Bedenken.

10. Glaubens- und Gewissensfreiheit (Art. 4 Abs. 1 und 2 GG - Art. 9, 48 Abs. 1 und 2 HV)

Art. 4 Abs. 1 GG: Die Freiheit des Glaubens, des Gewissens und die Freiheit des religiösen und weltanschaulichen Bekenntnisses sind unverletzlich.

Art. 4 Abs. 2 GG: Die ungestörte Religionsausübung wird gewährleistet.

Art. 9 HV: Glauben, Gewissen und Überzeugung sind frei.

Art. 48 Abs. 1 HV: Ungestörte und öffentliche Religionsausübung und die Freiheit der Vereinigung zu Religions- und Weltanschauungsgemeinschaften werden gewährleistet.

Art. 48 Abs. 2 HV: Niemand darf gezwungen oder gehindert werden, an einer kirchlichen Handlung oder Feierlichkeit oder religiösen Übung teilzunehmen oder eine religiöse Eidesformel zu benutzen.

a) Grundrechtsträger

aa) Art. 4 Abs. 1 und 2 GG

Träger der Glaubensfreiheit nach Art. 4 GG ist jede natürliche Person[1124]. Auch juristische Personen und Vereinigungen können sich auf den Schutz des Art. 4 GG berufen, soweit sie geschützte Tätigkeiten ausüben. Insbesondere solche Vereinigungen, deren Zweck die Pflege oder Förderung eines religiösen oder weltanschau-

---

1123 Vgl. §§ 15, 38, 39 HSOG.

1124 *Zippelius*, in: Bonner Kommentar, Art. 4 Rdnr. 66.

lichen Bekenntnisses ist[1125] und die nach kirchlichem Selbstverständnis ihrem Zweck oder ihrer Aufgabe entsprechend berufen sind, ein Stück des Auftrags der Kirche wahrzunehmen und zu erfüllen, können den Schutz des Art. 4 GG beanspruchen[1126]. Grundrechtsträger sind auch Kirchen und sonstige - auch öffentlich-rechtliche - Religionsgemeinschaften[1127].

Träger der ebenfalls durch Art. 4 GG geschützten Gewissensfreiheit ist jede natürliche Person, nicht geschützt werden dagegen juristische Personen und Vereinigungen gleich welcher Art[1128].

bb) Art. 9, 48 Abs. 1 und 2 HV

Grundrechtsfähig nach Art. 9 und Art. 48 HV sind neben natürlichen Personen auch öffentlich-rechtliche Religionsgemeinschaften und juristische Personen des Privatrechts, soweit sie geschützte Tätigkeit ausüben[1129]. Art. 48 Abs. 1 Satz 1 Halbs. 2 HV schützt ausdrücklich die religiöse Vereinigungsfreiheit und kommt daher neben den natürlichen Personen ebenso wie die ungestörte Religionsausübung nach Art. 48 Abs. 1 Satz 1 Halbs. 1 HV auch entsprechenden Vereinigungen zu. Der Schutz des Art. 48 Abs. 2 HV kommt nur natürlichen Personen zu, da juristische Personen des Privatrechts nicht in grundrechtstypische Gefährdungslagen geraten können.

b) Grundrechtsadressat

aa) Art. 4 Abs. 1 und 2 GG

Art. 4 GG verpflichtet die gesamte öffentliche Gewalt. Die öffentlich-rechtlichen Religionsgemeinschaften rechnen dazu nur unter bestimmten Voraussetzungen[1130], d.h. sie werden nur dann durch Art. 4 GG gebunden, wenn sie gegenüber dem Betroffenen Hoheitsrechte ausüben, die in der Sache privaten Einrichtungen nicht zur

1125 BVerfG, Beschluss vom 13.10.1998 - 2 BvR 1275/96 -, BVerfGE 99, 100 [118]; *Zippelius*, in: Bonner Kommentar, Art. 4 Rdnr. 70 [für Art. 4 Abs. 2 GG] und Rdnr. 71 [für Art. 4 Abs. 1]; *Kokott*, in: Sachs, GG, Art. 4 Rdnr. 6.

1126 BVerfG, Beschluss vom 04.06.1985 - 2 BvR 1703, 1718/83 und 856/84 -, BVerfGE 70, 138 [162]; siehe auch Beschlüsse vom 25.03.1980 - 2 BvR 208/76 -, BVerfGE 53, 366 [391], und vom 17.02.1981 - 2 BvR 398/78 -, BVerfGE 57, 220 [242]; *Kokott*, in: Sachs, Art. 4 Rdnr. 8; *Morlok*, in: Dreier, GG, Art. 4 Rdnr. 102.

1127 *Kokott*, in: Dreier, GG, Art. 4 Rdnr. 9.

1128 *Jarass*, in: Jarass/Pieroth, GG, Art. 4 Rdnr. 46.

1129 *Hinkel*, Art. 9 Erl. 1.

1130 *Jarass*, in: Jarass/Pieroth, GG, Art. 4 Rdnr. 5a.

Verfügungen stehen können. Im Übrigen sind die öffentlich-rechtlichen Religionsgemeinschaften nicht Adressat der Glaubensfreiheit[1131]. Unmittelbare Drittwirkung besitzt das Grundrecht nicht[1132]

bb) Art. 9, 48 Abs. 1 und 2 HV

Art. 9 HV entfaltet über Art. 26 HV Wirkung als unmittelbar geltendes Recht gegenüber Legislative, Exekutive und Judikative. Unmittelbare Drittwirkung kommt dem Grundrecht nicht zu.

Zwar bezieht sich die Anordnung des Art. 26 HV, der sich seinem Wortlaut nach nur auf die in der vorherigen Artikeln gewährleisteten Grundrechte erstreckt, nicht unmittelbar auf Art. 48 Abs. 1 und 2 HV. Aufgrund der Intention der Hessischen Verfassung, die Glaubensfreiheit weitgehend gegen staatliche Eingriffe zu schützen, muss Art. 26 HV jedenfalls seinem Gedanken nach auch für Art. 48 Abs. 1 und 2 HV gelten, da ansonsten wesentliche Bestandteile der Glaubensfreiheit nicht geschützt wären. Dies beträfe insbesondere die mit der Glaubensfreiheit nahezu untrennbar verbundene Freiheit der Religionsausübung[1133].

c) Sachlicher Schutzbereich

aa) Art. 4 Abs. 1 und 2 GG

Art. 4 Abs. 1 und 2 GG bilden ein einheitliches Grundrecht[1134]. Der Glaube im Sinne von Art. 4 Abs. 1 GG kann sich auf der Grundlage einer Religion oder einer Weltanschauung entfalten. Da beides in gleicher Weise geschützt ist, bedürfen die Begriffe keiner Abgrenzung. Die Freiheit der Religionsausübung im Sinne von Art. 4 Abs. 2 GG kommt auch Weltanschauungen zugute[1135].

Glauben ist die „als verpflichtend empfundene Annehmung der Grundsätze einer Religion[1136]“, ein „System von Anschauungen religiöser Prägung[1137]“, „die subjektive

---

[1131] *Jarass*, in: Jarass/Pieroth, GG, Art. 4 Rdnr. 32; vgl. auch BVerfG, Urteil vom 19.12.2000 - 2 BvR 1500/97 -, BVerfGE 102, 370 [392 f.]

[1132] *Zippelius*, in: Bonner Kommentar, Art. 4 Rdnrn. 81 ff.; *Morlok*, in: Dreier, GG, Art. 4 Rdnr. 105.

[1133] StGH, Urteil vom 27.10.1965 – P.St. 388 -, StAnz. 1965, S. 1394 [1398].

[1134] BVerfG, Beschluss vom 16.10.1968 - 1 BvR 241/66 -, BVerfGE 24, 236 [245 f.], und Urteil vom 24.09.2003 - 2 BvR 1436/02 -, BVerfGE 108, 282 [297]; *Jarass*, in: Jarass/Pieroth, GG, Art. 4 Rdnr. 1.

[1135] *Jarass*, in: Jarass/Pieroth, GG, Art. 4 Rdnr. 7.

[1136] *Zippelius*, in: Bonner Kommentar, Art. 4 Rdnr. 32.

[1137] *Morlok*, in: Dreier, GG, Art. 4 Rdnr. 67.

Gewissheit von einer überweltlichen Macht, die in einer persönlichen oder unpersönlichen Gottheit oder in der Wirksamkeit einer überweltlichen Kausalität bestehen kann[1138]". „Weltanschauung ist der Versuch, die Welt aus einer sinnvollen Gesamtkonzeption zu verstehen[1139]". „Als Gewissensentscheidung ist jede ernstliche sittliche, d.h. an den Kategorien von Gut und Böse orientierte Entscheidung anzusehen, die der Einzelne in einer bestimmten Lage als für sich bindend und unbedingt verpflichtend erfährt, so dass er gegen sie nicht ohne ernste Gewissensnot handelt könnte[1140]". Auf welchen Gründen die sittliche innere Verpflichtung beruht, ist unerheblich[1141].

Das Recht der Glaubens- und Gewissensfreiheit bezieht sich nicht nur auf die innere Freiheit, zu glauben oder nicht zu glauben, sondern auch auf die äußere Freiheit, den Glauben zu bekunden und zu verbreiten. Erfasst ist auch das Recht des Einzelnen, sein gesamtes Verhalten an den Lehren seines Glaubens auszurichten und seiner inneren Glaubensüberzeugung gemäß zu handeln. Dies betrifft nicht nur imperative Glaubenssätze, sondern auch solche religiösen Überzeugungen, die ein Verhalten als das zur Bewältigung einer Lebenslage richtige bestimmen[1142]. Art. 4 GG umfasst auch die so genannte negative Glaubensfreiheit, d.h. das Recht, eine religiöse oder weltanschauliche Überzeugung abzulehnen[1143]. Geschützt wird zudem das Recht, die eigene Überzeugung zu verschweigen[1144]. Auch die Gewissensfreiheit schützt nicht nur das so genannte forum internum, sondern auch das forum externum, also das Handeln entsprechend einer Gewissenentscheidung[1145].

Über diese individuelle Seite hinaus gewährleistet Art. 4 GG auch die religiöse Vereinigungsfreiheit. Die in Art. 4 GG verbürgte Religionsfreiheit ist umfassend zu verstehen. Die Intention des Verfassunggebers war nach der Erfahrung der Religionsverfolgung durch das NS-Regime darauf gerichtet, Religionsfreiheit nicht nur in bestimmten Teilfreiheiten, sondern umfassend zu gewähren. Keines der traditionellen

---

1138 *Preuß*, in: AK-GG, Art. 4 Abs. 1 und 2 Rdnr. 14.

1139 *Zippelius*, in: Bonner Kommentar, Art. 4 Rdnr. 94; *Kokott*, in: Sachs, GG, Art. 4 Rdnr. 20.

1140 *Jarass*, in: Jarass/Pieroth, GG, Art. 4 Rdnr. 45; *Kokott*, in: Sachs, GG, Art. 4 Rdnr. 21; *Morlok*, in: Dreier, GG, Art. 4 Rdnr. 68.

1141 *Zippelius*, in: Bonner Kommentar, Art. 4 Rdnr. 35.

1142 BVerfG, Urteil vom 24.09.2003 - 2 BvR 1436/02 -, BVerfGE 108, 282 [297].

1143 BVerfG, Beschlüsse vom 16.05.1995 - 1 BvR 1087/91 -, BVerfGE 93, 1 [15 f.], und vom 17.12.1975 - 1 BvR 63/68 -, BVerfGE 41, 29 [49]; *Jarass*, in: Jarass/Pieroth, GG, Art. 4 Rdnr. 11.

1144 *Jarass*, in: Jarass/Pieroth, GG, Art. 4 Rdnr. 11; *Zippelius*, in: Bonner Kommentar, Art. 4 Rdnr. 99; *Preuß*, in: AK-GG, Art. 4 Abs. 1 und 2 Rdnr. 21.

1145 BVerfG, Beschluss vom 30.06.1988 - 2 BvR 701/86 -, BVerfGE 78, 391 [395].

religiösen Freiheitsrechte sollte von der Gewährleistung ausgeschlossen werden. Zu diesen traditionellen religiösen Freiheitsrechten gehören die Glaubens- und Gewissensfreiheit einschließlich der Bekenntnisfreiheit, die Freiheit der privaten und öffentlichen Religionsausübung und die religiöse Vereinigungsfreiheit (Art. 135, 136, 137 Abs. 2 WRV). Der Gewährleistungsinhalt der religiösen Vereinigungsfreiheit umfasst daher die Freiheit, aus gemeinsamen Glauben sich zu einer Religionsgesellschaft zusammenzuschließen und zu organisieren[1146]".

bb) Art. 9, 48 Abs. 1 und 2 HV

Unter Glauben im Sinne von Art. 9 HV ist die Fähigkeit und das Recht des einzelnen Menschen zu verstehen, sich die religiöse Überzeugung zu bilden und zu haben, die er für richtig hält[1147]. Der Begriff „Glauben" ist also vom Religiösen her bestimmt. Objekt des Glaubens können eine Gottesvorstellung, unabhängig von ihrer Art, oder die Vorstellung einer überweltlichen Gestaltungskraft sein, die nicht ausschließlich aus dem Verstandesbereich, sondern überwiegend dem emotional, dem Gefühlsbereich stammt. Der Glauben muss nicht in sich abgeschlossen sein; es kann sich auch um unvollständige Vorstellungen handeln, die aus einzelnen Teilen, gedanklich oder logisch verbunden, bestehen[1148]. Der Begriff der Überzeugung umfasst inhaltlich religiöse und weltanschauliche Bekenntnisse[1149]. Zu weltanschaulichen Vorstellungen gehören Erklärungsmuster, die die Welt von bestimmten Gegebenheiten ausgehend mit entsprechenden Zielen erklären und gleichsam ein Weltbild vermitteln[1150]. Das Gewissen bezeichnet bewusst oder unbewusst als Maßstäbe gewählte ethische Grundsätze, d.h. das Bewusstsein des Menschen von der Existenz des Sittengesetzes und seiner verpflichtenden Kraft[1151].

Art. 9 HV gewährleistet die Freiheit, einen Glauben, ein Gewissen oder eine Überzeugung überhaupt zu haben. Darauf ist die Gewährleistung indes nicht beschränkt. Anderenfalls schützte es nur einen nicht erfassbaren und nicht erkennbaren inneren Teil der menschlichen Vorstellungswelt, der zum forum internum gehört und einer rechtlichen Regelung ohnehin nicht zugänglich ist. Seinen wesentlichen Gehalt ge-

---

1146 BVerfG, Beschluss vom 05.02.1991 - 2 BvR 263/86 -, BVerfGE 83, 241 [354 f.].
1147 *Stein*, in: Zinn/Stein, Hessische Verfassung, Art. 9 Erl. 3.
1148 *Hinkel*, Art. 9 Erl. 2.
1149 *Hinkel*, Art. 9 Erl. 1.
1150 *Hinkel*, Art. 9 Erl. 3.
1151 *Hinkel*, Art. 9 Erl. 4; vgl. auch *Stein*, in: Zinn/Stein, Hessische Verfassung, Art. 9 Erl. 3: „Unter Gewissensfreiheit ist das Recht zu verstehen, nach dem sittlichen Bewusstsein zu entscheiden und zu handeln".

winnt die Gewährleistung erst durch das Recht zur Manifestation des Glaubens, d.h. durch die Freiheit des religiösen und weltanschaulichen Bekenntnisses, die Freiheit, sagen zu dürfen, was man glaubt oder nicht glaubt. Diese Freiheit ist Ausfluss der Glaubens- und Gewissensfreiheit des Art. 9 HV und vollendet die Glaubens- und Gewissensfreiheit. Das Bekenntnis ist die in vielfältigen Formen mögliche Manifestation des Glaubens oder Unglaubens, der weltanschaulichen Überzeugung oder der Gewissensentscheidung. Die Garantie der Bekenntnisfreiheit erstreckt sich auf alle denkbaren Formen religiöser oder weltanschaulicher, auch antireligiöser Anschauungen und ebenso auf die religiöse und weltanschauliche Indifferenz. Die Bekenntnisfreiheit schließt darüber hinaus das Recht ein, eine Offenbarung jeglicher religiöser oder weltanschaulicher Überzeugung oder Gewissensentscheidung zu verweigern[1152].

Gegenüber der Gedanken- und Mitteilungsfreiheit des Art. 9 HV enthält Art. 48 Abs. 1 Halbs. 1 HV die Freiheit, die religiöse Überzeugung in die Tat umzusetzen. Dies betrifft die so genannte äußere Kultusfreiheit des Einzelnen, aber auch in der Gemeinschaft[1153].

Die ungestörte Vereinigungsfreiheit der Religions- und Weltanschauungsgemeinschaften wird in Art. 48 Abs. 1 Halbs. 2 HV gewährleistet. Art. 48 Abs. 2 HV ist selbstverständliche Folge der Glaubens- und Bekenntnisfreiheit. Die Teilnahme im Sinne von Art. 48 Abs. 2 HV besteht in der körperlichen Anwesenheit während einer religiösen Übung[1154].

d) Eingriffe, Beeinträchtigungen

aa) Art. 4 Abs. 1 und 2 GG

Die Glaubens- und Gewissensfreiheit nach Art. 4 GG wird beeinträchtigt, wenn der Staat die geschützten Tätigkeiten unmittelbar regelt oder faktisch in erheblicher Weise behindert[1155]. Der Staat darf dem Einzelnen weder einen Glauben oder eine Religion vorschreiben noch eine solche verbieten[1156]. Aus Art. 4 Abs. 1 GG folgt

---

1152 StGH, Urteil vom 27.10.1965 - P.St. 388 -, StAnz. 1965, S. 1394 [1398].
1153 *Hinkel*, Art. 9 Erl. 3.
1154 StGH, Urteil vom 27.10.1965 - P.St. 388 -, StAnz. 1965, S. 1394 [1399].
1155 *Jarass*, in: Jarass/Pieroth, GG, Art. 4 Rdnr. 22
1156 BVerfG, Beschluss vom 16.05.1995 - 1 BvR 1087/91 -, BVerfGE 91, 1 [15].

zudem eine Pflicht des Staates, dem Einzelnen und der Gemeinschaft einen Betätigungsraum zu sichern, in dem sich die Persönlichkeit auf weltanschaulich-religiösem Gebiet entfalten kann, und sie vor Angriffen oder Behinderungen von Anhängern anderer Glaubensrichtungen oder konkurrierender Religionsgruppen zu schützen. Darüber hinaus muss der Staat in Glaubensfragen Neutralität bewahren und hat auf eine am Gleichheitssatz orientierte Behandlung der verschiedenen Religions- und Weltanschauungsgemeinschaften zu achten[1157].

bb) Art. 9, 48 Abs. 1 und 2 HV

Art. 9 HV ist verletzt, wenn dem Einzelnen ein Glaube, eine religiöse oder weltanschauliche Überzeugung oder eine Gewissensentscheidung vom Staat vorgegeben oder verboten wird. Art. 48 Abs. 2 HV wird beeinträchtigt, wenn der Einzelne zur Teilnahme an einer der dort genannten Veranstaltungen oder zur Benutzung einer religiösen Eidesformel durch einen Träger öffentlicher Gewalt gezwungen wird. Die Freiheit der ungestörten Religionsausübung ist verletzt, wenn der Staat diese entweder verbietet, einschränkt oder sonst behindert. Gleiches gilt für die Freiheit der Vereinigung zur Religions- und Weltanschauungsgemeinschaften.

e) Verfassungsrechtliche Rechtfertigung von Eingriffen

aa) Art. 4 Abs. 1 und 2 GG

Das Grundrecht aus Art. 4 Abs. 1 und 2 GG ist vorbehaltlos gewährleistet. Grenzen des Rechts der Glaubensfreiheit werden nur von der Verfassung selbst, d.h. nach Maßgabe der grundgesetzlichen Wertordnung und unter Berücksichtigung der Einheit dieses grundlegenden Wertsystems gezogen. Die enge Beziehung der Glaubensfreiheit zur Menschenwürde als dem obersten Wert im System der Grundrechte schließt es aus, Betätigungen und Verhaltensweisen, die aus einer bestimmten Glaubenshaltung fließen, ohne weiteres den Sanktionen zu unterwerfen, die der Staat für ein solches Verhalten - unabhängig von seiner glaubensmäßigen Motivierung - vorsieht[1158]. Ein allgemeiner Gesetzesvorbehalt lässt sich insbesondere nicht

---

1157 BVerfG, Beschluss vom 16.05.1995 - 1 BvR 1087/91 -, BVerfGE 91, 1 [16 f.].

1158 BVerfG, Beschluss vom 11.04.1972 - 2 BvR 75/71 -, BVerfGE 33, 23 [29]; *Zippelius*, in: Bonner Kommentar, Art. 4 Rdnrn. 84 ff.

aus Art. 140 GG i.V.m. Art. 136 Abs. 1 WRV herleiten[1159]. Auch die Schranken aus Art. 2 Abs. 1 GG lassen sich auf die Glaubens- und Gewissensfreiheit des Art. 4 GG nicht übertragen[1160].

bb) Art. 9, 48 Abs. 1 und 2 HV

Art. 9 HV ist ebenso vorbehaltlos gewährleistet wie Art. 48 Abs. 1 und 2 HV. Einschränkungsmöglichkeiten können sich nach dem Grundsatz der Einheit der Verfassung daher allein aus anderen Bestimmungen der Hessischen Verfassungen ergeben, d.h. aus Grundrechten anderer sowie anderer Rechtsgüter mit Verfassungsrang[1161]. Eine Übertragung der Schranken des Art. 2 Abs. 1 HV auf die Glaubens- und Gewissensfreiheit bzw. die Freiheit der ungestörten Religionsausübung nach Art. 48 Abs. 1 HV oder die Freiheit vom Teilnahmezwang kommt aus bereits dargestellten Gründen nicht in Betracht[1162].

Auch wenn die Freiheit der Vereinigung zu Religions- und Weltanschauungsgemeinschaften als Unterfall der allgemeinen Vereinigungsfreiheit des Art. 15 HV angesehen wird, ergibt sich nichts anderes. Dieses Grundrecht ist ebenfalls vorbehaltlos gewährleistet. Lediglich Art. 17 Abs. 1 HV bestimmt, dass das Grundrecht der Vereinsfreiheit verwirkt werden kann. Die in Art. 17 Abs. 1 HV enthaltene Aufzählung von verwirkbaren Grundrecht muss indes als abschließend angesehen werden. Auch die Einschränkungsmöglichkeiten der Vereinigungsfreiheit aus Art. 9 Abs. 2 GG lassen sich auf Art. 48 HV nicht übertragen[1163].

f) Ergebnis

Art. 9, 48 Abs. 1 und 2 HV und Art. 4 Abs. 1 und 2 GG stimmen in ihrem jeweiligen Gewährleistungsbereich inhaltlich überein. Insbesondere sind auch die Grundrechte der Hessischen Verfassung jeweils vorbehaltlos gewährleistet. Einschränkungen sind daher allenfalls aufgrund verfassungsimmanenter Schranken möglich.

1159 Vgl. BVerfG, Beschluss vom 11.04.1972 - 2 BvR 75/71 -, BVerfGE 33, 23 [30]; a.A. *Jarass*, in: Jarass/Pieroth, GG, Art. 4 Rdnr. 28.

1160 BVerfG, Beschluss vom 16.10.1979 - 1 BvR 647/70 und 70/74 -, BVerfGE 52, 223 [245]; *Morlok*, in: Dreier, GG, Art. 4 Rdnr. 111.

1161 *Hinkel*, Art. 9 Erl. 6; Art. 48 Erl. 3.

1162 A.A. *Stein*, in: Zinn/Stein, Hessische Verfassung, Art. 9 Erl. 1.

1163 So aber *Hinkel*, Art. 48 Erl. 4; *Stein*, in: Zinn/Stein, Hessische Verfassung, Art. 48 Erl. 3.

Die von der Hessischen Verfassung gewährleisteten Grundrechte sind einander auch gleichwertig. Die gegenteilige Ansicht des Staatsgerichtshofs, wonach das Recht zum Schweigen unbedingt und ausnahmslos gelte und, da es nicht in fremde Rechtskreise eingreife, weder eingeschränkt noch einschränkbar sei[1164], überzeugt nicht. Diese Ansicht ist darauf gestützt, die in Art. 48 Abs. 1 HV gewährleistete Kultusfreiheit als Anwendungsfall der allgemeinen Handlungsfreiheit unterliege den durch Art. 2 Abs. 1 HV normierten Schranken[1165]. Dies trifft jedoch nicht zu. Jedes der durch die Hessische Verfassung gewährleisteten Grundrechte lässt sich in seinem Kern als Ausprägung der allgemeinen Handlungsfreiheit ansehen. Dies zugrunde gelegt, ließe sich auf jedes der speziellen Grundrechte die Schrankenregelung des Art. 2 Abs. 1 HV übertragen. Damit aber würde die bewusste Entscheidung des Verfassunggebers unterlaufen, eine Einschränkung der einzelnen Grundrechte nur in Ausnahmefällen zu ermöglichen. Von einem Vorrang der negativen Bekenntnisfreiheit kann daher nicht die Rede sein[1166]. Auch hier gilt vielmehr, dass im Wege der praktischen Konkordanz ein Ausgleich zwischen widerstreitenden Grundrechten gefunden werden muss.

Laufen aber die Gewährleistungen nach Art. 4, 48 Abs. 1 und 2 GG und nach Art. 4 Abs. 1 und 2 GG parallel[1167], bestehen gegen ein Fortbestehen der Landesgrundrechte keine Bedenken.

11. Freiheit von Wissenschaft und Kunst (Art. 5 Abs. 3 GG - Art. 10 HV)

Art. 5 Abs. 3 GG: Kunst und Wissenschaft, Forschung und Lehre sind frei. Die Freiheit der Lehre entbindet nicht von der Treue zur Verfassung.

Art. 18 GG: Wer die Freiheit der Meinungsäußerung, insbesondere die Pressefreiheit (Artikel 5 Absatz 1), die Lehrfreiheit (Artikel 5 Absatz 3), die Versammlungsfreiheit (Artikel 8), die Vereinigungsfreiheit (Artikel 9), das Brief-, Post- und Fernmeldegeheimnis (Artikel 10), das Eigentum (Artikel 14) oder das Asylrecht (Artikel 16a) zum Kampfe gegen die freiheitliche demokratische Grundordnung missbraucht, verwirkt diese Grund-

---

1164 StGH, Urteil vom 27.10.1965 - P.St. 388 -, StAnz. 1965, S. 1394 [1399].

1165 StGH, StGH, Urteil vom 27.10.1965 - P.St. 388 -, StAnz. 1965, S. 1394 [1399].

1166 Vgl. hierzu auch BVerfG, Beschluss vom 16.10.1979 - 1 BvR 647/70 und 7/74 -, BVerfGE 52, 223 [245 f.].

1167 Siehe hierzu auch StGH, Urteile vom 27. 10. 1965 - P.St. 388 -, StAnz. 1965, S. 1394 [1397], vom 03.07.1968 - P.St. 470 -, StAnz. 1968, S. 1225 [1230], und vom 20.12.1971 - P.St. 608.637 -, StAnz. 1972, S. 112 [118].

rechte. Die Verwirkung und ihr Ausmaß werden durch das Bundesverfassungsgericht ausgesprochen.

Art. 10 HV: Niemand darf in seinem wissenschaftlichen oder künstlerischen Schaffen und in der Verbreitung seiner Werke gehindert werden.

Art. 17 Abs. 1 HV: Auf das Recht der freien Meinungsäußerung, der Versammlungs- und der Vereinsfreiheit sowie auf das Recht der Verbreitung wissenschaftlicher und künstlerischer Werke kann sich nicht berufen, wer den verfassungsmäßigen Zustand angreift oder gefährdet.

Art. 17 Abs. 2 HV: Ob diese Voraussetzung vorliegt, entscheidet im Beschwerdewege der Staatsgerichtshof.

Art. 18 HV: Auf das Recht der freien Meinungsäußerung, der Verbreitung wissenschaftlicher oder künstlerischer Werke und der freien Unterrichtung kann sich ferner nicht berufen, wer Gesetze zum Schutze der Jugend verletzt.

Art. 146 Abs. 1 HV: Es ist Pflicht eines jeden, für den Bestand der Verfassung mit allen ihm zu Gebote stehenden Kräften einzutreten.

Art. 146 Abs. 2 HV: Das Gesetz[1168] *bestimmt, welche Rechte aus dieser Verfassung durch Entscheidung des Staatsgerichtshofes aberkannt werden können, wenn jemand dieser Pflicht zuwiderhandelt oder einer politischen Gruppe angehört oder angehört hat, welche die Grundgedanken der Demokratie bekämpft.*

a) Grundrechtsträger

aa) Art. 5 Abs. 3 GG

Träger des Grundrechts der Kunstfreiheit aus Art. 5 Abs. 3 Satz 1 GG ist zunächst jeder, der selbst künstlerisch tätig ist[1169]. Auf den Schutz des Art. 5 Abs. 3 Satz 1 GG kann sich aber auch derjenige berufen, der das Kunstwerk der Öffentlichkeit

---

1168 § 38 Abs. 1 StGHG: Erweist sich der Antrag als begründet, so stellt der Staatsgerichtshof fest, welche der folgenden Rechte der Antragsgegnerin oder des Antragsgegners aberkannt oder beschränkt werden: 1. das Recht der Freizügigkeit (Art. 6 HV), 2. das Recht zur Verbreitung ihrer oder seiner Werke (Art. 10 HV), 3. das Recht der öffentlichen Meinungsäußerung (Art. 11 HV), 4. das Recht, an Versammlungen teilzunehmen (Art. 14 HV), 5. das Stimmrecht bei Volksabstimmungen, Volksbegehren, Volksentscheiden und Bürgerbegehren (Art. 73 HV), 6. das Wahlrecht und die Wählbarkeit zum Hessischen Landtag nach Art. 138 HV sowie zu den Hessischen Kreistagen, Gemeindevertretungen und Ortsbeiräten (Art. 73, 75, 76 HV), 7. das Recht auf Zugang zu öffentlichen Ämtern des Landes Hessen (Art. 134 HV).

1169 *Jarass*, in: Jarass/Pieroth, GG, Art. 5 Rdnr. 108.

zugänglich macht[1170]. Des Weiteren können sich auch juristische Personen des Privatrechts und Personenvereinigungen auf den Schutz des Art. 5 Abs. 3 Satz 1 GG berufen[1171].

Auf die Freiheit der Wissenschaft kann sich jeder berufen, der wissenschaftlich tätig ist oder tätig werden will[1172]. Gleichermaßen steht der Schutz des Art. 5 Abs. 3 Satz 1 GG solchen juristischen Personen des Privatrechts zu, die Wissenschaft betreiben oder organisieren[1173]. Auch staatliche Universitäten und Fakultäten können Träger des Grundrechts aus Art. 5 Abs. 3 Satz 1 GG sein[1174].

bb) Art. 10 HV

Art. 10 HV enthält keine Begrenzung des persönlichen Schutzbereichs, so dass es sich um ein Menschenrecht handelt. Auf seinen Schutz kann sich daher jeder unabhängig von seiner Staatsangehörigkeit berufen. Da auch juristische Personen des Privatrechts in künstlerische oder wissenschaftliche Tätigkeit einbezogen sein können, kommt ihnen der Schutz des Art. 10 HV ebenfalls zugute.

Nach dem Wortlaut des Art. 10 HV ist ausdrücklich die Verbreitung der künstlerischen und wissenschaftlichen Werke geschützt, so dass diejenigen, die als notwendige Mittler zwischen Künstler bzw. Wissenschaftler und Öffentlichkeit eingeschaltet sind, auch vom Schutz des Art. 10 HV erfasst werden[1175].

Zwar können sich juristische Personen des öffentlichen Rechts nach der Hessischen Verfassung grundsätzlich nicht auf Grundrechte berufen. Eine Ausnahme ist allerdings dann anzunehmen, wenn die Körperschaft des öffentlichen Rechts unmittelbar dem durch die Grundrechte geschützten Lebensbereich zuzuordnen ist[1176]. Dies ist bei Hochschulen des Landes der Fall, so dass auch ihnen der Schutz des Art. 10 HV zukommt.

1170 BVerfG, Urteil vom 05.03.1974 - 1 BvR 712/68 -, BVerfGE 36, 332 [331]; Beschlüsse vom 24.02.1971 - 1 BvR 435/68 -, BVerfGE 30, 173 [191], und vom 03.11.1987 - 1 BvR 1257/84, 861/85 -, BVerfGE 77, 240 [251]; *Zöbeley*, in: Umbach/Clemens, GG, Art. 5 Rdnr. 238.

1171 *Jarass*, in: Jarass/Pieroth, GG, Art. 5 Rdnr. 108.

1172 BVerfG, Urteil vom 29.05.1983 - 1 BvR 424/71 und 325/72 -, BVerfGE 75, 79 [112 f.]; *Zöbeley*, in: Umbach/Clemens, GG, Art. 5 Rdnr. 238; *Pernice*, in: Dreier, Art. 5 III [Wissenschaft] Rdnr. 34.

1173 *Jarass*, in: Jarass/Pieroth, GG, Art. 5 Rdnr. 125; *Pernice*, in: Dreier, GG, Art. 5 III [Wissenschaft] Rdnr. 35.

1174 *Zöbeley*, in: Umbach/Clemens, GG, Art. 5 Rdnr. 229; *Starck*, in: von Mangoldt/Klein/Starck, GG, Art. 5 Rdnr. 324 [für Musik- und Kunsthochschulen].

1175 Vgl. *Hinkel*, Art. 10 Erl. 3.

1176 StGH, Beschluss vom 18.06.1980 - P.St. 878 -, StAnz. 1980, S. 1287 [1291]; *Günther*, Verfassungsgerichtsbarkeit, § 43 Rdnr. 29.

b) Grundrechtsadressat

aa) Art. 5 Abs. 3 GG

Die Kunstfreiheit verpflichtet alle staatliche Gewalt, also auch öffentlich-rechtliche Rundfunkanstalten[1177]. Private sind nur mittelbar aufgrund der objektiven Wirkung der Kunstfreiheit verpflichtet; unmittelbare Drittwirkung kommt dem Grundrecht der Kunstfreiheit nach Art. 5 Abs. 3 GG nicht zu[1178].

Auch die Freiheit der Wissenschaft verpflichtet unmittelbar nur den Staat, unmittelbare Drittwirkung besteht hier nicht. Soweit es sich um private Hochschulen handelt, ist allerdings die Ausstrahlungswirkung des Grundrechts zu beachten[1179].

bb) Art. 10 HV

Art. 10 HV wendet sich aufgrund der Anordnung des Art. 26 HV an alle staatliche Gewalt. Eine unmittelbare Wirkung im Verhältnis von Privaten kommt dem Grundrecht nicht zu.

c) Sachlicher Schutzbereich

aa) Art. 5 Abs. 3 GG

Die Kunstfreiheitsgarantie des Art. 5 Abs. 3 Satz 1 GG erstreckt sich gleichermaßen auf den Werkbereich und den Wirkbereich des künstlerischen Schaffens. Nicht nur die künstlerische Betätigung, also der Werkbereich, sondern auch die Darbietung und Verbreitung des Kunstwerks sind erforderlich für die Begegnung mit dem Werk als kunstspezifischer Vorgang. Dieser Wirkbereich, in dem der Öffentlichkeit Zugang zu dem Kunstwerk verschafft wird, ist unmittelbar mit der Freiheitsgarantie des Art. 5 Abs. 3 GG verbunden, da ohne seine Einbeziehung das Grundrecht weitgehend leer laufen würde[1180].

Der Begriff „Kunst“ ist durch die der Kunst wesentlichen Strukturmerkmale zu bestimmen. Diese sind in der freien schöpferischen Gestaltung zu sehen, in der

---

1177 *Jarass*, in: Jarass/Pieroth, GG, Art. 5 Rdnr. 105.

1178 *Pernice*, in: Dreier, GG, Art. 5 III [Kunst] Rdnr. 28; *Jarass*, in: Jarass/Pieroth, GG, Art. 5 Rdnr. 112; *Starck*, in: von Mangoldt/Klein/Starck, GG, Art. 5 Rdnr. 327.

1179 *Jarass*, in: Jarass/Pieroth, GG, Art. 5 Rdnr. 119; *Pernice*, in: Dreier, GG, Art. 5 III [Wissenschaft] Rdnr. 37.

1180 BVerfG, Beschluss vom 24.02.1971 - 1 BvR 435/68 -, BVerfGE 30, 173 [189]; *Starck*, in: von Mangoldt/Klein/Starck, GG, Art. 5 Rdnrn. 307 – 310; *Wendt*, in: von Münch/Kunig, GG, Art. 5 Rdnr. 93.

Eindrücke, Erfahrungen, Erlebnisse des Künstlers durch das Medium einer bestimmten Formensprache zur Anschauung gebracht werden. Künstlerisches Schaffen ist geprägt durch ein Zusammenwirken von Intuition, Phantasie und Kunstverstand; es ist primär nicht Mitteilung, sondern Ausdruck der individuellen Persönlichkeit des Künstlers[1181] (sog. materialer oder wertbezogener Kunstbegriff[1182]). Denkbar ist auch, das Wesentliche der Kunst darin zu sehen, dass bei einer formalen, typologischen Betrachtung die Gattungsanforderungen eines bestimmten Werktyps erfüllt sind[1183] (sog. formaler Kunstbegriff; dieser knüpft nur an die Tätigkeit und die Ergebnisse etwa des Malens, Bildhauens, Dichtens an[1184]). Ferner kann man das kennzeichnende Merkmal einer künstlerischen Äußerung in der Möglichkeit sehen, dem Werk wegen der Mannigfaltigkeit seines Aussagegehalts im Wege einer fortgesetzten Interpretation immer weiterreichende Bedeutungen zu entnehmen. Es ergeben sich auf diese Weise praktisch unerschöpfliche, vielstufige Informationsvermittlungen[1185]. Jede Eingrenzung des Kunstbegriffs kann zu einer Einengung des vorbehaltlos gewährleisteten Freiheitsrechts führen[1186], so dass der Kunstbegriff offen sein[1187] und auch ungewöhnliche und überraschende Ausdrucksformen erfassen muss[1188]. Klarstellend festzuhalten bleibt, dass eine Differenzierung zwischen „höherer" und „niederer", „guter" und „schlechter" Kunst nicht erfolgen darf[1189].

Wissenschaft - als Oberbegriff zu Forschung und Lehre[1190] - ist „jede wissenschaftliche Tätigkeit, d.h. alles, was nach Inhalt und Form als ernsthafter planmäßiger Versuch zur Ermittlung der Wahrheit anzusehen ist[1191]". Forschung ist „die geistige Tätigkeit mit dem Ziele, in methodischer, systematischer und nachprüfbarer Weise neue Erkenntnisse zu gewinnen[1192]", Lehre „die wissenschaftlich fundierte[n] Über-

---

1181 BVerfG, Beschluss vom 24.02.1971 - 1 BvR 435/68 -, BVerfGE 30, 173 [188 f.].

1182 *Kobor*, in: JuS 2006, S. 593 [594]; *Starck*, in: von Mangoldt/Klein/Starck, GG, Art. 5 Rdnr. 302.

1183 BVerfG, Beschluss vom 17.07.1984 - 1 BvR 816/82 -, BVerfGE 67, 213 [226 f.].

1184 BVerfG, Beschluss vom 17.07.1984 - 1 BvR 816/82 -, BVerfGE 67, 213 [226 f.].

1185 BVerfG, Beschluss vom 17.07.1984 - 1 BvR 816/82 -, BVerfGE 67, 213 [227]; so genannter offener oder kommunikationstheoretischer Kunstbegriff, vgl. *Starck*, in: von Mangoldt/Klein/Starck, GG, Art. 5 Rdnrn. 302, 304.

1186 *Starck*, in: von Mangoldt/Klein/Starck, GG, Art. 5 Rdnr. 298.

1187 *Pernice*, in: Dreier, GG, Art. 5 Abs. 3 [Kunst] Rdnr. 17; *Starck*, in: von Mangoldt/Klein/Starck, GG, Art. 5 Rdnr. 301.

1188 *Pieroth/Schlink*, Rdnr. 613.

1189 BVerfG, Beschluss vom 03.06.1987 - 1 BvR 313/85 -, BVerfGE 75, 369 [377]; *Zöbeley*, in: Umbach/Clemens, GG, Art. 5 Rdnr. 235; *Wendt*, in: von Münch/Kunig, GG, Art. 5 Rdnr. 91.

1190 BVerfG, Urteil vom 29.05.1973 - 1 BvR 424/71 und 325/72 -, BVerfGE 35, 79 [113]; *Pernice*, in: Dreier, GG, Art. 5 III [Wissenschaft] Rdnr. 24; *Kobor*, in: JuS 2006, S. 695.

1191 *Pernice*, in: Dreier, GG, Art. 5 III [Wissenschaft] Rdnr. 24.

1192 BVerfG, Urteil vom 29.05.1973 - 1 BvR 424/71 und 325/72 -, BVerfGE 35, 79 [113].

mittlung der durch die Forschung gewonnenen Erkenntnisse[1193]". Offenheit und Wandelbarkeit des Wissenschaftsbegriffs müssen beachtet werden[1194]. Der Freiraum des Wissenschaftlers ist gekennzeichnet durch Freiheit von jeder Einwirkung öffentlicher Gewalt. Hierher gehören vor allem die auf wissenschaftlicher Eigengesetzlichkeit beruhenden Prozesse, Verhaltensweisen und Entscheidungen bei dem Auffinden von Erkenntnissen, ihrer Deutung und Weitergabe. Jeder, der in Wissenschaft, Forschung und Lehre tätig ist, hat ein Recht auf Abwehr jeder staatlichen Einwirkung auf den wissenschaftlichen Prozess. Art. 5 Abs. 3 GG will nicht eine bestimmte Auffassung von der Wissenschaft oder eine bestimmte Wissenschaftstheorie schützen. Seine Freiheitsgarantie erstreckt sich auf jede wissenschaftliche Tätigkeit, d.h. auf alles, was nach Inhalt und Form als ernsthafter planmäßiger Versuch zur Ermittlung der Wahrheit anzusehen ist[1195].

Geschützt sind alle Tätigkeiten, die im dargelegten Sinne als wissenschaftliche zu qualifizieren sind, „vor allem die Wahl von Fragestellung und Methode, Vorarbeiten und Materialsammlung, Ermittlungen über den Stand der Forschung, Zugang zu und Nutzung von Daten und Dokumenten aus allgemein zugänglichen Quellen, staatlichen Archiven und Datenbanken, Mitteleinwerbung, Experimentieren, Bewertung und Publikation der Ergebnisse [1196]".

bb) Art. 10 HV

Art. 10 HV gewährt ein Freiheitsrecht und hängt eng zusammen mit dem Grundrecht der freien Meinungsäußerung nach Art. 11 HV[1197].

Die Freiheit der Wissenschaft gewährleistet Freiheit der Forschung als den geistigen Prozess, in methodischer, systematischer und nachprüfbarer Weise neue Erkenntnisse zu gewinnen[1198]. Dies umfasst insbesondere die Aufgabenstellung, den Forschungsgegenstand, die Grundsätze der Methodik sowie die Bewertung der Forschungsergebnisse und deren Verbreitung[1199]. Diese wird von Art. 10 HV ausdrücklich erfasst. Art. 10 HV erstreckt sich auf jede wissenschaftliche Tätigkeit und

---

1193 BVerfG, Urteil vom 29.05.1973 - 1 BvR 424/71 und 325/72 -, BVerfGE 35, 79 [113].
1194 BVerfG, Beschluss vom 11.01.1994 - 1 BvR 434/87 -, BVerfGE 90, 1 [12]; *Pernice*, in: Dreier, GG, Art. 5 III [Wissenschaft] Rdnr. 24; *Kobor*, in: JuS 2006, S. 695.
1195 BVerfG, Urteil vom 29.05.1973 - 1 BvR 424/71 und 325/72 -, BVerfGE 35, 79 [112 f.].
1196 *Pernice*, in: Dreier, GG, Art. 5 III [Wissenschaft] Rdnr. 30.
1197 *Hinkel*, Art. 10 Erl. 1; Stein, in: Zinn/Stein, Hessische Verfassung, Art. 10 Erl. 1.
1198 *Hinkel*, Art. 10 Erl. 2.
1199 *Hinkel*, Art. 10 Erl. 2.

damit auf alles, was nach Inhalt und Form als ernster und planmäßiger Versuch zur Ermittlung der Wahrheit anzusehen ist[1200].

Art. 10 HV schützt des Weiteren auch die Freiheit der Kunst. Keinesfalls darf der Kunstbegriff auf die „unmittelbar anschauliche Gestaltung des Schönen" beschränkt werden[1201]. Dies brächte eine Einschränkung der Freiheit des Art. 10 HV mit sich, die der Intention des Verfassunggebers, sich von der Situation zu Zeiten des Nationalsozialismus (Stichwort: „entartete Kunst") zu distanzieren, zuwiderliefe. Von dem Begriff der Kunst im Sinne von Art. 10 HV sind sicherlich diejenigen Werktypen erfasst, die zur Zeit der Entstehung der Hessischen Verfassung bekannt gewesen sind, wie zum Beispiel Dichtkunst, Malerei, Bildhauerei, Kunst. Aus der ausdrücklichen Erwähnung der Verbreitung der geschaffenen Werke lässt sich darüber hinaus folgern, dass Kunst nach den Vorstellungen des Verfassunggebers darauf angelegt ist, ihren Inhalt und ihre Aussage anderen Personen zu vermitteln. Kunst im Sinne von Art. 10 HV muss daher auch unter dem Blickwinkel der Kommunikation mit anderen bestimmt werden. Kunst findet ihre Bestimmung also auch darin, durch ihre Gestaltung Aussagen zu vermitteln und einer Interpretation zugänglich zu sein. Umfasst ist nicht nur die künstlerische Betätigung als solche, sondern auch die Verbreitung der Kunstwerke. Diese erfasst das Kunstwerk in seiner endgültigen Gestalt als auch die Begegnung Dritter mit dem Werk als Teil der Verbreitung und kunstspezifischem Vorgang[1202].

Art. 10 HV gewährleistet nicht nur die Freiheit des wissenschaftlichen und künstlerischen Erkenntnisprozesses, sondern nach dem Wortlaut ausdrücklich auch die ungehinderte Verbreitung der Ergebnisse. Die Hessische Verfassung sieht das wissenschaftliche und künstlerische Schaffen und die Verbreitung der Ergebnisse als zwei voneinander trennbare Bereiche an. Dies folgt auch aus Art. 17 Abs. 1, Art. 18 und 146 HV, wonach nur die Verbreitung künstlerischer oder wissenschaftlicher Werke, nicht aber auch deren Schaffen den dort normierten Einschränkungen unterliegt.

[1200] *Hinkel*, Art. 10 Erl. 2.
[1201] So aber *Stein*, in: Zinn/Stein, Hessische Verfassung, Art. 11 Erl. 2.
[1202] *Hinkel*, Art. 10 Erl. 3.

d) Eingriffe, Beeinträchtigungen

aa) Art. 5 Abs. 3 GG

Art. 5 Abs. 3 Satz 1 GG soll die künstlerischen Prozesse, Verhaltensweisen und Entscheidungen von jeglicher Einwirkung öffentlicher Gewalt freihalten. Die Art und Weise des künstlerischen Schaffens darf dem Künstler nicht vorgeschrieben werden. Die Entscheidung über die Richtigkeit seiner Haltung gegenüber der Wirklichkeit obliegt allein dem Künstler. Insoweit bedeutet Kunstfreiheit das Verbot, auf Methoden, Inhalte und Tendenzen der künstlerischen Tätigkeit einzuwirken, insbesondere den künstlerischen Gestaltungsspielraum einzuengen, oder allgemein verbindliche Regeln für diesen Schaffensprozess vorzuschreiben[1203]. Entsprechende Eingriffe können in vielfältigen Formen erfolgen - insbesondere wenn der Staat durch Verbote, strafrechtliche oder sonstige Sanktionen den Künstler im Werk- oder Wirkbereich behindert[1204].

Ein Eingriff in den Schutzbereich der Wissenschaftsfreiheit liegt in jeder staatlichen Einwirkung auf den Prozess der Gewinnung oder Vermittlung wissenschaftlicher Erkenntnisse[1205]. In den Kernbereich wissenschaftlicher Betätigung gehören die auf wissenschaftlicher Eigengesetzlichkeit beruhenden Prozesse, Verhaltensweisen und Entscheidungen, bei der Suche nach Erkenntnissen, ihrer Deutung und Weitergabe. Art. 5 Abs. 3 Satz 1 GG gewährleistet nicht nur die Freiheit von staatlichen Geboten und Verboten, sondern verpflichtet den Staat auch zu Schutz und Förderung und gewährt den in der Wissenschaft Tätigen Teilhabe an öffentlichen Ressourcen und an der Organisation des Wissenschaftsbetriebs[1206].

bb) Art. 10 HV

Art. 10 HV verbietet der öffentlichen Gewalt, sowohl dem Künstler als auch dem Wissenschaftler bestimmte Inhalte, Mittel, Formen und Verfahrensweisen seines Schaffens vorzuschreiben[1207]. Ein Eingriff in den Schutzbereich des Art. 10 HV liegt ferner in allen Maßnahmen der öffentlichen Hand, durch die dem Künstler bzw.

1203 BVerfG, Beschluss vom 24.02.1971 - 1 BvR 435/68 -, BVerfGE 30, 173 [190].

1204 *Jarass*, in: Jarass/Pieroth, GG, Art. 5 Rdnr. 109; *Pernice*, in: Dreier, GG, Art. 5 III [Kunst] Rdnr. 30; *Kobor*, in: JuS 2006, S. 695.

1205 *Kobor*, in: JuS 2006, S. 695 [697].

1206 BVerfG, Beschluss vom 26.10.2004 - 1 BvR 911, 927, 928/00 -, BVerfGE 111, 333 [354].

1207 *Hinkel*, Art. 10 Erl. 2, 3.

Wissenschaftler die Verbreitung seiner Werke untersagt wird oder dieser darin beeinträchtigt.

e) Verfassungsrechtliche Rechtfertigung von Eingriffen

aa) Art. 5 Abs. 3 GG

(a) Vorbehaltlose Gewährleistung

Die Grundrechte aus Art. 5 Abs. 3 Satz 1 GG sind vorbehaltlos gewährleistet. Keine Anwendung findet insbesondere Art. 5 Abs. 2 GG. Dagegen spricht bereits die systematische Trennung der Gewährleistungsbereiche in Art. 5 GG[1208]. Auch eine Übertragung einer Begrenzung aufgrund der Schranken des Art. 2 Abs. 1 Halbsatz 2 GG durch die Rechte anderer, durch die verfassungsmäßige Ordnung und durch das Sittengesetz ist nicht möglich. Dies ließe sich mit der Subsidiarität des Art. 2 Abs. 1 GG zur Spezialität der Einzelfreiheitsrechte nicht vereinbaren[1209].

Andererseits ist das Freiheitsrecht nicht schrankenlos gewährt. Schranken der Kunstfreiheit finden sich insbesondere in den Grundrechten anderer Rechtsträger sowie anderen Verfassungsgütern. In Betracht kommen hierbei insbesondere die Menschenwürde[1210], der Jugendschutz[1211], das Eigentum Dritter, das allgemeine Persönlichkeitsrecht sowie das Elternrecht[1212].

Auch die Wissenschaftsfreiheit ist vorbehaltlos gewährleistet. Mit der Bindung der Lehre an die Verfassung in Art. 5 Abs. 3 Satz 2 GG wird keine zusätzliche Schranke gezogen[1213]. Auch hier kommen als kollidierende Verfassungsgüter, die eine Beschränkung rechtfertigen können, die Menschenwürde, der Schutz von Leib und Leben anderer, das Persönlichkeitsrecht und das Eigentum[1214] sowie der in Art. 20a GG normierte Tierschutz in Betracht[1215].

1208 BVerfG, Beschluss vom 24.02.1971 - 1 BvR 435/68 -, BVerfGE 30, 173 [191].
1209 BVerfG, Beschluss vom 24.02.1971 - 1 BvR 435/68 -, BVerfGE 30, 173 [192 f.].
1210 BVerfG, Beschluss vom 03.06.1987 - 1 BvR 313/85 -, BVerfGE 75, 369 [380].
1211 *Jarass*, in: Jarass/Pieroth, GG, Art. 5 Rdnr. 115.
1212 *Pernice*, in: Dreier, GG, Art. 5 III [Kunst] Rdnr. 33.
1213 *Wendt*, in: von Münch/Kunig, GG, Art. 5 Rdnr. 114; *Pernice*, in: Dreier, GG, Art. 5 III [Wissenschaft] Rdnr. 41; a.A. *Jarass*, in: Jarass/Pieroth, GG, Art. 5 Rdnr. 133.
1214 *Pernice*, in: Dreier, GG, Art. 5 III [Wissenschaft] Rdnr. 40.
1215 *Kobor*, in: JuS, S. 695 [698].

(b) Verwirkung, Art. 18 GG

Von Bedeutung ist hier auch Art. 18 GG. Art. 18 GG dient der Abwehr von Gefahren, die der freiheitlich-demokratischen Grundordnung durch individuelle Betätigung und Ausübung von Grundrechten drohen können[1216]. Er enthält zwar weder eine verfassungsunmittelbare Schranke noch normiert er einen Gesetzesvorbehalt. Dennoch betrifft er den Geltungsbereich des Art. 5 Abs. 3 GG, indem er seine Verwirkung regelt[1217].

Art. 18 GG bezieht sich auf natürliche Personen, aber auch auf juristische Personen, soweit sie nach Art. 19 Abs. 3 GG Grundrechtsträger sind[1218]. Zu beachten sind im Hinblick auf die Anwendbarkeit bei juristischen Personen allerdings die hier vorgehenden Art. 9 Abs. 2 und Art. 21 Abs. 2 GG[1219]. Die Aufzählung der Grundrechte in Art. 18 GG ist abschließend[1220]. Die Freiheit der Meinungsäußerung wird unabhängig davon erfasst, in welcher Form sie erfolgt[1221].

Ein Verhalten ist „Kampf" im Sinne von Art. 18, wenn in nachhaltig-aggressiver Form auf das Ziel der Beeinträchtigung oder Beseitigung der freiheitlichen demokratischen Grundordnung hingearbeitet wird und die fraglichen Mittel planvoll zweckbezogen ausgewählt werden[1222]. Das Verhalten muss darauf gerichtet sein, planvoll das Funktionieren der Grundordnung zu beeinträchtigen und letzten Endes diese Ordnung selbst zu beseitigen[1223]. Die freiheitliche demokratische Grundordnung ist geprägt durch einen Ausschluss jeglicher Gewalt- und Willkürherrschaft und eine rechtsstaatliche Herrschaftsordnung auf der Grundlage der Selbstbestimmung des Volkes nach dem Willen der jeweiligen Mehrheit und der Freiheit und Gleichheit. Zu den grundlegenden Prinzipien dieser Ordnung gehören jedenfalls die Achtung vor

---

1216 Vgl. BVerfG, Beschluss vom 02.07. 1974 - 2 BvA 1/69 -, BVerfGE 38, 23 [24].

1217 Vgl. *Gusy*, in: AK-GG, Art. 18 Rdnr. 2: „eigenständige verfassungssystematische Grundrechtsschranke"; *Bremer*, in: von Mangoldt/Klein/Starck, GG, Art. 18 Rdnr. 2: „Verdeutlichung einer systemimmanenten Grundrechtsschranke".

1218 *Krebs*, in: von Münch/Kunig, GG, Art. 18 Rdnr. 6: *Seiters*, in: Umbach/Clemens, GG, Art. 18 Rdnr. 17; *Wernicke*, in: Bonner Kommentar, Art. 18 Erl. 1.a); *Dürig/Klein*, in: Maunz/Dürig/Herzog, GG, Art. 18 Rdnr. 28.

1219 *Gröschner*, in: Dreier, GG, Art. 18 Rdnr. 20; *Krebs*, in: von Münch/Kunig, GG, Art. 18 Rdnr. 6; *Bremer*, in: von Mangoldt/Klein/Starck, GG, Art. 18 Rdnr. 25.

1220 *Krebs*, in: von Münch/Kunig, GG, Art. 18 Rdnr. 7; *Seiters*, in: Umbach/Clemens, GG, Art. 18 Rdnr. 18; *Gröschner*, in: Dreier, GG, Art. 18 Rdnr. 21.

1221 *Wernicke*, in: Bonner Kommentar, Art. 18 Erl. 1.a) ά; *Bremer*, in: von Mangoldt/Klein/Starck, GG, Art. 18 Rdnr. 41.

1222 *Krebs*, in: von Münch/Kunig, GG, Art. 18 Rdnr. 9; *Gröschner*, in: Dreier, GG, Art. 18 Rdnr. 26.

1223 *Seiters*, in: Umbach/Clemens, GG, Art. 18 Rdnr. 26; *Dürig/Klein*, in: Maunz/Dürig/Klein, GG, Art. 18 Rdnr. 44; *Bremer*, in: von Mangoldt/Klein/Starck, GG, Art. 18 Rdnrn. 30 f.

den im Grundgesetz konkretisierten Menschenrechten, vor allem vor dem Recht der Persönlichkeit auf Leben und freie Entfaltung, die Volkssouveränität, die Gewaltenteilung, die Verantwortlichkeit der Regierung, die Gesetzmäßigkeit der Verwaltung, die Unabhängigkeit der Gerichte, das Mehrparteienprinzip und die Chancengleichheit für alle politischen Parteien mit dem Recht auf verfassungsmäßige Bildung und Ausübung einer Opposition[1224].

Die Verwirkung eines Grundrechts führt dazu, dass sich der Betroffene nicht mehr auf das aberkannte Grundrecht berufen kann, nicht aber zum Verlust des Grundrechts als solchem, da dies in Widerspruch zu der aus Art. 1 Abs. 2, Art. 19 Abs. 2 GG folgenden Wertung stünde[1225]. Eine Verwirkung bringt also nur den Verlust der verfassungsrechtlichen Schutzsphäre gegen staatliche Eingriffe mit sich[1226], d.h. der Betroffene steht so da, als gebe es das betreffende Grundrecht für ihn überhaupt nicht[1227]. Unberührt von einer Verwirkung bleibt der durch Art. 1 Abs. 1 GG gewährleistete Schutz der Menschenwürde[1228]. Aus der Verbindung des Missbrauchs von Grundrechten zum Kampf gegen die freiheitlich-demokratische Grundordnung folgt, dass sich die Verwirkung nur auf die politische Dimension, nicht aber auf eine private Grundrechtsausübung erstrecken darf[1229]. Durch eine Verwirkung von Grundrechten wird der Betroffene nicht rechtsschutzlos gestellt. Ihm gegenüber gilt weiterhin der Grundsatz der Gesetzmäßigkeit der Verwaltung, d.h. die vollziehende Gewalt braucht nach wie vor eine gesetzliche Grundlage für ein Handeln gegen den Betroffenen[1230]. Die Entscheidung über eine Verwirkung von Grundrechten steht

---

1224 BVerfG, Urteil vom 23.10.1952 - 1 BvB 1/51 -, BVerfGE 2, 1 [12 f.]; *Krebs*, in: von Münch/Kunig, GG, Art. 18 Rdnr. 8; *Gröschner*, in: Dreier, GG, Art. 18 Rdnr. 27; *Seiters*, in: Umbach/Clemens, GG, Art. 18 Rdnr. 22.

1225 *Dürig/Klein*, in: Maunz/Dürig/Herzog, GG, Art. 18 Rdnrn. 69, 75; *Bremer*, in: von Mangoldt/Klein/Starck, GG, Art. 18 Rdnr. 51.

1226 *Seiters*, in: Umbach/Clemens, GG, Art. 18 Rdnr. 31.

1227 *Wernicke*, in: Bonner Kommentar, Art. 18 Erl. 2.d) β; *Bremer*, in: von Mangoldt/Klein/Starck, GG, Art. 18 Rdnr. 21.

1228 Vgl. *Seiters*, in: Umbach/Clemens, GG, Art. 18 Rdnr. 32, unter Hinweis auf BVerfG, Urteil vom 23.04.1991 - 1 BvR 1170, 1174, 1174/80 -, BVerfGE 84, 90 [121]: „in Verbindung mit der in Art. 1 Abs. 3 GG enthaltenen Verweisung auf die nachfolgenden Grundrechte sind deren Verbürgungen insoweit einer Einschränkung grundsätzlich entzogen, als sie zur Aufrechterhaltung einer dem Art. 1 Abs. 1 und 2 GG entsprechenden Ordnung unverzichtbar sind" [dort in Bezug auf Art. 79 Abs. 3 GG]; *Bremer*, in: von Mangoldt/Klein/Starck, GG, Art. 5 Rdnr. 52.

1229 *Krebs*, in: von Münch/Kunig, GG, Art. 18 Rdnr. 15; *Seiters*, in: Umbach/Clemens, GG, Art. 18 Rdnr. 33.

1230 *Seiters*, in: Umbach/Clemens, GG, Art. 18 Rdnr. 38; *Gröschner*, in: Dreier, GG, Art. 18 Rdnr. 35; a.A. wohl *Krebs*, in: von Münch/Kunig, GG, Art. 18 Rdnr. 19; *Dürig/Klein*, in: Maunz/Dürig/Herzog, GG, Art. 19 Rdnr. 105.

allein dem Bundesverfassungsgericht zu. Dessen Spruch hat konstitutive Wirkung[1231].

bb) Art. 10 HV

(a) Gesetzesvorbehalte

Art. 18 HV erlaubt dem Gesetzgeber den Erlass von Gesetzen zum Schutze der Jugend. Entgegen der nicht eindeutigen Formulierung enthält diese Vorschrift nicht nur eine unmittelbare Einschränkung des Grundrechts aus Art. 10, sondern auch einen Gesetzesvorbehalt[1232].

Weitere Möglichkeiten, das Grundrecht aus Art. 10 durch Gesetz oder aufgrund Gesetzes zu beschränken, enthält die Hessische Verfassung nicht. Insbesondere kommt nicht in Betracht, die Schranken des Art. 2 Abs. 1 HV auf Art. 10 HV zu übertragen[1233]. Eine Einschränkung der Kunst- und Wissenschaftsfreiheit nach Art. 10 HV ist daher nur aufgrund der Verfassung selbst zulässig. In Betracht kommt also nur eine Einschränkung aufgrund kollidierender Grundrechte Dritter und anderer Rechtsgüter von Verfassungsrang. Zu denken ist insbesondere an die Menschenwürde und das Recht der persönlichen Ehre aus Art. 3 HV.

(b) Verwirkung, Art. 17 HV

Art. 17 HV regelt die Verwirkung verschiedener Grundrechte[1234] und erfasst auch das Grundrecht aus Art. 10 HV. Nach dieser Vorschrift kann sich auf das Recht der Verbreitung wissenschaftlicher und künstlerischer Werke nicht berufen, wer den verfassungsmäßigen Zustand angreift oder gefährdet. Nicht verwirkt werden kann danach der Schutz des Art. 10 HV für den künstlerischen und wissenschaftlichen Schaffensprozess.

Der Begriff des verfassungsmäßigen Zustandes ist enger zu verstehen als derjenige der verfassungsmäßigen Ordnung in Art. 2 Abs. 1 HV[1235]. Ansonsten bestünde die Gefahr, dass dem Staatsbürger Bestrebungen, die auf eine zulässige Verfassungsänderung hinzielen, oder Äußerungen, die eine sachliche Kritik an der verfas-

---

[1231] *Dürig/Klein*, in. Maunz/Dürig/Herzog, GG, Art. 18 Rdnr. 87; *Gusy*, in: AK-GG, Art. 18 Rdnr. 19.
[1232] So aber *Hinkel*, Erl. zu Art. 18; *Stein*, in: Zinn/Stein, Hessische Verfassung, Erl. zu Art. 18.
[1233] *Hinkel*, Art. 10 Erl. 4; a.A. *Stein*, in: Zinn/Stein, Hessische Verfassung, Art. 10 Erl. 3.
[1234] Als Entscheidung zu Art. 17 HV siehe StGH, Urteil vom 04.08.1950 - P.St. 66 -, StAnz. 1950 Beil. Nr. 8, S. 45 f.
[1235] *Stein*, in: Zinn/Stein, Hessische Verfassung, Vor Art. 17 Erl. 1

sungsmäßigen Ordnung beinhalten, nicht mehr erlaubt wären[1236]. Der verfassungsmäßige Zustand umfasst die freiheitliche demokratische Grundordnung, also „die rechtsstaatliche Herrschaftsordnung auf der Grundlage von Freiheit und Gleichheit und der Selbstbestimmung des Volkes nach dem Willen der jeweiligen Mehrheit durch die vom Volk gewählten Vertreter[1237]“. Zu dem in diesem Sinne zu verstehenden verfassungsmäßigen Zustand gehören wenigstens das Prinzip der Volkssouveränität, das Prinzip der Gewaltenteilung, die Prinzipien von Legalität und Legitimität, das Mehrparteienprinzip und die Chancengleichheit für alle politischen Parteien mit dem Recht auf verfassungsmäßige Bildung und Ausübung einer Opposition, die parlamentarische Verantwortlichkeit der Regierung, die Unabhängigkeit der Gerichte sowie der Schutz der in der Hessischen Verfassung konkretisierten Menschen- und Bürgerrechte[1238].

„Angreifen“ im Sinne von Art. 17 HV erfordert ein aktives Tätigwerden mit dem Ziel der Beseitigung des verfassungsmäßigen Zustandes oder eines Teils desselben. Eine Gefährdung braucht, wie sich aus dem Vergleich mit der zweiten Alternative zeigt, noch nicht eingetreten zu sein. Es genügt das bloße Tätigwerden. Demgegenüber verlangt die zweite Alternative gerade das Eintreten einer konkreten Gefahr für den verfassungsmäßigen Zustand[1239]. Zwischen dem Tätigwerden bzw. der Gefährdung und dem betroffenen Grundrecht muss ein Zusammenhang bestehen. Das bedeutet, für die Durchführung des Tätigwerdens gegen den verfassungsmäßigen Zustand oder dessen Gefährdung beruft sich der Tätigwerdende auf eines der genannten Grundrechte, d.h. er missbraucht es[1240].

Art. 17 HV gibt der öffentlichen Gewalt das Recht, die Beeinträchtigung des verfassungsmäßigen Zustandes unmittelbar zu verhindern. Danach darf die öffentliche Gewalt gegen denjenigen, der im genannten Sinne seine Grundrechte missbraucht, aktiv und unmittelbar einschreiten, ohne dass dieser sich auf seine Grundrechte berufen könnte[1241]. Die Tätigkeit gegen den verfassungsmäßigen Zustand ist danach nicht mehr von den genannten Grundrechten geschützt[1242]. Nach dieser Regelung

---

1236 *Stein*, in: Zinn/Stein, Hessische Verfassung, Art. 17 Erl. 1.
1237 *Hinkel*, Erl. zu Art. 18; siehe auch *Stein*, in: Zinn/Stein, Hessische Verfassung, Vor Art. 17 Erl. 1.
1238 *Stein*, in: Zinn/Stein, Hessische Verfassung, Vor Art. 17 Erl. 1.
1239 *Hinkel*, Art. 17 Erl. 4.
1240 *Hinkel*, Art. 17 Erl. 3.
1241 *Stein*, in: Zinn/Stein, Hessische Verfassung, Art. 17 Erl. 1.
1242 *Hinkel*, Art. 17 Erl. 3.

können also die Träger öffentlicher Gewalt die dem Rechtsträger an sich zustehenden Grundrechtsschutz außer Acht lassen, wenn dieser nach ihrer einseitigen pflichtgemäßen Feststellung den Missbrauchstatbestand verwirklicht hatte[1243].

Die Wirkung des Art. 17 Abs. 1 HV tritt unabhängig davon ein, ob das Vorliegen seiner Voraussetzungen in einem förmlichen Verfahren festgestellt worden ist[1244]. Nach Art. 17 Abs. 2 HV entscheidet der Staatsgerichtshof erst nachträglich im Beschwerdewege. Die Wirkung des Art. 17 Abs. 1 HV trifft im Übrigen nur den konkreten Einzelfall, das heißt, dem Bürger wird die Berufung auf seine Grundrechte nur für den konkreten Tatbestand verwehrt. Außerhalb des einzelnen Sachverhalts bleiben seine Grundrechte ungeschmälert erhalten[1245].

(c) Aberkennung von Grundrechten, Art. 146 Abs. 2 HV i.V.m. §§ 36 - 38 StGHG

Art. 146 Abs. 2 HV knüpft nicht an einen Missbrauch von Grundrechten an, sondern setzt eine Verletzung der Widerstandspflicht des Art. 146 Abs. 1 HV durch eine Handlung voraus, die nicht im Missbrauch bestehen muss[1246]. Aberkannt werden können folgende Rechte (vgl. § 38 Abs. 1 StGHG): Freizügigkeit, Recht der Verbreitung künstlerischer und wissenschaftlicher Werke, Meinungsäußerungsfreiheit, Versammlungsfreiheit, Stimmrecht bei Volksabstimmungen, Volksbegehren, Volksentscheid und Bürgerentscheid, aktives und passives Wahlrecht, Recht auf Zugang zu öffentlichen Ämtern. Das Verfahren über die Aberkennung von Rechten nach Art. 146 Abs. 2 HV ist in §§ 36 bis 38 StGHG geregelt.

f) Ergebnis

Die Grundrechte aus Art. 10 HV und 5 Abs. 3 GG stimmen überein, soweit die Eigenschaft als Grundrechtsträger und Grundrechtsadressat betroffen ist. Der Umfang des Schutzbereichs von Art. 10 HV und Art. 5 Abs. 3 GG stellt sich ebenfalls deckungsgleich dar.

Unterschiede ergeben sich insoweit, als Art. 10 HV im Gegensatz zu Art. 5 Abs. 3 GG unter einem Vorbehalt von Gesetzen zum Schutze der Jugend steht (Art. 18

1243 Vgl. *Wernicke*, in: Bonner Kommentar, Art. 18 Anm. 2.a) α.
1244 *Stein*, in: Zinn/Stein, Hessische Verfassung, Art. 17 Erl. 2.
1245 *Stein*, in: Zinn/Stein, Hessische Verfassung, Art. 17 Erl. 3; *Hinkel*, Art. 17 Erl. 6.
1246 *Stein*, in: Zinn/Stein, Hessische Verfassung, Art. 146 Erl. 8.a.

HV). Art. 10 HV gewährt also einen weniger weit reichenden Schutz vor staatlichen Eingriffen als Art. 5 Abs. 3 GG. Dem Schutz der Jugend kommt im Rahmen des Art. 5 Abs. 3 GG allenfalls Bedeutung zu, als er als verfassungsimmanente Schranken herangezogen werden kann.

Sowohl die Hessische Verfassung als auch das Grundgesetz enthalten Vorschriften über die Verwirkung von Grundrechten. Dabei sind von der Verwirkungsvorschrift des Art. 17 HV weniger Grundrechte (freie Meinungsäußerung, Versammlungs- und der Vereinsfreiheit sowie auf das Recht der Verbreitung wissenschaftlicher und künstlerischer Werke) erfasst als von Art. 18 GG (Freiheit der Meinungsäußerung, insbesondere Pressefreiheit, die Lehrfreiheit, Versammlungs- und Vereinigungsfreiheit, Brief-, Post- und Fernmeldegeheimnis, Eigentum, Asylrecht).

Die Vorschriften unterscheiden sich auch in ihrer Wirkung. Art. 17 HV führt dazu, dass sich der Betroffene nur im Einzelfall und für eine bestimmte Verhaltensweise nicht auf das verwirkte Grundrechte berufen kann. Demgegenüber folgt aus einer Verwirkung nach Art. 18 GG, dass dem betroffenen Grundrechtsträger die Schutzwirkung allgemein nicht mehr zugute kommt.

Dieser Unterschied setzt sich in der Gestaltung des gerichtlichen Verfahrens fort. Art. 17 HV sieht einen nachträglichen Rechtsschutz in Form der Beschwerde zum Hessischen Staatsgerichtshof vor (Art. 17 Abs. 2 HV). Gelangt also die vollziehende Gewalt zu der Auffassung, ein Grundrechtsträger missbrauche ein Grundrecht im Sinne von Art. 17 Abs. 1 HV, kann sie gegen ihn einschreiten, ohne dass der Betroffene sich auf das Grundrecht berufen kann. Dem Grundrechtsträger steht gegen das Einschreiten aktuell kein Grundrechtsschutz zu. Ihm bleibt lediglich die Möglichkeit, nachträglich durch den Staatsgerichtshof feststellen zu lassen, dass die Voraussetzungen des Art. 17 Abs. 1 HV nicht vorlagen und das Vorgehen der vollziehenden Gewalt rechtswidrig war. Allerdings kann der Betroffene gegen die behördliche Maßnahme auch die Verwaltungsgerichte anrufen. Diese Möglichkeit ist wegen der Rechtsschutzgarantie des Art. 19 Abs. 4 GG nicht ausgeschlossen. Zwar kann das Verwaltungsgericht nicht über das Vorliegen der Voraussetzungen des Art. 17 Abs. 1 HV entscheiden; dies obliegt allein dem Staatsgerichtshof. Unberührt bleibt jedoch der durch die Bundesgrundrechte gewährleistete Schutz des Einzelnen, der auch von dem Verwaltungsgericht bei seiner Entscheidung zu beachten ist und von Art. 17 Abs. 1 HV nicht berührt wird.

Der Verlust des Grundrechtsschutzes nach Art. 18 GG tritt demgegenüber erst ein, wenn das Bundesverfassungsgericht die Verwirkung und ihr Ausmaß ausgesprochen hat. Das Grundgesetz stellt damit eine präventive Sicherung durch die konstitutive Entscheidung des Bundesverfassungsgerichts bereit.

Bedenken an der Fortgeltung von Art. 17 HV ergeben sich nicht daraus, dass nach Art. 17 Abs. 2 HV der Hessische Staatsgerichtshof für die Entscheidung über eine Verwirkung zuständig ist, nach Art. 18 Satz 2 GG hingegen das Bundesverfassungsgericht. Die Entscheidung des Hessischen Staatsgerichtshofs betrifft nur die durch die Hessische Verfassung gewährleisteten Grundrechte. Hat das Bundesverfassungsgericht die Verwirkung eines Bundesgrundrechts ausgesprochen, ist dem Betroffenen auch der Schutz der Landesgrundrechte verwehrt. Das Grundgesetz hat dem Bundesverfassungsgericht die Aufgabe übertragen, die freiheitliche demokratische Grundordnung zu schützen. Dies kann im Bundesstaat nur einheitlich erfolgen. Denn ein Kampf gegen die freiheitliche demokratische Grundordnung bedeutet zugleich einen Kampf gegen die Landesverfassung, da diese nach Art. 28 Abs. 1 GG in den Grundsätzen übereinstimmen müssen[1247]. Zudem lässt sich dies auch aus Art. 39 Abs. 1 Satz 4 BVerfGG herleiten, der auch für Landesbehörden verbindlich ist[1248]. Im Übrigen wäre die Verwirkungsentscheidung des Bundesverfassungsgerichts ein „Schlag ins Wasser", wenn sich der Betroffene gegenüber Rechtsakten der Landesstaatsgewalt nach wie vor auf das dem verwirkten Bundesgrundrecht inhaltsgleiche Landesgrundrecht berufen könnte[1249].

Danach bleibt die Hessische Verfassung in ihrer Schutzwirkung zwar hinter dem Grundgesetz zurück. Da der nach dem Grundgesetz gewährleistete Mindeststandard an Grundrechtsschutz jedoch durch die Anwendung von Art. 17 HV nicht berührt wird und dem Betroffenen auf jeden Fall erhalten bleibt, bestehen gegen seine Fortgeltung keine Bedenken. Bedeutung kommt der Vorschrift nach der Aufnahme des Art. 18 GG ohnehin nicht mehr zu.

[1247] *Brenner* in: von Mangoldt/Klein/Starck, GG, Art. 18 Rdnr. 83.
[1248] *Gehb*, Staatsgerichtshof, S. 118.
[1249] *Dürig/Klein*, in: Maunz/Dürig/Herzog, GG, Art. 18 Rdnr. 145; *Bremer* in: von Mangoldt/Klein/Starck, GG, Art. 18 Rdnrn. 81 f.; *Seiters*, in: Umbach/Clemens, GG, Art. 18 Rdnr. 43; *Krebs*, in: von Münch/Kunig, GG, Art. 18 Rdnr. 24; *Günther*, Verfassungsgerichtsbarkeit, Einl. zu §§ 36 - 38 StGHG Rdnr. 4; *Gehb*, Staatsgerichtshof, S. 118.

Auch gegen das Fortbestehen des Art. 146 Abs. 2 HV bestehen keine Bedenken[1250]. Art. 18 GG steht dem nicht entgegen. Art. 146 Abs. 2 HV und Art. 18 GG regeln unterschiedliche Tatbestände[1251]. Art. 146 Abs. 2 HV betrifft nur die durch die Hessische Verfassung gewährleisteten Grundrechte, Art. 18 GG nur diejenigen des Grundgesetzes[1252]. Der grundgesetzlich gewährleistete Mindestbestand bleibt bestehen und gilt auch nach der Aberkennung von Grundrechten durch die Hessische Verfassung gegenüber der Landesstaatsgewalt[1253]. Dies ist auch Folge der Eigenstaatlichkeit der Länder. Wenn die Länder den obigen Ausführungen zufolge zur Gewährleistung von Grundrechten nicht verpflichtet sind und Art. 28 Abs. 1 GG nur ein Mindestmaß an Homogenität verlangt, im Übrigen den Ländern aber bei der Ausgestaltung ihrer Verfassungen Autonomie gewährt ist, können sie auch eine Aberkennung der durch sie gewährleisteten Grundrechte regeln. Das wird durch Art. 142 GG bestätigt, der Art. 18 GG in seinen Regelungsgehalt miteinbezieht[1254].

Um Widersprüche zwischen Art. 146 Abs. 2 HV und dem Grundgesetz zu vermeiden, sind bei einer eventuellen Anwendung von Art. 146 Abs. 2 HV allerdings folgende Vorgaben zu beachten:

Handelt es sich bei der verfassungsfeindlichen Gruppe nach Art. 146 Abs. 2 HV um eine politische Partei im Sinne von Art. 21 Abs. 2 GG, darf sie erst dann als verfassungsfeindlich oder unzulässig behandelt werden, wenn das Bundesverfassungsgericht diese Partei verboten hat, um das grundgesetzliche Parteienprivileg nicht zu unterlaufen[1255].

1250 *Hecker*, Rdnr. 481; *Günther*, Verfassungsgerichtsbarkeit, Einl. zu §§ 36 – 38 StGHG Rdnr. 7; *Gehb*, Staatsgerichtshof, S. 176 ff.; *von Ohlshausen*, Landesverfassungsbeschwerde, S. 122 f.; *Pietzcker*, in: Isensee/Kirchhof, Handbuch des Staatsrechts, § 99 Rdnr. 55; a.A. *Bremer*, in: von Mangoldt/Klein/Starck, GG, Art. 18 Rdnr. 80: „... darf eine Verwirkung nach Landesrecht nicht über das nach Art. 18 GG mögliche Maß hinausgehen. Vor diesem Hintergrund begegnen landesverfassungsrechtliche Bestimmungen grundgesetzlichen Bedenken, die ohne nähere verfahrensrechtliche Vorgaben pauschal bestimmen, dass sich auf bestimmte Grundrechte nicht berufen kann, wer missbräuchlich die Grundrechte angreift oder gefährdet"; ebenso *Dürig/Klein*, in: Maunz/Dürig/Herzog, Art. 18 Rdnr. 143.

1251 *Gehb*, Staatsgerichtshof, S. 117; *Günther*, Verfassungsgerichtsbarkeit, Einl. zu §§ 36 – 38 StGHG Rdnr. 5.

1252 *Von Coelln*, Anwendung von Bundesrecht, S. 226.

1253 *Gehb*, Staatsgerichtshof, S. 117; *von Ohlshausen*, Landesverfassungsbeschwerde, S. 123; *Dietlein*, in: AöR 120 [1995], S. 1 [16].

1254 *Von Ohlshausen*, Landesverfassungsbeschwerde, S. 122 f.; *Gehb*, Staatsgerichtshof, S. 117; *von Coelln*, Anwendung von Bundesrecht, S. 226.

1255 *Gehb*, Staatsgerichtshof, S. 118 f.; vgl. auch *Stein*, in: Zinn/Stein, Hessische Verfassung, Art. 146 Erl. 11.c.

Eine Mitgliedschaft in einem Verein ist nur dann strafbar, wenn er verboten ist. Für diese Entscheidung hat der Bundesgesetzgeber in Ausübung der ihm zugewiesenen Kompetenz Regelungen in §§ 3 ff. VereinsG getroffen. Diese gehen Art. 146 Abs. 2 HV vor und sind bei der Anwendung des Art. 146 Abs. 2 HV zu beachten. Insofern bleibt dem Staatsgerichtshof eine genuine Zuständigkeit nur in den Fällen, in denen jemand einer kriminellen oder terroristischen Vereinigung angehört, die sich gegen die Grundgedanken der Demokratie wenden - eine verschwendend geringe Zahl[1256].

An einer Fortgeltung des Art. 146 Abs. 2 HV vermögen auch § 4 Abs. 2 EGStGB und § 6 EGStPO nichts zu ändern. Das Verfahren nach Art. 146 Abs. 2 GG ist kein Verfahren, das Strafzwecke verfolgt, sondern dient ausschließlich dem Schutz der Verfassung[1257].

Festzuhalten bleibt, dass weder gegen die Fortgeltung des Art. 10 HV noch gegen diejenige der Art. 17, 18 und 146 Abs. 2 HV durchgreifende Bedenken bestehen. Dies gilt umso mehr, als angesichts des umfassenden Grundrechtsschutzes durch das Grundgesetz gerade den Verwirkungsvorschriften der Hessischen Verfassung keine Bedeutung mehr zukommen dürfte. Denn die Grundrechte des Grundgesetzes bleiben unberührt und stehen dem Einzelnen nach wie vor zu.

12. Meinungs- und Informationsfreiheit (Art. 5 Abs. 1 GG - Art. 11, 13 HV)

Art. 5 Abs. 1 GG: Jeder hat das Recht, seine Meinung in Wort, Schrift und Bild frei zu äußern und zu verbreiten und sich aus allgemein zugänglichen Quellen ungehindert zu unterrichten. Die Pressefreiheit und die Freiheit der Berichterstattung durch Rundfunk und Film werden gewährleistet. Eine Zensur findet nicht statt.

Art. 5 Abs. 2 GG: Diese Rechte finden ihre Schranken in den allgemeinen Gesetzen, den gesetzlichen Bestimmungen zum Schutze der Jugend und in dem Recht der persönlichen Ehre.

Art. 18 GG: Wer die Freiheit der Meinungsäußerung, insbesondere die Pressefreiheit (Artikel 5 Absatz 1), die Lehrfreiheit (Artikel 5 Absatz 3), die Versammlungsfreiheit (Artikel 8), die Vereinigungsfreiheit (Artikel 9), das Brief-, Post- und Fernmeldegeheimnis

---

1256 *Freund*, in: Starck/Stern, Landesverfassungsgerichtsbarkeit, Band II, S. 307 [343 f.]; *Gehb*, Staatsgerichtshof, S. 119 f.

1257 *Freund*, in: Starck/Stern, Landesverfassungsgerichtsbarkeit, Band II, S. 307 [342 f.]; *Gehb*, Staatsgerichtshof, S. 116.

(Artikel 10), das Eigentum (Artikel 14) oder das Asylrecht (Artikel 16a) zum Kampfe gegen die freiheitliche demokratische Grundordnung missbraucht, verwirkt diese Grundrechte. Die Verwirkung und ihr Ausmaß werden durch das Bundesverfassungsgericht ausgesprochen.

Art. 11 Abs. 1 HV: Jedermann hat das Recht, seine Meinung frei und öffentlich zu äußern. Dieses Recht darf auch durch ein Dienstverhältnis nicht beschränkt werden, und niemand darf ein Nachteil widerfahren, wenn er es ausübt. Nur wenn die vereinbarte Tätigkeit einer bestimmten politischen, religiösen oder weltanschaulichen Richtung dienen soll, kann, falls ein Beteiligter davon abweicht, das Dienstverhältnis gelöst werden.

Art. 11 Abs. 2 HV: Pressezensur ist unstatthaft.

Art. 13 HV: Jedermann hat das Recht, sich auf allen Gebieten des Wissens und der Erfahrung sowie über die Meinung anderer durch den Bezug von Druck-Erzeugnissen, das Abhören von Rundfunksendungen oder auf sonstige Weise frei zu unterrichten.

Art. 17 Abs. 1 HV Auf das Recht der freien Meinungsäußerung, der Versammlungs- und der Vereinsfreiheit sowie auf das Recht der Verbreitung wissenschaftlicher und künstlerischer Werke kann sich nicht berufen, wer den verfassungsmäßigen Zustand angreift oder gefährdet.

Art. 17 Abs. 2 HV: Ob diese Voraussetzung vorliegt, entscheidet im Beschwerdewege der Staatsgerichtshof.

Art. 18 HV: Auf das Recht der freien Meinungsäußerung, der Verbreitung wissenschaftlicher oder künstlerischer Werke und der freien Unterrichtung kann sich nicht berufen, wer Gesetze zum Schutze der Jugend verletzt.

Art. 146 Abs. 1 HV: Es ist Pflicht eines jeden, für den Bestand der Verfassung mit allen ihm zu Gebote stehenden Kräften einzutreten.

Art. 146 Abs. 2 HV: Das Gesetz bestimmt, welche Rechte aus dieser Verfassung durch Entscheidung des Staatsgerichtshofes aberkannt werden können, wenn jemand dieser Pflicht zuwiderhandelt oder einer politischen Gruppe angehört oder angehört hat, welche die Grundgedanken der Demokratie bekämpft.

a) Grundrechtsträger

aa) Art. 5 Abs. 1 GG

Art. 5 Abs. 1 GG gewährleistet in allen seinen Teilen ein Menschenrecht[1258]. Erfasst sind neben natürlichen Personen auch juristische Personen des Privatrechts und sonstige Personenvereinigungen[1259]. Insbesondere im Bereich der Pressefreiheit können sich neben Verlagen bzw. Verlegern auch alle sonstigen Personen auf das Grundrecht des Art. 5 Abs. 1 Satz 2 GG berufen, die in enger organisatorischer Bindung zu den geschützten Verhaltensweisen stehen[1260]. Gleiches gilt für die Rundfunkfreiheit[1261]. Eine Besonderheit besteht insoweit, als sich auch öffentlich-rechtliche Rundfunkanstalten auf den Schutz des Art. 5 Abs. 1 Satz 2 GG berufen können[1262]. Öffentlich-rechtliche Religionsgemeinschaften können den Schutz des Art. 5 Abs. 1 GG ebenfalls beanspruchen[1263].

bb) Art. 11, 13 HV

Den Schutz der und die Rechte aus Art. 11 und 13 HV kann jedermann in Anspruch nehmen. Eine Einschränkung auf deutsche Staatsangehörige ist nicht vorgenommen. Auch juristische Personen des Privatrechts können sich auf den Schutz der Grundrechte aus Art. 11 und 13 HV berufen, wenn und soweit sie geschützte Handlungen vornehmen.

b) Grundrechtsadressat

aa) Art. 5 Abs. 1 GG

Adressat der durch Art. 5 Abs. 1 GG gewährleisteten Grundrechte ist der Staat in allen seinen Erscheinungsformen[1264]. Nicht gebunden sind Rundfunkanstalten sowie Kirchen und Religionsgemeinschaften, auch wenn sie Körperschaften des öf-

1258 *Schulze-Fielitz*, in: Dreier, GG, Art. 5 I, II Rdnr. 114; *Starck*, in: von Mangoldt/Klein/Starck, GG, Art. 5 Rdnr. 178; *Hoffmann-Riem*, in: AK-GG, Art. 5 Abs. 1 und 2 Rdnr. 35.

1259 *Wendt*, in: von Münch/Kunig, GG, Art. 5 Rdnr. 6; *Starck*, in: von Mangoldt/Klein/Starck, GG, Art. 5 Rdnrn. 181, 183; *Hoffmann-Riem*, in: AK-GG, Art. 5 Abs. 1 und 2 Rdnr. 35.

1260 *Schulze-Fielitz*, in: Dreier, GG, Art. 5 I, II, Rdnr. 117; *Jarass*, in: Jarass/Pieroth, GG, Art. 5 Rdnr. 28; *Starck*, in: von Mangoldt/Klein/Starck, GG, Art. 5 Rdnr. 91.

1261 *Schulze-Fielitz*, in: Dreier, GG, Art. 5 I, II Rdnr. 118.

1262 BVerfG, Urteil vom 27.07.1971 - 2 BvF 1/68; 2 BvR 702/68 -, BVerfGE 31, 314 [321 f.]; *Starck*, in: von Mangoldt/Klein/Starck, GG, Art. 5 Rdnr. 185.

1263 *Starck*, in: von Mangoldt/Klein/Starck, GG, Art. 5 Rdnr. 187.

1264 *Starck*, in: von Mangoldt/Klein/Starck, GG, Art. 5 Rdnr. 268.

fentlichen Rechts sind[1265]. Unmittelbare Drittwirkung kommt den dort gewährleisteten Grundrechten nicht zu[1266]. Allerdings ist die große Bedeutung der Rechte aus Art. 5 Abs. 1 GG für einen freiheitlichen demokratischen Staat bei der Auslegung und Anwendung einfach-gesetzlicher Vorschriften besonders zu beachten[1267].

bb) Art. 11, 13 HV

Art. 11 und 13 HV wenden sich in erster Linie an die öffentliche Gewalt. Der Meinungsfreiheit kommt zudem unmittelbare Drittwirkung zu, da Art. 11 Abs. 1 Satz 2 HV unmittelbar Bezug nimmt auf privatrechtliche Dienst- und Arbeitsverhältnisse[1268].

c) Sachlicher Schutzbereich

aa) Art. 5 Abs. 1 GG

(a) Meinungsfreiheit

Art. 5 Abs. 1 Satz 1 Hs. 1 GG gewährleistet das Recht, seine Meinung in Wort, Schrift und Bild frei zu äußern und zu verbreiten.

Der Begriff der Meinung ist grundsätzlich weit zu verstehen: „Konstitutiv für die Bestimmung dessen, was als Äußerung einer `Meinung´ vom Schutz des Grundrechts umfasst wird, ist ... das Element der Stellungnahme, des Dafürhaltens, des Meinens im Rahmen einer geistigen Auseinandersetzung; auf den Wert, die Richtigkeit, die Vernünftigkeit der Äußerung kommt es nicht an[1269]". Erfasst sind also beispielsweise Ansichten, Auffassungen, Überzeugungen, Wertungen, Urteile, Einschätzungen, Stellungnahmen zu allen möglichen sachlichen Gegenständen und Personen[1270]. Bloße Tatsachenäußerungen und -behauptungen fallen dagegen nicht in den Schutzbereich der Meinungsfreiheit[1271]. Etwas anderes gilt nur dann, wenn sich Elemente der Stellungnahme bzw. des Dafürhaltens mit Elementen einer Tatsachenbehauptung bzw. -äußerung verbinden oder vermischen, insbesondere dann, „wenn

---

1265 *Starck*, in: von Mangoldt/Klein/Starck, GG, Art. 5 Rdnrn. 269 f.

1266 *Hoffmann-Riem*, in: AK-GG, Art. 5 Abs. 1 und 2 Rdnr. 36; *Starck*, in: von Mangoldt/Klein/Starck, GG, Art. 5 Rdnr. 273.

1267 *Hoffmann-Riem*, in: AK-GG, Art. 5 Abs. 1 und 2 Rdnrn. 43 f.

1268 Vgl. *Hecker*, Rdnr. 223.

1269 BVerfG, Beschluss vom 22.06.1982 - 1 BvR 1376/79 -, BVerfGE 61, 1 [8]; vgl. auch *Schulze-Fielitz*, in: Dreier, GG, Art. 5 I, II, Rdnr. 62; *Starck*, in: von Mangoldt/Klein/Starck, GG, Art. 5 Rdnr. 22.

1270 *Wendt*, in: von Münch/Kunig, GG, Art. 5 Rdnr. 8.

1271 A.A. *Starck*, in: von Mangoldt/Klein/Starck, GG, Art. 5 Rdnr. 26; grundlegend hierzu *Herzog*, in: Maunz/Dürig/Herzog, GG, Art. 5 Abs. 1 und 2 Rdnrn. 50 – 56.

beide sich nicht trennen lassen und der tatsächliche Gehalt gegenüber der Wertung in den Hintergrund tritt[1272]".

Art. 5 Abs. 1 Satz 1 Hs. 1 GG schützt das Äußern und Verbreiten einer Meinung. Da die Aufzählung „in Wort, Bild und Schrift" lediglich beispielhaft ist[1273], ist jede Art und Weise der Äußerung einer Meinung geschützt[1274]. Geschützt ist auch die Wahl des Orts und der Zeit einer Äußerung. Der sich Äußernde hat auch das Recht, für die Äußerung seiner Meinung diejenigen Umstände zu wählen, von denen er sich die größte Verbreitung oder die stärkste Wirkung seiner Meinungskundgabe verspricht[1275]. Von dem Begriff „Verbreiten" erfasst sind alle Tätigkeiten, die der Übermittlung einer Meinung dienen[1276]. Geschützt ist auch die negative Meinungsfreiheit, d.h. das Recht, seine oder eine bestimmte Meinung nicht zu haben, nicht zu äußern und nicht zu bekennen[1277].

(b) Informationsfreiheit

Art. 5 Abs. 1 Satz 1 Hs. 2 GG gewährleistet ferner die Freiheit eines jeden, sich aus allgemein zugänglichen Quellen zu unterrichten.

Informationsquelle ist dabei jeder denkbare Träger von Informationen[1278], unabhängig davon, ob sie sich auf Meinungen oder Tatsachen, öffentliche oder nicht-öffentliche Angelegenheiten beziehen[1279]. Allgemein zugänglich ist eine Informationsquelle in der Regel dann, wenn sie „technisch geeignet und bestimmt ist, der Allgemeinheit, d.h. einem individuell nicht bestimmbaren Personenkreis, Informatio-

---

1272 BVerfG, Beschluss vom 22.06.1982 - 1 BvR 1376/79 -, BVerfGE 61, 1 [9]; so auch *Jarass*, in: Jarass/Pieroth, GG, Art. 5 Rdnr. 3; *Nolte/Tams*, in: JuS 2004, S. 111; weiter gefasst dagegen *Wendt*, in: von Münch/Kunig, GG, Art. 5 Rdnr. 9; *Schulze-Fielitz*, in: Dreier, GG, Art. 5 I, II Rdnr. 63; *Hoffmann-Riem*, in: AK-GG, Art. 5 Abs. 1 und 2 Rdnr. 30.

1273 *Wendt*, in: von Münch/Kunig, GG, Art. 5 Rdnr. 16; *Starck*, in: von Mangoldt/Klein/Starck, GG, Art. 5 Rdnr. 28.

1274 *Schulze-Fielitz*, in: Dreier, GG, Art. 5 I, II Rdnr. 6; *Herzog*, in: Maunz/Dürig/Herzog, GG, Art. 5 Abs. 1 und 2 Rdnr. 73; *Hoffmann-Riem*, in: AK-GG, Art. 5 Abs. 1 und 2 Rdnr. 33.

1275 BVerfG, Beschluss vom 10.10.1995 - 1 BvR 1476, 1980/91 und 102, 221/93 -, BVerfGE 93, 266 [289].

1276 BVerfG, Beschluss vom 24.03.1998 - 1 BvR 131/91 -, BVerfGE 97, 391 [398 f.]; *Schulze-Fielitz*, in: Dreier, GG, Art. 5 I, II Rdnr. 71; *Starck*, in: von Mangoldt/Klein/Starck, GG, Art. 5 Rdnr. 32.

1277 *Wendt*, in: von Münch/Kunig, GG, Art. 5 Rdnr. 18; *Schulze-Fielitz*, in: Dreier, GG, Art. 5 I, II Rdnr.74.

1278 *Starck*, in: von Mangoldt/Klein/Starck, GG, Art. 5 Rdnr. 42; *Herzog*, in: Maunz/Dürig/Herzog, GG, Art. 5 Abs. 1 und 2 Rdnr. 87.

1279 *Wendt*, in: von Münch/Kunig, GG, Art. 5 Rdnr. 22; *Jarass*, in: Jarass/Pieroth, GG, Art. 5 Rdnr. 15; *Schulze-Fielitz*, in: Dreier, GG, Art. 5 I, II Rdnr. 77.

nen zu verschaffen[1280]". Die Entscheidung über die Zugänglichkeit und die Art der Zugangseröffnung trifft derjenige, der nach der Rechtsordnung über ein entsprechendes Bestimmungsrecht besitzt. Dies richtet sich nach den allgemeinen Vorschriften, für Privatpersonen insbesondere nach denen des bürgerlichen Rechts, für den Staat vornehmlich nach denen des öffentlichen Rechts[1281].

Geschützt ist sowohl die schlichte Informationsaufnahme wie auch die aktive Informationsbeschaffung, die Informationsauswahl sowie die negative Informationsfreiheit[1282]. Ein Recht auf Eröffnung einer bestimmten Informationsquelle gewährleistet Art. 5 Abs. 1 Satz 1 Hs. 1 GG dagegen nicht[1283].

(c) Pressefreiheit, Rundfunkfreiheit und Filmfreiheit

Art. 5 Abs. 1 Satz 2 Alt. 1 GG gewährleistet ferner die Freiheit der Presse. Der Begriff „Presse" umfasst alle zur Verbreitung geeigneten und bestimmten Druckerzeugnisse[1284]. Der Begriff ist weit zu verstehen und offen für neue Entwicklungen[1285]. Auf den Inhalt des Druckerzeugnisses kommt es nicht an[1286]. Geschützt ist beispielsweise auch der Anzeigenteil einer Zeitung[1287].

Der Schutz der Presse ist umfassend. Hierher gehört die Freiheit der Gründung und Gestaltung von Presseerzeugnissen. Letztere wird sowohl in inhaltlicher als auch formaler Hinsicht gewährleistet. Dazu gehört auch die Entscheidung darüber, welche Themen behandelt und welche Beiträge in eine Ausgabe aufgenommen werden sollen. Die formale Gestaltungsfreiheit betrifft die Entscheidung über die äußere Darbietung der Beiträge sowie ihre Platzierung innerhalb der Ausgaben[1288]. Die

---

1280 BVerfG, Beschlüsse vom 03.10.1969 - 1 BV 246/55 -, BVerfGE 27, 71 [83], und vom 09.02.1994 - 1 BvR 1687/92 -, BVerfGE 90, 27 [32]; *Starck*, in: von Mangoldt/Klein/Starck, GG, Art. 5 Rdnr. 45.

1281 BVerfG, Urteil vom 24.01.2001 - 1 BvR 2623/95, 622/99 -, BVerfGE 103, 44 [60].

1282 BVerfG, Beschluss vom 03.10.1969 - 1 BvF 46/55 -, BVerfGE 27, 71 [83]; *Jarass*, in: Jarass/Pieroth, GG, Art. 5 Rdnr. 17; *Schulze-Fielitz*, in: Dreier, GG, Art. 5 I, II Rdnr. 83 - allerdings zweifelnd in Bezug auf die negative Informationsfreiheit -; *Wendt*, in: von Münch/Kunig, GG, Art. 5 Rdnr.26.

1283 BVerfG, Urteil vom 24.01.2001 - 1 BvR 2623/95, 622/99 -, BVerfGE 103, 44 [59]; *Starck*, in: von Mangoldt/Klein/Starck, GG, Art. 5 Rdnr. 50.

1284 *Wendt*, in: von Münch/Kunig, GG, Art. 5 Rdnr. 30; *Jarass*, in: Jarass/Pieroth, GG, Art. 5 Rdnr. 25; *Schulze-Fielitz*, in: Dreier, GG, Art. 5 I, II Rdnr. 89; *Starck*, in: von Mangoldt/Klein/Starck, GG, Art. 5 Rdnr. 59; vgl. auch BVerfG, Beschluss vom 08.10.1986 - 1 BvR 1183/90 -, BVerfGE 95, 28 [38].

1285 *Schulze-Fielitz*, in: Dreier, GG, Art. 5 I, II Rdnr. 90.

1286 *Wendt*, in: von Münch/Kunig, GG, Art. 5 Rdnr. 31.

1287 Vgl. BVerfG, Beschluss vom 10.05.1983 - 1 BvR 285/82 -, BVerfGE 64, 108 [114].

1288 BVerfG, Beschluss vom 14.01.1998 - 1 BvR 1861/93, 1864/96, 2073/97 -, BVerfGE 97, 125 [144].

Freiheit der Presse reicht von der Beschaffung der Informationen bis zur Verbreitung der Nachrichten und Meinungen und umfasst auch das Vertrauensverhältnis zwischen Personal und privaten Informanten[1289]. Der Schutz der Pressefreiheit schließt dabei nicht nur unmittelbar inhaltsbezogene Pressetätigkeiten ein, sondern auch inhaltsferne Hilfstätigkeiten von Presseunternehmen, insbesondere wenn eine selbständig ausgeübte Hilfstätigkeit, die nicht unmittelbar die Herstellung von Presserzeugnissen betrifft, aber typischerweise pressebezogen ist, in enger organisatorischer Bindung an die Presse erfolgt, für das Funktionieren einer freien Presse notwendig ist und wenn sich die staatliche Regulierung dieser Tätigkeit zugleich einschränkend auf die Meinungsfreiheit auswirkt[1290].

Die in Art. 5 Abs. 1 Satz 2 Alt. 2 GG geschützte Rundfunkfreiheit umfasst die „Veranstaltung und Verbreitung von Darbietungen aller Art für einen unbestimmten Personenkreis mit Hilfe elektronischer Schwingungen[1291]". Der Begriff der Berichterstattung erstreckt sich nicht nur auf Tatsachenmeldungen, sondern umfasst jede Vermittlung von Informationen und Meinungen in einem umfassenden Sinne[1292]. Der Schutz der Rundfunkfreiheit erfasst - ebenso wie die Pressefreiheit[1293] - alle mit der Veranstaltung von Rundfunkprogrammen zusammenhängenden Tätigkeiten[1294], insbesondere die Beschaffung von Informationen[1295] und die Programmfreiheit[1296]. Diese umfasst Auswahl, Inhalt und Ausgestaltung der Programme gegenüber fremden Einflüssen ebenso wie Auswahl, Einstellung und Beschäftigung des Personals, von dem jene Gestaltung abhängt[1297]. Geschützt ist auch die Gründung von privaten Rundfunkunternehmen[1298].

1289 BVerfG, Teilurteil vom 05.08.1966 - 1 BvR 586/62, 610/63 und 512/64 -, BVerfGE 20, 162 [176].

1290 BVerfG, Beschluss vom 13.01.1988 - 1 BvR 1548/82 -, BVerfGE 77, 346 [354].

1291 *Jarass*, in: Jarass/Pieroth, GG, Art. 5 Rdnr. 36; siehe auch *Schulze-Fielitz*, in: Dreier, GG, Art. 5 I, II Rdnr. 99.

1292 BVerfG, Urteile vom 28.02.1961 - 2 BvG 1, 2/60, BVerfGE 12, 205 [260], und vom 16.06.1981 - 1 BvL 89/78 -, BVerfGE 57, 295 [319], und Beschluss vom 09.02.1982 - 2 BvK 1/81 -, BVerfGE 60, 53 [63 f.].

1293 Vgl. BVerfG, Beschluss vom 14.07.1994 - 1 BvR 1595, 1606/92 -, BVerfGE 91, 125 [134].

1294 *Schulze-Fielitz*, in: Dreier, GG, Art. 5 I, II Rdnr. 105; *Starck*, in: von Mangoldt/Klein/Starck, GG, Art. 5 Rdnr. 107.

1295 BVerfG, Urteil vom 24.01.2001 - 1 BvR 2623/95, 622/99 -, BVerfGE 103, 44 [59].

1296 *Wendt*, in: von Münch/Kunig, GG, Art. 5 Rdnr. 46; *Schulze-Fielitz*, in: Dreier, GG, Art. 5 I, II, Rdnr. 103.

1297 BVerfG, Beschluss vom 13.01.1982 - 1 BvR 848, 1047/77, 916, 1307/78, 350/79 und 475, 902, 965, 1177, 1238, 1461/80 -, BVerfGE 59, 231 [260].

1298 *Schulze-Fielitz*, in: Dreier, GG, Art. 5 I, II, Rdnr. 106; *Jarass*, in: Jarass/Pieroth, GG, Art. 5 Rdnr. 40.

Film im Sinne von Art. 5 Abs. 1 Satz 2 GG ist ein Massenmedium, bei dem ein chemisch-optischer Bildträger in der Öffentlichkeit vorgeführt wird[1299]. Geschützt ist auch hier die Herstellung und Verbreitung der Filme, d.h. die Themenauswahl und Erstellung des Drehbuchs, die Aufnahmen, die Herstellung von Kopien, die Filmeinfuhr, der Filmverleih und das Abspielen[1300].

bb) Art. 11, 13 HV

(a) Meinungsfreiheit

Art. 11 HV schützt die Meinungsfreiheit als Kernstück politischer und geistiger Freiheit[1301]. Meinungsäußerungen stellen Werturteile über Personen, Gegenstände oder bestimmte Verhältnisse dar[1302]. Meinungen sind Mitteilungen und Urteile[1303]. Das umfasst neben der eigenen Stellungnahme auch die Mitteilung von Tatsachen, die im Zusammenhang mit der Meinungsäußerung erfolgt[1304]. In welcher Form die Meinung geäußert wird, ist gleichgültig. Auf die Aufzählung von Meinungsäußerungsformen wurde bewusst verzichtet, da diese ohnehin nicht abschließend sein könnte[1305].

Art. 11 Abs. 1 Satz 1 HV erlaubt jedermann das freie und öffentliche Äußern seiner Meinung. Dies umfasst zum einen, dass eine Meinung überhaupt geäußert wird, zum anderen aber auch den Inhalt und die Wahl des Äußerungsmittels[1306]. Darf danach die Meinung öffentlich geäußert werden und ist die Meinungsäußerungsfreiheit elementarer Bestandteil einer freiheitlichen demokratischen Ordnung, muss hierunter im Sinne eines umfassenden Grundrechtsschutzes auch das Verbreiten der Mei-

---

1299 *Jarass*, in: Jarass/Pieroth, GG, Art. 5 Rdnr. 50; *Schulze-Fielitz*, in: Dreier, GG, Art. 5 I, II, Rdnr. 112; *Wendt*, in: von Münch/Kunig, GG, Art. 5 Rdnr. 61.

1300 *Jarass*, in: Jarass/Pieroth, GG, Art. 5 Rdnr. 51; *Schulze-Fielitz*, in: Dreier, GG, Art 5 I, II Rdnr. 113; *Starck*, in: von Mangoldt/Klein/Starck, GG, Art. 5 Rdnr. 168.

1301 *Hinkel*, Art. 11 Erl. 1.

1302 *Hecker*, Rdnr. 223.

1303 *Hinkel*, Art. 11 Erl. 2.

1304 *Hecker*, Rdnr. 223; weitergehend *Hinkel*, Art. 11 Erl. 2: „auch die Tatsachenmitteilung, die zwar mit keiner eigenen Tatsachenmitteilung verbunden ist, aber doch Meinungsbildung ermöglicht oder beeinflusst".

1305 *Hinkel*, Art. 11 Anm. 2; Stenographische Protokolle über die Verhandlungen des Verfassungsausschusses der Verfassungberatenden Landesversammlung, S. 101: „Wir haben uns bei der Abfassung leiten lassen von der Erwägung, dass Aufzählungen wie: Wort, Schrift, Druck, Bild immer lückenhaft sein werden gegenüber den Fortschritten der Technik. Vielleicht wählen wir besser diese Fassung: 'Jedermann hat das Recht, seine Meinung frei zu äußern'. Es wird noch 'öffentlich' eingefügt werden müssen. Das eben ist gerade Demokratie, dass man das Recht hat, seine Meinung in der Öffentlichkeit frei zu äußern."

1306 *Hinkel*, Art. 11 Erl. 3; *Stein*, in: Zinn/Stein, Hessische Verfassung, Art. 11 Erl. 5.

nung verstanden werden[1307]. Gedanken dürfen frei ausgesprochen werden mit dem Ziel, andere davon zu überzeugen, an Dritte weitergegeben oder sonst wie der Allgemeinheit zugänglich gemacht werden[1308]. Als Kehrseite dieser positiven Freiheit beinhaltet Art. 11 Abs. 1 HV auch das Recht, eine Meinung nicht zu haben und eine Meinung nicht zu äußern[1309].

Art. 11 Abs. 1 Satz 2 HV erstreckt den Schutz auf privatrechtliche Verhältnisse und enthält das Verbot, in einem Dienst- oder Arbeitsverhältnisse Nachteile an die Meinungsäußerung zu knüpfen. Damit soll der Arbeitnehmer geschützt werden, der gegenüber dem Arbeitgeber der sozial Schwächere ist und daher der Gefahr unterliegt, im Rahmen des Arbeitsverhältnisses in seiner Meinungsfreiheit eingeschränkt zu sein[1310]. Eine Ausnahme von diesem Verbot lässt Art. 11 Abs. 1 Satz 3 HV nur bei so genannten Tendenzbetrieben zu, die einer bestimmten politischen, weltanschaulichen oder religiösen Richtung angehören.

(b) Informationsfreiheit

Art. 13 HV enthält ein Grundrecht auf Information und ist gegenüber Art. 11 HV eigenständig. Danach hat jedermann das Recht, sich auf allen Gebieten des Wissens und der Erfahrung sowie über die Meinung anderer durch den Bezug von Druckerzeugnissen, das Abhören von Rundfunksendungen oder auf sonstige Weise frei zu unterrichten. Der Begriff „Wissen" ist zu verstehen als das „Bewusstsein in Ansammlung aller Gegebenheiten", während der Begriff „Erfahrung" umfassender zu verstehen ist und auch seelische, künstlerische und ähnliche Eindrücke umfasst[1311]. Auf die Art und Weise der Informationsbeschaffung kommt es nicht an. Die Aufzählung in Art. 13 HV ist nur beispielhaft zu verstehen[1312]. Allerdings lässt die Aufzählung der Informationsmittel in Art. 13 HV erkennen, dass sich das Recht nur auf solche Quellen erstrecken soll, die der Allgemeinheit zugänglich sind. Denn die beispielhaft aufgezählten Informationsquellen betreffen solche, die sich an einen nicht näher bestimmten Adressatenkreis wenden und jedermann zugänglich sind. Das

---

1307 Vgl. *Hinkel*, Art.11 Erl. 3.
1308 *Stein*, in: Zinn/Stein, Hessische Verfassung, Art. 11 Erl. 4.
1309 *Hinkel*, Art. 11 Erl. 3; *Stein*, in: Zinn/Stein, Hessische Verfassung, Art. 11 Erl. 4.
1310 *Hinkel*, Art. 11 Erl. 4.
1311 *Hinkel*, Erl. zu Art. 13.
1312 *Hinkel*, Erl. zu Art. 13.

Informationsrecht berechtigt nicht, Auskunft über Amtsgeheimnisse zu verlangen oder ungehindert Einsicht in Behördenakten zu nehmen[1313].

d) Eingriffe, Beeinträchtigungen

aa) Art. 5 Abs. 1 GG

Die Meinungsfreiheit nach Art. 5 Abs. 1 Satz 1 GG wird insbesondere durch Verbote[1314], Erlaubnisvorbehalte[1315] und sonstige nachteilige Folgen beeinträchtigt, die an Meinungsäußerungen anknüpfen[1316]. Eine Beeinträchtigung der Meinungsfreiheit ist des Weiteren in Betracht zu ziehen, wenn die Fachgerichte den Sinn einer umstrittenen Äußerung erkennbar verfehlen und zu Unrecht von einer Tatsachenbehauptung anstatt einer Meinungsäußerung ausgehen[1317].

Die Informationsfreiheit des Art. 5 Abs. 1 Satz 1 Hs. 2 GG wird beeinträchtigt durch Maßnahmen, die die Informationsaufnahme behindern oder verbieten[1318]. Eine faktische Beeinträchtigung der Informationsfreiheit kann wegen des Einschüchterungseffekts auch in einer Beobachtung und Registrierung liegen[1319].

Eingriffe in die Pressefreiheit liegen bei einer Unterbindung oder Behinderung der geschützten Tätigkeiten vor[1320], z.B. Berufsverbot für Redakteure, Beschlagnahme von Redaktionsunterlagen, Durchsuchung von Redaktionsräumen[1321]. Gleiches gilt für die Rundfunkfreiheit[1322], die ebenso wie die Pressefreiheit durch staatlichen Einfluss auf Inhalt und Gestaltung beeinträchtigt wird[1323]. Untersagt sind nicht nur unmittelbare Eingriffe. Der Staat darf auch nicht durch rechtliche Regelungen die Presse fremden - nichtstaatlichen - Einflüssen unterwerfen oder öffnen, die mit dem

---

1313 *Stein*, in: Zinn/Stein, Hessische Verfassung, Art. 13 Erl. 2; *Hecker*, Rdnr. 225.
1314 *Jarass*, in: Jarass/Pieroth, GG, Art. 5 Rdnr. 9.
1315 *Schulze-Fielitz*, in: Dreier, GG, Art. 5 I, II Rdnr. 124.
1316 BVerfG, Beschluss vom 19.05.1992 - 1 BvR 126/85 -, BVerfGE 86, 122 [127]; zu weiteren denkbaren Eingriffen vgl. *Wendt*, in: von Münch/Kunig, GG, Art. 5 Rdnr. 18.
1317 Vgl. BVerfG, Urteil vom 10.10.1995 - 1 BvR 1476, 1980/91 und 102, 221/ 91 -, BVerfGE 93, 266 [295 f.].
1318 *Jarass*, in: Jarass/Pieroth, GG, Art. 5 Rdnr. 19; *Starck*, in: von Mangoldt/Klein/Starck, GG, Art. 5 Rdnr. 55; *Herzog*, in: Maunz/Dürig/Herzog, GG, Art. 5 Abs. 1 und 2 Rdnrn. 97 f.
1319 *Schulze-Fielitz*, in: Dreier, GG, Art. 5 I, II Rdnr. 130; *Jarass*, in: Jarass/Pieroth, GG, Art. 5 Rdnr. 19; *Starck*, in: von Mangoldt/Klein/Starck, GG, Art. 5 Rdnr. 56.
1320 *Jarass*, in: Jarass/Pieroth, GG, Art. 5 Rdnr. 29.
1321 *Schulze-Fielitz*, in: Dreier, GG, Art. 5 I, II Rdnr. 132; *Starck*, in: von Mangoldt/Klein/Starck, GG, Art. 5 Rdnr. 190.
1322 *Starck*, in: von Mangoldt/Klein/Starck, GG, Art. 5 Rdnr. 190.
1323 *Jarass*, in: Jarass/Pieroth, GG, Art. 5 Rdnr. 42; *Schulze-Fielitz*, in: Dreier, GG, Art. 5 I, II Rdnr. 134.

durch Art. 5 Abs. 1 Satz 2 GG begründeten Postulat unvereinbar wären, der Freiheit der Presse Rechnung zu tragen[1324].

bb) Art. 11, 13 HV

Das Grundrecht der freien Meinungsäußerung aus Art. 11 HV wird beeinträchtigt, wenn durch die öffentliche Gewalt die Äußerung einer Meinung untersagt oder behindert wird. Gleiches gilt, wenn bestimmte Inhalte oder Formen der Meinungsäußerung vorgeschrieben werden. In den Schutzbereich des Art. 11 HV wird auch eingegriffen, wenn an das Äußern einer - missliebigen - Meinung Nachteile geknüpft werden. Niemand darf zu einer bestimmten Äußerung gezwungen werden[1325].

Das Informationsrecht aus Art. 13 HV wird beeinträchtigt, wenn die Informationsbeschaffung staatlicherseits untersagt oder behindert wird, insbesondere auch durch staatliche Registrierung oder ähnliche Maßnahmen, die den Einzelnen von einer freien Information abhalten könnten.

e) Verfassungsrechtliche Rechtfertigung von Eingriffen

aa) Art. 5 Abs. 1 GG

Die Grundrechte des Art. 5 Abs. 1 Satz 1 und 2 GG unterliegen den Begrenzungen nach Art. 5 Abs. 2 GG. Sie finden also ihre Schranken in den allgemeinen Gesetzen, den gesetzlichen Bestimmungen zum Schutze der Jugend und in dem Recht der persönlichen Ehre.

Allgemein im Sinne von Art. 5 Abs. 2 GG „sind Gesetze dann, wenn sie sich weder gegen die Meinungsfreiheit an sich noch gegen bestimmte Meinungen richten, sondern dem Schutz eines schlechthin, ohne Rücksicht auf eine bestimmte Meinung zu schützenden Rechtsguts dienen[1326]". Das Rechtsgut muss in der Rechtsordnung allgemein und unabhängig davon geschützt sein, ob es durch Meinungsäußerungen oder auf andere Weise verletzt werden kann[1327]. In Bezug auf die Presse- und Rundfunkfreiheit sind darunter „alle Gesetze zu verstehen, die sich nicht speziell

---

1324 BVerfG, Beschluss vom 06.11.1979 - 1 BvR 81/76 -, BVerfGE 52, 283 [296].

1325 *Hinkel*, Art. 11 Erl. 3.

1326 BVerfG, Beschluss vom 14.01.1998 - 1 BvR 1861/93, 1864/96, 2073/87 -, BVerfGE 97, 125 [146]; vgl. auch Beschluss vom 26.02.1997 - 1 BvR 2172/96 -, BVerfGE 95, 220 [235 f.]; *Starck*, in: von Mangoldt/Klein/Starck, GG, Art. 5 Rdnr. 199; *Hoffmann-Riem*, in: AK-GG, Art. 5 Abs. 1 und 2 Rdnr. 48.

1327 BVerfG, Beschluss vom 23.06.2004 - 1 BvQ 19/04 -, BVerfGE 111, 147 [155].

gegen die Medien oder gegen eine bestimmte Meinung richten, sondern dem Schutz eines schlechthin, ohne Rücksicht auf bestimmte Informationen oder Meinungen zu schützenden Rechtsguts dienen, das dem Grundrechtsschutz der Medien nicht nachsteht[1328]".

Eine weitere Schranke bilden die Gesetze zum Schutze der Jugend. Einschränkungen sind zulässig zur Abwehr von Gefahren, die einer ungestörten Entwicklung der Jugend drohen[1329]. Der Gesetzgeber darf Maßnahmen treffen, durch die der freie Zugang Jugendlicher zu jugendgefährdenden Erzeugnissen unterbunden wird, wobei die Auswahl der Mittel zur Erreichung dieses Ziels zunächst dem Gesetzgeber obliegt. Eine gesetzliche Bestimmung zum Schutze der Jugend muss aber die grundlegende Bedeutung der in Art. 5 Abs. 1 GG garantierten Rechte für die freiheitliche demokratische Staatsordnung beachten und den Grundsatz der Verhältnismäßigkeit wahren. Abzuwägen sind die Forderung nach umfassendem Grundrechtsschutz und das verfassungsrechtlich hervorgehobene Interesse an einem effektiven Jugendschutz[1330].

Weitere Grenze ist das Recht der persönlichen Ehre, das weitgehend in den zivilrechtlichen und strafrechtlichen Ehrenschutzvorschriften normiert ist[1331]. Insbesondere bei deren Anwendung und Auslegung gilt es, die Vorschriften des einfachen Rechts im Lichte des eingeschränkten Grundrechts auszulegen. Im Einzelfall ist eine Abwägung zwischen der Bedeutung der Meinungsfreiheit und dem Rang des durch die Meinungsäußerung beeinträchtigten Rechtsguts vorzunehmen, das das einfache Recht schützen will. Dabei spricht, wenn es um Beiträge zum geistigen Meinungskampf in einer die Öffentlichkeit wesentlich berührenden Frage geht, die Vermutung für die Zulässigkeit der freien Rede. Erst wenn bei einer Äußerung nicht mehr die Auseinandersetzung in der Sache, sondern die Herabsetzung der Person im Vordergrund steht, hat eine solche Äußerung als Schmähung regelmäßig hinter dem Persönlichkeitsrecht des Betroffenen zurückzustehen[1332].

Die Beschränkungsmöglichkeiten des Art. 5 Abs. 2 GG finden ihrerseits eine Grenze in dem Zensurverbot nach Art. 5 Abs. 1 Satz 3 GG. Zensur in diesem Sinne

---

1328 BVerfG, Beschluss vom 14.07.1994 - 1 BvR 1595, 1604/92 -, BVerfGE 91, 125 [135].
1329 *Schulze-Fielitz*, in: Dreier, GG, Art. 5 I, II Rdnr. 147.
1330 BVerfG, Beschluss vom 23.03.1971 - 1 BvL 25/61 - und 3/62 -, BVerfGE 30, 336 [347 f.].
1331 *Schulze-Fielitz*, in: Dreier, GG, Art. 5 I, II, Rdnr. 150.
1332 BVerfG, Beschluss vom 09.10.1991 - 1 BvR 1555/88 -, BVerfGE 85, 1 [16].

meint nur die Vorzensur, d.h. die präventive Vorschaltung eines behördlichen Verfahrens, vor dessen Abschluss das Werk nicht publiziert werden darf[1333].

bb) Art. 11, 13 HV

Eine Grenze der Meinungsfreiheit nach Art. 11 HV findet sich in Art. 18 HV als Gesetzesvorbehalt für Gesetze zum Schutze der Jugend. Über diese Grenzen hinaus ist das Grundrecht nach Art. 11 HV vorbehaltlos gewährleistet und findet Schranken daher nur in der Verfassung selbst. Eine Beschränkung kommt insbesondere aus Gründen der ebenfalls vorbehaltlos gewährleisteten Würde und Ehre des Menschen nach Art. 3 HV in Betracht. Eine Übertragung der Schranken aus Art. 5 Abs. 2 GG ist ebenso ausgeschlossen[1334] wie eine Übertragung der Schranken aus Art. 2 Abs. 1 HV[1335].

Eine Zensur im Sinne einer Vorzensur findet gemäß Art. 11 Abs. 2 HV nicht statt. Die Äußerung einer Meinung darf danach nicht von einer vorherigen behördlichen Prüfung oder Erlaubnis abhängig gemacht werden[1336]. Im Übrigen unterliegt das Grundrecht der Verwirkung nach Art. 17 HV und der Aberkennung nach Art. 146 Abs. 2 HV. Auf die obigen Ausführungen zu diesen Vorschriften darf verwiesen werden[1337].

Art. 13 HV unterliegt nur dem Gesetzesvorbehalt des Art. 18 HV zum Schutze der Jugend und ist ansonsten vorbehaltlos gewährleistet. Weder lassen sich die Schranken aus Art. 5 Abs. 2 GG[1338] noch diejenigen des Art. 2 Abs. 1 HV auf das Grundrecht aus Art. 13 HV übertragen. Auch insoweit lassen sich Einschränkungsmöglichkeiten allein aus der Verfassung selbst ableiten.

1333 BVerfG, Beschlüsse vom 25.04.1972 - 1 BvL 13/67 -, BVerfGE 32, 57 [71], und vom 27.11.1990 - 1 BvR 402/87 -, BVerfGE 83, 130 [155]; *Jarass*, in: Jarass/Pieroth, GG, Art. 5 Rdnr. 63; *Schulze-Fielitz*, in: Dreier, GG, Art. 5 I, II Rdnr. 171; *Starck*, in: von Mangoldt/Klein/Starck, GG, Art. 5 Rdnr. 170; *Herzog*, in: Maunz/Dürig/Herzog, GG, Art. 5 Abs. 1 und 2 Rdnr. 78.

1334 So aber *Hinkel*, Art. 11 Erl. 6.

1335 So *Stein*, in: Zinn/Stein, Hessische Verfassung, Art. 11 Erl. 2.

1336 *Stein*, in: Zinn/Stein, Hessische Verfassung, Art. 11 Erl. 8.

1337 Siehe D. II. 11. e) bb) (b) und (c).

1338 So *Stein*, in: Zinn/Stein, Hessische Verfassung, Art. 13 Erl. 2.

f) Ergebnis

Die Regelungsgehalte von Art. 11, 13 HV sowie Art. 5 Abs. 1 GG stimmen weitgehend überein, so dass gegen das Fortbestehen der Landesgrundrechte keine Bedenken bestehen.

Im Gegensatz zu Art. 11 HV, dem aufgrund seines Wortlauts unmittelbare Drittwirkung in privatrechtlichen Arbeitsverhältnissen zukommt, besitzen die Grundrechte aus Art. 5 Abs. 1 GG keine unmittelbare Wirkung im Verhältnis zu Privaten. Aber auch wenn eine entsprechende Regelung in Art. 5 Abs. 1 GG fehlt, ist die Ausstrahlungswirkung des Art. 5 Abs. 1 GG im Rahmen von Arbeitsverhältnissen zu beachten. Einschränkungen der Freiheiten aus Art. 5 Abs. 1 GG können sich jedoch allenfalls dann ergeben, wenn der Betriebs- oder Unternehmenszweck von einer bestimmten Überzeugung her geprägt ist[1339]. Der Unterschied der Regelungen besteht danach darin, dass Art. 11 HV die beschriebene Wirkung in Arbeitsverhältnissen unmittelbar statuiert. Im Grundgesetz ist dies dagegen eine Folge der mittelbaren Drittwirkung des Art. 5 Abs. 1 GG. Sachliche Unterschiede im Sinne eines Widerspruchs sind jedoch nicht ersichtlich.

Die Hessische Verfassung enthält keine Gewährleistung der Presse- und Rundfunkfreiheit, sondern bringt nur mittelbar zum Ausdruck, dass solche Institute existieren, so zum Beispiel in Art. 11 Abs. 2, 13 und 125 HV. Die Filmfreiheit ist an keiner Stelle erwähnt[1340]. Eine grundrechtliche Garantie von Presse, Rundfunk und Freiheit und deren institutionelle Gewährleistung, wie sie in Art. 5 Abs. 1 Satz 2 GG enthalten sind, lässt sich den eher beiläufigen Erwähnungen in der Hessischen Verfassung jedoch nicht entnehmen. Insofern bleibt der Schutzbereich der Hessischen Verfassung hinter demjenigen des Grundgesetzes zurück. Die institutionelle Garantie einer freien Presse und eines freien Rundfunks nach Art. 5 Abs. 1 GG besteht aber auch gegenüber der Landesstaatsgewalt[1341]. Zu einer Unterschreitung des grundgesetzlichen Schutzniveaus kann es daher nicht kommen.

1339 *Hoffmann-Riem*, in: AK-GG, Art. 5 Abs. 1 und 2 Rdnr. 81; vgl. auch BVerfG, Beschluss vom 04.06.1985 - 2 BvR 1703, 1718/83 und 856/84 -, BVerfGE 70, 138 ff.

1340 Vgl. *Hinkel*, Art. 11 Erl. 5; a.A. *Hecker*, Rdnr. 226, nach dem Presse- und Rundfunkfreiheit verfassungsrechtlich gewährleistet seien.

1341 Vgl. zur Ausgestaltung der Pressefreiheit das Hessische Gesetz über Freiheit und Recht der Presse vom 23.06.1949 (GVBl. S. 75) in der Fassung vom 12.12.2003 (GVBl. 2004 I, S. 2).

Das Grundrecht aus Art. 11 Abs. 1 Satz 1 HV kann nach Art. 18 HV allein zum Schutze der Jugend eingeschränkt werden[1342]. Demgegenüber finden die Grundrechte aus Art. 5 Abs. 1 GG nach Art. 5 Abs. 2 GG ihre Schranken in den allgemeinen Gesetzen, den gesetzlichen Bestimmungen zum Schutze der Jugend und in dem Recht der persönlichen Ehre finden. Da das Grundrecht der Hessischen Verfassung nach Art. 11 HV jedoch verfassungsimmanenten Schranken unterliegt und hierzu auch das Recht der persönlichen Ehre aus Art. 3 HV zu rechnen ist, bestehen insoweit ähnliche Begrenzungen wie bei Art. 5 Abs. 1 GG.

Bedenken gegen eine Fortgeltung der Grundrechte aus Art. 11, 13 HV lassen sich aus alledem nicht ableiten.

13. Postgeheimnis (Art. 10 GG - Art. 12 HV)

Art. 10 Abs. 1 GG: Das Briefgeheimnis sowie das Post- und Fernmeldegeheimnis sind unverletzlich.

Art. 10 Abs. 2 GG: Beschränkungen dürfen nur aufgrund eines Gesetzes angeordnet werden. Dient die Beschränkung dem Schutze der freiheitlichen demokratischen Grundordnung oder des Bestandes oder der Sicherung des Bundes oder eines Landes, so kann das Gesetz bestimmen, dass sie dem Betroffenen nicht mitgeteilt wird und dass an die Stelle des Rechtsweges die Nachprüfung durch von der Volksvertretung bestellte Organe und Hilfsorgane tritt.

Art. 18 GG: Wer die Freiheit der Meinungsäußerung, insbesondere die Pressefreiheit (Artikel 5 Absatz 1), die Lehrfreiheit (Artikel 5 Absatz 3), die Versammlungsfreiheit (Artikel 8), die Vereinigungsfreiheit (Artikel 9), das Brief-, Post- und Fernmeldegeheimnis (Artikel 10), das Eigentum (Artikel 14) oder das Asylrecht (Artikel 16a) zum Kampfe gegen die freiheitliche demokratische Grundordnung missbraucht, verwirkt diese Grundrechte. Die Verwirkung und ihr Ausmaß werden durch das Bundesverfassungsgericht ausgesprochen.

Art. 12 HV: Das Postgeheimnis ist unverletzlich.

Art. 19 Abs. 1 Satz 1 HV: Bei dringendem Verdacht einer strafbaren Handlung kann der Richter die Untersuchungshaft, die Haussuchung und Eingriffe in das Postgeheimnis anordnen.

[1342] Die Vorschrift enthält insoweit einen Gesetzesvorbehalt, vgl. *Hinkel*, Erl. zu Art. 18; *Stein*, in: Zinn/Stein, Hessische Verfassung, Erl. zu Art. 18.

Art. 125 Abs. 1 HV: Nur der Landtag kann feststellen, dass der verfassungsmäßige Zustand des Landes gefährdet ist. Dieser Beschluss bedarf der Zustimmung von mindestens zwei Drittel der gesetzlichen Zahl seiner Mitglieder und ist von dem Präsidenten des Landtages zu veröffentlichen. Der Beschluss kann die Freizügigkeit, das Postgeheimnis, das Versammlungsrecht und das Recht der Pressefreiheit außer Kraft setzen oder einschränken.

Art. 125 Abs. 2 HV: Der Beschluss wird nach drei Monaten unwirksam, wenn in ihm nicht eine kürzere Frist bestimmt ist. Er kann unter den gleichen Bedingungen wiederholt werden.

a) Grundrechtsträger

aa) Art. 10 GG

Träger des Grundrechts aus Art. 10 GG ist jedermann, d.h. jede natürliche Person sowie juristische Personen des Privatrechts und Personenvereinigungen[1343]. Voraussetzung ist allerdings, dass diese an dem brieflich oder fernmeldetechnisch vermittelten Kommunikationsvorgang beteiligt sind[1344]. Nicht geschützt sind dagegen die Post oder andere öffentlich-rechtliche Betreiber von Kommunikationsanlagen oder -diensten[1345]. Auch öffentlich-rechtliche Rundfunkanstalten können sich auf den Schutz des Art. 10 GG berufen[1346].

bb) Art. 12 HV

Das Postgeheimnis nach Art. 12 HV ist ein Menschenrecht. Soweit juristische Personen des Privatrechts an den geschützten Kommunikationsvorgängen beteiligt sind, steht auch ihnen der Schutz des Art. 12 HV zu.

1343 *Jarass*, in: Jarass/Pieroth, GG, Art. 10 Rdnr. 10; *Löwer*, in: von Münch/Kunig, GG, Art. 10 Rdnr. 6; *Bizer*, in: AK-GG, Art. 10 Rdnr. 48; *Gusy*, in: von Mangoldt/Klein/Starck, GG, Art. 10 Rdnr. 47; *Dürig*, in: Maunz/Dürig/Herzog, GG, Art. 10 Rdnr. 22.

1344 *Hermes*, in: Dreier, GG, Art. 10 Rdnr. 26; *Bizer*, in: AK-GG, Art. 10 Rdnr. 48; *Gusy*, in: von Mangoldt/Klein/Starck, GG, Art. 10 Rdnr. 47.

1345 *Hermes*, in: Dreier, GG, Art. 10 Rdnr. 28; *Jarass*, in: Jarass/Pieroth, GG, Art. 10 Rdnr. 10; *Löwer*, in: von Münch/Kunig, GG, Art. 10 Rdnr. 9; *Bizer*, in: AK-GG, Art. 10 Rdnr. 50; *Gusy*, in: von Mangoldt/Klein/Starck, GG, Art. 10 Rdnr. 49; a.A. BVerfG, Beschlüsse vom 20.06.1984 - 1 BvR 1494/78 -, BVerfGE 67, 157 [171 f.], und vom 25.03.1992 - 1 BvR 1430/77 -, BVerfGE 85, 386 [396], für die hoheitliche Post.

1346 BVerfG, Urteil vom 12.03.2003 - 1 BvR 330/96, 348/99 -, BVerfGE 107, 299 [310]; ebenso den Zusammenhang zwischen Pressefreiheit und Fernmeldegeheimnis betont BVerfG, Urteil vom 14.07.1999 - 1 BvR 2226/94 , 2420, 2437/95 -, BVerfGE 100, 313 [365].

b) Grundrechtsadressat

aa) Art. 10 GG

Das Grundrecht aus Art. 10 GG verpflichtet die öffentliche Gewalt insgesamt[1347]. Private Unternehmen, die Post- oder Telekommunikationsdienstleistungen anbieten, werden dagegen nicht verpflichtet[1348], Dazu gehören auch die Nachfolgeunternehmen der Deutschen Bundespost[1349].

bb) Art. 12 HV

Art. 12 HV wirkt gegenüber der öffentlichen Gewalt in allen ihren Erscheinungsformen. Unmittelbare Drittwirkung, die eine Verpflichtung von Post- und Telekommunikationsdienstleistern mit sich brächte, entfaltet Art. 12 HV nicht.

c) Sachlicher Schutzbereich

aa) Art. 10 GG

Art. 10 Abs. 1 GG schützt die freie Entfaltung der Persönlichkeit durch einen privaten, vor den Augen der Öffentlichkeit verborgenen Austausch von Nachrichten, Gedanken und Meinungen[1350]. Der Schutz bezieht sich auf Kommunikationen, die wegen der räumlichen Distanz zwischen den Beteiligten auf Übermittlung durch Dritte angewiesen sind. Den grundrechtlichen Schutz genießt in erster Linie der Kommunikationsinhalt, aber auch der Kommunikationsvorgang selbst[1351].

Art. 10 GG schützt zunächst das Briefgeheimnis. Brief in diesem Sinne ist jede mit einem verkörperten Medium verbundene Kommunikation an einen oder mehrere Empfänger[1352]. Darauf, ob der Brief verschlossen ist oder nicht, kommt es nicht

---

[1347] BVerfG, Beschluss vom 20.06.1984 - 1 BvR 1494/78 -, BVerfGE 67, 157 [171 f.]; *Löwer*, in: von Münch/Kunig, GG, Art. 10 Rdnr. 8; *Jarass*, in: Jarass/Pieroth, GG, Art. 10 Rdnr. 1; *Hermes*, in: Dreier, GG, Art. 10 Rdnr. 48.

[1348] *Hermes*, in: Dreier, GG, Art. 10 Rdnr. 48; *Jarass*, in: Jarass/Pieroth, GG, Art. 10 Rdnr. 1a.

[1349] *Bizer*, in: AK-GG, Art. 10 Rdnr. 46; *Hermes*, in: Dreier, GG, Art. 10 Rdnr. 49; *Löwer*, in: von Münch/Kunig, GG, Art. 10 Rdnr. 9; eine Bindung, soweit sie noch vom Staat beherrscht sind, nimmt an *Jarass*, in: Jarass/Pieroth, GG, Art. 10 Rdnr. 1a; vgl. auch *Gusy*, in: von Mangoldt/Klein/Starck, GG, Art. 10 Rdnr. 53.

[1350] BVerfG, Beschluss vom 20.06.1984 - 1 BvR 1494/78 -, BVerfGE 67, 157 [171].

[1351] BVerfG, Beschluss vom 25.03.1992 - 1 BvR 1430/77 -, BVerfGE 85, 386 [396]; vgl. auch *Gusy*, in: von Mangoldt/Klein/Starck, GG, Art. 10 Rdnr. 24.

[1352] *Jarass*, in: Jarass/Pieroth, GG, Art. 10 Rdnr. 3; beschränkt auf schriftlich fixierte Mitteilungen *Hermes*, in: Dreier, GG, Art. 10 Rdnr. 30; *Bizer*, in: AK-GG, Art. 10 Rdnr. 52; *Gusy*, in: von Mangoldt/Klein/Starck, GG, Art. 10 Rdnr. 27; *Dürig*, in: Maunz/Dürig/Herzog, GG, Art. 10 Rdnr. 13.

an[1353]. Geschützt ist nicht lediglich der Inhalt, sondern auch die näheren Umstände des Briefverkehrs, die Aufschluss über Kommunikationsvorgänge geben können[1354].

Das Postgeheimnis schützt die Erbringung von Postdienstleistungen[1355], d.h. die körperliche Übermittlung von Informationen und Kleingütern durch ein auf massenhaften Verkehr angelegtes Transportnetz[1356]. Geschützt ist der Inhalt der Postsendung ebenso wie deren näheren Umstände[1357]. In zeitlicher Hinsicht erstreckt sich das Postgeheimnis auf den Zeitraum, während dessen sich der Brief im Herrschaftsbereich des Postdienstleisters befindet[1358], d.h. nicht mehr beim Absender und nicht schon beim Empfänger ist[1359].

Das Fernmeldegeheimnis soll die Vertraulichkeit individueller, fernmeldetechnisch übertragener Mitteilungen schützen[1360]. Entscheidend ist die körperlose Übertragung der Information[1361]. Der Schutz ist nicht auf die früher bekannten Technologien und angebotenen Fernmeldedienste beschränkt, sondern umfasst sämtliche mit Hilfe der verfügbaren Telekommunikationstechniken erfolgende Übermittlung von Informationen. Auf die konkrete Übermittlungsart und Ausdrucksform kommt es also nicht an[1362]. Zwar schützt das Fernmeldegeheimnis in erster Linie den Inhalt der Kommunikation. Darüber hinaus ist aber auch der Kommunikationsvorgang als solcher erfasst, d.h. die näheren Umstände wie Zeit, Ort, beteiligte Personen und Dauer[1363]. Der Schutz des Fernmeldegeheimnisses endet in dem Moment, in dem die Nachricht bei dem Empfänger angekommen und der Übertragungsvorgang beendet ist. Denn die spezifischen Gefahren der räumlich distanzierten Kommunikation be-

---

1353 *Löwer*, in: von Münch/Kunig, GG, Art. 10 Rdnr. 16; *Bizer*, in: AK-GG, Art. 10 Rdnr. 53; *Hermes*, in: Dreier, GG, Art. 10 Rdnr. 31; *Jarass*, in: Jarass/Pieroth, GG, Art. 10 Rdnr. 3.

1354 *Bizer*, in: AK-GG, Art. 10 Rdnr. 51.

1355 *Gusy*, in: von Mangoldt/Klein/Starck, GG, Art. 10 Rdnr. 33.

1356 *Löwer*, in: von Münch/Kunig, GG, Art. 10 Rdnr. 17; *Jarass*, in: Jarass/Pieroth, GG, Art. 10 Rdnr. 4.

1357 *Bizer*, in: AK-GG, Art. 10 Rdnr. 59; *Badura*, in: Bonner Kommentar, Art. 10 Rdnr. 32; *Dürig*, in: Maunz/Dürig/Herzog, GG, Art. 10 Rdnr. 15.

1358 *Hermes*, in: Dreier, GG, Art. 10 Rdnr. 35; *Bizer*, in: AK-GG, Art. 10 Rdnr. 59.

1359 *Löwer*, in: von Münch/Kunig, GG, Art. 10 Rdnr. 17.

1360 *Hermes*, in: Dreier, GG, Art. 10 Rdnr. 36.

1361 BVerfG, Beschluss vom 12.10.1977 - 1 BvR 271, 216/75 -, BVerfGE 46, 120 [143]; *Hermes*, in: Dreier, GG, Art. 10 Rdnr. 37; *Bizer*, in: AK-GG, Art. 10 Rdnr. 61; *Gusy*, in: von Mangoldt/Klein/Starck, GG, Art. 10 Rdnr. 39.

1362 BVerfG, Beschluss vom 09.10.2002 - 1 BVR 1611/96, 805/98 -, BVerfGE 106, 28 [36]; *Bizer*, in: AK-GG, Art. 10 Rdnr. 63; *Gusy*, in: von Mangoldt/Klein/Starck, GG, Art. 10 Rdnr. 40.

1363 *Hermes*, in: Dreier, GG, Art. 10 Rdnr. 41; *Dürig*, in: Maunz/Dürig/Herzog, GG, Art. 10 Rdnr. 18; *Bizer*, in: AK-GG, Art. 10 Rdnr. 66; *Gusy*, in: von Mangoldt/Klein/Starck, GG, Art. 10 Rdnr. 45.

stehen im Herrschaftsbereich des Empfängers, der eigene Schutzvorkehrungen gegen einen ungewollten Datenzugriff treffen kann, nicht mehr[1364].

bb) Art. 12 HV

Art. 12 HV schützt das Postgeheimnis. Darunter fallen das Brief-, Telegraphen- und Fernsprechgeheimnis, wie sich aus einer Anmerkung zu den Verhandlungen des Verfassungsausschusses ergibt[1365]. Zugleich wird aus der Bestimmung und der systematischen Stellung bei den Kommunikationsgrundrechten deutlich, dass Art. 12 HV die zwischenmenschliche Kommunikation vor denjenigen Gefahren schützen will, die sich aus der räumlichen Entfernung der Kommunikationsteilnehmer voneinander ergeben können. Aus diesem Grunde ist das Grundrecht auch offen gegenüber neuen, zur Zeit der Verabschiedung der Hessischen Verfassung noch nicht bekannten modernen Kommunikationsformen.

Das Briefgeheimnis erstreckt sich auf den Schutz schriftlicher Mitteilungen, unabhängig davon, ob es sich um unverschlossene Briefe oder Postkarten handelt[1366]. Das Postgeheimnis bezieht sich auf die durch den Postdienstleister vermittelte Beförderung von Briefen, Postkarten, Paketen und ähnliches[1367]. Es umfasst alle Formen und alle Arten der Benutzung postalischer Tätigkeiten[1368]. Gleiches gilt für das Telegraphen- und das Fernsprechgeheimnis. Geschützt ist hier der durch den Telekommunikationsdienstleister vermittelte Kommunikationsvorgang[1369]. Von seiner Intention her schützt das Grundrecht den Inhalt der Kommunikation als solchen ebenso wie die Art und die näheren Umstände der Kommunikation.

d) Eingriffe, Beeinträchtigungen

aa) Art. 10 GG

In den Schutzbereich des Art. 10 GG wird eingegriffen, wenn staatliche Stellen sich ohne Zustimmung des Berechtigten Kenntnis von dem Inhalt der geschützten Vor-

---

1364 BVerfG, Urteil vom 02.03.2006 - 2 BvR 2099/04 -, NJW 2996, S. 976 ff.; *Hermes*, in: Dreier, GG, Art. 10 Rdnr. 42; *Bizer*, in: AK-GG, Art. 10 Rdnr. 67.

1365 Stenographische Protokolle über die Verhandlungen des Verfassungsausschusses, vgl. Anm. auf S. 145; *Hecker*, Rdnr. 224; *Hinkel*, Erl. zu Art. 12; *Stein*, in: Zinn/Stein, Hessische Verfassung, Art. 12 Erl. 2.

1366 *Hinkel*, Erl. zu Art. 12.

1367 *Hecker*, Rdnr. 224.

1368 *Stein*, in: Zinn/Stein, Hessische Verfassung, Art. 12 Erl. 2.

1369 *Hecker*, Rdnr. 224.

gänge verschaffen oder die so gewonnenen Erkenntnisse nutzen[1370]. Einen Eingriff stellt auch die staatliche Anordnung gegenüber einem Kommunikationsunternehmen dar, bestimmte Inhalte an staatliche Stellen zu übermitteln[1371]. Beeinträchtigt wird das Postgeheimnis durch Ausforschung des Sendeinhalts, die Mitteilung über Sendungen an Dritte sowie die Anfertigung von Aufzeichnungen über Sendungen nach Personen, Ort, Zeit, Art und Weise sowie Häufigkeit der Postbenutzung und deren Überlassung an Dritte[1372].

bb) Art. 12 HV

In das Postgeheimnis des Art. 12 HV wird eingegriffen, wenn über die Art oder den Inhalt der beförderten Sendungen, über die Person des Absenders oder Empfängers oder über die Modalitäten der Zustellung Mitteilungen an staatliche Stellen gemacht werden[1373]. Ferner liegt ein Eingriff vor, wenn Telefongespräche abgehört oder auf Tonträger aufgenommen werden. Zusammenfassend lässt sich sagen, dass eine Beeinträchtigung des Postgeheimnisses nach Art. 12 HV in jedem unbefugten Eindringen in Miteilungen, Sendungen oder Nachrichten jeder Art vorliegt, die dem Post- oder Telekommunikationsdienstleister überantwortet worden sind[1374].

e) Verfassungsrechtliche Rechtfertigung von Eingriffen

aa) Art. 10 GG

Ein Eingriff in den Schutzbereich des Art. 10 Abs. 1 GG ist nur zulässig aufgrund eines Gesetzes (Art. 10 Abs. 2 Satz 1 GG). Besondere Anforderungen gelten für Bestimmtheit der Eingriffsermächtigung[1375] sowie die Verhältnismäßigkeit des Eingriffs[1376]. Ferner ergibt sich insoweit aus Art. 10 GG ein Anspruch des Betroffenen auf Kenntnis von Maßnahmen der Fernmeldeüberwachung. Wegen der Besonderheiten von Eingriffen in das Fernmeldegeheimnis, die sich aus ihrer Unbemerkbar-

1370 BVerfG, Beschluss vom 25.03.1992 - 1 BvR 1430/77 -, BVerfGE 85, 386 [398 f.]; *Hermes*, in: Dreier, GG, Art. 10 Rdnr. 50; Bizer, in: AK-GG, Art. 10 Rdnr. 70; *Gusy*, in: von Mangoldt/Klein/Starck, GG, Art. 10 Rdnr. 58; *Badura*, in: Bonner Kommentar, Art. 10 Rdnr. 39.

1371 BVerfG, Urteile vom 12.03.2003 - 1 BvR 330/96, 348/99 -, BVerfGE 107, 299 [313], und vom 14.07.1999 - 1 BvR 2226/94, 2420, 2437/95 -, BVerfGE 100, 313 [366 f.].

1372 *Löwer*, in: von Münch/Kunig, GG, Art. 10 Rdnr. 17; *Badura*, in: Bonner Kommentar, Art. 10 Rdnr. 37; *Bizer*, in: AK-GG, Art. 10 Rdnr. 72.

1373 *Hinkel*, Erl. zu Art. 12.

1374 Vgl. *Stein*, in: Zinn/Stein, Hessische Verfassung, Art. 12 Erl. 2.

1375 BVerfG, Beschluss vom 03.03.2004 - 1 BvF 3/92 -, BVerfGE 110, 33 [55 f.]; *Hermes*, in: Dreier, GG, Art.10 Rdnr. 63.

1376 BVerfG, Urteil vom 12.03.2003 - 1 BvR 330/96, 348/99 -, BVerfGE 107, 299 [317].

keit und Undurchsichtigkeit des anschließenden Datenverarbeitungsvorgangs für die Betroffenen, der Möglichkeit, die Mitteilung zu beschränken, und der dadurch entstehenden Rechtsschutzlücken ergeben, gebietet Art. 10 GG eine Kontrolle durch unabhängige und an keine staatliche Weise gebundene staatliche Organe und Hilfsorgane. Auch folgt aus Art. 10 GG die Verpflichtung, die erlangten Daten, da die Erfassung und Aufzeichnung von Fernmeldeverkehr sowie die Verwendung der dadurch erlangten Informationen an bestimmte Zwecke gebunden sind, zu vernichten, sobald sie für die festgelegten Zwecke oder den gerichtlichen Rechtsschutz nicht mehr erforderlich sind[1377].

Darüber hinaus unterliegt das Grundrecht aus Art. 10 Abs. 1 GG der Verwirkung unter den Voraussetzungen des Art. 18 Satz 1 GG[1378].

bb) Art. 12 HV

Ein Eingriff in den Schutzbereich des Art. 12 HV lässt sich nur unter den Voraussetzungen des Art. 19 Abs. 1 Satz 1 HV bei dringendem Verdacht einer Straftat und des Art. 125 Abs. 1 HV bei einer Gefährdung des verfassungsmäßigen Zustandes rechtfertigen. Erlaubt sind Eingriffe in das Postgeheimnis aufgrund des Art. 19 Abs. 1 Satz 1 HV aber nur zum Zwecke der Strafverfolgung. Von dem Vorbehalt des Art. 19 Abs. 1 Satz 1 HV nicht erfasst sind also insbesondere Eingriffe in das Postgeheimnis zu präventiven Zwecken. Diese können allein aufgrund verfassungsimmanenter Schranken gerechtfertigt werden.

f) Ergebnis

Der sachliche Schutzbereich der Gewährleistungen nach Art. 12 HV und Art. 10 GG stimmen überein. Unterschiede bestehen auch hier erst bei den Beschränkungsmöglichkeiten.

Art. 19 Abs. 1 Satz 1 HV erlaubt eine Beschränkung des Art. 12 HV nur zum Zwecke der Strafverfolgung. Insoweit kommt allerdings dem Bund nach Art. 74 Abs. 1 Nr. 1 GG die Gesetzgebungskompetenz zu, von der er für den Bereich der

---

1377 BVerfG, Urteil vom 14.07.1999 - 1 BvR 2226/94 , 2420, 2437/95 -, BVerfGE 100, 313 [361 f.]; grundlegend zur Verfassungsmäßigkeit und Auslegung von Art. 10 Abs. 2 GG vgl. BVerfG, Urteil vom 15.12.1970 – 2 BvF 1/69, 2 BvR 629/68 und 308/69 -, BVerfGE 30, 1 ff.

1378 Siehe hierzu D. II. 11. e) aa) (b).

Post- und Telekommunikationsüberwachung umfassend Gebrauch gemacht hat[1379]. Auch im Übrigen steht dem Bund die ausschließliche Gesetzgebungskompetenz für den Bereich des Postwesen und der Telekommunikation zu (Art. 73 Nr. 7 GG). In diesem Zusammenhang kann Art. 12 HV daher keine Wirkung entfalten.

Anders ist dies im Bereich der Gefahrenabwehr. Diese fällt in die Kompetenz des Landes[1380]. Zu beachten ist hierbei allerdings, dass Art. 19 Abs. 1 Satz 1 HV nur die Strafverfolgung, nicht aber die präventive Gefahrenabwehr erfasst. Einen Gesetzesvorbehalt enthält die Hessische Verfassung insoweit nicht. Einschränkungen sind hier danach nur aufgrund kollidierenden Verfassungsrechts möglich, so dass von einem weitergehenden Schutz auszugehen ist.

Widersprüche in den sachlichen Gewährleistungsinhalten von Art. 10 GG und Art. 12 HV lassen sich nach dem oben Ausgeführten nicht feststellen. Wegen seiner nur begrenzt möglichen Einschränkbarkeit ist der Gewährleistungsgehalt des Art. 12 HV sogar weitergehender als derjenige des Grundgesetzes. Angesichts dessen bestehen gegen ein Fortgelten von Art. 12 HV keine Bedenken. Da in den von ihm geschützten Lebensbereichen die Gesetzgebungskompetenz in der Regel dem Bund zusteht, ist seine Bedeutung allerdings nicht sehr groß.

14. Versammlungsfreiheit (Art. 8 GG - Art. 14 HV)

Art. 8 Abs. 1 GG Alle Deutschen haben das Recht, sich ohne Anmeldung oder Erlaubnis friedlich und ohne Waffen zu versammeln.

Art. 8 Abs. 2 GG: Für Versammlungen unter freiem Himmel kann dieses Recht durch Gesetz oder auf Grund eines Gesetzes beschränkt werden.

Art. 18 GG: Wer die Freiheit der Meinungsäußerung, insbesondere die Pressefreiheit (Artikel 5 Absatz 1), die Lehrfreiheit (Artikel 5 Absatz 3), die Versammlungsfreiheit (Artikel 8), die Vereinigungsfreiheit (Artikel 9), das Brief-, Post- und Fernmeldegeheimnis (Artikel 10), das Eigentum (Artikel 14) oder das Asylrecht (Artikel 16a) zum Kampfe gegen die freiheitliche demokratische Grundordnung missbraucht, verwirkt diese Grundrechte. Die Verwirkung und ihr Ausmaß werden durch das Bundesverfassungsgericht ausgesprochen.

[1379] Vgl. §§ 99, 100a, 100b, 100, 100g, 100i StPO sowie Art. 28 – 33 StVollzG.
[1380] Vgl. z.B. § 15a HSOG: Datenerhebung durch Telekommunikationserhebung.

Art. 14 Abs. 1 HV Alle Deutschen haben das Recht, sich ohne Anmeldung oder besondere Erlaubnis friedlich und unbewaffnet zu versammeln.

Art. 14 Abs. 2 HV: Versammlungen unter freiem Himmel können durch Gesetz anmeldepflichtig gemacht werden.

Art. 17 Abs. 1 HV: Auf das Recht der freien Meinungsäußerung, der Versammlungs- und der Vereinsfreiheit sowie auf das Recht der Verbreitung wissenschaftlicher und künstlerischer Werke kann sich nicht berufen, wer den verfassungsmäßigen Zustand angreift oder gefährdet.

Art. 17 Abs. 2 HV: Ob diese Voraussetzung vorliegt, entscheidet im Beschwerdewege der Staatsgerichtshof.

Art. 125 Abs. 1 HV: Nur der Landtag kann feststellen, dass der verfassungsmäßige Zustand des Landes gefährdet ist. Dieser Beschluss bedarf der Zustimmung von mindestens zwei Drittel der gesetzlichen Zahl seiner Mitglieder und ist von dem Präsidenten des Landtages zu veröffentlichen. Der Beschluss kann die Freizügigkeit, das Postgeheimnis, das Versammlungsrecht und das Recht der Pressefreiheit außer Kraft setzen oder einschränken.

Art. 125 Abs. 2 HV: Der Beschluss wird nach drei Monaten unwirksam, wenn in ihm nicht eine kürzere Frist bestimmt ist. Er kann unter den gleichen Bedingungen wiederholt werden.

Art. 146 Abs. 1 HV: Es ist Pflicht eines jeden, für den Bestand der Verfassung mit allen ihm zu Gebote stehenden Kräften einzutreten.

Art. 146 Abs. 2 HV: Das Gesetz bestimmt, welche Rechte aus dieser Verfassung durch Entscheidung des Staatsgerichtshofes aberkannt werden können, wenn jemand dieser Pflicht zuwiderhandelt oder einer politischen Gruppe angehört oder angehört hat, welche die Grundgedanken der Demokratie bekämpft.

a) Grundrechtsträger

aa) Art. 8 GG

Träger des Grundrechts aus Art. 8 GG ist jeder Deutsche im Sinne von Art. 116 Abs. 1 GG, der sich an einer Versammlung beteiligt[1381]. Ausländern kommt insoweit

---

[1381] *Jarass*, in: Jarass/Pieroth, GG, Art. 8 Rdnr. 11; *Schulze-Fielitz*, in: Dreier, GG, Art. 8 Rdnr.48; *Herzog*, in: Maunz/Dürig/Herzog, GG, Art. 8 Rdnr. 30; *Gusy*, in: von Mangoldt/Klein/Starck, GG, Art. 8 Rdnr. 37.

lediglich der Schutz des Art. 2 Abs. 1 GG zu[1382]. Juristische Personen des Privatrechts und Personenvereinigungen können sich ebenfalls auf den Schutz des Art. 8 GG berufen, soweit sie als solche versammlungsspezifische Tätigkeiten ausführen[1383].

bb) Art. 14 HV

Art. 14 HV gewährt die Versammlungsfreiheit allen deutschen Staatsangehörigen, die sich an einer Versammlungen beteiligen. Soweit juristische Personen des Privatrechts versammlungsspezifische Tätigkeiten ausüben, also beispielsweise eine Versammlung veranstalten und organisieren, muss auch ihnen der Schutz des Art. 14 HV zukommen.

b) Grundrechtsadressat

aa) Art. 8 GG

Art. 8 GG verpflichtet die Träger hoheitlicher Gewalt in allen ihren Erscheinungsformen. Dem Grundrecht kommt keine unmittelbare Drittwirkung zu[1384].

bb) Art. 14 HV

Aufgrund der ausdrücklichen Anordnung des Art. 26 HV verpflichtet Art. 14 HV den Gesetzgeber, die vollziehende Gewalt und die Rechtsprechung. Im Verhältnis unter Privaten entfaltet das Grundrecht dagegen keine unmittelbare Wirkung.

c) Sachlicher Schutzbereich

aa) Art. 8 GG

Der besondere Schutz der Versammlungsfreiheit beruht auf ihrer Bedeutung für den Prozess öffentlicher Meinungsbildung in der freiheitlichen demokratischen Grundordnung des Grundgesetzes. Wegen dieses Zusammenhangs reicht es nicht aus, dass die Teilnehmer bei ihrer gemeinschaftlichen kommunikativen Entfaltung durch

---

1382 *Kunig*, in: von Münch/Kunig, GG, Art. 8 Rdnr. 7.

1383 *Schulze-Fielitz*, in: Dreier, GG, Art. 8 Rdnr. 56; *Jarass*, in: Jarass/Pieroth, GG, Art. 8 Rdnr. 11; *Herzog*, in: Maunz/Dürig/Herzog, GG, Art. 8 Rdnr. 34; *Gusy*, in: von Mangoldt/Klein/Starck, GG, Art. 8 Rdnr. 40 [aber nicht die Versammlung selbst].

1384 *Herzog*, in: Maunz/Dürig/Herzog, GG, Art. 8 Rdnr. 40; *Gusy*, in: von Mangoldt/Klein/Starck, GG, Art. 8 Rdnr. 43.

einen beliebigen Zweck verbunden sind. Erforderlich ist vielmehr, dass die Zusammenkunft auf die Teilhabe an der öffentlichen Meinungsbildung gerichtet ist. Versammlungen im Sinne des Art. 8 GG sind also örtliche Zusammenkünfte mehrerer Personen zur gemeinschaftlichen, auf die Teilhabe an der öffentlichen Meinungsbildung gerichteten Erörterung oder Kundgebung[1385]. Allerdings ist der Schutz des Art. 8 GG „nicht auf Veranstaltungen beschränkt, auf denen argumentiert und gestritten wird, sondern umfasst vielfältige Formen gemeinsamen Verhaltens bis hin zu nicht verbalen Ausdrucksform[1386]". Diese innere Verbundenheit, der gemeinsame Zweck, unterscheidet die Versammlung von der bloßen Ansammlung, die nicht von Art. 8 GG geschützt ist[1387]. Von der Ansammlung zu unterscheiden ist die Spontanversammlung, die sich spontan ohne Einladung, Vorbereitung und aufgrund eines akuten Anlasses bildet[1388].

Art. 8 Abs. 1 GG gewährleistet ein Selbstbestimmungsrecht über das Ob, den Ort, Zeitpunkt, die Art und den Inhalt der Veranstaltung[1389]. Geschützt ist das Recht des Einzelnen auf Teilnahme ebenso wie auf Fernbleiben[1390]. Art. 8 GG erfasst alle versammlungsspezifischen Verhaltensweisen[1391]. Hierzu gehören vorbereitende Tätigkeiten[1392] ebenso wie die Anreise und Anfahrt zu einer Versammlung[1393].

1385 BVerfG, Beschluss vom 24.10.2001 - 1 BvR 1190/90, 2173/93, 433/96 -, BVerfGE 104, 92 [104]; gegen die Beschränkung auf Versammlungen, die auf eine Teilhabe an der öffentlichen Willensbildung gerichtet sind: *Schulze-Fielitz*, in: Dreier, GG, Art. 8 Rdnr. 27; *Herzog*, in: Maunz/Dürig/Herzog, GG, Art. 8 Rdnr. 50; *Gusy*, in: von Mangoldt/Klein/Starck, GG, Art. 8 Rdnr. 18.

1386 BVerfG, Beschluss vom 14.05.1995 - 1 BvR 233, 341/81 -, BVerfGE 69, 315 [343].

1387 *Lembke*, in: JuS 2005, S. 984; *Schulze-Fielitz*, in: Dreier, GG, Art. 8 Rdnr. 24; *Herzog*, in: Maunz/Dürig/Herzog, GG, Art. 8 Rdnr. 49; *Gusy*, in: von Mangoldt/Klein/Starck, GG, Art. 8 Rdnr. 19.

1388 *Kunig*, in: von Münch/Kunig, GG, Art. 8 Rdnr.25; *Jarass*, in: Jarass/Pieroth, GG, Art. 8 Rdnr. 4; *Herzog*, in: Maunz/Dürig/Herzog, GG, Art. 8 Rdnr. 55.

1389 BVerfG, Beschluss vom 14.05.1995 - 1 BvR 233, 341/81 -, BVerfGE 69, 315 [343]; *Herzog*, in: Maunz/Dürig/Herzog, GG, Art. 8 Rdnrn. 58, 78; *Gusy*, in: von Mangoldt/Klein/Starck, GG, Art. 8 Rdnr. 30.

1390 BVerfG, Beschluss vom 14.05.1995 - 1 BvR 233, 341/81 -, BVerfGE 69, 315 [343].

1391 *Schulze-Fielitz*, in: Dreier, GG, Art. 8 Rdnr. 30.

1392 *Kunig*, in: von Münch/Kunig, GG, Art. 8 Rdnr. 18.

1393 BVerfG, Beschlüsse vom 11.06.1991 - 1 BvR 772,/90 -, BVerfGE 84, 203 [209], und vom 14.05.1995 - 1 BvR 233, 341/81 -, BVerfGE 69, 315 [349]; *Jarass*, in: Jarass/Pieroth, GG, Art. 8 Rdnr. 5; *Kunig*, in: von Münch/Kunig, GG, Art. 8 Rdnr. 18; *Schulze-Fielitz*, in: Dreier, GG, Art. 8 Rdnr. 32; *Gusy*, in: von Mangoldt/Klein/Starck, GG, Art. 8 Rdnrn. 30 f.

Versammlungen unterfallen dem Schutzbereich des Art. 8 GG allerdings nur, soweit sie friedlich und ohne Waffen erfolgen. Diese Einschränkung stellt keinen Vorbehalt, sondern eine verfassungsunmittelbare Begrenzung des Schutzbereichs dar[1394].

Waffen im Sinne von Art. 8 Abs. 1 GG sind Waffen im Sinne von § 1 Abs. 1 WaffenG sowie sonstige Gegenstände, die objektiv zur Verletzung von Personen oder Beschädigung von Sachen geeignet sind und subjektiv den Umständen nach zu diesem Zweck mitgeführt werden[1395]. Unfriedlich ist eine Versammlung dann, wenn Handlungen von einiger Gefährlichkeit wie etwa aggressive Ausschreitungen gegen Personen oder Sachen oder sonstige Gewalttätigkeiten stattfinden, nicht aber schon dann, wenn es zu Behinderungen Dritter kommt, auch wenn diese gewollt und nicht nur in Kauf genommen werden[1396]. Maßgeblich ist insoweit das Verhalten einzelner Versammlungsteilnehmer, d.h. friedliche Teilnehmer können sich auch dann auf den Schutz des Art. 8 Abs. 1 GG berufen, wenn sich andere Teilnehmer unfriedlich verhalten[1397].

bb) Art. 14 HV

Art. 14 HV gewährleistet das Recht der Versammlungsfreiheit. Unter einer Versammlung ist eine Zusammenkunft zu verstehen, bei denen sich Menschen zu einem gemeinsamen Zweck treffen[1398]. Der gemeinsame Zweck unterscheidet die Versammlung von der bloßen Ansammlung[1399]. Hauptfall einer Versammlung stellt das Zusammenkommen mehrerer Personen zum Zwecke der Meinungsäußerung oder Meinungsbildung dar. Gekennzeichnet ist die Versammlung also nicht nur durch eine äußere, sondern auch eine innere Verbindung mehrerer Menschen[1400]. Gewährleistet ist das Recht, Versammlungen zu veranstalten und daran teilzunehmen. Frei ist auch die Gestaltung von Inhalt und Gegenstand der Versammlung.

1394 BVerfG, Beschluss vom 14.05.1995 - 1 BvR 233, 341/81 -, BVerfGE 69, 315 [360]; *Herzog*, in: Maunz/Dürig/Herzog, GG, Art. 8 Rdnr. 64; *Kunig*, in: von Münch/Kunig, GG, Art. 8 Rdnr. 22.

1395 *Schulze-Fielitz*, in: Dreier, GG, Art. 8 Rdnr. 45; *Kunig*, in: von Münch/Kunig, GG, Art. 8 Rdnr. 26; *Herzog*, in: Maunz/Dürig/Herzog, GG, Art. 8 Rdnr. 66; *Gusy*, in: von Mangoldt/ Klein/Starck, GG, Art. 8 Rdnr. 27.

1396 BVerfG, Urteil vom 11.11.1986 - 1 BvR 713/83, 921, 1190(84 und 333, 248, 306, 497/85 -, BVerfGE 73, 206 [231 ff.]: „verfassungsrechtlicher Begriff der Unfriedlichkeit"; siehe auch *Schulze-Fielitz*, in: Dreier, GG, Art. 8 Rdnr. 40; *Gusy*, in: von Mangoldt/Klein/Starck, GG, Art. Rdnr. 23.

1397 *Schulze-Fielitz*, in: Dreier, GG, Art. 8 Rdnr. 47; *Jarass*, in: Jarass/Pieroth, GG, Art. 8 Rdnr. 10; *Herzog*, in: Maunz/Dürig/Herzog, GG, Art. 8 Rdnr. 73; *Gusy*, in: von Mangoldt/Klein/Starck, GG, Art. 8 Rdnr. 24.

1398 *Hinkel*, Erl. zu Art. 14.

1399 *Hecker*, Rdnr. 231.

1400 Vgl. *Stein*, in: Zinn/Stein, Hessische Verfassung, Art. 14 Erl. 1.

In den Schutzbereich des Art. 14 Abs. 1 HV fallen allerdings nur solche Versammlungen, die friedlich und ohne Waffen erfolgen. Unfriedlichkeit kann im Interesse eines umfassenden Schutzes der Versammlungsfreiheit erst bei gewalttätigen Ausschreitungen von Versammlungsteilnehmern gegenüber Personen oder Sachen angenommen werden. Waffen sind neben Waffen im Sinne des Waffengesetzes nur solche Gegenstände, die objektiv zur Verletzung von Personen oder Beschädigung von Gegenständen geeignet sind und zu diesem Zwecke mitgeführt werden.

d) Eingriffe, Beeinträchtigungen

aa) Art. 8 GG

Art. 8 GG wird durch alle staatlichen Maßnahmen beeinträchtigt, die zielgerichtet versammlungsspezifische Verhaltensweisen regeln[1401], wie beispielsweise Anzeige- oder Anmeldepflichten, Erlaubnisvorbehalte, behördliche Auflagen, Verbote, Auflösungsentscheidungen[1402]. Auch faktische Beeinträchtigungen können einen Eingriff in den Schutzbereich von Art. 8 GG darstellen, wenn sie geeignet sind, Personen von der Teilnahme an der Versammlung abzuhalten[1403]. Der Schutz des Art. 8 GG wirkt sich darüber hinaus auch auf die Auslegung und Anwendung grundrechtsbeschränkender Rechtsnormen aus[1404].

bb) Art. 14 HV

Art. 14 HV wird Versammlungsverbote, Anmeldepflichten, behördlichen Auflagen für Inhalt und Form der Versammlung, eine Versammlungsauflösung sowie Teilnahmeverbote beeinträchtigt. Ein Eingriff in den Schutzbereich liegt auch vor bei Maßnahmen, die das Recht Einzelner zur freien Teilnahme an der Versammlung beschneiden können.

1401 *Jarass*, in: Jarass/Pieroth, GG, Art. 8 Rdnr. 12; *Schulze-Fielitz*, in: Dreier, GG, Art. 8 Rdnr. 60.

1402 *Jarass*, in: Jarass/Pieroth, GG, Art. 8 Rdnr. 12; *Schulze-Fielitz*, in: Dreier, GG, Art. 8 Rdnr. 60; *Herzog*, in: Maunz/Dürig/Herzog, GG, Art. 8 Rdnrn. 82 f., 85.

1403 *Jarass*, in: Jarass/Pieroth, GG, Art. 8 Rdnr. 13; *Schulze-Fielitz*, in: Dreier, GG, Art. 8 Rdnr. 62; *Kunig*, in: von Münch/Kunig, GG, Art. 8 Rdnr. 19; *Herzog*, in: Maunz/Dürig/Herzog, GG, Art. 8 Rdnr. 87; *Gusy*, in: von Mangoldt/Klein/Starck, GG, Art. 8 Rdnr. 44.

1404 BVerfG, Beschluss vom 14.05.1995 – 1 BvR 233, 341/81 -, BVerfGE 69, 315 [361]; *Jarass*, in: Jarass/Pieroth, GG, Art. 8 Rdnr. 12; *Schulze-Fielitz*, in: Dreier, GG, Art. 8 Rdnr. 63; *Herzog*, in: Maunz/Dürig/Herzog, GG, Art. 8 Rdnr. 94; *Gusy*, in: von Mangoldt/Klein/Starck, GG, Art. 8 Rdnr. 57.

e) Verfassungsrechtliche Rechtfertigung von Eingriffen

aa) Art. 8 GG

Der Vorbehalt des Art. 8 Abs. 2 GG kommt nur bei Versammlungen unter freiem Himmel zum Tragen. Darunter sind solche Versammlungen zu verstehen, die nicht in einem umschlossenen Raum stattfinden[1405]. Diese Unterscheidung trägt dem Umstand Rechnung, dass hier wegen der Berührung mit der Außenwelt ein besonderer Regelungsbedarf besteht, um einerseits die Voraussetzungen für die Ausübung des Versammlungsrechts zu schaffen, andererseits kollidierende Interessen anderer hinreichend zu wahren[1406].

Versammlungen unter freiem Himmel können unmittelbar durch formelles Gesetz oder durch Maßnahmen aufgrund eines Gesetzes eingeschränkt werden. Insbesondere das Versammlungsgesetz enthält hierfür spezielle Regelungen. Maßnahmen der Gefahrenabwehr gegenüber Versammlungen richten sich ausschließlich nach diesen Vorschriften. Seine im Vergleich zum allgemeinen Polizeirecht besonderen Voraussetzungen sind Ausprägungen des Grundrechts der Versammlungsfreiheit. Dementsprechend geht das Versammlungsgesetz als Spezialgesetz dem allgemeinen Polizeirecht vor. Auf dieses darf erst zurückgegriffen werden, wenn der Schutz des Art. 8 GG - etwa nach wirksamer Auflösung der Versammlung - nicht mehr besteht[1407].

Die in § 14 VersG normierte Anmeldepflicht für Versammlungen unter freiem Himmel entfällt bei so genannten Spontandemonstrationen, die sich aus aktuellem Anlass bilden. Versammlungsrechtliche Vorschriften sind auf sie nicht anwendbar, soweit der mit ihnen verfolgte Zweck bei Einhaltung dieser Vorschriften mehr erreicht werden könnten[1408]. Für Eilversammlungen gilt ähnliches. Darunter sind Versammlungen zu verstehen, die im Unterschied zu Spontanversammlungen zwar geplant sind und einen Veranstalter haben, aber ohne Gefährdung des Demonstrations-

---

[1405] *Kunig*, in: von Münch/Kunig, GG, Art. 8 Rdnr. 29; *Jarass*, in: Jarass/Pieroth, GG, Art. 8 Rdnr. 17; *Schulze-Fielitz*, in: Dreier, GG, Art. 8 Rdnr. 63; *Herzog*, in: Maunz/Dürig/Herzog, GG, Art. 8 Rdnr. 91; *Gusy*, in: von Mangoldt/Klein/Starck, GG, Art. 8 Rdnr. 55 [nicht durch feste Außenwände von der Umwelt abgegrenzt].

[1406] BVerfG, Beschluss vom 14.05.1995 -1 BvR 233, 341/81 -, BVerfGE 69, 315 [348].

[1407] BVerfG, Beschluss vom 26.10.2004 - 1 BvR 1726/01 -, NVwZ 2005, S. 80 f.; *Schulze-Fielitz*, in: Dreier, GG, Art. 8 Rdnr. 67.

[1408] BVerfG, Beschluss vom 14.05.1995 - 1 BvR 233, 341/81 -, BVerfGE 69, 315 [350 f.]; *Schulze-Fielitz*, in: Dreier, GG, Art. 8 Rdnr. 81; *Herzog*, in: Maunz/Dürig/Herzog, GG, Art. 8 Rdnr. 107; *Gusy*, in: von Mangoldt/Klein/Starck, GG, Art. 8 Rdnr. 67.

zwecks nicht unter Einhaltung der Frist des § 14 VersG angemeldet werden könnten. Ein Beharren auf Fristeinhaltung hätte die Unzulässigkeit von Eilversammlungen zur Folge und wäre damit mit Art. 8 GG nicht vereinbar[1409].

Versammlungen in geschlossenen Räumen unterliegen keinem Gesetzesvorbehalt[1410]. Sie können daher nur aufgrund kollidierender Grundrechte anderer oder sonst auf Verfassungsebene geschützter Rechtsgüter eingeschränkt werden[1411]. Die Konkretisierung des Ausgleichs zwischen den widerstreitenden Verfassungsgütern kann auch der einfache Gesetzgeber vornehmen[1412]. Sowohl bei der gesetzlichen Konkretisierung des Gesetzesvorbehalts als auch bei einschränkenden Maßnahmen kommt dem Grundsatz der Verhältnismäßigkeit im Rahmen des Art. 8 GG besondere Bedeutung zu[1413].

Die durch Art. 8 GG gewährleistete Versammlungsfreiheit unterliegt ferner der Verwirkung nach Art. 18 GG[1414].

bb) Art. 14 HV

Art. 14 Abs. 2 HV erlaubt eine Einschränkung der Versammlungsfreiheit nur dahingehend, dass Versammlungen unter freiem Himmel anmeldepflichtig gemacht werden können. Diese Einschränkungsmöglichkeit findet ihren Grund darin, dass bei Versammlungen unter freiem Himmel, d.h. solchen, die nicht nach außen abgegrenzt sind, besondere Gefahren sowohl für die Teilnehmer als auch die Allgemeinheit entstehen können. Diesen durch organisatorische Maßnahmen auf Seiten des Staates frühzeitig begegnen zu können, ist Sinn der vorgesehenen Anmeldepflicht.

Ansonsten ist die Versammlungsfreiheit vorbehaltlos gewährleistet. Beschränkungsmöglichkeiten können sich nur aus der Hessischen Verfassung selbst ergeben. Auch hier gilt, dass eine Übertragung der Schranken nach Art. 8 Abs. 2 GG bzw. Art. 2 Abs. 1 HV nicht möglich ist[1415].

1409 BVerfG, Beschluss vom 23.10.1991 - 1 BvR 850/88 -, BVerfGE 85, 69 [75]; *Schulze-Fielitz*, in: Dreier, GG, Art. 8 Rdnr. 82; an der Verfassungsmäßigkeit zweifelnd *Gusy*, in: von Mangoldt/Klein/Starck, GG, Art. 8 Rdnr. 68.

1410 *Gusy*, in: von Mangoldt/Klein/Starck, GG, Art. 8 Rdnr. 81.

1411 *Schulze-Fielitz*, in: Dreier, GG, Art. 8 Rdnr. 70; *Jarass*, in: Jarass/Pieroth, GG, Art. 8 Rdnr. 20.

1412 *Schulze-Fielitz*, in: Dreier, GG, Art. 8 Rdnr. 71; *Jarass*, in: Jarass/Pieroth, GG, Art. 8 Rdnr. 20.

1413 *Jarass*, in. Jarass/Pieroth, GG, Art. 8 Rdnr. 19; *Schulze-Fielitz*, in: Dreier, GG, Art. 8 Rdnr. 77.

1414 Siehe zu Art. 18 GG oben D. II. e) aa) (b).

1415 So aber *Stein*, in: Zinn/Stein, Hessische Verfassung, Art. 14 Erl. 3.

Das Grundrecht aus Art. 14 HV kann allerdings unter den Voraussetzungen des Art. 17 HV verwirkt und nach Art. 146 Abs. 2 HV i.V.m. §§ 36 - 38 StGHG aberkannt werden[1416].

f) Ergebnis

Es gilt festzustellen, dass der sachliche Schutzbereich des Art. 14 HV mit demjenigen des Art. 8 GG überein stimmt. Unterschiede ergeben sich auch hier hinsichtlich der Beschränkungsmöglichkeiten.

Art. 8 Abs. 2 GG enthält für Versammlungen unter freiem Himmel einen Gesetzesvorbehalt. Art. 14 Abs. 2 HV enthält zwar auch einen Gesetzesvorbehalt, beschränkt diesen aber auf eine Anmeldepflicht für Versammlungen unter freiem Himmel. Über die Begründung einer Anmeldungspflicht hinaus kann das Grundrecht der Hessischen Verfassung nur aufgrund verfassungsimmanenter Schranken eingeschränkt werden. Insofern ist der Schutz des Art. 14 HV gegenüber Versammlungen unter freiem Himmel weiterreichend als derjenige des Art. 8 GG.

Bislang stand die Gesetzgebungskompetenz für das Versammlungsrecht dem Bund zu (Art. 74 Abs. 1 Nr. 3 GG a.F.). Davon hatte er durch Erlass des Versammlungsgesetzes in umfassender Weise Gebrauch gemacht. Durch die Föderalismusreform ist Art. 74 Abs. 1 Nr. 3 GG allerdings dahingehend geändert worden, dass das Versammlungsrecht nunmehr in die Kompetenz der Länder fällt. Macht das Land in Zukunft von dieser Kompetenz Gebrauch, wird es zu beachten haben, dass Art. 14 Abs. 2 HV bei Versammlungen unter freiem Himmel nur eine Anmeldepflicht erlaubt, im Übrigen Beschränkungen nur aufgrund verfassungsimmanenter Schranken zulässig sind, die ihrerseits erhöhten Anforderungen unterliegen.

Solange und soweit das Versammlungsgesetz noch gilt, obliegt seine Ausführung den Ländern. Zur Anwendung der bundesrechtlichen Vorschriften, die bei Versammlungen unter freiem Himmel über eine Pflicht zur Anmeldung hinaus Einschränkungen erlauben, sind die Länderbehörden trotz der weiterreichenden Schutzwirkung des Art. 14 HV verpflichtet. Bei Vorschriften, die den anwendenden Behörden einen Spielraum einräumen, ist es ihnen durch das Bundesrecht allerdings nicht verwehrt, diesen weiterreichenden Schutz zu berücksichtigen. Denn

---

[1416] Vgl. zu diesen Vorschriften im Einzelnen D. II. 11. e) bb) (b) und (c).

Art. 8 GG kann nicht der Normbefehl entnommen werden, einen weiterreichenden landesrechtlichen Grundrechtsschutz zu unterlassen. Art. 26 HV fordert auch hier von Landesbehörden die Beachtung der Wertungen aus Art. 14 HV. Solange dies nicht zu einem Widerspruch mit dem Bundesrecht kommt, bestehen aber keine Bedenken gegen seine Berücksichtigung.

Nach alledem gewährt Art. 14 HV zwar einen weiterreichenden Schutz. Einwände gegen sein Fortgelten lassen sich aber nicht finden.

15. Vereinigungsfreiheit (Art. 9 Abs. 1 und 2 GG - Art. 15 HV)

Art. 9 Abs. 1 GG: Alle Deutschen haben das Recht, Vereine und Gesellschaften zu bilden.

Art. 9 Abs. 2 GG: Vereinigungen, deren Zwecke oder deren Tätigkeit den Strafgesetzen zuwiderlaufen oder die sich gegen die verfassungsmäßige Ordnung oder gegen den Gedanken der Völkerverständigung richten, sind verboten.

Art. 18 GG: Wer die Freiheit der Meinungsäußerung, insbesondere die Pressefreiheit (Artikel 5 Absatz 1), die Lehrfreiheit (Artikel 5 Absatz 3), die Versammlungsfreiheit (Artikel 8), die Vereinigungsfreiheit (Artikel 9), das Brief-, Post- und Fernmeldegeheimnis (Artikel 10), das Eigentum (Artikel 14) oder das Asylrecht (Artikel 16a) zum Kampfe gegen die freiheitliche demokratische Grundordnung missbraucht, verwirkt diese Grundrechte. Die Verwirkung und ihr Ausmaß werden durch das Bundesverfassungsgericht ausgesprochen.

Art. 15 HV: Alle Deutschen haben das Recht, Vereine oder Gesellschaften zu bilden.

Art. 17 Abs. 1 HV: Auf das Recht der freien Meinungsäußerung, der Versammlungs- und der Vereinsfreiheit sowie auf das Recht der Verbreitung wissenschaftlicher und künstlerischer Werke kann sich nicht berufen, wer den verfassungsmäßigen Zustand angreift oder gefährdet.

Art. 17 Abs. 2 HV: Ob diese Voraussetzung vorliegt, entscheidet im Beschwerdewege der Staatsgerichtshof.

a) Grundrechtsträger

aa) Art. 9 Abs. 1 und 2 GG

Die Vereinigungsfreiheit nach Art. 9 Abs. 1 GG ist Deutschen-, nicht Menschenrecht. Ausländer können sich nicht auf den Schutz des Art. 9 Abs. 1 GG berufen. Bei so genannten Mischvereinigungen, in denen sich Deutsche und Ausländer zusammengeschlossen haben, ist auf den beherrschenden Einfluss abzustellen: Wird die Vereinigung wegen der Zusammensetzung seiner Leitungsorgane und/ oder wegen der Anzahl ausländischer Mitglieder von Ausländern kontrolliert, handelt es sich um einen Ausländerverein, der nicht in den Schutzbereich des Art. 9 Abs. 1 GG einbezogen ist. Üben dagegen deutsche Staatsangehörige den beherrschenden Einfluss aus, verbleibt es bei der Anwendbarkeit von Art. 9 Abs. 1 GG[1417]. Auf den durch Art. 9 Abs. 1 GG gewährleisteten Schutz kann sich unmittelbar auch die Vereinigung selbst - ohne Vermittlung über Art. 19 Abs. 3 GG - berufen[1418]. Auch juristischen Personen des Privatrechts und Personenvereinigungen kommt der Schutz des Art. 9 GG zugute[1419].

bb) Art. 15 HV

Auf den durch Art. 15 HV gewährleisteten Schutz der Vereinigungsfreiheit können sich nur Deutsche, nicht auch Ausländer berufen. Die Vorschrift enthält insoweit ein so genanntes Deutschenrecht[1420]. Da sich auch Vereine bzw. Gesellschaften in einer vergleichbaren Situation wie natürliche Personen in Bezug auf Grundrechtseingriffe und -beeinträchtigungen befinden können, kommt auch ihnen als solchen der Schutz des Art. 15 HV zu.

1417 *Löwer*, in: von Münch/Kunig, GG, Art. 9 Rdnr. 7; *Jarass*, in: Jarass/Pieroth, GG, Art. 9 Rdnr. 11; *Bauer*, in: Dreier, GG, Art. 9 Rdnr. 33; *Kemper*, in: von Mangoldt/Klein/Starck, GG, Art. 9 Rdnrn. 65f.; *Münch*, in: Bonner Kommentar, Art. 9 Rdnr. 4; *Scholz*, in: Maunz/Dürig/Herzog, GG, Art. 9 Rdnr. 50.

1418 BVerfG, Beschlüsse vom 18.10.1961 - 1 BvR 730/57 -, BVerfGE 13, 174 [175], und vom 24.02.1971 - 1 BvR 438, 456, 484/68 und 1 BvL 40/69 -, BVerfGE 30, 227 [241]; *Löwer*, in: von Münch/Kunig, GG, Art. 9 Rdnr. 15; *Jarass*, in: Jarass/Pieroth, GG, Art. 9 Rdnr. 11; a.A. *Günther/Franz*, in: JuS 2006, S. 788 [791]: nur über Art. 19 Abs. 3 GG; *Kemper*, in: von Mangoldt/Klein/Starck, GG, Art. 9 Rdnrn. 65f.; *Münch*, in: Bonner Kommentar, Art. 9 Rdnr. 4; *Scholz*, in: Maunz/Dürig/Herzog, GG, Art. 9 Rdnr. 50.

1419 *Münch*, in: Bonner Kommentar, Art. 9 Rdnrn. 7, 9; *Scholz*, in: Maunz/Dürig/Herzog, GG, Art. 9 Rdnr. 54.

1420 Vgl. *Stein*, in: Zinn/Stein, Hessische Verfassung, Art. 15 Erl. 1.

b) Grundrechtsadressat

aa) Art. 9 Abs. 1 und 2 GG

Aus Art. 9 Abs. 1 GG werden alle Träger öffentlicher Gewalt verpflichtet (Art. 1 Abs. 3 GG). Unmittelbare Drittwirkung kommt dem Grundrecht nicht zu[1421]. Zu beachten ist allerdings die Ausstrahlungswirkung auf das einfache Recht[1422].

bb) Art. 15 HV

Art. 15 HV gilt aufgrund der Anordnung in Art. 26 HV verpflichtend für die Legislative, Exekutive und Judikative. Eine unmittelbare Wirkung auf Privatrechtsverhältnisse entfaltet das Grundrecht dagegen nicht.

c) Sachlicher Schutzbereich

aa) Art. 9 Abs. 1 und 2 HV

Unter einer Vereinigung als Oberbegriff ist ein Zusammenschluss zu verstehen, zu dem sich eine Mehrheit natürlicher oder juristischer Personen oder Personenvereinigungen für längere Zeit zur Verfolgung eines gemeinsamen Zwecks auf freiwilliger Basis und einer einheitlichen Willensbildung unterwirft[1423]. Maßgeblich sind danach folgende Voraussetzungen: Personenmehrheit, Freiwilligkeit, gemeinsamer Zweck und zeitliche und organisatorische Stabilität[1424].

Eine Personenmehrheit kann bereits durch zwei Personen gebildet werden[1425]. Welcher gemeinsame Zweck verfolgt wird, ist grundsätzlich unerheblich[1426]. Der Zweck steht im Belieben der Mitglieder[1427]. Die Forderung nach einer gewissen zeit-

---

1421 *Bauer*, in: Dreier, GG, Art. 9 Rdnr. 49; *Scholz*, in: Maunz/Dürig/Herzog, GG, Art. 9 Rdnr. 96.

1422 *Bauer*, in: Dreier, GG, Art. 9 Rdnr. 50; *Jarass*, in: Jarass/Pieroth, GG, Art. 9 Rdnr. 16; *Scholz*, in: Maunz/Dürig/Herzog, GG, Art. 9 Rdnr. 96.

1423 *Jarass*, in: Jarass/Pieroth, GG, Art. 9 Rdnr. 3; *Münch*, in: Bonner Kommentar, Art. 9 Rdnr. 27; *Scholz*, in: Maunz/Dürig/Herzog, GG, Art. 9 Rdnr. 57; siehe auch § 2 Abs. 1 VereinsG.

1424 *Bauer*, in: Dreier, GG, Art. 9 Rdnr. 38; *Kemper*, in: von Mangoldt/Klein/Starck, GG, Art. 9 Rdnr. 12.

1425 *Jarass*, in: Jarass/Pieroth, GG, Art. 9 Rdnr. 3; *Bauer*, in: Dreier, GG, Art. 9 Rdnr. 39; *Löwer*, in: von Münch/Kunig, GG, Art. 9 Rdnr. 28; *Münch*, in: Bonner Kommentar, Art. 9 Rdnr. 29; *Kemper*, in: von Mangoldt/Klein/Starck, GG, Art. 9 Rdnr. 13; *Scholz*, in: Maunz/Dürig/Herzog, GG, Art. 9 Rdnr. 59; *Rinken*, in: AK-GG, Art. 9 Rdnr. 47.

1426 *Löwer*, in: von Münch/Kunig, GG, Art. 9 Rdnr. 31; *Bauer*, in: Dreier, GG, Art. 9 Rdnr. 42; *Jarass*, in: Jarass/Pieroth, GG, Art. 9 Rdnr. 3.

1427 *Rinken*, in: AK-GG, Art. 9 Rdnr. 50; *Kemper*, in: von Mangoldt/Klein/Starck, GG, Art. 9 Rdnr. 24; *Münch*, in: Bonner Kommentar, Art. 9 Rdnr. 31; ausgenommen sind die verbotenen Zwecke des Art. 9 Abs. 2 GG.

lichen Stabilität und Dauerhaftigkeit dient insbesondere der Abgrenzung der Vereinigung von der Versammlung als Augenblicksverband[1428]. Die Forderung nach organisatorischer Stabilität und einheitlicher Willensbildung verlangt weder eine besondere Organisationsform noch eine echte Organbildung[1429]. Art. 9 Abs. 1 GG setzt ferner die Freiwilligkeit des Zusammenschlusses voraus[1430]. Geschützt ist das Prinzip freier sozialer Gruppenbildung[1431]. Ebenso wenig wie die Vereinigungsfreiheit die Bildung von öffentlich-rechtlichen Verbänden gewährleistet, kann sie vor einer zwangsweisen Mitgliedschaft in einem öffentlich-rechtlichen Verband schützen[1432].

Aus dem Recht, Vereine und Gesellschaften zu bilden, folgt zugleich für die Mitglieder als auch für die Vereinigung das Recht zur Selbstbestimmung über die eigene Organisation, das Verfahren ihrer Willensbildung und die Führung ihrer Geschäfte sowie - unbeschadet der Rechtsfähigkeit - das Recht auf Entstehen und Bestehen[1433]. Ist danach die positive Vereinigungsfreiheit neben dem bereits genannten Recht auf Beitritt und Verbleib[1434] gewährleistet, gilt dies auch für die negative, d.h. die Freiheit, einer Vereinigung fern zu bleiben oder aus ihr auszutreten[1435]. Gewährleistet ist ferner das Recht auf Sicherung ihres Bestehens. Die Möglichkeit zu wir-

---

1428 *Bauer*, in: Dreier, GG, Art. 9 Rdnr. 41; *Kemper*, in: von Mangoldt/Klein/Starck, GG, Art. 9 Rdnrn. 23, 25; *Münch*, in: Bonner Kommentar, Art. 9 Rdnr. 30; *Scholz*, in: Maunz/Dürig/Herzog, GG, Art. 9 Rdnr. 65.

1429 *Bauer*, in: Dreier, GG, Art. 9 Rdnr. 41; Löwer, in: von Münch/Kunig, GG, Art. 9 Rdnr. 32; *Kemper*, in: von Mangoldt/Klein/Starck, GG, Art. 9 Rdnr. 15; *Münch*, in: Bonner Kommentar, Art. 9 Rdnr. 24; *Scholz*, in: Maunz/Dürig/Herzog, GG, Art. 9 Rdnr. 67.

1430 *Kemper*, in: von Mangoldt/Klein/Starck, GG, Art. 9 Rdnr. 30; *Münch*, in: Bonner Kommentar, Art. 9 Rdnr. 33; *Scholz*, in: Maunz/Dürig/Herzog, GG, Art. 9 Rdnr. 66; *Rinken*, in: AK-GG, Art. 9 Rdnr. 50.

1431 Löwer, in: von Münch/Kunig, GG, Art. 9 Rdnr. 30.

1432 BVerfG, Beschlüsse vom 13.10.1971 - 1 BvR 280/96 -, BVerfGE 32, 54 [64], vom 18.12.1974 - 1 BvR 430/65 und 259/66 -, BVerfGE 38, 281 [297 f.], vom 15.06.1988 - 1 BvR 1301/86 -, BVerfGE 78, 320 [329], und vom 07.12.2001 - 1 BvR 1806/98 -, NVwZ 2002, S. 336 ff.; siehe auch BVerwG, Urteile vom 26.09.1969 – BverwG VII C 65.68 -, BVerwGE 34, 69 [74], vom 25.11.1971 - BVerwG I C 48.65 -, BVerwGE 39, 100 [102], vom 23.05.1973 - BVerwG IV C 21.70 -, BVerwGE 42, 210 [217], und vom 21.07.1998 - BVerwG 1 C 32/97 -, BVerwGE 107, 169 [172]; *Löwer*, in: von Münch/Kunig, GG, Art. 9 Rdnr. 30; *Kemper*, in: von Mangoldt/Klein/Starck, GG, Art. 9 Rdnr. 30; *Münch*, in: Bonner Kommentar, Art. 9 Rdnr. 52; a.A. *Scholz*, in: Maunz/Dürig/Herzog, GG, Art. 9 Rdnr. 66; *Höfling*, in: Sachs, GG, Art. 9 Rdnr. 22; *Rinken*, in: AK-GG, Art. 9 Rdnr. 58; zweifelnd auch *Bauer*, in: Dreier, GG, Art. 9 Rdnr. 47.

1433 BVerfG, Beschluss vom 15.06.1989 - 2 BvL 4/87 -, BVerfGE 80, 244 [252 f.]; *Kemper*, in: von Mangoldt/Klein/Starck, GG, Art. 9 Rdnrn. 40 f.; *Münch*, in: Bonner Kommentar, Art. 9 Rdnr. 44.

1434 *Münch*, in: Bonner Kommentar, Art. 9 Rdnrn. 45 f.; *Scholz*, in: Maunz/Dürig/Herzog, GG, Art. 9 Rdnr. 78.

1435 BVerfG, Urteil vom 01.3.1979 - 1 BvR 532, 533/77, 419/78 und 1 BvL 21/78 -, BVerfGE 50, 290 [354]; *Jarass*, in: Jarass/Pieroth, GG, Art. 9 Rdnr. 7; *Bauer*, in: Dreier, GG, Art. 9 Rdnr. 46; *Kemper*, in: von Mangoldt/Klein/Starck, GG, Art. 9 Rdnr. 28; *Münch*, in: Bonner Kommentar, Art. 9 Rdnrn. 50 f.; *Scholz*, in: Maunz/Dürig/Herzog, GG, Art. 9 Rdnrn. 42, 88; *Rinken*, in: AK-GG, Art. 9 Rdnr. 57.

kungsvoller Mitgliederwerbung ist ebenso gewährleistet[1436] wie das Recht der Namensführung[1437].

bb) Art. 15 HV

Unter Vereinen und Gesellschaften, die unter dem Oberbegriff „Vereinigung" zusammengefasst werden können[1438], sind freiwillige, von der rechtlichen Organisation unabhängige, auf längere Dauer beabsichtigte Zusammenschlüsse von Personen zur Verfolgung gemeinsamer Zwecke zu verstehen[1439]. Hierzu gehören rechtsfähige wie nichtrechtsfähige Vereinigungen. Unerheblich ist, welche Zwecke die Vereinigung verfolgt[1440]. Beziehen sich diese Zwecke allerdings auf Religion und Weltanschauungen, sind vorrangig Art. 9 und Art. 48 heranzuziehen[1441]. Für Gewerkschaften und Unternehmerverbände gilt vornehmlich Art. 36 Abs. 1 HV[1442].

Art. 15 HV garantiert das Recht auf Bildung von Vereinen. Dies umfasst das Recht, in einem einmal gebildeten Verein zu verbleiben[1443] und das Recht, einem Verein beizutreten. Geschützt ist auch die Freiheit, einer privatrechtlichen Vereinigung fernzubleiben und aus ihr auszutreten[1444]. Gleichermaßen schützt Art. 15 HV die Mitglieder eines bereits bestehenden Vereins vor einer ohne ihren Willen erfolgenden Auflösung ihres Vereins[1445].

Von Art. 15 HV nicht erfasst ist eine auf öffentlich-rechtlichen Vorschriften beruhende Zwangsmitgliedschaft in einem öffentlich-rechtlichen Verband. Denn Art. 15 HV gewährleistet nur die Vereinigungsfreiheit in privatrechtlichen Vereinigungen, bezieht sich nicht auf öffentlich-rechtliche Verbände. Deren Zulässigkeit bestimmt sich vielmehr nach Art. 2 Abs. 1 und 2 HV[1446].

1436 BVerfG, Beschluss vom 09.10.1991 - 1 BvR 397/87 -, BVerfGE 84, 372 [378].

1437 BVerfG, Beschluss vom 24.02.1971 - 1 BvR 438, 456, 484/68 und 1 BvL 40/69 -, BVerfGE 30, 227 [241 f.]; *Münch*, in: Bonner Kommentar, Art. 9 Rdnr. 47; *Scholz*, in: Maunz/Dürig/Herzog, GG, Art. 9 Rdnrn. 83 f.

1438 Vgl. *Stein*, in: Zinn/Stein, Hessische Verfassung, Art. 15 Erl. 2.

1439 *Hinkel*, Art. 15 Erl. 3; *Stein*, in: Zinn/Stein, Hessische Verfassung, Art. 15 Erl. 2.

1440 *Stein*, in: Zinn/Stein, Hessische Verfassung, Art. 15 Erl. 2.

1441 *Hecker*, Rdnr. 232.

1442 *Hinkel*, Art. 15 Erl. 3.

1443 *Stein*, in: Zinn/Stein, Hessische Verfassung, Art. 15 Erl. 3.

1444 *Hinkel*, Art. 15 Erl. 4.

1445 Vgl. StGH, Urteil vom 29.07.1949 - P.St. 15 -, StAnz. 1949, S. 470 [474].

1446 Vgl. StGH, Urteil vom 29.07.1949 - P.St. 15 -, StAnz. 1949, S. 470 [475].

d) Eingriffe, Beeinträchtigungen

aa) Art. 9 Abs. 1 und 2 GG

In den Schutzbereich des Art. 9 Abs. 1 GG wird durch belastende Regelungen und Maßnahmen von der Gründungsphase bis zur Auflösungsphase eingegriffen. In Betracht kommen neben Vereinsverboten, Beitrittszwang, Verbot oder Behinderung des Beitritts auch präventive Kontrolle durch ein Konzessionssystem, Reglementierung der Mitgliederwerbung und Auflösung von Vereinen[1447]. Eingriffe können auch rein faktisch erfolgen, etwa durch ausgedehnte Beobachtung von Vereinen und ihren Aktivitäten sowie durch staatliche Warnungen vor bestimmten Vereinen[1448].

Keinen Eingriff in den Schutzbereich stellen dagegen staatliche Regelungen von Organisation und Willensbildung von Vereinigungen dar[1449]. Die Vereinigungsfreiheit ist auf Regelungen angewiesen, die die freien Zusammenschlüsse und ihr Leben in die allgemeine Rechtsordnung einfügen, die Sicherheit des Rechtsverkehrs gewährleisten, Rechte der Mitglieder sichern und den schutzbedürftigen Belangen Dritter oder auch öffentlichen Interessen Rechnung tragen. Der Gesetzgeber hat eine hinreichende Vielfalt von Rechtsformen zur Verfügung zu stellen, die den verschiedenen Typen von Vereinigungen angemessen und deren Wahl zumutbar ist. Er hat die Grundlagen für das Leben in diesen Rechtsformen so zu gestalten, dass seine Regelung die Funktionsfähigkeit der Vereinigungen, im Besonderen ihrer Organe gewährleistet[1450].

bb) Art. 15 HV

In den Schutzbereich des Art. 15 HV wird eingegriffen durch Vereinsverbote, Beitrittszwang, Beitrittskontrolle und ähnliche Maßnahmen, die geeignet sind, einen Zwang auf die Entschließung über die Gründung von sowie Beitritt und Verbleib in Vereinigungen auszuüben. Keine Beeinträchtigung stellen dagegen die Aufstellung von Formerfordernissen und deren Beachtung dar[1451]. Die Ausübung der Vereinigungsfreiheit ist im Interesse der Funktionsfähigkeit der Vereinigungen und ihrer reibungslosen Teilnahme am Rechtsverkehr sowie zum Schutze Dritter notwendig

---

1447 *Bauer*, in: Dreier, GG, Art. 9 Rdnr. 51.
1448 *Günther/Franz*, in: JuS 2006, S. 788 [791]; *Höfling*, in: Sachs, GG, Art. 9 Rdnr. 34.
1449 *Höfling*, in: Sachs, GG, Art. 9 Rdnr. 36.
1450 BVerfG, Urteil vom 01.3.1979 - 1 BvR 532, 533/77, 419/78 und 1 BvL 21/78 -, BVerfGE 50, 290 [354 f.]; *Scholz*, in: Maunz/Dürig/Herzog, GG, Art. 9 Rdnrn. 68 ff.
1451 *Stein*, in: Zinn/Stein, Hessische Verfassung, Art. 15 Erl. 3.

auf eine gesetzliche Ausgestaltung angewiesen. Solange diese die Freiheit der Selbstbestimmung der Vereinigung achten und wahren, berühren derartige gesetzliche Regelungen den Schutzbereich nicht. Anders ist dies, wenn die Gründung von Vereinen und Gesellschaften von einer besonderen Erlaubnis abhängig gemacht würde[1452].

e) Verfassungsrechtliche Rechtfertigung von Eingriffen

aa) Art. 9 Abs. 1 und 2 GG

Art. 9 Abs. 2 GG enthält eine verfassungsunmittelbare Schranke, nicht lediglich einen Gesetzesvorbehalt[1453]. Das Verbot und seine Voraussetzungen sind unmittelbar in der Verfassung selbst geregelt[1454]. Den Verbotsbehörden kommt lediglich die Aufgabe zu, das abstrakte Verbot für den Einzelfall zu aktualisieren[1455], der Gesetzgeber hat entsprechende Verfahrensregelungen zu erlassen. Dementsprechend beschränken sich die Vorschriften des VereinsG fast ausnahmslos darauf, das Verfahren zur Feststellung des Verbots zu regeln[1456]. Dieser Feststellung kommt konstitutive Wirkung insofern zu, als sie das grundsätzliche Verbot des Art. 9 Abs. 2 GG für den Einzelfall konkretisiert[1457].

Die Aufzählung der Verbotsgründe in Art. 9 Abs. 2 GG ist abschließend; auch der Gesetzgeber darf sie nicht ausdehnen[1458]. Die Voraussetzungen müssen von der

---

1452 *Stein*, in: Zinn/Stein, Hessische Verfassung, Art. 15 Erl. 3.

1453 *Kemper*, in: von Mangoldt/Klein/Starck, GG, Art. 9 Rdnr. 69; *Steinmeyer*, in: Umbach/Clemens, GG, Art. 9 I, II Rdnr. 66; wohl auch *Scholz*, in: Maunz/Dürig/Herzog, GG, Art. 9 Rdnr. 117; BVerfG, Beschluss vom 15.06.1989 - 2 BvL 4/87 -, BVerfGE 80, 244 [254]: Art. 9 Abs. 2 GG enthält die einzige von der Verfassung vorgesehene Begrenzung der Vereinsfreiheit". BVerfG, Urteil vom 23.10.1952 - 1 BvB 1/51 -, BVerfGE 2, 1 [13]: „Damit würden sie unter den dort bezeichneten Voraussetzungen ohne weiteres verboten sein und somit dem Zugriff der Exekutive schlechthin unterliegen". BVerwG, Urteil vom 13.04.1999 - 1 A 3/94 -, NVwZ-RR 2000, S. 70 [74]: „Entscheidung der zuständigen Behörde, das kraft Art. 9 Abs. 2 GG bestehende Verbot einer Vereinigung durch Verfügung gemäß § 3 VereinsG zu aktualisieren"; BVerwG, Urteil vom 27.11.1002 - 6 A 4/02 -, NVwZ 2003, S. 986 [987]: „Nach Art. 9 Abs. 2 GG sind Vereinigungen verboten, ..."; a.A. *Höfling*, in: Sachs, GG, Art. 9 Rdnr. 38; *Jarass*, in: Jarass/Pieroth, GG, Art. 9 Rdnr. 17.

1454 *Kemper*, in: von Mangoldt/Klein/Starck, GG, Art. 9 Rdnr. 69.

1455 *Kemper*, in: von Mangoldt/Klein/Starck, GG, Art. 9 Rdnr. 69; BVerwG, Urteil vom 27.11.2002, a.a.O.

1456 *Scholz*, in: Maunz/Dürig/Herzog, GG, Art. 9 Rdnr. 113.

1457 *Bauer*, in: Dreier, GG, Art. 9 Rdnr. 54; *Kemper*, in: von Mangoldt/Klein/Starck, GG, Art. 9 Rdnr. 69.

1458 BVerfG, Beschluss vom 15.06.1989 - 2 BvL 4/87 -, BVerfGE 80, 244 [254]; *Höfling*, in: Sachs, GG, Art. 9 Rdnr. 43; *Bauer*, in: Dreier, GG, Art. 9 Rdnr. 43.

Vereinigung selbst erfüllt werden. Das Verhalten einzelner Mitglieder genügt nicht[1459].

Strafgesetze im Sinne von Art. 9 Abs. 2 GG sind nur allgemeine Strafvorschriften, d.h. Strafnormen, die kein gegen die Vereinigungsfreiheit gerichtetes spezielles Strafrecht darstellen[1460]. Da die Vereinigung selbst nicht straffällig werden kann, kommt es insoweit auf das Verhalten der Mitglieder und dessen Zurechenbarkeit an[1461].

Der Begriff der verfassungsmäßigen Ordnung in Art. 9 Abs. 2 GG entspricht demjenigen in Art. 18 Abs. 1 und Art. 21 Abs. 2 Satz 1 GG[1462], d.h. erfasst sind bestimmte elementare Grundsätze[1463]. Dazu gehört vor allem die Achtung der im Grundgesetz konkretisierten Menschenrechten, das Demokratieprinzip mit der Verantwortlichkeit der Regierung, das Mehrparteienprinzip und das Recht auf verfassungsmäßige Bildung und Ausübung einer Opposition[1464]. Erforderlich ist hier eine aggressiv-kämpferische Haltung gegenüber der verfassungsmäßigen Ordnung. Schlichte Kritik an der bestehenden Ordnung reicht nicht aus[1465].

Unter dem Gesichtspunkt des Gedankens der Völkerverständigung verboten ist eine Vereinigung, die auf eine Störung des Friedens unter den Völkern und Staaten zielt[1466]. Bloße Kritik an fremden Staaten erfüllt diesen Tatbestand nicht[1467].

Das Grundrecht aus Art. 9 Abs. 1 GG obliegt darüber hinaus der Verwirkung nach Art. 18 GG unter den dort geregelten Voraussetzungen[1468].

1459 *Bauer*, in: Dreier, GG, Art. 9 Rdnr. 55; *Kemper*, in: von Mangoldt/Klein/Starck, GG, Art. 9 Rdnr. 73; *Münch*, in: Bonner Kommentar, Art. 9 Rdnr. 58.

1460 *Bauer*, in: Dreier, GG, Art. 9 Rdnr. 56; *Höfling*, in: Sachs, GG, Art. 9 Rdnr. 43: *Jarass*, in: Jarass/Pieroth, GG, Art. 9 Rdnr. 18; *Scholz*, in: Maunz/Dürig/Herzog, GG, Art. 9 Rdnr. 125.

1461 *Höfling*, in: Sachs, GG, Art. 9 Rdnr. 43; *Löwer*, in: von Münch/Kunig, GG, Art. 9 Rdnr. 38; *Kemper*, in: von Mangoldt/Klein/Starck, GG, Art. 9 Rdnr. 73; *Münch*, in: Bonner Kommentar, Art. 9 Rdnr. 60.

1462 *Löwer*, in: von Münch/Kunig, GG, Art. 9 Rdnr. 41; *Bauer*, in: Dreier, GG, Art. 9 Rdnr. 57.

1463 *Bauer*, in: Dreier, GG, Art. 9 Rdnr. 44.

1464 BVerwG, Urteil vom 13.04.1999 - 1 A 3/94 -, NVwZ-RR 2000, S. 70; siehe ferner oben zu Art. 18 GG D. II. 11. e) aa) (bb).

1465 *Bauer*, in: Dreier, GG, Art. 9 Rdnr. 57; *Löwer*, in: von Münch/Kunig, GG, Art. 9 Rdnr. 43; *Kemper*, in: von Mangoldt/Klein/Starck, GG, Art. 9 Rdnr. 75; *Münch*, in: Bonner Kommentar, Art. 9 Rdnr. 63; *Scholz*, in: Maunz/Dürig/Herzog, GG, Art. 9 Rdnr. 128.

1466 *Löwer*, in: von Münch/Kunig, GG, Art. 9 Rdnr. 44; *Bauer*, in: Dreier, GG, Art. 9 Rdnrn. 58 f.

1467 *Höfling*, in: Sachs, GG, Art. 9 Rdnr. 45.

1468 Siehe dazu oben D. II. 11. e) aa) (b).

bb) Art. 15 HV

Art. 15 HV ist vorbehaltlos gewährleistet und unterliegt lediglich der Verwirkung nach Art. 17 HV[1469]. Eine Übertragung der Schranken aus Art. 2 Abs. 1 HV bzw. Art. 9 Abs. 2 GG kommt nicht in Betracht. Ist das Grundrecht der Vereinigungsfreiheit vorbehaltlos gewährleistet, ist eine Beschränkung nur aufgrund verfassungsimmanenter Schranken möglich. Zu deren Bestimmung wird man sich an den ausdrücklich in Art. 9 Abs. 2 GG aufgezählten Verbotsgründen orientieren können, da diese dem Schutz von Rechtsgütern mit Verfassungsrang dienen, die auch in der Hessischen Verfassung Verfassungsrang genießen (vgl. Art. 17, 125, 146 und 69 Abs. 1 Satz 1 HV). Eine pauschale Übernahme ist jedoch nicht möglich, will man nicht außer Acht lassen, dass sich Einschränkungen vorbehaltlos gewährleisteter Grundrechte nur aus der Verfassung, d.h. der Hessischen Verfassung, ergeben können[1470].

f) Ergebnis

Die Gegenüberstellung zeigt, dass die Gewährleistungen nach Art. 15 HV und Art. 9 Abs. 1 und 2 GG weitgehend inhaltsgleich ausgestaltet sind.

Art. 15 HV weist keinen Gesetzesvorbehalt auf. Eine Einschränkung kommt daher allein aufgrund anderer verfassungsrechtlich geschützter Rechtsgüter in Betracht. Insoweit wird man sich an der Regelung des Art. 9 Abs. 2 GG orientieren können. Dass der Hessischen Verfassung die Berücksichtigung von Umständen, wie sie in Art. 9 Abs. 2 GG genannt sind, nicht fremd ist, zeigt sich an Art. 146 Abs. 2 HV. Dieser stellt ebenso wie Art. 9 Abs. 2 GG darauf ab, dass verfassungs- bzw. demokratiefeindliche Bestrebungen verfolgt werden. Es lassen sich daher insoweit Parallelen ziehen, dass jedenfalls Vereinigungen, die derartige Zwecke verfolgen, aufgrund verfassungsimmanenter Schranken verboten werden können. In Art. 69 Abs. 1 Satz 1 HV bekennt sich die Verfassung ausdrücklich zu Frieden und zur Völkerverständigung. Es zeigt sich allerdings ein wesentlicher Unterschied zu Art. 9 Abs. 2 GG: Dieser spricht das Verbot selbst aus, ermächtigt den Gesetzgeber nur zu Regelungen des Verbotsverfahrens. Geht der Schutz des Art. 15 HV aus diesen

---

1469 Siehe hierzu oben D. II. 11. e) bb) (b).

1470 So wohl auch *Hinkel*, Art. 15 Erl. 5.

Gründen zwar weiter als derjenige des Grundgesetzes, bleibt für eine Anwendung kaum Raum, da für die gesetzliche Ausgestaltung der Vereinigungsfreiheit dem Bund die Gesetzgebungskompetenz zukommt (Art. 74 Abs. 1 Nrn. 1 und 3 GG).

Gegen ein Fortgelten des Landesgrundrechts bestehen insgesamt jedoch keine Bedenken.

16. Das Petitionsrecht (Art. 17 GG - Art. 16 HV)

Art. 17 GG: Jedermann hat das Recht, sich einzeln oder in Gemeinschaft mit anderen schriftlich mit Bitten oder Beschwerden an die zuständigen Stellen und an die Volksvertretung zu wenden.

Art. 16 HV: Jedermann hat das Recht, allein oder gemeinsam mit anderen Anträge oder Beschwerden an die zuständige Behörde oder an die Volksvertretung zu richten.

a) Grundrechtsträger

aa) Art. 17 GG

Auf das Grundrecht aus Art. 17 GG kann sich jedermann berufen, d.h. jede natürliche Person, damit auch Ausländer und Staatenlose[1471]. Grundrechtsberechtigt sind auch juristische Personen und Personenvereinigungen des Privatrechts[1472].

bb) Art. 16 HV

Art. 16 HV gewährleistet mangels Beschränkung auf deutsche Staatsangehörige ein Menschenrecht[1473]. Auch juristische Personen des Privatrechts können Träger des Grundrechts aus Art. 16 HV sein[1474].

1471 *Krüger/Pagenkopf*, in: Sachs, GG, Art. 17 Rdnr. 7; *Jarass*, in: Jarass/Pieroth, GG, Art. 17 Rdnr. 6; *Rauball*, in: von Mangoldt/Klein/Starck, GG, Art. 17 Rdnr. 3; *Stein*, in: AK-GG, Art. 17 Rdnr. 7; *Stettner*, in: Bonner Kommentar, Art. 17 Rdnr. 62.

1472 *Krüger/Pagenkopf*, in: Sachs, GG, Art. 17 Rdnr. 7; *Rauball*, in: von Mangoldt/Klein/Starck, GG, Art. 17 Rdnr. 6; *Jarass*, in: Jarass/Pieroth, GG, Art. 17 Rdnr. 6; *Stein*, in: AK-GG, Art. 17 Rdnr. 10; *Stettner*, in: Bonner Kommentar, Art. 17 Rdnrn. 64 f.

1473 *Hinkel*, Art. 16 Erl. 1.

1474 *Hinkel*, Art. 16 Erl. 3.

b) Grundrechtsadressat

aa) Art. 17 GG

Art. 17 GG verpflichtet die gesamte öffentliche Gewalt. Stellen im Sinne von Art. 17 GG sind danach alle Organe deutscher öffentlicher Gewalt, die der Grundrechtsbindung nach Art. 1 Abs. 3 GG unterworfen sind, d.h. alle Behörden des Bundes und der Länder[1475]. Zuständig im Sinne von Art. 17 GG sind Stellen, denen eine Entscheidungskompetenz über Petitionen zukommt, d.h. die sachlich und örtlich für das Anliegen zuständig sind[1476]. Bei Unzuständigkeit muss die Petition an die zuständige Stelle weitergeleitet werden[1477].

bb) Art. 16 HV

Art. 16 HV verpflichtet alle staatliche Gewalt (Art. 26 HV), bezieht sich allerdings nur auf hessische Behörden sowie die hessische Volksvertretung, da sich die Bestimmung ihrer Natur nach nur auf das Land Hessen beziehen kann[1478]. Zuständig ist jede Behörde, der eine Entscheidungskompetenz zukommt. Ist die Petition bei einer unzuständigen Stelle eingereicht worden, ist sie an die zuständige Stelle weiterzuleiten[1479].

c) Sachlicher Schutzbereich

aa) Art. 17 GG

Art. 17 GG enthält in erster Linie ein Leistungsgrundrecht, weist aber auch Abwehrgehalte auf[1480]. Petition stellt den Oberbegriff für Bitten und Beschwerden dar[1481]. Eine exakte Abgrenzung der beiden Begriffe ist oft nicht möglich, aber auch nicht unbedingt erforderlich[1482]. Ausschlaggebend ist, dass der Inhalt auf ein Tätigwerden

1475 *Krings*, in: JuS 2004, S. 474 [476]; *Stein*, in: AK-GG, Art. 17 Rdnr. 16; *Stettner*, in: Bonner Kommentar, Art. 17 Rdnr. 67.

1476 *Rauball*, in: von Mangoldt/Klein/Starck, GG, Art. 17 Rdnr. 12; *Jarass*, in: Jarass/Pieroth, GG, Art. 17 Rdnr. 9; *Stein*, in: AK-GG, Art. 17 Rdnr. 16; *Stettner*, in: Bonner Kommentar, Art. 17 Rdnr. 69.

1477 *Stettner*, in: Bonner Kommentar, Art. 17 Rdnr. 67.

1478 *Stein*, in: Zinn/Stein, Hessische Verfassung, Art. 16 Erl. 2.

1479 *Hecker*, Rdnr. 233; *Stein*, in: Zinn/Stein, Hessische Verfassung, Art. 16 Erl. 2: „nobile officium".

1480 *Jarass*, in: Jarass/Pieroth, GG, Art. 17 Rdnr. 1; *Krüger/Pagenkopf*, in: Sachs, GG, Art. 17 Rdnr.8; *Bauer*, in: Dreier, GG, Art. 17 Rdnr. 39.

1481 *Stein*, in: AK-GG, Art. 17 Rdnr. 12.

1482 *Rauball*, in: von Mangoldt/Klein/Starck, GG, Art. 17 Rdnr. 10; *Stettner*, in: Bonner Kommentar, Art. 17 Rdnr. 41.

der angesprochenen Stelle gerichtet und von einem außerhalb dieser Stellen Stehenden veranlasst ist[1483]. Eine individuelle Beschwer ist nicht erforderlich[1484]. Die zuständigen Stellen bzw. die Volksvertretung sind verpflichtet, die Petition entgegenzunehmen[1485]. Die Petition ist schriftlich einzureichen und muss ihren Urheber erkennen lassen[1486].

Darüber hinaus gewährt Art. 17 GG einen Anspruch auf sachliche Prüfung und vorschriftsmäßige Erledigung[1487]. Dies umfasst ein Recht auf Bescheidung, d.h. jede ordnungsgemäße Petition muss beantwortet werden und die Antwort darf sich nicht auf eine bloße Empfangsbestätigung beschränken. Es muss sich wenigstens die Kenntnisnahme von dem Inhalt der Petition und die Art ihrer Erledigung ergeben[1488]. Ein Anspruch auf sachliche Erfüllung des Begehrens kann aus Art. 17 GG allerdings nicht abgeleitet werden[1489]. Ebenso wenig besteht ein Anspruch auf Begründung der Entscheidung. Eine solche Verpflichtung bedeutete eine Überspannung des Grundrechts des Art. 17 GG. Ist gesetzlich nichts anderes bestimmt, sind die mit einer Petition angegangenen Verwaltungsbehörden und Verfassungsorgane nicht verpflichtet, ihre Bescheidung mit einer Begründung zu versehen; es genügt im Rahmen des Art. 17 GG ein sachlicher Bescheid, aus dem ersichtlich ist, wie die angegangene Stelle die Petition zu behandeln gedenkt[1490]".

In seiner abwehrrechtlichen Bedeutung gewährt Art. 17 GG Schutz gegen Behinderungen, das Petitionsrecht wahrzunehmen. Dies umfasst die Vorbereitung und die

---

1483 *Rauball*, in: von Mangoldt/Klein/Starck, GG, Art. 17 Rdnr. 10; *Jarass*, in: Jarass/Pieroth, GG, Art. 17 Rdnr. 3; *Stettner*, in: Bonner Kommentar, Art. 17 Rdnr. 45.

1484 *Stettner*, in: Bonner Kommentar, Art. 17 Rdnr. 73.

1485 *Krüger/Pagenkopf*, in: Sachs, GG, Art. 17 Rdnr. 8.

1486 *Stettner*, in: Bonner Kommentar, Art.17 Rdnr. 71.

1487 *Rauball*, in: von Mangoldt/Klein/Starck, GG, Art. 17 Rdnr. 14; *Stettner*, in: Bonner Kommentar, Art. 17 Rdnr. 79.

1488 BVerfG, Beschluss vom 22.04.1953 - 1 BvR 162/51 -, BVerfGE 2, 225 [230].

1489 *Krüger/Pagenkopf*, in: Sachs, GG, Art. 17 Rdnrn. 8, 13; *Rauball*, in: von Mangoldt/Klein/Starck, GG, Art. 17 Rdnr. 12; *Bauer*, in: Dreier, GG, Art. 17 Rdnr. 33; *Stettner*, in: Bonner Kommentar, Art. 17 Rdnr. 93.

1490 BVerfG, Beschlüsse vom 22.04.1953 - 1 BvR 162/51 -, BVerfGE 2, 225 [230], und vom 15.05.1992 - 1 BvR 1553/90 -, NJW 1992, S. 3033; *Krüger/Pagenkopf*, in: Sachs, GG, Art. 17 Rdnr. 8, die allerdings eine kurze Begründung nahe legen (Rdnr. 13); *Bauer*, in: Dreier, GG, Art. 17 Rdnr. 33: „Begründung aber verfassungspolitisch wünschenswert"; *Stein*, in: AK-GG, Art. 17 Rdnr. 29: kurze Begründung wünschenswert; *Dollinger*, in Umbach/Clemens, GG, Art. 17 Rdnr. 37; a.A. *Jarass*, in: Jarass/Pieroth, GG, Art. 17 Rdnr. 7; *Rauball*, in: von Mangoldt/Klein/Starck, GG, Art. 17 Rdnr. 14; *Krings*, in: JuS 2004, S. 474 [478].

Einreichung der Petition, aber auch ein Verbot, an das Einbringen einer Petition Nachteile anzuknüpfen[1491].

bb) Art. 16 HV

Art. 16 HV gewährt einen Anspruch auf Entgegennahme, Behandlung und Erledigung von Anträgen und Beschwerden durch die zuständige Stelle. Die Begriffe „Anträge und Beschwerden“ lassen sich unter dem Oberbegriff der Petition zusammenfassen. Mit „Beschwerden“ sind nicht Beschwerden im Sinne der Prozessordnungen gemeint. Art. 16 HV und das durch ihn gewährleistete Petitionsrecht sollen vielmehr eine Möglichkeit zur Verfügung stellen, um außerhalb aller offiziellen Verfahren und Rechtsmittel Hilfe zu erreichen. Menschliche Nöte und Sorgen im Zusammenhang mit der Staatsgewalt sollen auch außerhalb aller formalen und offiziellen Möglichkeiten vorgetragen werden können[1492]. Aus diesem Grunde verlangt die Petition auch keine Beschwer im engeren Sinn.

Auf welchen Gegenstand sich die Petition bezieht, ist gleichgültig. Das Recht des Art. 16 HV besteht gerade darin, dass sich jeder allein oder in Gemeinschaft mit anderen an die Behörden oder die Volksvertretung wenden kann, um dort Vorschläge über Rechtssetzung oder Rechtsanwendung anzubringen oder allgemein seine Nöte und Sorgen vorzutragen[1493]. Eine bestimmte Form schreibt Art. 16 HV nicht vor. Insbesondere verlangt Art. 16 HV nicht, dass die Petition schriftlich einzureichen ist. Zwar enthielt der Vorentwurf des Vorbereitenden Verfassungsausschusses (dort Art. 13) noch die Anordnung, dass die Petition schriftlich einzureichen sei. Bereits in dem Entwurf des Verfassungsausschusses, der den Beratungen der Verfassungberatenden Landesversammlung zugrunde lag, fehlte der Vorschrift aber die Forderung nach Schriftlichkeit. Die Gründe dafür lassen sich allerdings nicht mehr ermitteln. Angesichts der Intention des Petitionsrechts, dem Bürger eine weitgehend informelle Möglichkeit zu bieten, sich mit seinen Sorgen und Nöten an die zuständigen Stellen zu wenden, ist davon auszugehen, dass es sich dabei um eine bewusste Entscheidung und nicht um ein bloßes Versehen handelt. Denn durch die Forderung nach Schriftlichkeit wäre diese Möglichkeit gerade in der Zeit unmittelbar nach Entstehung des Landes weitgehend wirkungslos geblieben. Die Beratungen zur

---

1491 *Krings*, in: JuS 2004, S. 474 [477]; *Bauer*, in: Dreier, GG, Art. 17 Rdnr. 38; *Stettner*, in: Bonner Kommentar, Art. 17 Rdnr. 79.

1492 *Hinkel*, Art. 16 Erl. 1.

1493 Vgl. *Stein*, in: Zinn/Stein, Hessische Verfassung, Art. 16 Erl. 2.

Hessischen Verfassung knüpften zudem an die Weimarer Verfassung an[1494]. Dort war nur vorgesehen, dass die Petition, soweit sie an die Volksvertretung gerichtet war, schriftlich einzureichen ist. Dass demgegenüber Art. 17 HV Schriftlichkeit insgesamt nicht verlangt, ist als Distanzierung gegenüber der Regelung in der Weimarer Verfassung zu verstehen.

Das Petitionsrecht gibt dem Petenten keinen Anspruch auf eine bestimmte Entscheidung in seiner Sache. Art. 16 HV begründet eine Pflicht zur Entgegennahme, sachlichen Prüfung und schriftlichen Mitteilung über die Art der Erledigung. Der Bescheid muss allerdings keine Begründung enthalten, weil eine solche Forderung das Grundrecht aus Art. 16 HV überspannen würde. Eine sachliche Auseinandersetzung im Einzelnen mit dem Begehren des Petenten ist nicht geboten. Dem formellen Charakter des Rechts aus Art.16 HV ist bereits dann genügt, wenn ersichtlich ist, dass die Sache entgegengenommen, sich mit ihr befasst wurde und die Art der Erledigung ohne weitere Begründung dem Petenten mitgeteilt worden ist[1495].

Darüber hinaus enthält Art. 16 HV auch ein Abwehrrecht dergestalt, das sich gegen Einschränkungen und Beeinträchtigungen der freien Möglichkeit, Petitionen einzureichen, richtet.

d) Eingriffe, Beeinträchtigungen

aa) Art. 17 GG

Beeinträchtigungen des Art. 17 GG sind anzunehmen bei einem Verbot, Petitionen einzubringen, bei Behinderungen von Vorbereitungshandlungen, bei Erschwerung der Übergabe bzw. Übersendung, bei Verweigerung, die Petition entgegenzunehmen, sowie bei rechtlichen und tatsächlichen Nachteilen für den Petenten wegen der Petition[1496]. Das Recht aus Art. 17 GG wird auch dann beeinträchtigt, wenn eine Petition nicht oder fehlerhaft erledigt wird[1497].

1494 *Brünneck*, in: JöR 3 N.F. [1954], S. 213 [217].

1495 StGH, Beschluss vom 07.07.1977 - P.St. 797 -, ESVGH 28, 129 [133]; gegen eine Begründungspflicht auch *Stein*, in: Zinn/Stein, Hessische Verfassung, Art.16 Erl. 2.

1496 *Bauer*, in: Dreier, GG, Art. 17 Rdnr. 38; *Krüger/Pagenkopf*, in: Sachs, GG, Art. 17 Rdnr. 14; *Krings*, in: JuS 2004, S. 474 [478]; *Stein*, in: AK-GG, Art. 17 Rdnr. 27.

1497 *Jarass*, in: Jarass/Pieroth, GG, Art. 17 Rdnr. 7; *Krüger/Pagenkopf*, in: Sachs, GG, Art. 17 Rdnr. 14.

bb) Art. 16 HV

Art. 16 HV wird beeinträchtigt, wenn die Einreichung von Petitionen untersagt oder behindert, die Entgegennahme verweigert oder die Petition nicht den Anforderungen entsprechend behandelt wird[1498]. Eine Beeinträchtigung ist auch anzunehmen, wenn an die Einreichung von Petitionen rechtliche oder tatsächliche Nachteile geknüpft werden. Dies folgt aus dem abwehrrechtlichen Charakter des Art. 16 HV. Eine Beeinträchtigung des Rechts aus Art. 16 HV ist auch darin zu sehen, dass für die Petition eine bestimmte Form, insbesondere Schriftform verlangt wird[1499], da auch dies den Bürger davon abhalten kann, sein Petitionsrecht frei auszuüben.

e) Verfassungsrechtliche Rechtfertigung von Eingriffen

aa) Art. 17 GG

Art. 17 GG enthält keinen Gesetzesvorbehalt. Die Übertragung der Schranken anderer Grundrechtsbestimmungen ist nicht möglich[1500]. Wie andere vorbehaltlos gewährleistete Grundrechte unterliegt das Petitionsrecht jedoch verfassungsimmanenten Schranken[1501]. Beschränkungen sind danach möglich zum Schutze Grundrechte Dritter und anderer Verfassungsgüter. Auch wird die strafrechtliche Verantwortlichkeit durch Art. 17 GG nicht aufgehoben. Wenn allerdings zivil- oder strafrechtliche Normen mittelbar eine Beschränkung des Petitionsrechts mit sich bringen, sind sie so auszulegen, dass eine solche vermieden wird[1502].

bb) Art. 16 HV

Art. 16 HV ist vorbehaltlos gewährleistet, eine Beschränkung daher nur aufgrund verfassungsimmanenter Schranken möglich. Soweit das Petitionsrecht durch das Verlangen beeinträchtigt wird, die Petition bei der Volksvertretung schriftlich einzureichen, lässt sich dies insbesondere durch die Funktionsfähigkeit des Landtags und

---

[1498] Vgl. StGH, Beschluss vom 07.07.1977 - P.St. 797 -, ESVGH 28, 129 [133].

[1499] So *Stein*, in: Zinn/Stein, Hessische Verfassung, Art. 16 Erl. 3; *Hinkel*, Art. 16 Erl. 3; vgl. auch § 98 Abs. 1 Satz 1 der Geschäftsordnung des Hessischen Landtags.

[1500] *Jarass*, in: Jarass/Pieroth, GG, Art. 17 Rdnr. 10; *Krüger/Pagenkopf*, in: Sachs, GG, Art. 17 Rdnr. 15; *Bauer*, in: Dreier, GG, Art. 17 Rdnr. 39; a.A. *Rauball*, in: von Mangoldt/Klein/Starck, GG, Art. 17 Rdnr. 16 für eine entsprechende Anwendung von Art. 2 Abs. 1 GG.

[1501] Vgl. BVerfG, Beschluss vom 01.08.1978 - 2 BvR 1013, 1019, 1034/77 -, BVerfGE 49, 24 [55 f., 57 f., 64]; *Bauer*, in: Dreier, GG, Art. 17 Rdnr. 40.

[1502] BVerfG, Beschluss vom 12.12.1990 - 1 BvR 839/90 -, MDR 1991, S. 403 [407]; *Bauer*, in: Dreier, GG, Art. 17 Rdnr. 40; *Stein*, in: AK-GG, Art. 17 Rdnr. 34; *Stettner*, in: Bonner Kommentar, Art. 17 Rdnr. 102.

seines Petitionsausschusses rechtfertigen. Angesichts der Zahl der Petitionen, mit denen der Hessische Landtag in der Zeit vom 5. April 2004 bis zum 4. April 2005 befasst war (1.357)[1503], ist es zur Sicherstellung der Arbeit und Bewältigung der Aufgaben des Petitionsausschusses angemessen zu fordern, dass Petitionen schriftlich eingereicht werden. Im Vergleich dazu erscheint die Einschränkung der Petitionsfreiheit durch das Schriftformerfordernis weniger schwerwiegend. In Fällen, in denen der Petent allerdings nicht in der Lage ist, seine Eingabe schriftlich abzufassen, muss im Interesse der Petitionsfreiheit die Möglichkeit zur mündlichen Einreichung bestehen, will man die Petitionsfreiheit des Art. 16 HV nicht über das Notwendige hinaus beschränken.

f) Ergebnis

Art. 16 HV und Art. 17 GG entsprechen sich, soweit es die Eigenschaft als Grundrechtsträger betrifft. Der Kreis der Adressaten der Verpflichtung aus Art. 17 GG ist weiter, da er sich auch an zuständige Stellen innerhalb der Länder richtet. Art. 16 HV beschränkt sich dagegen auf eine Verpflichtung der hessischen Volksvertretung und zuständigen Stellen.

Vom Schutzbereich her unterscheiden sich beide Regelung nahezu nicht. Art. 16 HV ist insoweit weiterreichend, als er nicht verlangt, dass die Petition schriftlich einzureichen ist. Parallel ausgestaltet sind dagegen die Beschränkungsmöglichkeiten des Petitionsrechts nach Art. 16 HV und Art. 17 GG. Beide Regelungen unterliegen lediglich verfassungsimmanenten Schranken.

Gegen den Fortbestand des Grundrechts aus Art. 16 HV bestehen daher keinerlei Bedenken.

17. Gesetzlicher Richter (Art. 101 Abs. 1 GG - Art. 20 Abs. 1 HV)

Art. 101 Abs. 1 GG: Ausnahmegerichte sind unzulässig. Niemand darf seinem gesetzlichen Richter entzogen werden.

Art. 20 Abs. 1 HV: Niemand darf seinem gesetzlichen Richter entzogen werden. Ausnahme- und Sonderstrafgerichte sind unzulässig.

[1503] Zweiter Bericht des Petitionsausschusses betreffend die Tätigkeit in der 16. Wahlperiode, LT-Drucks. 16/5073, S. 1.

a) Art. 101 Abs. 1 GG

Das Recht auf den gesetzlichen Richter nach Art. 101 Abs. 1 GG steht jedem zu, der an einem gerichtlichen Verfahren beteiligt ist[1504]. Daher können sich auch ausländische juristische Personen[1505] und juristische Personen des öffentlichen Rechts auf Art. 101 Abs. 1 GG berufen[1506].

Art. 101 Abs. 1 GG wendet sich an Gesetzgebung, vollziehende Gewalt und Rechtsprechung[1507], gilt aber nicht für private Gerichte und deren Richter (z.B. §§ 1025 ff. ZPO)[1508].

Aus dem Recht auf den gesetzlichen Richter folgt, dass die Zuständigkeit des Richters für jeden Fall konkret und im Voraus abstrakt-generell festgelegt sein muss[1509]. Jede Einflussnahme auf die Zuständigkeitsordnung muss ausgeschlossen werden[1510]. Gesetzlicher Richter ist der sachlich, örtlich und instanziell zuständige Richter unter Beachtung der Zuständigkeitsverteilung innerhalb eines Gerichts und innerhalb des Spruchkörpers[1511].

Der gesetzliche Richter muss den Anforderungen des Grundgesetzes genügen[1512], also Richter im Sinne von Art. 92 und Art. 97 GG sein[1513]. Gesetzlicher Richter im Sinne von Art. 101 Abs. 1 GG ist auch der Europäische Gerichtshof[1514].

Der gesetzliche Richter wird entzogen, wenn Verhandlung und Entscheidung des Rechtsstreits durch ihn be- oder verhindert werden[1515]. Dies kann sowohl durch den Gesetzgeber, die Exekutive, aber auch die Gerichte selbst erfolgen.

1504 *Degenhart*, in: Sachs, GG, Art. 101 Rdnr. 4; *Pieroth*, in: Pieroth/Schlink, GG, Art. 101 Rdnr. 5. *Wassermann*, in: AK-GG, Art. 101 Rdnr. 13; *Maunz*, in: Maunz/Dürig/Herzog, GG, Art. 101 Rdnr. 7.

1505 BVerfG, Beschlüsse vom 07.04.1965 - 2 BvR 227/64 -, BVerfGE 18, 441 [447], und vom 12.04.1983 - 2 BvR 678, 679, 680, 681, 683/81 -, BVerfGE 64, 1 [11].

1506 Siehe oben unter D. I. 2. a) cc) (a).

1507 *Wassermann*, in: AK-GG, Art. 101 Rdnr. 8.

1508 *Kunig*, in: von Münch/Kunig, GG, Art. 101 Rdnr. 13.

1509 *Pieroth/Schlink*, Rdnr. 1058; *Schulze-Fielitz*, in: Dreier, GG, Art. 101 Rdnr. 18; *Wassermann*, in: AK-GG, Art. 101 Rdnr. 15.

1510 *Degenhart*, in: Sachs, GG, Art. 101 Rdnr. 5; *Schulze-Fielitz*, in: Dreier, GG, Art. 101 Rdnr. 14.

1511 *Kunig*, in: von Münch/Kunig, GG, Art. 101 Rdnr. 16; *Degenhart*, in: Sachs, GG, Art. 101 Rdnr. 31; *Schulze-Fielitz*, in: Dreier, GG, Art. 101 Rdnr. 31.

1512 *Kunig*, in: von Münch/Kunig, GG, Art. 101 Rdnr. 17.

1513 BVerfG, Beschluss vom 10. 07.1990 - 1 BvR 984, 985/87 -, BVerfGE 82, 286 [298]; *Pieroth*, in: Jarass/Pieroth, GG, Art. 101 Rdnr. 4; *Maunz*, in: Maunz/Dürig/Herzog, GG, Art. 101 Rdnr. 11; *Schulze-Fielitz*, in: Dreier, GG, Art. 101 Rdnr. 27.

1514 BVerfG, Beschluss vom 22.10.1986 - 2 BvR 197/86 -, BVerfGE 73, 339 [366 ff.]; *Degenhart*, in: Sachs, GG, Art. 101 Rdnr. 9.

1515 *Kunig*, in: von Münch/Kunig, GG, Art. 101 Rdnr. 21.

Art. 101 Abs. 1 GG ist normgeprägt[1516], daher auf eine gesetzliche Ausgestaltung der Zuständigkeitsverteilung angewiesen. Der Gesetzgeber verletzt Art. 101 Abs. 1 GG dann, wenn er die Zuständigkeitsverteilung nicht möglichst eindeutig vornimmt[1517]. Weiter folgt aus Art. 101 Abs. 1 GG die Pflicht, Vorsorge dafür zu treffen, dass ein Richter, der nicht die Gewähr seiner Unparteilichkeit bietet, von der Amtsausübung ausgeschlossen ist oder abgelehnt werden kann[1518].

Die gesetzliche Ausgestaltung der Zuständigkeitsverteilung wird durch die gerichts- und spruchkörperinternen Geschäftsverteilungspläne ergänzt[1519]. Auch insoweit gilt, dass diese im Voraus abstrakt und generell die Zuständigkeit der einzelnen Spruchkörper und der innerhalb des Spruchkörpers entscheidenden Richter schriftlich festlegen müssen[1520]. Entscheidend dafür, ob den Anforderungen des Art. 101 Abs. 1 GG Rechnung getragen wurde, ist, ob die objektive Möglichkeit einer Manipulation der Zuständigkeit gegeben ist[1521].

Maßnahmen der vollziehenden Gewalt greifen in den Schutzbereich des Art. 101 Abs. 1 GG ein, wenn Richter „ad hoc ad personam" bestellt werden[1522], die Exekutive selbst Richtern vorbehaltene Funktionen wahrnimmt[1523] oder sonst in die gesetzliche Zuständigkeitsordnung eingreift[1524].

Durch die Rechtsprechung wird Art. 101 Abs. 1 Satz 2 GG beeinträchtigt, wenn die Zuständigkeitsverteilung willkürlich unrichtig angewandt wird, nicht aber schon durch einen bloßen „error in procedendo"[1525]. Eine Verletzung von Art. 101 Abs. 1 Satz 2 GG ist auch darin zu sehen, dass ein Gericht trotz gesetzlicher Pflicht die

---

1516 *Pieroth/Schlink*, Rdnr. 1057.

1517 BVerfG, Beschlüsse vom 24.03.1968 - 2 BvR 42, 83, 89/63 -, BVerfGE 17, 294 [298 f.], und vom 08.02.1967 - 2 BvR 235/64 -, BVerfGE 21, 139 [145]; *Maunz*, in: Maunz/Dürig/Herzog, GG, Art. 101 Rdnr. 19; *Schulze-Fielitz*, in: Dreier, GG, Art. 101 Rdnrn. 19, 43.

1518 BVerfG, Beschluss vom 08.02.1967 - 2 BvR 235/64 -, BVerfGE 21, 139 [145]; *Degenhart*, in: Sachs, GG, Art. 101 Rdnr. 13.

1519 *Degenhart*, in: Sachs, GG, Art. 101 Rdnr. 14; *Kunig*, in: von Münch/Kunig, GG, Art. 101 Rdnr. 37.

1520 BVerfG, Beschluss vom 08.04.1997 - 1 PBvU 1/95 -, BVerfGE 95, 322 [328 f.]; *Maunz*, in: Maunz/Dürig/Herzog, GG, Art. 101 Rdnr. 43.

1521 *Kunig*, in: von Münch/Kunig, GG, Art. 101 Rdnr. 38.

1522 BVerfG, Beschluss vom 31.05.1990 - 2 BvL 12, 13/88, 2 BvR 1436/87 -, BVerfGE 82, 159 [194].

1523 *Kunig*, in: von Münch/Kunig, GG, Art. 101 Rdnr. 29.

1524 *Schulze-Fielitz*, in: Dreier, GG, Art.101 Rdnr. 47.

1525 BVerfG, Beschluss vom 26.02.1954 - 1 BvR 537/53 -, BVerfGE 3, 359 [365]; vgl. auch Beschlüsse vom 15.05.1984 - 1 BvR 967/83 -, BVerfGE 67, 90 [95], und vom 19.05.1992 - 1 BvR 986/91 -, BVerfGE 86, 133 [143]; *Pieroth*, in: Jarass/Pieroth, GG, Art. 101 Rdnr. 11; *Kunig*, in: von Münch/Kunig, GG, Art. 101 Rdnr. 33, *Degenhart*, in: Sachs, GG, Art. 101 Rdnr. 19.

Vorlage an ein anderes Gericht willkürlich unterlässt[1526]. Handelt es sich um eine entscheidungserhebliche gemeinschaftsrechtliche Frage, verletzt das Unterlassen einer Vorlage an den Europäischen Gerichtshof Art. 101 Abs. 1 Satz 2 GG dann, wenn das Gericht sie überhaupt nicht in Erwägung zieht, bewusst von der Rechtsprechung des Gerichtshofs abweicht, eine Rechtsprechung des Gerichtshofs insoweit noch nicht vorliegt oder eine Fortentwicklung der Rechtsprechung des Europäischen Gerichtshofs nicht nur als entfernte Möglichkeit erscheint und das Gericht den ihm in solchen Fällen notwendig zustehenden zukommenden Beurteilungsspielraum in unvertretbarer Weise überschreitet[1527].

Art. 101 Abs. 1 Satz 2 GG enthält keinen Gesetzesvorbehalt, so dass die dargestellten Eingriffe in den Schutzbereich zugleich verfassungswidrig sind[1528].

b) Art. 20 Abs. 1 Satz 1 HV

Art. 20 Abs. 1 HV enthält ein Grundrecht[1529], nicht bloß einen Verfassungsgrundsatz. Er hängt eng zusammen mit den Grundsätzen der Neutralität und Unabhängigkeit der Rechtsprechung, deren Einhaltung er zusätzlich sichern soll. Diese können nämlich nur gewährleistet werden, wenn die Rechtsordnung für jeden denkbaren Streitfall im Voraus den Richter bestimmt und bezeichnet, der für die Entscheidung zuständig ist[1530]. Sachfremde Einflüsse auf die Richterbank sollen ausgeschlossen werden[1531]. Das Gericht, der Spruchkörper sowie der die einzelne Rechtssache entscheidende Richter müssen vorn vornherein so eindeutig wie möglich durch Gesetz und Geschäftsverteilungsplan bestimmt sein. Wer der gesetzliche Richter ist, bestimmt sich nach den die Garantie einfachgesetzlich ausgestaltenden Vorschriften des Gerichtsverfassungsgesetzes und den einzelnen Verfahrensordnungen sowie den gerichtsinternen und spruchkörperinternen Geschäftsverteilungsplänen.

Bei der Anwendung der die Verfassungsgarantie einfachgesetzlich konkretisierenden Verfahrensvorschriften kann die rechtsprechende Gewalt auch selbst gegen

---

1526 BVerfG, Beschluss vom 29.06.1976 - 2 BvR 948/75 -, BVerfGE 42 237 [241].

1527 BVerfG, Beschluss vom 31.05.1990 - 2 BvL 12, 13/88, 2 BvR 1426/87 -, BVerfGE 82, 159 [195 f.].

1528 *Schulze-Fielitz*, in: Dreier, GG, Art. 101 Rdnr. 63.

1529 *Hinkel*, Erl. zu Art. 20

1530 *Stein*, in: Zinn/Stein, Hessische Verfassung, Art. 20 Erl. 2.

1531 *Hecker*, Rdnr. 188.

Art. 20 Abs. 1 Satz 1 HV verstoßen. Allerdings kann nicht jede fehlerhafte Anwendung oder Nichtbeachtung einer einschlägigen Verfahrensvorschrift durch ein Gericht zugleich einen Verstoß gegen Art. 20 Abs. 1 Satz 1 HV begründen. Eine Entziehung des gesetzlichen Richters im Sinne von Art. 20 Abs. 1 Satz 1 HV kommt vielmehr erst dann in Betracht, wenn Auslegung oder Anwendung des einfachen Rechts willkürlich sind oder das Gericht Bedeutung und Tragweite des Rechts auf den gesetzlichen Richter grundlegend verkennt[1532]. Der Anspruch auf den gesetzlichen Richter kann darüber hinaus verletzt sein, wenn eine außerhalb der Gerichtsorganisation stehende Person oder - was dem gleichsteht - ein kraft Gesetzes von der Ausübung des Richteramtes ausgeschlossener Richter bei einer Entscheidung mitgewirkt hat.

Der dem Einzelnen gewährleistete Anspruch auf den gesetzlichen Richter kann durch die Rechtsprechung auch dadurch verletzt werden, dass ein Gericht seine Pflicht zur Vorlage an ein anderes Gericht verletzt. Dabei begründet nicht jede fehlerhafte Auslegung oder Anwendung der eine Vorlagepflicht normierenden Verfahrensvorschrift zugleich einen Grundrechtsverstoß. Art. 20 Abs. 1 Satz 1 HV ist vielmehr erst verletzt, wenn das Gericht die einfachgesetzliche Verfahrensvorschrift willkürlich unrichtig anwendet oder Bedeutung und Tragweite des Rechts auf den gesetzlichen Richter grundlegend verkennt[1533].

c) Ergebnis

Der Vergleich zeigt, dass die Gewährleistungen inhaltlich übereinstimmen. Sowohl Art. 101 Abs. 1 Satz 2 GG als auch Art. 20 Abs. 1 Satz 1 HV verlangen, dass für jede Rechtsstreitigkeit bereits im Voraus und nach abstrakt-generellen Regeln feststeht, welcher Richter für die Entscheidung zuständig ist. Zweck beider Vorschriften ist es, Manipulationen in Bezug auf die Richterbank auszuschließen, um so das Vertrauen in die Neutralität und Unabhängigkeit der Gerichte zu stärken. Beide Normen sind auf eine Ausgestaltung der Zuständigkeitsordnung durch Gesetz und Geschäftsverteilungspläne angelegt. Da die Gesetzgebungskompetenz hierfür dem Bund zusteht (Art. 74 Abs. 1 Nr. 1 GG), kommt die Bindung des Gesetzgebers an

---

1532 StGH, Beschluss vom 05.04.2000 - P.St. 1316 StAnz. 2000, S. 2501.

1533 StGH, Urteil vom 09.06.1999 - P.St. 1299 -, StAnz. 1999, S. 2380, Beschluss vom 17.01.2001 - P.St. 1484 -, StAnz. 2001, S. 1011 [1013].

die Vorgaben des Art. 20 Abs. 1 Satz 1 HV nur in landesrechtlich geregelten Gerichtsverfahren zur Geltung. Aufgrund seiner inhaltlichen Übereinstimmung mit Art. 101 Abs. 1 Satz 2 GG bleibt Art. 20 Abs. 1 Satz 1 HV jedoch in Kraft und kann seine Wirkung insbesondere bei der Rechtsanwendung durch die Gerichte entfalten.

18. Rückwirkungsverbot (Art. 103 Abs. 2 GG - Art. 22 Abs. 1 HV)

Art. 103 Abs. 2 GG: Eine Tat kann nur bestraft werden, wenn die Strafbarkeit gesetzlich bestimmt war, bevor die Tat begangen wurde.

Art. 22 Abs. 1 HV: Kein Strafgesetz hat rückwirkende Kraft, es sei denn, dass es für den Täter günstiger ist als das zur Zeit der Tat in Geltung gewesene Strafgesetz.

a) Art. 103 Abs. 2 GG

Die Vorschrift wendet sich an Gesetzgebung und die rechtsprechende Gewalt[1534]. Sie verbietet, die Strafbarkeit rückwirkend zu begründen oder die Strafe zu verschärfen[1535], gilt also für Straftatbestand und Strafandrohung[1536]. Keine Anwendung findet Art. 103 Abs. 2 GG dagegen auf das Strafverfahrensrecht und hier insbesondere auf die Verjährungsfristen[1537].

Die Bewertung des Unrechtsgehalts einer Straftat darf nach Art. 103 Abs. 2 GG nicht zu Lasten des Täters geändert werden[1538]. Dies gilt auch für die Änderung einer höchstrichterlichen Rechtsprechung, soweit das strafrechtliche Unwerturteil geändert wird[1539]. Die Anwendung milderen Rechts ist dagegen zulässig[1540].

1534 *Kunig*, in: von Münch/Kunig, GG, Art. 103 Rdnr. 33; *Schmidt-Aßmann*, in: Maunz/Dürig/Herzog, GG, Art. 103 Rdnr. 239.

1535 *Degenhart*, in: Sachs, GG, Art. 103 Rdnr. 73; *Kunig*, in von Münch/Kunig, GG, Art. 103 Rdnr. 32; *Pieroth*, in: Jarass/Pieroth, GG, Art. 103 Rdnr. 32; *Nolte*, in: von Mangoldt/Klein/Starck, GG, Art. 103 Rdnr. 119, *Schulze-Fielitz*, in: Dreier, GG, Art. 103 Abs. 2 Rdnr. 42.

1536 BVerfG, Beschlüsse vom 20.02.1969 - 2 BvL 15, 23/68 -, BVerfGE 25, 269 [285 f.], vom 29.11.1989 - 2 BvR 1491, 1492/87 -, BVerfGE 81, 132 [135], und vom 24.10.1996 - 2 BvR 1851, 1853, 1875, 1852/89 -, BVerfGE 95, 96 [131].

1537 BVerfG, Beschlüsse vom 20.02.1969 - 2 BvL 15, 23/68 -, BVerfGE 25, 269 [286 ff.], und vom 29.11.1989 - 2 BvR 1491, 1492/87 -, BVerfGE 81, 132 [135]; *Schmidt-Aßmann*, in: Maunz/Dürig/Herzog, GG, Art. 103 Rdnr. 245.

1538 *Degenhart*, in: Sachs, GG, Art. 103 Rdnr. 73.

1539 Vgl. BVerfG, Beschlüsse vom 23.06.1990 - 2 BvR 752/90 -, NJW 1990, S. 3140, und vom 24.10.1996 - 2 BvR 1851, 1853, 1875, 1852/89 -, BVerfGE 95, 96 [131]; *Pieroth*, in: Jarass/Pieroth, GG, Art. 103 Rdnr. 53; *Degenhart* in: Sachs, GG, Art. 103 Rdnr. 76; *Kunig*, in: von

Art. 103 Abs. 2 GG enthält keine Eingriffsermächtigung. Eine Einschränkung käme daher allenfalls aufgrund kollidierenden Verfassungsrechts in Betracht[1541], wobei dies jedoch nur eine rein theoretische Möglichkeit darstellen dürfte.

b) Art. 22 Abs. 1 HV

Art. 22 Abs. 1 HV normiert das Verbot der Rückwirkung von Strafgesetzen und gilt nur für solche[1542]. Seinem Wortlaut nach enthält Art. 22 Abs. 1 HV keine Einschränkung des begünstigten Personenkreises, gilt also für jedermann, der von einem Strafverfahren betroffen ist. Es handelt sich zudem um ein Grundrecht, wie sich bereits aus seiner systematischen Stellung und der Entstehungsgeschichte ergibt[1543]. Darüber hinaus würde die Einordnung als bloßer Verfassungsgrundsatz der Intention des Verfassunggebers widersprechen. Diese ist auf Sicherung und Stärkung der Rechtsstellung des Einzelnen gegenüber dem Staat gerichtet. Damit stünde ein bloß deklaratorisches Verbot, ohne dem Einzelnen seine Durchsetzung zu ermöglichen, nicht in Einklang. Schon nach seinem Wortlaut schließt Art. 22 Abs. 1 HV nur die Anwendung rückwirkender Strafgesetze zu Lasten des Täters aus, nicht dagegen die Anwendung milderen Rechts[1544].

c) Ergebnis

Die durch Art. 103 Abs. 2 GG und Art. 22 Abs. 1 HV gewährleisteten Grundrechte enthalten übereinstimmend das Verbot des Erlasses rückwirkender Strafgesetze zu Lasten des Täters. Der Fortbestand des Art. 22 Abs. 1 HV unterliegt keinen Bedenken. Neben seiner Wirkung für die Gerichte kommt ihm auch für die Gesetzgebung Bedeutung zu, soweit das Land Strafgesetze erlässt oder ändert.

Münch/Kunig, GG, Art. 103 Rdnr. 32a; siehe hierzu auch *Schmidt-Aßmann*, in: Maunz/Dürig/ Herzog, GG, Art. 103 Rdnr. 241; *Nolte*, in: von Mangoldt/Klein/Starck, GG, Art. 103 Rdnr. 120; *Schulze-Fielitz*, in: Dreier, GG, Art. 103 Abs. 2 Rdnr. 45.

1540 BVerfG, Beschluss vom 24.10.1996 - 2 BvR 1851, 1853, 1875, 1852/89 -, BVerfGE 95, 96 [131]; *Pieroth*, in: Jarass/Pieroth, GG, Art. 103 Rdnr. 52.

1541 *Schulze-Fielitz*, in: Dreier, GG, Art. 103 Abs. 2 Rdnr. 50.

1542 *Stein*, in: Zinn/Stein, Hessische Verfassung, Art. 22 Erl. 2.

1543 Vgl. Stenographische Protokolle des Verfassungsausschusses der Verfassungsberatenden Landesversammlung Groß-Hessen, S. 105.

1544 *Hecker*, Rdnr. 191.

19. Keine Strafe ohne Gesetz (Art. 103 Abs. 2 GG - Art. 20 Abs. 1 Satz 1, Art. 22 Abs. 1 HV)

Art. 103 Abs. 2 GG: Eine Tat kann nur bestraft werden, wenn die Strafbarkeit gesetzlich bestimmt war, bevor die Tat begangen wurde.

Art. 20 Abs. 1 Satz 1 HV: Ist jemand einer strafbaren Handlung für schuldig befunden worden, so können ihm aufgrund der Strafgesetze durch richterliches Urteil die Freiheit und die bürgerlichen Ehrenrechte entzogen oder beschränkt werden.

Art. 22 Abs. 1 HV: Kein Strafgesetz hat rückwirkende Kraft, es sei denn, dass es für den Täter günstiger ist als das zur Zeit der Tat in Geltung gewesene Strafgesetz.

a) Art. 103 Abs. 2 GG

Art. 103 Abs. 2 GG beansprucht Geltung für jedermann, auch für juristische Personen, soweit gegen sie überhaupt strafrechtliche Sanktionen verhängt werden können[1545].

Sein Anwendungsbereich erfasst das Kriminalstrafrecht und das Ordnungswidrigkeitenrecht[1546], darüber hinaus auch das Berufs- und Disziplinarrecht[1547] sowie das Standesrecht[1548]. Art. 103 Abs. 2 GG erstreckt sich dagegen nicht auf das Strafverfahrensrecht[1549], daher insbesondere auch nicht auf das „wie lange" der Strafverfolgung[1550]. Der Begriff „Strafe" bezieht sich auf staatliche Maßnahmen, „die eine missbilligende hoheitliche Reaktion auf ein rechtswidriges, schuldhaftes Verhalten darstellen und wegen dieses Verhaltens ein Übel verhängen, das dem Schuldausgleich dient[1551]".

1545 *Schulze-Fielitz*, in: Dreier, GG, Art. 103 Abs. 2 Rdnr. 23.

1546 BVerfG, Beschluss vom 29.11.1989 - 2 BvR 1491, 1492/87 -, BVerfGE 81, 132 [135]; *Pieroth*, in: Jarass/Pieroth, GG, Art. 103 Rdnr. 41; *Kunig*, in: von Münch/Kunig, GG, Art. 103 Rdnr. 19; *Degenhart* in Sachs, GG, Art. 103 Rdnr. 53; *Nolte*, in: von Mangoldt/Klein/Starck, GG, Art. 103 Rdnr. 106.

1547 BVerfG, Beschluss vom 21.06.1977 - 2 BvL 2/76 -, BVerfGE 45, 346 [351]; *Schulze-Fielitz*, in: Dreier, GG, Art. 103 Abs. 2 Rdnr. 16; *Degenhart*, in: Sachs, GG, Art. 103 Rdnr. 54.

1548 BVerfG, Beschluss vom 20.04.1982 - 1 BvR 522/78 -, BVerfGE 60, 215 [233 f.]; *Nolte*, in: von Mangoldt/Klein/Starck, GG, Art. 103 Rdnr. 107.

1549 *Degenhart*, in: Sachs, GG, Art. 103 Rdnr. 59; *Schulze-Fielitz*, in: Dreier, GG, Art. 103 Rdnr. 24.

1550 BVerfG, Beschluss vom 29.11.1989 - 2 BvR 1491, 1492/87 -, BVerfGE 81, 132 [135]; *Nolte*, in: von Mangoldt/Klein/Starck, GG, Art. 103 Rdnr. 110.

1551 BVerfG, Beschluss vom 30.06.1976 - 2 BvR 405/76 -, BVerfGE 42, 261 [262], und Urteil vom 05.04.2004 - 2 BvR 2029/01 -, BVerfGE 109, 133 [167]; *Pieroth*, in: Jarass/Pieroth, GG, Art. 103 Rdnr. 42; *Nolte*, in: von Mangoldt/Klein/Starck, GG, Art. 103 Rdnr. 105; *Schmidt-Aßmann*, in: Maunz/Dürig/Herzog, GG, Art. 103 Rdnr. 195.

Die Voraussetzungen der Strafbarkeit, d.h. die materiell über das „Ob" der Strafbarkeit entscheidenden Regelungen[1552], und die Art und Weise der Strafe müssen sich aus einem förmlichen Gesetz ergeben[1553], das den verfassungsrechtlichen Anforderungen an die Bestimmtheit genügt[1554]. Das Gesetz muss also Tatbestand und Strafandrohung regeln. Dies bezieht alle dem Schuldausgleich dienenden strafrechtlichen Sanktionen ein[1555]. Der Einzelne muss erkennen können, was strafrechtlich verboten ist und mit welcher Strafe er bei einem Verstoß zu rechnen hat, um sein Verhalten danach einrichten zu können[1556]. Eine Bezugnahme auf eine Rechtsverordnung oder eine Satzung ist zulässig, solange sich die Voraussetzungen der Strafbarkeit und die Strafandrohung schon aus dem Gesetz selbst ergeben und die Bezugnahme lediglich den Tatbestand spezifizieren[1557].

Art. 103 Abs. 2 GG wird verletzt, wenn eine Strafe ohne eine den Anforderungen genügende gesetzliche Grundlage verhängt wird. Dies verbietet der rechtsprechenden Gewalt insbesondere eine strafbegründende oder strafschärfende Analogie[1558].

b) Art. 20 Abs. 1 Satz 1, Art. 22 Abs. 1 HV

Aus dem Zusammenspiel der Art. 20 Abs. 1 Satz 1, Art. 22 Abs. 1 HV ergibt sich der verfassungsrechtliche Grundsatz, dass keine Strafe ohne eine gesetzliche Grundlage verhängt werden darf. Das Gesetz muss, damit der Einzelne sein Verhalten danach einrichten kann, sowohl das Verhalten, das mit Strafe bedroht ist, als auch die Strafandrohung ausreichend bestimmt regeln. Daraus folgt zugleich, dass eine ana-

---

1552 *Schulze-Fielitz*, in: Dreier, GG, Art. 103 Abs. 2 Rdnr. 20.

1553 *Kunig*, in: von Münch/Kunig, GG, Art. 103 Rdnr. 21; *Schulze-Fielitz*, in: Dreier, GG, Art. 103 Abs. 2 Rdnr. 21.

1554 *Schmidt-Aßmann*, in: von Münch/Kunig, GG, Art. 103 Rdnr. 197; *Kunig*, in: von Münch/Kunig, GG, Art. 103 Rdnr. 21.

1555 *Pieroth*, in: Jarass/Pieroth, GG, Art. 103 Rdnr. 42; *Kunig*, in: von Münch/Kunig, GG, Art. 103 Rdnr. 32; *Schulze-Fielitz*, in: Dreier, GG, Art. 103 Abs. 2 Rdnr. 17; *Degenhart*, in: Sachs, GG, Art. 103 Rdnrn. 57, 60.

1556 BVerfG, Beschlüsse vom 23.10.1985 - 1 BvR 1053/82 -, BVerfGE 70, 108 [114], und vom 06.05.1987 - 2 BvL 11/85 -, BVerfGE 75, 329 [341]; *Degenhart*, in: Sachs, GG, Art. 103 Rdnr. 67; *Pieroth*, in: Jarass/Pieroth, GG, Art. 103 Rdnr. 46.

1557 Vgl. BVerfG, Beschlüsse vom 22.06.1988 - 2 BvR 234/87, 1154/86 -, BVerfG, 78, 374 [382], und vom 06.05.1987 - 2 BvL 11/85 -, BVerfGE 75, 329 [342]; *Pieroth*, in: Jarass/Pieroth, GG, Art. 103 Rdnr. 45; *Schulze-Fielitz*, in: Dreier, GG, Art. 103 Abs. 2 Rdnr. 29; *Degenhart*, in: Sachs, GG, Art. 103 Rdnr. 62.

1558 BVerfG, Beschluss vom 10.01.1995 - 1 BvR 718, 719, 722, 723/89 -, BVerfGE 92, 1 [11 ff.]; *Kunig*, in: von Münch/Kunig, GG, Art. 103 Rdnr. 26; *Pieroth*, in: Jarass/Pieroth, GG, Art. 103 Rdnr. 47.

loge Anwendung von Gesetzen, um eine Strafbarkeit zu begründen oder die Strafandrohung zu verschärfen, unzulässig ist[1559].

c) Ergebnis

Wie die vorstehenden Ausführungen gezeigt haben, stimmt die Gewährleistung der Hessischen Verfassung inhaltlich mit derjenigen des Grundgesetzes überein und gilt daher fort. Art. 20 Abs. 1 Satz 1, Art. 22 Abs. 1 HV erlangen Bedeutung zum einen für die Gesetzgebung, die bei dem Erlass von Gesetzen den Anforderungen an die Bestimmtheit von Strafgesetzen genügen muss, zum anderen aber auch für die Gerichte, denen eine strafbegründende oder strafschärfende Analogie verboten ist.

20. Verbot der Doppelbestrafung (Art. 103 Abs. 3 GG - Art. 22 Abs. 3 HV)

Art. 103 Abs. 3 GG: Niemand darf wegen derselben Tat aufgrund der allgemeinen Strafgesetze mehrmals bestraft werden.

Art. 22 Abs. 3 HV: Niemand kann wegen derselben Tat mehr als einmal bestraft werden.

a) Art. 103 Abs. 3 GG

Art. 103 Abs. 3 GG gilt, wie sich schon aus seinem Wortlaut („niemand") ergibt, für Deutsche und Ausländer[1560]. Er wendet sich nicht nur an die Gerichte und den Gesetzgeber, sondern auch an die Strafverfolgungsbehörden[1561].

Art. 103 Abs. 3 GG entfaltet seine Sperrwirkung nur bei rechtskräftigen Entscheidungen aufgrund der allgemeinen Strafgesetze; nicht dagegen bei solchen aufgrund des Ordnungswidrigkeitenrechts[1562], des Dienststrafrechts[1563], des Berufstraf-

---

1559 *Stein*, in. Zinn/Stein, Hessische Verfassung, Art. 22 Erl. 2.

1560 *Kunig*, in: von Münch/Kunig, GG, Art. 103 Rdnr. 38; *Schulze-Fielitz*, in: Dreier, GG, Art. 103 Abs. 3 Rdnr. 24.

1561 *Nolte*, in: von Mangoldt/Klein/Starck, GG, Art. 103 Rdnr. 225.

1562 *Degenhart*, in: Sachs, GG, Art. 103 Rdnr. 84; *Kunig*, in: von Münch/Kunig, GG, Art. 103 Rdnr. 41; *Schulze-Fielitz*, in: Dreier, GG, Art. 103 Abs. 3 Rdnr. 22; *Schmidt-Aßmann*, in: Maunz/Dürig/Herzog, GG, Art. 103 Rdnr. 289; a.A. *Pieroth*, in: Jarass/Pieroth, GG, Art. 103 Rdnr. 59; *Nolte*, in: von Mangoldt/Klein/Starck, GG, Art. 103 Rdnr. 214.

1563 BVerfG, Beschluss vom 04.04.1984 - 1 BvR 1287/83 -, BVerfGE 66, 337 [357]; *Degenhart*, in: Sachs, GG, Art. 103 Rdnr. 84; *Pieroth*, in: Jarass/Pieroth, GG, Art. 103 Rdnr. 59; *Kunig*, in: von Münch/Kunig, GG, Art. 103 Rdnr. 41.

rechts[1564], des Disziplinarrechts[1565], des Ordnungsstrafrechts[1566] sowie Maßnahmen der Verwaltung[1567]. Auch ein freisprechendes strafgerichtliches Urteil löst die Sperrwirkung nach Art. 103 Abs. 3 GG aus[1568]. Bei anderen Entscheidungen (z.B. Verfahrenseinstellungen nach §§ 153 ff. StPO) ist darauf abzustellen, ob und inwieweit sie mit Rechtskraftwirkung einen geschichtlichen Vorgang erfassen und abschließend entscheiden[1569].

Dieselbe Tat im Sinne von Art. 103 Abs. 3 GG bezieht sich auf den geschichtlichen Vorgang, auf welchen Anklage und Eröffnungsbeschluss hinweisen und innerhalb dessen der Angeklagte als Täter oder Teilnehmer einen Straftatbestand verwirklicht haben soll[1570]. Der Ausschluss nach Art. 103 Abs. 3 GG greift auch dann ein, wenn erschwerende Umstände erst nach der rechtskräftigen Entscheidung eintreten[1571]. Art. 103 Abs. 3 GG verbietet nicht nur die mehrfache Bestrafung, sondern auch die wiederholte Verfolgung wegen derselben Tat[1572].

Art. 103 Abs. 3 GG ist vorbehaltlos gewährleistet. Beeinträchtigungen sind daher nur aufgrund kollidierender Verfassungsgüter zulässig. Die Wiederaufnahme zu Lasten des Angeklagten lässt sich allenfalls unter Hinweis auf die materielle Gerechtigkeit rechtfertigen und ist restriktiv zu handhaben[1573]. Die Wiederaufnahme

---

1564 BVerfG, Beschluss vom 04.04.1984 - 1 BvR 1287/83 -, BVerfGE 66, 337 [357]; *Schulze-Fielitz*, in: Dreier, GG, Art. 103 Abs. 3 Rdnr. 22.

1565 BVerfG, Beschluss vom 29.10.1969 - 2 BvR 545/68 -, BVerfGE 27, 183 [185]; *Schmidt-Aßmann*, in: Maunz/Dürig/Herzog, GG, Art. 103 Rdnr. 288; *Kunig*, in: von Münch/Kunig, GG, Art. 103 Rdnr. 43.

1566 BVerfG, Beschluss vom 09.11.1976 - 2 BvL 1/76 -, BVerfGE 43, 101 [105]; *Schulze-Fielitz*, in: Dreier, GG, Art. 103 Abs. 3 Rdnr. 22.

1567 Vgl. BVerfG, Beschlüsse vom 18.11.1966 - 1 BvR 173/63 -, BVerfGE 26, 365 [372], und vom 12.12.1967 - 2 BvL 14/62, 3/64, 11/65, 15/77 und 2 BvR 15/67 -, BVerfGE 22, 387 [420]; *Schmidt-Aßmann*, in: Maunz/Dürig/Herzog, GG, Art. 103 Rdnr. 291.

1568 *Pieroth*, in: Jarass/Pieroth, GG, Art. 103 Rdnr. 60; *Schulze-Fielitz*, in: Dreier, GG, Art. 103 Abs. 3 Rdnr. 26; *Nolte*, in: von Mangoldt/Klein/Starck, GG, Art. 103 Rdnr. 161.

1569 BVerfG, Beschluss vom 17.01.1961 - 2 BvL 17/60 , BVerfGE 12, 62 [66]; *Pieroth*, in: Jarass/ Pieroth, GG, Art. 103 Rdnr. 60; *Degenhart*, in: Sachs, GG, Art. 103 Rdnr. 83;

1570 BVerfG, Beschlüsse vom 07.03.1968 - 2 BvR 354, 355, 524, 566, 567, 710/66 und 79, 171, 431/67 -, BVerfGE 23, 191 [202], und vom 08.01.1981 - 2 BvR 873/80 -, BVerfGE 56, 22 [28].

1571 BVerfG, Beschluss vom 07.12.1983 - 2 BvR 282/80 -, BVerfGE 65, 377 [381]; *Degenhart*, in: Sachs, GG, Art. 103 Rdnr. 89.

1572 BVerfG, Beschluss vom 17.01.1961 - 2 BvL 17/60 , BVerfGE 12, 62 [66]; *Nolte*, in: von Mangoldt/Klein/Starck, GG, Art. 103 Rdnr. 215; *Schmidt-Aßmann*, in: Maunz/Dürig/Herzog, GG, Art. 103 Rdnr. 301.

1573 *Pieroth*, in: Jarass/Pieroth, GG, Art. 103 Rdnr. 66; *Degenhart*, in: Sachs, GG, Art. 103 Rdnr. 90; *Kunig*, in: von Münch/Kunig, GG, Art. 103 Rdnr. 47; *Schulze-Fielitz*, in: Dreier, GG, Art. 103 Abs. 3 Rdnrn. 32, 35; *Schmidt-Aßmann*, in: Maunz/Dürig/Herzog, GG, Art. 103 Rdnr. 270; *Nolte*, in: von Mangoldt/Klein/Starck, GG, Art. 103 Rdnrn. 221, 223.

des Verfahrens zugunsten des Angeklagten berührt den Schutzbereich von Art. 103 Abs. 3 GG dagegen nicht[1574].

b) Art. 22 Abs. 3 HV

Art. 22 Abs. 3 HV enthält das Verbot der Doppelbestrafung. Voraussetzung für das Eintreten der Sperrwirkung ist eine rechtskräftige gerichtliche Entscheidung wegen derselben Tat, wobei auch ein rechtskräftiger Freispruch das Verbot auslöst. Nach Art. 22 Abs. 3 HV darf eine Person wegen desselben tatsächlichen Vorgangs nur einmal bestraft werden. Dies gilt auch für eine wiederholte Bestrafung unter einem anderen rechtlichen Gesichtspunkt oder nach Hinzutreten erschwerender Umstände. Art. 22 Abs. 3 HV verbietet nicht nur eine mehrfache Bestrafung, sondern auch schon die mehrfache Verfolgung wegen derselben Tat. Untersagt ist danach auch die Einleitung eines weiteren Strafverfahrens, wenn wegen derselben Tat bereits ein Strafverfahren seinen rechtskräftigen Abschluss gefunden hat[1575]. Art. 22 Abs. 3 HV wendet sich also nicht nur an die Gesetzgebung, sondern bezieht durch das Verbot der Mehrfachverfolgung auch die Strafverfolgungsbehörden und die Gerichte in seine Verpflichtung mit ein.

c) Ergebnis

Sowohl die Hessische Verfassung als auch das Grundgesetz enthalten nach diesen Ausführungen übereinstimmend das Verbot der Doppelbestrafung als grundlegendes Prinzip des Strafrechts. Die Gewährleistung des Art. 22 Abs. 3 HV gilt danach fort.

21. Koalitionsfreiheit (Art. 9 Abs. 3 GG - Art. 36, Art. 29 Abs. 2, 4 und 5 HV)

> *Art. 9 Abs. 3 GG: Das Recht, zur Wahrung und Förderung der Arbeits- und Wirtschaftsbedingungen Vereinigungen zu bilden, ist für jedermann und für alle Berufe gewährleistet. Abreden, die dieses Recht einschränken oder zu behindern suchen, sind nichtig, hierauf gerichtete Maßnahmen sind rechtswidrig. Maßnahmen nach den*

1574 *Kunig*, in: von Münch/Kunig, GG, Art. 103 Rdnr. 47; *Degenhart*, in: Sachs, GG, Art. 103 Rdnr. 90.

1575 *Stein*, in: Zinn/Stein, Hessische Verfassung, Art. 22 Erl. 5.

Artikeln 12a, 35 Abs. 2 und 3, Artikel 87a Abs. 4 und Artikel 91 dürfen sich nicht gegen Arbeitskämpfe richten, die zur Wahrung und Förderung der Arbeits- und Wirtschaftsbedingungen von Vereinigungen im Sinne des Satzes 1 geführt werden.

Art. 36 Abs. 1 HV: Die Freiheit, sich in Gewerkschaften oder Unternehmervertretungen zu vereinigen, um die Arbeits- und Wirtschaftsbedingungen zu gestalten und zu bessern, ist für alle gewährleistet.

Art. 36 Abs. 2 HV: Niemand darf gezwungen oder gehindert werden, Mitglieder einer solchen Vereinigung zu werden.

Art. 29 Abs. 2 HV: Im Rahmen dieses Arbeitsrechts können Gesamtvereinbarungen nur zwischen den Gewerkschaften und den Unternehmungen oder ihren Vertretern abgeschlossen werden. Sie schaffen verbindliches Recht, das grundsätzlich nur zugunsten der Arbeitnehmer abgedungen werden kann.

Art. 29 Abs. 4 HV: Das Streikrecht wird anerkannt, wenn die Gewerkschaften den Streik erklären.

Art. 29 Abs. 5 HV: Die Aussperrung ist rechtswidrig.

a) Grundrechtsträger

aa) Art. 9 Abs. 3 GG

Träger des Grundrechts aus Art. 9 Abs. 3 GG kann jedermann in seiner Eigenschaft als Berufsangehöriger sein, also jeder Arbeitnehmer und jeder Arbeitgeber[1576]. Als Arbeitgeber können grundsätzlich auch juristische Personen des Privatrechts und Personenvereinigungen grundrechtsberechtigt sein[1577], nicht aber juristische Personen des öffentlichen Rechts[1578]. Träger der kollektiven Koalitionsfreiheit ist auch die Koalition als solche, unabhängig von ihrer Rechtsform[1579].

1576 *Höfling*, in: Sachs, GG, Art. 9 Rdnr. 111; *Jarass*, in: Jarass/Pieroth, GG, Art. 9 Rdnr. 43: *Bauer*, in: Dreier, GG, Art. 9 Rdnr. 67.

1577 *Jarass*, in: Jarass/Pieroth, GG. Art. 9 Rdnr. 43.

1578 BVerfG, Beschluss vom 13.01.1982 - 1 BvR 848, 1047/77, 916, 1307/78, 350/79 und 475, 902, 965, 1177, 1238, 1461/80 -, BVerfGE 59, 231 [254]; siehe auch *Kemper*, in: von Mangoldt/ Klein/Starck, GG, Art. 9 Rdnr. 175.

1579 BVerfG, Urteile vom 18.11.1954 - 1 BvR 629/52 -, BVerfGE 4, 44 [101 f.], und vom 01.03.1979 - 1 BvR 532, 533/77, 419/78 und 1 BvL 21/78 -, BVerfGE 50, 290 [367]; *Jarass*, in: Jarass/ Pieroth, GG, Art. 9 Rdnr. 44; *Löwer*, in; von Münch/Kunig, GG, Art. 9 Rdnr. 68; *Bauer*, in: Dreier, GG, Art. 9 Rdnr. 70; *Günther/Franz*, in: JuS 2006, S. 873 [874]; *Höfling*, in: Sachs, GG, Art. 9 Rdnr. 70, allerdings unter Rückgriff auf Art. 19 Abs. 3 GG.

bb) Art. 36, Art. 29 Abs. 2, 4 und 5 HV

Art. 36 Abs. 1 HV gewährleistet die Freiheit des Einzelnen, sich in Gewerkschaften und Unternehmervereinigungen zusammenzuschließen, ist also ein Menschenrecht[1580]. Berechtigt wird zudem die Koalition als solche[1581]. In Art. 29 Abs. 2 HV ist die Freiheit, Tarifverträge zu schließen, auf Arbeitnehmerseite nur für Gewerkschaften, nicht auch für sonstige Arbeitnehmervereinigungen geschützt[1582]. Art. 29 Abs. 4 HV betrifft alle Arbeitnehmer, unterstellt den Streik einem verfassungsrechtlichen Schutz aber nur, wenn er von Gewerkschaften, nicht auch sonstigen Arbeitnehmervereinigungen erklärt worden ist. Berechtigt werden daher auch die Gewerkschaften[1583].

b) Grundrechtsadressat

aa) Art. 9 Abs. 3 GG

Art. 9 Abs. 3 GG verpflichtet alle Träger öffentlicher Gewalt[1584]. Aufgrund seines Wortlauts kommt dem Grundrecht unmittelbare Wirkung auch gegenüber Privaten zu[1585].

bb) Art. 36, Art. 29 Abs. 2, 4 und 5 HV

Art. 36, Art. 29 Abs. 2, 4 und 5 HV richten sich in erster Linie an die öffentliche Gewalt. Insbesondere Art. 29 Abs. 5 und Art. 36 Abs. 2 HV besitzen aber schon aufgrund ihres jeweiligen Wortlauts unmittelbare Wirkung im Verhältnis von Privaten untereinander[1586].

1580 *Hinkel*, Erl. zu Art. 36.

1581 *Barwinski*, in: Zinn/Stein, Hessische Verfassung, Art. 36 Erl. 2.

1582 *Barwinski*, in: Zinn/Stein, Hessische Verfassung, Art. 29 Erl. 5.

1583 *Hinkel*, Erl. zu Art. 29.

1584 *Jarass*, in: Jarass/Pieroth, GG, Art. 9 Rdnr. 31.

1585 BVerfG, Beschluss vom 17.02.1981 - 2 BvR 384/78 -, BVerfGE 57, 220 [245]; *Löwer*, in: von Münch/Kunig, GG, Art. 9 Rdnr. 85; *Bauer*, in: Dreier, GG, Art. 9 Rdnr. 88; *Scholz*, in: Maunz/Dürig/Herzog, GG, Art. 9 Rdnrn. 332 f.; ausführlich hierzu *Kemper*, in: von Mangoldt/Klein/Starck, GG, Art. 9 Rdnrn. 177 ff.

1586 *Barwinski*, in: Zinn/Stein, Hessische Verfassung, Art. 36 Erl. 1.

c) Sachlicher Schutzbereich

aa) Art. 9 Abs. 3 GG

Koalitionen müssen neben der Erfüllung der Vereinsmerkmale nach Art. 9 Abs. 1 GG[1587] auf die Wahrung und Förderung der Arbeits- und Wirtschaftsbedingungen gerichtet sein. Weitere Merkmale des Koalitionsbegriffs sind Gegnerfreiheit[1588] und die Unabhängigkeit von Gegner[1589]. Soweit darüber hinaus Überbetrieblichkeit gefordert wird[1590], ist dieses Merkmal im Zusammenhang mit der Gegnerunabhängigkeit zu sehen[1591]. Auf eine Kampfbereitschaft und soziale Mächtigkeit der Vereinigung kommt es nicht - mehr - zwingend an[1592].

Als Individualgrundrecht gewährleistet Art. 9 Abs. 3 GG jedem einzelnen Arbeitgeber oder Arbeitnehmer das Recht, Koalitionen zu bilden oder ihnen beizutreten[1593]. Dazu gehört auch das Recht, sich zur Realisierung des Koalitionszwecks zu betätigen[1594]. Geschützt ist in negativer Hinsicht auch das Recht, sich keiner Koalition anzuschließen oder aus ihr auszutreten[1595].

In kollektiver Hinsicht schützt Art. 9 Abs. 3 GG die freie Gründung, den freien Bestand und die freie Betätigung der Koalition[1596], d.h. alle Tätigkeiten einer Koalition, die für ihre Erhaltung und Sicherung notwendig sind[1597]. Das umfasst das Recht zur Mitgliederwerbung[1598], die Beratung und gerichtliche Vertretung der Mitglieder[1599],

---

1587 *Höfling*, in: Sachs, GG, Art. 9 Rdnr. 53; *Bauer*, in: Dreier, GG, Art. 9 Rdnr. 74.

1588 BVerfG, Urteil vom 01.03.1979 - 1 BvR 532, 533/77, 419/78 und 1 BvL 21/78 -, BVerfGE 50, 290 [367]; *Jarass*, in: Jarass/Pieroth, GG, Art. 9 Rdnr. 35; *Höfling*, in: Sachs, GG, Art. 9 Rdnr. 56; *Löwer*, in: von Münch/Kunig, GG, Art. 9 Rdnr. 74.

1589 BVerfG, Urteil vom 06.05.1964 - 1 BvR 79/62 -, BVerfGE 18, 18 [28]; *Scholz*, in: Maunz/Dürig/Herzog, GG, Art. 9 Rdnr. 208; *Kemper*, in: von Mangoldt/Klein/Starck, GG, Art. 9 Rdnr. 96.

1590 Vgl. BVerfG, Urteil vom 01.03.1979 - 1 BvR 532, 533/77, 419/78 und 1 BvL 21/78 -, BVerfGE 50, 290 [367], und Beschluss vom 20.10.1981 - 1 BvR 404/78 -, BVerfGE 58, 233 [247].

1591 *Jarass*, in: Jarass/Pieroth, GG, Art. 9 Rdnr. 35; *Höfling*, in: Sachs, GG, Art. 9 Rdnr. 57.

1592 Vgl. BVerfG, Beschluss vom 26.01.1995 - 1 BvR 2071/94 -, NJW 1995, S. 3377; *Höfling*, in: Sachs, GG, Art. 9 Rdnrn. 58 ff.; *Jarass*, in: Jarass/Pieroth, GG, Art. 9 Rdnr. 35; *Scholz*, in: Maunz/Dürig/Herzog, GG, Art. 9 Rdnr. 217.

1593 *Pieroth/Schlink*, Rdnr. 736; *Höfling*, in: Sachs, GG, Art. 9 Rdnr. 63; *Kemper*, in: von Mangoldt/Klein/Starck, GG, Art. 9 Rdnr. 111.

1594 *Höfling*, in: Sachs, GG, Art. 9 Rdnr. 64; *Jarass*, in: Jarass/Pieroth, GG, Art. 9 Rdnr. 36.

1595 *Kemper*, in: von Mangoldt/Klein/Starck, GG, Art. 9 Rdnr. 133; *Scholz*, in: Maunz/Dürig/Herzog, GG, Art. 9 Rdnrn. 221, 226; *Bauer*, in: Dreier, GG, Art. 9 Rdnr. 81.

1596 *Scholz*, in: Maunz/Dürig/Herzog, GG, Art. 9 Rdnr. 239.

1597 *Jarass*, in: Jarass/Pieroth, GG, Art. 9 Rdnr. 37; *Bauer*, in: Dreier, GG, Art. 9 Rdnr. 81; *Scholz*, in: Maunz/Dürig/Herzog, GG, Art. 9 Rdnr. 249.

1598 BVerfG, Beschluss vom 14.11.1995 - 1 BvR 601/92 -, BVerfGE 93, 352 [357 f.]; *Höfling*, in: Sachs, GG, Art. 9 Rdnr. 67; *Kemper*, in: von Mangoldt/Klein/Starck, GG, Art. 9 Rdnr. 112; *Scholz*, in: Maunz/Dürig/Herzog, GG, Art. 9 Rdnr. 251.

1599 *Bauer*, in: Dreier, GG, Art. 9 Rdnr. 82; *Höfling*, in: Sachs, GG, Art. 9 Rdnr. 68; *Kemper*, in: von Mangoldt/Klein/Starck, GG, Art. 9 Rdnr. 130; *Pieroth/Schlink*, Rdnr. 738.

Satzungsautonomie[1600], Maßnahmen zur Aufrechterhaltung der Verbandsdisziplin[1601], die Durchführung von Arbeitskampfmaßnahmen[1602] sowie den Abschluss von Tarifverträgen[1603]. Neben dem Streik gehört auch die suspendierende Aussperrung zu den grundrechtlich geschützten Tätigkeiten, wenn und soweit sie zur Herstellung der Kampf- bzw. Handlungsparität geboten ist[1604].

bb) Art. 36, Art. 29 Abs. 2, 4 und 5 HV

Art. 36 HV gewährleistet in Absatz 1 die positive Koalitionsfreiheit, in Absatz 2 ausdrücklich auch die negative Koalitionsfreiheit. Auf Arbeitnehmerseite schützt Art. 36 Abs. 1 HV seinem Wortlaut nach nur den Zusammenschluss Einzelner zu einer Gewerkschaft[1605]. Der Formulierung lag während der Verfassungsberatungen offenbar die Vorstellung zugrunde, dass nur die Gewerkschaften die Vertreter der Arbeitnehmer seien[1606]. Übereinstimmung herrschte allerdings insoweit, als die Bildung von Vereinigungen der Arbeitnehmer - im Gegensatz zu solchen der Arbeitgeber - keinerlei Beschränkungen unterliegen sollte[1607]. Es kann daher nicht davon ausgegangen werden, die Koalitionsfreiheit habe auf Arbeitnehmerseite nur für Gewerkschaften gewährleistet werden sollen. Soweit Ziel einer sonstigen Arbeitnehmervereinigung die Gestaltung und Förderung der Arbeits- und Wirtschaftsbedingungen ist, ist auch sie als Vereinigung im Sinne von Art. 36 HV zu verstehen.

1600 BVerfG, Beschluss vom 24.02.1999 - 1 BvR 213/93 -, BVerfGE 100, 214 [221]; *Löwer*, in: von Münch/Kunig, GG, Art. 9 Rdnr. 80; *Scholz*, in: Maunz/Dürig/Herzog, GG, Art. 9 Rdnr. 246.

1601 BVerfG, Beschluss vom 24.02.1999 - 1 BvR 213/93 -, BVerfGE 100, 214 [221]; *Pieroth/Schlink*, Rdnr. 738; *Höfling*, in: Sachs, GG, Art. 9 Rdnr. 67.

1602 BVerfG, Urteil vom 04.07.1995 - 1 BvF 2/86 und 1, 2, 3, 4/87 und 1 BvR 1421/86 -, BVerfGE 92, 365 [393 f.], sowie Beschluss vom 02.03.1993 - 1 BvR 1213/85 -, BVerfGE 88, 103 [114]; *Kemper*, in: von Mangoldt/Klein/Starck, GG, Art. 9 Rdnr. 125; *Bauer*, in: Dreier, GG, Art. 9 Rdnr. 84; *Höfling*, in: Sachs, GG, Art. 9 Rdnr. 67; *Jarass*, in: Jarass/Pieroth, GG, Art. 9 Rdnr. 37; *Löwer*, in: von Münch/Kunig, GG, Art. 9 Rdnr. 80; *Scholz*, in: Maunz/Dürig/Herzog, GG, Art. 9 Rdnr. 309.

1603 BVerfG, Beschlüsse vom 24.04.1996 - 1 BvR 712/86 -, BVerfGE 94, 268 [283], und vom 27.04.199 - 1 BvR 2203/93, 897/95 -, BVerfGE 100, 271 [282]; *Höfling*, in: Sachs, GG, Art. 8 Rdnr. 67; *Bauer*, in: Dreier, GG, Art. 9 Rdnr. 83; *Kemper*, in: von Mangoldt/Klein/Starck, GG, Art. 9 Rdnr. 124.

1604 Vgl. BVerfG, Beschluss vom 26.06.1991 - 1 BvR 779/85 -, BVerfGE 84, 212 [225]; *Höfling*, in: Sachs, GG, Art. 9 Rdnr. 95; *Jarass*, in: Jarass/Pieroth, GG, Art. 9 Rdnr. 40; *Scholz*, in: Maunz/Dürig/Herzog, GG, Art. 9 Rdnr. 327.

1605 *Barwinski*, in: Zinn/Stein, Hessische Verfassung, Art. 36 Erl. 1; Hinkel, Erl. zu Art. 36.

1606 So ausdrücklich der Abgeordnete *Richter* [SPD], Stenographische Protokolle der Verfassungberatenden Landesversammlung Groß-Hessen, S. 150.

1607 Vgl. Abgeordneter *Richter* [SPD], Stenographische Protokolle des Verfassungsausschusses der Verfassungberatenden Landesverfassung Groß-Hessen, S. 124; Abg. *Köhler* (CDU), ebda., S. 124, 125.

Art. 36 Abs. 1 HV gewährleistet die Freiheit des Einzelnen, sich zu einer Gewerkschaft oder einer Unternehmervertretung zusammenschließen, erschöpft sich aber nicht darin. Vielmehr ist auch die Betätigung in einer solchen Vereinigung geschützt. Dies gilt auch für die Koalition als solche. Auch diese kann sich, um ihre Ziele, die Gestaltung und Verbesserung der Arbeits- und Wirtschaftsbedingungen, zu erreichen, für ihre Tätigkeit auf die Gewährleistung des Art. 36 Abs. 1 HV berufen[1608].

Ausdrücklich gewährleistet ist die negative Koalitionsfreiheit in Art. 36 Abs. 2 HV. Das Verbot, den Beitritt zu oder den Austritt aus einer Vereinigung im Sinne von Art. 36 Abs. 1 HV zu behindern, gilt gegenüber jedermann, also auch gegenüber dem Arbeitgeber.

Art. 29 Abs. 2 HV enthält die Gewährleistung der Tarifvertragsfreiheit[1609]. Trotz seines Wortlauts, wonach die Tarifvertragsfreiheit auf Arbeitnehmerseite nur für Gewerkschaften gewährleistet ist, muss die Garantie auf auch sonstige Arbeitnehmerverbände erstreckt werden. Insoweit gilt das zu Art. 36 HV Ausgeführte entsprechend.

Art. 29 Abs. 4 HV gewährleistet als soziales Grundrecht das Streikrecht der Arbeitnehmer, allerdings nur unter der Voraussetzung, dass es von einer Gewerkschaft erklärt wurde.

Mit unmittelbarer Wirkung gegenüber jedermann verbietet Art. 29 Abs. 5 HV die Aussperrung. Zu verstehen ist darunter die von einem oder mehreren Arbeitgebern planmäßig vorgenommene Nichtzulassung von Arbeitnehmern zur Dienstleistung bei gleichzeitiger Verweigerung der Lohnfortzahlung, um damit bestimmte arbeitsrechtliche Ziele zu erreichen[1610].

[1608] A.A. wohl *Barwinski*, in: Zinn/Stein, Hessische Verfassung, Art. 36 Erl. 2.
[1609] *Barwinski*, in: Zinn/Stein, Hessische Verfassung, Art. 29 Erl. 3.
[1610] *Hinkel*, Erl. zu Art. 29.

d) Eingriffe, Beeinträchtigungen

aa) Art. 9 Abs. 3 GG

Von Eingriffen zu unterscheiden sind zunächst Regelungen, die der Betätigung von Koalitionen Rahmen und Formen zur Verfügung stellen[1611].

Die individuelle Koalitionsfreiheit wird beeinträchtigt, wenn der Beitritt zu oder der Verbleib in einer Koalition behindert wird[1612]. Dies kann auch durch Sanktionen des Arbeitgebers erfolgen[1613].

In die kollektive Koalitionsfreiheit wird eingegriffen durch staatliche Intervention in Arbeitskämpfe oder deren Zwangsschlichtung[1614], Beschränkungen der Tarifautonomie[1615] oder Zuweisung der den Koalitionen übertragenen Aufgaben an öffentlich-rechtliche Körperschaften[1616].

bb) Art. 36, Art. 29 Abs. 2, 4 und 5 HV

Die Koalitionsfreiheit nach Art. 36 Abs. 1 HV wird beeinträchtigt durch das Verbot, eine Koalition überhaupt zu bilden, einer solchen beizutreten oder sich zur Erreichung der Koalitionszwecke zu betätigen. Auch Nachteile, die unmittelbar an die Mitgliedschaft in einer oder die Betätigung für eine Koalition anknüpfen, beeinträchtigen die Gewährleistung des Art. 36 Abs. 1 HV. Dies gilt aufgrund von Art. 36 Abs. 2 HV auch für solche Maßnahmen, die von einem Privaten ausgehen[1617].

Art. 29 Abs. 5 HV wird eine Aussperrung verletzt. Dies gilt unabhängig davon, ob die öffentliche Hand oder ein Privater als Arbeitgeber dafür verantwortlich ist. Das von Art. 29 Abs. 4 HV gewährleistete Streikrecht wird durch eine staatliche Intervention in den Arbeitskampf oder eine Zwangsschlichtung beeinträchtigt. Eine Beeinträchtigung der Tarifvertragsfreiheit des Art. 29 Abs. 2 HV kommt insbesondere dann in Betracht, wenn der Gesetzgeber diejenigen Angelegenheiten, die üblicherweise durch Tarifverträge geregelt werden, gesetzlich normiert.

1611 Vgl. BVerfG, Beschluss vom 02.03.1993 - 1 BvR 1213/85 -, BVerfGE 88, 103 [115]; Pieroth/ Schlink, Rdnr. 742.

1612 *Höfling*, in: Sachs, GG, Art. 9 Rdnr. 118.

1613 *Günther/Franz*, in: JuS 2006, S. 873 [875].

1614 *Höfling*, in: Sachs, GG, Art. 9 Rdnr. 122.

1615 BVerfG, Beschluss vom 27.04.1999 - 1 BvR 2203/93, 897/95 -, BVerfGE 100, 271 [283].

1616 BVerfG, Beschluss vom 18.12.1974 - 1 BvR 430/65 und 259/66 -, BVerfGE 38, 281 [302]; *Günther/Franz*, in: JuS 2006, S. 873 [857].

1617 *Barwinski*, in: Zinn/Stein, Hessische Verfassung, Art. 36 Erl. 2.

e) Verfassungsrechtliche Rechtfertigung von Eingriffen

aa) Art. 9 Abs. 3 GG

Die Regelung des Art. 9 Abs. 2 GG ist auf die Koalitionsfreiheit nach Art. 9 Abs. 3 GG nicht übertragbar. Das Grundrecht ist also vorbehaltlos gewährleistet[1618]. Einschränkungen können demnach nur aufgrund kollidierenden Verfassungsrechts gerechtfertigt werden[1619].

bb) Art. 36, Art. 29 Abs. 2, 4 und 5 HV

Die Grundrechte aus Art. 36, 29 Abs. 2, 4 und 5 HV stehen unter keinem Gesetzesvorbehalt, der eine Einschränkung erlauben würde. Einschränkungen sind daher allenfalls aufgrund kollidierenden Verfassungsrechts möglich.

f) Ergebnis

Das Grundrecht der Koalitionsfreiheit nach Art. 36 HV stimmt inhaltlich in der hier vertretenen Auslegung mit dem durch Art. 9 Abs. 3 GG gewährleisteten Grundrecht überein. Im Gegensatz zum Grundgesetz enthält die Hessische Verfassung ausdrückliche Gewährleistungen der Tarifvertragsfreiheit (Art. 29 Abs. 2 HV) und des Streikrechts der Arbeitnehmer (Art. 29 Abs. 4 HV). Unterschiede in den Gewährleistungsbereichen lassen sich insoweit aber nicht feststellen. Den Gewährleistungen der Hessischen Verfassung kommt jedoch kaum Bedeutung zu, da der Bund in den einschlägigen Sachbereichen die Gesetzgebungskompetenz besitzt (Art. 74 Abs. 1 Nr. 12 GG).

Zu einem wesentlichen Unterschied der Gewährleistungen kommt es jedoch im Hinblick auf Art. 29 Abs. 5 HV. Danach ist jede Aussperrung unabhängig von Art und Zielrichtung verboten. Dies steht in Widerspruch zu dem von Art. 9 Abs. 3 GG umfassten Recht der Arbeitgeber, zur Wiederherstellung der Kampfparität eine Ab-

---

1618 *Höfling*, in: Sachs, GG, Art. 9 Rdnr. 127; *Jarass*, in: Jarass/Pieroth, GG, Art. 9 Rdnr. 49; *Kittner/Schütz*, in: AK-GG, Art. 9 Abs. 3 Rdnr. 94; a.A. *Löwer*, in: von Münch/Kunig, GG, Art. 9 Rdnr. 89; *Scholz*, in: Maunz/Dürig/Herzog, GG, Art. 9 Rdnr. 337; wohl auch *Kemper*, in: von Mangoldt/Klein/Starck, GG, Art. 9 Rdnr. 189; *Bauer*, in: Dreier, GG, Art. 9 Rdnr. 93.

1619 BVerfG, Urteil vom 10.02.1995 - 1 BvF 1/90, 1 BvR 342, 348/90 -, BVerfGE 92, 26 [41], und Beschluss vom 24.02.1999 - 1 BvR 213/93 -, BVerfGE 100, 214 [221].

wehraussperrung vorzunehmen. Insoweit wird Art. 29 Abs. 5 HV von der grundgesetzlichen Gewährleistung überlagert[1620].

22. Eigentum (Art. 14 GG - Art. 45, 46 HV)

Art. 14 Abs. 1 GG: Das Eigentum und das Erbrecht werden gewährleistet. Inhalt und Schranken werden durch die Gesetze bestimmt.

Art. 14 Abs. 2 GG: Eigentum verpflichtet. Sein Gebrauch soll zugleich dem Wohle der Allgemeinheit dienen.

Art. 14 Abs. 3 GG: Eine Enteignung ist nur zum Wohle der Allgemeinheit zulässig. Sie darf nur durch Gesetz oder auf Grund eines Gesetzes erfolgen, das Art und Ausmaß der Entschädigung regelt. Die Entschädigung ist unter gerechter Abwägung der Interessen der Allgemeinheit und der Beteiligten zu bestimmen. Wegen der Höhe der Entschädigung steht im Streitfalle der Rechtsweg vor den ordentlichen Gerichten offen.

Art. 45 Abs. 1 HV: Das Privateigentum wird gewährleistet. Sein Inhalt und seine Begrenzung ergeben sich aus den Gesetzen. Jeder ist berechtigt, auf Grund der Gesetze Eigentum zu erwerben und darüber zu verfügen.

Art. 45 Abs. 2 HV: Das Privateigentum verpflichtet gegenüber der Gemeinschaft. Sein Gebrauch darf dem Gemeinwohl nicht zuwiderlaufen. Es darf nur im öffentlichen Interesse, nur auf Grund eines Gesetzes, nur in dem darin vorgesehenen Verfahren und nur gegen angemessene Entschädigung eingeschränkt oder enteignet werden.

Art. 45 Abs. 3 HV: Soweit die Gesetze nichts anderes bestimmen, sind für Streitigkeiten über Art und Höhe der Entschädigung die ordentlichen Gerichte zuständig.

Art. 45 Abs. 4 HV: Das Erbrecht wird nach Maßgabe des bürgerlichen Rechts gewährleistet. Der Anteil des Staates am Nachlass bestimmt sich nach dem Gesetz.

Art. 46 HV: Die Rechte der Urheber, Erfinder und Künstler genießen den Schutz des Staates.

[1620] BAG, Urteil vom 10.06.1980 - 1 AZR 822/79 -, NJW 1980, S. 1642 [1646]; LAG Frankfurt am Main, Urteil vom 05.06.1984 - 5 SaGa 677/84 -, NZA 1984, S. 128 ff.; *Scholz*, in: Maunz/Dürig/Herzog, GG, Art. 9 Rdnr. 329; *Kemper*, in: von Mangoldt/Klein/Starck, GG, Art. 9 Rdnr. 167.

a) Grundrechtsträger

aa) Art. 14 GG

Träger des Eigentumsgrundrechts aus Art. 14 GG sind alle natürlichen und juristischen Personen des Privatrechts[1621], aber auch nicht-rechtsfähige Personenvereinigungen[1622]. Juristische Personen des öffentlichen Rechts können zwar Eigentümer sein, sich aber nicht auf Art. 14 GG berufen[1623]. Etwas anderes gilt für öffentlich-rechtliche Religionsgemeinschaften[1624] Öffentlich-rechtliche Rundfunkanstalten können dagegen eine Verletzung von Art. 14 GG nicht geltend machen[1625]. Träger des Grundrechts der Erbfreiheit sind der Erblasser und mögliche oder berufene Erben[1626].

bb) Art. 45, 46 HV

Das Recht auf Eigentum aus Art. 45 und 46 HV berechtigt unabhängig von der Staatsangehörigkeit jedermann[1627], aber auch juristische Personen des Privatrechts und Personenvereinigungen, soweit sie Eigentum erwerben können. Juristische Personen des öffentlichen Rechts – mit Ausnahme der öffentlich-rechtlichen Religionsgemeinschaften - können sich nicht auf die Eigentumsgarantie berufen[1628].

b) Grundrechtsadressat

aa) Art. 14 GG

Art. 14 GG richtet sich an alle staatliche Gewalt, verpflichtet also Legislative, Exekutive und Judikative[1629]. Unmittelbare Drittwirkung kommt dem Grundrecht nicht zu[1630].

1621 *Bryde*, in: von Münch/Kunig, GG, Art. 14 Rdnr. 6; *Wieland*, in: Dreier, GG, Art. 14 Rdnr. 68.
1622 *Wendt*, in: Sachs, GG, Art. 14 Rdnr. 16.
1623 BVerfG, Beschluss vom 08.07.1982 - 2 BvR 1187/80 -, BVerfGE 61, 82 [108 f.]: „Art. 14 als Grundrecht schützt nicht das Privateigentum, sondern das Eigentum Privater"; so auch *Depenheuer*, in: von Mangoldt/Klein/Starck, GG, Art. 14 Rdnr. 189; *Papier*, in: Maunz/Dürig/Herzog, GG, Art. 14 Rdnr. 206; a.A. wohl *Wieland*, in: Dreier, GG, Art. 14 Rdnr. 70.
1624 Jarass, in: Jarass/Pieroth, GG, Art. 14 Rdnr. 28; Depenheuer, in: von Mangoldt/Klein/Starck, GG, Art. 14 Rdnr. 193.
1625 BVerfG, Beschluss vom 23.03.1988 - 1 BvR 686/86 -, BVerfGE 78, 101 [102].
1626 BVerfG, Beschluss vom 19.01.1999 - 1 BvR 2161/94 -, BVerfGE 99, 341 [349]; *Wendt*, in: Sachs, GG, Art. 14 Rdnr. 196; *Bryde*, in: von Münch/Kunig, GG, Art. 14 Rdnr. 45.
1627 *Hinkel*, Art. 45 Erl. 1.
1628 *Hinkel*, Art. 45 Erl. 5.
1629 *Depenheuer*, in: von Mangoldt/Klein/Starck, GG, Art. 14 Rdnr. 195.

bb) Art. 45, 46 HV

Art. 45, 46 HV verpflichten, auch wenn sie nicht unmittelbar von der Anordnung in Art. 26 HV erfasst sind, neben dem Gesetzgeber auch die Exekutive und die Judikative. Eine unmittelbare Drittwirkung im Verhältnis von Privaten ist nicht anzuerkennen. Allenfalls mittelbar kommt ihnen Wirkung insofern zu, als bei der Auslegung und Anwendung von einfachgesetzlichen Vorschriften ihre Bedeutung zu berücksichtigen ist[1631].

c) Sachlicher Schutzbereich

aa) Art. 14 GG

In den Schutzbereich des Art. 14 GG fällt nicht nur das Eigentum im sachenrechtlichen Sinne (vgl. § 903 BGB), sondern vielmehr alle privaten vermögenswerten Rechte[1632], die dem Einzelnen zur privaten Nutzung und zur Verfügung nach eigenverantwortlicher Entscheidung zugeordnet sind[1633]. Unter Eigentum im Sinne von Art. 14 GG sind daher alle dinglichen Rechte an einer Sache, Forderungen, gesellschaftsrechtliche Mitgliedschaftsrechte, vertragliche Nutzungsrechte und Rechte des geistigen Eigentums zu verstehen[1634]. Zum Eigentum im Sinne von Art. 14 GG gehört auch das Recht am eingerichteten und ausgeübten Gewerbebetrieb[1635].

Vermögenswerte Rechte öffentlich-rechtlicher Rechtsnatur sind dann als Eigentum im Sinne von Art. 14 GG zu qualifizieren, wenn sie nach Art eines Ausschließlich-

---

1630 *Papier*, in: Maunz/Dürig/Herzog, GG, Art. 14 Rdnr. 219; *Depenheuer*, in: von Mangoldt/Klein/Starck, GG, Art. 14 Rdnr. 196.

1631 *Hinkel*, Art. 45 Erl. 5.

1632 *Pieroth/Schlink*, GG, Rdnr. 903; *Wendt*, in: Sachs, GG, Art. 14 Rdnr. 22; *Bryde*, in: von Münch/Kunig, GG, Art. 14 Rdnr. 11; *Papier*, in: Maunz/Dürig/Herzog, GG, Art. 14 Rdnr. 55.

1633 BVerfG, Beschlüsse vom 09.01.1991 - 1 BvR 929/89 -, BVerfGE 83, 201 [208 f.], vom 26.05.1993 - 1 BvR 208/93 -, BVerfGE 89, 1 [6], und vom 22.11.1994 - 1 BvR 351/91 -, BVerfGE 91, 294 [307]: Unter den Schutz der Eigentumsgarantie „fallen daher grundsätzlich alle vermögenswerten Rechte, die dem Berechtigten von der Rechtsordnung in der Weise zugeordnet sind, dass er die damit verbundenen Befugnisse nach eigener Entscheidung zu seinem privaten Nutzen ausüben darf, ohne dass es dabei auf den Grad seiner Verfügungsbefugnis ankäme".

1634 *Wendt*, in: Sachs, GG, Art. 14 Rdnr. 24; *Pieroth/Schlink*, Rdnr. 904; *Wieland*, in: Dreier, GG, Art. 14 Rdnr. 59; *Papier*, in: Maunz/Dürig/Herzog, GG, Art. 14 Rdnr. 197.

1635 *Wendt*, in: Sachs, GG, Art. 14 Rdnr. 26; *Bryde*, in: von Münch/Kunig, GG, Art. 14 Rdnr. 18; *Pieroth/Schlink*, Rdnr. 905; *Depenheuer*, in: von Mangoldt/Klein/Starck, GG, Art. 14 Rdnr. 132; zweifelnd BVerfG, Beschluss vom 22.05.1979 - 1 BvL 9/75 -, BVerfGE 51, 193 [221 f.]; offen BVerfG, Beschlüsse vom 25.01.1984 - 1 BvR 272/81 -, BVerfGE 66, 116 [145], und Beschluss vom 31.10.1984 - 1 BvR 35, 356, 794/82 -, BVerfGE 68, 193 [222 f.]; ablehnend auch *Wieland*, in: Dreier, GG, Art. 14 Rdnr. 52.

keitsrechts dem Rechtsträger als privatnützig zugeordnet sind, im Wesentlichen auf Eigenleistungen des Betroffenen beruhen und seiner Existenzsicherung dienen[1636], wie zum Beispiel sozialversicherungsrechtliche Rechtspositionen[1637].

Nicht geschützt ist das Vermögen als solches, so dass die Auferlegung von Geldleistungspflichten den Schutzbereich von Art. 14 GG nicht berührt[1638].

In den Schutzbereich von Art. 14 GG fällt das Haben als solches, d.h. die rechtliche Zuordnung von Eigentumsgegenstand und Rechtsträger[1639], aber auch der Bestand und die Nutzung des Eigentums[1640]. Daneben kommt Art. 14 GG auch eine verfahrensrechtliche Dimension dergestalt zu, dass der Eigentümer seine Interessen im Verwaltungs- und Gerichtsverfahren effektiv muss vertreten können[1641].

Von dem Grundrecht auf Erbfreiheit geschützt ist die Testierfreiheit des Erblassers[1642], d.h. der Erblasser hat das Recht, über das Schicksal seines Nachlasses

---

1636 BVerfG, Beschluss vom 18.02.1998 - 1 BvR 1318, 1384/86 -, BVerfGE 97, 271 [283 f.]; *Pieroth/ Schlink*, Rdnr. 908; *Wendt*, in: Sachs, GG, Art. 14 Rdnrn. 28 f.; *Bryde*, in: von Münch/Kunig, GG, Art. 14 Rdnr. 11; wohl auch *Wieland*, in: Dreier, GG, Art. 14 Rdnr. 63.

1637 BVerfG, Urteil vom 28.02.1980 - 1 BvL 17/77, 7, 9, 14, 15, 16, 37, 64, 74, 78, 100/78, 5, 16/79 und 1 BvR 807/78 -, BVerfGE 53, 257 [289 ff.], Beschlüsse vom 30.06.1987 - 2 BvR 933/87 -, BVerfGE 76, 256 [293 ff.], und vom 01.07.1981 - 1 BvR 874/77, 322, 324, 472, 543, 694, 752, 753, 753/78, 1 BvL 33/80, 11, 11/81 -, BVerfGE 58, 81 [109].

1638 BVerfG, Urteil vom 08.04.1997 - 1 BvR 48/94 -, BVerfGE 95, 267 [300], Beschlüsse vom 12.10.1994 - 1 BvL 19/90 -, BVerfGE 91, 207 [220], und vom 12.11.1997 - 1 BvR 479/92 und 307/94 -, BVerfGE 96, 375 [397]; *Wendt*, in: Sachs, GG, Art. 14 Rdnr. 38; *Bryde*, in: von Münch/Kunig, GG, Art. 14 Rdnr. 23; *Papier*, in: Maunz/Dürig/Herzog, GG, Art. 14 Rdnr. 260; *Depenheuer*, in: von Mangoldt/Klein/Starck, GG, Art. 14 Rdnrn. 160 f.; *Wieland*, in: Dreier, GG, Art. 14 Rdnrn. 56 f.; siehe nunmehr aber BVerfG, Beschluss vom 18.01.2006 - 2 BvR 2194/ 99 -, NJW 2006, S. 1191 ff.: „Diese Gewährleistung ist nicht nur dann betroffen, wenn etwa - wie im Gefahrenabwehrrecht - dem Bürger aufgrund seiner Eigentümerstellung die Kosten einer Sanierungsmaßnahme auferlegt werden, sondern jedenfalls auch dann, wenn Steuerpflichten - wie im Einkommen- und Gewerbesteuerrecht - an den Hinzuerwerb von Eigentum anknüpfen. ... Ist es der Sinn der Eigentumsgarantie, das private Innehaben und Nutzen vermögenswerter Rechtspositionen zu schützen, greift auch ein Steuergesetz als rechtsfertigungsbedürftige Inhalts- und Schrankenbestimmung (Art. 14 Abs. 1 Satz 2 GG) in den Schutzbereich der Eigentumsgarantie ein, wenn der Steuerzugriff tatbestandlich an das Innehaben von vermögenswerten Rechtspositionen anknüpft und so den privaten Nutzen der erworbenen Rechtspositionen zugunsten der Allgemeinheit einschränkt. ... Auf die weitere Frage, ob Art. 14 GG das Vermögen als Ganzes schützt, kommt es für die Würdigung der Einkommen- und Gewerbesteuer nicht an, denn jedenfalls diese Steuerarten sind als Beeinträchtigung konkreter subjektiver Rechtspositionen zu werten".

1639 *Wendt*, in: Sachs, GG, Art. 14 Rdnr. 41.

1640 *Jarass*, in: Jarass/Pieroth, GG, Art. 14 Rdnr. 19; *Bryde*, in: von Münch/Kunig, GG, Art. 14 Rdnr. 31; *Wendt*, in: Sachs, GG, Art. 14 Rdnr. 41.

1641 BVerfG, Beschluss vom 29.04.1979 - 1 BvR 787/78 -, BVerfGE 51, 150 [156]; *Pieroth/Schlink*, Rdnr. 971; *Wendt*, in: Sachs, GG, Art. 14 Rdnr. 43.

1642 *Wendt*, in: Sachs, GG, Art. 14 Rdnr. 97; *Papier*, in: Maunz/Dürig/Herzog, GG, Art. 14 Rdnr. 297.

selbst zu bestimmen[1643]. Art. 14 GG schützt auch das Recht der Erben, die ererbten Gegenstände zu erhalten[1644].

bb) Art. 45, 46 HV

Art. 45 HV enthält neben dem Grundrecht auf Eigentum auch eine institutionelle Garantie[1645]. Die Bestimmung dessen, was als Eigentum im Sinne der Verfassung zu qualifizieren ist, hat sich nach dem Sinn und Zweck der Eigentumsgarantie zu richten[1646]. Die Eigentumsgarantie beschränkt sich nicht auf die Gewährleistung von Eigentum im sachenrechtlichen Sinne[1647]. Zu Eigentum im Sinne von Art. 45 HV gehören vielmehr alle privatrechtlichen vermögenswerten Rechte, die dem Berechtigten eine eigenverantwortliche Nutzung und Verfügung ermöglichen[1648], wie dingliche Rechte, Forderungen, Aktien u.ä.[1649]. Nicht geschützt ist dagegen das Vermögen als solches, so dass die Auferlegung von Zahlungspflichten den Schutzbereich des Art. 45 HV nicht berührt[1650].

Öffentlich-rechtliche Rechtspositionen können nur im Ausnahmefall als Eigentum im Sinne von Art. 45 HV anerkannt werden. Insoweit kommt es darauf an, ob das subjektiv-öffentliche Recht dem Einzelnen eine Rechtsposition verleiht, die derjenigen des Art. 45 HV entspricht. Maßgeblich hierfür ist unter anderem, inwieweit sich das Recht als „Äquivalent eigener Leistung erweist oder auf staatlicher Gewährung beruht“[1651].

Art. 45 Abs. 4 HV garantiert das Erbrecht, d.h. das Recht des Einzelnen, über seinen Nachlass frei zu verfügen, sowohl als Grundrecht als auch als Institutsgarantie[1652].

Spezielle eigentumsrechtliche Positionen - das so genannte geistige Eigentum - sind durch Art. 46 HV gewährleistet[1653].

1643 *Jarass*, in: Jarass/Pieroth, GG, Art. 14 Rdnr. 91.
1644 *Papier*, in: Maunz/Dürig/Herzog, GG, Art. 14 Rdnr. 297.
1645 *Hinkel*, Art. 45 Erl. 4.
1646 *Hinkel*, Art. 45 Erl. 4.
1647 *Barwinski*, in: Zinn/Stein, Hessische Verfassung, Art. 45 Erl. 3.a).
1648 *Hecker*, Rdnr. 238.
1649 StGH, Beschluss vom 12.02.2002 - P.St. 1438 -, StAnz. 2002, S. 1678 [1680]; *Barwinski*, in: Zinn/Stein, Hessische Verfassung, Art. 45 Erl. 3.a).
1650 *Barwinski*, in: Zinn/Stein, Hessische Verfassung, Art. 45 Erl. 3.f).
1651 StGH, Urteil vom 21.09.1966 - P.St. 387 -, StAnz. 1966, S. 1394 [1401 f.]; *Hinkel*, Art. 45 Erl. 4; *Barwinski*, in: Zinn/Stein, Hessische Verfassung, Art. 45 Erl. 3.c); *Hecker*, Rdnr. 238.
1652 *Barwinski*, in: Zinn/Stein, Hessische Verfassung, Art. 45 Erl. 1.
1653 *Hinkel*. Erl. zu Art. 46.

Art. 45, 46 HV gewähren dem Eigentümer sowohl das Recht, die Sache zu haben, als auch das Recht, die Sache zu nutzen und über sie zu verfügen, und schützen vor staatlichen Eingriffen in eigentumsrechtliche Positionen.

d) Eingriffe, Beeinträchtigungen

aa) Art. 14 GG

Zu unterscheiden sind im Rahmen von Art. 14 GG Inhalts- und Schrankenbestimmungen, Enteignungen und sonstige Eingriffe.

(a) Inhalts- und Schrankenbestimmungen

Der Gesetzgeber ist beauftragt, Inhalt und Schranken des Eigentums zu bestimmen. Eigentum ist ohne ein Tätigwerden des Gesetzgebers nicht denkbar[1654]. Dabei sind Inhalts- und Schrankenbestimmungen durch eine generelle und abstrakte Festlegung von Rechten und Pflichten geprägt, die als Eigentum im Sinne von Art. 14 GG zu qualifizierende Rechtsgüter betreffen[1655]. Gleiches gilt für die gesetzliche Ausgestaltung des Erbrechts[1656].

(b) Enteignung

Eine Enteignung ist demgegenüber die vollständige oder teilweise Entziehung bestimmter subjektiver Eigentumspositionen im Sinne von Art. 14 GG zur Erfüllung bestimmter öffentlicher Aufgaben[1657]. Dies kann sowohl durch Gesetz (Legalenteignung) als auch durch behördlichen Vollzugsakt (Administrativenteignung) erfolgen[1658].

1654 *Bryde*, in: von Münch/Kunig, GG, Art.14 Rdnr. 50.

1655 BVerfG, Beschlüsse vom 12.06.1979 - 1 BvL 19/79 -, BVerfGE 52, 1 [27 f.], vom 14.07.1981 - 1 BvL 24/78 -, BVerfGE 58, 137 [144 f.], und vom 15.07.1981 - 1 BvL 58 -, 300 [330]; *Depenheuer*, in: von Mangoldt/Klein/Starck, GG, Art. 14 Rdnr. 203; *Wieland*, in: Dreier, GG, Art. 14 Rdnr. 74; *Bryde*, in: von Münch/Kunig, GG, Art. 14 Rdnr. 54; *Wendt*, in: Sachs, GG, Art. 14 Rdnr. 58.

1656 *Wendt*, in: Sachs, GG, Art. 14 Rdnr. 200; *Jarass*, in: Jarass/Pieroth, GG, Art. 14 Rdnr. 96.

1657 BVerfG, Beschluss vom 22.05.2001 - 1 BvR 1512, 1677/97 -, BVerfGE 104, 1 [9]; vgl. auch *Wendt*, in: Sachs, GG, Art. 14 Rdnr. 78; *Bryde*, in: von Münch/kunig, GG, Art. 14 Rdnr. 54; *Depenheuer*, in: von Mangoldt/Klein/Starck, GG, Art. 14 Rdnr. 204; *Wieland*, in: Dreier, GG, Art. 14 Rdnr. 77.

1658 Vgl. BVerfG, Beschluss vom 02.03.1999 - 1 BvL 7/91 -, BVerfGE 100, 226 [240]; *Jarass*, in: Jarass/Pieroth, GG, Art. 14 Rdnr. 79.

(c) Sonstige Eigentumsbeeinträchtigungen

Als sonstige Beeinträchtigungen des Eigentums kommen Einzelfallregelungen in Betracht, die nicht den Charakter von Enteignungen haben, sowie rein faktische Einwirkungen auf das Eigentum[1659]. Dies betrifft insbesondere den enteignungsgleichen Eingriff und den enteignenden Eingriff. Beide sind dadurch gekennzeichnet, dass sie dem Eigentümer unmittelbar ein Sonderopfer abverlangen und von hinreichender Intensität sind[1660]. Sie unterscheiden sich dadurch voneinander, dass der enteignungsgleiche Eingriff Folge eines rechtswidrigen staatlichen Handelns ist[1661], wohingegen der enteignende Eingriff sich als Nebenfolge rechtmäßigen staatlichen Handelns darstellt[1662].

bb) Art. 45, 46 HV

Aus Art. 45, 46 HV ergibt sich die Unterscheidung von Inhalts- und Schrankenbestimmungen, Enteignungen sowie sonstiger Beeinträchtigungen.

(a) Inhalts- und Schrankenbestimmungen

Art. 45 Abs. 1 Satz 2 HV erklärt ausdrücklich, dass sich Inhalt und Grenzen des Eigentums aus den Gesetzen ergeben. Daraus folgt, dass die Eigentumsordnung sowohl vom öffentlichen als auch vom privaten Recht gestaltet wird. Eine Inhalts- und Schrankenbestimmung ist dann gegeben, wenn der Gesetzgeber Rechte und Pflichten des Eigentümers generell und abstrakt festlegt[1663]. Die Sozialbindung des Eigentums - als Schrankenbestimmung zu sehen - folgt bereits aus Art. 45 Abs. 1 Sätze 1 und 2 HV.

(b) Enteignung

Von einer Enteignung ist dagegen auszugehen, wenn konkrete subjektive Eigentumspositionen ganz oder teilweise im öffentlichen Interesse entzogen werden[1664]. Entscheidend ist danach ein Rechtsentzug, d.h. an die Stelle des privaten Eigentü-

---

[1659] *Wieland*, in: Dreier, GG, Art. 14 Rdnr. 85; *Jarass*, in: Jarass/Pieroth, GG, Art. 14 Rdnr. 30.
[1660] *Pieroth/Schlink*, Rdnr. 926.
[1661] *Jarass*, in: Jarass/Pieroth, GG, Art. 14 Rdnr. 57.
[1662] *Bryde*, in: von Münch/Kunig, GG, Art. 14 Rdnr. 100.
[1663] *Hecker*, Rdnr. 239.
[1664] *Hecker*, Rdnr. 239

mers tritt eine ausschließliche Fremd-, Allgemein- oder Staatsnützigkeit der Rechtsposition, die dann nicht mehr der Verfügung durch den Eigentümer unterliegt[1665].

(c) Sonstige Beeinträchtigungen

Bei der Frage nach sonstigen Beeinträchtigungen ist zu denken an Eingriffe, die weder Enteignung noch Inhalts- und Schrankenbestimmung sind, sowie rein faktische Auswirkungen staatlichen Handelns auf geschützte Rechtspositionen.

e) Verfassungsrechtliche Rechtfertigung von Eingriffen

aa) Art. 14 GG

(a) Inhalts- und Schrankenbestimmung

Inhalts- und Schrankenbestimmungen müssen durch Gesetz erfolgen. Dies schließt allerdings nicht aus, dass der Gesetzgeber die Verwaltung entsprechend ermächtigt[1666]. Bei einer Inhalts- und Schrankenbestimmung hat der Gesetzgeber den Gleichheitssatz, den Verhältnismäßigkeitsgrundsatz und den Vertrauensschutz zu berücksichtigen[1667]. Steht der soziale Bezug des Eigentumsobjekts im Vordergrund, ist die Gestaltungsfreiheit des Gesetzgebers größer, als wenn das Eigentum die persönliche Freiheit des Einzelnen im vermögensrechtlichen Bereich sichert[1668]. Unter Umständen kann hier auch eine Pflicht bestehen, an sich entschädigungslos hinzunehmende Einbußen durch eine finanzielle Entschädigung oder Härteklauseln bzw. Übergangsvorschriften auszugleichen[1669].

(b) Enteignung

Eine Enteignung ist gemäß Art. 14 Abs. 3 Satz 2 GG nur durch ein Gesetz oder aufgrund eines Gesetzes zulässig, das zugleich eine Entschädigung vorsieht und deren Art und Ausmaß selbst regelt. Fehlt eine solche Entschädigungsregelung, ist

---

[1665] Vgl. *Hinkel*, Art. 45 Erl. 7.

[1666] *Pieroth/Schlink*, Rdnr. 928.

[1667] BVerfG, Beschluss vom 02.03.1999 - 1 BvL 7/91 -, BVerfGE 100, 226 [241]; *Bryde*, in: von Münch/Kunig, GG, Art. 14 Rdnr. 62; *Depenheuer*, in: von Mangoldt/Klein/Starck, GG, Art. 14 Rdnr. 229; das gilt auch für eine gesetzliche Ausgestaltung des Erbrechts, vgl. *Wendt*, in: Sachs, GG, Art. 14 Rdnr. 200; *Jarass*, in: Jarass/Pieroth, GG, Art. 14 Rdnr. 96.

[1668] BVerfG, Urteil vom 28.02.1980 - 1 BvL 17/77, 7, 9, 14, 15, 16, 37, 64, 74, 78, 100/78, 5, 16/79 und 1 BvR 807/78 -, BVerfGE 53, 257 [292], und Beschluss vom 16.02.2000 - 1 BvR 242/91, 315/99 -, BVerfGE 102, 1 [16 f.]; *Wieland*, in: Dreier, GG, Art. 14 Rdnr. 89.

[1669] BVerfG, Beschlüsse vom 09.01.1991 - 1 BvR 929/89 -, BVerfGE 83, 201 [213], und vom 02.03.1999 - 1 BvL 7/91 -, BVerfGE 100, 226 [240].

das Gesetz verfassungswidrig[1670]. Die Höhe der Entschädigung bestimmt sich gemäß Art. 14 Abs. 3 Satz 3 GG aufgrund einer gerechten Abwägung der Interessen der Allgemeinheit und der Beteiligten. Die Enteignung ist nur zum Wohl der Allgemeinheit zulässig (Art. 14 Abs. 3 Satz 1 GG). Eine Enteignung allein aus fiskalischen Gründen scheidet daher ebenso aus[1671] wie eine Enteignung allein zur Förderung privater Interessen[1672]. Dies schließt allerdings eine Enteignung zugunsten privatrechtlich organisierter Unternehmen nicht aus, wenn sie dem Wohl der Allgemeinheit dienen[1673]. Da eine Enteignung nur aus Gründen des Allgemeinwohls zulässig ist, verlangt der Grundsatz der Verhältnismäßigkeit besondere Beachtung[1674]. Rechtsstreitigkeiten über die Höhe der Entschädigungen sind nach Art. 14 Abs. 3 Satz 4 GG den ordentlichen Gerichten zugewiesen.

(c) Sonstige Beeinträchtigungen

Der enteignungsgleiche Eingriff lässt sich durch eine nachträgliche Entschädigung nicht rechtfertigen[1675]. Insbesondere ist es nicht zulässig, eine Entschädigung auf der Grundlage dieser Rechtsfigur bei Eingriffen zu gewähren, die als Enteignung rechtswidrig wären[1676]. Hier ist der Einzelne darauf verwiesen, sich gegen den rechtswidrigen Eingriff zur Wehr zu setzen[1677]. Nur wenn dies nicht möglich ist, kann er eine angemessene Entschädigung beanspruchen[1678].

Der enteignende Eingriff ist durch die Rechtmäßigkeit des staatlichen Handelns gekennzeichnet. Hier kann der Betroffene sich nicht gegen die Beeinträchtigung seines Eigentums als solche zur Wehr setzen. Insbesondere bei außergewöhnlichen

---

1670 BVerfG, Urteil vom 18.12.1968 - 1 BvR 638/64 und 200, 238, 249/65 -, BVerfGE 24, 367 [418], und Beschluss vom 21.07.1955 - 1 BvL 33/51 -, BVerfGE 4, 219 [235 f.]; *Wendt*, in: Sachs, GG, Art. 14 Rdnr. 166.

1671 *Bryde*, in: von Münch/Kunig, GG, Art. 14 Rdnr. 83; *Wieland*, in: Dreier, GG, Art. 14 Rdnr. 100.

1672 *Pieroth/Schlink*, Rdnr. 942; vgl. hierzu auch BVerfG, Urteil vom 24.03.1987 - 1 BvR 1046/85 -, BVerfGE 84 264 [284 ff.].

1673 *Wieland*, in: Dreier, GG, Art. 14 Rdnr. 103; *Depenheuer*, in: von Mangoldt/Klein/Starck, GG, Art. 14 Rdnr. 428; *Papier*, in: Maunz/Dürig/Herzog, GG, Art. 14 Rdnr. 518.

1674 *Bryde*, in: von Münch/Kunig, GG, Art. 14 Rdnr. 85.

1675 *Pieroth/Schlink*, Rdnr. 947.

1676 *Bryde*, in: von Münch/Kunig, GG, Art. 14 Rdnr. 104; *Wendt*, in: Sachs, GG, Art. 14 Rdnr. 81; *Jarass*, in: Jarass/Pieroth, GG, Art. 14 Rdnr. 84: *Depenheuer*, in: von Mangoldt/Klein/Starck, GG, Art. 14 Rdnr. 496; *Papier*, in: Maunz/Dürig/Herzog, GG, Art. 14 Rdnr. 178.

1677 *Pieroth/Schlink*, Rdnrn. 947, 949.

1678 *Wieland*, in: Dreier, GG, Art. 14 Rdnr. 168.

Zufalls- oder Unfallschäden kann dem Betroffenen aber ein Entschädigungsanspruch auf der Grundlage des Aufopferungsgedankens zustehen[1679].

(d) Beachtung der Institutsgarantie

Sowohl bei der Inhalts- und Schrankenbestimmung als auch bei der Enteignung hat der Gesetzgeber die in Art. 14 GG enthaltene Institutsgarantie zu beachten[1680]. Sie sichert einen Grundbestand von Normen, die Eigentum im Sinne von Art. 14 GG bezeichnen, und verbietet dem Gesetzgeber, Sachbereiche der Privatrechtsordnung zu entziehen, die „zum elementaren Bestand grundrechtlich geschützter Betätigung im vermögensrechtlichen Bereich gehören“[1681].

bb) Art. 45, 46 HV

(a) Inhalts- und Schrankenbestimmungen

Nach Art. 45 Abs. 1 Satz 2 HV müssen Inhalts- und Schrankenbestimmungen des Eigentums durch Gesetz erfolgen. Dabei hat der Gesetzgeber den Grundsatz der Verhältnismäßigkeit zu beachten. Sein Gestaltungsspielraum ist umso weiter, je mehr die maßgeblichen Eigentumspositionen eine soziale Funktion haben und einen sozialen Bezug aufweisen. Handelt es sich dagegen um eine Eigentumsposition, die sich maßgebend als Ausdruck der Individualfreiheit darstellt, ist sein Gestaltungsspielraum enger und der Schutz des Art. 45 Abs. 1 Satz 1 ausgeprägter[1682]. Beschränkungen des Eigentums lösen nach Art. 45 Abs. 2 Satz 3 HV eine Entschädigungspflicht aus.

(b) Enteignung

Eine Enteignung darf nach Art. 45 Abs. 2 Satz 3 HV nur aufgrund eines Gesetzes erfolgen. Erlaubt sind danach sowohl die Enteignung durch das Gesetz selbst (Legalenteignung) als auch durch die Exekutive aufgrund einer gesetzlichen Ermächtigung (Administrativenteignung). Das Gesetz muss auch das Enteignungsverfahren regeln.

1679 *Bryde*, in: von Münch/Kunig, GG, Art. 14 Rdnr. 102; *Wendt*, in: Sachs, GG, Art. 14 Rdnr. 179; *Depenheuer*, in: von Mangoldt/Klein/Starck, GG, Art. 14 Rdnr. 493; *Wieland*, in: Dreier, GG, Art. 14 Rdnrn. 173 ff.

1680 *Wendt*, in: Sachs, GG, Art. 14 Rdnr. 10; Wieland, in: Dreier, GG, Art. 14 Rdnr. 125.

1681 BVerfG, Urteil vom 18.12.1968 - 1 BvR 638/64 und 200, 238, 249/65 -, BVerfGE 24, 367 [418].

1682 *Hinkel*, Art. 45 Erl. 6.

Die Enteignung darf nur im öffentlichen Interesse erfolgen, schließt also eine Enteignung allein im privaten Interesse oder aus fiskalischen Gründen aus. Nicht ausgeschlossen aufgrund des Wortlauts ist allerdings eine Enteignung zugunsten Privater, solange nur die durch diesen beabsichtigte Verwendung des Eigentums im öffentlichen Interesse liegt. Ferner muss die Enteignung auch dem Grundsatz der Verhältnismäßigkeit genügen[1683].

Vorgeschrieben ist des Weiteren, dass eine Enteignung nur gegen eine angemessene Entschädigung erfolgen darf. Damit sind sowohl ein echter Schadensersatz im Sinne eines wertmäßigen Ausgleichs als auch eine nur nominelle Entschädigung ausgeschlossen[1684]. Streitigkeiten über Grund und Höhe des Entschädigungsanspruches werden nach Art. 45 Abs. 3 HV den ordentlichen Gerichten zugewiesen, soweit das Gesetz nicht etwas Anderes bestimmt.

(c) Sonstige Beeinträchtigungen

Liegt weder eine Inhalts- oder Schrankenbestimmung noch eine rechtmäßige Enteignung vor, ist ein Eingriff in das Eigentumsrecht unzulässig und kann von dem Betroffenen abgewehrt werden. Nicht zulässig ist es, eine rechtswidrige Enteignung hinzunehmen und anstelle eines Abwehranspruchs einen Entschädigungsanspruch geltend zu machen. Stellt sich die sonstige Beeinträchtigung des Eigentums dagegen als Folge eines rechtmäßigen staatlichen Handelns dar, kann der betroffene Eigentümer in Anlehnung an die Entschädigungspflicht bei Beschränkungen des Eigentums eine Entschädigung beanspruchen, da eine Abwehr des rechtmäßigen Handelns ohnehin nicht möglich ist.

(d) Beachtung der Institutsgarantie

Art. 45, 46 HV enthalten über das Grundrecht hinaus eine Institutsgarantie, so dass der Gesetzgeber bei Inhalts- und Schrankenbestimmungen das Eigentum nicht so ausgestalten darf, dass das Rechtsinstitut ausgehöhlt wird. Weder darf es abgeschafft noch in seinem Wesensgehalt grundlegend geändert werden. Dabei kommt es insbesondere auf die typischen und wesentlichen Merkmale des Eigentums, wie

---

[1683] *Hinkel*, Art. 45 Erl. 6.
[1684] *Hinkel*, Art. 45 Erl. 8.

zum Beispiel die freie Verfügungsbefugnis und die freie Nutzungsmöglichkeit an[1685]. Gleiches gilt für die gesetzliche Ausgestaltung des Erbrechts.

f) Ergebnis

Art. 14 GG und Art. 45, 46 HV decken sich hinsichtlich des persönlichen und sachlichen Schutzbereichs. Beide gewährleisten das Privateigentum und das Erbrecht in einem umfassenden Sinne sowohl als Grundrecht als auch als Institutsgarantie. Art. 46 HV nimmt einen Ausschnitt des Eigentums in den Blick, der auch ohne ausdrückliche Normierung von der grundgesetzlichen Garantie erfasst ist.

Die Befugnis des Art. 45, 46 HV, Inhalt und Grenzen des Eigentums gesetzlich zu bestimmen, hat jedoch im privatrechtlichen Bereich kaum Bedeutung, da die Gesetzgebungskompetenz für das bürgerliche Recht dem Bund zukommt (Art. 74 Abs. 1 Nr. 1 GG). Auch soweit es um Enteignungen auf einem der Sachgebiete der Art. 73, 74 GG geht, ist der Bund für gesetzliche Regelungen zuständig (Art. 74 Abs. 1 Nr. 14 GG). Ist dies nicht der Fall, kann eine Enteignung durch Landesgesetz geregelt werden[1686].

Art. 45, 46 HV ist insoweit für den Grundrechtsadressaten günstiger, als nicht nur für Enteignungen, sondern auch für Eigentumsbeschränkungen ein Entschädigungsanspruch vorgesehen ist. Gleiches gilt, soweit Art. 45 Abs. 2 Satz 3 HV eine angemessene Entschädigung gewährt, wohingegen Art. 14 Abs. 3 Satz 3 GG die Höhe der Entschädigung einer gerechten Abwägung der Interessen der Allgemeinheit und der Beteiligten überlässt[1687].

Art. 45 Abs. 2 Satz 3 HV unterscheidet sich weiter insofern von Art. 14 Abs. 3 GG, als für das Enteignungsgesetz nicht vorgeschrieben ist, dass es auch die Art und das Ausmaß der Entschädigung vorsehen muss. Dies stellt indes keinen sachlichen Widerspruch zu der Regelung des Grundgesetzes dar. Denn die Verknüpfung von Enteignungsgesetz und Entschädigungshöhe stellt lediglich eine verfahrensrechtli-

---

1685 Vgl. *Hinkel*, Art. 45 Erl. 4.
1686 Vgl. insoweit das Hessische Enteignungsgesetz vom 4. April 1979, GVBl. I S. 107.
1687 Vgl. *Barwinski*, in: Zinn/Stein, Hessische Verfassung, Art. 45 Erl. 1.

che Regelung dar, die den sachlichen Gehalt des Eigentumsrechts nach Art. 45 HV nicht berührt[1688].

Soweit Art. 45 Abs. 3 HV die Möglichkeit eröffnet, für Streitigkeiten über die Höhe der Entschädigung einen anderen Rechtsweg vorzusehen als den zu den ordentlichen Gerichten, wird er durch die Zuweisung in Art. 14 Abs. 3 GG überlagert.

Insgesamt lassen sich aber gegen das Fortbestehen von Art. 45, 46 HV keine durchgreifenden Einwände finden[1689].

23. Religionsunterricht (Art. 7 Abs. 2 und 3 GG - Art. 57, 58 HV)

Art. 7 Abs. 2 GG: Die Erziehungsberechtigten haben das Recht, über die Teilnahme des Kindes am Religionsunterricht zu bestimmen.

Art. 7 Abs. 3 GG: Der Religionsunterricht ist in den öffentlichen Schulen mit Ausnahme der bekenntnisfreien Schulen ordentliches Lehrfach. Unbeschadet des staatlichen Aufsichtsrechts wird der Religionsunterricht in Übereinstimmung mit den Grundsätzen der Religionsgemeinschaften erteilt. Kein Lehrer darf gegen seinen Willen verpflichtet werden, Religionsunterricht zu erteilen.

Art. 57 Abs. 1 HV: Der Religionsunterricht ist ordentliches Lehrfach. Der Lehrer ist im Religionsunterricht unbeschadet des staatlichen Aufsichtsrechts an die Lehren und die Ordnungen seiner Kirche oder Religionsgemeinschaft gebunden.

Art. 57 Abs. 2 HV: Diese Bestimmungen sind sinngemäß auf die Weltanschauungsgemeinschaften anzuwenden.

Art. 58 HV: Über die Teilnahme des Kindes am Religionsunterricht bestimmt der Erziehungsberechtigte. Kein Lehrer kann verpflichtet oder gehindert werden, Religionsunterricht zu erteilen.

a) Art. 7 Abs. 2 und 3 GG

Art. 7 Abs. 3 GG enthält neben einer institutionellen Garantie ein Grundrecht der Religionsgemeinschaften auf Einrichtung von Religionsunterricht als ordentliches

---

1688 StGH, Urteil vom 21.09.1966 - P.St. 387 -, StAnz. 1966, S. 1394 [1400]; *Hinkel*, Art. 45 Erl. 1.

1689 Vgl. auch StGH, Urteil vom 21.09.1966 – P.St. 387 -, StAnz. 1966, S. 1394 [1400].

Lehrfach[1690]. Träger des Grundrechts ist die Religionsgemeinschaft unabhängig von ihrer Rechtsform[1691]. Allerdings muss sie von ihrer Verfassung sowie ihrer Mitgliederzahl her die Gewähr für eine Dauerhaftigkeit der Gemeinschaft bieten[1692].

Art. 7 Abs. 3 GG verpflichtet den Staat, die Voraussetzungen dafür zu schaffen, dass Religionsunterricht als ordentliches Lehrfach an öffentlichen Schulen angeboten werden kann[1693]. Garantiert ist ein Unterricht, der in Übereinstimmung mit den Grundsätzen der Religionsgemeinschaft erteilt wird[1694]. Die inhaltliche Ausgestaltung des Unterrichts ist allein Angelegenheit der Religionsgemeinschaft, die organisatorische Gestaltung obliegt dem Staat[1695]. Dem Staat ist ein Eingreifen in die inhaltliche Ausgestaltung verboten.

Art. 7 Abs. 3 Satz 3 GG gibt jedem Lehrer das Recht, die Erteilung von Religionsunterricht abzulehnen, und stellt ein Grundrecht der Lehrer dar[1696]. Beeinträchtigt wird dieses Recht durch eine Verpflichtung des Lehrers, Religionsunterricht zu erteilen, und ein Anknüpfen von Nachteilen an eine Ablehnung durch den Lehrer[1697].

Die Entscheidung der Eltern über die Teilnahme ihres Kindes am Religionsunterricht ist eine Konkretisierung des elterlichen Erziehungsrechts und der Religionsfreiheit. Es stellt ein echtes subjektives Recht der Eltern dar[1698]. Verletzt wird dieses Recht der Eltern durch eine Verpflichtung ihres Kindes zur Teilnahme am Religionsunterricht gegen ihren Willen[1699].

1690 *Pieroth*, in: Jarass/Pieroth, GG, Art. 7 Rdnr. 8; *Schmitt-Kammler*, in: Sachs, GG, Art. 7 Rdnr. 44; *Hemmrich*, in: von Münch/Kunig, GG, Art. 7 Rdnr. 23; *Gröschner*, in: Dreier, GG, Art. 7 Rdnr. 90; ein Grundrecht zugleich der Eltern sehen in Art. 7 Abs. 3 GG *Maunz*, in: Maunz/Dürig/Herzog, GG, Art. 7 Rdnr. 47, und *Robbers*, in: von Mangoldt/Klein/Starck, GG, Art. 7 Rdnr. 123.

1691 Robbers, in: von Mangoldt/Klein/Starck, GG, Art. 7 Rdnr. 151.

1692 *Pieroth*, in: Jarass/Pieroth, GG, Art. 7 Rdnr. 12.

1693 BVerfG, Beschluss vom 25.02.1987 - 1 BvR 47/84 -, BVerfGE 74, 244 [251]; *Schmitt-Kammler*, in: Sachs, GG, Art. 7 Rdnr. 46: *Hemmrich*, in: von Münch/Kunig, GG, Art. 7 Rdnr. 28; *Maunz*, in: Maunz/Dürig/Herzog, GG, Art. 7 Rdnr. 4; *Robbers*, in: von Mangoldt/Klein/Starck, GG, Art. 7 Rdnrn. 133 ff.

1694 *Pieroth*, in: Jarass/Pieroth, GG, Art. 7 Rdnr. 9.

1695 Vgl. BVerfG, Beschluss vom 25.02.1987 - 1 BvR 47/84 -, BVerfGE 74, 244 [251]; *Hemmrich*, in: von Münch/Kunig, GG, Art. 7 Rdnr. 30; *Pieroth/Schlink*, Rdnr. 673.

1696 *Pieroth/Schlink*, Rdnr. 674; *Hemmrich*, in: von Münch/Kunig, GG, Art. 7 Rdnr. 33, *Maunz*, in: Maunz/Dürig/Herzog, GG, Art. 7 Rdnr. 55; *Gröschner*, in: Dreier, GG, Art. 7 Rdnr. 94.

1697 Vgl. *Pieroth*, in: Jarass/Pieroth, GG, Art. 7 Rdnr. 15.

1698 *Hemmrich*, in: von Münch/Kunig, GG, Art. 7 Rdnr. 19; *Maunz*, in: Maunz/Dürig/Herzog, GG, Art. 7 Rdnr. 30; *Gröschner*, in: Dreier, GG, Art. 7 Rdnr. 86; *Robbers*, in: von Mangoldt/Klein/Starck, GG, Art. 7 Rdnr. 105.

1699 *Pieroth*, in: Jarass/Pieroth, GG, Art. 7 Rdnr. 16.

Die durch Art. 7 Abs. 2 und Abs. 3 GG gewährleisteten Grundrechte stehen unter keinem Gesetzesvorbehalt. Eine Rechtfertigung von Eingriffen lässt sich insbesondere nicht aus Art. 7 Abs. 1 GG herleiten[1700]. Hieran wird die Parallele zu dem ebenfalls vorbehaltlos gewährleisteten Grundrecht aus Art. 4 Abs. 1 und 2 GG deutlich.

b) Art. 57, 58 HV

Art. 57 HV enthält zunächst die institutionelle Garantie des Religionsunterrichts als ordentliches Lehrfach in den öffentlichen Schulen. Darüber hinaus gewährleistet er für Kirchen und Religionsgemeinschaften einen Anspruch im Sinne eines Grundrechts auf Einrichtung dieses Unterrichts an den öffentlichen Schulen[1701]. Die Einrichtung als ordentliches Lehrfach bedeutet Gleichwertigkeit mit anderen Unterrichtsfächern.

Durch das Grundrecht gewährleistet ist die Einrichtung des Faches durch den Staat. Dieser ist daher „Veranstalter" des Religionsunterrichts und muss auch die Kosten tragen. Inhaltlich ist das Fach von den Kirchen und Religionsgemeinschaften in eigener Verantwortung zu gestalten. Dem Staat sind Weisungen für die Inhalte des Religionsunterrichts untersagt. Der Aufsicht des Staates unterliegt der Religionsunterricht nur insoweit, als diese die Einhaltung der Schulordnung sowie den geordneten organisatorischen Ablauf des Unterrichts sicherstellt[1702]. Art. 57 Abs. 2 HV erstreckt die Gewährleistung ausdrücklich auf Weltanschauungsgemeinschaften.

Art. 58 Satz 1 HV überantwortet das Recht, über die Teilnahme eines Kindes am Religionsunterricht zu entscheiden, den Erziehungsberechtigten und stellt ebenfalls ein Grundrecht dar[1703]. Gleiches gilt für das Recht des Lehrers nach Art. 58 Satz 2 HV[1704]. Die Vorschrift gibt dem einzelnen Lehrer das Recht, die Abhaltung von Religionsunterricht abzulehnen, ohne dass damit Nachteile für ihn verbunden sein dürfen. In umgekehrter Richtung untersagt Art. 58 Satz 2 HV dem Staat, einem Lehrer zu verbieten, den Unterricht im Fach Religion abzuhalten. Insoweit ist aber zu berücksichtigen, dass der Lehrer nach Art. 57 Abs. 1 Satz 2 HV an die Lehren und die

---

1700 *Pieroth*, in: Jarass/Pieroth, GG, Art. 7 Rdnr. 17.

1701 *Hinkel*, Erl. zu Art. 57; a.A. *Stein*, in: Zinn/Stein, Hessische Verfassung, Art. 57 Erl. 1: nur eine institutionelle Garantie.

1702 *Hinkel*, Erl. zu Art. 57.

1703 *Stein*, in: Zinn/Stein, Hessische Verfassung, Art. 58 Erl. 1; *Hinkel*, Erl. zu Art. 58.

1704 *Stein*, in: Zinn/Stein, Hessische Verfassung, Art. 58 Erl. 2; *Hinkel*, Erl. zu Art. 58.

Ordnungen der Kirche, Religions- oder Weltanschauungsgemeinschaft gebunden ist.

c) Ergebnis

Sowohl Art. 7 Abs. 2 und 3 GG als auch Art. 57 HV enthalten eine institutionelle Garantie von Religionsunterricht als ordentliches Lehrfach. Darüber hinausgehend gewähren beide Normen ein entsprechendes Grundrecht der Kirchen und Religionsgemeinschaften. Auch wenn Art. 57 Abs. 2 HV die Gewährleistung ausdrücklich auf Weltanschauungsgemeinschaften erstreckt, unterscheidet er sich inhaltlich nicht von Art. 7 Abs. 2 und 3 GG. Das Grundgesetz behandelt Religion und Weltanschauung gleich[1705], so dass sich Art. 7 Abs. 3 GG auch ohne ausdrückliche Regelung auf Weltanschauungsgemeinschaften erstreckt[1706]. Auch im Übrigen stimmen die Regelungen in Bezug auf das Recht der Eltern, über die Teilnahme ihres Kindes zu entscheiden, und das Recht des Lehrpersonals, die Erteilung von Religionsunterricht ohne Nachteile ablehnen zu können, überein. Art. 57, 58 HV gelten danach fort.

24. Privatschulfreiheit (Art. 7 Abs. 4 und 5 GG - Art. 61 HV)

Art. 7 Abs. 4 GG: Das Recht zur Errichtung von privaten Schulen wird gewährleistet. Private Schulen als Ersatz für öffentliche Schulen bedürfen der Genehmigung des Staates und unterstehen den Landesgesetzen. Die Genehmigung ist zu erteilen, wenn die privaten Schulen in ihren Lehrzielen und Einrichtungen sowie in der wissenschaftlichen Ausbildung ihrer Lehrkräfte nicht hinter den öffentlichen Schulen zurückstehen und eine Sonderung der Schüler nach den Besitzverhältnissen der Eltern nicht gefördert wird. Die Genehmigung ist zu versagen, wenn die wirtschaftliche und rechtliche Stellung der Lehrkräfte nicht genügend gesichert ist.

Art. 7 Abs. 5 GG: Eine private Volksschule ist nur zuzulassen, wenn die Unterrichtsverwaltung ein besonderes pädagogisches Interesse anerkennt oder, auf Antrag von Erziehungsberechtigten, wenn sie als Gemeinschaftsschule, als Bekenntnisschule

---

1705 Vgl. *Maunz*, in: Maunz/Dürig/Herzog, GG, Art. 7 Rdnr. 52e.

1706 *Schmitt-Kammler*, in: Sachs, GG, Art. 7 Rdnr. 41; *Robbers*, in: von Mangoldt/Klein/Starck, GG, Art. 7 Rdnr. 152; *Bader*, in: Umbach/Clemens, GG, Art. 7 Rdnr. 151.

oder Weltanschauungsschule errichtet werden soll und eine öffentliche Volksschule dieser Art in der Gemeinde nicht besteht.

Art. 7 Abs. 6 GG: Vorschulen bleiben aufgehoben.

Art. 61 HV: Private Mittel-, höhere und Hochschulen und Schulen besonderer pädagogischer Prägung bedürfen der Genehmigung des Staates. Die Genehmigung ist zu versagen, wenn die Privatschulen in ihren Lehrzielen und Einrichtungen sowie in der wissenschaftlichen Ausbildung ihrer Lehrkräfte hinter den öffentlichen Schulen zurückstehen, wenn sie eine Sonderung nach den Besitzverhältnissen der Eltern fördern oder wenn die wirtschaftliche und rechtliche Stellung der Lehrkräfte nicht genügend gesichert ist.

a) Art. 7 Abs. 4 und 5 GG

Träger des Grundrechts aus Art. 7 Abs. 4 und 5 GG[1707] ist jedermann, auch juristische Personen des Privatrechts und Personenvereinigungen[1708].

Art. 7 Abs. 4 und 5 GG gewährleisten das Recht, Privatschulen zu errichten[1709]. Dies gilt jedoch nicht für private Hochschulen und Fachhochschulen[1710]. Privatschulen im Sinne von Art. 7 Abs. 4 und 5 GG sind solche, die nicht in öffentlicher Trägerschaft stehen[1711]. Auch wenn Religionsgemeinschaften Körperschaften des öffentlichen Rechts sind, beanspruchen Art. 7 Abs. 4 und 5 GG Geltung[1712].

Der in Art. 7 Abs. 4 GG enthaltene Genehmigungsvorbehalt gilt nur für so genannte Ersatzschulen[1713]. Darunter sind solche Schulen zu verstehen, die als Ersatz für eine im Land vorhandene oder grundsätzlich vorgesehene öffentliche Schule dienen[1714]. Bei Vorliegen der im Einzelnen aufgeführten Voraussetzungen besteht ein

---

1707 Zum Grundrechtscharakter vgl. BVerfG, Beschluss vom 14.11.1969 - 1 BvL 24/64 -, BVerfGE 27, 195 [201].

1708 *Pieroth*, in: Jarass/Pieroth, GG, Art. 7 Rdnr. 21; *Hemmrich*, in: von Münch/Kunig, GG, Art. 7 Rdnr. 37; *Gröschner*, in: Dreier, GG, Art. 7 Rdnr. 96; *Robbers*, in: von Mangoldt/Klein/Starck, GG, Art. 7 Rdnr. 171; *Maunz*, in: Maunz/Dürig/Herzog, GG, Art. 7 Rdnr. 70.

1709 *Pieroth*, in: Jarass/Pieroth, GG, Art. 7 Rdnr. 18.

1710 BVerfG, Beschluss vom 11.06.1974 - 1 BvR 82/71 -, BVerfGE 37, 314 [320].

1711 *Hemmrich*, in: von Münch/Kunig, GG, Art. 7 Rdnr. 36; *Gröschner*, in: Dreier, GG, Art. 7 Rdnr. 95; *Robbers*, in: von Mangoldt/Klein/Starck, GG, Art. 7 Rdnr. 178.

1712 *Pieroth*, in: Jarass/Pieroth, GG, Art. 7 Rdnr. 19; *Robbers*, in: von Mangoldt/Klein/Starck, GG, Art. 7 Rdnr. 179.

1713 *Hemmrich*, in: von Münch/Kunig, GG, Art. 7 Rdnr. 40; *Robbers*, in: von Mangoldt/Klein/Starck, GG, Art. 7 Rdnr. 191.

1714 BVerfG, Urteil vom 08.04.1987 - 1 BvL 8, 16/84 -, BVerfGE 75, 40 [76].

Anspruch auf Erteilung der Genehmigung[1715]. Ersatzschulen unterliegen der staatlichen Schulaufsicht nur insoweit, als es um das - dauernde - Vorliegen der Genehmigungsvoraussetzungen geht[1716]. Der Hinweis auf die Landesgesetze in Art. 7 Abs. 4 Satz 2 GG bedeutet keinen Gesetzesvorbehalt, sondern lediglich einen Hinweis darauf, dass die Kompetenz insoweit den Ländern zusteht[1717]. Die so genannten Ergänzungsschulen unterliegen der Schulaufsicht insoweit, als sie die Einhaltung der allgemeinen Rechtsordnung gewährleistet[1718].

Art. 7 Abs. 5 GG betrifft private Volksschulen. Darunter sind Grund- und Hauptschulen zu verstehen[1719]. Für deren Genehmigungen werden zusätzliche Beschränkungen aufgestellt[1720]. Sonstige Ergänzungsschulen unterliegen keinem Genehmigungsvorbehalt[1721].

Im Falle einer privaten Ersatzschule besteht zudem ein grundrechtlicher Anspruch auf Schutz und Förderung durch den Staat. Insbesondere dem Gesetzgeber kommt hierbei allerdings ein weitgehender Gestaltungsspielraum zu[1722]. Bei privaten Ergänzungsschulen ist dagegen ein solcher Anspruch nicht gewährleistet[1723].

b) Art. 61 HV

Art. 61 HV gewährleistet das Recht zur Errichtung privater Schulen und stellt damit gegenüber der öffentlichen Gewalt ein Grundrecht dar[1724]. Private Schulen sind dabei solche, deren Träger weder das Land noch eine Gemeinde noch ein Gemeindeverband ist. Zu unterscheiden sind Ersatzschulen und Ergänzungsschulen. Ersatzschulen entsprechen in den Lehrzielen, der Einrichtung und der Vorbildung des Lehrpersonals den öffentlichen Schulen. Durch ihren Besuch wird die allgemeine Schulpflicht erfüllt. Ergänzungsschulen sind dadurch gekennzeichnet, dass in der

---

1715 *Gröschner*, in: Dreier, GG, Art. 7 Rdnr. 102; *Pieroth*, in: Jarass/Pieroth, GG, Art. 7 Rdnr. 27: *Hemmrich*, in: von Münch/Kunig, GG, Art. 7 Rdnr. 42.

1716 *Gröschner*, in: Dreier, GG, Art. 7 Rdnr. 101.

1717 *Robbers*, in: von Mangoldt/Klein/Starck, GG, Art. 7 Rdnr. 219.

1718 *Pieroth*, in: Jarass/Pieroth, GG, Art. 7 Rdnr. 30; *Gröschner*, in: Dreier, GG, Art. 7 Rdnr. 101; *Robbers*, in: von Mangoldt/Klein/Starck, GG, Art. 7 Rdnr. 209.

1719 *Pieroth*, in: Jarass/Pieroth, GG, Art. 7 Rdnr. 24; *Hemmrich*, in: von Münch/Kunig, GG, Art. 7 Rdnr. 44.

1720 *Robbers*, in: von Mangoldt/Klein/Starck, GG, Art. 7 Rdnr. 228.

1721 *Robbers*, in: von Mangoldt/Klein/Starck, GG, Art. 7 Rdnr. 191.

1722 BVerfG, Beschluss vom 09.03.1994 - 1 BvR 682, 712/86 -, BVerfGE 90, 107 [116].

1723 BVerfG, Beschluss vom 09.03.1994 - 1 BvR 1369/90 -, BVerfGE 90, 128 [139].

1724 *Stein*, in: Zinn/Stein, Hessische Verfassung, Art. 61 Erl. 1; *Hecker*, Rdnr. 246.

Regel vergleichbare öffentliche Schulen nicht bestehen. Daher wird durch ihren Besuch auch nicht die Schulpflicht erfüllt[1725]. Die Errichtung von privaten Volksschulen ist ausgeschlossen[1726], wie sich aus den Verfassungsmaterialien eindeutig ergibt. Auf Vorschlag des Abgeordneten Dr. Kanka (CDU) wurde nämlich folgende Anmerkung einstimmig in das Protokoll aufgenommen: „Es ist die einhellige Ansicht des gesamten Ausschusses, dass aus dem Artikel 61, wie wir ihn jetzt formuliert haben, durch Umkehrschluss hervorgeht, dass private Volksschulen, die keine besondere pädagogische Prägung haben, nicht zugelassen sind[1727]".

Unabhängig davon, ob es sich um eine Ersatz- oder eine Ergänzungsschule handelt, bedürfen Privatschulen einer staatlichen Genehmigung. Gewährleistet Art. 61 HV ein Grundrecht, so besteht ein Anspruch auf Erteilung der Genehmigung, wenn nicht einer der in Art. 61 Satz 2 HV normierten absoluten Versagungsgründe vorliegt.

c) Ergebnis

Sowohl Art. 7 Abs. 4 und 5 GG als auch Art. 61 HV beinhalten eine institutionelle Garantie und ein Grundrecht. In ihren Gewährleistungsgehalten unterscheiden sich die Vorschriften jedoch erheblich. Art. 61 HV stellt einen Genehmigungsvorbehalt sowohl für Ersatz- als auch für Ergänzungsschulen auf. Demgegenüber beanspruchen die Genehmigungsvorbehalte der grundgesetzlichen Gewährleistung Geltung nur für Ersatzschulen. Der Gewährleistungsgehalt des Art. 61 HV ist danach geringer, so dass es insoweit zu einer Überlagerung durch Art. 7 Abs. 4 und 5 GG kommt. Auch soweit es um die Errichtung privater Volksschulen geht, ist der Gewährleistungsgehalt des Landesgrundrechts geringer, da diese nach der Intention des Verfassunggebers ausgeschlossen sein sollen. Art. 7 Abs. 5 GG erlaubt deren Einrichtung dagegen unter bestimmten Voraussetzungen, so dass es hier zu einem Abweichen von der grundgesetzlichen Gewährleistungen kommt. Art. 61 Satz 1 HV ist danach auch insoweit überlagert. Anwendung kann deshalb auch in Hessen nur

---

1725 *Stein*, in: Zinn/Stein, Hessische Verfassung, Art. 61 Erl. 3.
1726 *Stein*, in: Zinn/Stein, Hessische Verfassung, Art. 61 Erl. 4.
1727 Stenographische Protokolle des Verfassungsausschusses der Verfassungberatenden Landesversammlung Groß-Hessen, S. 241.

Art. 7 Abs. 5 HV finden. Einer Pflicht zur finanziellen Förderung privater Ersatzschulen aus Art. 7 Abs. 4 und 5 GG unterliegt auch die hessische Hoheitsgewalt[1728].

III. Grundrechte der Hessischen Verfassung ohne ausdrückliche Entsprechung im Grundgesetz

Der Erste Hauptteil der Hessischen Verfassung enthält über die bereits dargestellten Normen hinaus weitere Grundrechtsbestimmungen, denen eine ausdrückliche Entsprechung im Grundgesetz fehlt. Im Folgenden soll untersucht werden, ob diesen Landesgrundrechten dennoch entsprechende bundesverfassungsrechtliche Gewährleistungen gegenüberstehen und ob sie deren Wertungen entsprechen.

1. Unschuldsvermutung (Art. 20 Abs. 2 Satz 1 HV)

Art. 20 Abs. 2 Satz 1 HV: Jeder gilt als unschuldig, bis er durch rechtskräftiges Urteil eines ordentlichen Gerichts für schuldig befunden worden ist.

a) Art. 20 Abs. 2 Satz 1 HV

Art. 20 Abs. 2 Satz 1 HV vermittelt dem Einzelnen einen Anspruch darauf, nicht wie ein Schuldiger behandelt zu werden, solange er noch nicht rechtskräftig verurteilt ist[1729]. Mit diesem Inhalt stellt die Vorschrift ein Grundrecht dar[1730]. Art. 20 Abs. 2 Satz 1 HV enthält darüber hinaus ein Bekenntnis zu dem im Rechtsstaat selbstverständlichen Rechtssatz "in dubio pro reo"[1731].

Nach Art. 20 Abs. 2 Satz 1 HV gilt jeder als unschuldig, bis er durch rechtskräftiges Urteil eines ordentlichen Gerichts für schuldig befunden ist. Art. 20 Abs. 1 Satz 2 HV stellt damit eine gesetzliche Vermutung der Unschuld auf, die nur durch eine rechtskräftige Verurteilung des Beschuldigten durch ein ordentliches Gericht in einem ord-

---

1728 Vgl. BVerfG, Urteil vom 08.04.1987 - 1 BvR 8, 16/84 -, BVerfGE 76, 40 [62 ff.], und Beschluss vom 09.03.1994 - 1 BvR 682, 712/86 -, BVerfGE 90, 107 [116].

1729 *Stein*, in: Zinn/Stein, Hessische Verfassung, Art. 20 Erl. 4.

1730 Offen StGH, Beschluss vom 02.04.1979 - P.St. 872 -; siehe auch StGH, Beschluss vom 14.04.2004 - P.St. 1957 -; vgl. auch *Hinkel*, Erl. zu Art. 20: Bei Art. 20 Abs. 2 Satz 1 HV handele es sich um einen Grundsatz.

1731 *Stein*, in: Zinn/Stein, Hessische Verfassung, Art. 20 Erl. 4.

nungsgemäßen Strafverfahren widerlegt werden kann. Erst nach rechtskräftiger Verurteilung darf dem Betroffenen seine Schuld vorgehalten werden.

b) Die Rechtslage nach dem Grundgesetz

Im Grundgesetz findet die Unschuldsvermutung ihre Grundlage in Art. 2 Abs. 1 GG in Verbindung mit dem Rechtsstaatsprinzip[1732]. Als besondere Ausprägung des Rechtsstaatsprinzips hat sie Verfassungsrang. Kraft Art. 6 Abs. 2 EMRK ist die Unschuldsvermutung auch Bestandteil des positiven Rechts der Bundesrepublik Deutschland im Range eines Bundesgesetzes[1733]. Bis zum gesetzlichen Nachweis der Schuld eines wegen einer strafbaren Handlung Angeklagten wird dessen Unschuld vermutet[1734]. Die Unschuldsvermutung verbietet zum einen, im konkreten Strafverfahren ohne gesetzlichen, prozessordnungsgemäßen Schuldnachweis Maßnahmen gegen den Beschuldigten zu verhängen, die in ihrer Wirkung einer Strafe gleichkommen, und ihn verfahrensbezogen als schuldig zu behandeln; zum anderen verlangt sie den rechtskräftigen Nachweis der Schuld, bevor diese dem Verurteilten im Rechtsverkehr allgemein vorgehalten werden darf[1735].

c) Ergebnis

Art. 20 Abs. 2 Satz 1 HV enthält angesichts dessen keine weitergehende Gewährleistung als das Grundgesetz. Vielmehr ist Art. 20 Abs. 2 Satz 1 HV als ausdrückliche Formulierung der im Grundgesetz über Art. 2 Abs. 1 GG in Verbindung mit dem Rechtsstaatsprinzip verbürgten Unschuldsvermutung mit gleichem Inhalt zu verstehen.

1732 BVerfG, Beschlüsse vom 16.05.2002 - 1 BvR 2257/01 -, DVBl. 2002, S. 1110 f., und vom 29.05.1990 - 2 BvR 254, 1343/88 -, BVerfGE 82, S. 106 [114].

1733 BVerfG, Beschluss vom 26.03.1987 - 2 BvR 589/79, 740/81 und 284/85 -, BVerfGE 74, 358 [370].

1734 BVerfG, Beschluss vom 16.05.1973 - 2 BvR 590/71 -, BVerfGE 35, 311 [320].

1735 BVerfG, Beschluss vom 26.03.1987 - 2 BvR 589/79, 740/81 und 284/85 -, BVerfGE 74, 358 [370f.].

2. Garantie eines Rechtsbeistands (Art. 20 Abs. 2 Satz 2 HV)

Art. 20 Abs. 2 Satz 2 HV: Das Recht, sich jederzeit durch einen Rechtsbeistand verteidigen zu lassen, darf nicht beschränkt werden.

a) Art. 20 Abs. 2 Satz 2 HV

Art. 20 Abs. 2 Satz 2 HV betrifft ausschließlich das Strafverfahren[1736], wie sich aus seiner systematischen Stellung ergibt. Er steht in unmittelbaren Zusammenhang mit der Normierung der Unschuldsvermutung, die sich auf das Strafverfahren bezieht[1737]. Er gewährt dem Einzelnen einen Anspruch, sich in einem Strafverfahren jederzeit von einem Rechtsbeistand verteidigen zu lassen. Eine Beschränkung dieses Rechts ist nach dem Wortlaut der Vorschrift ausgeschlossen, kommt daher allenfalls aufgrund verfassungsimmanenter Schranken in Betracht. Außerhalb von Strafverfahren ist das Recht auf freie Wahl eines Rechtsbeistandes durch Art. 2 Abs. 1 GG in Verbindung mit dem Rechtsstaatsprinzip gewährleistet[1738].

b) Die Rechtslage nach dem Grundgesetz

Auch ohne ausdrückliche Gewährleistung garantiert das Grundgesetz das Recht des Beschuldigten, sich in einem Strafverfahren von einem gewählten Anwalt seines Vertrauens verteidigen zu lassen[1739]. Dieses Recht folgt aus dem Anspruch auf ein faires rechtsstaatliches Verfahren, der seinerseits durch Art. 2 Abs. 1 GG in Verbindung mit dem Rechtsstaatsprinzip gewährleistet ist[1740].

c) Ergebnis

Inhaltlich stimmen Art. 20 Abs. 2 Satz 2 HV und das durch das Grundgesetz gewährleistete Recht auf einen Rechtsbeistand im Strafverfahren überein. Da sich

---

1736 *Hinkel*, Erl. zu Art. 20; *Stein*, in: Zinn/Stein, Hessische Verfassung, Art. 20 Erl. 4.

1737 StGH, Beschluss vom 21.08.1991 – P.St. 1112 -, StAnz. 1991, S. 2107 [2108]; *Stein*, in: Zinn/Stein, Hessische Verfassung, Art. 20 Erl. 4.

1738 StGH, Beschluss vom 21.08.1991 – P.St. 1112 -, StAnz. 1991, S. 2107 [2108].

1739 BVerfG, Beschlüsse vom 06.11.1984 - 2 BvL 16/83 -, BVerfGE 68, 237 [266], vom 28.03.1984 - 2 BvR 275/83 -, BVerfGE 66, 313 [318], vom 08.04.1975 - 2 BvR 207/75 -, BVerfGE 39, 238 [243], und vom 11.03.1975 - 2 BvR 135, 136, 137, 138, 139/75 -, BVerfGE 39, 157 [163]; siehe hierzu auch *Jarass*, in: Jarass/Pieroth, GG, Art. 20 Rdnr. 99, *Sachs*, in: Sachs, GG, Art. 20 Rdnr. 163; *Di Fabio*, in: Maunz/Dürig/Herzog, GG, Art. 2 Abs.1 Rdnr. 74.

1740 BVerfG, Beschluss vom 06.11.1984 - 2 BvL 16/83 -, BVerfGE 68, 237 [266].

Art. 20 Abs. 2 Satz 2 HV nur auf Strafverfahren bezieht, dessen Regelung aber nach Art. 74 Abs. 1 Nr. 1 GG in die Gesetzgebungskompetenz des Bundes fällt, kommt das Grundrecht der Hessischen Verfassung insoweit nicht zum Tragen. Von seiner Gesetzgebungskompetenz hat der Bund durch Erlass der Strafprozessordnung Gebrauch gemacht und in § 137 Abs. 1 Satz 1 das Recht auf Verteidigung durch einen Rechtsbeistand geregelt. Art. 20 Abs. 2 Satz 1 HV hat daher nur noch für landesrechtlich geregelte Strafverfahren Bedeutung. Da aber ein inhaltlicher Gegensatz weder zum Grundgesetz noch zu § 137 StPO festzustellen ist, gilt Art. 20 Abs. 2 Satz 2 HV fort[1741].

3. Schuldprinzip (Art. 22 Abs. 2, Art. 21 Abs. 2 HV)

Art. 22 Abs. 2 HV: Niemand darf für Handlungen oder Unterlassungen leiden oder strafrechtlich verantwortlich gemacht werden, die ihm nicht persönlich zur Last fallen.

Art. 21 Abs. 2 HV: Die Strafe richtet sich nach der Schwere der Tat.

a) Art. 22 Abs. 2, Art. 21 Abs. 2 HV

Art. 22 Abs. 2 HV beinhaltet vor dem Hintergrund der Erfahrungen während der Zeit des Nationalsozialismus das Verbot der Kollektivschuld und der Kollektivhaftung[1742]. Die Verhängung einer Strafe setzt danach voraus, dass dem Täter ein individueller Vorwurf gemacht werden kann. Ausdrücklich enthält Art. 21 Abs. 2 HV darüber hinaus den Grundsatz, dass sich die Strafe nach der Schwere der Tat und damit nach dem Maß der Vorwerfbarkeit zu richten hat.

b) Die Rechtslage nach dem Grundgesetz

Der Grundsatz „nulla poena sine culpa“ wurzelt im Rechtsstaatsprinzip sowie in Art. 1 Abs. 1 und Art. 2 Abs. 1 GG. Er bezieht sich nicht nur auf die Strafe für kriminelles Unrecht, d.h. die Auferlegung eines Rechtsnachteils wegen einer schuldhaft

---

1741 A.A. StGH, Beschlüsse vom 01.02.1967 – P.St. 436 -, und vom 30.04.1963 - P.St. 371 -: „Art. 20 Abs. 2 Satz 2 HV ist durch die Vorschrift des § 137 Abs. 1 StPO verdrängt worden“.

1742 *Stein*, in: Zinn/Stein, Hessische Verfassung, Art. 22 Erl. 4; *Hinkel*, Erl. zu Art. 22.

begangenen rechtswidrigen Tat, sondern auch auf strafähnliche Sanktionen[1743]. Er schließt es aus, eine Tat ohne Schuld des Täters im Sinne von Vorwerfbarkeit zu ahnden. Zudem muss die Strafe in einem gerechten Verhältnis zur Schwere der Straftat und zum Verschulden des Täters stehen.

c) Ergebnis

Auch wenn das Grundgesetz keine ausdrückliche Normierung des Grundsatzes „nulla poena sine culpa" enthält, gewährleistet es dessen Inhalt jedoch ebenso wie die Hessische Verfassung in Art. 22 Abs. 2, Art. 21 Abs. 2. Eine weitergehende Gewährleistung enthält die Hessische Verfassung damit nicht. Da die Grundrechte jedoch inhaltlich übereinstimmen, gelten Art. 22 Abs. 2, Art. 21 Abs. 2 HV fort.

4. Lohngleichheit von Mann und Frau (Art. 33 Satz 2 HV)

Art. 33 Satz 2 HV: Die Frau und der Jugendliche haben für gleiche Tätigkeit und gleiche Leistung Anspruch auf gleichen Lohn.

a) Art. 33 Satz 2 HV

Art. 33 Satz 2 HV gewährleistet als Grundrecht den Anspruch auf Lohngleichheit[1744]. Es handelt sich dabei um eine Konkretisierung des allgemeinen Gleichheitssatzes nach Art. 1 HV[1745]. Er richtet sich nicht nur an den Gesetzgeber, geeignete Maßnahmen zur Sicherstellung der Lohngleichheit zu ergreifen, sondern zugleich an die Tarifpartner, den Grundsatz im Rahmen der Aushandelung von Tarifverträgen zu berücksichtigen[1746]. Lohnregelungen in Einzelarbeitsverträgen werden von Art. 33 Satz 2 HV nicht unmittelbar erfasst. Ihm kommt nur mittelbare Drittwirkung insofern zu, als seine Wertung bei Auslegung und Anwendung einfachrechtli-

---

1743 Vgl. hierzu BVerfG, Urteil vom 21.06.1977 - 1 BvL 14/76 -, BVerfGE 45, 187 [228], sowie Beschlüsse vom 25.10.1966 - 2 BvR 506/63 -, BVerfGE 20, 325 [331], vom 26.02.1969 - 2 BvL 15, 23/68 -, BVerfGE 25, 269 [285], vom 16.01.1979 - 2 BvL 4/77 -, BVerfGE 50, 125 [133], und vom 14.01.2004 - 2 BvR 564/95 -, BVerfGE 110, 1 [13]; siehe auch *Degenhart*, in: Sachs, GG, Art. 103 Rdnr. 94; *Kunig*, in: von Münch/Kunig, GG, Art. 103 Rdnr. 17; *Jarass*, in: Jarass/Pieroth, GG, Art. 20 Rdnr. 103; *Schmidt-Aßmann*, in: Maunz/Dürig/Herzog, GG, Art. 103 Rdnrn. 165, 170; *Schulze-Fielitz*, in: Dreier, GG, Art. 20 [Rechtsstaat] Rdnrn. 194, 196.

1744 *Hinkel*, Erl. zu Art. 33; *Barwinski*, in: Zinn/Stein, Hessische Verfassung, Art. 33 Erl. 2.

1745 *Hecker*, Rdnr. 200.

1746 *Barwinski*, in: Zinn/Stein, Hessische Verfassung, Art. 33 Erl. 2; *Hinkel*, Erl. zu Art. 33.

cher Vorschriften zu beachten ist. Maßgebend, ob ein Anspruch auf gleiche Entlohnung besteht, sind die Merkmale der gleichen Tätigkeit und der gleichen Leistung. Diese Merkmale sind kumulativ zu verstehen; bei ihrer Aufnahme in die Verfassung handelte es sich um eine bewusste Entscheidung des Verfassunggebers[1747]. Die „Leistung" ist nach individuellen Merkmalen der konkret von den jeweiligen Arbeitnehmern geleisteten Arbeit zu beurteilen. Der Begriff „Tätigkeit" bezieht sich dagegen auf generelle Merkmale einer bestimmten Arbeit[1748].

b) Die Rechtslage nach dem Grundgesetz

Bereits aus Art. 3 Abs. 1 GG, speziell aber aus Art. 3 Abs. 2 Satz 1 GG folgt die Verpflichtung des Gesetzgebers, dafür zu sorgen, dass nicht wegen des Geschlechts bei gleicher oder gleichwertiger Arbeit eine geringere Vergütung gezahlt wird als bei einem Arbeitnehmer des anderen Geschlechts[1749]. Eine unmittelbare Drittwirkung kommt Art. 3 Abs. 2 Satz 1 GG nicht zu[1750]; insbesondere die Rechtsprechung wird aber verpflichtet, dem Anspruch auf gleichen Lohn zur Durchsetzung zu verhelfen und seine Wertung bei Anwendung und Auslegung einfachen Rechts zu berücksichtigen[1751].

c) Ergebnis

Die vorstehenden Ausführungen zeigen, dass das Grundrecht aus Art. 33 Satz 2 HV mit Wertung und Gewährleistung des Grundgesetzes übereinstimmt. Es geht jedoch insofern weiter, als es sich unmittelbar auch an die Tarifpartner richtet. Art. 33 Satz 2 HV gilt danach fort.

1747 *Barwinski*, in: Zinn/Stein, Hessische Verfassung, Art. 33 Erl. 3; siehe insbesondere Stenographische Protokolle über die Verhandlungen des Verfassungsausschusses der Verfassungberatenden Landesversammlung Groß-Hessen, S. 119 ff.

1748 *Hinkel*, Erl. zu Art. 33.

1749 *Starck*, in: von Mangoldt/Klein/Starck, GG, Art. 3 Rdnr. 335; *Gubelt*, in: von Münch/Kunig, GG, Art. 3 Rdnr. 82; *Rüfner*, in: Bonner Kommentar, Art. 3 Rdnr. 665; vgl. hierzu auch BVerfG, Beschlüsse vom 26.01.1977 - 1 BvL 17/73 -, BVerfGE 43, 213 [225 ff.], und vom 16.06.1981 - 1 BvL 129/78 -, BVerfGE 57, 335 [342 ff.].

1750 *Gubelt*, in: von Münch/Kunig, GG, Art. 3 Rdnr. 82.

1751 Vgl. hierzu *Dürig*, in: Maunz/Dürig/Herzog, GG, Art. 3 Abs. 2 Rdnr. 52.

5. Betriebsvertretungen (Art. 37 HV)

Art. 37 Abs. 1 HV: Angestellte, Arbeiter und Beamte in allen Betrieben erhalten unter Mitwirkung der Gewerkschaften gemeinsame Betriebsvertretungen, die in allgemeiner, gleicher, freier, geheimer und unmittelbarer Wahl von den Arbeitnehmern zu wählen sind.

Art. 37 Abs. 2 HV: Die Betriebsvertretungen sind dazu berufen, im Benehmen mit den Gewerkschaften gleichberechtigt mit den Unternehmern in sozialen, personellen und wirtschaftlichen Fragen des Betriebes mitzubestimmen.

Art. 37 Abs. 3 HV: Das Nähere regelt das Gesetz.

a) Art. 37 HV

Art. 37 HV enthält nicht nur eine institutionelle Garantie der Mitbestimmung, sondern auch ein Grundrecht der Arbeitnehmer auf gleichberechtigte Mitbestimmung[1752].

Als Beleg für die Annahme einer Grundrechtsgewährleistung kann die Entstehungsgeschichte der Vorschrift angeführt werden. Während der Verfassungsberatungen wurde eindrücklich die Bedeutung einer Mitbestimmung der Arbeitnehmer in den Betrieben betont. Beispielsweise führte der Abgeordnete Dr. Bergsträßer aus: „Dies wollen wir: das Mitbestimmungsrecht; aber nicht ein Mitbestimmungsrecht, das nur Schein und eine Attrappe ist, sondern ein wirkliches, ein tatsächliches Mitbestimmungsrecht der Arbeitenden in dem Betriebe[1753]". Weiter wurde betont, es sei eine Herzensangelegenheit, dass im Rahmen der Verfassung auch Formen gefunden würden, die den alten Gegensatz zwischen Arbeitnehmer und Unternehmer ablösten. Dies bedeute, dass das Mitbestimmungsrecht der Arbeitnehmer verfassungsmäßig seine Verankerung finden müsse[1754]. Nach damaligen Vorstellungen habe der Arbeitnehmer einen angemessenen Anteil an der Lenkung der Wirtschaft und über Betriebsvertretungen einen angemessenen Anteil am Ertrag und der Lenkung der Betriebe erhalten sollen[1755]. Die reale wirtschaftliche Gleichberechtigung könne nur heißen Mitbestimmung in der Wirtschaft, und zwar in den Betrieben und in allen

---

1752 A.A. *Barwinski*, in: Zinn/Stein, Hessische Verfassung, Art. 37 Erl. 2.

1753 Stenographische Protokolle der Verfassungsberatenden Landesversammlung Groß-Hessen, S. 36.

1754 Abgeordneter Dr. *Köhler* [CDU], Stenographische Protokolle über die Verhandlungen des Verfassungsausschusses der Verfassungsberatenden Landesversammlung Groß-Hessen, S. 90.

1755 *Brünneck*, in: JöR 3 [1954], S. 213 [221].

Organen der Planwirtschaft. Die Betriebsräte sollten künftig nicht nur in sozialpolitischen Fragen ihres Betriebes mitreden, sondern auch in der Kapital-, der Dividenden- und der Produktionspolitik[1756]. Daraus geht hervor, dass bei der verfassungsrechtlichen Verankerung des Mitbestimmungsrechts nicht nur an einen bloßen Programmsatz gedacht worden ist, sondern vielmehr den Arbeitnehmern ein unmittelbares Recht eingeräumt werden sollte, das allerdings - wie Art. 37 Abs. 3 HV belegt - noch der gesetzlichen Ausgestaltung bedarf.

Gewährleistet ist danach die Einrichtung von Betriebsvertretungen, die in den in Art. 37 Abs. 2 HV genannten Fragen grundsätzlich ein Recht auf gleichberechtigte Mitbestimmung haben. Berechtigt werden aus Art. 37 HV die Arbeitnehmer in allen Betrieben in Hessen. Soweit es die gleichberechtigte Mitbestimmung betrifft, gewährleistet Art. 37 Abs. 2 HV auch den Gewerkschaften ein Mitwirkungsrecht.

Art. 37 Abs. 2 HV beansprucht Geltung allerdings nur für den Bereich der Privatwirtschaft. Im Bereich des öffentlichen Dienstes ist die Vorschrift nicht anwendbar[1757]. Vorgaben für eine Beteiligung der Beschäftigten im öffentlichen Dienst lassen sich allein aus Art. 37 Abs. 1 in Verbindung mit dem Sozialstaatsprinzip herleiten.

b) Die Rechtslage nach dem Grundgesetz

Das Grundgesetz enthält keine Garantie einer Mitbestimmung von Arbeitnehmern. Eine Mitbestimmung von Arbeitnehmern an den Arbeits- und Wirtschaftsbedingungen ist aber über die Koalitionsfreiheit des Art. 9 Abs. 3 GG gewährleistet[1758]. Allerdings verbietet das Grundrecht auch nicht die einfachgesetzliche Ausgestaltung, wie sich schon aus der Nennung dieses Sachgebietes in Art. 74 Abs. 1 Nr. 12 GG ergibt. Zudem gestattet auch das Sozialstaatsprinzip, ein Betriebsverfassungsrecht zu schaffen, um die Selbstbestimmung der Arbeitnehmer in den Unternehmen zu verwirklichen[1759]. Die Grundrechte der Arbeitnehmer enthalten zwar keinen verbindlichen Verfassungsauftrag zur Einführung einer Mitbestimmung. Allerdings findet eine Mitbestimmung eine zusätzliche Legitimation darin, dass sie zu einem nicht unwesentlichen Teil die Bedingungen, unter denen die Arbeitnehmer unter anderem ihr

---

1756 *Berding*, Entstehung, S. 321.

1757 StGH, Urteile vom 30. April 1986 - P.St. 1023 -, StAnz. 1986, S. 1089 [1100 f.], und vom 08.11.2006 - P.St. 1981 -, StAnz. 2006, S. 2297 [2805 ff.].

1758 *Richardi*, Betriebsverfassungsgesetz, Einleitung Rdnr. 42.

1759 *Richardi*, Betriebsverfassungsgesetz, Einleitung Rdnr. 43.

Grundrecht auf Berufsfreiheit wahrnehmen, beeinflussen kann[1760]. Weder dem Sozialstaatsprinzip noch den Grundrechten der Arbeitnehmer lässt sich jedoch ein konkreter und verbindlicher Auftrag zur Einführung der Mitbestimmung entnehmen[1761].

c) Ergebnis

Art. 37 HV gibt eine weitergehende Gewährleistung als das Grundgesetz, da dort keine entsprechende Garantie enthalten ist. Nach dem Grundgesetz ist es dem Gesetzgeber nicht verwehrt, eine Mitbestimmung der Arbeitnehmer einzuführen, so dass kein Widerspruch zu einer bundesrechtlichen Wertung besteht. Die landesrechtliche Gewährleistung kann allerdings im Bereich der Privatwirtschaft kaum Bedeutung erlangen, da dem Bund insoweit die Gesetzgebungskompetenz zusteht (Art. 74 Abs. 1 Nr. 12 GG). Von dieser Kompetenz hat er durch den Erlass des Betriebsverfassungsgesetzes umfassend Gebrauch gemacht. Für den Bereich des öffentlichen Dienstes kann jedenfalls Art. 37 Abs. 1 HV in Verbindung mit dem Sozialstaatsprinzip insofern Wirkungen entfalten, als die Regelung des Personalvertretungsrechts in die Kompetenz der Länder fällt.

Gegen das Fortbestehen des weiterreichenden Landesgrundrechts bestehen insgesamt jedoch keine Bedenken.

6. Wirtschaftliche Betätigungsfreiheit (Art. 38 Abs. 1 und 2 HV)

> *Art. 38 Abs. 1 HV: Die Wirtschaft des Landes hat die Aufgabe, dem Wohl des ganzen Volkes und der Befriedigung seines Bedarfs zu dienen. Zu diesem Zweck hat das Gesetz die Maßnahmen anzuordnen, die erforderlich sind, um die Erzeugung, Herstellung und Verteilung sinnvoll zu lenken und jedermann einen gerechten Anteil an dem wirtschaftlichen Ergebnis aller Arbeit zu sichern und ihn vor Ausbeutung zu schützen.*
>
> *Art. 38 Abs. 2 HV: Im Rahmen der hierdurch gezogenen Grenzen ist die wirtschaftliche Betätigung frei.*

[1760] BVerfG, Urteil vom 01.03.1979 - 1 BvR 532, 533/77, 419/78 und 1 BvL 21/78 -, BVerfGE 50, 290 [349]; vgl. auch *Richardi*, Betriebsverfassungsgesetz, Einleitung Rdnr. 44.

[1761] BVerfG, Beschluss vom 06.11.1979 - 1 BvR 81/76 -, BVerfGE 52, 283 [298]; siehe auch Richardi, Betriebsverfassungsgesetz, Einleitung Rdnr. 33.

a) Art. 38 Abs. 1 und 2 HV

Art. 38 Abs. 2 HV gestaltet die freie wirtschaftliche Betätigung als Grundrecht aus. Es handelt sich dabei um einen Unterfall der allgemeinen Handlungsfreiheit[1762]. Die freie wirtschaftliche Betätigung ist jedoch nur in dem Umfang gewährleistet, der sich durch Art. 38 Abs. 1 HV und der daraus abzuleitenden Gemeinschaftsbezogenheit ergibt. Sie unterliegt damit einem aus Art. 38 Abs. 1 HV folgenden Gesetzesvorbehalt[1763] und kann daher insbesondere durch gesetzliche Maßnahmen zur Lenkung der Wirtschaft beschränkt werden. Da diese nur zulässig sind, soweit sie erforderlich und damit verhältnismäßig sind, liegt die Bedeutung des Grundrechts darin, dass der Betroffene sich gegen unverhältnismäßige Maßnahmen des Staates zur Wehr setzen und dabei auch einen Missbrauch des gesetzgeberischen Ermessens rügen kann[1764].

b) Die Rechtslage nach dem Grundgesetz

Das Grundgesetz schützt die Freiheit im wirtschaftlichen Verkehr als Ausfluss der allgemeinen Handlungsfreiheit aus Art. 2 Abs. 1 GG[1765]. Daraus folgt, dass die wirtschaftliche Betätigung unter dem Vorbehalt der verfassungsmäßigen Ordnung und der Rechte anderer sowie dem Sittengesetz steht. Eingriffe in die Freiheit der wirtschaftlichen Betätigung sind aber nur insoweit zulässig, wie dem Grundrechtsberechtigten ein Kernbestand des Erfolges seiner eigenen wirtschaftlichen Betätigung in Gestalt der grundsätzlichen Privatnützlichkeit des Erworbenen und der grundsätzlichen Verfügungsbefugnis über die geschaffenen vermögenswerten Rechtspositionen erhalten bleibt. Eingriffe dürfen keine „erdrosselnde Wirkung“ haben[1766]. Zudem berühren nur solche Maßnahmen den Schutzbereich der wirtschaftlichen Betätigungsfreiheit, die auf eine Beschränkung der wirtschaftlichen Entfaltung sowie Ges-

---

1762 StGH, Beschluss vom 23.05.1979 – P.St. 862 -, ESVGH 30, 1 [2].

1763 *Barwinski*, in: Zinn/Stein, Hessische Verfassung, Art. 38 Erl. 1.b).

1764 *Barwinski*, in: Zinn/Stein, Hessische Verfassung, Art. 38 Erl. 1.b).

1765 BVerfG, Urteil vom 01.03.1979 - 1 BvR 532, 533/77, 419/78 und 1 BvL 21/78 -, BVerfGE 50, 290 [366], sowie Beschlüsse vom 16.05.1961 - 2 BvF 1/60 -, BVerfGE 12, 341 [347 f.], vom 28.01.1970 - 1 BvL 1/67 -, BVerfGE 27, 375 [384], vom 14.10.1970 - 1 BvR 306/68 -, BVerfGE 29, 260 [266], vom 19.10.1983 - 2 BvR 298/81 -, BVerfGE 65, 196 [210], vom 31.05.1988 - 1 BvL 22/85 -, BVerfGE 78, 232 [244], und vom 12.10.1994 - 1 BvL 19/90 -, BVerfGE 91, 207 [221]; siehe auch *Dreier*, in: Dreier, Art. 2 Abs. 1 Rdnr. 38; *Murswiek*, in: Sachs, GG, Art. 2 Rdnr. 54; *Kunig*, in: von Münch/Kunig, GG, Art. 2 Rdnr. 16; *Di Fabio*, in: Maunz/Dürig/Herzog, GG, Art. 2 Abs. 1 Rdnrn. 77 f.

1766 BVerfG, Beschluss vom 25.09.1992 - 2 BvL 5, 8, 14/91 -, BVerfGE 87, 153 [169].

taltung, Ordnung oder Lenkung des Wirtschaftlebens angelegt sind oder sich in diesem Sinne auswirken[1767].

c) Ergebnis

Die Freiheit wirtschaftlicher Betätigung ist sowohl vom Grundgesetz als auch von der Hessischen Verfassung als Grundrecht gewährleistet. Angesichts des Umstandes, dass das Grundgesetz die freie wirtschaftliche Betätigung lediglich als Unterfall der allgemeinen Handlungsfreiheit nach Art. 2 Abs. 1 GG garantiert und daher auch dessen Schrankenregelung Anwendung findet, stellt sich die Gewährleistung der Hessischen Verfassung als weiterreichend dar. Denn die Gewährleistung des Art. 38 Abs. 2 HV wird nur durch die in Art. 38 Abs. 1 HV genannten Ziele begrenzt. Diese Begrenzungen sind gegenüber den Schranken des Grundgesetzes enger, da dem Betroffenen die Möglichkeit offen steht, einen Missbrauch des gesetzgeberischen Ermessens zu rügen. Auch hier gilt jedoch wieder, dass die Bedeutung des Landesgrundrechts für die Gesetzgebung nur gering ist, da das Wirtschaftsrecht nach Art. 74 Abs. 1 Nr. 11 GG in der Kompetenz des Bundes liegt.

7. Lehrmittelfreiheit, Zugang zu den Schulen (Art. 59 HV)

> Art. 59 Abs. 1 HV: In allen öffentlichen Grund-, Mittel-, höheren und Hochschulen ist der Unterricht unentgeltlich. Unentgeltlich sind auch die Lernmittel mit Ausnahme der an den Hochschulen gebrauchten. Das Gesetz muss vorsehen, dass für begabte Kinder sozial Schwächergestellter Erziehungsbeihilfen zu leisten sind. Es kann anordnen, dass ein angemessenes Schulgeld zu zahlen ist, wenn die wirtschaftliche Lage des Schülers, seiner Eltern oder der sonst Unterhaltspflichtigen es gestattet.
>
> Art. 59 Abs. 2 HV: Der Zugang zu den Mittel-, höheren und Hochschulen ist nur von der Eignung des Schülers abhängig zu machen.

a) Art. 59 HV

Bei der Unterrichtsgeldfreiheit in Art. 59 Abs. 1 Satz 1 HV handelt es sich nicht um eine bloße Empfehlung an den Gesetzgeber oder einen Programmsatz, sondern

[1767] BVerfG, Urteil vom 14.07.1998 - 1 BvR 1640/97 -, BVerfGE 98, 218 [259].

vielmehr um unmittelbar geltendes Recht[1768]. Die Bestimmung schließt grundsätzlich jede Zahlung für Unterricht an den genannten Einrichtungen unabhängig davon aus, wie sie bezeichnet ist[1769].

Die Gewährleistung stellt ein soziales Grundrecht dar[1770], welches auf das politische Gemeinwesen bezogen ist. Die Hessische Verfassung will die sozialen Verhältnisse innerhalb ihres Geltungsbereichs regeln. Zu dem durch die Verfassung konstituierten sozialen und politischen Gefüge gehören in der Regel aber nur deutsche Staatsangehörige, nicht dagegen Ausländer. Als staatspolitische Aufgabe von besonderer Bedeutung bezweckt Art. 59 Abs. 1 HV, dem Tüchtigen freie Bahn ohne Rücksicht auf seine Vermögensverhältnisse zu ermöglichen. Nach dieser Grundvorstellung will Art. 59 Abs. 1 HV daher nur deutsche Staatsangehörige begünstigen, so dass sich sein Geltungsbereich auf Deutsche im Sinne von Art. 116 GG beschränkt[1771].

Aus dem Charakter des Art. 59 HV als soziales Grundrecht ergeben sich zugleich Einschränkungen für seinen Wirkungsbereich. Soziale Grundrechte stehen unter dem Vorbehalt des Möglichen, d.h. dessen, was der Einzelne vernünftigerweise von der Gesellschaft erwarten kann. Daraus folgt zugleich die Befugnis des einfachen Gesetzgebers, unter Rücksichtnahme auf Haushaltswirtschaft und andere Gemeinschaftswerte Einschränkungen eines Teilhaberechts vorzunehmen. Es widerspräche nämlich dem Gebot sozialer Gerechtigkeit, das an einer Vielzahl von Stellen in der Hessischen Verfassung zum Ausdruck gekommen ist, nur begrenzt verfügbare Mittel auf Kosten anderer wichtiger Gemeinwohlbelange bevorzugt einem privilegierten Teil der Bevölkerung zukommen zu lassen. Demzufolge enthält Art. 59 Abs. 1 HV eine immanente Schranken „des Möglichen im Sinne dessen, was der Einzelne vernünftigerweise von der Gesellschaft beanspruchen kann“[1772]. Dem einfachen Gesetzgeber ist die Befugnis eingeräumt, in eigener Verantwortung und unter Rücksichtnahme auf die Haushaltswirtschaft und andere Gemeinschaftsbelange

---

[1768] StGH, Urteil vom 08.07.1949 - P.St. 22 -, StAnz. 1949, S. 348 [349].

[1769] StGH, Urteil vom 08.07.1949 - P.St. 22 -, StAnz. 1949, S. 348 [349].

[1770] StGH, Urteil vom 11.05.1956 - P.St. 191 -, StAnz. 1956, S. 552 [554]; *Stein*, in: Zinn/Stein, Hessische Verfassung, Art. 59 Erl. 2; *Hecker*, Rdnr. 245.

[1771] StGH, Urteil vom 11.05.1956 - P.St. 191 -, StAnz. 1956, S. 552 [554].

[1772] StGH, Urteil vom 01.12.1976 - P.St. 812 -, StAnz. 1977, S. 110 [114 f.]; siehe zu Art. 59 Abs. 1 HV auch noch StGH, Urteil vom 13.07.1956 – P.St. 204 -, StAnz. 1956, S. 780 f.

Begrenzungen der Teilhaberechte vorzunehmen. Art. 59 Abs. 1 Satz 3 HV steht dem nicht entgegen[1773].

Auch Art. 59 Abs. 2 HV ist als Grundrecht zu verstehen[1774]. Er verbietet es, den Zugang zu weiterführenden Bildungseinrichtungen von anderen Kriterien als persönlichen Eigenschaften, d.h. der Eignung, Leistung und Begabung, abhängig zu machen. Unzulässig ist danach insbesondere ein Abstellen auf gesellschaftliche, wirtschaftliche oder politische Verhältnisse[1775].

b) Die Rechtslage nach dem Grundgesetz

Das Grundgesetz gewährleistet in Art. 12 Abs. 1 Satz 1 ein Recht auf freie Wahl der Ausbildungsstätte. Unter diesem Begriff sind Einrichtungen zu verstehen, in der berufliche Kenntnisse oder Fähigkeit vermittelt werden[1776]. Erfasst werden von dem Begriff der Ausbildungsstätte auch die weiterführenden allgemeinbildenden Schulen und die Hochschulen[1777]. Über ein Abwehrrecht hinaus gewährleistet Art. 12 Abs. 1 GG auch ein Recht auf Teilhabe an öffentlichen Einrichtungen in den Fällen, in denen der Staat ein Ausbildungsmonopol innehat. Dies betrifft insbesondere die öffentlichen Hochschulen und Fachhochschulen. Aufgrund dieses Teilhaberechts hat jeder Deutsche ein subjektiv-öffentliches Recht auf Zugang zum Studium, wenn er die Qualifikationsvoraussetzungen erfüllt[1778]. Seine Grenzen findet das Zugangsrecht in den vorhandenen Kapazitäten[1779]. Beschränkungen des Rechts auf Zugang durch einen Numerus clausus sind zulässig, soweit dieser dem Schutz eines überragend wichtigen Gemeinschaftsgutes - in der Regel die Funktionsfähigkeit der Hochschulen - dient, die Grenzen des unbedingt Erforderlichen einhält sowie die

---

1773 StGH, Urteil vom 01.12.1976 - P.St. 812 -, StAnz. 1977, S. 110 [115].

1774 A.A. *Stein*, in: Zinn/Stein, Hessische Verfassung, Art. 59 Erl. 9.

1775 *Stein*, in: Zinn/Stein, Hessische Verfassung, Art. 59 Erl. 9.

1776 *Manssen*, in: von Mangoldt/Klein/Starck, GG, Art. 12 Rdnr. 60; *Tettinger*, in: Sachs, GG, Art.12 Rdnr. 67.

1777 *Wieland*, in: Dreier, GG, Art. 12 Rdnr. 60; *Gubelt*, in: von Münch/Kunig, GG, Art. 12 Rdnr. 26: *Maunz-Dürig*, in: Maunz/Dürig/Herzog, GG, Art. 12 Rdnr. 180; vgl. hierzu auch BVerfG, Beschluss vom 27.01.1976 - 1 BvR 2325/73 -, BVerfGE 41, 251 [262]; a.A. *Manssen*, in: von Mangoldt/Klein/Starck, GG, Art. 12 Rdnr. 61.

1778 BVerfG, Urteile vom 18.07.1972 - 1 BvL 32/70 und 25/71 -, BVerfGE 33, 303 [331 f.], und vom 08.02.1977 - 1 BvF 1/76, 1 BvL 7, 8/75, 1 BvR 239/75, 92, 103, 114, 115, 140-143, 187/76 -, BVerfGE 43, 291 [313 f.]; Beschlüsse vom 09.04.1975 - 1 BvR 344/73 -, BVerfGE 39, 258 [269 f.], und vom 20.10.1981 - 1 BvR 640/80 -, BVerfGE 59, 257 [273]; *Wieland*, in: Dreier, GG, Art. 12 Rdnr. 170; *Tettinger*, in: Sachs, GG, Art. 12 Rdnr. 131; *Gubelt*, in: von Münch/Kunig, Art. 22 Rdnr. 28; *Manssen*, in: von Mangoldt/Klein/Starck, GG, Art. 12 Rdnr. 17.

1779 *Gubelt*, in: von Münch/Kunig, GG, Art. 12 Rdnr. 28.

vorhandenen Ausbildungskapazitäten tatsächlich ausschöpft[1780]. Auch muss die Verteilung der Studienplätze nach sachgerechten Kriterien, insbesondere nach Eignung und Leistung der Bewerber, erfolgen[1781]. Ein Anspruch auf insbesondere ein kostenloses Studium lässt sich aus Art. 12 Abs. 1 GG nicht ableiten[1782].

c) Ergebnis

Art. 59 Abs. 1 HV enthält ein über das Grundgesetz hinausreichendes soziales Grundrecht, da eine der Unterrichtsgeld- und Lernmittelfreiheit entsprechende Gewährleistung dem Grundgesetz nicht bekannt ist. Das Grundgesetz verbietet allerdings eine solche Gewährleistung nicht, zumal die Kompetenz für das Schul- und Unterrichtswesen grundsätzlich Sache der Länder ist. Art. 59 Abs. 1 HV ist danach nach wie vor für Gesetzgebung, vollziehende Gewalt und Rechtsprechung unmittelbar verbindliches Recht.

Soweit es den Zugang zu weiterführenden Schulen und Hochschulen betrifft, stimmt Art. 59 Abs. 2 HV von seinem sachlichen Gehalt her mit den Wertungen des Grundgesetzes überein, so dass gegen sein Fortgelten keine Einwände zu finden sind.

IV. Weitere Normen des Ersten Hauptteils der Hessischen Verfassung ohne Grundrechtscharakter

Weitere Normen im Ersten Hauptteil der Hessischen Verfassung gewährleisten zwar keine Grundrechte, enthalten aber eine Vielzahl von grundsätzlichen programmatischen Aussagen, deren Kenntnis die Gesamtregelung der Hessischen Verfassung verständlich macht und auf die der Vollständigkeit halber daher kurz eingegangen werden soll.

[1780] Grundlegend zur Zulässigkeit eines Numerus clausus vgl. BVerfG, Urteile vom 18.07.1972 - 1 BvL 32/70 und 25/71 -, BVerfGE 33, 303 ff., und vom 08.02.1977 - 1 BvF 1/76, 1 BvL 7, 8/75, 1 BvR 239/75, 92, 103, 114, 115, 140-143, 187/76 -, BVerfGE 43, 291 ff.

[1781] *Gubelt*, in: von Münch/Kunig, GG, Art. 12 Rdnr. 31; *Pieroth/Schlink*, Rdnr. 863; *Maunz-Dürig*, in: Maunz/Dürig/Herzog, GG, Art. 12 Rdnr. 454.

[1782] *Jarass*, in: Jarass/Pieroth, GG, Art. 12 Rdnr. 77; *Manssen*, in: von Mangoldt/Klein/Starck, GG, Art. 12 Rdnr. 20; *Scholz*, in: Maunz/Dürig/Herzog, GG, Art. 12 Rdnr. 71; siehe auch BVerwG, Urteile vom 25.07.2001 - BVerwG 6 C 80/00 -, BVerwGE 115, 32 ff., und vom 23.10.1996 - BVerwG 6 C 1/94 -, BVerwGE 102, 142 ff.

1. Unabänderlichkeit und Verbindlichkeit der Grundrechte (Art. 26 HV)

Art. 26 HV: Diese Grundrechte sind unabänderlich; sie binden den Gesetzgeber, den Richter und die Verwaltung unmittelbar.

Art. 26 HV enthält selbst kein Grundrecht[1783], sondern setzt die Gewährleistung von Grundrechten voraus und nimmt sie in Bezug. Der Verfassunggeber wollte in bewusster Abkehrung von dem Rechtszustand nach der Weimarer Verfassung klarstellen, dass die Grundrechte nicht nur Richtlinien staatlichen Handelns sind, sondern auch ohne gesetzliche Umsetzung aktuelles und verbindliches Recht enthalten[1784].

2. Grundlagen der Wirtschafts- und Sozialordnung (Art. 27 HV)

Art. 27 HV: Die Sozial- und Wirtschaftsordnung beruht auf der Anerkennung der Würde und der Persönlichkeit des Menschen.

Art. 27 HV gewährleistet kein Grundrecht, sondern stellt sich nach seiner Entstehungsgeschichte als eine Art Präambel des III. Abschnitts „Soziale und wirtschaftliche Rechte und Pflichten" dar[1785]. Er soll nach den Vorstellungen des Verfassunggebers die Grundlage und geistige Einstellung der neuen Sozialordnung zum Ausdruck bringen[1786].

3. Recht auf Arbeit und Fürsorge (Art. 28 HV)

Art. 28 Abs. 1 HV: Die menschliche Arbeitskraft steht unter dem besonderen Schutze des Staates.

Art. 28 Abs. 2 HV: Jeder hat nach seinen Fähigkeiten ein Recht auf Arbeit und, unbeschadet seiner persönlichen Freiheit, die sittliche Pflicht zur Arbeit.

[1783] *Hinkel*, Erl. zu Art. 26.

[1784] StGH, Beschlüsse vom 30.10.1980 und 01.04.1981 - P.St. 883 - 908 -, StAnz. 1981, S. 1655 [1657]; *Stein*, in: Zinn/Stein, Hessische Verfassung, Art. 26 Erl. 2.

[1785] StGH, Urteil vom 06.09.1972 - P.St. 647 -, StAnz. 1972, S. 1817 [1823], und Beschlüsse vom 01.02.1995 – P.St. 1187 -, StAnz. 1995, S. 1057 [1059], und vom 23.05.1979 - P.St. 862 -, ESVGH 30, 1 [2]; *Barwinski*, in: Zinn/Stein, Hessische Verfassung, Art. 27 Erl. 1.

[1786] Vgl. Stenographische Berichte über die Verhandlungen des Verfassungsausschusses der Verfassungberatenden Landesversammlung Groß-Hessen, S. 124 und 153 f.

Art. 28 Abs. 3 HV: Wer ohne Schuld arbeitslos ist, hat Anspruch auf den notwendigen Unterhalt für sich und seine unterhaltsberechtigten Angehörigen. Ein Gesetz regelt die Arbeitslosenversicherung.

Auch Art. 28 Abs. 1 HV gewährleistet kein Grundrecht[1787]. Insbesondere lässt sich ihm ein Recht des Einzelnen auf Vornahme besonderer Schutzmaßnahmen durch den Staat nicht entnehmen. Vielmehr handelt es sich um eine programmatische Aussage, durch die der Gesetzgeber verpflichtet wird, Schutzmaßnahmen zu fördern bzw. Regelungen für Sachverhalte zu erlassen, bei denen die Gefahr besteht, dass die menschliche Arbeitskraft oder deren Voraussetzungen geschädigt oder gemindert werden[1788].

Art. 28 Abs. 2 und 3 HV stellen lediglich Anweisungen an den Gesetzgeber und soziale Forderungen dar, die den Staat zum Ausbau von Arbeitsvermittlung und Arbeitslosenversicherung verpflichten. Ein Recht auf Arbeit im Sinne eines subjektiven Anspruchs beinhalten die Vorschriften jedoch nicht[1789], vielmehr handelt es sich lediglich um einen verfassungsrechtlichen Programmsatz[1790]. Mangels hinreichender Konkretisierung lässt sich aus Art. 28 Abs. 3 HV kein subjektiver Anspruch auf Fürsorgeleistungen herleiten. Vielmehr handelt es sich auch insoweit lediglich um eine institutionelle Garantie[1791]. Zu beachten ist aber, dass die Gesetzgebungskompetenz weitgehend beim Bund liegt (Art. 74 Abs. 1 Nr. 12 GG).

4. Arbeitsrecht, Schlichtungswesen (Art. 29 Abs. 1 und 3 HV)

Art. 29 Abs. 1 HV: Für alle Angestellten, Arbeiter und Beamten ist ein einheitliches Arbeitsrecht zu schaffen.

Art. 29 Abs. 3 HV. Das Schlichtungswesen wird gesetzlich geregelt.

Auch Art. 29 Abs. 1 HV beinhaltet nur eine programmatische Aussage und eine Anweisung an den Gesetzgebung[1792], aber kein Grundrecht[1793]. Gleiches gilt für

1787 StGH, Beschluss vom 23.05.1979 – P.St. 862 -, ESVGH 30, 1 [2].
1788 *Hinkel*, Erl. zu Art. 28; vgl. auch *Barwinski*, in: Zinn/Stein, Hessische Verfassung, Art. 28 Erl. 1.
1789 Vgl. StGH, Urteil vom 06.09.1972 - P.St. 647 -, StAnz. 1972, S. 1817 [1823].
1790 *Hinkel*, Erl. zu Art. 28.
1791 *Barwinski*, in: Zinn/Stein, Hessische Verfassung, Art. 28 Erl. 1.
1792 *Hinkel*, Erl. zu Art. 29; *Barwinski*, in: Zinn/Stein, Hessische Verfassung, Art. 29 Erl. 1.
1793 StGH, Urteil vom 06.09.1972 – P.St. 647 -, StAnz. 1972, S. 1817 [1823].

Art. 29 Abs. 3 HV[1794], wobei die Gesetzgebungskompetenz für dieses Sachgebiet nach Art. 74 Abs. 1 Nr. 12 GG allerdings beim Bund liegt.

5. Arbeitsbedingungen, Arbeitsentgelt (Art. 30 Abs. 1 und 3, Art. 33 HV)

Art. 30 Abs. 1 HV: Die Arbeitsbedingungen müssen so beschaffen sein, dass sie die Gesundheit, die Würde, das Familienleben und die kulturellen Ansprüche des Arbeitnehmers sichern; insbesondere dürfen sie die leibliche, geistige und sittliche Entwicklung der Jugendlichen nicht gefährden.

Art. 30 Abs. 3 HV: Kinderarbeit ist verboten.

Art. 33 HV: Das Arbeitsentgelt muss der Leistung entsprechen und zum Lebensbedarf für den Arbeitenden und seine Unterhaltsberechtigten ausreichen. Die Frau und der Jugendliche haben für gleiche Tätigkeit und gleiche Leistung Anspruch auf gleichen Lohn. Das Arbeitsentgelt für die in die Arbeitszeit fallenden Feiertage wird weiter gezahlt.

Lediglich Richtlinien für die Ausgestaltung der Arbeitsbedingungen beinhalten Art. 30 Abs. 1 und 3 HV. Art. 33 Satz 1 HV appelliert in Form eines Programmsatzes an die ethische und sozialgerechte Einstellung der Arbeitgeber und der Sozialpartner, enthält aber kein Grundrecht[1795].

6. Achtstundentag, Sonn- und Feiertage, Art. 31 HV

Art. 31 HV: Der Achtstundentag ist die gesetzliche Regel. Sonntage und gesetzliche Feiertage sind arbeitsfrei. Ausnahmen können durch Gesetz oder Gesamtvereinbarung zugelassen werden, wenn sie der Allgemeinheit dienen.

Art. 31 HV gewährleistet kein Grundrecht, sondern enthält eine institutionelle Garantie des Achtstundentags sowie der Arbeitsfreiheit von Sonn- und Feiertagen[1796]. Die in ihm enthaltene öffentlich-rechtliche Begrenzung der Arbeitszeit[1797] wird allerdings durch die bundesrechtlichen Regelungen des Arbeitszeitgesetzes überlagert. Zudem steht die Gesetzgebungskompetenz im Bereich des Arbeitsrechts nach Art. 74

1794 *Hinkel*, Erl. zu Art. 29; Barwinski, in: Zinn/Stein, Hessische Verfassung, Art. 29 Erl. 8.

1795 StGH, Beschlüsse vom 19.05.1976 – P.St. 825 -, und vom 21.06.1967 – P.St. 481 -; *Hinkel*, Erl. zu Art. 33. *Barwinski*, in: Zinn/Stein, Hessische Verfassung, Art. 33 Erl. 1; zu Art. 33 Satz 2 siehe oben D. III. 4.

1796 *Barwinski*, in: Zinn/Stein, Hessische Verfassung, Art. 31 Erl. 1.

1797 *Barwinski*, in: Zinn/Stein, Hessische Verfassung, Art. 31 Erl. 2.

Abs. 1 Nr. 12 GG dem Bund zu, so dass von Art. 31 HV kaum noch Wirkungen ausgehen.

7. 1. Mai als Feiertag, Art. 32 HV

Art. 32 HV: Der 1. Mai ist gesetzlicher Feiertag aller arbeitenden Menschen. Er versinnbildlicht das Bekenntnis zur sozialen Gerechtigkeit, zu Fortschritt, Frieden, Freiheit und Völkerverständigung.

Art. 32 HV enthält eine verfassungsmäßige Garantie eines bestimmten Feiertages, gilt unmittelbar und bindend gegenüber jedermann[1798].

8. Anspruch auf Urlaub, Art. 34 HV

Art. 34 HV: Jeder Arbeitnehmer hat Anspruch auf einen bezahlten Urlaub von mindestens zwölf Arbeitstagen im Jahr. Näheres bestimmt das Gesetz.

Zwar gibt Art. 34 HV einen unmittelbaren Anspruch auf einen Mindesturlaub[1799]. Der Anspruch ist jedoch privatrechtlicher Natur, da er in der Regel aus dem privatrechtlichen Arbeitsverhältnis folgt. Darüber hinaus sind die näheren Voraussetzungen und die konkrete Ausgestaltung dieses Anspruchs dem Gesetzgeber überlassen[1800]. Selbst wenn man Art. 34 HV als Grundrecht qualifizierte, käme ihm nur geringe Wirkkraft zu. Denn die Kompetenz zur Regelung des Arbeitsrechts, damit auch entsprechender Urlaubsansprüche, kommt dem Bund zu, der von dieser Kompetenz durch Erlass des Bundesurlaubsgesetzes Gebrauch gemacht hat. Dessen Regelungen überlagern Art. 34 HV, zumal sie in der Regel günstiger sind als der durch die Hessische Verfassung gewährleistete Mindestanspruch.

9. Sozialversicherung, Gesundheitswesen, Art. 35 HV

Art. 35 Abs. 1 HV: Es ist eine das gesamte Volk verbindende Sozialversicherung zu schaffen. Sie ist sinnvoll aufzubauen. Die Selbstverwaltung der Versicherten wird anerkannt. Ihre Organe werden in allgemeiner gleicher, freier und geheimer Wahl gewählt. Das Nähere bestimmt das Gesetz.

1798 *Barwinski*, in: Zinn/Stein, Hessische Verfassung, Art. 32 Erl. 1 und 2.
1799 Vgl. *Barwinski*, in: Zinn/Stein, Hessische Verfassung, Art. 34 Erl. 1; *Hinkel*, Erl. zu Art. 34.
1800 Vgl. *Barwinski*, in: Zinn/Stein, Hessische Verfassung, Art. 34 Erl. 2.

Art. 35 Abs. 2 HV: Die Sozialversicherung hat die Aufgabe, den Gesundheitszustand des Volkes, auch durch vorbeugende Maßnahmen, zu heben, Kranken, Schwangeren und Wöchnerinnen jede erforderliche Hilfe zu leisten und eine ausreichende Versorgung für Erwerbsbeschränkte, Erwerbsunfähige und Hinterbliebene sowie im Alter zu sichern.

Art. 35 Abs. 3 HV: Die Ordnung des Gesundheitswesens ist Sache des Staates. Das Nähere bestimmt das Gesetz.

Art. 35 Abs. 1 und 2 HV gewährleisten weder ein Grundrecht noch subjektiv-öffentliche Rechte[1801]. Vielmehr handelt es sich um eine institutionelle Garantie einer Sozialversicherung[1802] bzw. einen Gesetzgebungsauftrag[1803]. Art. 35 Abs. 3 HV stellt klar, dass das Gesundheitswesen allen Sache des Staates ist, und enthält danach lediglich einen Programmsatz[1804].

10. Wirtschaftsziele (Art. 38 Abs. 1 und 3 HV)

Art. 38 Abs. 1 HV: Die Wirtschaft des Landes hat die Aufgabe, dem Wohle des ganzen Volkes und der Befriedigung seines Bedarfs zu dienen. Zu diesem Zweck hat das Gesetz die Maßnahmen anzuordnen, die erforderlich sind, um die Erzeugung, Herstellung und Verteilung sinnvoll zu lenken und jedermann einen gerechten Anteil an dem wirtschaftlichen Ergebnis aller Arbeit zu sichern und ihn vor Ausbeutung zu schützen.

Art. 38 Abs. 3 HV: Die Gewerkschaften und die Vertreter der Unternehmen haben gleiches Mitbestimmungsrecht in den vom Staat mit der Durchführung seiner Lenkungsmaßnahmen beauftragten Organen.

Art. 38 Abs. 1 HV ist lediglich eine programmatische Aussage[1805] und bringt die Vorstellungen des Verfassunggebers über die wirtschaftliche Ordnung zum Ausdruck. Die in Art. 38 Abs. 1 HV enthaltene Befugnis, wirtschaftliche Lenkungsmaßnahmen zu ergreifen, dürfte angesichts der Gesetzgebungszuständigkeit des Bundes (Art. 74 Abs. 1 Nr. 11 GG) keine Bedeutung erlangen[1806]. Aus dem gleichen Grunde erlangt auch die Aussage des Art. 38 Abs. 3 HV keine eigenständige Bedeutung.

1801 StGH, Beschluss vom 22.01.1992 – P.St. 1127 -; *Hinkel*, Erl. zu Art. 35; *Barwinski*, in: Zinn/Stein, Hessische Verfassung, Art. 35 Erl. 1.

1802 *Barwinski*: in: Zinn/Stein, Hessische Verfassung, Art. 35 Erl. 1; StGH, Urteil vom 27.03.1953 - P.St. 90 -, StAnz. 1953, S. 546 [548].

1803 So *Hinkel*, Erl. zu Art. 35.

1804 *Hinkel*, Erl. zu Art. 35.

1805 *Hinkel*, Erl. zu Art. 38.

1806 Vgl. *Barwinski*, in: Zinn/Stein, Hessische Verfassung, Art. 38 Erl. 1c).

11. Verbot der Monopolbildung, Sozialisierung, Verwaltung des Gemeineigentums, Sozialisierte Betriebe, Bodenreform (Art. 39 - 42 HV)

Art. 39 Abs. 1 HV: Jeder Missbrauch der wirtschaftlichen Freiheit - insbesondere zu monopolistischer Machtzusammenballung und zu politischer Macht - ist untersagt.

Art. 39 Abs. 2 HV: Vermögen, das die Gefahr solchen Missbrauchs wirtschaftlicher Freiheit in sich birgt, ist auf Grund gesetzlicher Bestimmungen in Gemeineigentum zu überführen. Soweit die Überführung in Gemeineigentum wirtschaftlich nicht zweckmäßig ist, muss dieses Vermögen auf Grund gesetzlicher Bestimmungen unter Staatsaufsicht gestellt oder durch vom Staate bestellte Organe verwaltet werden.

Art. 39 Abs. 3 HV: Ob diese Voraussetzungen vorliegen, entscheidet das Gesetz.

Art. 39 Abs. 4 HV: Die Entschädigung für das in Gemeineigentum überführte Vermögen wird durch das Gesetz nach sozialen Gesichtspunkten geregelt. Bei festgestelltem Missbrauch wirtschaftlicher Macht ist in der Regel die Entschädigung zu versagen.

Art. 40 HV: Gemeineigentum ist Eigentum des Volkes. Die Verfügung über dieses Eigentum und seine Verwaltung soll nach näherer gesetzlicher Bestimmung solchen Rechtsträgern zustehen, welche die Gewähr dafür bieten, dass das Eigentum ausschließlich dem Wohle des ganzen Volkes dient und Machtzusammenballungen vermieden werden.

Art. 41 Abs. 1 HV: Mit Inkrafttreten dieser Verfassung werden

1. in Gemeineigentum überführt: der Bergbau (Kohlen, Kali, Erze), die Betriebe der Eisen- und Stahlerzeugung, die Betriebe der Energiewirtschaft und das an Schienen oder Oberleitungen gebundene Verkehrswesen,

2. vom Staate beaufsichtigt oder verwaltet, die Großbanken und Versicherungsunternehmen und diejenigen in Ziffer 1 genannten Betriebe, deren Sitz nicht in Hessen liegt.

Art. 41 Abs. 2 HV: Das Nähere bestimmt das Gesetz.

Art. 41 Abs. 3 HV: Wer Eigentümer eines danach in Gemeineigentum überführten Betriebes oder mit seiner Leitung betraut ist, hat ihn als Treuhänder des Landes bis zum Erlass von Ausführungsgesetzen weiterzuführen.

Art. 42 Abs. 1 HV: Nach Maßgabe besonderer Gesetze ist der Großgrundbesitz, der nach geschichtlicher Erfahrung die Gefahr politischen Missbrauchs oder der Begünstigung militaristischer Bestrebungen in sich birgt, im Rahmen einer Bodenreform einzuziehen.

Art. 42 Abs. 2 HV: Aufgabe der Bodenreform ist vor allem, den land- und forstwirtschaftlichen Boden zu erhalten und zu vermehren und seine Leistung zu steigern, Bauern anzusiedeln und gesunde Wohnstätten, Kleinsiedlerstellen und Kleingärten zu schaffen.

Art. 42 Abs. 3 HV: Streubesitz ist durch Umlegung leistungsfähiger zu machen.

Art. 42 Abs. 4 HV: Grundbesitz, den sein Eigentümer einer ordnungsmäßigen Bewirtschaftung entzieht, kann nach näherer gesetzlicher Bestimmung eingezogen werden.

Art. 42 Abs. 5 HV: Für die Entschädigung des seitherigen Eigentümers gilt der Art. 39 Abs. 4 entsprechend.

Art. 39 bis 42 HV enthalten schon ihrem Wortlaut nach keine Grundrechte, sondern sind vielmehr Ziel und Ausdruck der Wirtschaftsordnung, die nach den Vorstellungen des Verfassunggebers nach dem Zusammenbruch im Jahre 1945 errichtet werden sollte. Die Vorschriften waren insbesondere darauf gerichtet, eine Zusammenballung und einen Missbrauch wirtschaftlicher Macht, die nach Ansicht des Verfassunggebers wesentlich zum Erstarken des Nationalsozialismus beigetragen hatte, zu verhindern und auszuschließen.

12. Schutz von Klein- und Mittelbetrieben, Genossenschaftswesen, Art. 43, 44 HV

Art. 43 Abs. 1 HV: Selbständige Klein- und Mittelbetriebe in Landwirtschaft, Gewerbe, Handwerk und Handel sind durch Gesetzgebung und Verwaltung zu fördern und besonders vor Überlastung und Aufsaugung zu schützen.

Art. 43 Abs. 2 HV: Zu diesem Zweck ist die genossenschaftliche Selbsthilfe auszubauen.

Art. 44 HV: Das Genossenschaftswesen ist zu fördern.

Art. 43 und Art. 44 HV enthalten nur Programmsätze und Anweisungen an den Gesetzgeber und Exekutive, gewährleisten aber keine Grundrechte[1807].

[1807] *Hinkel*, Erl. zu Art. 43 und Erl. zu Art. 44; *Barwinski*, in: Zinn/Stein, Hessische Verfassung, Art. 43 Erl. 1, Art. 44 Erl. 1.

13. Besteuerungsgrundsätze, Art. 47 HV

Art. 47 Abs. 1 HV: Das Vermögen und das Einkommen werden progressiv nach sozialen Gesichtspunkten unter besonderer Berücksichtigung der familiären Lasten besteuert.

Art. 47 Abs. 2 HV: Bei der Besteuerung ist auf erarbeitetes Vermögen und Einkommen besondere Rücksicht zu nehmen.

Art. 47 HV begründet keine unmittelbaren Rechte des Einzelnen, sondern enthält programmatische Aussagen für die Steuergesetzgebung des Landes[1808].

14. Recht der Kirchen, Religions- und Weltanschauungsgemeinschaften, Art. 49 - 54 HV

Art. 49 HV: Jede Kirche, Religions- und Weltanschauungsgemeinschaft ordnet und verwaltet ihre Angelegenheiten selbständig innerhalb der Schranken des für jedermann geltenden Gesetzes. Sie verleiht ihre Ämter ohne Mitwirkung des Staates oder der bürgerlichen Gemeinde.

Art. 50 Abs. 1 HV: Es ist Aufgabe von Gesetz oder Vereinbarung, die staatlichen und kirchlichen Bereiche klar gegeneinander abzugrenzen.

Art. 50 Abs. 2 HV: Die Kirchen, Religions- und Weltanschauungsgemeinschaften haben sich, wie der Staat, jeder Einmischung in die Angelegenheiten des anderen Teiles zu enthalten.

Art. 51 Abs. 1 HV: Kirchen, Religions- und Weltanschauungsgemeinschaften bleiben Körperschaften des öffentlichen Rechts, soweit sie solche bisher waren. Anderen Religions- und Weltanschauungsgemeinschaften kann auf Antrag die gleiche Rechtsstellung verliehen werden, wenn sie durch ihre Verfassung und die Zahl der Mitglieder die Gewähr der Dauer bieten.

Art. 51 Abs. 2 HV: Der Zusammenschluss von Kirchen, Religions- und Weltanschauungsgemeinschaften unterliegt keinen Beschränkungen. Der aus mehreren öffentlichrechtlichen Gemeinschaften gebildete Verband ist auch eine Körperschaft des öffentlichen Rechts.

1808 *Barwinski*, in: Zinn/Stein, Hessische Verfassung, Art. 47 Erl. 1; Hinkel, Erl. zu Art. 47.

Art. 51 Abs. 3 HV: Kirchen, Religions- und Weltanschauungsgemeinschaften, die Körperschaften des öffentlichen Rechts sind, können nach näherer gesetzlicher Regelung auf Grund der bürgerlichen Steuerlisten Steuern erheben.

Art. 52 HV: Die auf Gesetz, Vertrag oder besonderen Rechtstiteln beruhenden Staatsleistungen an die Kirchen, Religions- und Weltanschauungsgemeinschaften werden im Wege der Gesetzgebung abgelöst.

Art. 53 HV: Der Sonntag und die staatlich anerkannten Feiertage bleiben als Tage der Arbeitsruhe und der seelischen Erhebung gesetzlich geschützt.

Art. 54 HV: Soweit das Bedürfnis nach Gottesdienst und Seelsorge in Krankenhäusern, Strafanstalten und sonstigen öffentlichen Anstalten besteht, sind die Kirchen, Religions- und Weltanschauungsgemeinschaften zu religiösen Handlungen zugelassen. Dabei hat jeder Zwang zu unterbleiben.

Art. 49 bis Art. 54 HV regeln die Stellung der Kirche, Religions- und Weltanschauungsgemeinschaften sowie das Verhältnis von Staat und Kirche. Dabei gewährleistet Art. 49 HV das kirchliche Selbstbestimmungsrecht[1809]. Art. 50 Abs. 1 HV wendet sich an Regierung und Gesetzgeber und normiert die Pflicht, durch Gesetze oder Vereinbarungen für eine klare Trennung von Staat und Kirche zu sorgen[1810]. Art. 50 Abs. 2 HV wendet sich demgegenüber auch an die Kirchen, Religions- und Weltanschauungsgemeinschaften, damit diese ihrerseits dasjenige unternehmen, was für eine eindeutige Trennung von Staat und Kirche erforderlich ist. Art. 51 HV enthält eine Bestimmung der Rechtsform von Kirchen, Religions- und Weltanschauungsgemeinschaften. Institutionell garantiert werden Feiertage durch Art. 53 HV[1811].

Das Grundgesetz enthält entsprechende Normierungen in Art. 140 GG i.V.m. Art. 136 - 139, 141 WRV. Bei diesen Normen der Weimarer Verfassung handelt es sich um vollgültiges Verfassungsrecht, die den anderen Vorschriften des Grundgesetzes gegenüber nicht auf einer niedrigeren Stufe stehen[1812].

1809 *Hinkel*, Art. 49 Erl. 3; *Stein/Engelhardt*, in: Zinn/Stein, Hessische Verfassung, Art. 49 Erl. 2.

1810 *Stein/Engelhardt*, in: Zinn/Stein, Hessische Verfassung, Art. 50 Erl. 2; Hinkel, Erl. zu Art. 50.

1811 *Stein/Engelhardt*, in: Zinn/Stein, Hessische Verfassung, Art. 53 Erl. I.

1812 *Hemmrich*, in: von Münch/Kunig, GG, Art. 140 Rdnr. 7; *Jarass*, in: Jarass/Pieroth, GG, Art. 140 Rdnr. 1.

15. Erziehung und Schule, Art. 56 HV

Art. 56 Abs. 1 HV: Es besteht allgemeine Schulpflicht. Das Schulwesen ist Sache des Staates. Die Schulaufsicht wird hauptamtlich durch Fachkräfte ausgeübt.

Art. 56 Abs. 2 HV: An allen hessischen Schulen werden die Kinder aller religiösen Bekenntnisse und Weltanschauungen in der Regel gemeinsam erzogen (Gemeinschaftsschule).

Art. 56 Abs. 3 HV: Grundsatz eines jeden Unterrichts muss die Duldsamkeit sein. Der Lehrer hat in jedem Fach auf die religiösen und weltanschaulichen Empfindungen aller Schüler Rücksicht zu nehmen und die religiösen und weltanschaulichen Auffassungen sachlich darzulegen.

Art. 56 Abs. 4 HV: Ziel der Erziehung ist, den jungen Menschen zur sittlichen Persönlichkeit zu bilden, seine berufliche Tüchtigkeit und die politische Verantwortung vorzubereiten zum selbständigen und verantwortlichen Dienst am Volk und der Menschheit durch Ehrfurcht und Nächstenliebe, Achtung und Duldsamkeit, Rechtlichkeit und Wahrhaftigkeit.

Art. 56 Abs. 5 HV: Der Geschichtsunterricht muss auf getreue, unverfälschte Darstellung der Vergangenheit gerichtet sein. Dabei sind in den Vordergrund zu stellen die großen Wohltäter der Menschheit, die Entwicklung von Staat, Wirtschaft, Zivilisation und Kultur, nicht aber Feldherren, Kriege und Schlachten. Nicht zu dulden sind Auffassungen, welche die Grundlagen des demokratischen Staates gefährden.

Art. 56 Abs. 6 HV: Die Erziehungsberechtigten haben das Recht, die Gestaltung des Unterrichtswesens mitzubestimmen, soweit die Grundsätze der Absätze 2 bis 5 nicht verletzt werden.

Art. 56 Abs. 7 HV: Das Nähere regelt das Gesetz. Es muss Vorkehrungen dagegen treffen, dass in der Schule die religiösen und weltanschaulichen Grundsätze verletzt werden, nach denen die Erziehungsberechtigten ihre Kinder erzogen haben wollen.

Art. 56 HV enthält in Absatz 1 Satz 2 eine institutionelle Garantie der staatlichen Schulaufsicht[1813] sowie in Abs. 2 die institutionelle Garantie der Gemeinschaftsschule[1814]. In seinen weiteren Absätzen gibt Art. 56 HV Anweisungen für Ziele und Ausgestaltung der schulischen Erziehung. Darüber hinaus gewährleistet Art. 56

[1813] *Hinkel*, Art. 56 Erl. 2; *Stein*, in: Zinn/Stein, Art. 56 Erl. 2.
[1814] *Hinkel*, Art. 56 Erl. 4; *Stein*, in: Zinn/Stein, Art. 56 Erl. 8.

Abs. 6 HV ein Recht der Eltern auf Mitbestimmung bei der Unterrichtsgestaltung. Die Norm gewährt ein Grundrecht[1815], das dem Grundgesetz unbekannt ist.

16. Hochschulen, Art. 60 HV

Art. 60 Abs. 1 HV: Die Universitäten und staatlichen Hochschulen genießen den Schutz des Staates und stehen unter seiner Aufsicht. Sie haben das Recht der Selbstverwaltung, an der die Studenten zu beteiligen sind.

Art. 60 Abs. 2 HV: Die theologischen Fakultäten an den Universitäten bleiben bestehen. Vor der Berufung ihrer Dozenten sind die Kirchen zu hören.

Art. 60 Abs. 3 HV: Die kirchlichen theologischen Bildungsanstalten werden anerkannt.

Art. 60 Abs. 1 HV enthält ebenso wenig wie Art. 60 Abs. 2 HV ein Grundrecht, sondern lediglich eine institutionelle Garantie[1816]. Darüber hinaus gewährleistet Art. 60 Abs. 3 HV die Einrichtung und den Bestand von kirchlichen Bildungseinrichtungen.

17. Denkmalschutz, Art. 62 HV

Art. 62 HV: Die Denkmäler der Kunst, der Geschichte und Kultur sowie die Landschaft genießen den Schutz und die Pflege des Staates und der Gemeinden. Sie wachen im Rahmen besonderer Gesetze über die künstlerische Gestaltung beim Wiederaufbau der deutschen Städte, Dörfer und Siedlungen.

Art. 62 HV gibt eine bindende Anweisung an den Gesetzgeber[1817] und stellt damit eine Staatszielbestimmung auf[1818].

18. Schutz des Sports, Art. 62a HV

Art. 62a HV: Der Sport genießt den Schutz und die Pflege des Staates, der Gemeinden und Gemeindeverbände.

Aus Art. 62a HV lassen sich Rechte Einzelner bzw. von Vereinigungen nicht ableiten. Vielmehr handelt es sich auch insoweit nur um eine Staatszielbestimmung.

1815 StGH, Urteil vom 18.02.1958 - P.St. 230 -, StAnz. 1958, S. 311 [313]; siehe auch oben D. II. 5. c) bb) (b) und f).

1816 *Stein*, in: Zinn/Stein, Hessische Verfassung, Art. 60 Erl. 2 und 5.

1817 *Stein*, in: Zinn/Stein, Hessische Verfassung, Art. 62 Erl. 2.

1818 *Hinkel*, Erl. zu Art. 62.

19. Unantastbarkeit der Grundrechte, Art. 63 HV

Art. 63 Abs. 1 HV: Soweit diese Verfassung die Beschränkung eines der vorstehenden Grundrechte durch Gesetz zulässt oder die nähere Ausgestaltung einem Gesetz vorbehält, muss das Grundrecht als solches unangetastet bleiben.

Art. 63 Abs. 2 HV: Gesetz im Sinne solcher grundrechtlichen Vorschriften ist nur eine vom Volk oder von der Volksvertretung beschlossene allgemeinverbindliche Anordnung, die ausdrücklich Bestimmungen über die Beschränkung oder Ausgestaltung des Grundrechts enthält. Verordnungen, Hinweise im Gesetzestext auf ältere Regelungen sowie durch Auslegung allgemeiner gesetzlicher Ermächtigungen gewonnene Bestimmungen genügen diesen Erfordernissen nicht.

Art. 63 HV gewährleistet selbst kein Grundrecht, sondern setzt Grundrechtsgewährleistungen vielmehr voraus[1819] und zieht deren Beschränkungen zusätzliche Grenzen.

E. Schluss

I. Ergebnis

Die Gegenüberstellung der einzelnen Grundrechte der Hessischen Verfassung und des Grundgesetzes hat gezeigt, dass die Freiheits- und Gleichheitsgrundrechte der Hessischen Verfassung in weitem Umfang mit denen des Grundgesetzes im Sinne von Art. 142 GG übereinstimmen, insbesondere soweit es den sachlichen Schutzbereich der einzelnen Grundrechtsgewährleistungen betrifft. Dies gilt auch für diejenigen Grundrechte der Hessischen Verfassung, die im Grundgesetz keine textliche Entsprechung haben.

Größtenteils reicht jedoch der Schutz der Hessischen Verfassung weiter als derjenige nach dem Grundgesetz. Dies ist insbesondere auf eine deutlich gewordene Eigenheit der Hessischen Verfassung zurückzuführen: Bis auf wenige Ausnahmen hat der hessische Verfassunggeber ganz bewusst darauf verzichtet, im Rahmen der Gewährleistung von Grundrechten auf eine nähere gesetzliche Regelung zu verwei-

[1819] StGH, Beschlüsse vom 11.04.2002 - P.St. 1688 -, StAnz. 2002, S. 2082, und vom 09.07.1997 - P.St. 1204 -, StAnz. 1997, S. 2298 [2299].

sen oder einen Gesetzesvorbehalt zu normieren[1820]. Erst im Zweiten Abschnitt des Ersten Hauptteils finden sich entsprechende Regelungen. Und auch hier finden sich erhebliche Unterschiede zu den Regelungen des Grundgesetzes. Bei den Grenzen der Menschenrechte hat sich der hessische Verfassunggeber nicht mit allgemein gehaltenen Gesetzesvorbehalten begnügt, wie sie zum Beispiel in Art. 2 Abs. 2 Satz 3, Art. 8 Abs. 2, Art. 10 Abs. 2 Satz 1, Art. 12 Abs. 1 Satz 1 GG enthalten sind. Vielmehr betreffen die Gesetzesvorbehalte der Hessischen Verfassung nur eng begrenzte und im Einzelnen umschriebene Fälle, in denen Eingriffe zugelassen werden.

Auch wenn manche Normen im heutigen Sprachgebrauch veraltet klingen mögen, bringen sie doch den Inhalt der geschützten Verhaltensweisen kurz und bündig zum Ausdruck[1821]. Dies sollte im Interesse der Rechtsklarheit beibehalten werden. Adressaten einer Verfassung sind immerhin die Bürgerinnen und Bürger eines Landes. Für sie muss der Text der Verfassung, soll er in ihrem lebendigen Bewusstsein bleiben, auch ohne Fachkenntnisse verständlich sein[1822]. Dies ist der Hessischen Verfassung im Ersten Hauptteil - im Gegensatz zu manchen Normen des Grundgesetz (z.B. Art. 13 Absätze 2 bis 7 GG) - durchweg gelungen[1823]. Ohne Not sollte hier nichts geändert werden[1824].

Zu denken wäre allenfalls an eine vorsichtige Ergänzung von Gewährleistungen, die nicht als ausdrückliche Regelung in der Hessischen Verfassung enthalten sind, wie zum Beispiel ein Gebot der Gleichberechtigung von Mann und Frau wie in Art. 3 Abs. 2 GG oder ein Grundrecht der Berufsfreiheit in Entsprechung zu Art. 12 GG. Dabei sollte jedoch genauestens geprüft werden, ob dafür tatsächlich eine Notwendigkeit besteht. Denn entsprechende Gewährleistungen lassen sich auch den bereits normierten Grundrechten entnehmen, wie der Blick auf die Rechtsprechung des Staatsgerichtshofs gezeigt hat. Die Grundrechte der Hessischen Verfassung bedürfen im Übrigen nicht zwingend einer Modernisierung; sie sind vielmehr auch

---

1820 Vgl. hierzu auch *Lange*, in: FS Zezschwitz, S. 56 [58].

1821 Vgl. auch *Kahl*, Hessischer Landtag, Stenographischer Bericht über die 7. Sitzung der Enquetekommission zur Reform der Hessischen Verfassung am 7. Juli 2004, Anlage 5 zu LT-Drucks. Nr. 16/ 3700, S. 31.

1822 *Groß*, Hessischer Landtag, Stenographischer Bericht über die 7. Sitzung der Enquetekommission zur Reform der Hessischen Verfassung am 7. Juli 2004, Anlage 5 zu LT-Drucks. Nr. 16/ 3700, S. 14.

1823 *Meyer*, in: KritV 1996, S. 145.

1824 Ungeachtet der Problematik, ob die Grundrechte der Hessischen Verfassung überhaupt geändert werden können, da Art. 26 HV sie für unabänderlich erklärt.

so, wie sie im Jahre 1946 verfasst wurden, in der Lage, auf Fragen und Probleme der heutigen Zeit Antwort zu geben.

Die Besonderheiten der Hessischen Verfassung sollten auch bei einer etwaigen Reform der Hessischen Verfassung weitgehend beibehalten werden. Sie beruhen auf bewussten Entscheidungen des Verfassunggebers und liegen den Grundrechtsgewährleistungen der Hessischen Verfassung als prägender Leitgedanke zugrunde. Fügte man den Grundrechten der Hessischen Verfassung beispielsweise in Parallele zu den Grundrechten des Grundgesetzes einzelne, nicht näher bestimmte Gesetzesvorbehalte an, gäbe man den besonderen Charakter der Hessischen Verfassung preis.

Es hat sich aber auch gezeigt, dass der Bereich, in dem die Landesgrundrechte zur Anwendung gelangen und ihre Wirkung entfalten können, nicht sehr groß ist. Der Bund und seine Organe sind an die Landesverfassung nicht gebunden. Im Rahmen der Gesetzgebung kommt den Grundrechten der Hessischen Verfassung Bedeutung daher nur in den Bereichen zu, in denen die Gesetzgebungskompetenz dem Land zusteht, wie zum Beispiel im Schulrecht oder bei der öffentlichen Sicherheit und Ordnung. Gerade im zuletzt genannten Bereich unterliegt der Gesetzgeber oftmals stärkeren grundrechtlichen Bindungen als durch die Bundesgrundrechte. Denn die Grundrechte der Hessischen Verfassung enthalten nur in seltenen Fällen einen Gesetzesvorbehalt und unterliegen daher lediglich verfassungsimmanenten Schranken. Diese stellen höhere Anforderungen an den Gesetzgeber, will er eine Einschränkung von Grundrechten vornehmen.

Auch soweit die Landesbehörden und -gerichte Landesgesetze anwenden, unterliegen sie den Bindungen durch die Landesgrundrechte. Dies gilt jedenfalls uneingeschränkt dann, wenn sie genuines Landesrecht ausführen. Zwar haben in der Praxis Landesbehörden und -gerichte in der überwiegenden Vielzahl von Fällen nicht Landes-, sondern Bundesrecht auszuführen und anzuwenden. Auch in diesen Fällen üben die Landesbehörden und -gerichte jedoch Landesstaatsgewalt aus und bleiben vom Grundsatz her an die Grundrechtsgewährleistungen der Landesverfassung gebunden. Hier bleibt Raum für die Berücksichtigung landesverfassungsrechtlicher Wertungen aber nur, soweit das Bundesrecht sich für dessen Einwirkung öffnet und Spielräume lässt. Indes darf der Vollzug des Bundesrechts nicht beeinträchtigt werden. Insbesondere darf ein Landesorgan eine bundesrechtliche Vorschrift nicht außer Acht lassen, weil sie seiner Auffassung nach gegen ein Grundrecht der Hessischen Verfassung verstößt. Dass es bei dieser Betrachtungsweise unter Umständen zu einem uneinheitlichen und länderspezifischen Vollzug des Bundesrechts kommen kann, ist vom Grundgesetz, das den Vollzug von Bundesrecht regelmäßig den Ländern als eigene Angelegenheit anvertraut hat und dem Bund nur begrenzte Möglichkeit der Einflussnahme zur Verfügung stellt, in Kauf genommen[1825]. Das ist aber nicht zwingend als Störung im Sinne von Uneinheitlichkeit zu sehen, sondern sollte vielmehr als Chance zur Innovation im Recht begriffen werden[1826].

Gerade der zuletzt angesprochene Gedanke führt zu dem eigentlichen Problem einer Landesverfassung: Im Bundesstaat der Bundesrepublik Deutschland führen die Landesverfassungen ein Dasein im Schatten des Grundgesetzes. Rechtsunterworfene wie Rechtsanwender richten allzu häufig vorschnell den Blick auf das Grundgesetz, ohne sich der Existenz landesverfassungsrechtlicher Grundrechtsgewährleistungen überhaupt bewusst zu sein. Nur punktuell geraten Landesverfassungen in den Blick der Öffentlichkeit, wie dies zuletzt bei Art. 59 HV im Hinblick auf die Einführung von Studienbeiträgen in Hessen der Fall ist.

Dies wird der Bedeutung der Hessischen Verfassung indes nicht gerecht. Sie ist Grundordnung des politischen und gesellschaftlichen Lebens in Hessen. Soweit es die Freiheits- und Gleichheitsrechte der Hessischen Verfassung betrifft, besteht daher eindeutig ein Handlungsbedarf. Dieser geht aber nicht dahin, die Normen den Regelungen des Grundgesetzes anzupassen oder gar anzugleichen, sondern vielmehr dahin, den Bürgerinnen und Bürgern des Landes Hessen das Vorhandensein ihrer Landesverfassung in ihrem gesamten Bedeutungsgehalt wieder ins Bewusstsein zu rufen: „Ein wenig Barbarei liegt in der Tat im Desinteresse an den Landesverfassungen, die viele vergessene Schätze bergen[1827]“.

Die aufgeworfene Frage, ob die Freiheits- und Gleichheitsrechte der Hessischen Verfassung reformbedürftig sind, lässt sich nach alledem ebenso eindeutig verneinen wie die Frage, ob die Hessische Verfassung insgesamt in ein Museum gehöre.

1825 *Möstl*, in: AöR 130 (2005), S. 350 [384].
1826 *Paeffgen*, in: NJ 1993, S. 152 [159].
1827 *Isensee*, in: SächsVBl. 1994, S. 28 [31].

II. Zusammenfassung

1. Der Bundesstaat ist eine durch die Verfassung des Gesamtstaates geformte staatsrechtliche Verbindung, in der die Teilnehmer Staaten bleiben oder sind (Bundesländer), aber auch der organisierte Staatenverbund selbst (Bund) die Qualität eines Staates besitzt.

   Das Wesen des Bundesstaates besteht darin, dass in ihm dem Bürger nicht eine einzige und einheitliche Staatsgewalt entgegentritt, sondern dass er es mit zwei „Ebenen" von Staatlichkeit zu tun hat, von denen sich nur die eine auf das Gesamtterritorium erstreckt, während die andere ihrerseits aus mehreren regional beschränkten Staaten „zusammengesetzt" ist.

   Jeder Bundesstaat ist ein Unikat. Der Bundesstaat der Bundesrepublik Deutschland besitzt die Gestalt, die die Verfassung ihm zuweist. Diese Gestalt muss aus der Gesamtheit der bundesstaatlich relevanten Einzelregelungen ermittelt werden.

2. Das Grundgesetz begründet die Staatsgewalt der Länder nicht, sondern erkennt sie an und zieht ihr von außen Grenzen: Die Länder sind als Glieder des Bundes Staaten mit eigener - wenn auch gegenständlich beschränkter - nicht vom Bund abgeleiteter, sondern von ihm anerkannter staatlicher Hoheitsmacht.

3. Der Bundesstaat des Grundgesetzes ist zweigliedrig konstruiert: Es gibt nur den Gesamtstaat und die Gliedstaaten.

   Daraus folgt nicht die grundsätzliche Überordnung des Bundes über die Gliedstaaten. Wo das Grundgesetz keine ausdrückliche Regelung enthält, sind Bund und Länder einander gleichgeordnet und stehen eigenständig nebeneinander.

4. Die Bundesländer der Bundesrepublik Deutschland besitzen Verfassungshoheit. Diese Verfassungshoheit ist nicht unbegrenzt, sondern unterliegt Vorgaben und Bindungen nach Maßgabe des Grundgesetzes.

5. Durchgriffsnormen gelten unmittelbar, d.h. ohne dass ein besonderer Akt der Transformation in Landesrecht erforderlich wäre, in den Ländern und für die Landesstaatsgewalt.

6. Normen des Grundgesetzes wirken nicht in die Landesverfassung hinein.

7. Art. 28 Abs. 1 Satz 1 GG stellt Rahmenbedingungen für die Landesverfassungen auf, um das bundesstaatlich erforderliche Mindestmaß an struktureller und materieller Übereinstimmung der Verfassungsordnungen in Bund und Ländern zu gewährleisten.

   Art. 28 Abs. 1 Satz 1 GG schreibt nur eine Bindung an Grundsätze vor und lässt den Ländern bei der Ausgestaltung ihrer Verfassungen insbesondere im Bereich der Staatsorganisation einen weiten Spielraum.

   Art. 28 Abs. 1 Satz 1 GG gilt nicht in den Ländern, sondern nur für die Länder.

   Überschreitet ein Land bei der Verfassunggebung den von Art. 28 Abs. 1 Satz 1 GG gezogenen Rahmen, hat dies die Nichtigkeit des homogenitätswidrigen Landesrechts zur Folge. Dies folgt unmittelbar aus Art. 28 Abs. 1 Satz 1 GG.

8. Art. 31 GG stellt eine Kollisionsnorm dar und kann nicht als Ausdruck einer bestimmten Rangordnung von Bundes- und Landesrecht verstanden werden.

   Der Landesverfassunggeber ist bei seiner Tätigkeit nicht an die Kompetenzverteilung nach Art. 70 ff. GG gebunden.

   Art. 31 GG betrifft nur das Verhältnis von Rechtsnormen zueinander. Die Auslegung und die Anwendung von Normen auf den Einzelfall stellen kein Recht im Sinne von Art. 31 GG dar und fallen daher nicht in seinen Anwendungsbereich.

   Art. 31 GG setzt eine Normenkollision, d.h. einen Normwiderspruch voraus: Der Rechtsanwender muss sich unvereinbaren Normbefehlen gegenübersehen. Inhaltsgleiches Landesrecht wird von Art. 31 GG nicht erfasst.

   Eine Kollision von Bundes- und einfachem Landesrecht führt zur Nichtigkeit des entgegenstehenden Landesrechts. Demgegenüber ist mit Bundesrecht kollidierendes Landesverfassungsrecht nicht nichtig, sondern wird nur in seiner Geltung suspendiert.

9. Für Grundrechte in Landesverfassungen stellt das Grundgesetz mit Art. 142 GG eine klarstellende Vorschrift zur Verfügung.

   Art. 142 GG erfasst Grundrechtsbestimmungen in Landesverfassungen unabhängig davon, ob sie zeitlich vor oder nach dem Grundgesetz in Kraft getreten sind.

Art. 142 GG liegt kein formeller Grundrechtsbegriff, sondern ein materielles Grundrechtsverständnis zugrunde. Neben den Grundrechten des I. Abschnitts umfasst Art. 142 GG auch die in Art. 93 Abs. 1 Nr. 4a GG aufgezählten grundrechtsgleichen Rechte. Erfasst sind auch die so genannten sozialen Grundrechte, soweit sie dem Einzelnen ein subjektiv-öffentliches Recht vermitteln. Gleiches gilt für Einrichtungsgarantien, soweit sie den subjektiv-rechtlichen Gehalt der Grundrechte verstärken. Auszuscheiden sind diejenigen Rechtssätze, die dem Einzelnen kein subjektives Recht verleihen, sondern einen rein objektivrechtlichen Gehalt aufweisen.

Übereinstimmung im Sinne von Art. 142 GG liegt immer dann vor, wenn kein Widerspruch zwischen den zu vergleichenden Grundrechtsnormen besteht.

Ein inhaltsgleiches Landesgrundrecht ist anzunehmen, wenn es das gleiche Verhalten in gleichem Umfang wie das Bundesgrundrecht schützt und die gleichen Beschränkungsmöglichkeiten bestehen.

Von einem weitergehenden Landesgrundrecht ist auszugehen, wenn das Grundgesetz ein entsprechendes Grundrecht überhaupt nicht kennt (sog. aliud-Gewährleistung), wenn es einen gegenüber dem Bundesgrundrecht weiter gefassten persönlichen oder sachlichen Schutzbereich aufweist oder geringere Einschränkungsmöglichkeiten als das Bundesgrundrecht einräumt. Gegen ein Fortbestehen weitergehender Landesgrundrechte bestehen keine Bedenken.

Ein Landesgrundrecht stellt sich als enger dar, wenn der persönliche oder sachliche Schutzbereich hinter demjenigen des Bundesgrundrechts zurückbleibt oder es gegenüber dem Bundesgrundrecht weitergehende staatliche Eingriffe zulässt. Eine Nichtübereinstimmung kann hier nur angenommen werden, wenn das Landesgrundrecht den Normbefehl enthält, einen weitergehenden bundesrechtlichen Schutz außer Acht zu lassen.

10. Der Bund und seine Organe sind nicht zur Beachtung der Landesgrundrechte verpflichtet. Maßgeblich für deren Handeln sind ausschließlich die Vorgaben des Grundgesetzes.

11. Der Landesgesetzgeber ist an die Landesverfassung und die in ihr gewährleisteten Grundrechte gebunden, wenn er in Ausübung der ihm nach dem Grundgesetz zustehenden Kompetenzen genuines Landesrecht setzt. Aufgrund der An-

ordnung in Art. 1 Abs. 3 GG ist er bei seiner Gesetzgebungstätigkeit zugleich an die Grundrechte des Grundgesetzes gebunden.

Auch wenn der Landesgesetzgeber aufgrund einer bundesrechtlichen Ermächtigung tätig wird, bleibt sein Handeln ein solches der Landesstaatsgewalt. Zu Konfliktfällen kann es hier nur kommen, wenn das umzusetzende Bundesrecht keinerlei Entscheidungsfreiräume für den Landesgesetzgeber beinhaltet und die verbindlichen bundesrechtlichen Vorgaben den Landesgesetzgeber zu einem landesgrundrechtswidrigen Handeln zwingen. In diesen Fällen kommt es zu einer Verdrängung der landesverfassungsrechtlichen Grundrechtsgewährleistung.

Auch Landesbehörden und Landesgerichte sind als Teile der Landesstaatsgewalt grundsätzlich an die jeweilige Landesverfassung und deren Grundrechtsgewährleistungen gebunden.

Dies gilt uneingeschränkt dann, wenn und soweit Landesbehörden und Landesgerichte genuines Landesrecht ausführen und anwenden.

Landesbehörden und Landesgerichte üben auch dann Landesstaatsgewalt aus, wenn und soweit sie aufgrund von Bundesrecht tätig werden. Allein daraus, dass Bundesrecht einschlägig ist, folgt nicht die Verdrängung des fortbestehenden Landesverfassungsrechts. Sie haben die Landesgrundrechte zu beachten, wenn und soweit das Bundesrecht Spielraum für ihre Berücksichtigung lässt.

12. Grundrechtsfähig sind nach der Hessischen Verfassung wie nach dem Grundgesetz alle natürlichen Personen. Juristische Personen des Privatrechts können sich auf die durch das Grundgesetz und die Hessische Verfassung gewährleisteten Grundrechte berufen, soweit sie ihrem Wesen nach auf diese anwendbar sind.

Juristische Personen des öffentlichen Rechts sind sowohl auf der Grundlage der Hessischen Verfassung als auch des Grundgesetzes grundsätzlich nicht grundrechtsfähig. Etwas anderes gilt nur bei juristischen Personen des öffentlichen Rechts, die von den ihnen durch die Rechtsordnung übertragenen Aufgaben her unmittelbar einem durch bestimmte Grundrechte geschützten Lebensbereich zugeordnet sind oder ihm kraft ihrer Eigenart von vornherein zugehören, sowie für die justiziellen Grundrechten aus Art. 101 Abs. 1 und Art. 103 Abs. 1 GG.

13. Das Grundgesetz enthält ebenso wenig wie die Hessische Verfassung eine Regelung zur Grundrechtsmündigkeit, so dass die Grundrechte von jedem Menschen unabhängig von seinem Alter wahrgenommen werden können. Davon zu unterscheiden ist die Frage, ab welchem Alter die Grundrechte prozessual selbständig geltend gemacht werden können.

14. Die Grundrechte des Grundgesetzes und der Hessischen Verfassung gelten auch in so genannten Sonderstatusverhältnissen.

15. Ein Eingriff in Grundrechte der Hessischen Verfassung und des Grundgesetzes ist anzunehmen, wenn unmittelbar und gezielt durch ein vom Staat verfügtes, erforderlichenfalls zwangsweise durchzusetzendes Ge- oder Verbot, also imperativ, eine Verkürzung grundrechtlicher Freiheiten eintritt.

    Ein Eingriff ist aber auch bei einem staatlichen Handeln anzunehmen, das dem Einzelnen ein Verhalten, das in den Schutzbereich fällt, unmöglich macht oder wesentlich erschwert.

16. Im Gegensatz zum Grundgesetz sind die Grundrechte der Hessischen Verfassung in der Regel vorbehaltlos gewährleistet, so dass eine Einschränkung nur aufgrund verfassungsimmanenter Schranken in Betracht kommt. Die in der Hessischen Verfassung enthaltenen Gesetzesvorbehalte sind in der Regel qualifizierte.

17. Sowohl nach dem Grundgesetz als auch nach der Hessischen Verfassung bedürfen Eingriffe in grundrechtlich geschützte Bereiche einer gesetzlichen Grundlage.

18. Bei einer Einschränkung von Grundrechten hat der Gesetzgeber die Kompetenzaufteilung der Art. 70 ff. GG, die jeweils vorgeschriebenen Formalien des Gesetzgebungsverfahrens, das Verbot der Einzelfallgesetzgebung, das Zitiergebot, das Bestimmtheitsgebot und den Grundsatz der Verhältnismäßigkeit zu beachten. Dies gilt sowohl nach der Hessischen Verfassung als auch nach dem Grundgesetz.

19. Die Grundrechte aus Art. 1 HV und Art. 3 GG stimmen inhaltlich überein. Die Gewährleistungen stellen sich als parallel dar, weil Art. 1 HV auch ohne ausdrückliche Erwähnung ein Gebot zur Förderung der tatsächlichen Gleichberechtigung von Mann und Frau enthält, das der Regelung in Art. 3 Abs. 2 GG ent-

spricht. Unterschiede in den beiden Vorschriften lassen sich nur insofern feststellen, als Art. 1 HV weniger Merkmale aufzählt, nach denen eine Differenzierung nicht vorgenommen werden darf. Art. 1 HV gilt daher fort.

20. Art. 2 Abs. 1 HV und Art. 2 Abs. 1 GG stimmen in ihrer Schutzwirkung und ihrem Gewährleistungsinhalt überein. Im Gegensatz zu Art. 2 Abs. 1 GG enthält Art. 2 Abs. 1 HV allerdings nicht die Schranke „Sittengesetz".

    Die grundrechtliche Absicherung des Gesetzesvorbehalts durch Art. 2 Abs. 2 HV steht nicht in Widerspruch zum Grundgesetz.

    Unterschiede in den Gewährleistungsgehalten des Art. 2 Abs. 1 und 2 HV und Art. 2 Abs. 1 GG lassen sich nicht feststellen. Art. 2 Abs. 1 und 2 HV gelten danach fort.

21. Art. 2 Abs. 3 HV stimmt hinsichtlich der Grundrechtsträger, der Grundrechtsadressaten sowie des Schutzbereiches inhaltlich mit Art. 19 Abs. 4 GG überein. Gleiches gilt auch für die Beschränkungsmöglichkeiten. Insofern ist davon auszugehen, dass Art. 2 Abs. 3 HV fortgilt.

22. Hinsichtlich der Grundrechtsträger, der Grundrechtsadressaten und des Schutzbereichs besteht Übereinstimmung zwischen Art. 3 HV und Art. 1 Abs. 1, Art. 2 Abs. 2 Satz 1 GG. Die Gewährleistung nach Art. 3 HV reicht aber weiter, da insbesondere bei den Rechten auf Leben und körperliche Unversehrtheit keine gesetzliche Einschränkungsmöglichkeit vorgesehen ist. Dennoch behält er seine Geltung.

23. Art. 4 und 55 HV weisen inhaltlich keinen Widerspruch zum Grundgesetz auf und gelten fort. Im schulischen Bereich gewährleistet die Hessische Verfassung weitergehende Rechte, da sich das Elternrecht über Art. 56 Abs. 6 HV auch auf den Inhalt der Schulausbildung erstreckt.

    Die Hessische Verfassung enthält keine Norm, die für Mütter in Parallele zu Art. 6 Abs. 4 GG einen besonderen Schutz als Grundrecht gewährleistet. Insoweit bleibt die Hessische Verfassung hinter dem Schutz des Grundgesetzes zurück. Da aber Art. 6 Abs. 4 GG auch gegenüber den Ländern gilt, können Schutzlücken nicht entstehen. Gleiches gilt für das Gleichheitsgrundrecht des Art. 6 Abs. 5 GG.

24. Sowohl in Bezug auf die Grundrechtsträger, die Grundrechtsadressaten und den Schutzbereich stimmen die Regelungsgehalte von Art. 2 Abs. 2 Satz 2 GG und Art. 5 HV überein.

Unterschiede bestehen bei den Beschränkungsmöglichkeiten: Im Gegensatz zu Art. 2 Abs. 2 Satz 2 GG weist Art. 5 HV keinen allgemeinen Gesetzesvorbehalt auf, sondern regelt Eingriffe abschließend in Art. 19 Abs. 1 und 2, Art. 21 Abs. 1, Art. 23 HV. Außerhalb der aufgezählten Fälle darf in das Grundrecht der Freiheit der Person nach Art. 5 HV nur aufgrund verfassungsimmanenter Schranken eingegriffen werden. Insoweit ist das Grundrecht der Hessischen Verfassung weiter als das des Grundgesetzes. Dagegen bestehen keine Bedenken, so dass das Grundrecht aus Art. 5 HV in Kraft weiter bleibt.

25. Art. 6 HV gilt fort. Das Grundrecht gewährt ein weitergehendes Recht, da es nicht auf deutsche Staatsangehörige beschränkt ist, sondern ein Menschenrecht statuiert. Der sachliche Schutzbereich der beiden Grundrechte stimmt überein.

Weiterreichend als Art. 11 GG ist das Grundrecht auf Freizügigkeit nach der Hessischen Verfassung zudem, weil seine Beschränkungsmöglichkeiten gegenüber denjenigen des Bundesgrundrechts weniger weitgehend sind.

26. Auch Art. 7 HV gilt fort. Art. 7 Satz 1 HV gewährt deutschen Staatsangehörigen einen weitergehenden Schutz als Art. 16 Abs. 2 GG, da das Auslieferungsverbot der Hessischen Verfassung nicht einschränkbar ist. Gleiches gilt für den Schutz vor Verfolgung (Art. 7 Satz 2 HV). Das Grundrecht aus Art. 7 Satz 2 HV besitzt eine weiterreichende Schutzwirkung, weil es im Gegensatz zu Art. 16a Abs. 1 GG nicht auf politische Verfolgung beschränkt ist.

27. Sowohl Grundrechtsträger, Grundrechtsadressat als auch Schutzbereich von Art. 8 HV und Art. 13 GG sind inhaltsgleich. Zu einem erheblichen Unterschied kommt es bei einem Vergleich der Beschränkungsmöglichkeiten: Art. 8 HV sieht lediglich die Möglichkeit vor, bei dringendem Verdacht einer Straftat zum Zwecke der Durchsuchung in das Recht aus Art. 8 HV einzugreifen. Dennoch gilt Art. 8 HV fort.

28. Die Gewährleistungen nach Art. 9, Art. 48 Abs. 1 und 2 HV und nach Art. 4 Abs. 1 und 2 GG stellen sich als parallel dar, so dass gegen ein Fortbestehen des Landesgrundrechts keine Bedenken bestehen.

29. Die Grundrechte aus Art. 10 HV und Art. 5 Abs. 3 GG stimmen überein, soweit es die Eigenschaft als Grundrechtsträger und den Grundrechtsadressaten betrifft. Der Umfang des Schutzbereichs von Art. 10 HV und Art. 5 Abs. 3 GG stellt sich ebenfalls deckungsgleich dar. Art. 10 HV gewährt jedoch weniger Schutz als Art. 5 Abs. 3 GG, da das Landesgrundrecht unter einem Vorbehalt von Gesetzen zum Schutze der Jugend steht (Art. 18 HV). Dennoch beansprucht Art. 10 HV weiter Geltung, da keine Widersprüche zum Grundgesetz zu erkennen sind.

30. Die Regelungsgehalte von Art. 11, 13 HV sowie Art. 5 Abs. 1 GG stimmen weitgehend überein, so dass gegen das Fortbestehen der Landesgrundrechte keine Bedenken bestehen.

    Im Gegensatz zu Art. 5 Abs. 1 GG kommt Art. 11 HV unmittelbare Drittwirkung zu.

    Die Hessische Verfassung enthält keine Gewährleistung von Presse- und Rundfunkfreiheit, sondern bringt lediglich mittelbar zum Ausdruck, dass solche Institutionen existieren.

    Das Grundrecht aus Art. 11 Abs. 1 Satz 1 HV reicht insoweit weiter als die Rechte aus Art. 5 Abs. 1 GG, als es nach Art. 18 HV allein zum Schutze der Jugend eingeschränkt werden kann.

31. Der sachliche Schutzbereich der Gewährleistungen nach Art. 12 HV und Art. 10 GG stimmt überein. Art. 19 Abs. 1 Satz 1 HV erlaubt eine Beschränkung des Postgeheimnisses nur zum Zwecke der Strafverfolgung. Das Landesgrundrecht reicht daher über den Gewährleistungsgehalt des Art. 10 GG hinaus. Gegen sein Fortbestehen lassen sich keine Einwände finden.

32. Der sachliche Schutzbereich der Versammlungsfreiheit nach Art. 14 HV stimmt mit demjenigen des Art. 8 GG überein. Im Gegensatz zu Art. 8 Abs. 2 GG erlaubt Art. 14 Abs. 2 HV bei Versammlungen unter freiem Himmel ausschließlich eine Anmeldepflicht. Im Übrigen sind Beschränkungen nur aufgrund verfassungsimmanenter Schranken zulässig. Gewährt Art. 14 HV ein weiterreichendes Grundrecht, gilt er fort.

33. Die Gewährleistung der Vereinigungsfreiheit nach Art. 15 HV und Art. 9 Abs. 1 und 2 GG sind weitgehend inhaltsgleich ausgestaltet. Art. 15 HV enthält jedoch

keine Beschränkungsmöglichkeit, gewährt also einen weiterreichenden Schutz. Er ist danach weiter in Kraft.

34. Art. 16 HV und Art. 17 GG entsprechen sich inhaltlich, so dass gegen das Fortbestehen des landesverfassungsrechtlichen Petitionsrechts keinerlei Bedenken bestehen.

35. Die Vorschriften über die Verwirkung von Grundrechten nach Art. 17 HV und Art. 18 GG unterscheiden sich in Umfang, Wirkung und Ausgestaltung des gerichtlichen Verfahrens. Die Hessische Verfassung bleibt in ihrer Schutzwirkung hinter dem Grundgesetz zurück. Da der nach dem Grundgesetz gewährleistete Mindeststandard an Grundrechtsschutz jedoch durch die Anwendung von Art. 17 HV nicht berührt wird und dem Betroffenen in jedem Fall erhalten bleibt, bestehen gegen seine Fortgeltung keine Bedenken.

    Gegen ein Fortbestehen des Art. 146 Abs. 2 HV bestehen keine Bedenken. Art. 18 GG steht dem nicht entgegen. Aufgrund bundesrechtlicher Vorgaben sind bei einer Anwendung des Art. 146 Abs. 2 HV allerdings bestimmte Anforderungen zu beachten.

36. Art. 101 Abs. 1 Satz 2 GG und Art. 20 Abs. 1 Satz 1 HV gewährleisten inhaltlich übereinstimmend das Recht auf den gesetzlichen Richter.

37. Art. 20 Abs. 2 Satz 1 HV ist als ausdrückliche Formulierung der im Grundgesetz über Art. 2 Abs. 1 GG in Verbindung mit dem Rechtsstaatsprinzip verbürgten Unschuldsvermutung mit gleichem Inhalt zu verstehen.

38. Art. 20 Abs. 2 Satz 2 HV gewährleistet übereinstimmend mit dem Grundgesetz das Recht auf einen Rechtsbeistand im Strafverfahren

39. Die durch Art. 103 Abs. 2 GG und Art. 22 Abs. 1 HV gewährleisteten Grundrechte enthalten übereinstimmend das Verbot des Erlasses rückwirkender Strafgesetze zu Lasten des Täters.

40. Art. 21 Abs. 1 Satz 1 und Art. 22 Abs. 1 HV verlangen ebenso wie Art. 103 Abs. 2 GG für eine Bestrafung ein förmliches Gesetz und stellen besondere Anforderungen an Inhalt und Bestimmtheit von Strafgesetzen. Die Gewährleistungen stimmen inhaltlich überein.

41. Auch wenn das Grundgesetz keine ausdrückliche Normierung des Grundsatzes „nulla poena sine culpa“ enthält, gewährleistet es dessen Inhalt jedoch ebenso wie die Hessische Verfassung in Art. 22 Abs. 2, Art. 21 Abs. 2.

42. Die Hessische Verfassung und das Grundgesetz enthalten übereinstimmend das Verbot der Doppelbestrafung als grundlegendes Prinzip des Strafrechts. Die Gewährleistung des Art. 22 Abs. 3 HV gilt danach fort.

43. Art. 26 HV enthält selbst kein Grundrechte, sondern setzt sie voraus und nimmt sie in Bezug.

44. Art. 27 HV ist eine Art Präambel des III. Abschnitt „Soziale und wirtschaftliche Rechte und Pflichten“, gewährt aber kein Grundrecht.

45. Art. 28 Abs. 1 HV gewährt kein Grundrecht. Es handelt sich um programmatische Aussagen, durch die der Gesetzgeber verpflichtet wird, Schutzmaßnahmen zu fördern.

    Art. 28 Abs. 2 und 3 HV stellen ebenfalls lediglich Anweisungen an den Gesetzgeber und soziale Forderungen dar, die den Staat zum Ausbau von Arbeitsvermittlung und Arbeitslosenversicherung verpflichten.

46. Art. 29 Abs. 1 HV enthält eine programmatische Aussage und eine Anweisung an den Gesetzgebung, aber kein Grundrecht. Gleiches gilt für Art. 29 Abs. 3 HV.

47. Art. 30 Abs. 1 und 3, Art. 33 Satz 1 HV stellen Richtlinien für die Ausgestaltung der Arbeitsbedingungen und einen Appell an Arbeitgeber und Sozialpartner dar.

48. Art. 31 HV gewährleistet kein Grundrecht, sondern enthält eine institutionelle Garantie des Achtstundentags sowie der Arbeitsfreiheit von Sonn- und Feiertagen.

49. Art. 32 HV enthält eine verfassungsmäßige Garantie eines bestimmten Feiertages.

50. Der Anspruch auf gleiche Entlohnung aus Art. 33 Satz 2 HV stimmt mit der Gewährleistung des Grundgesetzes überein und gilt danach fort.

51. Art. 34 HV gewährleistet wegen seiner Unbestimmtheit kein Grundrecht.

52. Art. 35 Abs. 1 und 2 HV enthalten eine institutionelle Garantie einer Sozialversicherung und einen Gesetzgebungsauftrag. Art. 35 Abs. 3 HV stellt nur einen Programmsatz dar.

53. Das Grundrecht der Koalitionsfreiheit nach Art. 36 HV stimmt inhaltlich mit dem durch Art. 9 Abs. 3 GG gewährleisteten Grundrecht überein. Ausdrücklich gewährleistet die Hessische Verfassung in Art. 29 Abs. 2 die Tarifvertragsfreiheit und in Art. 29 Abs. 4 das Streikrecht der Arbeitnehmer.

    Das Aussperrungsverbot des Art. 29 Abs. 5 HV steht mit der grundrechtlichen Gewährleistung nicht in Einklang und wird von Art. 9 Abs. 3 GG überlagert.

54. Art. 37 HV enthält eine weitergehende Gewährleistung als das Grundgesetz, da dort keine entsprechende Garantie normiert ist. Nach dem Grundgesetz ist es dem Gesetzgeber nicht verwehrt, eine Mitbestimmung der Arbeitnehmer einzuführen.

55. Die Freiheit wirtschaftlicher Betätigung (Art. 38 Abs. 2 HV) ist sowohl vom Grundgesetz als auch von der Hessischen Verfassung als Grundrecht gewährleistet. Die Gewährleistung des Art. 38 Abs. 2 HV wird nur durch die in Art. 38 Abs. 1 HV genannten Ziele begrenzt.

56. Art. 38 ist lediglich eine programmatische Aussage und bringt die Vorstellungen des Verfassunggebers über die wirtschaftliche Ordnung zum Ausdruck.

57. Art. 39 bis 42 HV enthalten schon ihrem Wortlaut nach keine Grundrechte, sondern sind vielmehr Ziel und Ausdruck der Wirtschaftsordnung, die nach den Vorstellungen des Verfassunggebers nach dem Zusammenbruch im Jahre 1945 errichtet werden sollte.

58. Art. 43 und Art. 44 HV enthalten nur Programmsätze und Anweisungen an den Gesetzgeber und Exekutive, gewähren aber keine Grundrechte.

59. Art. 14 GG und Art. 45, 46 HV decken sich hinsichtlich des persönlichen und sachlichen Schutzbereichs. Art. 46 HV nimmt einen Ausschnitt des Eigentums in den Blick, der auch ohne ausdrückliche Normierung von der grundgesetzlichen Garantie erfasst ist.

    Art. 45, 46 HV sind für den Grundrechtsadressaten günstiger, da nicht nur für Enteignungen, sondern auch für Eigentumsbeschränkungen ein Entschädigungsanspruch vorgesehen ist. Gleiches gilt, soweit Art. 45 Abs. 2 Satz 3 HV eine angemessene Entschädigung gewährt, wohingegen Art. 14 Abs. 3 Satz 3 GG die Höhe der Entschädigung einer gerechten Abwägung der Interessen der Allgemeinheit und der Beteiligten überlässt.

Art. 45 Abs. 2 Satz 3 HV schreibt für das Enteignungsgesetz nicht vor, dass es Art und Ausmaß der Entschädigung vorsehen muss. Ein sachlicher Widerspruch zum Grundgesetz ist damit nicht verbunden.

Soweit Art. 45 Abs. 3 HV die Möglichkeit eröffnet, für Streitigkeiten über die Höhe der Entschädigung einen anderen Rechtsweg vorzusehen als den zu den ordentlichen Gerichten, wird er durch die Zuweisung in Art. 14 Abs. 3 GG überlagert.

60. Art. 47 HV stellt programmatische Aussagen für die Steuergesetzgebung des Landes auf.

61. Art. 49 bis Art. 54 HV regeln entsprechend Art. 140 GG i.V.m. Art. 136 - 139, 141 WRV die Stellung der Kirche, Religions- und Weltanschauungsgemeinschaften sowie das Verhältnis von Staat und Kirche.

62. Art. 56 HV enthält in Absatz 1 Satz 2 eine institutionelle Garantie der staatlichen Schulaufsicht sowie in Abs. 2 die institutionelle Garantie der Gemeinschaftsschule. In seinen weiteren Absätzen gibt Art. 56 HV Anweisungen für Ziele und Ausgestaltung der schulischen Erziehung.

63. Sowohl Art. 7 Abs. 2 und 3 GG als auch Art. 57 HV enthalten eine institutionelle Garantie des Religionsunterrichts als ordentliches Lehrfach, darüber hinausgehend gewähren beide Normen ein entsprechendes Grundrecht der Kirchen und Religionsgemeinschaften.

    Ebenso gewährleisten beide Normen übereinstimmend ein Recht der Eltern, über die Teilnahme ihres Kindes zu entscheiden, und ein Recht des Lehrpersonals, die Erteilung von Religionsunterricht abzulehnen.

64. Art. 59 Abs. 1 HV enthält ein über das Grundgesetz hinausreichendes soziales Grundrecht, da eine der Unterrichtsgeld- und Lernmittelfreiheit entsprechende Garantie dem Grundgesetz nicht bekannt ist. Das Grundgesetz verbietet allerdings eine solche Gewährleistung nicht.

Soweit er den Zugang zu weiterführenden Schulen und Hochschulen betrifft, stimmt Art. 59 Abs. 2 HV von seinem sachlichen Gehalt her mit den Wertungen des Grundgesetzes überein.

65. Art. 60 Abs. 1 HV enthält ebenso wenig wie Art. 60 Abs. 2 ein Grundrecht, sondern lediglich eine institutionelle Garantie.

66. Art. 7 Abs. 4 und 5 GG und Art. 61 HV enthalten eine institutionelle Garantie sowie ein Grundrecht.

Der Gewährleistungsbereich des Art. 61 HV ist geringer als derjenige des Grundgesetzes, da sein Genehmigungsvorbehalt sowohl für Ersatz- als auch für Ergänzungsschulen gilt.

Art. 61 HV schließt die Errichtung privater Volksschulen aus, ist daher enger als Art. 7 Abs. 5 GG und wird von ihm überlagert.

67. Art. 62 HV gibt eine bindende Anweisung an den Gesetzgeber und stellt damit ebenso wie Art. 62a HV eine Staatszielbestimmung dar.

68. Art. 63 HV gewährleistet kein Grundrecht, sondern setzt Grundrechtsgewährleistungen voraus.

Schriften zum deutschen und europäischen öffentlichen Recht

Herausgegeben von Prof. Dr. Steffen Detterbeck

Band 1 Henry Roth: Berufs- und Erwerbsunfähigkeit. Renten- und Versorgungsansprüche nach geltendem und reformiertem Recht. 2000.

Band 2 Astrid Lediger: Die Entschädigung der Bundestagsabgeordneten. 2001.

Band 3 Uwe Chojetzki: Der kirchliche Dienst in der Sozialversicherung. 2001.

Band 4 Christopher Breith: Die Fernsehschutzliste. Übertragung von Großereignissen nach § 5a RfStV. 2002.

Band 5 Lars-Henrik Rode: § 40 VwVfG und die deutsche Ermessenslehre. 2003.

Band 6 Steffen Detterbeck / Martin Will: Die Handwerksinnungen in der staatlichen dualen Ordnung des Handwerks. Zur Frage einer Innungspflichtmitgliedschaft und eines Kammerbeitrags-Bonussystems für Innungsmitglieder. 2003.

Band 7 Christiane Vesting: Die vertragliche und außervertragliche Haftung der EG nach Art. 288 EGV. Unter Berücksichtigung der prozessualen Durchsetzungsmöglichkeiten. 2003.

Band 8 Christian Hanf: Rechtsschutz gegen Inhalts- und Nebenbestimmungen zu Verwaltungsakten. 2003.

Band 9 Guido H. Friedrich: Der vorhabenbezogene Bebauungsplan gemäß § 12 BauGB nach der Novellierung 2001. Inhalt, Chancen und Risiken des Planungsinstrumentes. 2003.

Band 10 Lars Friedrichsen: Umweltbelastende Vorhaben und Alternativen in der Planfeststellung. Unter besonderer Berücksichtigung der Vorgaben aus der UVP-Richtlinie, dem UVPG sowie der FFH-Richtlinie bzw. den §§ 32 ff. BNatSchG. 2005.

Band 11 Nikolaus Lindner: Die Europäische Transparenzrichtlinie und der öffentlich-rechtliche Rundfunk in Deutschland. Auswirkungen der Richtlinie 2000/52/EG zur Änderung der Richtlinie 80/723/EWG über die Transparenz der finanziellen Beziehungen zwischen den Mitgliedstaaten und den öffentlichen Unternehmen („Transparenzrichtlinie") auf die öffentlich-rechtlichen Rundfunkanstalten in Deutschland. 2005.

Band 12 Gunter Fleck: Verleihung des Körperschaftsstatus an Religions- und Weltanschauungsgemeinschaften in einer multikulturellen Gesellschaft. Ein Vorschlag de lege ferenda zu Art. 140 GG i.V.m. Art. 137 Abs. 5 S. 2 WRV. 2005.

Band 13 Philipp Förster: Die unmittelbare Drittwirkung der Grundfreiheiten. Zur Dogmatik des Adressatenkreises von Pflichten aus EG-Grundfreiheiten. 2007.

Band 14 Barbara Löhr: Die Rechte des Menschen in der Verfassung des Landes Hessen im Lichte des Grundgesetzes. 2007.

www.peterlang.de

Kolibri 360 GmbH
Ferdinand-Jühlke-Straße 7
99095 Erfurt, Deutschland
produktsicherheit@kolibri360.de

Druck:
CPI Druckdienstleistungen GmbH
im Auftrag der
Kolibri 360 GmbH
Ferdinand-Jühlke-Str. 7
99095 Erfurt